现代汉语生成语法
A Generative Grammar of Mandarin Chinese

何元建 著

图书在版编目(CIP)数据

现代汉语生成语法/何元建著. —北京:北京大学出版社,2011.6
(博雅语言学教材系列)
ISBN 978-7-301-18749-4

Ⅰ.现… Ⅱ.何… Ⅲ.现代汉语—语法—教材 Ⅳ.H146

中国版本图书馆 CIP 数据核字(2011)第 058145 号

书　　　名：现代汉语生成语法
著作责任者：何元建　著
责　任　编　辑：张弘泓
标　准　书　号：ISBN 978-7-301-18749-4/H·2800
出　版　发　行：北京大学出版社
地　　　址：北京市海淀区成府路 205 号　100871
网　　　址：http://www.pup.cn
电　　　话：邮购部 62752015　发行部 62750672　编辑部 62752028
　　　　　　出版部 62754962
电　子　邮　箱：zpup@pup.pku.edu.cn
印　刷　者：北京中科印刷有限公司
经　销　者：新华书店
　　　　　　787 毫米×1092 毫米　16 开本　34.75 印张　896 千字
　　　　　　2011 年 6 月第 1 版　2012 年 11 月第 2 次印刷
定　　　价：68.00 元

未经许可,不得以任何方式复制或抄袭本书之部分或全部内容。
版权所有,侵权必究　举报电话：010－62752024
　　　　　　　　　　电子邮箱：fd@pup.pku.edu.cn

目 录

序一 ··· 徐烈炯 1
序二 ··· 陆俭明 4
前言 ·· 1
符号及缩写表 ··· 1

第一章 语言的认知基础和语法理论 ······································· 1
　1.0　语言的认知基础 ··· 1
　1.1　语法的组成部分及其与认知系统之间的关系 ······················ 4
　1.2　语法理论的任务 ··· 8
　1.3　小结 ··· 15

第二章 语法的操作系统和理论原则 ······································ 16
　2.0　语法的操作系统 ·· 16
　　　2.0.1　词结构的生成 ··· 17
　　　2.0.2　句法结构的生成 ·· 23
　　　2.0.3　移位 ··· 30
　2.1　语法的理论原则 ·· 35
　　　2.1.1　X-标杠模式 ·· 35
　　　2.1.2　扩充的 X-标杠模式 ·· 44
　　　2.1.3　题元原则 ··· 47
　　　2.1.4　格理论 ·· 52
　　　2.1.5　约束条件 ··· 54
　　　2.1.6　整体诠释原则 ··· 55
　　　2.1.7　经济原则 ··· 57
　　　2.1.8　相面豁免条件 ··· 60
　2.2　短语结构的表达法 ·· 64

第三章 词库 ·· 67
　3.0　词库的结构 ·· 67

- 3.1 词根 ··· 68
- 3.2 派生词 ··· 70
- 3.3 复合词 ··· 73
  - 3.3.1 普通复合词 ··· 73
    - 3.3.1.1 形容词性黏着词根 + 名词性词根 ············· 73
    - 3.3.1.2 自由词根 + 自由词根 ··························· 75
    - 3.3.1.3 向心式普通复合词 ······························· 76
    - 3.3.1.4 量补式普通复合词 ······························· 78
  - 3.3.2 合成复合词 ·· 79
    - 3.3.2.1 类型 ·· 79
    - 3.3.2.2 结构 ·· 84
    - 3.3.2.3 题元关系 ·· 87
  - 3.3.3 回环构词 ·· 88
- 3.4 重叠词 ··· 91
- 3.5 缩略词 ··· 92
- 3.6 屈折词 ··· 95
- 3.7 记忆与规则的相互作用 ··· 97
- 3.8 词类 ··· 100

第四章 名词短语和量词短语 ······································ 106
- 4.0 名词短语 ··· 106
- 4.1 复杂的名词短语 ·· 117
- 4.2 量词短语 ··· 120
- 4.3 名词短语与复合名词的区别 ···································· 123

第五章 限定词短语 ·· 127
- 5.0 什么是限定词？ ·· 127
- 5.1 指示代词 ··· 129
- 5.2 人称代词、疑问代词、不定代词 ······························ 133
- 5.3 反身代词 ··· 135
- 5.4 领属限定词 ·· 136
  - 5.4.1 普通结构 ·· 136
  - 5.4.2 名物化结构 ·· 139
  - 5.4.3 相关问题 ·· 142

5.5　零限定词 …………………………………………………… 149
　　　　5.5.1　零限定词的语义特征 ……………………………… 151
　　　　5.5.2　零限定词短语的结构 ……………………………… 152

第六章　其他短语 ………………………………………………… 160
　　6.0　形容词短语 ………………………………………………… 160
　　6.1　副词短语 …………………………………………………… 161
　　6.2　介词短语 …………………………………………………… 164
　　6.3　数量词短语 ………………………………………………… 166
　　6.4　助词短语 …………………………………………………… 170
　　6.5　连词短语 …………………………………………………… 174

第七章　动词短语（一） ………………………………………… 182
　　7.0　动词的特殊结构 …………………………………………… 182
　　　　7.0.1　体貌式 ……………………………………………… 183
　　　　7.0.2　动趋式 ……………………………………………… 185
　　　　7.0.3　能愿式 ……………………………………………… 188
　　　　7.0.4　疑问式 ……………………………………………… 189
　　7.1　动词短语中的题元关系 …………………………………… 195
　　7.2　动词的修饰语 ……………………………………………… 200

第八章　动词短语（二） ………………………………………… 207
　　8.0　动词的分类 ………………………………………………… 207
　　8.1　一元动词 …………………………………………………… 208
　　　　8.1.1　一元作格动词 ……………………………………… 208
　　　　8.1.2　非作格动词 ………………………………………… 209
　　　　8.1.3　非宾格动词 ………………………………………… 212
　　　　8.1.4　一元动词的补语 …………………………………… 216
　　8.2　二元动词——动词短语的套组结构 ……………………… 217
　　　　8.2.1　轻动词 ……………………………………………… 218
　　　　8.2.2　二元非宾格动词 …………………………………… 225
　　　　8.2.3　二元作格动词 ……………………………………… 226
　　　　8.2.4　宾格动词 …………………………………………… 232
　　　　8.2.5　役格动词 …………………………………………… 241

8.2.6　提升动词 243
8.3　三元动词 246
　　8.3.1　双宾与格动词 247
　　8.3.2　假双宾动词 251
　　8.3.3　兼语动词 253
　　8.3.4　混宾动词 255
　　8.3.5　带一宾一补的动词 256
　　　　8.3.5.1　处所补语 256
　　　　8.3.5.2　结果补语 259
8.4　小结 262

第九章　含动结式复合词的动词短语 263
9.0　词结构 263
9.1　题元结构 266
9.2　分类 268
9.3　宾格句 270
9.4　作格动词构成的隐性使动句 273
　　9.4.1　独立致事主语 274
　　9.4.2　施事改作致事主语 275
　　9.4.3　客事改作致事主语 277
　　9.4.4　歧义句 279
9.5　有关理论问题的讨论 280
　　9.5.1　V1-V2 是复合词还是句法生成的形式？ 280
　　9.5.2　格位和题元抑制条件 282
　　9.5.3　衍生主语与零使役轻动词 283
9.6　小结 289

第十章　单句、小句及复句的结构 291
10.0　单句的三个组成部分 291
10.1　动词短语 293
10.2　语法范畴词短语 295
10.3　标句词短语 305
10.4　小句 313
10.5　主从复句 318

10.5.1　主语从句、宾语从句 …………………………………… 318
　　10.5.2　同位语句、关系语句 …………………………………… 322
　　　　10.5.2.1　同位语句 ………………………………………… 322
　　　　10.5.2.2　关系语句 ………………………………………… 323
　　10.5.3　状语从句 ………………………………………………… 331
10.6　联合复句 …………………………………………………………… 337
　　10.6.1　描写语句 ………………………………………………… 337
　　10.6.2　并列和转折复句 ………………………………………… 341
10.7　句子成分的句法范畴与语法功能 ………………………………… 342
10.8　小结 ………………………………………………………………… 347

第十一章　特殊的句法范畴（一） ……………………………………… 348
11.0　处置 ——"把"字句 ……………………………………………… 348
11.1　被动 ——"被"字句 ……………………………………………… 356
11.2　使役 ——"使/令/让"字句 ……………………………………… 361
11.3　结果 ——"得"字句 ……………………………………………… 365
11.4　存现 ——"有"字句 ……………………………………………… 369
11.5　量化 ——"都"字句 ……………………………………………… 375
　　11.5.1　三个基本特征 …………………………………………… 376
　　11.5.2　"都"字句的结构 ……………………………………… 380
　　11.5.3　小结 ……………………………………………………… 387

第十二章　特殊的句法范畴（二） ……………………………………… 389
12.0　焦点句 ……………………………………………………………… 389
　　12.0.1　"是……的"句式 ……………………………………… 390
　　　　12.0.1.1　主语或者宾语焦点 ……………………………… 391
　　　　12.0.1.2　间接宾语或者补语焦点 ………………………… 395
　　　　12.0.1.3　状语焦点 ………………………………………… 399
　　　　12.0.1.4　假分裂句及其他 ………………………………… 402
　　12.0.2　"连……也/都"句式 ………………………………… 405
　　12.0.3　"只/就"句式 ………………………………………… 409
12.1　话题句 ……………………………………………………………… 412
12.2　重动句 ……………………………………………………………… 418
12.3　比较句 ……………………………………………………………… 426

		12.3.1 基本句式 ……………………………………………… 427
		12.3.2 等比句 ………………………………………………… 429
		12.3.3 差比句 ………………………………………………… 435
	12.4	中间句 …………………………………………………………… 441
	12.5	倒装句 …………………………………………………………… 448

第十三章 疑问句的结构 ………………………………………………… 453
  13.0 疑问句的标记系统 ……………………………………………… 453
  13.1 汉语的疑问句标记 ……………………………………………… 455
  13.2 是非问句 ………………………………………………………… 462
  13.3 附加问句、反诘问句 …………………………………………… 462
  13.4 特殊的"呢"问句 ………………………………………………… 464
  13.5 同形不同结构的三个问句 ……………………………………… 465
      13.5.1 选择问句 ……………………………………………… 465
      13.5.2 正反问句 ……………………………………………… 469
      13.5.3 否定词问句 …………………………………………… 473
      13.5.4 阻隔效应 ……………………………………………… 474
      13.5.5 小结 …………………………………………………… 477
  13.6 特指问句 ………………………………………………………… 479
      13.6.1 疑问词的辖域 ………………………………………… 480
      13.6.2 孤岛效应 ……………………………………………… 482
  13.7 疑问词的虚用 …………………………………………………… 483

第十四章 逻辑形式 ……………………………………………………… 486
  14.0 何谓逻辑形式？ ………………………………………………… 486
  14.1 合成复合词的逻辑形式 ………………………………………… 490
  14.2 相关证据 ………………………………………………………… 495
  14.3 零代词和虚代词 ………………………………………………… 498
  14.4 称代语和照应语的先行语 ……………………………………… 499
  14.5 小结 ……………………………………………………………… 503

索引 …………………………………………………………………………… 505
参考文献 ……………………………………………………………………… 511
跋 ……………………………………………………………………………… 529

序　一

　　近几年每年冬季到香港,见到元建有一个问题是必问他的:你的书写完了没有? 好几年了,他总是回答说还在继续努力。在他的提议之下香港几位同事早在十来年前就策划合作用中文写一本汉语生成语法书,最终还是由他独力承担,数易其稿终于大功告成。书名为《现代汉语生成语法》,对语言学稍微有所了解的读者看了书名会说:"这是一本汉语生成语法!"的确,这本书有其特色,与别的作者写的,过去已经出版的,图书馆里有的,书店里买得到的生成语法书都不一样。

　　生成语法学开创至今已经有50多年历史了,比较系统地引进中国也已经有30多年了。这期间出版过好几本介绍生成语法学的书,那是很有必要的。那些书主要的目的是介绍生成语法学这一门新兴的学科。这门学科50多年以前是没有的,与以往的语法(姑且称为传统语法)是不同性质的学问,所以有必要写书专门介绍。那些书以此为目的,介绍的重点是这一学科的基本思想、研究方法、主要理论,甚至学科发展历史过程等等。既然是语法学,当然也要涉及语言事实,不过是为了说明道理而引用事实。引用的语言事实不一定是汉语,更多的是研究得比较深透的,为更多人所知的英语和其他一些印欧语系语言。引用语言事实只是列举,而不是穷举。读了那些书会对什么是生成语法学有所认识,但是读者未必能看到一种语言,尤其是汉语的全貌。作教材用的传统汉语语法书、英语语法书一般都相对全面地涉及汉语或英语的主要事实。一定有许多读者在想:为什么不写一本用生成语法学理念和方法,而不是用传统语法学理念和方法来全面反映汉语主要事实的语法书呢?

　　现在我们终于有一部这样的著作了。《现代汉语生成语法》就是写汉语的词、短语和句子结构。短语之下分名词短语、动词短语、形容词短语、副词短语、介词短语、数量词短语、助词短语、连词短语,各类短语都有专门的章节论述;此外还有限定词短语、轻动词短语、标句词短语、力度短语、话题短语、焦点短语等等传统语法没有的类别。动词之下分一元动词、二元动词、三元动词三大类,每一大类下面再各细分五六小类。书中简单句、小句、主从复句(包括主语从句、宾语从句、状语从句、关系语句、同位语句)、联合复句(包括描写语句、并列或转折复句)都论到。是非问句、选择问句、正反问句、特指问句、附加问句、反诘问句、否定词问句一应俱全。汉语特有的动结式、"把"字句、"被"字句、"使"字句、"得"字句、"有"字句、"都"

字句、"是……的"结构、"连……都"结构无一缺漏。可以说传统汉语语法书包含的内容这里基本上都有了,当然还有传统汉语语法不作专题讨论的,例如结构的衍生过程、题元关系、逻辑形式、中间句等等。

这本书的理论框架吸收了最新的理论成分,比如相句法理论。书里有许多树形图。有人说学生成语法先要学会画树,这样说法也有道理。句法学研究的就是语言成分之间的结构关系,而结构关系惯用树形图方便而直观地展示出来。有人半开玩笑地说,教句法学就是教学生画树。一位当年很有名的美国语言学家曾经到千里之外的国家去任教两年,后来听到他抱怨说那里的学生学了两年连画树都没有学会。这是 20 年前的事,那时的结构分析是比较简单的,树形图也是比较简单的,现在要画树可真是不容易了!

很多人以为只要同一个句子,在任何时候找任何人去画树,画出来的树形图应该是相同的。其实不然。树形图体现句子的结构,以语言学家对该句子的结构分析为基础。50 多年来生成语法结构分析经历了很大的变化,连许多最基本的语类名称都大不相同了。过去把"the books"称为名词短语,以名词"books"为其中心语,现在把它称为限定词短语,以限定词"the"为中心语。相应的汉语结构"这几本书"是不是也叫限定词短语?是不是以"这"为中心语?"几"和"本"又是什么成分?是不是也是中心语?如果是,整个结构岂不是有更多的层次?诸如此类问题,这本书中都会一一道来,都会用树形图一一画出来。当然本书作者无法统一语法学家对同一汉语结构的不同看法,他只能根据其中的一种看法来画树形图。读者学的主要是方法,学会以后自己做研究,有了自己的见解不难把一种画法改为另一种画法。

当代句法学主流观点的一个特点是试图把过去认为属于语义或者语用领域的一些概念也在句法结构树中体现出来。前不久香港城市大学请前美国语言学会会长 Frederick J. Newmeyer 教授来做杰出语言学家讲座,他把这种倾向称为"句法语义化"。最典型的例子就是话题和焦点回归句法。在相当长时期内,句子中的话题和焦点一般不是作为独立的句法语类在树形图中出现的,20 世纪最后几年流行功能范畴分解处理法,开始采用话题短语、焦点短语等等。这些新的句法语类植入结构树的后果是枝干繁茂,读者不妨看一眼 12.0.1.1 小节中的树形图(10)。这仅仅是上半棵树,下半棵还没有画出来,而只有枝干还没添上树叶。即使全画上,这还只是个单句,复句的结构当然更为复杂。当代句法学的这种趋势给写句法学入门书的作者出了难题,最简单的句子画出来也不简单了。英语句法书也面临类似的问题。英语句法入门书使用最广的当推英国语言学家 Andrew Radford 在剑桥大学出版的一系列著作,适应生成语法理论不断发展,他每几年出一本新版入门书,不难发现愈是新出的书里面的树形图愈复杂。一下子要用当代观点处理汉语结构,难度之大可想而知,亏得本书作者繁简剪裁得当,认真细致地交代那么多细节,又不显得零乱。

可不要以为这本书仅仅是交代现代汉语语法的基本事实,书中也在一定程度上概要反映几十年来现代汉语语法研究,特别是生成语法研究的一些重要课题,尤其是最后 4 章论及量化辖域、话题结构、焦点结构、重动结构、疑问结构、逻辑形式等等。对这些问题,当代语言学界都经过反复探讨,有分歧,有争议。不妨举一个最简单的例子:英语句子"which book did you read?"中的疑问成分"which book"是前置宾语,这几乎是生成语法学家的共识。有人断言相应的汉语句子**"你读了哪本书?"** 中的疑问成分**"哪本书"** 在语法的某个抽象层次也要前置,但这并非共识。赞成这样分析的认为自有道理,反对这样分析的认为缺乏证据。30 年来汉语生成语法研究许多课题都经过类似的争论。作者对其中不少问题都亲自做过研究,熟悉有关文献,持有独特的见解,曾经发表过论文。在这样性质的书里不可能把这类问题讨论得全面深入,至少可以起一个示范作用,告诉读者在掌握了生成语法研究的基本方法以后就可以开始从事研究工作。

在出自内地的生成语法学同行中,元建属最资深的一辈。他在英国大学受过严格的正规学术训练,获得博士学位后兢兢业业从事生成语法教学研究 20 多年。本书"跋"最后他写道:"只要实事求是,锲而不舍,真谛总能参得透一点点。"这是对他自己的写照,不过我说:岂止是一点点。

徐烈炯
二零一零年四月
于香港城市大学

序 二

乔姆斯基(N. Chomsky)建立生成语法学说从而引发国际语言学界一场所谓"乔姆斯基革命",至今已经有 50 多年了。这场"革命"应该说给整个语言学带来了前所未有的大发展,出现了从形式、从功能、从认知等不同视角对人类语言进行全方位研究的可喜局面。由于众所周知的原因,乔姆斯基理论引入我国汉语学界比较晚。从上个世纪 80 年代至今,出版过几本乔姆斯基的译著和系统介绍乔姆斯基生成语法学的论著,也有一些零碎的、用乔姆斯基理论来探讨某个具体语言现象的单篇论文;在国外出版过由黄正德(C.-T. James Huang)、李艳惠(Y.-H. Audrey, Li)、李亚非(Yafei, Li)三人合写的英文版 *The Syntax of Chinese*(《汉语句法》),现正有人在国内全文翻译出版;由石定栩撰写的《名词和名词性成分》即将在北京大学出版社出版。这两本专著是用乔姆斯基理论来讨论汉语语法中的一些问题的。这些都给汉语语法学界带来了新的影响。但是,用乔姆斯基生成语法学理念和方法,来系统描写现代汉语语法的书则一本也没有。我一直在想:这是为什么?后来我听到这样两个传闻(未加证实):一是,自乔姆斯基转换生成语法理论问世之后,从事外语教学的人立马用乔姆斯基"转换"、"生成"思路来进行外语教学,以期通过"举一反三"式的教学法,来获得外语教学的更佳效果。结果并不成功。于是有教员问转换生成语法学者(一说直接问乔姆斯基本人),说"这是怎么回事儿"。回答说,"我的理论又不是用来教外语用的"。二是,无独有偶,从事自然语言处理的学者专家,看到乔姆斯基的转换生成理论如获至宝,立马用到自己的研究中去,结果也没有获得预期的结果。于是也有学者询问转换生成语法学者(一说直接问乔姆斯基本人),说"这是怎么回事儿"。回答说,"我的理论又不是用来解决自然语言处理与理解的"。听了这两个传闻,我自以为上面我所想的"这是为什么?"这一问题找到了答案——可能乔姆斯基理论是不能用来具体描写某个语言的语法的。现在何元建的新著《现代汉语生成语法》否定了我上面的推测。乔姆斯基理论照样可以用来具体描写某个语言的语法,至于为什么迟迟未见用生成语法理论来描写现代汉语语法的书,那是因为这需要有个研究的过程。

元建的新著《现代汉语生成语法》,正如作者《前言》里交代的,"是对现代汉语的词结构和句子结构进行描写与解析的著作",其目的是希望"在前人研究的基础上,对之前尚未做到或者做得不够的地方,做出更准确的观察与描写,提出更妥当的分析和论证",以"解释人内在的语言机制"。从全书内容看,作者在努力这样做。作者在本书第一、二章交代了理论背景,让读者对作者所运用的乔姆斯基理论和原则有个较为全面的了解与认识。第三章起,作者运用乔姆斯基理论原则,并充分吸收已有的相关研究成果,先后讨论描述了汉语合成词的生成问题,各类短语的生成问题,句的生成问题,其中重点讨论了学界讨论得比较多的所谓"动结式"的生成问题;接着,作者讨论描述了汉语中一些特殊的句法范畴,包括处置——"把"字句、被动——"被"字句、使役——"使/令/让"字句、结果——"得"字句、存现——"有"字句、量化——"都"字句以及焦点结构和疑问句结构等;最后,作者还大略地讨论描述了汉语合成复合词的逻辑形式,因为按照乔姆斯基最简方案理论,经过句法运算拼出可描写的结构之后,要分别输入到语音形式库和逻辑形式库,以便分别解决好跟音韵接口的问题从而赋予语音形式,跟逻辑语义接口的问题从而赋予逻辑语义内涵。

说实在的,我们所熟悉的是前人运用美国结构主义语言学理论来分析描写的所谓传统汉语语法系统,这以赵元任、丁声树、朱德熙他们的现代汉语语法专著为代表。现在看到作者用乔姆斯基理论原则分析描述的现代汉语语法系统,有一种新鲜感。二者相比较,确实有新的思想与看法,有的很有创新性,值得大家关注与思考。限于篇幅,不能一一列举,这里只略举三例。

【例一】朱德熙先生根据"X 的"的句法功能的不同,将"X 的"分为副词性的、形容词性的和名词性的三类;相应地,将其中的"**的**"(含状语末尾的"**地**")分别分析为副词性附加成分"**的**"$_1$、形容词性附加成分"**的**"$_2$ 和名词性附加成分"**的**"$_3$。本书作者认为"**的**"既是领属助词,也是结构助词(含"**地**"),依句法环境而定,与朱先生迥然不同。

在科学研究领域,任何一种看法或观点,都只能视为那是研究者在一定时期、一定阶段所获得的一种假设性看法或观点。因此,我们先别去评论哪种分析可取,哪种分析不可取。重要的是得先看到本书作者为现代汉语里的虚字"**的**"又提供了一种新的分析思路。当然,我们可以对这种新的分析思路的学术价值进行思考与评析。

【例二】"**把**"字句在汉语学界已讨论得很多很多,用生成语法理论讨论"**把**"字句的文章也已不少,但至今也未取得一致的、圆满的认识,特别是于"**把**"字句的语法意义,更是各抒己见,众说纷纭。且不说国内学者意见不一,国外生成语法学者黄正德就认为"**把**"字句表示处置义,而所谓处置,可具体理解为"使役+成为"(即"处置 = 使役 + 成为"),"**把**"是"使役"标记,"**给**"是"成为"标记。本书作者提出了另一种新的看法,即"处置 = 及物 + 使成"。"及物"标记是"**把**","使成"标记是"**给**"。根据是,所有"**把**"字句都可以加"**给**",而"**给**"在现代汉语里确能表示"使成"义。加"**给**"是"**把**"字句句型的"一个结构特征"。

本书作者为"**把**"字句又提供了一种新的分析思路,特别是强调所有"**把**"字句都可以加表"使成"义的"**给**"。当然,对这种新的分析思路的学术价值我们可以去思考、评析。

【**例三**】对于现代汉语里的"**你去不?**""**他来了没(有)?**"这类疑问句一直以来汉语语法学界多数人都将它视为"V 不/没(有)V"正反问句(又称反复问句)的省略式。本书作者从生成的角度否定了上述传统看法,认为这是一种以否定词充当疑问标记的独立的一类疑问句,这种疑问句古已有之,是现代汉语中与选择问句、正反问句相平行的一类疑问句。作者将这种疑问句称之为"否定词问句"。作者这一意见是可取的,论证是有力的。

总之,本书有创新,会让读者有新鲜感。至于本书有关种种汉语语法现象的分析,如果单纯从构造层次看,多数情况,一般会以为本书的分析与传统的分析似区别不大。例如:

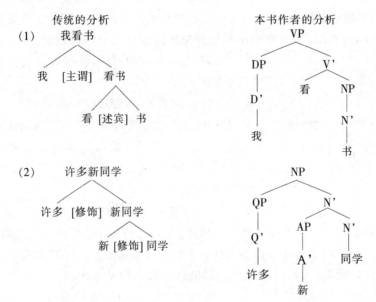

但需知,传统的分析只是作一种静态的层次分析,而本书作者依据生成语法理论,特别是遵循"X-bar"生成模式(或称"X-标杠模式")进行了语句的动态生成分析。这一点读者看了本书就会清楚。

不过有许多分析则确实很不一样。下面不妨以"**张萍的学生**"为例,比较传统的分析与本书作者的分析之不同:

序 二　7

传统的静态层次分析　　　　　本书的动态生成分析

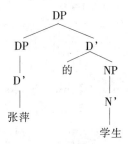

按传统的分析,显然"**的**"先跟"**张萍**"组合,然后"**张萍的**"再跟"**学生**"进行组合。本书作者对传统的分析,并未说明其分析的不合理之处。本书的分析则认为"**的**"先与"**学生**"并合。这并非作者一人作如是分析,也有一些生成语法学者,也这样分析。

将这种结构里的"**的**"看作限定词是可以的,因为领属性偏正结构在语义上是定指的。问题是,在生成过程中,那领属限定词"**的**"一定必跟被领有者"**学生**"先并合吗?我估计作者对带领属限定词"**的**"的领属性短语的生成可能会引起争议。说句实在话,语言里某类短语或句结构到底如何生成的,到底先谁跟谁并合,然后再谁跟谁并合,都还是在探索之中。领属性短语,我们可以设想,将会涉及四个要素——领有者、被领有者、领有标记、被领有标记(领有标记或被领有标记都可能是零形式,如汉语的"**我母亲**"就是)。在领属性短语生成过程中,到底那四要素如何一步步并合,也在探索之列。为便于说明,不妨将上述四要素分别符号化为:

领有者-NP_1　　被领有者-＋NP_2　　领有者标记-'　　被领有者标记-''

先看汉语。汉语里的"**的**"似应看作领有者标记,因为汉语里只有"**我的**"、"**你的**"、"**张三的**"、"**李四的**"等说法,而不存在"＊**的衣服**"、"＊**的眼镜**"、"＊**的耳朵**"、"＊**的鼻子**"等说法。汉语里没有被领有者标记。实际语言情况大致有三:

　a. NP_1＋NP_2　　如:我孩子
　b. NP_1＋-'＋NP_2　　如:我的孩子｜张三的书包
　c. NP_1＋-'　　如:我的｜张三的(在一定语境里才能省略NP_2)

汉语里不存在领有者标记("**的**")和被领有者组合的情况(如上面所举带＊号的说法)。从实际语言事实看,汉语的领有者标记只能黏附在领有者身上。

再看英语。英语里有领有者标记(其标记为 -'s、of 或体现在单数的 my、your、his、her 和复数的 our、your、their 等形容词性物主代词上)。英语似也没有被领有者标记。实际语言情况大致有四:

a. $a_1.$ $NP_1 +$ -' $+ NP_2$ （领有者标记体现在物主代词上）如：
my boy | our books
$a_2.$ $NP_2 +$ -' $+ NP_1$ （领有者标记为 of）如：
the boy of John | the books of John
$a_3.$ $NP_1 +$ -' $+ NP_2$ （领有者标记为 -'s）如：
John's boy | John's books
b. $NP_1 +$ -'（领有者标记融入物主代词——由此形成的物主代词称为"名词性物主代词"）如：mine（我的）、yours（你的/你们的）、ours（我们的）……

英语里，领有者标记为 of 时，领有者居后（如 of John）。英语里也没有只出现领有者标记和被领有者的情况，即不存在[-' + NP_2]的语言格式（如"*the books's"、"*the books of"）。从实际语言事实看，英语的领有者标记也只能黏附在领有者身上。

这就是说，就汉语和英语看，生成领属性短语时，那领有者标记都先与领有者并合，然后所形成的结构再与被领有者并合，而非相反。当然，可能会有某种或某些语言，那作为中心词的表示领属的中心成分是附着在被领有者身上的。如果真有这样的语言，也不能就据此认为领有者标记先与被领有者并合是语言的普遍共性，也只能认为可能存在着不同类型的情况。如果作另一种生成解释：那领有者标记（如汉语里的领属限定词"**的**"）是中心词，先跟 NP"**张三学生**"组合，即"**张萍学生**"是领属限定词"**的**"的补足语；"**张萍**"为了能取得领格位，往上移位至标志词位置。

我以上所作的分析，也只是一种假设性的想法。我想，一部新著所作的分析、描写与论述，能在学界引起争议和反响，这在一定程度上反映了这部新著在学界的影响。这毕竟是我所看到的第一本用生成语法理论来描述汉语语法的书。凡事起头难，我们不能苛求。诚如作者自己在《前言》里所说，"遗误与不足之处，待将来再修订补齐"。但愿作者在日后通过不断修订使本书日臻完善。

作者在《前言》里说，"本书对现代汉语词结构和句法结构的分析，除了语法本身的意义之外，一个实用的地方就是它提供了一个小小的汉语结构库，以二阶短语结构的形式将一部分汉语词结构和句法结构列出来，提供给有兴趣的人士参考，比如汉语计算语言学者。"我想本书对理论研究或应用研究，确实都会有参考价值。是为序。

陆俭明
2010 年 7 月 28 日
于北京郊区

前　言

本书是对现代汉语的词结构和句子结构进行描写与解析的著作。如果你对现代汉语的结构有兴趣或者有需要,那么,这本书就是为你写的。读书的时候,重要的是观察语言事实,理解分析技术背后简单的道理,而不必把所有的理论细节掌握与消化。无论你是在读大学,念研究生,教书还是做研究,无论你是学汉语还是学外语,研究语言习得还是讲授对外汉语,或者是从事语言信息处理(包括翻译和机器翻译),希望你看了这本书后会觉得有所裨益。

语言是有结构的,否则人说话和听懂别人说话就根本没有可能。语言的结构表现于具体语言形式,如音节及音韵结构、语素或者词结构、句子结构、篇章结构等等。在语法的范畴内,主要关心的是词结构以及句子结构。二者都是由语素或者词组合而成,其中既涉及这些成分的语义、语法属性,也涉及这些成分之间的聚合与组合的规律。解析词和句子的结构,既需要对各类组合成分的语法属性做出清晰地描写和论证,也需要对成分之间的聚合与组合的规律做出清晰地论证与合理的解释。

解析语言的结构有一个很大的困难,就是它是看不见、摸不着的。谁也不能告诉你它们是什么样子,就像谁也不能告诉你物质的分子或者原子的结构是什么样子一样。不过,研究分子或者原子结构的科学家比研究语言结构的语法学家占有几大先机。其一,分子与原子是物质之本,有被采样与施于实验手段的前提。其二,科学实验方法是解析分子与原子结构的必要手段。比如,用不同比例的溶液、或者用 X 光衍射的办法,可以测定出分子的三维结构;用电子或粒子加速器为手段,可以测定出原子的结构。其三,科学家有一套既定的话语与图示来表示分子或者原子的结构,让人直观地了解分子或者原子的结构大概是什么样子。这是大家在中学学习物理、化学时就知道的事情。相对而言,语言是人类大脑神经认知系统活动的一部分,首先有采样的困难。其次,通过观察大脑组织活动来解析语言结构直至目前仍然是为数极少的神经语言学家的研究,尚在萌芽阶段。比如采用实验手段来观察正常人或失语症患者的言语活动,请参试者阅读或聆听语言形式,或者结合观察图片,通过语言形式与图片的不同组合,看他对不同组合的理解情况,或者理解速度的快慢,通过分析大脑皮层生物电流分布以及观察大脑组织活动的电磁或核磁扫描成像,然后判定语言形式的成分结构的划分。只有将跟语言直接相关的大脑组织活动,比如布罗卡区域(Broca area)、韦尼克区域(Wernike area)、脑前叶(frontal lobe)、神经元网络与功能等等,跟解析语言结构直接挂钩,才能最终达至理解语言结构的目的。

　　不过,一般情况下,语法学者研究语言形式的结构,是要依赖实际的语料,即本族语者所说的话或者写的文章。随着语料库的普及,越来越多的研究都从语料库采样,使所用的例子更为真实可信。但是仍有两个根本问题存在。一、基于语料的观察只能解决语言形式的表层类型的归类;观察的语料越多,归类就越准确可靠。但是,语言形式的成分结构,即我们看不见的那一层内部结构,仍然需要依赖本族语者的语感和一些语言学中常用的经验方法和理论预设来判定。本族语者可以包括语言学者自己,如果所研究的语言是他的母语,也可以是其他人。二、尚没有一套既定的话语与图示来表示语言的结构。有时尽管大家对某些结构的分析是基本一致的,但却不一定会用同样的方法来表示。这也是造成我们对语言的结构难以达成共识的一个原因。不论我们承认与否,现状就是如此。

　　视语言的不同,研究语言形式结构的过程也有难易之分。一般来说,语法范畴上有很多构词形态和句法标记的语言,成分结构较容易辨认。比如俄语,其句子的时态、语态、情态、体貌、焦点、否定、比较、命题、句式等等,其词项的类、性、数、格等等,都有不少标记。有的语言连空语类也有标记,如意大利语。汉语因为缺乏形态,同时少有句法标记,成分结构常常不易分析,也时常在文献中轻描淡写地带过。如何来分析汉语的成分结构,历来都是研究汉语的最基本、最重要的环节之一。

　　结构测定出来了,或者暂时预测出来了,就要用语言表述的方法,或者用图示的办法,把它表示出来。假如这些表述方法和图示的办法自成一个系统,而不是零敲碎打、现来现用,那么,久而久之,就会成为学科的一部分。这在任何一个学科都是一样。虽然在语言学领域目前所用的表述和图示方法不统一,采用某一个理论系统的学者,多半是照着自己这个系统的方法去行事的。这就要说到结构解析与理论分析的关系。

　　对我来说,任何一个理论分析框架都没有太大的关系,只要它能够客观科学地解决面对的问题。事实上,除了用生物、生理、神经、生物化学系统的运作来直接描述大脑的语言活动,其他任何一个语言理论都是元语言系统。人的生命有限,我们在学习与从事语言学研究时,并非将所有现存的理论都一一领教完,然后再有选择地和综合地来用。各理论的哲学理念不同,系统的构造不同,历史成因和发展过程不同,并不能够随便凑合在一起供人选用。由于历史的机缘,我恰好撞上了生成语法理论,于是用它来做语言结构研究的理论分析框架。于我而言,它仅提供了一个结构描写的框架,帮助我去"看到"那一层本来看不见的成分结构而已。

　　"生成"二字并不深沉。已知语言来自大脑,言语发自说话人的口(或者说话人的手,如果是写出来的话)。解析语言结构时,与其仅仅依靠说出来或写出来的语料,不如想一想这些说出来写出来的话在它产生出来的那一刻是什么样子?以及它为什么是这个样子而不是另外一个样子?换言之,"生成"之意在于模拟言语产成的过程,理论上构建出一个系统,使其在产生语言形式的同时完成对它的结构描写。从哲学观点来看,这似乎是一个高屋建瓴的之举。事实上,采纳"生成"这一概念的语法理论,并不止生成语法,其他如词项功能语法(lexical-functional grammer)、概化的短语语法(generalized phrase structure grammar)、构式语法(construction grammer),也都是如此。

"生成"这一概念的合理性也基于儿童语言习得。儿童在四五岁就能掌握其母语语法,就能说出其结构跟成年人言语无异的句子,成为流利的本族语者,只待逐步丰富词汇和发展多元体例的书面语系统。儿语习得时期不长,接受的语料也相当有限,有时甚至是掺杂混合的语料,但是却可以在此种条件之下掌握语言的正确语法规则。任何语言科学家要问的问题是:儿童为什么有如此神奇的语言习得能力?他的大脑怎么就能从有限的语料中归纳出正确的语法规则系统来,而不是其他?正面回答这些问题仍然是语言科学的终极目的,但似乎有两点是当今语言研究的主导与底线。其一,人类语言能力天授,通过基因遗传;其二,后天语言环境与个体差异对语言习得有不可忽视的重要作用。表面上,这两种理念水火不容,但其实互为支撑。语言天授指人类的普遍特质,而语言环境与个体差异指人群中客观存在的不均衡现象。二者都需要而且可以从儿童语言习得的过程中得到合理的解释与印证。正如大家都有十个手指头,但每个人的指纹都不一样。

"生成"的概念促使研究者去追寻与解答语言结构是如何产生以及为什么会这样或那样产生之类的问题。但理论跟事实还有距离。理论上,遣词造句的过程是线性的,词库输出词项,这些词项再按照句法规则组成成分结构,结构再读出来(即获得语音),并同时被赋予相关的语义。作为基础理论预设,这并没有错,只是大脑在生成言语的时候要快得多。不管是以语言习得为基础的认知心理语言学研究还是基于大脑生理结构的神经语言学研究都告诉我们,凡惯用的语言形式,包括"词"和"非词"(如弱词性结构、短语、片语和句子),都是说话人从儿时一路学习积累下来并记存于大脑中的东西,说话时将它们"调出来"造句,并不需要一个语素一个词这样来"生成"句子,因为这样做太不经济,也根本太慢。只有当遇到全新的形式(即没有记存下来的形式)时才需要这样做。换言之,大脑并不是遣词造句,而是"遣语造章"。"生成"的概念本身就是呈动态与发展性质的,跟大脑的发育也是同步的。儿童咿呀学语时,是让语言环境来启动先天的语言机制,但没有任何前期语言形式的积累。经过内在转化的语法初始阶段以及若干年语言形式的积累,才能够达至出口成章的成年人时期。理论上,言语生成的线性过程更接近语法的初始阶段,它能够帮助我们理解语言形式的结构,但尚不能完全反映成年人的言语生成过程。单从解析语言形式结构而论,假如言语的线性生成过程更接近语法的初始阶段,对研究者的启发是再清楚不过:假如语法分析复杂不已,那么儿童如何能够习得语言?因此,语法分析最终要跟语言习得挂钩,要跟大脑神经的运作机制挂钩,否则就会徒劳无功,没有多大的科学价值与意义。

那研究语言结构到底有什么用?首先是解释人内在的语言机制。乔姆斯基在1988年的《语言与知识问题》(Language and Problems of Knowledge)一书中说过一段话,大意是:任何语言研究都始于对语言结构形式的探索,其结果可用来说明讲这个语言的人的语法能力,然后再想一想为什么语言是这个样子,并试图解释人内在的语言机制(Chomsky 1988:60)。所以,对语言结构形式的探索是万事之始,没有这个,就什么都没有,都是空谈。

语言形式可以貌似相同但结构不同,或者貌似不同但结构相同。举个例:

(1) a. 跑进屋里来一条狗。
    b. 屋里跑进来一条狗。
    c. 跑了一条狗进屋里来。
    d. 有一条狗跑进屋里来。

这些句子的意思都差不多,所用的词项也大同小异,只有语序不太一样。主要差别是"**一条狗**"既可出现在"**跑进来**"之前,也可以之后。为什么?又为什么可以说"**跑进屋里来**",也可以说"**屋里跑进来**",还可以说"**跑了一条狗进屋里来**"?再看:

(2) a. 种族动乱使[这里的人民失去了家园]。
    b. 忽然听说他已被校长辞退了,这却使[我觉得有些兀突]。
       (鲁迅《彷徨·孤独者》)

(3) a. 种种的行为矛盾着、痛苦着自己。 (丁玲《一九三零年春上海》)
    b. 这些东西兴奋了屋子里所有的人。 (丁玲《一颗未出膛的枪弹》)

(3)里边没有"**使**",似乎跟(2)不一样,但实际上可以变换成有"**使**"的句子,意思不变:

(4) a. 种种的行为使[自己矛盾着、痛苦着]。
    b. 这些东西使[屋子里所有的人兴奋了]。

另一方面,(2)却变换不成没有"**使**"的句子:

(5) a. *种族动乱失去了[这里的人民____家园]。
    b. *这却觉得[我____有些兀突]。

为什么如此?这中间的道理在哪里?这就是我们研究语言结构要回答的问题。诸如此类的问题研究得多了，就会慢慢找到汉语语法的运作机制，就能帮助我们描述讲汉语的人的语法能力，再跟别的语言中类似的问题相比较，就可能悟出语法的道理。理想的语法理论需要模拟言语生成的过程，关键的一环就是紧紧扣住语言形式的语法范畴与成分结构，才能一步一步地完成生成的过程。

在运用方面，需要语言结构的地方很多，如计算语言学、信息处理、机器翻译、语言教学、对比语言研究等等。计算语言学用计算机来模拟言语生成的过程，需要建立语言的结构库，包括词结构和句法结构。这道工序无捷径可走，只有一个一个结构来建立，再一个一个地输入计算机；需要经过训练的语言学者的语感和技能，也需要计算机学者的专才。这方面，计算机和语言学的合作并非一帆风顺。凸显的问题是语言学从来就没有建立过一个基本的语言结构库可供参考，汉语如此，其他语言亦如此。加之语言学者对语言结构的看法并不一致，同时又有如此多的结构需要建立，且不说还有如此多的语言。计算机学者不耐烦了，说你们不干我们自己干。其实，语言学者完全可以拿出一些结构来供人参考，不完整再修改就是了。科学家可以定出物质的分子结构典，甚至原子结构典和基因结构典，后人无需再费时费力去调查论证。语言的宏观调查方面（比如方言调查）已经初步是这样了，可是在微观方面，即在词和句的成分结构的论证方面，却远非如此。而微观方面的成果正是计算语言学急需的东西。举例来说，汉语"把"字句似乎调查论证了几代人，除非有新的语料，其成分结构可以暂定下来成为大家的共识，给有关人员参考。再比如可以提供一个复合词类型结构库供参考，或者句型结构库供参考。诚然，语言处在动态的变化之中，提供静态结构的描写有局限性。然而，词结构和句法结构的变化是十分缓慢的，先前建立的结构库可以后来再修正。

语言教学从来都需要对语言结构的描写与分析。二次世界大战中，美国人要快速训练出能够用外语沟通的人才，于是请语言学者出山献计献策。后者用结构主义语言学的框架编出了一批很有系统性的外语教材，并按语言点的难易度来设置课程，请老师按部就班、按图索骥来教书。从此奠定了语言教学的理论和方法的基础，所谓应用语言学也由此诞生（该学科今天的范畴已经远不止语言教学）。几十年过去了，这个基本的理论和方法并没有变；不但不变，而且效行世界各国。美国人曾投入了许多资源去做语言教材的编写和设计，一大批语言学者和语言教师做了艰苦细致的工作，因此事半功倍，皆大欢喜。今天，对汉语语言结构的研究远比半个世纪前要深入得多，对外汉语教学就是一个可以直接受益的领域。

本书对现代汉语词结构和句法结构的分析，除了语法本身的意义之外，一个实用的地方就是它提供了一个小小的汉语结构库，以二阶短语结构的形式将一部分汉语词结构和句法结构列出来，提供给有兴趣的人士参考，比如汉语计算语言学者。我们知道,解析汉语词结构和句法结构的工作自《文通》(马建忠1898)以来一直都在做,而且每一个时代都有新的进步。但至今感觉仍然是盲人摸象。这不仅是因为语法研究要面对大量的艰苦细致的语言事实的描写工作,也是因为至今还有语言研究与语文讨论不分家的情况。于我而言,科学客观最为重要。汉语结构研究这方面留下的工作还相当多,贯穿于整个汉语语法系统。本书希望做到的,就是在前人研究的基础上,对之前尚未做到或者做得不够的地方,做出更准确的观察与描写,提出更妥当的分析和论证,遗误与不足之处,待将来再修订补齐。读者看了之后,可以自己去做更全面、更深入和更细致的研究。

最后有一件事一定要在这里提到。若干年前,同道的先生和朋友一起商量写一本汉语生成语法教科书,有徐烈炯、顾阳、潘海华、石定栩、沈阳及我。大家都认定有这样的必要。于是开了会,拟出了初步的章节提纲,分工定人划定了范围,由我做联络人。我们并没有低估任务的艰难性和艰巨性,但还是低估了繁重的日常教学和研究的压力。书虽然没有最终写成,但大家的一片热忱、友情和共识,永远铭记于心。若以大家的智慧和学养,写成的书无疑会更全面、更好。这些同道与朋友,另还有吴伟平、张本楠、杨若微、冯胜利、徐杰、徐赳赳、曹秀玲、王克非、陈国华,多年来的支持与友情,令人感怀。

为本书作序的北京大学中文系陆俭明教授和香港城市大学中文、翻译及语言学系的徐烈炯教授,是当今汉语语言学界的大师,著作等身,成就斐然,是我十分崇敬的先生。衷心感谢他们屈尊为本书作序,也感谢他们对我一如既往的教诲、鼓励与支持。同时谢谢我历年的学生(特别是修读过我"语言研究与翻译"一科的本科生以及"对比语言研究"一科的研究生),使我从教学中积累出宝贵的语感和语料。我希望学生懂得一个道理,做翻译是在两个语言的世界来回游弋,眼前常常无路可行、路转峰回,而如果对语言结构有所认识,就会多一对翅膀,胸有成竹而游刃有余哉。最后要谢谢我太太,她也从事汉语语法研究,十多年前主编过《现代汉语动词大词典》(北京语言学院出版社,1995),并两赴日本参加过多国语机器翻译合作项目;写书过程中,我常跟她讨论一些问题,而她别开生面的思路使我能另辟途径来解决问题;在繁重的日常工作的压力之下,没有她的亲情和支持,这本书是绝对完不成的。

何元建
二零一零年元旦
于新亚书院

符号及缩写表

符号：
    *　　　　句子有错
    ?　　　　句子也许有错
    !　　　　句子语法无错,但语义费解
    *(…)　　如拿掉括号里的成分,句子有错
    (*…)　　不拿掉括号里的成分,句子有错

英文缩写：
    A　　　　形容词
    AP　　　形容词短语
    ADV　　副词
    ADVP　副词短语
    Asp　　　体貌词
    AspP　　体貌词短语

    C　　　　标句词
    CP　　　标句词短语
    Cl　　　　量词
    ClP　　　量词短语
    Conj　　连词
    ConjP　连词短语

    D　　　　限定词
    DP　　　限定词短语

e	零词项、空语类
Foc	焦点词
FocP	焦点词短语
Force	力度标记
ForceP	力度(标记)短语
I	语法范畴词
IP	语法范畴词短语
Mod	情态词
ModP	情态词短语
N	名词
NP	名词短语
Neg	否定词
NegP	否定词短语
OP	零关系代词
Op	零运算子
P	介词
PP	介词短语
Part	助词
PartP	助词短语
Pass	被动标记
PassP	被动标记短语
Pro	零代词
PRO	虚代词
Q	数量词
QP	数量词短语

v	轻动词
vP	轻动词短语
V	动词
VP	动词短语
X	任意词项
XP	任意短语

第一章 语言的认知基础和语法理论

本章简要地讨论三个问题:语言的认知基础、语法的组成部分及其与认知系统之间的关系以及语法理论的任务。目的是为了解生成语法理论框架和语法研究的一些基本方法论打下基础。

1.0 语言的认知基础

人类为了达到交流的目的就要相互说话,说出来的话就是"语言",它是一串串载有信息的音流。音流是发音器官(唇、齿、舌、口腔、鼻腔、喉等等)发出来的,但指挥发音器官的却是人的大脑。也就是说,人能够说话是因为大脑里边有"操控说话的机制",生成语法学者把它叫作"语言机制"(Language Faculty)(参 Chomsky 1993,1995,2000a,2000b,2002a,2002b,2005)。人说话的同时,常常也要听别人说话。语言的音流通过空气传播,传到人的耳朵里,变成生物化学信号,经神经管道输送到大脑中的语言机制,将其中的信息抽取出来送到大脑的有关部位,使信息得到诠释,于是听话人明白通过音流传来的信息是什么意思。有的时候,说话人不是通过发音器官发出语音,而是用手把要传播的信息写成一串一串的书写符号,通过书面语言把信息传出去。这时,指挥我们的手进行写作的也是大脑中的语言机制。书写符号通过光感作用进入人的眼睛,也会变成生物化学信号,经神经管道输送到大脑中的语言机制,其中的信息被抽取出来并得到诠释,于是阅读的人明白通过书面语言传来的信息是什么意思。或者说,说话或写作,是转换传播信息的渠道;听话或阅读,则是转换接受信息的渠道。使用不同的身体器官(发音器官或者手,耳朵或者眼睛),就可以完成交际渠道的转换,但指挥它们进行运作的是大脑中的语言机制。

理论上,说话(包括写作)叫作"言语生成"(speech production),听人说话(包括阅读)叫作"言语理解"(speech perception)。这需要人的语言机制和其他认知系统的相互配合。图示如下:

(1)

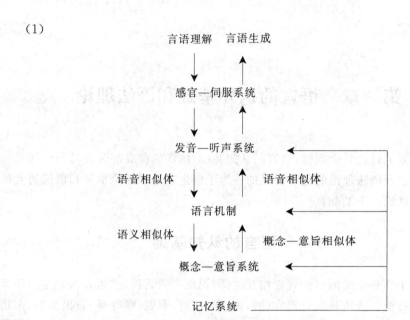

发音—听声系统(audio-articulatory system)、语言机制(language faculty)、概念—意旨系统(conceptual-intentional system)以及记忆系统(memory systems)都是人的认知系统的组成部分。感官—伺服系统指人的眼、耳、手、唇、齿、舌、口腔、鼻腔、喉、皮肤等等器官。它们在言语的理解和生成过程中都有不可取代的作用。重要的是,不管是言语理解还是言语生成,说话人都要运用相同的系统来完成。

理论上,人的认知系统代表的是大脑的某些部位,言语的理解和生成过程是以神经生理运作为基础的心智心理活动。以下先逐一简述认知系统的各个部分。

发音—听声系统是大脑中指挥和控制感官—伺服系统,使其在言语的理解和生成过程中起作用的那些部分。分布在大脑不同的区域,如管视觉的在左下端页,管听觉的在左下页中区,管伺服系统的在左上页中区。

语言机制可能处在大脑的左前叶区和左颞顶区,左前叶区管运用规则,左颞顶区(即长期记忆系统所在区域)管记存已经是固定的语言形式,如词根。(Pinker 1999:298-299)

概念—意旨系统指大脑总管概念、意旨、理念、博弈、幻象、思辨等等一切思维活动的地方。它应该是神经元结成的网络和板块。具体在大脑的哪个部位,有不同的看法,因为成人和儿童的概念—意旨系统有不同的表现。也许神经元结成的网络和板块有受内在因素(生物生理)和外在因素(自然、社会、人文)影响的缘故。也许神经元结成的网络和板块自身会形成一个超生物生理的"心智"(the mind)之存在。

记忆系统分长期记忆和短期记忆。短期记忆系统在颅前区,长期记忆系统在海马区，位于耳朵上端的颞颥区内。记忆开始于短期记忆，然后可以一点一点地向长期记忆转移。

在认知系统中，语言机制被认为是具有"普遍特征的能力系统"（competence system），而其他的如发音—听声系统、概念—意旨系统、记忆系统则是所谓的"运用系统"（performance systems）（Chomsky 2000a：28）。所谓"普遍特征的能力系统"，就是具有跨语言的、程序般的生成能力（competence as a generative procedure）。Chomsky（1993，1995，2000a，2000b，2002a，2002b，2005）把这个有跨语言的、程序般的生成能力叫作"内在语言"（I-Language）。

注意，严格地说，语言机制中管运用规则的那一部分才"具有跨语言的、程序般的生成能力"，其他部分如记存语言单位的那一部分，则属于记忆系统。

言语理解时，即听人说话或者阅读的时候，言语的音流或者书写符号通过空气或光感传播，传到人的耳朵或眼睛里，变成生物化学信号，经神经管道输送到大脑中的发音—听声系统，转换成语音的相似体再传到语言机制，语音相似体经过译码，其中的信息被抽取出来进入概念—意旨系统，信息在概念—意旨系统中得到诠释，于是听话人明白通过音流或书写符号传来的信息是什么意思。

言语生成时，信息处理过程反过来。概念—意旨系统发出信息，通过语言机制将其进行编码，输出语音相似体，这个语音相似体再进入发音—听声系统，使指挥感官—伺服系统将载有信息的语音相似体通过嘴说出来，或者通过手写出来。

如果言语理解时用的语言不同于言语生成时使用的语言，就是所谓的双语言语处理（bilingual processing），如翻译（口译或笔译）。

双语言语处理因为涉及源语和目的语各自的文化和社会背景，涉及各自语言社团的背景，除了要受语言机制的制约之外（两种语言系统不同），更大程度上要受到"运用系统"的限制，即发音—听声系统、概念—意旨系统、记忆系统甚至伺服系统的限制。

从整个认知系统来看，语言机制的作用只是一个编码和解码器。听人说话的时候，听到的"话"经过语言机制，其中的信息就被抽取出来，把这个信息再送到概念—意旨系统中去取得诠释。能够诠释的信息就是听话人马上就能懂得的信息，不能诠释的信息就是不懂的信息。信息能否诠释取决于听话人作为某一语言社会的成员是否已经在他的概念—意旨系统中建立起有关信息的"概念"和"概念的诠释规则"。如果是，信息就得到诠释；如果不是，信息就得不到诠释。比如，成人能够理解的事情，儿童未必。换言之，成人比儿童在概念—意旨系统中建立的"概念"和"概念的诠释规则"要多。对操双语者而言，不但其语言机制中有两种语言的编码和解码程序，而且在其概念—意旨系统中建立起了跨语言社会及文化的"概念"和"诠释规则"。做翻译就是交叉运用双语的编码和解码程序，以及跨语言社会及文化的"概念"和"诠释规则"。

　　人的认知系统如何在言语理解和言语生成进行运作,有四条研究的途径:一、语言学范畴的元语言性质的理论性研究,主要针对语言机制(即语法)进行的研究;二、认知科学范畴的元语言性质的理论性研究,即将语言机制跟概念—意旨系统结合起来的研究;三、运用计算机仿真言语理解和言语生成过程的研究;四、生物、生理、神经学方面的研究。

　　第一、二两个方面的理论研究对其他两个方面又有促进作用,但终极目的应该是在第四方面的突破,因为即使明天造出了跟人说话听话一模一样的计算机,那也只是硬件软件的突破,跟人的大脑没有直接关系。弄清大脑究竟是怎样进行言语理解和言语生成的,是摘取皇冠上的宝石。

1.1　语法的组成部分及其与认知系统之间的关系

　　这里讨论的内容主要是在语言学范畴。该范畴对语言机制进行的研究有几点值得注意。

　　一、虽然言语理解和言语生成是一个以大脑的神经生理运作过程为基础的认知过程,但是语言学并不以大脑的神经生理运作过程来研究语言机制,并不以神经生理系统来描述人的语言机制。语言学所从事的语言描写是依据人的语感(以及语境)来解析人说的话,即语言形式,通过解析语言形式的结构、语法关系和语法范畴,看清语言形式后面的语法原则及其在认知系统中的作用。

　　二、要研究就要有一个理论框架,也就是说,让我们先在理论上假设语言机制就是这个样子的,它就是如此这般来进行运作的,然后用语料来证明它。关键的问题在于该如何来设计理论框架,使能描述和解释人的语言机制。语言学者的方法是设计出一套理论和规则,用它来描述和分析语言材料,由此来推测人的语言机制。用这种方法,语法学者已经对人类语言,又称自然语言,进行了若干世纪的研究。虽然由于理论不同常常会产生不同的解释,但理论的产生和完善跟对语言材料作出深入细致的分析是分不开的。

　　三、虽然言语理解和言语生成都是认知系统管的事,但是语言学研究的传统,主要是研究言语生成,即说话的时候语法是怎样运作的;而听话的时候语法是怎样运作的,语言学者似乎管得少一点。

　　四、在语言学范畴,语言机制也叫作"语法"。不过,"语法"也指"语法理论",不要混淆。例如,Chomsky 认为人的语言机制具有跨语言的、普遍的结构生成程序,所以又叫作"普遍的语言机制",或者叫作"普遍语法"。同时,"普遍语法"也指 Chomsky 提出来的关于语言机制的理论,所以,它也是两用的。因此,读书的时候要小心。

　　本章所采用的理论框架就是普遍语法理论，它是以 Noam Chomsky 为代表的语法学者从上个世纪 50 年代提出并发展至今的、关于语言机制的理论框架（严格一点说，是关于言语生成时语言机制是怎样运作的理论），属于当今主流语法学理论之一。它主张，人的语言机制具有跨语言的、普遍的结构生成程序；因此，语言描写的重点在于陈述语言结构是如何生成出来的。如果做到了这一点，理论就有了解释能力。它的两个基础思想是：一、语言机制通过生物遗传，儿童语言习得是内在的、有规则的心理活动，有别于其他技能或知识的学习；二、儿童的语言机制代表了普遍语法的初始状态，通过外部语言信息的输入而调试成为一部完整的语法。注意，这里的语法主要指的是语言符号的运算，即规则的运用。也就是说，符号（即词项）是后天学来的，而规则是先天俱来的；后天语言信息的输入只是让它启动起来而已。我们知道，人类大脑的生物、生理结构相同；儿童无论生于何地、何种语言及种族背景，如果出生后被携往另一语言背景中长大，都能毫不费力地习得当地之语言。这说明语言机制的内涵具有一致性，它代表的规则系统具普遍性，而且一定很简单，很经济，否则儿童不可能在短短的时间内就习得一门语言。人脑的结构相同以及儿童能在短时间内就习得任何一门语言这些事实都是普遍语法理论的重要经验基础。普遍语法的操作系统和理论原则，我们在第二章里说。

　　普遍语法（Universal Grammar）常常又叫作生成语法（Generative Grammar），或者生成转换语法（Generative Transformational Grammar），或者形式语法（Formal Grammar）。"生成"一词的哲学意义是说语言符号的运算是人的心理和心智的产物，同时指语法规则一经运用就会产生出语言结构来。即语言结构是由规则生成出来的意思。转换基本上是一个技术术语，包括词项投射（lexical projection）、词项或者短语填位（merge）以及词项或者短语移位（movement）这些操作。狭义上的转换专指移位，如语义相同而语序不同的句子可能通过移位来生成。由于这些操作本身就是句子结构生成过程中不可缺少的环节，"转换"一词现在已经少用。另外，生成语法主张对语言的描写要形式化，清晰地表述出语言形式的结构、语法关系和语法范畴。因此，也称为形式语法。

　　那么普遍语法有哪些组成部分，它跟认知系统的关系又是怎样的呢？理论上，语法主要分两部分：一部分管储存语言符号，主要是词根和词缀；一部分管语言符号的处理和运算，即用词根和词缀去构成复杂形式的词，如派生词和复合词，或者用词去构成句法结构，如大大小小的句子，以及用大大小小的句子去构成篇章。已知语言符号储存在大脑左颞顶区，语言符号的处理在左前叶区（Pinker 1999:298-299）。

　　语言符号的运算就是运用规则。又分纯语法的、不受语境制约的符号运算和受语境制约的运算。前者是说话人的语法能力(competence),后者是他在具体语言环境中运用语言的能力(performance)(Chomsky 1965,1974)。人运用语言的能力主要是语言运用理论,如社会语言学、应用语言学、言语行为理论、话语策略等所关心的问题。语法理论关心的是人的语法能力;普遍语法理论关心的是如何将人的语法能力用一种形式化的方法明晰地表示出来。这也是本章的讨论范围。

除了储存语言符号和语言符号的处理和运算之外,语法并不是孤立的,而是跟认知系统的其他部分相连接起来的,连接的部分叫作"界面"(interface)。界面有两个,一个叫"语音形式界面"(Phonetic Form),一个叫"逻辑形式界面"(Logical Form)。按普遍语法理论,界面也纳入语法(= 语言机制)的范畴。因此,语法有四个组成部分:词库、句法、语音形式界面和逻辑形式界面。如下所示:

(2)

词库向句法输出词项,句法将词项组成"符合语法的词串",即短语、句子或篇章;语音形式界面管从句法生成出来的一切语言形式(短语、句子或篇章)的发音;逻辑形式界面管从句法生成出来的一切语言形式(短语、句子或篇章)的语义;语音形式界面和逻辑形式界面分别跟发音—听声系统和概念—意旨系统相连接。

言语理解时,语法跟认知系统的连结关系如下:

(3)
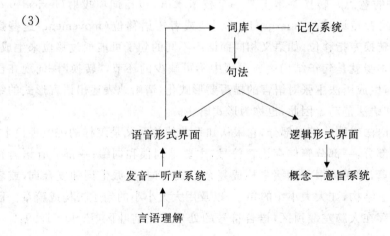

注意,词库的一部分,即管储存语言符号的那一部分,已经属于记忆系统;言语理解

时,语音形式界面应该跟词库相连接。

言语生成时,语法跟认知系统的连结关系如下：

(4)
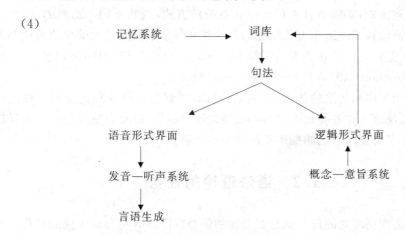

言语生成时,逻辑形式界面应该跟词库相连接。

下面的讨论将不再涉及言语理解,只会跟言语生成有关了。从这个角度,我们再叙述一遍普遍语法的构造,重点在语法内部各个部分之间的关系。

词库的任务有三个。一个是储存已经进入记忆的语言符号,如词根和词缀;一个是用词根和词缀去构成复杂的词,如合成词和有屈折变化的词;另一个是向句法输送词项。词项即所有的具有词的形式的语言单位,包括单纯词、合成词、有屈折变化的词以及零形式的词。零形式就是没有语音形式。

词项进入句法之后即被组合成"符合语法的词串",如短语、句子或篇章的语言形式。这些语言形式从句法输出来,如果有需要,其中一部分,如短语或句子,可以再回到词库中,加入构成合成词的过程。绝大多数情况下,句法输出的语言形式就会分别进入两个界面:逻辑形式界面和语音形式界面。进入逻辑形式界面的语言形式被赋予恰当的逻辑语义解释;进入语音形式界面的语言形式被赋予恰当的音系配值。通常,把已经配以逻辑语义解释的语言形式又直接称为"逻辑形式",把已经有了音系配值的语言形式又称为"语音形式"。这和作为语法组成部分的界面是不同的,值得读者注意。

逻辑形式界面输出的"逻辑形式",即已经配以逻辑语义解释的语言形式,再进入概念—意旨系统。而语音形式界面输出的"语音形式",即已经有了音系配值的语言形式,则进入发音—听声系统。上面说过,概念—意旨系统是人的认知系统的一部分,它让我们知道语法生成出来的语言形式是什么意思,即我们想要说的话是什么意思。发音—听声系统也是人的认知系统的一部分,它用语音把语言形式表达出来,让我们听得见自己说出来的话。

上述普遍语法的组成部分及其功能只是一种理论性的预设,并假设它跟大脑的相关功能差不多。但大脑的运作是生理性的和神经性的,跟语法理论所采用的元语言的描述方式,即用语言来描述语言系统的方式,当然不同。虽然如此,语言理论提出的语法系统的运作方式一直为其他领域科学家们描述大脑中语言机制的运作提供了直接或者间接的依据(参 Chomsky 1981,1986a,1986b,1993/1995,2000a,2000b;Pinker 1994,1999;Smith 1999,2000)。

上面介绍词库和句法的功用,目的是让读者了解普遍语法理论如何可以运用于汉语,比如汉语中的各类短语(如名词、动词短语等等)以及完整的句子是怎样造出来的,由此了解普遍语法的操作系统和基本原则。

1.2 语法理论的任务

任一语法理论面对的任务就是要描述和解释言语理解和言语生成的过程。或者说,人听到的话是怎么被理解的,以及人说出来的话是怎么生成出来的。前面又说过,到目前为止,语法学者关心的问题主要是言语生成,而非言语理解。

从言语生成的角度,说话人的语法能力就是他的造词、造句和造出篇章的能力。这里我们只拿造句能力为例。语法学者如何能够设计出一个理论框架来,使能自动地描述和解释说话人的造句能力呢?

说话人的造句能力是一个抽象的东西,代表着说话人能够造出所说的某一语言中一切符合语法的句子的能力。于是可以预设,如果我们能够设计出一种理论框架来,它能够自动地描述和解释说话人所说的某一语言中一切符合语法的句子,那么,这个理论框架就有了自动地描述和解释说话人的造句能力。要做到这一点当然不容易。迄今为止所有的语法理论,包括本章采用的普遍语法理论,至少在操作系统上,都还达不到这个要求,只是在朝着这个方向努力而已。

让我们来看看如果一个语法理论要达到上述要求,至少应该做到什么。一般来说,应该做到三点。一是做到能够在描述和解释句子的同时,也能解释"非句子",即不符合语法的"词串"。二是描述和解释句子的过程,同时也是句子的生成过程。三是描述和解释句子的过程要形式化,要能清晰地表述出句子及其组成分的结构、语法范畴以及组成分之间的语法关系。

先看第一点。我们要描述和解释的具体对象——句子,是一种"符合语法的词串"。所谓"符合语法",指说话人说出来的语言形式能够为操同一语言的本族语者所接受。所谓"词串"(word strings),就是由一个或以上的词组成的音流。如:

(5) a. 快!
　　b. 快来!
　　c. 快来看!
　　d. 快来看星星!
　　e. 快来看星星哪!
　　f. 你快来看星星哪!
　　g. 小弟,你快来看星星哪!

这些都是符合语法的词串,因此都是句子。可是,同样的一组词可以用来组成句子,也可以用来组成"非句子",即不符合语法的"词串"。例如:

(6) a. 我买了他写的书。
　　b. 他买了我写的书。
　　c. 我写了他买的书。
　　d. 他写了我买的书。
　　e. 我写的书他买了。
　　f. 他写的书我买了。
　　g. 书我写了他买的。
　　h. 书我买了他写的。
　　i. 书他写了我买的。
　　j. 书他买了我写的。

(7) a. *了写的他书买我。
　　b. *我了写书的他买。
　　c. *了他的买书我写。
　　d. *他了写买的书我。
　　e. *我书写的买他了。
　　f. *他书买我的写了。
　　g. *书了买我的他写。

(6)是句子,而(7)是"非句子"。关键问题是,拿同样的一组词,说话人为什么就只说出句子来,而不会说出"非句子"? 或者说,人的语言机制为什么就只造出句子来,而不会造出"非句子"来? 基于此,我们如果要设计出一个语法理论来,它必须不但能描述和解释句子,而且还要能排除"非句子"。

　　第二点,语法理论描述和解释句子的过程,同时也是句子的生成过程。人类操无数种不同的语言,说话的时候,话一说出口,语言形式的生成过程就完成了。所以,我们希望设计出一种理论框架来,能够像人的语言机制那样,也有生成语言形式的程序。如能做到这一点,这样的理论就能代表语法的普遍状态,无论运用于何种语言,都能经过调试成为一部对某一种语言完全适用的语法理论。

上述第一、第二点是互为关联的。说话人拿一组词,就能说出句子来。可以问,是什么机制使他能用词造句?又是什么原因使他不会造出"非句子"来?真实的原因当然在人的大脑里边。但这个事实对语法理论的启示是,如果一个理论框架能像人的语言机制那样,能够拿一组词项出来生成句子,同时又能排除"非句子",那不是就有了生成语言形式的程序吗?

第三点,语法理论描述和解释句子的过程要形式化,要能清晰地表述出句子及其组成分的结构、语法范畴以及组成分之间的语法关系。自从有了经验科学以来,有关学者对科学理论的创立都会采取形式化的表述方式,使其能趋于简洁、准确和清晰。问题是,如何才可以将形式化的表述方式设计在一个语法理论框架当中,使其可以描述和解释句子的过程,并能清晰地表述出句子及其组成分的结构、语法范畴以及组成分之间的语法关系来呢?这个问题我们需要了解了句子及其组成分的结构、语法范畴以及组成分之间的语法关系之后才能回答。

大家知道,描述和解释句子的事,语法学者早就在做了。从索绪尔(Saussure 1916/1959)的理论到布龙菲尔德(Bloomfield 1933)的理论,直到今天的各种理论,描述和解释句子的两个基本概念就是找出句子组成分之间的聚合与组合关系。聚合关系可以告诉我们有关组成分的语法范畴,组合关系可以告诉我们组成分之间的结构关系和语法关系。

例如:

(8) 同学们下午开座谈会。

把这句话按所含词项分别切开,并且给词项标上语法范畴:

(9)　同学们　|　下午　|　开　|　座谈会
　　　N-pl.　|　N　|　V　|　N

N-pl. = 复数名词,V = 动词,N = 名词。这里,句子的最小组成分就是四个词项,即"**同学们**"、"**下午**"、"**开**"、"**座谈会**"。词项的语法范畴又叫作词类。

句子组成分的语法范畴因此暗示出一种聚合关系。即,凡是属于相同范畴的成分都可能出现在句子的同一个位置。或者说,相同范畴的成分一般可以互相置换。比如:

(10)　老师们　|　上午　|　开　|　报告会
　　　N-pl.　|　N　|　V　|　N

(11) 士兵们 | 明天 | 开 | 庆功会
　　　N-pl. | N | V | N

(12) 村民们 | 下午 | 看 | 电影
　　　N-pl. | N | V | N

等等。

聚合关系当然不只是词类。传统上把句子的组成分又分成主语、谓词、宾语、状语、定语、补语等。这些也是表示聚合关系的语法范畴。比如，(8)又可以表示成：

(13) 同学们 | 下午 | 开 | 座谈会
　　　主　 | 状　 | 谓词 | 宾

这样的好处是可以包容那些不能用词类来标记句子组成分的语法范畴的情况。也就是，句子的组成分根本不是一个词项，而是一个"词串"。比如：

(14) 三年级的同学们 | 周四下午 | 在教室 | 开 | 座谈会。
　　　主　　　　　 | 时间状语 | 处所状语 | 谓词 | 宾

这里，主语、时间状语和处所状语都不是词项，而是"词串"。

现在看看组合关系。这指句子的组成分之间相互组成的更大的组合体的关系。这里仅仅拿句子的谓词跟句子中的相关组成分来做例子。比如：

(15) [同学们 [下午 [开　座谈会]]]
　　　主　 | 状　 | 谓词 | 宾

[ ] 表示一个组成分。这里，谓词跟宾语组成一个成分；这个成分再跟状语组成一个更大的成分；这个成分再跟主语组成一个更大的成分，即最后的句子。

[开座谈会]这个组成分代表的是谓宾关系（或称动宾或者述宾关系）；[下午[开座谈会]]代表的是谓状关系（或称动状或者述状关系）；[同学们 [下午[开座谈会]]]代表的是主谓关系。注意，通常把主语以外的其他部分叫作谓语；谓语至少含有谓词，如有需要再加上宾语、状语等等（参 Bloomfield 1933）。

以上就是分析句子过程中的聚合与组合关系的概要，是无论何种语法理论都无法回避、都要遵循的基本概念。依照上述的分析方法，(8)里的句子有如下的聚合与组合关系：

(16)

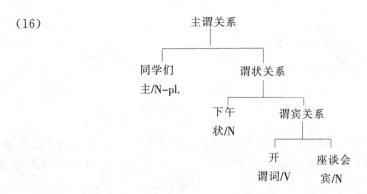

分析句子做到这一步已经很不容易,但还没有达到上述三个理论目标。第一,我们不知道有关的词项是怎么组成这个句子的,或者说,不知道这个句子是如何生成出来的。之所以问这个问题,是因为有关的词项也可以组成不同的句子,如"**座谈会,同学们下午开**",或者组成"非句子",如" * **座谈会开下午同学们**"。换言之,为什么有关的词项就能组成(16)这个句子,而不是其他?第二,如果出现"非句子",该怎么样排除?第三,(16)这样的分析还不够形式化。

本章要采用的普遍语法理论就是朝上述三个理论目标努力的一种理论框架。首先在理论上预设,说话人之所以能够用一组词组成希望说出来的句子,是因为句子中所有的词项都不再是单个的词,而是由词项担任中心语的短语。也就是说,每一个词项都代表着一个短语。一个短语再跟别的短语组成更大的短语,直至组成句子。那么,单个的词又是怎么变成短语的呢?又预设,词项一旦从词库进入句法,就要投射成短语。于是,句子中的词项都不再是单个的词,而是由词项担任中心语的短语。这样的理论预设于是解决了句子是如何生成出来的这个问题。即,句子是经过词项投射成短语,然后短语再相互结合组成更大的短语,直至组成句子这样的过程生成出来。

进一步,如果对句子的生成过程加以原则上的限制,设计出句子的生成过程的理论原则,那么,我们又可以解决为什么某一组词项能够组成某一个句子,而不是其他句子,也不是"非句子"这样的问题。

另外,适当地使用一些符号和文字,对句子的生成过程加以准确的定义,又可以解决句子的生成过程形式化和表述清晰的问题。

普遍语法理论的主要理论原则和技术操作细节,我会在第二章里讲述。这里让我先简单举例说明这个理论想如何做到上述的三个理论目标。即,句子的生成过程同时描述和解释了句子;同时也排除了"非句子";生成过程形式化,清晰地表述出句子及其组成分的结构、语法范畴以及组成分之间的语法关系。

再看(16)。如果按照普遍语法理论,这个句子的聚合与组合关系可以重新表示如下:

(17)

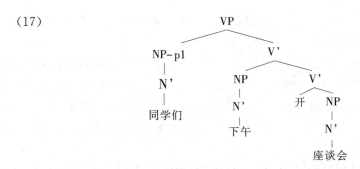

可以看出(17)和(16)的成分结构的组合是一样的。但是(17)是按照普遍语法理论框架生成出来的,生成的同时又描述和解释了这个句子。

一个成分具体怎么跟另一个成分结合去组成一个更大的成分结构呢?详细过程请见第二章。这里先拿(17)简要说明一下。(17)是一个表示有关句子的短语结构。具体来说是一个动词短语,即 VP。上面说过,我们在理论上预设凡进入句子的词项都要投射成短语。(17)里面有一个复数名词,两个名词,即**同学们** = N-pl.,**下午** = N,**座谈会** = N,分别投射成了两个名词短语(= NP),一个复数名词短语(=NP-pl)。而这个句子的动词,**开** = V,在投射过程中分别将三个名词短语吸纳进来,组成有关的成分结构,最后生成完整的句子。

在组合关系上,"开"首先跟[$_{NP}$[$_{N'}$[**座谈会**]]]结合,组成一个成分结构,叫作一阶动词短语,用 V'表示("阶"的概念请见第二章):

(18)

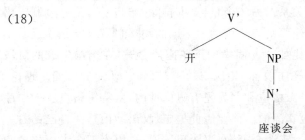

这个一阶动词短语再跟[$_{NP}$[$_{N'}$[**下午**]]]结合,组成另一个成分结构,也还是一阶动词短语:

(19)

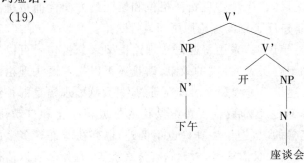

这个一阶动词短语再跟[$_{NP\text{-}pl}$[$_{N\text{-}pl'}$[同学们]]]结合,组成最后一个成分结构,即(17),代表动词短语(= VP)。

另外我们设定,在短语结构中,某一成分跟中心语的语法关系是按它跟中心语的相对位置来确定的。比如,如果中心语是动词,那么,直接跟中心语组成一个成分结构的,或者说跟中心语处在同一个结构层次的,可以是动词的宾语;比中心语高一个层次的,是动词的修饰语,即状语;比中心语高两个层次、同时处在 VP 之下的,可以是动词的主语。

这样,(17)表示了三层关系。NP-pl(同学们)跟 V'(下午开座谈会)之间是主谓关系;NP(下午)跟 V'(开座谈会)之间是谓状关系;V(开)跟 NP(座谈会)之间是谓宾关系。

在聚合关系方面,上面说过,词项担任自己短语的中心语。因此,(17)首先告诉我们这个句子中所有词项所属的结构的类。即,名词必定属于名词短语,动词必定属于动词短语。这也同时告诉了我们有关词项的类,即,**同学们** = N-pl,**下午** = N,**座谈会** = N,**开** = V。这是我们从这四个词项所在的短语得知的,尽管(17)并没有把 N 和 V 标出来。另外,根据上文,我们也知道 NP(同学们)是主语,NP(下午)是状语,V(开)是谓词,NP(座谈会)是宾语。

这样一来,(17)基本上达到了上述三个理论目标中的两个:句子生成的同时也描述和解释了句子;生成过程形式化,清晰地表述出句子及其组成分的结构、语法范畴以及组成分之间的语法关系。另一个目标,即排除"非句子",是通过制定语法运作的过程中必须遵守的理论原则来达到的。不同的"非句子"可能是违反了不同的理论原则而被排除掉。比如,"*同学们下午座谈会开"在结构生成的阶段是可能出现的,跟"同学们下午开座谈会"相比,只是宾语到了动词的前面。理论上,我们可以设定,动词向宾语指派格位和题元是有方向性的,依特定语言中的语序而定。汉语中,动词总是出现在宾语的前面。因此推定,汉语动词是向自己的右方指派格位和题元的。或者说,"*座谈会开"在汉语里不说,是因为不合汉语格位和题元的指派方向,导致宾语不能获得格位和题元所造成的。理论上,这样的"非句子"从句法输出到逻辑形式界面之后,会因为违反指派格位和题元的方向性而被排除掉。其他的"非句子"则可能是违反了别的理论原则而被排除掉。

上面举的(17)的例子只是想说明,采用普遍语法理论框架来分析句子可以取得与以往语法理论(如聚合和组合关系)等同的效果,而且还可以朝着语法理论的三个目标迈出一步。当然,上述生成过程是元语言性质的,跟大脑处理语言的神经生理过程是两回事,但语言学理论上却做到了短语结构的生成程序化和自动化。今天,没有一个语法理论是完善的,普遍语法理论也不例外,也存在着许许多多的问题。但这不妨碍我们把它运用到汉语里来,看看它有什么优点,有什么可以值得改进的地方。这就是本书的目的。

1.3 小 结

　　普遍语法有四个组成部分：词库、句法、逻辑形式界面、语音形式界面。管语言形式生成的主要是词库和句法，逻辑形式界面和语音形式界面分别担任着跟概念—意旨系统和发音—听声系统相互接口的任务。即把句法输出的语言形式分别转化成概念—意旨系统和发音—听声系统可以接受的形式，供认知系统对语言形式的语义和语音进行处理。严格地说，有关逻辑形式界面和语音形式界面的理论框架，跟词库和句法的理论框架并不是同一种理论，而是属于一个大系统下面的理论模块。即词库、句法、逻辑形式界面、语音形式界面的理论框架可以各自成一块。

　　按现有的普遍语法理论(如 Chomsky 1981, 1986a, 1986b, 1993, 1995, 2000a, 2000b)，有时候一部分语言形式会在逻辑形式界面或者语音形式界面里边进行重组，比如逻辑运算子移位以及成分省略带来的结构重组，以满足语义和语音的需要。也就是说，逻辑形式界面或者语音形式界面也有生成语言形式的能力。其实这种安排仅仅是一个技术问题。理论上，逻辑形式界面和语音形式界面分别是语法和概念—意旨系统以及发音—听声系统的界面。也就是说它们本身不应该是操作系统，而仅仅是接受和发送系统。如果是这样，逻辑形式和语音形式的重组就不应该在逻辑形式界面和语音形式界面里边进行。而是在句法里边进行。这样，句法的运算就会有两个功能：一、显性运算：组成句法结构，输出给语音形式界面和逻辑形式界面；这是多数情况；二、隐性运算：重组句法结构，再输出给语音形式界面或者逻辑形式界面；这是有必要时的运作。本书采纳这样的观点。

　　目前，现有的语法理论尚未涵盖到汉语所有的语料和结构，分析方法和结果也有许多局限。本书力图做到的只是逐步分析那些前人没有分析过的语料和结构，或者前人分析过、但可以再重新分析的语料和结构，并希图从中找到一些规律。仅此而已。

第二章 语法的操作系统和理论原则

本章讲普遍语法的操作系统和主要的理论原则,为以后各章中分析汉语词法句法结构打下基础。在讲述操作系统和理论原则时,会简要举例说明。更详细的语料分析请见以后各章。

2.0 语法的操作系统

先看一次普遍语法的构造,重点在各个部分之间的连接:

(1)
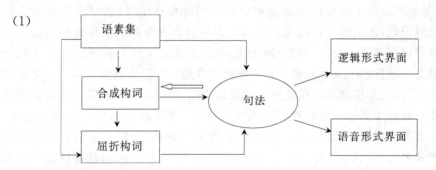

这是根据 Kiparsky(1982)、Pinker(1999)以及 Chomsky(1981,1986a,1986b,1993,1995,2000a,2000b)的思想来绘制的。

第一章说过,逻辑形式界面、语音形式界面是语法跟认知系统连接的接收和发送系统。

语素集、合成构词区和屈折构词区都属于词库。因此,语法有四个大的组成部分:词库、句法、逻辑形式界面和语音形式界面。单线箭头表示语言形式从语法的一个组成部分到另一个部分的输送路线。双线箭头表示句法里生成的语言形式可以输送回词库加入合成构词。

语素集是语法的存储系统,里边存储着自由语素(词根)、黏着语素(黏着词根、派生词缀、屈折词缀、功能词缀)以及其他一切已经可能被记住了的语言形式(成语、习语、专有名词等等)。也就是说,一个语言形式原来不是语素,如成语,后来进入了记忆,记存了起来,就成了语素。汉语里,许多双音节的语言形式可能原来不是语素,而后来进入了记忆,变成了语素。

合成构词区、屈折构词区、句法都属于语法系统的操作系统。操作系统也叫运算系统(computational system)。运算系统的主要职能是把小的语言单位组成更大的语言单位。比如,合成构词区用语素去组成派生词、复合词等等;屈折构词区用语素去组成有屈折变化的词。句法里边用词项(即一切词形式)去组成大大小小的句子。

那运算系统是怎样来实现言语生成的呢？我们知道,人的语言能力包括构词和造句的能力。因此,语法理论的运算系统也要具备构词和造句的能力。构词就是拿语素来构成词,造句就是拿词项来构成句子。分别来说。

语素集中存储的语素有好几条出路:一、直接进入句法;二、进入合成构词区组成合成词(派生词、复合词等),合成词再进入句法;三、进入屈折构词区组成有屈折变化的词再进入句法;四、合成词进入屈折构词区,加上屈折词缀之后再进入句法。

举例来说,说话人想说"他有一辆车"这句话,语素集就会把"他"、"有"、"一"、"辆"、"车"这五个词直接输出到句法,由运算系统将这些词组成句子。

但如果说话人想说"同学们好"这句话,语素集会把"好"直接输出到句法,同时把"同学"和"们"输出到屈折构词区,运算系统先把"同学"跟屈折语素"们"组合起来,生成出"同学们";这个"同学们"作为一个整体形式再从屈折构词区进入句法。在句法里边,运算系统再将"同学们"和"好"组成句子。

又如,说话人想说"他是服装设计师"这句话,语素集会把"他"和"是"直接输出到句法,同时把"服装"、"设计"、"师"三个语素输出到合成构词区,运算系统把它们组合起来,生成出复合词"服装设计师";这个"服装设计师"再从合成构词区进入句法。在句法里边,运算系统再把"他"、"是"和"服装设计师"组成句子。

运算系统的具体操作是通过一个叫作"概化转换"(generalized transformation)的运算程序来完成的。包含两个阶段:投射(projection)和填位(merge)(见 Chomsky 1995:189-190)。

在词库里,投射就是语素投射成一个"含有自身"的成分结构;在句法里,投射就是词项投射成一个"含有自身"的二阶成分结构。先说词结构的生成。

2.0.1 词结构的生成

在词库里,当语素投射成一个"含有自身"的成分结构时,用符号来表示就是:

(2)　X ⇒ [$_x$　X]

X =语素,⇒ 代表投射。理论上,⇒ 代表转换,视结构环境可以分别表示投射、填位、移位或者省略。

(2)的意思是说,语素 X 投射成含有自身的成分结构。用树形图来表示就是:

(3)　X　　＝　　成分结构
　　｜　　⇑　　投射
　　X　　＝　　语素

(2) = (3)。已经投射成的结构，即 [ₓ　X]，就可以进行填位操作。包括三个步骤：一、再投射成二阶结构 [ₓ[ₓ　X]]；二、在 [ₓ　X] 的左边或者右边插入原始空位；三、用另一个结构去取代原始空位。这个"另一个结构"是按照同样步骤生成出来的词结构，比如 [ᵧ　Y] 或者其他。下面来看：

(4) a. [ₓ　X] ⇒ [ₓ[ₓ　X]]
　　b. [ₓ[ₓ　X]] ⇒ [ₓ[ₓ　X] 0]
　　c. [ₓ[ₓ　X]] ⇒ [ₓ 0 [ₓ　X]]
　　d. [ₓ[ₓ　X] 0] ⇒ [ₓ[ₓ　X][ᵧ　Y]]
　　e. [ₓ 0 [ₓ　X]] ⇒ [ₓ[ᵧ　Y][ₓ　X]]

0 = 原始空位，[ᵧ　Y] = 另一个结构。(b) 表示原始空位插入 [ₓ　X] 的左边，(c) 表示原始空位插入 [ₓ　X] 的右边。(d) 和 (e) 表示，原始空位被 [ᵧ　Y] 所取代。这个过程用树形图来表示就是：

(5)
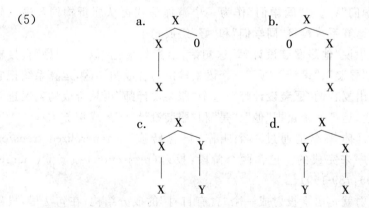

(4) = (5)。经过填位操作之后，原来是不分枝的结构，就变成了分枝结构。

注意几点：

一、原始空位不是语素，它是计算系统进行操作的一部分（Chomsky 1995：189-190）；

二、原始空位究竟插入到 [ₓ　X] 的左边还是右边，由具体语言事实来决定；

三、凡投射的语素，如 X、Y，都是自身结构的中心语素（head），即 X、Y 分别是 [ₓ　X]、[ᵧ　Y] 的中心语素；中心语素代表词结构的语法范畴，即它是名词、

动词、还是形容词,等等;

四、中心语素可以左向(lefthand-headed),如(5)(c)中的 X,也可以右向(righthand-headed),如(5)(d)中的 X;两个结构相同,但中心语素的方向却不同;

五、不管是左向还是右向,决定中心语素的是受位结构;即,当一个结构填位到另一个结构里边,受位结构的中心语素就是整个结构的中心语素。比如,当[_Y Y]填位到[_X[_X X] 0]里边,[_X [_X X][_Y Y]]的中心语素是 X,而不是 Y;反过来,如果是[_X X]填位到[_Y[_Y Y]0]里边,[_Y[_Y Y][_X X]]的中心语素就是 Y,而不是 X;

六、一条最重要的原则是:词结构内成分结构的中心语素须保持同一性;即,如果前一个受位结构是左向,那么,跟随下来的受位结构也必须是左向;如果前一个受位结构是右向,那么,跟随下来的受位结构也必须是右向。不能出现受位结构的方向交错。不过,按 Williams(1981),Di Sciullo & Williams(1987),Katamba(1993),自然语言的词结构多半是中心语素右向,少数是左向。我们在以后的章节中会看到,汉语也是如此。

上面(5)所演示的是含两个语素的词结构的生成过程。设这些结构继续进入由第三个语素组成的词结构的生成过程,那么我们有:

(6)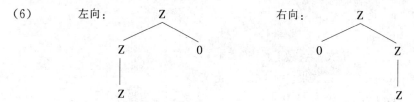

再用(5)(c)、(d)去填位,就得到:

(7)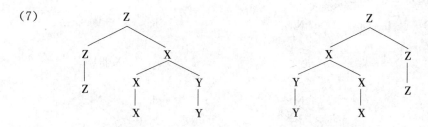

设这些结构继续进入含第四个语素组成的词结构的生成过程,那么我们有:

(8)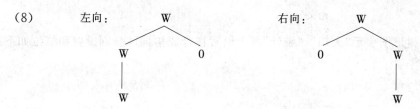

再用(7)中的两个结构分别去填位,就得到:

(9)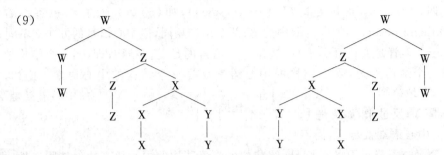

理论上,词结构的生成还可以继续下去。但是实际情况是,词结构的容量是有限的,不可能无限制地生成下去。这是语言形式按所载有的信息量所决定的。单个语素,如"人"、"狗"、"山"、"湖"所载的信息量比复合词要少,如"**论文指导教师**"、"**人口统计中心**";复合词载的信息又比句子要少。一般说来,说话人会按照表达的信息的多寡来选择语言形式。这正是说话的时候各种语言形式交错的原因。

现在看看词结构生成的实际例子。譬如,语素集向合成构词区输出"**论文**"、"**指导**"两个语素,它们在合成构词区分别投射和填位如下:

(10)   a. 论文 ⇒ [$_N$ 论文]
        b. 指导 ⇒ [$_V$ 指导]
        c. [$_N$ 论文] ⇒ [$_N$[$_N$ 论文]]
        d. [$_N$[$_N$ 论文]] ⇒ [$_N$[$_N$ 论文] 0]
        e. [$_N$[$_N$ 论文] 0] ⇒ [$_N$[$_N$ 论文][$_V$ 指导]]

用树形图来表示就是:

(11)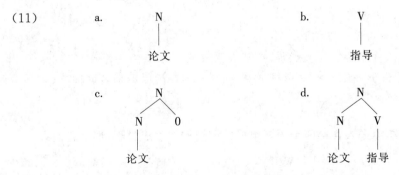

再如,用树形图表示"人口"、"统计"两个语素在合成构词区分别投射和填位如下:

(12)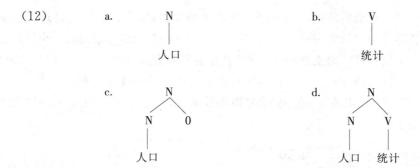

"论文"、"指导"、"人口"、"统计"都是自由语素,可以独立地进入句法去充当句子成分。它们之所以要在词库中投射和填位,目的是要去组成更大的词结构,即复合词。"论文指导"、"人口统计"就是复合词。

上面我们看到,"论文指导"、"人口统计"的中心语素是名词(= N)。也就是说,我们认为汉语中"论文指导"、"人口统计"这样的复合词是名词性的。然而,如果上面生成过程中的填位顺序换一下,不是动词结构填入名词结构,而是名词结构填入动词结构的话,拿"论文指导"为例:

(13)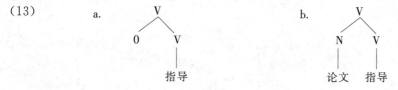

岂不是说"论文指导"这样的复合词就是动词性的了吗?

理论上是这样。就是上面说过的,词结构的中心语素(理论上)确定该结构的语法范畴。理论上,"结构相同,但中心语素可以不同",这正是理论框架的抽象性高、概括性强的表现。理论上,我们需要这样的抽象性和概括性,才可以用最简单经济的理论涵盖最多的语料。

然而,就具体的语言事实而论,结构生成的实际结果要符合具体的语言事实。我们的语感告诉我们,"论文指导"这样的复合词在汉语里是名词性的,而不是动词性的。这个语感可以证明是对的。比如,动词一般可以带主语,或者又带主语又带宾语,但是我们不可以说"*张三论文指导",也不可以说"*张三论文指导李四",说明"论文指导"不能作动词用。因此,我们设定"论文指导"的生成过程一定是上面的(11),而不是(13)。不过,要是系统发生错误,生成过程出了错又怎么办呢?如果出现了(13),我们设定语法系统的其他部分可以将它排除掉。理论上,我们设定逻辑形式界面和语音形式界面有责任检查所有经操作系统生成出来的结构。当检查"论文指导"时,如果发现它是动词性结构(即(13))但又不具备动词的特征,就会被排除掉,作为生成过程失败的个案处理。关键问题是,理论框架设计出来生成过程同时也就是对语料的描写和解释。从这个角度讲,上面的(11)已经达到目的了。(11)告诉我们,"论文"(= N)、"指导(= V)"这两个语素可以通过一个运算程序组成一个词结构,即"论文指导(= N)"。运算程序是一个形式化的结构生成过程,使两个语素同处在一个结构层次,代表着谓词和宾语的语法关系。

再看一个例子。比如,要生成"论文指导教师"这个复合词,有关语素的投射和填位过程如下:

(14) a. 论文 ⇒ [N 论文]
b. 指导 ⇒ [V 指导]
c. 教师 ⇒ [N 教师]
d. [V 指导] ⇒ [V[V 指导]]
e. [V[V 指导]] ⇒ [V 0 [V 指导]]
f. [V 0 [V 指导]] ⇒ [V[N 论文][V 指导]]
g. [N 教师] ⇒ [N[N 教师]]
h. [N[N 教师]] ⇒ [N 0 [N 教师]]
i. [N 0 [N 教师]] ⇒ [N[V[N 论文][V 指导]][N 教师]]

用树形图来表示就是:

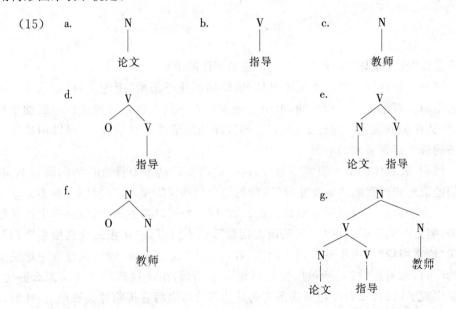

虽然"论文指导"这个复合词独立使用的时候是名词性的,即中心语素必须在左边,见(11);但在"论文指导教师"里边,"论文指导"只是构词成分,中心语素必须在右边,使"论文指导"这个结构成为动词性的,这样,动词"指导"才能向名词"教师"指

派施事题元。这又是上文所说的"结构相同,但中心语素可以不同"的情况。导致这种情况发生的原因,是因为结构的生成要受到题元原则的制约。什么是题元原则,我们在下面讲普遍语法的理论原则时会讲到,见 2.1.3 节。

读者也许会问,为什么"**论文指导教师**"的结构填位过程是(15)(c)-(f),而不是:

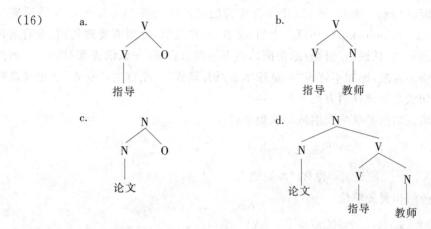

原因是,结构的生成还要受到题元阶层原则和题元指派统一论的制约(见 2.1.3 节)。题元阶层原则规定客事题元,比如"**论文指导教师**"中的"**论文**",在结构上出现的位置要比施事题元的位置低,比如"**论文指导教师**"中的"**教师**"。这样,我们可以确定,是(15)(f),而不是(16)(d),才是正确的结构。按照题元指派统一论,同一语言中题元成分出现的相对结构位置在词结构和句法结构中都是一样的(也见 2.1.3 节)。我们知道,汉语应该是 SVO 语言。因此,"[**教师**[**指导 论文**]]"是句法结构;相对而言,"[[**论文 指导**]**教师**]"是词结构,即复合词。在句子"[**教师**[**指导 论文**]]"当中,"**论文**"跟动词"**指导**"在同一个结构层次,而"**教师**"会比"**指导**"高一个层次。据此,复合词"[[**论文 指导**]**教师**]"中的题元成分的相对结构位置也应该相同。这样一来,我们又可以确定,是(15)(f),而不是(16)(d),才是正确的结构。

以上就是词结构生成的例子。

2.0.2 句法结构的生成

现在看句法结构的生成。词库向句法输出词项 X,X = N,V,A,P,等等。X 投射成"含自身"的一阶短语:

(17)　　a. X ⇒ [$_{x'}$　X 　]
　　　或 b. X ⇒ [$_{x'}$　O　X]
　　　或 c. X ⇒ [$_{x'}$　X　O]

"'"表示一阶,X' = 一阶短语,0 = 原始空位。(a)是非填位结构,(b)、(c)是填位结构。原始空位在中心语(X)的左边还是右边,取决于具体的语言。比如,汉语形容词要出现在名词中心语的左边(**红旗**),而法语形容词要出现在名词中心语的右边(la banner rouge)。理论上,填位结构之所以存在,是因为中心语(X)需要选择一个补足语(complement)。这个补足语必须跟中心语在语义范畴和句法范畴都相互匹配(compatible)。所以,选择合称为语义范畴选择(s-select)和句法范畴选择(c-select)(Chomsky 1986a)。比如,汉语动词"认识"后面需要跟代词、专有名词和限定词短语(**认识她/老张/这条街**),但不能跟形容词(*认识光荣/伟大)。另外还需要语义匹配,比如不好说"!**认识木头/树/地板**"。换言之,"认识"在语义范畴选择和句法范畴选择两方面都有限制。

非填位结构要继续投射成二阶短语:

(18) $[_{X'} X] \Rightarrow [_{XP} [_{X'} X]]$

XP = X" = 二阶短语,也称"X 短语"。

填位结构要先填位:

(19) a. $[_{X'} 0 X] \Rightarrow [_{X'} YP X]$
　　 b. $[_{X'} X 0] \Rightarrow [_{X'} X YP]$

注意,填位的结构必须是二阶短语,如 YP。填完了位的结构要继续投射成二阶短语:

(20) a. $[_{X'} YP X] \Rightarrow [_{XP} [_{X'} YP X]]$
　　 b. $[_{X'} X YP] \Rightarrow [_{XP} [_{X'} X YP]]$

现在用树形图来表示上面的过程。先看非填位结构:

(21) a. X'　　=　　一阶短语
　　　 |　　　⇑　　投射
　　　 X　　=　　词项

　　 b. XP　　=　　二阶短语
　　　 |　　　⇑　　投射
　　　 X'　　=　　一阶短语
　　　 |　　　⇑　　投射
　　　 X　　=　　词项

再看填位结构:

(22)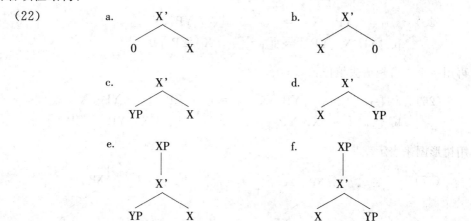

举例来说。说话人想说出"**是他**"这样一句话。词库向句法输出两个词项:**是**、**他**。二者投射和填位的过程如下:

(23) a. 是 ⇒ [$_{V'}$ 是 0]
   b. 他 ⇒ [$_{D'}$ 他]
   c. [$_{D'}$ 他] ⇒ [$_{DP}$[$_{D'}$ 他]]
   d. [$_{V'}$ 是 0] ⇒ [$_{V'}$ 是 [$_{DP}$[$_{D'}$ 他]]]
   e. [$_{V'}$ 是 [$_{DP}$[$_{D'}$ 他]]] ⇒ [$_{VP}$[$_{V'}$ 是 [$_{DP}$[$_{D'}$ 他]]]]

首先,"是"投射成一阶填位结构,即 V'。"他"投射成一阶非填位结构,即 D'。D' 继续投射成二阶非填位结构,即 DP。用 DP 去填 V' 中的空位,然后 V' 继续投射成 VP。用树形图来表示就是:

(24)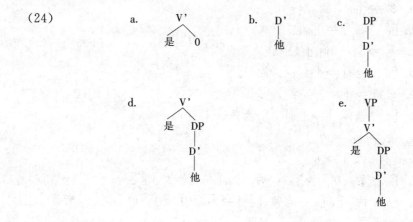

当然,一阶短语投射成二阶短语的时候,也可以投射成填位结构:

(25) a. [$_{X'}$ YP X] ⇒ [$_{XP}$ 0 [$_{X'}$ YP X]]
     b. [$_{X'}$ X YP] ⇒ [$_{XP}$ [$_{X'}$ X YP] 0]

再用一个二阶短语去填位:

(26) a. [$_{XP}$ 0 [$_{X'}$ YP X]] ⇒ [$_{XP}$ ZP [$_{X'}$ YP X]]
     b. [$_{XP}$ [$_{X'}$ X YP] 0] ⇒ [$_{XP}$ [$_{X'}$ X YP] ZP]

用树形图来表示就是:

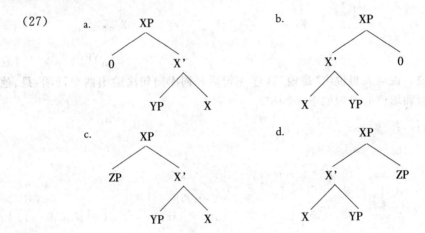

举例来说。说话人想说出"**我的老师是他**"这样一句话。词库向句法输出五个词项:**我、的、老师、是、他**。投射和填位过程如下:

(28) a. 我 ⇒ [$_{D'}$ 我]
     b. [$_{D'}$ 我] ⇒ [$_{DP}$[$_{D'}$ 我]]
     c. 他 ⇒ [$_{D'}$ 他]
     d. [$_{D'}$ 他] ⇒ [$_{DP}$[$_{D'}$ 他]]
     e. 老师 ⇒ [$_{N'}$ 老师]
     f. [$_{N'}$ 老师] ⇒ [$_{NP}$[$_{N'}$ 老师]]
     g. 的 ⇒ [$_{D'}$ 的]
     h. [$_{D'}$ 的] ⇒ [$_{D'}$ 的 0]
     i. [$_{D'}$ 的 0] ⇒ [$_{D'}$ 的 [$_{NP}$[$_{N'}$ 老师]]]
     j. [$_{D'}$ 的 [$_{NP}$[$_{N'}$ 老师]]] ⇒ [$_{DP}$ 0 [$_{D'}$ 的 [$_{NP}$[$_{N'}$ 老师]]]]
     k. [$_{DP}$ 0 [$_{D'}$ 的 [$_{NP}$[$_{N'}$ 老师]]]] ⇒
        [$_{DP}$[$_{DP}$[$_{D'}$ 我]][$_{D'}$ 的 [$_{NP}$[$_{N'}$ 老师]]]]

l. 是 ⇒ [_V, 是 0]
m. [_V' 是 0] ⇒ [_V' 是 [_DP[_D' 他]]]
n. [_V' 是 [_DP [_D' 他]]] ⇒ [_VP 0 [_V' 是 [_DP[_D' 他]]]]
o. [_VP 0 [_V' 是 [_DP[_D' 他]]]] ⇒
   [_VP[_DP[_DP[_D' 我]][_D' 的 [_NP[_N' 老师]]]][_V' 是 [_DP[_D' 他]]]]

用树形图来表述上面的一部分过程就是：

(29)

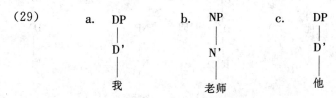

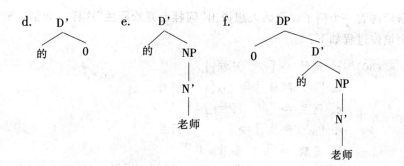

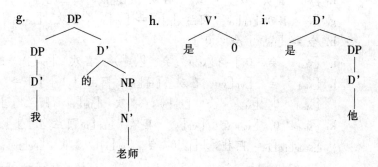

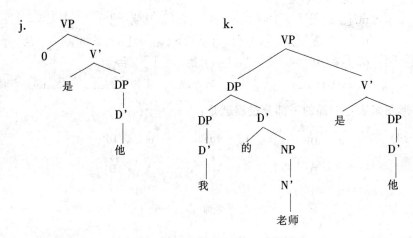

最后再看一个例子。说话人想说出"**阿桂会喜欢阿兰**"这样一句话。有关词项的投射填位过程如下：

(30) a. 阿桂 ⇒ [$_{D'}$ 阿桂]
      b. [$_{D'}$ 阿桂] ⇒ [$_{DP}$[$_{D'}$ 阿桂]]
      c. 阿兰 ⇒ [$_{D'}$ 阿兰]
      d. [$_{D'}$ 阿兰] ⇒ [$_{DP}$[$_{D'}$ 阿兰]]
      e. 喜欢 ⇒ [$_{V'}$ 喜欢 0]
      f. [$_{V'}$ 喜欢 0] ⇒ [$_{V'}$ 喜欢 [$_{DP}$[$_{D'}$ 阿兰]]]
      g. [$_{V'}$ 喜欢 [$_{DP}$[$_{D'}$ 阿兰]]] ⇒ [$_{VP}$[$_{V'}$ 喜欢 [$_{DP}$[$_{D'}$ 阿兰]]]]
      h. 会 ⇒ [$_{Mod'}$ 会 0]
      i. [$_{Mod'}$ 会 0] ⇒ [$_{Mod'}$ 会 [$_{VP}$[$_{V'}$ 喜欢 [$_{DP}$[$_{D'}$ 阿兰]]]]]
      j. [$_{Mod'}$ 会 [$_{VP}$[$_{V'}$ 喜欢 [$_{DP}$[$_{D'}$ 阿兰]]]]] ⇒
         [$_{ModP}$ 0 [$_{Mod'}$ 会 [$_{VP}$[$_{V'}$ 喜欢 [$_{DP}$[$_{D'}$ 阿兰]]]]]]
      k. [$_{ModP}$ 0 [$_{Mod'}$ 会 [$_{VP}$[$_{V'}$ 喜欢 [$_{DP}$[$_{D'}$ 阿兰]]]]]] ⇒
         [$_{ModP}$[$_{DP}$[$_{D'}$ 阿桂]] [$_{Mod'}$ 会 [$_{VP}$[$_{V'}$ 喜欢 [$_{DP}$[$_{D'}$ 阿兰]]]]]]

用树形图来表述过程的最后结果如下（为简便起见，本书一律用限定词（D）表示专有名词，也参5.5节）：

(31)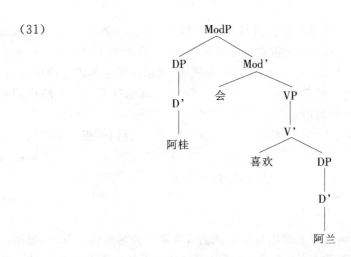

用投射和填位的理论来生成成分结构,取代了过去的短语规则(如 Chomsky 1965),去掉了短语规则中不合理的部分,比如一阶短语这个层次的规则,以及改善了生成过程的冗余性,比如使用短语规则时要在结构生成完了之后再用词项去把短语的中心语一个一个地填上。这使人觉得有点像在玩理论游戏,跟人说话的实际情况关系不大。而投射和填位的理论是直接用词项参与成分结构的生成过程,跟人说话的时候直接使用语言符号来表达信息的情况似乎更接近,同时使成分结构的生成过程在理论上更加明朗化。理论上,投射和填位的过程应该理解成是在运算程序中很快地进行的。这个过程的结果是生成出用词项来构成的成分结构,它是语言运载信息的最主要的手段,虽然不是唯一的手段。换句话说,单个的词项运载的信息十分有限;词项互相组成词结构,如派生词和复合词,运载的信息就多一点;如果再组成句子,信息就更多一点。但是,词项的组合不是乱来的,而是有规律的。有规律的词项组合就是成分结构。生成好的成分结构会从句法输出到语音形式界面和逻辑形式界面。前者会按照成分结构去把结构读出来,后者按照成分结构去把结构诠释出来。

另外请注意,以上我们的目的是举例来说明普遍语法理论的操作系统是如何把句子的成分结构生成出来的。在举例的时候,我们假设有关句子的成分结构就是用树形图来描述的那个样子,同时用投射和填位的过程将成分结构的组合过程描述出来。我们并没有去证明所描述的结构就是那个样子。这有两个原因。第一,这不是本章这个阶段的任务。在这个阶段,我们只是想说明理论框架。确定句子和句型的成分结构的任务,是长期的。第二,所举例子都是一些最简单、最基本的结构。从现代语言学发端到现在,即从索绪尔(Saussure 1916/1959)的理论开始,经过布龙菲尔德(Bloomfield 1933)的理论到现在,语言学者经过多年的研究,对一些基本的句子成分结构已经有了比较一致的看法。比如,如果一个宾格动词带了一个主语和一个宾语,如"张三喜欢李四",那么,其成分结构一定是 [张三 [喜欢李四]]。即,动词和宾语先组成一个成分结构,然后再和主语组成一个成分结构。这样的成分结构已经是一个比较固定的模式,跟采用哪一种语法理论无关,也不用每一次提到它的时候都要去证明一番。然而,不同的理论对成分结构的细节的描述却不一致。拿普遍语法理论来说,它首先考虑的是成分结构是怎么生成出来的,于是就有了上面的投射和填位过程。或者说,理论为描述成分结构提供了手段和工具。当然,如果不知道某一句子的成分结构如何,把它描述出来就不那么容易。这就需要先确定句子的成分结构,也正是语法研究的重要任务之一。

2.0.3 移位

上面我们说,填位的时候要使用另外一个结构去取代原始空位。其实,填位除了用另一个结构去取代原始空位之外,还可以用移位的办法去取代原始空位。什么是移位呢?移位即是从生成好的结构中拿一个二阶结构去取代原始空位。

比如有这么三句话:

(32) a. 我还了《雷雨》。
b.《雷雨》,我还了。
c.《雷雨》呀,我还了。

"《雷雨》"是动词"还"的宾语。在(a)句里边,"《雷雨》"跟在动词的后面,是汉语的基本语序。但在(b)、(c)句里边,"《雷雨》"却出现在句首。这种出现在句首的宾语叫作话题(topic)。很显然,语法理论要回答的问题是,既然汉语的基本语序要求宾语跟在动词的后面,那么宾语作话题时出现在句首又怎么办?要回答这个问题,首先要想一想语言的基本语序意味着什么?

世界上的语言很多,但基本语序却变化不大,大致有六种(参 Greenberg 1966, Givón 1984):

主—谓—宾(SVO),如汉语、英语、法语;

主—宾—谓(SOV),如日语、土耳其语、波斯语;

谓—宾—主(VOS),如卡契奎语(Cakchiquel,危地马拉的一种语言)、瓦甫语(Huave,墨西哥的一种语言);

宾—谓—主(OVS),如阿帕莱语(Apalai,巴西的一种语言)、巴拉萨努语(Barasano,哥伦比亚的一种语言);

谓—主—宾(VSO),如威尔士语、希伯来语、他加禄语(Tagalog,菲律宾的一种语言);

宾—主—谓(OSV),如阿普里纳语、沙万他语(Apurina & Xavanta,都是巴西的语言)。

上面六种语序当中,有四种的谓词和宾语是出现在一起的,即:[S [V O]]、[S [O V]]、[[V O] S]、[[O V] S]。为了表述方便,让我们把 [V O] 或者 [O V] 叫作谓语。也就是说,在这些语言中,不管宾语是出现在谓词的前面还是后面,宾语总是会跟谓词先组合成一个成分结构,即谓语,然后谓语再跟主语组成一个成分结构,而且也不管主语是出现在谓语的前面还是后面。

其他的两种语序,即 VSO、OSV,表面上看上去好像是谓词和主语出现在一起。就成分结构而言,有两种可能性。一种是这些语言的主语先跟谓词组合成一个成分结构,然后再跟宾语组成一个成分结构,即:[[V S] O] 和 [O [S V]]。另外一种可能性是,这些语言跟别的语言一样,也是宾语跟谓词先组合成谓语,谓语再跟主语组成一个成分结构,之后,宾语移位,形成 VSO、OSV 的语序。即:

(33) a. [[O V] S] ⇒ [[t_i V] S] O_i]
     b. [S [O V]] ⇒ [O_i [S [t_i V]]]

"t"代表语迹,即原来的成分移位之后留下来的痕迹,表示原来这个位置有一个成分;下标"i"指示出移位的成分原来就在语迹的位置。(a)里边,宾语向右移位,移到主语的后面;(b)里边,宾语向左移位,移到主语的前面。可以说,移位之前的结构所代表的是所谓的基本语序,而移位之后的结构所代表的是所谓的衍生语序。或者说,VSO、OSV 语序是分别由 OVS、SOV 的语序衍生而来的。如果是这样,世界上的语言的基本语序其实只有四种,即 SVO、SOV、VOS、OVS;从 VSO、OSV 语序又分别衍生 OVS、SOV 两种语序来。这样分析的一个好处就是可以照顾到世界上多数语言中的谓词跟宾语总是组成一个成分结构这样一个事实。而且从这个事实来预设语言中的谓词跟宾语总是组成一个成分结构。如果不是这样来分析,那么,只好考虑 VSO、OSV 两种语序中的谓词和主语是否会组合成一个成分结构,以及为什么会是如此,为什么跟别的语言都不同,等等。

另外,从理论的角度,谓词跟宾语总是组成一个成分结构可能有某种需要,比如,谓词可以向宾语指派题元和格位。如果谓词跟宾语不是组成一个成分结构,那么,有关题元和格位的指派就会变得十分困难。有关题元和格位的理论我们在下面 2.1.3 节和 2.1.4 节会讲到。

当然,VSO 和 OSV 语序到底是基本语序还是衍生语序,要对有关的语言做出研究之后才能确定。这不是我们马上要关心的问题。但是上面的讨论提示我们,一个语言的基本语序是可以衍生出其他语序来的。这就把我们带回到前面 (32)(b)、(c) 中汉语句子的宾语出现在句首的情况。我们已经知道,汉语属于 SVO 语言,也就是说汉语的宾语是要出现在谓词之后,并且要和谓词组合成一个成分结构的,即 [S [V O]]。那么,当宾语出现在句首时,宾语就要移位到句首,即 [O_i [S [V t_i]]]。这就是对汉语句子的宾语出现在句首的基本分析。至于分析的细节,就要看具体理论框架的操作系统如何了。下面我们先拿(32)(c)为例来看看宾语移位的过程。注意,下面仅是举例来演示移位,并不代表对有关话题句的全面解析;话题句的详细分析请参见第十二章 12.1 节。

在宾语移位之前,结构生成过程的某一阶段会生成出跟汉语基本语序相应的结构,即[S[V O]],如下面树形图所示,其中,DP(**我**)= S, 还了 = 谓词,DP(《雷雨》)= O:

(34)
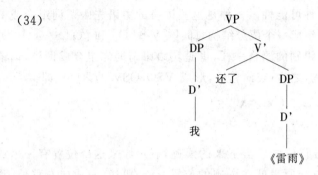

另外,我们把(32)(c)中的语气词"呀"作为话题标记词,它会投射成如下的一阶填位短语(关于话题标记词可参见 Tsao 1983,1990):

(35)
```
    Top'
   /    \
  呀     0
```

用(35)里边的 VP 去填空位,得到:

(36)
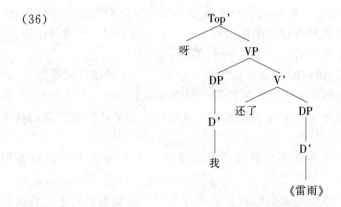

(36)中的话题一阶短语,即 Top',再继续投射成二阶填位短语如下:

(37)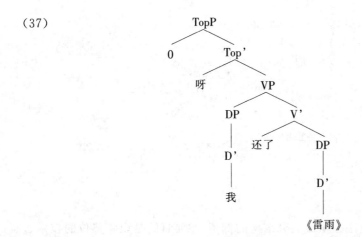

这时,把宾语移上去填上空位,就得到宾语出现在句首的话题句:

(38)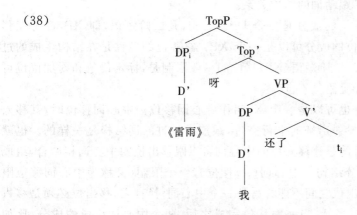

重复一下,"t"代表语迹,即原来的成分移位之后留下来的痕迹,表示原来这个位置有一个成分;下标"i"指示出移位的成分原来就在语迹的位置。语迹代表了成分移出的位置,成分移位前往的位置是移入位。另外,下标"i"表示移位成分跟它的语迹共指(co-referenetial),即指称相同。结构上,移位成分必须统制(c-command)它的语迹,否则移位生成出的结构不符合语法(什么是"统制",详见 2.1.5 节)。因此,移位必须是沿结构上移,而不能下移。

我们又知道,话题标记词"呀"之类是可以不说出来的。如果不说出来,就是(32)(b)。我们于是要问,没有话题标记词的时候,宾语出现在句首的话题句的结构又是怎么样的呢? 就(32)(b)而言,没有话题标记词,结构跟(38)相同,只不过话题标记词是零形式而已。零形式即没有语音形式,但其他方面特征相同,如语义特征。按照惯例,零形式的词项就用它的英文缩写来表示。这里,零话题标记词＝Top。因此,(32)(b)的成分结构是:

(39)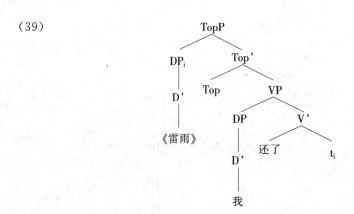

以上就是用移位的方法去生成成分结构的例子,主要目的是说明移位的技术过程。本章的其他部分都会再次讲到移位,这里不赘。另外,例子中的有些地方还来不及细讲,比如体貌词"了"跟动词的结构关系。

上面我们看到,移位的成分是一个 DP。其实,凡二阶短语,即 XP,都可能移位。所以,理论上,移位的成分可以是一个 XP。它移位的条件是在结构生成的过程中去填补一个空位。二阶短语(XP)移位的一般限制是,标定语位和附加语位可以接受移位成分,但补足语位不行。

另外,移位的成分也可以是一个 X,叫作中心词移位。中心词移位时,其移入位是另外一个中心词投射出来的平行空位,跟前面讲过的词结构是一样的。也就是说,中心词移位的目的是让移入位的中心词可以跟移出位的中心词相结合,组成一个类似词结构的成分结构。中心词(X)移位有一个限制(又称为中心词移位限制),即在移入位与移出位之间不能有另外一个中心词;换言之,移出位必须是移入位的补足语的中心词;当然,当一次移位完成之后,两个中心词组成的成分,比如"X-Y",可以再继续上移,只要不违反有关限制就可以了(参 Travis 1984)。

在 Chomsky(2001)提出的"相面豁免条件"的限制下(见本章 2.1.8 节),不管是二阶短语(XP)移位还是中心词(X)移位,主要限制在于移出位所在的相面(phase),即某些特定的句域(domain),是否允许任何成分外移。如不允许,则任何成分都不可移位。

在此对普遍语法的操作系统作一小结。这个操作系统的出发点是,自然语言是有结构的,每一个语言形式的结构是有定式的,如复合词、句式,等等。不管我们知道不知道某一语言形式的结构,它有结构是客观存在的事实。普遍语法的操作系统仅仅是提供了一种严谨而又系统的方式,让我们去分析语言形式的结构,去模拟言语的生成过程。当然,操作系统并不是语言事实本身。当我们对语言事实的观察产生分歧的时候,就算是用同样的操作系统,也会有不同的分析结果。即使大家对语言事实的观察一致,用不同的操作系统,也会有不同分析结果。所以,对语言事实的观察要正确,是语言学者最基本的训练。

2.1 语法的理论原则

普遍语法理论的词库、句法框架中,除了语素集之外,其他部分都是操作系统。操作系统的运作并非没有章法,而要遵循一定的理论原则。其中最要紧、最基本的有:X-标杠模式(X-bar Format)、题元原则(Theta Principles)、格理论(Case Theory)、约束条件(Binding Conditions)、整体诠释原则(Full Interpretation Principle)、经济原则(Economy Principle)、相面豁免条件(PIC)。以下分别讲。

2.1.1 X-标杠模式

X-标杠模式是 Chomsky(1991,1993,1995)提出来的,从之前的理论一路发展而来(如 Chomsky 1970,1981,1986a,1986b)。也有其他学者的贡献,如 Jackendoff(1977)、Emonds(1976)、van Riemsdijk(1978)。本章还参考了这个系统在别的语言中的运用情况,比如 Radford(1981,1988,1997a,1997b)将它运用到英文中的情况。它的精神是,在句法里边,通过词项投射和填位过程生成出来的二阶短语必须符合 X-标杠模式:

(40)
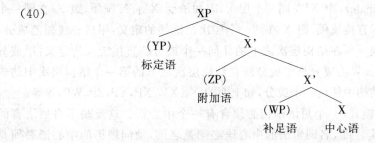

X = N, V, A, P, D, C, 等等; XP = NP, VP, AP, PP, DP, CP, 等等; YP, ZP, WP 跟 XP 一样,都是二阶短语; X = 中心语(head),即 XP 一定要含 X; YP = 标定语(Specifier); ZP = 附加语(Adjunct); WP = 补足语(Complement); ( ) = 可选。

X-标杠模式的精髓是它的成分的阶层结构,而非成分的线性顺序。因此,也可以有:

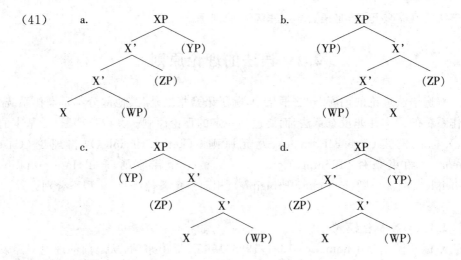

以及其他的可能性,依具体语言事实而定。

什么是标定语、附加语、补足语呢?它们只是出现在短语内部的某一特定位置上的一个短语的名称而已。不严格地说,标定语出现在 XP 下,跟 X'在同一个层次,如上面的 YP;附加语出现在 X'下,跟 X'在同一个层次,如上面的 ZP;补足语出现在 X'下,跟 X 在同一个层次,如上面的 WP。严格一点说,标定语受 XP 直接统领 (immediately dominate),跟 X'在同一个层次;附加语受 X'直接统领,跟 X'在同一个层次;补足语受 X'直接统领,跟 X 在同一个层次。统领的定义:甲成分统领乙成分,如果乙成分是甲成分所在结构层次之下的任何一个成分。直接统领的定义:甲成分直接统领乙成分,如果乙成分是甲成分所在结构层次之下的第一个结构层次中的成分。成分指短语结构中任何一个成分,如上面的 X、X'、XP、YP、ZP、WP,等等。

按照 X-标杠模式,一个短语结构必须含有一个中心语。这反映了自然语言的一个最基本的事实。即,名词短语的中心语必须是名词,动词短语的中心语必须是动词,等等。另外,按照可选成分是否出现,短语结构可以有不同的成分:

一、只含中心语;
二、中心语 ＋ 补足语;
三、中心语 ＋ 附加语;
四、中心语 ＋ 标定语;
五、中心语 ＋ 补足语 ＋ 附加语;
六、中心语 ＋ 补足语 ＋ 标定语;
七、中心语 ＋ 附加语 ＋ 标定语;
八、中心语 ＋ 补足语 ＋ 附加语 ＋ 标定语。

所有这些情况在自然语言中都可以找到,汉语中也都有,例子下面我们就会看到。

X-标杠模式的另一个主要方面是结构层次,有三个:

一、中心语暨补足语所在的层次,如[$_{X'}$ (WP) X];

二、附加语所在的层次,如[$_{X'}$ (ZP) [$_{X'}$ X]];

三、标定语所在的层次,如[$_{XP}$ (YP)[$_{X'}$[$_{X'}$ X]]]。

有没有语言事实支持这些层次?下面我们就用汉语名词短语的例子来说明。

汉语的名词可以单独使用。这时,它的结构就是含一个名词中心语的名词短语:

(42)

按照书写惯例,如果 XP 只含中心语,X' 只出现一次就可以了。

当然,名词常常有修饰语。如:性质形容词可以修饰名词:

(43)　a. [大] 马路　　　b. [高] 楼
　　　c. [胖] 学生　　　d. [老] 树

另外,"的"字短语也可以修饰名词:

(44)　a. [宽阔的] 马路　　b. [青砖的] 楼
　　　c. [高个子的] 学生　　d. [三百年以上的] 树

再者,数量词可以修饰名词,如:

(45)　a. [好多] 马路　　　b. [许多] 楼
　　　c. [很多] 学生　　　d. [颇多] 树

注意,上面三种不同的修饰语,都是"修饰语 + 名词"的语序。前面说过,名词单独使用的时候,它的结构就是一个以名词为中心语的名词短语,即(42)。如果有修饰语,"修饰语+名词"仍然是一个名词短语。因此,在结构上,是修饰语跟名词中心语组成了一个成分结构。我们的问题是,是否不同种类的修饰语都会跟名词中心语组成同样的成分结构?举例来说,如果上面(43)(a)、(44)(a)、(45)(a)都是名词短语,那么其中的"**大**"、"**宽阔的**"、"**好多**"跟它们所修饰的名词"**马路**"之间,是不是都是一样的结构关系?

要回答上面的问题,需要观察三类修饰语一起或者其中两类同时修饰名词时的情况。我们发现,修饰成分的类别对语序有明显的限制。比如,只能"数量词+的字短语",而不能相反:

(46)　a.［好多］［宽阔的］马路
　　　b.［许多］［青砖的］楼
　　　c.［很多］［高个子的］学生
　　　d.［颇多］［三百年以上的］树

(47)　a. *［宽阔的］［好多］马路
　　　b. *［青砖的］［许多］楼
　　　c. *［高个子的］［很多］学生
　　　d. *［三百年以上的］［颇多］树

只能"数量词＋性质形容词"，而不能相反：

(48)　a.［好多］［大］马路　　　b.［许多］［高］楼
　　　c.［很多］［胖］学生　　　d.［颇多］［老］树

(49)　a. *［大］［好多］马路　　b. *［高］［许多］楼
　　　c. *［胖］［很多］学生　　d. *［老］［颇多］树

只能"的字短语＋性质形容词"，而不能相反：

(50)　a.［宽阔的］［大］马路　　b.［青砖的］［高］楼
　　　c.［高个子的］［胖］学生　d.［三百年以上的］［老］树

(51)　a. *［大］［宽阔的］马路　　b. *［高］［青砖的］楼
　　　c. *［胖］［高个子的］学生　d. *［老］［三百年以上的］树

最后，只能"数量词＋的字结构＋性质形容词"，而不能是其他：

(52)　a.［好多］［宽阔的］［大］马路
　　　b. *［好多］［大］［宽阔的］马路
　　　c. *［宽阔的］［好多］［大］马路
　　　d. *［宽阔的］［大］［好多］马路
　　　e. *［大］［宽阔的］［好多］马路
　　　f. *［大］［好多］［宽阔的］马路

(53)　a.［许多］［青砖的］［高］楼
　　　b. *［许多］［高］［青砖的］楼
　　　c. *［青砖的］［许多］［高］楼
　　　d. *［青砖的］［高］［许多］楼
　　　e. *［高］［青砖的］［许多］楼
　　　f. *［高］［许多］［青砖的］楼

(54) a. ［很多］［高个子的］［胖］学生
　　 b. *［很多］［胖］［高个子的］学生
　　 c. *［高个子的］［很多］［胖］学生
　　 d. *［高个子的］［胖］［很多］学生
　　 e. *［胖］［高个子的］［很多］学生
　　 f. *［胖］［很多］［高个子的］学生

(55) a. ［颇多］［三百年以上的］［老］树
　　 b. *［颇多］［老］［三百年以上的］树
　　 c. *［三百年以上的］［颇多］［老］树
　　 d. *［三百年以上的］［老］［颇多］树
　　 e. *［老］［三百年以上的］［颇多］树
　　 f. *［老］［颇多］［三百年以上的］树

为什么如此？该如何来理解和确定这种语序上的限制？在汉语里，无论何种修饰成分都必须出现在名词之前。因此，光从语序上看，没有办法确定哪一个位置属于哪一类修饰成分。我们最多可以说的就是：当三类修饰成分一起修饰名词时，语序为"限量词＋的字短语＋性质形容词＋名词"；当两类修饰成分一起修饰名词时，语序为"限量词＋的字短语＋名词"、"限量词＋性质形容词＋名词"、"的字短语＋性质形容词＋名词"。只是把对语言事实描述一遍而已，缺乏原则性、理论性。

其实，语序上的限制来自短语结构中成分的不同层次。已知短语结构中有三个层次：标定语、附加语、补足语暨中心语，见上文。已知名词短语（NP）的中心语就是名词（N）。我们于是设定：性质形容词为补足语、"**的**"字短语为附加语、数量词为标定语。那么就有三种结构：

一、性质形容词＋名词，如：

(56)
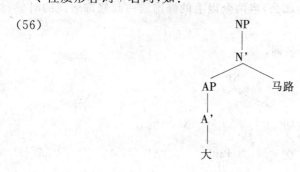

即，"**马路**"是中心语（N），"**大**"投射成的形容词短语（AP）是补足语。

二、的字短语＋名词，如：

(57)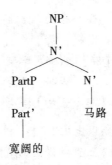

"**马路**"是中心语(N)，"**的**"字短语是附加语。"**的**"是助词，所以"**的**"字短语就是助词短语(PartP)。形容词"**宽阔**"跟"**的**"是怎样组合起来的，不是我们现在关心的问题。

三、数量词＋名词，如：

(58)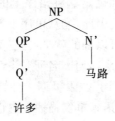

"**马路**"是中心语(N)，"**许多**"投射成的数量词短语(QP)是标定语。

怎么才能知道上面设定的(56)-(58)中的结构是正确的呢？前面(46)-(55)中的例子已经回答了这个问题。由于所有的修饰成分都必须出现在名词之前，假定某一类修饰成分只能出现在某一个结构位置，即，数量词作标定语，"**的**"字短语作附加语，性质形容词作补足语，那么，当两个以上的修饰语一起修饰名词的时候，结构上只能有四种可能性：

一、数量词＋的字短语＋名词，如：

(59)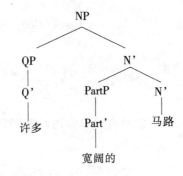

如果改变语序,相当于产生出结构交叉(crossing branch)的错误,如:

(60)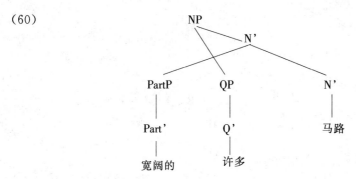

二、数量词+性质形容词+名词,如:

(61)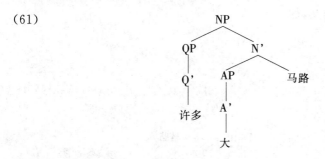

改变语序就会造成结构交叉,如:

(62)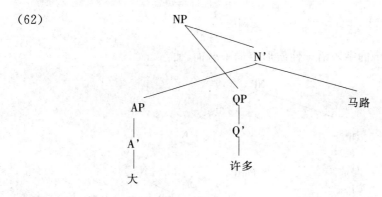

三、的字短语＋性质形容词＋名词，如：

（63）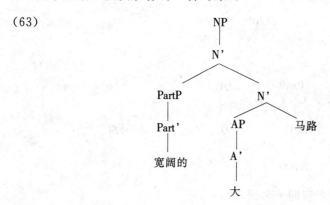

改变语序也会造成结构交叉，如：

（64）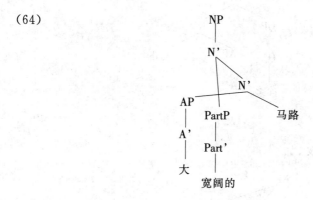

四、数量词＋的字短语＋性质形容词＋名词，如：

（65）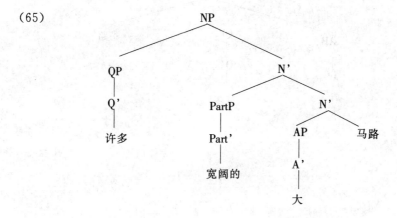

改变语序,结构交叉可能涉及一个分枝,如:

(66)
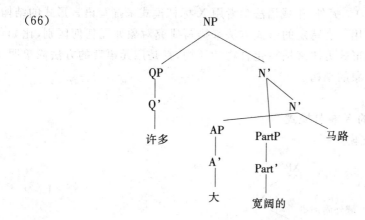

如果涉及两个交叉分枝,语感上会更难接受。如:

(67)
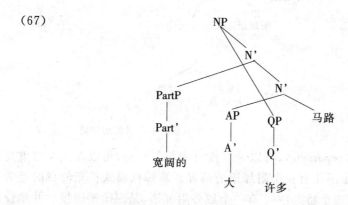

或者说,我们是用短语结构的方式把语感上感觉到的东西表达出来。也是生成语法又叫作形式语法的原因之一。即用简单明晰的形式,如树形图,把看不见的语言结构,包括允许和不允许的结构,都表示出来,达到语言分析的目的。

通过以上的分析,很明显,修饰成分的类别正是因为跟结构层次有关,所以才会对语序有所限制。换言之,这种限制正是支持 X-标杠模式的证据。或者说语料证明了它的合理性。以后的章节中,如有必要,还会对短语结构的成分及其层次进行类似的证明。另外我们注意到,X-标杠模式有极强的概括性,可以涵盖很宽的语料。在生成语法半个世纪的研究发展期间,X-标杠模式上世纪 70 年代问世,经过了一些修正,至今发展成一个比较稳定的理论原则。X-标杠模式是一个描写成分结构的、非常成功的理论原则。要运用生成语法的理论,首先要学会怎样运用 X-标杠模式来分析成分结构。这样,当你说"结构"这个词的时候,别人就知道你在说什么。它已经用于分析许多其他语言。在分析汉语方面,尚有太多要弄清楚的地方(参 Huang & Li 1996；Huang, Y.-H. A. Li & Y. Li 2009；何元建 1995b，2007；邓思颖 2010)。另外，生成语法学者用 X-标杠模式来描写语言形式的结构，在原则上跟科学家用一套特定的形式方法来描写研究对象并无任何区别，比如化学家用一套特定的形式方法来描写化合物的结构，都是用元语言的方法简单明了地说明有关研究对象的结构。

2.1.2　扩充的 X-标杠模式

扩充的 X-标杠模式指：

(68)
```
                    XP
                   /  \
                (KP)   XP
              域外附加语 / \
                    (YP)  X'
                   标定语 / \
                      (ZP)  X'
                     附加语  ...
                              X'
                             / \
                          (WP)  X
                         补足语 / \
                              X   (α)
                           中心语  中心语的附加语
```

"…"代表有递归性(recursive)，可以重复投射成填位结构，可以在此层次重复投射成填位结构，以满足不止有一个附加语的情况。X-标杠模式扩充的目的是为了涵括更多的语料。有三个特点：一、有一个域外附加语，是二阶短语投射并填位而生成出来的；二、一阶短语有递归性；三、中心语有附加语。再说一遍，各种成分之间的相对线性位置并不重要，重要的是它们各自以及相对所在的结构层次。这是句法结构及其生成机制的普遍原理。下面举例来说明。

先看域外附加语的例子。汉语句子中常常有主语出现在谓语之后的情况：

(69)　a. 老师一定会来。
　　　b. 一定会来，老师。

这是倒装句(inversion)的一种。在生成语法中，倒装可以看作是通过移位来实现的。即**"老师"**是从(a)中的位置移到句末的。过程如下：

(70)

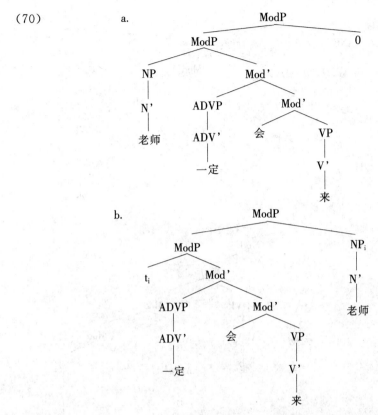

(a)中的情态词短语(ModP)投射成填位结构,"**老师**"(NP)从原来的位置移走去取代空位,生成(b)。

现在看有多个附加语的例子:

(71)　　a. 老师大概也会来。
　　　　b. 老师大概也还会来。

(a)有两个状语,"**大概**"和"**也**",(b)再加一个"**还**"。结构上都是附加语:

(72)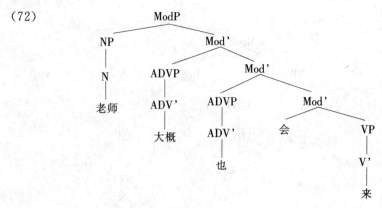

(73)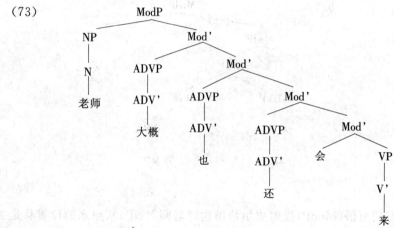

再看中心语有附加语的例子。汉语中的典型例子是动词跟趋向动词的组合以及动词跟体貌词的组合：

(74) a. 老师坐了下去。
b. 老师笑了起来。

这里，"了"是表示完成貌(perfective aspect)的体貌词，"下去"是趋向动词，"起来"是表示初始貌(incohative aspect)的体貌词，它们都是先跟动词组合起来，然后动词再投射成短语。

这里只拿"坐了下去"来演示组合过程：

(75)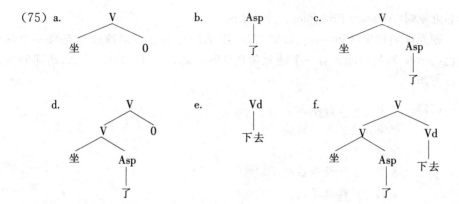

V = 动词；Asp = 体貌词；Vd = 趋向动词。最后生成的结构是以动词为中心词的。它是句法中生成的性质上属于词结构的结构。但是，词库中生成的词结构是百分之百的词，这个"V + Asp + Vd"却不是词，而是介于词和短语中间的结构，Sadler & Arnold (1993)把此类结构叫作"弱词性结构"。汉语句法中产生这种"弱词性结构"的原因，是因为汉语不是屈折语，趋向动词和体貌词不是通过屈折变化附在动词身上的，而是通过投射、填位等程序跟动词组合的。理论上，动词在投射成短语之前可以跟这些词相互组合，正是词项"投射成含有自身"的成分结构有递归性的表现。

"坐了下去"再投射成动词短语(VP)：

(76)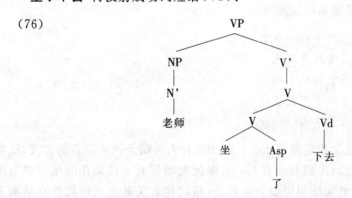

上面(74)(b)中的"**老师笑了起来**"的生成过程完全相同，但是要将趋向动词改为体貌词。有关趋向动词和体貌词跟动词组合的结构，详见第七章 7.0.1、7.0.2 节。

2.1.3 题元原则

有关题元的原则有四个：题元原则(θ-Criterion)，题元的阶层原则(θ-Hierarchy)，题元指派统一论(Uniformed Theta Assignment Hypothesis，UTAH)，以及题元指派

的邻近原则(Adjacent Principle)。分别来说。

题元原则设定(Chomsky 1981:29),跟动词有关的名词性成分充当一个题元角色(θ-role),且只能含有一个题元角色(Chomsky 1981:29)。比如,动词的主语可以充当:

(77) 施事:<u>张三</u>打李四。
　　　当事:<u>张三</u>丢了眼镜。
　　　致事:<u>张三</u>令李四伤心。
　　　客事:<u>张三</u>被李四打了。
　　　工具:<u>钥匙</u>开了门。
　　　处所:<u>一张床</u>睡十个人。
　　　系事:<u>张三</u>是我老师。
　　　领事:<u>张三</u>有四个孩子。

动词的宾语可以充当:

(78) 客事:张三打了<u>李四</u>
　　　　　张三丢了<u>眼镜</u>

严格地说,动词的主语是当事,宾语就是客事;动词的主语是施事,宾语就是受事。但是,已经习惯用客事代表两者。

再如,动词的间接宾语可以充当:

(79) 与事:张三送<u>李四</u>一本书
　　　　　张三借给<u>李四</u>钱
　　　　　张三借钱给<u>李四</u>
　　　来源:张三向<u>李四</u>借钱
　　　　　张三借<u>李四</u>(的)钱

问题是,题元的意义和实质是什么？题元只有人为赋予的元语言的意义,比如"施事代表动词表示的动作的发出者"、"客事代表动词表示的动作的接受者",等等。所以弄清楚题元的实质很重要。这就是:<u>跟动词有关的名词性成分在结构上跟动词的相对位置</u>。即,我们称某名词性成分施事或其他,是因为在结构上它总是出现跟动词相对的某一位置上。如:

(80) [我 [还了 书]]

"**我**"是施事,"**书**"是客事,因为它们跟动词相对的结构位置不同:施事在标定语的位置,客事在补足语的位置。

注意,这里的关键是"在结构上的相对位置",而非线性位置;线性位置是可变

的,而结构位置是不变的。如:

(81) ［书ᵢ ［我 ［ 还了　tᵢ ］］］

"书"(客事)虽然作为话题成分出现在句首,但是它取得客事题元的结构位置仍然是在动词的补足语位置。用理论上的话来说,动词向它的补足语位上的宾语指派客事题元,然后,取得了客事题元的宾语再移位到了句首。但是,客事题元并不是在句首指派的。理论上,移位留下的语迹是语法系统诠释句首"书"是客事成分的根据。

题元成分在结构上跟动词必须有一定的相对位置,这就是题元阶层原则的精髓(参 Jackendoff 1972；Chomsky 1986a,1986b；Grimshaw 1990；Larson 1988,1990；Haegeman 1997a,1997b；Radford 1997a,1997b)。题元的阶层大致如下:

(82) (致事(施事/当事(与事/来源/目的/处所/工具(客事(述题))))）

这并不是说所有的题元成分会同时出现在一个句子当中,而是说它们会大致按照这个阶层出现在句子结构中。或者说,题元阶层跟成分结构的阶层是一致的。比如:

(83) a.［这个发现 使［他们　兴奋不已］］。
　　　　　致事　　　当事
　　　b.［我 ［［在图书馆］［用电脑］［还了　书］］］
　　　　　施事　　处所/目的　　工具　　　　　客事
　　　c.［我 ［［向张家］［借了　三斤白面］］］
　　　　　施事　　来源　　　　　　　客事
　　　d.［我　［问［小李］［老张去哪儿了］］］
　　　　　施事　　　客事　　述题

有时候,有的题元成分表面上看上去好像在一个层次,其实不是。如:

(84)　［我［借了　张家　三斤白面］］
　　　　施事　　来源　　客事

前面(83)(c)中,"张家"(来源)是介词"向"的宾语,或者说"向"把来源成分标示出来了。如果不标示出来,来源成分就要出现在动词的后头,如(84)。这样一来,"张家"(来源)和"三斤白面"(客事)表面上看上去好像在一个层次。其实,"张家"(来源)和"三斤白面"(客事)并不在一个层次。此类句子的动词是移了位的:

(85) a. [我　　[张家　[借了　　三斤白面]]]
　　　　施事　　来源　　　　　　客事
　　b. [我　借了ᵢ　[张家　[tᵢ　三斤白面]]]
　　　　施事　　　　来源　　　　　客事

这种结构叫作动词的套组结构(VP-Shell)(见第八章8.2节)。

在题元原则和题元阶层原则的基础之上,题元指派统一论(Baker 1988:46,1997:74)进一步说,题元成分跟动词的相对结构位置在同一语言中的词法和句法中都是一样的。即,词法和句法一样,都要服从题元原则和题元阶层原则。一般来说,词法的基本语序跟句法的基本语序会有不对称的地方。比如:

(86) OVS语序的复合词: [[血　吸]虫]
　　　　　　　　　　　　客事　施事
　　　　　　　　　　　[[论文　指导]教师]
　　　　　　　　　　　　客事　　施事

　　　SVO语序的句法结构: [虫[吸　血]]
　　　　　　　　　　　　　施事　　客事
　　　　　　　　　　　[教师[指导　论文]]
　　　　　　　　　　　　施事　　　客事

出现这种情况时,词法结构是左向分支,而句法结构是右向分支,两者的生成过程互为映证。这就是所谓的"镜像原则"(The Mirror Principle)(Baker 1985)。但是,不管是在词结构中还是在句法结构中,题元成分跟动词的相对结构位置都是一样的。如上面(86)所示。这就是题元指派统一论的精神。

最后我们来看动词是怎样把题元角色指派给有关的名词成分的。这就是所谓的题元指派的邻近原则。并没有一篇文献专门提出这个原则,本章只是总结有关的理论精神而已。首先,名词成分所充当的题元角色是从动词那里获得的这个说法是一个纯粹的理论假设。即,假设动词通过有关的成分结构向名词成分指派题元角色。成分结构的基础就是X-标杠模式。

在X-标杠模式的基础上,题元指派有两个要点。一、因为X-标杠模式设定自然语言的句法结构是双支结构,因此,只有动词本身以及含有动词的一阶投射才能指派论元(参 Marantz 1984:23ff; Chomsky 1986a:59-60; Radford 1997a:328-329)。比如:

(87)

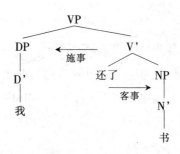

动词通过 V'向"书"(NP)指派客事题元,V'通过 VP 向"我"(DP)指派施事题元。简单点说,"还了"向"书"指派客事题元,[还了书]向"我"指派施事题元。

二、结构上,动词必须离接受题元的名词成分足够地近。什么叫"足够地近"呢?有两种情况都算。第一,接受题元的名词成分在动词短语之内,比如(87)这种情况。第二,接受题元的名词成分在跟动词短语"相邻接"的短语之内。比如:

(88)

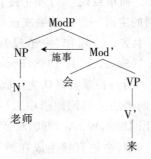

这里,接受题元的名词成分"老师"(NP)虽然不在动词短语之内,却是在跟动词短语(VP)"相邻接"的情态词短语(ModP)之内。这样,动词可以通过 VP 和 Mod'向"老师"(NP)指派施事题元。简单点说,[会[来]]向"我"指派施事题元。

所谓"相邻接",是指动词短语作了"相邻接"的短语中的补足语。比如上面,动词短语(VP)作了情态词"会"的补足语。有时候,"相邻接"的短语不止一个。比如:

(89)

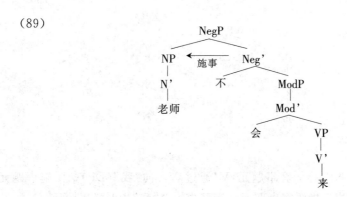

但是,只要符合这个"作了相邻接的短语中的补足语"的条件,也算是"足够地近"。在(89)中,动词短语(VP)是情态词"**会**"的补足语,情态词短语(ModP)又是否定词"**不**"的补足语,每一环都是"相邻接"。所以,动词通过 VP、ModP 以及 Neg' 向"**老师**"(NP)指派施事题元。简单点说,是[**不**[**会**[**来**]]]向"**我**"指派施事题元。

有一种看法认为,动词的主语一律必须生成在动词短语之中,接受了题元指派之后再移位到情态词短语中去。这叫作"主语提升说"(The VP-internal Subject Hypothesis)(参 Kitagawa 1986,Kuroda 1988,Sportiche 1988,Ernst 1991,C.-T. James Huang 1993,等等)。另一种观点则认为,汉语的主语不必提升,因为汉语的动词不会从动词短语提升到语法范畴词短语中去(语法范畴词短语的讨论见第十章 10.2 节)(如 Aoun & Li 1989,Wible 1990,S. W. Tang 1998)。本书采纳后一种观点。在有情态词的句子中,主语直接生成在情态词短语中。这样更符合语法运作的经济原则。

2.1.4 格理论

我们知道,有些语言的代词有格的变化。如英语:

(90) 主格:　　　宾格:　　　领格:
　　　 I 　　　　 me 　　　　 my
　　　 我 　　　　我 　　　　 我的
　　　 we 　　　　us 　　　　 our
　　　 我们 　　　我们 　　　 我们的

汉语跟英文的区别在于,英文不同的格分别用不同的词来表示,而汉语代词的主格、宾格一样,领格有领格标记,即"**的**"。英文也有领格标记,即"-s",但只用于名词,如"teacher's",跟汉语"**老师的**"相同。

关键的是,不同格的代词必须出现在不同的句法位置。比如,主格代词要出现在主语的位置,宾格代词要出现在宾语的位置,包括动词和介词的宾语。据此,于是在理论上预设(Chomsky 1981,1986a,1986b),动词的主语和宾语位置都是有格位的,叫作"结构格"(structural case),介词宾语的宾语位置也有格位。

理论上,假设结构格是由动词或者介词指派给自己的主语或者宾语的。具体做法是,在 X-标杠模式的基础上,动词通过向名词成分指派格位。比如：

(91)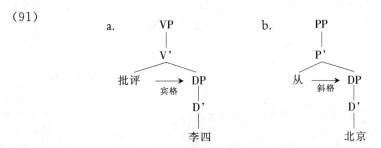

动词通过 V'向自己的名词性宾语指派宾格格位(accusative case);介词通过 P'向自己的名词性宾语指派斜格格位(oblique case)。

曾经认为名词性主语的格位是由表语法范畴的词指派的,比如时态词(Chomsky 1981,1986a,1986b)。这显然有局限性,因为没有时态也没有屈折范畴的语言多的是。那怎么办？我们的看法是,动词可以通过 V'直接向自己的名词性主语指派主格格位。比如：

(92)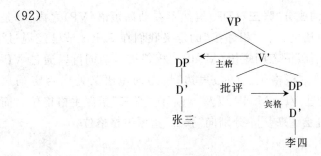

动词通过 V'向"**李四**"(DP)指派宾格格位,V'通过 VP 向"**张三**"(DP)指派主格格位。

我们又假设,指派格位时,动词必须离接受格位的名词成分足够地近。"足够地近"有两个意思。一、接受格位的名词成分在动词短语之内,如(91)和(92)所示。二、接受格位的名词成分在跟动词短语"相邻接"的短语之内,以适用于句子含有语法范畴词的情况。比如：

(93)

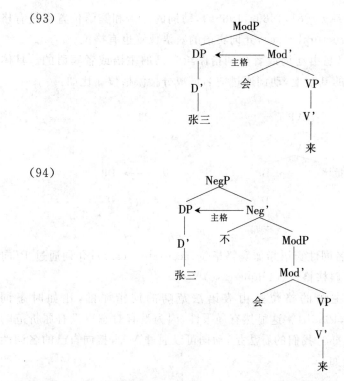

(94)

这里,接受主格格位的名词成分"张三"(DP)虽然不在动词短语(VP)之内,却是在跟动词短语"相邻接"的短语之内。"相邻接"的定义我们在 2.1.3 节已经说过了,不赘。(93)里边,动词短语跟情态词短语(ModP)"相邻接",动词可以通过 VP 和 Mod'向"张三"(DP)指派主格格位。(94)里边,情态词短语又处在否定词短语(NegP)之内,于是动词通过 VP、ModP 以及 Neg'向"张三"指派主格格位。简单点说,[会 [来]] 和 [不 [会 [来]]] 分别向"张三"指派主格格位。

2.1.5 约束条件

约束条件(Binding Conditions)负责在句法结构中解释名词性成分之间的指称关系。大家知道,如果两个名词性成分共指,一个就是另一个的先行语(antecedent)。习惯上,在共指成分旁边用一个下标来表示共指。比如 [Y_i … X_i …],其中的 Y 和 X 共指。再如:

(95) 同学们$_i$ 喜欢吃 自己$_i$ 做的午餐。

"同学们"是"自己"的先行语,也叫"约束语",跟先行语共指的叫"被约束语"。

约束条件有甲、乙、丙三种(Chomsky 1981,1982,1986a,1986b):

甲种:在所在的句域中,反身代词必须被它的先行语所统制(c-command);

乙种：在所在的句域中，人称代词不能被它的先行语所统制；

丙种：在所在的句域中，独立指称成分（R-expression）不能有先行语。

换言之，反身代词在自己的句域中必须有先行语，而人称代词、独立指称成分在自己的句域中则不能有先行语。甲种条件的例子如上面(95)；乙种条件的例子如下面(96)；丙种条件的例子如"*他$_i$ 喜欢 李四$_i$"；"他"不能跟"李四"共指，原因是"李四"是独立指称成分，不能有先行语。

"统制"的定义：A 被 B 统制(c-command)，如果 A 受 B 统领(dominate)。在上面 2.1.1 节中，我们说过了直接统领(immediately dominate)的定义。直接统领的定义很严：A 必须是 B 的上节点；而统领的定义就宽松一些：A 不必是 B 的上节点，只要是 B 上方的任一节点就可以了。

约束条件可以帮助我们确定成分结构。如：

(96)　使动句：　　　张三$_i$　使　[他$_{*i/j}$　生气]
　　　宾语从句：　　张三$_i$　说　[他$_{i/j}$　生气]

[**他生气**]在"**使**"后面，"**他**"就不能跟"**张三**"共指，但是在"**说**"后面就可以跟"**张三**"共指。说明"**使**"和"**说**"跟[**他生气**]之间的结构关系不同。"**使**"后面的[**他生气**]仅仅是一个小句，范畴可能是动词短语（VP）；这样，"**张三**"和[**他生气**]属于同一句域，因此，按照乙种约束条件，"**张三**"和"**他**"不能共指。相对而言，"**说**"后面的[**他生气**]应该是一个单句，自成一个句域，跟"**张三**"不在同一个句域。既然不在同一个句域，按照乙种约束条件，"**张三**"和"**他**"就可以共指。要沿着这个思路详细分析下去，剩下的问题仅仅是技术问题，不赘。上面仅仅是举例说明约束条件的运用，本章其他部分还会有类似的讨论。有关小句与单句的概念请见第十章。有关人称代词和反身代词如何在句子中获得先行语的讨论见第十四章 14.3 节。

2.1.6　整体诠释原则

整体诠释原则(Principle of Full Interpretation)是逻辑形式界面中的理论原则(Chomsky 1991:441-442,1993:26-27;Chomsky & Lasnik 1995:27)。前面说过，句法把生成好的结构分别输出给语音形式界面和逻辑形式界面。语音形式界面把结构给读出来，逻辑形式界面就把结构诠释出来。但是，输出的时间不一定是同时的。逻辑形式界面收到句法输出的结构之后，就开始"检查"所接收到结构是否符合该结构所要表达的语义内容。比如，题元、格位的指派是否都到位，名词的人称、数、格、性是否正确，约束关系是否都对，逻辑运算子的范距是否到位，等等。如果都对，该结构就顺利过关，否则，结构生成过程失败。这就是整体诠释原则的理论意义。

对一个语法系统理论来说，整体诠释原则的存在意味着，在设计系统的每一个部分、每一个步骤的时候,都要顾及到整体诠释原则,否则,你的语法系统的理论就是失败的。让我们举例来说明。

比方说,汉语的名词在语法系统上不分单数和复数,但是,有时因为文体方面的原因也会用复数量词缀"们"来表示名词复数。那么,在使用了"们"的时候,语法理论就要负责该如何来解释名词复数。请比较下面两个复合词的结构:

(97)

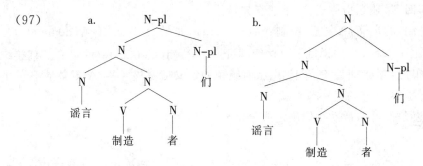

(a)和(b)的区别仅在一处:(a) = N-pl = 复数名词,(b) = N = 名词。但是(b)的结构明明有一个复数量词缀,却没有标示出来。因此,当句法把(a)和(b)输出到逻辑形式界面去取得语义诠释时,(a)会顺利过关,而(b)就会因得不到应有的复数诠释而导致结构失败。

再举一个例子。指示、人称、反身及疑问代词传统上都划归名词类。但在今天的语法系统中,我们却将它们划为限定词类。为什么呢?简单地来说,这些词具有显著的限定性词义特征(即它们本身就具有指称),而普通名词没有。究其原因,这些词的词结构中含有一个表达指称的形态(reference morph),而普通名词没有。平常一般用"N"来表示普通名词,显然,这不适用于指示、人称、反身及疑问代词。理论上,后者如果用"N"来表示,那么,它们到了逻辑形式界面去取得语义诠释时,就会因为得不到应有的指称诠释而导致结构失败。因此,这些词应该用"$N_{[+D]}$"来表示才合适。"$N_{[+D]}$" = 限定性词义的名词,在某种意义上也就相当于限定词(D)。这就是 Chomsky(1986b)、Abney(1987)论证具有限定性语义的名词和名词短语以及有关形式表达方式的实质与精髓,当然他们讨论的是英语。汉语也是一样的,只不过它的指称形态是零形式(见第五章 5.0 节)。文献中,自 Chomsky(1986b)、Abney(1987)始,指示、人称、反身及疑问代词都就不再表示为名词"N",而表示为限定词"D"。它们投射成的短语,也不再是名词短语"NP",而是限定词短语"DP"(也见第五章 5.0 节)。

上面的例子都可归于整体诠释原则的理论力量。当然也都是如何预设理论的问题和如何来表达理论的问题。但是,普遍语法的理论系统不但能在设计上考虑得比较周到,同时又能用形式方法将其表述出来,这不是很好吗?

2.1.7 经济原则

经济原则（Economy Principle）指语法系统在运作时没有冗余性（Chomsky 1993,1995，Pinker 1999）。比如,当操作系统把小的语言单位结合起来组成大的语言单位的时候,运作的步骤是应该没有冗余的。也就是说,运作的步骤多一步就是错的。比方说,直接从词库输出不用再组合的语言单位就比拿几个语言单位来组合要经济。当然,词库能不能直接输出某一语言形式,决定于该形式是否已经存储于词库。例如,"**刻舟求剑**"、"**亡羊补牢**"之类的成语,或者"**和尚打伞无法无天**"、"**无事不登三宝殿**"之类的习语,如果说话人已经记住了这些语言形式,那它们就已经进入了词库的存储部分,不用再拿有关的词项来组合成句了。然而,如果记住了的话,直接从词库调出来用,就比拿有关的词项来组合要经济。

另外,在句法的组合运作时,填位比移位要经济。比如,上面 2.1.3 节在讲题元指派的时候提到过"主语提升说",主张动词的主语一律必须生成在动词短语之中,接受了题元指派之后再移位到跟动词有关的语法范畴词短语中去,如情态词短语。我们曾说过,本书不采纳这样分析,因为它不如直接将主语生成在有关的语法范畴词短语中来得经济。请对比下面两个结构：

(98)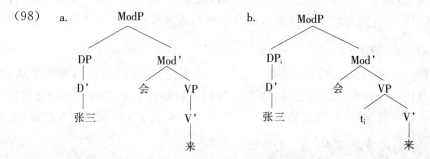

(a)不需要移位,主语"**张三**"(DP)直接生成在情态词短语(ModP)里边；而(b)要移位一次,即"**张三**"(DP)先生成在动词短语(VP)里边,然后移位到情态词短语(ModP)里边。相比之下,第一种生成过程比第二种要经济。因此,经济原则会将后者排除掉。

再举一个例子。汉语的关联词既可以出现在主语之前,也可以出现在主语之后,如：

(99) a. 虽然他可以退休,但却不愿意。
　　　b. 他虽然可以退休,但却不愿意。

(100) a. 如果他能够昨天到北京,就好了。
　　　 b. 他如果能够昨天到北京,就好了。

这些是复句,含两个分句,我们主要看前一分句。在前一分句中,"虽然/如果"是关联词,"可以/能够"是语法范畴词。我们知道,汉语中的语法范畴词(即表情态、语态、体貌、否定、焦点、疑问等等的虚词),一定出现在主语之后。也就是说,上面(a)句中主语的位置是正常的位置(复句的详细讨论见第十章10.5、10.6节)。因此,问题是,(b)句中的主语是不是从关联词之后移到关联词之前的?比如:

(101)　他ᵢ　[虽然　tᵢ　可以退休]

回答这个问题以前,再看下面的例子:

(102)　a. 不但[小李自己]会走,而且还要带走孩子。
　　　　b. [小李自己]不但会走,而且还要带走孩子。
　　　　c. [小李]不但[自己]会走,而且还要带走孩子。

(103)　a. 除非[老张自己]能去,问题可能解决不了。
　　　　b. [老张自己]除非能去,问题可能解决不了。
　　　　c. [老张]除非[自己]能去,问题可能解决不了。

也是看前一分句。(a)中的主语,即"名词+反身代词"的形式,出现在关联词后边;在(b)句里,这个主语却出现在关联词之前;这跟上面的例子同。我们可以问同样的问题:(b)句中的主语是否从关联词之后移到了关联词之前?比如:

(104)　[小李自己]ᵢ　不但　[　tᵢ　会走]

另外,在(102)-(103)(c)句里,"名词+反身代词"中的名词出现在关联词之前,反身代词则留在关联词之后,似乎关联词前后都有一个主语。我们又可以问:"名词+反身代词"中的名词是否从关联词之后移到了关联词之前?比如:

(105)　小李ᵢ　不但　[　tᵢ　自己]会走

下面来看怎样回答这些问题。

我们把关联词处理成标句词,它的位置通常在语法范畴词之上(每个单句都有一个标句词短语,见第十章10.3节)。前面又说过,汉语句子的主语一定要出现在语法范畴词之前。结构上,就是说主语要生成在语法范畴词短语的标定语位。如上文中的(98)。

这样一来,就上面(99)、(100)中含关联词"虽然/如果"的分句而言,(a)句中的有关结构如下:

(106)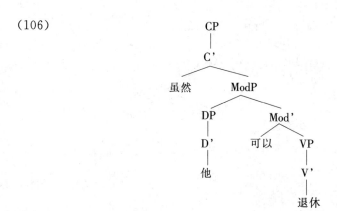

至于(b)句中的有关结构,就面对一个选择。请对比下面两个结构:

(107) a.   b.

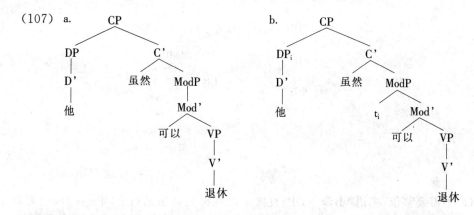

(a)不需要移位,主语"他"(DP)直接生成在标句词短语(CP)里边;而(b)要移位一次,即"他"(DP)要先生成在情态词短语(ModP)里边,然后移位到标句词短语(CP)里边。相比之下,第一种生成过程比第二种要经济。因此,经济原则会将后者排除掉。另外我们假设,动词可以通过相邻并统制(c-command)自己的虚词,如上面的情态词和标句词,向自己的主语指派题元及格位。

上述分析也对上文(102)、(103)中的(a)、(b)两句有效。即,(a)中的"名词+反身代词"主语直接生成在语法范畴词短语(ModP)的标定语位,如(106)所示。而(b)中的"名词+反身代词"主语直接生成在标句词短语(CP)的标定语位,并没有移位这一步骤,如(107)(a)所示。

那(102)、(103)中的(c)句又怎么办呢?它又面对一个选择。请对比下面两个结构:

(108)

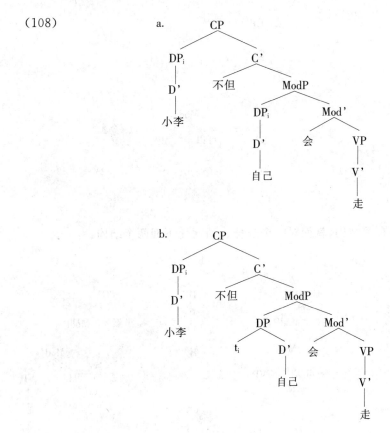

（a）不需要移位,主语"**小李**"（DP）直接生成在标句词短语（CP）里边；而（b）要移位一次,即"**小李**"（DP）要先生成在后面的"**小李自己**"组成的限定词短语（DP）里边,然后移位到标句词短语（CP）里边。相比之下,第一种生成过程比第二种要经济。因此,经济原则会将后者排除掉。

当然,以上的分析属于如何预设理论以及如何来表达理论的范围。总而言之,如第一章说的,普遍语法的理论原则都是为了一个目的,即如何协助操作系统把非句子排除掉,包括操作冗余的句子结构。这一点,我们在这里仅仅是举例说明。

2.1.8 相面豁免条件

相面豁免条件（Phase Impenetratability Condition）是 Chomsky（2001,2008）提出的相句法（phase syntax）理论中的一个最重要的原则。所谓"相"（phase）,或称"相面",指句子结构生成过程中的某一个阶段。按照 Chomsky（2001,2004,2008）,因为说话人的记忆系统的容量有限,言语生成不可能一蹴而就,而要分阶段进行。具体来说,单句结构有三个部分：标句词短语（CP）、语法范畴词短语（IP）和轻动词短语(vP)(见第十章)。单句的生成过程,分两个阶段,又称之为相面(phase),它们分别是 CP 和 vP,而 IP 不是相面。也就是说,句子结构的生成过程分为两个相面,先是生成好轻动词短语(vP)。然后再生成标句词短语(CP)。

在相面的生成过程之中,有两个最为重要的程序。其一,相面有一个中心语(phase head),比如,标句词短语(CP)这个相面的中心语就是标句词(C),而轻动词短语(vP)这个相面的中心语就是轻动词(v)。当中心语的补足语部分(complement)生成好之后,这个补足语就要输出到语音形式库(Phonetic Form)和逻辑形式库(Logical Form)去确认语音和语义;然后再继续其余部分的生成。不过,已经确认了语音和语义的补足语部分,在其句域(domain)之内不可再进行任何句法操作,这称为"相面豁免条件"(Chomsky 2001:5)。我们知道,标句词(C)的补足语就是语法范畴词短语(IP),而轻动词(v)的补足语就是谓语动词短语(VP)。

其二,只有当相面中心语是词汇形式的自由语素时(词汇形式 = 有语音),其补足语才会被输送出去确认语音和语义。而如果相面中心语是零形式,则要等到它成为词汇形式时,其补足语才会被输出。拿轻动词短语(vP)为例。如果 v 的补足语 = WP,而 v = 词汇形式的自由语素,一旦 [$_v$ v WP]生成好,WP 就要被输出。而如果 v = 零形式(或者说 v = 黏着语素),则要等到 W 移位跟 v 结合,构成 W-v,WP 才会被输出。这时,因为 W 是词汇形式的自由语素,W-v 等于把 v 转化成了词汇形式的自由语素,所以,WP 可以被输出。演示如下:

(109)　　　　　[$_{vP}$ ... [$_{v'}$ v [$_{WP}$... W ...]]]　　　　v = 词汇形式
　　　　　　　　　　　　　　　　　　　　　　　　　　　　　　　WP 输出

(110)　　a.　[$_{vP}$ ... [$_{v'}$ v [$_{WP}$... W ...]]]　　　　v = 零形式
　　　　　　　　　　　　　　　　　　　　　　　　　　　　　　　WP 不输出

　　　　　b.　[$_{vP}$ ... [$_{v'}$ W$_i$-v [$_{WP}$ ... t$_i$ ...]]]　　W-v = 词汇形式
　　　　　　　　　　　　　　　　　　　　　　　　　　　　　　　WP 输出

输出之前,WP 中可以进行句法操作;一经输出,WP 就受到"相面豁免条件"的保护,其句域之内不可再进行任何句法操作。理论上,"相面豁免条件"最重要的作用是对句法操作进行严格限制,使不可随意进行。这符合生成语法理论几十年来发展的大方向。下面举一个实际的例子来说明。请观察:

(111)　a. 他吃完了饭。
　　　　b. 他把饭吃完了。/他把饭给吃完了。
　　　　c. 饭被他吃完了。/饭被他给吃完了。

(112) a. 他吃饱了饭。
b. *他把饭吃饱了。/ *他把饭给吃饱了。
c. *饭被他吃饱了。/ *饭被他给吃饱了。

不论有没有"给",使用"吃完"的有关句子都是对的,而使用"吃饱"的有关句子却是错的。研究者们早就观察到(如 Hashimoto 1966,陆孝栋 H. T. Lu 1977)"吃完"是宾语指向,而"吃饱"是主语指向,所以,"吃完"是真正的动结式,而"吃饱"不是动结式(参何元建、王玲玲 2010;也见本书第九章)。因此,二者所在的句法结构应该不同,由此产生(111)、(112)之间的差异。

具体来说,"他吃完了饭"之类属于宾格类的动结式,其句法结构如下(细节请参见第九章9.4节的讨论,此处不赘):

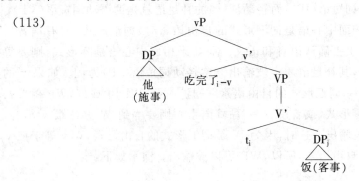

按照 Chomsky(1995,第四章),宾格句总是需要一个执行性的轻动词(performance light verb)。这里,轻动词是零形式(v)。在上文阐述的相面(phase)的框架里边,零轻动词(v)是相面(vP)的中心语(phase head);当谓语动词移位与零轻动词(v)结合之后,相面中心语就变为词汇形式;此时,它的补足语,即(113)中的动词短语(VP),就被输送出去确认语音和语义,其句域(domain)之内不可再进行任何句法操作。

再看(112)中的句子。这里,动词"吃饱"不是动结式(细节见第九章),甚至不是宾格动词。请观察:

(114) a. 他吃完了馒头/饺子/炒面/窝头/水果/烤肉/……
b. *他吃饱了馒头/饺子/炒面/窝头/水果/烤肉/……

除了"吃饱了饭"之外,很难再有其他食物类的名词可以跟"吃饱"组成述宾结构。据此可以判定,"吃饱"根本不是宾格动词,而是非作格动词,只有个别的固定搭配。比较同类的搭配:

(115) 吃饭—吃饱了饭 抽烟—抽足了烟
喝酒—喝醉了酒 睡觉—睡够了觉
上班—上腻了班 读书—读厌了书

这些固定搭配中的"宾语"不具有题元功能，没有独立的指称，可能是在句法结构中通过形成的"弱词性结构"（参 Sadler & Arnold 1993；Hale & Keyser 1993）。另外，非作格动词谓语不是及物结构，不需要轻动词的介入，就是它本身组成的动词短语(VP)(见第八章 8.1.2 节)。如是，我们有：

(116)

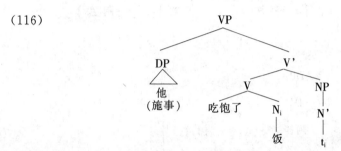

如果上述分析不错，那么，(113)可以进入把字句和被字句，而(116)不能。原因很简单，在把字句和被字句中（详见第十一章 11.0 节、11.1 节的讨论），谓语动词的宾语需要出现在动词短语(VP)之外，或者说"**饭**"这个作宾语的成分要出现在"**把**"字之后或者在"**被**"字之前。这对于(113)这样结构没有问题；具体来说，受到"相面豁免条件"的限制，动词的宾语不能移位，但可以直接生成在有关的结构位置，例如：

(117) a. [vP 他 [v' 把 [vP 饭 [v' 给/v [vP 吃完了]]]]]
b. [vP 饭 [v' 被 [vP 他 [v' 给/v [vP 吃完了]]]]]

"**给**"若是零形式(v)，动词就要移位与之结合（详见第十一章 11.0、11.1 节）。而在(116)之类的结构中，动词的宾语是非作格动词谓语的一部分。受"相面豁免条件"的限制，一旦生成：

(118) a. ……[v' 给 [vP 吃饱了—饭ᵢ tᵢ]]
b. ……[v' 给 [vP 吃饱了—饭ᵢ tᵢ]]

动词短语(VP)就要被输出，无法对动词宾语进行任何句法操作。即使"**给**"是零形式(v)，动词移位与之结合之后，对动词宾语也无法再进行任何操作。因此，像(112)(b)-(c)这样的词串一定不符合语法。

重申前文所说，"相面豁免条件"的主要作用是对句法操作进行限制，使不可随意进行。以上仅是举例，有关相面豁免条件的运用，以后的章节中还有（如第九章

9.5.3 节,第十一章 11.0、11.1 节)。其实,所有上面讨论过的理论原则,以后的章节中都还有讨论,望读者留心。

2.2　短语结构的表达法

如前所述,普遍语法的理论系统中,短语结构要符合 X-标杠模式和扩充的 X-标杠模式的要求。这些模式既可以用方括号也可以用树形图来表述。比如:

(119)　a. [$_{VP}$ [$_{DP}$ [$_{D'}$ 阿桂]][$_{V'}$ 喜欢 [$_{DP}$ [$_{D'}$ 阿兰]]]]

　　　b.
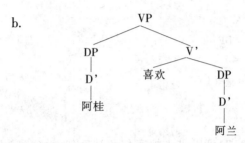

(a)和(b)是等价的,完全相等。

不过,树形图中常常采用简略表达方式,即用了三角形,表示对有关短语结构的简略表达。使用简略表达法的目的有二。一、节省笔墨篇幅;二、对某一结构尚不很了解,但它对全局没有影响,故有意不表,留待将来的研究去解决。

原则上,简略表示方法应该按照成分结构(constituency)来进行。有两点要注意:一、单枝结构必须把整个短语(XP)简略。如:

(120)

但不能:

(121)　　　　　　　　XP　　或者　　XP
　　　　　　　　　　△　　　　　　　　
　　　　　　　　　　X'　　　　　　X'
　　　　　　　　　　│　　　　　　△
　　　　　　　　　　X　　　　　　X

二、分枝结构以 X'或者 XP 为起点来简略,必须覆盖分枝(branch)内所有成分。演示如下:

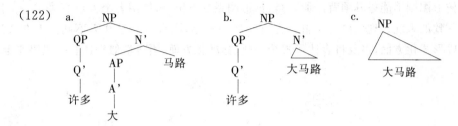

(122) a. NP / b. NP / c. NP

也可以按需要来选择简略的范围,如:

(123)

总之,简略不应该使结构的表达变得模糊不清。如是,就不宜简略。比如:

(124)　　　　　　　　XP　　例:　　NP
　　　　　　　　　　　|　　　　　　 |
　　　　　　　　　　　X　　　　　　马路

(124)的意思是词项(X)投射成 X-短语。这不符合 X-标杠模式。另如:

(125)　　　　　　　　XP　　例:　　DP
　　　　　　　　　　　|　　　　　　 |
　　　　　　　　　　　XYZ　　　　这条马路

我们知道,这 = 限定词(D),条 = 量词(Cl),马路 = 名词(N)。(125)等于把三个词项放在一个短语之下,违背了一个短语一个中心语的原则。也许树形图的使用者只是想节省点儿笔墨篇幅而已。遗憾的是,所用的简略表示方法并不对。上述两个例子应该表示成:

(126)　　　　　　a. NP　　　　b. DP
　　　　　　　　　 △　　　　　　 △
　　　　　　　　　 马路　　　　 这条马路

在没有一个统一的表述系统的情况下,或者说在没有一个系统被大家认可的情况下,学者们采用任何一个表述系统都是可以的,只要在著述中保持前后一致就行。无论如何,都应该让他人明白自己的表述系统是什么意思。就这一点而言,已出版的书籍刊物上也不尽然。就此,语言学者似乎应该向自然科学家看齐。例如,化学家使用化学结构式来表示物质结构,其功能和形式跟我们用树形图来表示词或句子结构极为相似。差一笔,多一画,就是不同的结构,代表不同的实体。不管是树形图,还是化学结构式,都亦如此。然而,化学结构式为全世界的化学家认同,中学生就能看得懂。而树形图则不能望其项背。原因是,树形图系统不统一,使用者个人没有采纳一个比较一致的系统。现代语言学将自己看作经验科学,跟自然科学并无不同。但在表达手段形式化方面,以及将表达形式统一化、标准化方面,语言学似乎还有一段路要走。

第三章 词 库

第一章说过,人的语法能力包括造词和造句的能力。本章讲述造词能力。涉及四个方面:词库的结构与功能、词库跟句法的关系、词结构是怎样生成的以及记忆跟生成规则之间的相互作用。

3.0 词库的结构

造词能力指说话人能够说出来"符合语法的语素串的能力"。符合语法指说出来的话能够为操同一语言的本族语者所接受。所谓"语素串"(morpheme strings),是由一个或一个以上的语素组成的音流。如果语素串只含有一个语素,它可能是词根(root),也可能是词缀(affix)。词根可以单独使用,叫自由词根(free root);不能单独使用,又叫黏着词根(bound root)。词缀和黏着词根都属于黏着语素(bound morpheme)。语素串如果含一个以上的语素,它可以是屈折词,派生词、复合词、重叠词或者缩略词。例子下面就会看到。派生、复合、重叠或者缩略的词又总称为合成词。

第一章说过,生成语法关心的是如何将语法能力用一种形式化的方法明晰地表示出来。就造词能力而言,就是要将所有词形式的生成过程明晰地表示出来。理论上这属于词库的范围。

已知词库由三部分组成:语素集、合成构词区、屈折构词区,都跟句法有联系(Kiparsky 1982, Pinker 1999, He 2006a)。再看一遍词库跟句法的关系:

(1)
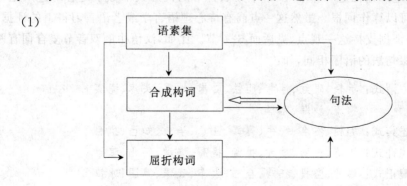

第二章已经说过,语素集里存储着一切已经可能被记住了的语言形式,包括自由词根、黏着语素(黏着词根、派生词缀、屈折词缀、功能词缀)、以及已经记住了的成语、习语、专有名词等等。一个语言形式原来可能不是语素,如成语,后来进入了记忆,记存了起来,就成了语素。汉语里,许多双音节的语言形式可能原来不是语素,而后来进入了进入了记忆,变成了语素。见 3.7 节的讨论。

语素集里储存的语素的出路有好几条:一、直接进入句法;二、进入屈折构词区,构成屈折词之后再进入句法;三、进入合成构词区组成合成词,合成词再进入句法;四、合成词进入屈折构词区,加上屈折词缀之后再进入句法。

双线箭头表示句法里生成的语言形式可以输送回词库加入合成构词。我们在 3.3.3 节讨论。

下面仅扼要地介绍词库各部分是如何各自发挥功能的,重点在词结构是怎样生成的以及跟句法的关系。

3.1 词　根

如(1)所示,词根可以直接进入句法,用于造句。比如要造出"我爱中国"这句话,语素集需要输出"我"、"爱"、"中国"这三个词根形式的词到句法,句法再把它们组合起来,成为符合汉语语序的句子。句法如何用词造句就是以后各章的内容。

从描写的角度,词根分自由词根(free root)和黏着词根(bound root)。前者可以单独使用,后者不能。从认知的角度,词根就是已经进入记忆的词形式(Pinker 1999)。汉语里有单音节词根,如:**人、狗、山、湖、快、慢**,等等;双音节词根,如:**仿佛、伶俐、弥漫、澎湃、恍惚**,等等;外来词,如:**沙发、马达、扑克、冰激凌**,等等。另外,已经记住了的成语,如:**削足适履、亡羊补牢、三顾茅庐**,等等,也算是进入记忆的语言形式。

按是否进入记忆这一标准,汉语中凡双音节的词形式都似乎是容易进入记忆的形式,都可以算作词根。虽然这一点尚有待心理语言学或者语言习得上的证据,已经有一些证据支持这一观点,见后面 3.7 节。比如,汉语中的双音节复合词有两大类,一类跟句法的语序相同,如:

(2)　主谓式:年轻、眼红、性急、胆怯、心虚、地震、头疼、瓷实
　　　　　　物流、沙漏、冰释
　　　述宾式:绑腿、签名、吹牛、得罪、注意、毕业、知己、执照
　　　述补式:认清、说明、放大、推翻、提高、煽动、钙化、晾干
　　　偏正式:热爱、空投、狂欢、合唱、火车、气球、草图、冰镇
　　　联合式:语言、思想、矛盾、分析、计算、学习、研究、计较

另一类跟句法的语序相反,如:

(3) 主谓式：游客、刺客、看客、说客、过客、访客、顾客、嫖客、乘客、旅客
食客、射手、打手、战士、斗士、谋士、骑士、逃兵、卫兵、骑兵
援兵、救兵、教师、讲师、骑师、牧童、牧师、信徒、学徒、赌徒
学生、考生、医生、教员、演员、考官、贪官、劫匪、窃贼、流民
选民、巡警、骑警、叛军、援军、观众、听众、记者、学者、读者
赢家、输家、画家、猎狗、猎人、病人、犯人、犯妇、孕妇、来宾
绣娘、陪僮、贩夫、倒爷、侃爷、行星、飞碟、跑车、渡船、转门
滚筒、唱机、滑鼠、同志、贪心

述宾式：素食、肉食、客运、货运、胸罩、眼罩、耳坠、耳塞、鼻贴、牙箍
发夹、头套、手套、枕套、鞋扣、绷带、笔洗、瓶塞、门闩、门卫
书展、冰雕、牙雕、木刻、病患、环保、洁保、星探、球迷、歌迷

偏正式：操场、宿舍、寝宫、居所、回廊、浴室、染坊、浴巾、染缸、拖鞋
躺椅、抹布、画笔、蒸笼、烤箱、煎锅、推车、连线、汲筒、烧杯
漏斗、熨斗、提包、刻刀、招牌

量补式：车辆、花朵、房间、人口、人群、书本、沙粒、沙堆、钢锭

可以推测,跟句法语序相同的,本来应该是用句法机制生成的;跟句法语序相反的,应该是用词法机制生成的。但不管原来是如何生成的,因为是双音节的形式,儿童(或二语习得者)在学习它们的时候,也不再把两个语素分开,而是整个词一起学。因此,这些词极大可能已经是进入记忆的词根形式,不再需要任何机制来生成。

另外还有一些双音节词,如:

(4) 阿姨、阿爸、椅子、桌子、木头、石头、嘴巴、尾巴、花儿、鸟儿、给以
加以、突然、当然、可惜、可爱、等于、鉴于、等于、便于

其中的一个语素的意义已经很虚,如"阿"、"子"、"头"、"巴"、"儿"、"以"、"然"、"可"、"于",有可能已经成了另一个语素的一部分,儿童(或二语习得者)在学习它们的时候,也会不再把两个语素分开;因此,整个双音节词也可能已经进入了记忆,成了词根,不再需要通过构词机制来生成。

再假设,双音节是造成汉语合成词演变为词根形式的一个条件。或者说,上面(2)-(4)中的例子结构上也许还是合成词,但已经词根化了,是进入记忆储存在语素集里的词。在本书里,我们把双音节的词形式一律看成是词根,都是储存在语素集里边的。至于为什么双音节的词形式容易进入记忆而成为词根,需要继续研究。另外,进入记忆而成为词根的合成词可能还不限于双音节的形式,这就更涉及记忆

与语法规则之间的相互作用,我们稍后再谈。

最后,语素集中还有零形式的词,即没有语音形式的词,如零限定词(D)、零轻动词(v)、零代词(PRO/pro)等等,这在后面的章节还会谈到。

3.2 派生词

上文说过,除了词根和屈折词以外,词库输出的就是用语素来合成的词(complex word),包括派生词、复合词、重叠词、缩略词。这些词形式都有一定的内部结构。用生成语法理论的话来说,是按一定的结构组合程序生成出来的。第二章的 2.0.1 节里边,我们已经讲过了词结构的生成程序。本节先讨论派生词(derivational word)。

派生词(derivational word)是由"词根 + 派生词缀"构成的。派生词缀的功能有两个:赋予派生词新的语法范畴,但保持词根的词汇语义;或者在变类的同时也赋予派生词新的词义(Di Sciullo & Williams 1987,Katamba 1993)。汉语不是屈折语,缺乏在形式上明确清晰的派生词缀,如何确定它的派生词缀在文献中不很清楚(如朱德熙 1982;黄伯荣、廖序东 1983;胡裕树等 1979;邵敬敏等 2001)。本书认为,汉语派生词缀首先要有自身的词汇语义,已经虚化的语素就不能划入派生词缀,派生出来的词要改变原来词根的意义,成为新词。例如:

(5) 名词/量词 君子、才子、世子、男子、女子、童子、弟子、孺子、内子
　　　+子: 　　外子、厨子、痞子、胆子、奶子、原子、电子、质子、中子
　　　　　　　粒子、量子、光子、狗腿子、二流子、老妈子、银子(铸成钱币的银)、口子(口 = 名词:破缝儿;口 = 量词:夫或妻)、枪子(子弹;北方话要儿化,南方话不用)

形容词/动词 　小子、矮子、胖子、瘦子、亲子、孝子、瞎子、聋子、哑子
　　　+子: 　 太子、疯子、秃子、瘸子、跛子、瘫子、学子、浪子、游子
　　　　　　　骗子、贩子、探子、引子、推子、起子、折子、罩子、塞子
　　　　　　　包子、垫子、掸子、分子、重子、摆子(方言:疟疾)
　　　　　　　拐子(拐杖或者进行拐骗活动的人)

名词+头: 　 手头(个人经济状况、写作能力)、零头(不够整数)
　　　　　　 上头(= 领导人、领导层)、穴头(组织走穴的人;走穴:演员私自外出演出)、蛇头(方言:组织走私人口的人)

形容词/动词 　甜头、苦头、大头、小头、接头、起头、领头、牵头、看头
　　　+头: 　 吃头(方言:好吃可口)、噱头(方言:好笑的话或举动;噱 = 笑)

这里，"子"的语法范畴是名词性；词汇语义可以是"'儿子'的引申意义"，如"**枪子**"；或者是"从事某行为或者处于某种状态的人或物、具有某种特性的人或物"，如"**君子**"、"**骗子**"。"头"也是名词性，词汇语义可以是"某种状况"，如"**手头**"、"**甜头**"、"**看头**"；或者是"某一部分"，如"**零头**"、"**大头**"、"**小头**"；或者是"做领导或者组织工作的人"，如"**上头**"、"**穴头**"、"**领头**"；或者是"关系"，如"**接头**"。因此，这里的"子"、"头"是派生词缀（derivational affix），新生成的词是派生词。双音节的派生词极可能已经进入了记忆，三音节的如"**狗腿子**"、"**二流子**"恐怕也已经是词根，不再需要通过构词机制来生成了，我们学习这些词的时候，也是整个词一起来学、一起来记的。

一个非常重要的事实是，充当派生词缀的"子"跟已经虚化的"子"，如"**桌子**"、"**椅子**"、"**凳子**"之类，完全不同；充当派生词缀的"头"跟已经虚化的"头"，如"**木头**"、"**石头**"之类，也完全不同。已经虚化的语素只有添加音节的功能，既无词汇语义，也不能改变与之结合的词根的类。至于为什么要添加音节，那是另外一个问题，在此不讨论。

将二者分开来的最简单的办法，就是说派生词缀的"子/头"跟已经虚化的"子/头"是二者共用一形，其间并无任何必然联系（参张洪年 2007：147）。但是，单凭词汇语义还不能完全确定某一语素就是派生词缀。比如，"**长子**"、"**次子**"、"**幼子**"、"**独生子**"中的"子"有词汇语义，那算不算派生词缀？"**针头**"、"**箭头**"、"**车头**"、"**裤头（方言：裤衩）**"、"**前头**"、"**后头**"、"**上头**"、"**下头**"、"**里头**"、"**外头**"、"**屋头**"、"**街头**"、"**手头（身边的地方）**"中的"头"也有词汇语义，那又算不算派生词缀？还有，"**学士**"、"**护士**"、"**记者**"、"**讲者**"、"**医生**"、"**考生**"、"**教员**"、"**职员**"中的"士"、"者"、"生"、"员"，以及"**打手**"、"**杀手**"、"**枪手**"、"**鼓手**"、"**游客**"、"**看客**"、"**旅客**"中的"手"、"客"，也都有词汇语义，它们又算不算派生词缀？

要回答这些问题，让我们先看一看汉语语素功能演变的情况。仍然拿"子"和"头"为例。"子"在古汉语中是自由语素，意思是"子女"，还可作第二人称代词等等。在现代汉语中，"子"作自由语素的意思仅限于"儿子"，不大单独使用，多出现于双音节的语境，比如"**他有一子/？他有子**"，或者有语义对照的语境，如"**他有子，但无女；他有子有女/有子无女**"，但这在口语中就少得很了。换言之，"子"的自由语素功能在现代汉语中有相当的限制。相对而言，"头"是可以单独使用的自由语素，即"头部"的意思，比如"**头长在脖子上**"；还可引申出"领导"的意思，如"**你们单位的头怎么样**"。

到了词结构中，依据"子"很少单独使用这一事实，可以将"**长子**"、"**次子**"、"**幼子**"、"**独生子**"中的"子"看成是黏着词根，有关的词应该是复合词。"头"虽然可以单独使用，但在词结构中的语义有明显变化，多表示从"头部"这个基本语义引申出来的意义，比如"领导/前部/前端/处所"等等的意思。表达引申意义的"头"，除"领导"之外,似乎都不能单独使用。因此,在"针头"、"箭头"、"车头"、"前头"、"后头"这类结构中,"头"也可以看成是黏着词根。

也就是说,同一语素可以有四种功能:自由词根、黏着词根、派生词缀以及虚化用法。把它们结合在一起来看,我们似乎可以做出这样的假设:汉语中语素功能变化的规律是"自由词根—〉黏着词根—〉派生词缀—〉虚化用法"。即从自由词根先衍生出黏着词根,再衍生出派生词缀,最后衍生出虚化用法。这个功能的演变跟有关的语义演变似乎是一致的,或者说有关语义演变支持了有关的功能演变。比如"**子**",从自由词根的语义"儿子"到黏着词根的"儿子",再到派生词缀的"从事某行为或者处于某种状态的人或物、具有某种特性的人或物",最后才是无所意义的虚化用法。"**头**"原则上也是一样,从自由词根的"头部/领导"语义演变至黏着词根的"前端/处所",再到派生词缀的"领导/状况/部分/关系"等等,最后才是无语义的虚化用法。

假如上述假设成立,它就为我们提供了一个重要的确定汉语中派生词缀的客观依据。已知汉语不是黏着语言,缺乏在形式上明确清晰的派生词缀。因此我们常常遇到的一个问题是:如果某一语素有自由语词根或者黏着词根的功能,那它是否也是派生词缀?就笔者所知,之前的研究在此方面未提出很客观清晰的指引。

本书认为,根据语素功能演变的假设,<u>依据就是看同一语素是否也有虚化用法</u>。比如,前文中提到的"**士**"、"**者**"、"**生**"、"**员**"这些语素,跟"**子**"一样,也都很少单独使用,也能跟动词组成新词,比如"**学士**"、"**记者**"、"**医生**"、"**教员**"等等。但我们却不把它们看成是派生词缀,而看成黏着词根。因此,"**学士**"、"**记者**"、"**医生**"、"**教员**"这些词是复合词,而不是派生词。原因正是我们找不到这些语素虚化的例子。这就是"**士**"、"**者**"、"**生**"、"**员**"有别于"**子**"的地方。

前文中提到的另外一些语素,比如"**手**"、"**客**",它们跟"**头**"一样可以单独使用,因此是自由词根,比如"**人有两只手**";"**客来了**"。从"**手**"的基本词义"人上肢前端部分"又引申出来"持某物或者从事某行为的人"的意思,比如"**枪手**"、"**鼓手**"、"**打手**"、"**杀手**",或者"某种状况/状态"的意思,比如"**抢手**"、"**棘手**",这些意义上的"**手**"不能独立使用。因此,用于这些词结构中的"**手**"是黏着词根。至于"**客**"在词结构中的语义,既可以理解成它的基本语义"**客人**",也可以是"从事某行为的人"的意思,如"**游客**"、"**看客**"、"**旅客**"。因此,这里的"**客**"也可以看成是黏着词根。重要的是,"**手**"、"**客**"并无虚化用法,因此它们不是派生词缀,"**打手**"、"**杀手**"、"**枪手**"、"**鼓手**"、"**游客**"、"**看客**"、"**旅客**"之类也都不是派生词,而是复合词。这是"**手**"、"**客**"有别于"**头**"的地方。

总结以上,确定汉语派生词缀的两个标准应该是:一、赋予派生词新的语法范畴,但保持词根的词汇语义;或者在变类的同时也赋予派生词新的词义。这是跨语言的标准。二、看同一语素是否也有虚化用法，如有，它就是派生词缀，如"子"、"头"；如没有，就不是，如"士"、"者"、"生"、"员"、"手"、"客"。这是汉语特有的规律。应该说，汉语本来并没有什么派生词缀，后来，一部分语素的功能逐渐语法化，就有了所谓的派生词缀。准确地说，是我们把它叫做"派生词缀"而已，它的形式跟印欧语言中派生词缀还是有很大的不同。

当然，我们用"子"、"头"两个语素为例来考察汉语中的派生词缀并不是说汉语中就是这么两个派生词缀。如果还有其他的，可以再论证，本书不赘。最重要的是，上述界定派生词缀的依据是符合汉语语素功能及其语义演变规律的，因此也是客观合理的。当然，这个依据也需要进一步地论证。如果拿同一语素是否也有虚化用法来界定汉语派生词缀，汉语真正的派生词缀极少。或者说，汉语的派生功能很弱，所以派生词不多。是为跟之前的一些研究（如上列文献）不同之处。

3.3 复合词

复合词(compound word)可以是"黏着词根 ＋ 自由词根"或者"自由词根 ＋ 黏着词根"，也可以是"自由词根 ＋ 自由词根"。有两类：普通复合词(ordinary compound)和合成复合词(synthetic compound)。普通复合词又有离心式(extracentric construction)和向心式(endocentric construction)两种。合成复合词都是向心式的。离心式即联合结构，直接构词成分之间是并列关系。向心式则含有一个中心语素，跟其他成分有各种语法关系。向心式普通复合词跟合成复合词的区别就在于，前者的中心语不是动词，而后者的中心语一般是动词。我们先看普通复合词，然后再讨论合成复合词。

3.3.1 普通复合词

理论上，生成复合词的时候，词根和黏着词根从语素集进入合成构词区，操作系统就将它们组合成复合词。向心式复合词都有一个中心语素(head)，它决定复合词的类(category)，即复合词是名词、动词、还是形容词，等等。

3.3.1.1 形容词性黏着词根 ＋ 名词性词根

先看自由词根和黏着词根组成的普通复合词。一、黏着词根出现自由词根之前，如：**多**角度、**全**方位、**超**时代、**非**金属、**反**作用、**泛**太平洋；这时，中心语素靠左边。二、黏着词根出现自由词根之前，如：创造**性**、艺术**家**、坦克**手**、自动**化**，这时，中心语素靠右边。也就是说，黏着词根决定复合词的类。

中心语素靠左边的大多是"形容词性黏着词根＋名词性词根"，构成之后的词一般是形容词性。拿"**多**角度"为例。按 2.0.1 节讲的词结构的生成程序，其构成过程如下：

(6) a. 角度 ⇒ [_N 角度]
　　b. 多 ⇒ [_A 多]
　　c. [_A 多] ⇒ [_A [_A 多]]
　　d. [_A [_A 多]] ⇒ [_A [_A 多] 0]
　　e. [_A [_A 多] 0] ⇒ [_A [_A 多] [_N 角度]]

N＝名词性，A＝形容词性。最后的结果用树形图来表示就是：

(7)

中心语素的类跟整个词结构的类相同。以上，"多"是形容词性，即 A，整个词结构也是形容词，也是 A。注意，将"**多**"、"**全**"、"**超**"、"**非**"、"**反**"、"**泛**"等处理成形容词性的构词成分，是依据其构词功能，即它们都有限制或修饰后面名词性成分的作用。

注意，少数"形容词性黏着词根 ＋ 名词性词根"的复合词也可以作名词，如"**这是一种非金属/反作用**"中的"非金属"和"反作用"。这时可以有两种分析方法。一是分析成名词短语，即"非"、"反"是形容词修饰名词。一是仍然分析成复合词，但中心语素就转左为右了：

(8)

但是，这种情况是少数。按 2.0.1 节讲的词结构的生成程序，以及上面演示的例子，中心语素必须"投射成填位结构"，让别的语素组合进来，构成词结构。

现在来看看中心语素靠右的例子，如"**创造性**"：

(9) a. 性 ⇒ [_N 性]
　　b. 创造 ⇒ [_V 创造]
　　c. [_N 性] ⇒ [_N [_N 性]]
　　d. [_N [_N 性]] ⇒ [_N 0 [_N 性]]
　　e. [_N 0 [_N 性]] ⇒ [_N [_V 创造] [_N 性]]

V＝动词性。最后的结果用树形图来表示就是：

(10)

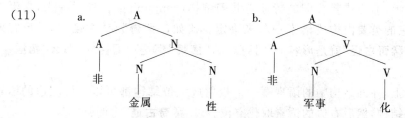

同类例子如：**艺术家、坦克手、自动化、城市化、机械化**。

再看含多个黏着词根的多重复合词，这在汉语中不多。例如：

(11) a. 非／金属／性   b. 非／军事／化

这些词有一个特点：每一次复合都是依黏着词根为中心语素来组合。黏着词根可以不在一个方向，如上面的例子中的"非"、"性"、"化"，但也可能都在一个方向，比如"**自由＋主义＋者**"，其中"主义"和"者"都是黏着词根，都在一个方向。一般来说，黏着词根必须跟一个自由词根组合，而不是跟一个词结构组合。只有一个情况除外，就是多重复合词。例如，"**自由主义者**"是［自由主义］者，而不是"**自由**［**主义者**］"。这时，"者"是跟词结构［**自由主义**］组合的。原因是，"［**主义者**］"是黏着词根加黏着词根，组合之后也不能单独使用，所以不对。当然，如果黏着词根加黏着词根可以单独使用，也算是一个词，比如"**共产主义**"，其中"共产"和"主义"都是黏着词根。不管是哪一种情况，都须遵循 2.0.1 节说过的原则："向心型词结构必须由中心语素生成填位结构，由其他语素取代空位"。这不但适用于复合词，也适用于其他向心型合成词。向心型（endocentric）词结构指有中心语素的结构，否则就是离心型（extracentric）结构，即没有中心语素的结构。

3.3.1.2　自由词根 ＋ 自由词根

现在来看"自由词根 ＋ 自由词根"组成的普通复合词。如果是离心式的，那就是联合结构。双音节联合式如：

(12)　研究、裁判、反对、选择、收发、分析、狙击、设计、执行、国家、兄弟
　　　姐妹、手足、山水、口舌、花果、钟表、房屋

理论上，联合式是可以用构词机制来生成的。但是，双音节联合式很可能已经词根化了。多音节联合式如：

(13)　稀奇古怪、招摇撞骗、阴谋诡计、寻根问底、阳奉阴违、惹是生非
　　　断章取义、红装素裹、争名夺利、异口同声、天高地厚、开源节流

乘风破浪、妻离子散、昂首阔步、谋财害命、通情达理、赤胆忠心

这里,直接构词成分各为双音节语素,本身有不同的结构,如"**妻离**"、"**子散**"是主谓结构,"**寻根**"、"**问底**"是述宾结构,"**红装**"、"**素裹**"是偏正结构,"**招摇**"、"**撞骗**"是联合结构。但不能独立使用,比如不能单独说"**妻离**"、"**子散**"等等。这跟可以独立使用的双音节复合词似乎不同。究其原因,也许这里的双音节语素可能尚未演变为独立的词根。是否如此,需要做独立的研究。

结构上,离心式复合词的特征是并列结构(conjoining)。这样一来,它没有中心语素,它的类要由构成语素一起来决定。比如,"**稀奇**"和"**古怪**"都是形容词性的,那么"**稀奇古怪**"就是形容词;"**招摇**"和"**撞骗**"都是动词性的,那么"**招摇撞骗**"就是动词。

理论上,并列结构中的语素哪一个投射成填位结构都可以。设左边的语素投射成填位结构,然后右边的语素取代空位。以"**稀奇古怪**"为例:

(14) a. 稀奇 ⇒ [_A 稀奇]
     b. 古怪 ⇒ [_A 古怪]
     c. [_A 稀奇] ⇒ [_A[_A 稀奇]]
     d. [_A[_A 稀奇]] ⇒ [_A[_A 稀奇] 0]
     e. [_A[_A 稀奇] 0] ⇒ [_A[_A 稀奇][_A 古怪]]

用树形图来表示就是:

(15)

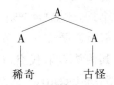

3.3.1.3 向心式普通复合词

下面看向心式的普通复合词。此类复合词都是偏正结构,但是不含动词,是为跟合成复合词的区别。因此,这类普通复合词都是名词性的。双音节的例子如:

(16) 笔筒、花瓶、书架、衬衫、旗袍、头巾、大衣、长衫、风筝

理论上,这些词也是可以用构词机制来生成的。但是,因为是双音节,就很可能已经词根化了。多音节的偏正式有几种形式。如:

一、单音节语素 + 双音节语素:

(17) 竹笔筒、瓷花瓶、铁书架、布衬衫、棉大衣、丝头巾、纸风筝、石印章、菜市场、渔码头、汤饺子、肉丸子、木房子、女厕所、男澡堂、金元宝、银手镯、皮拖鞋、电熨斗

第三章 词 库

二、双音节语素 ＋ 单音节语素：

(18) 苹果树、文学系、人事处、外交部、律政司、水粉画、体育场、电视剧
墨水笔、汽车站、飞机场、公告栏、足球迷、口舌战、花果山、手足情
钟表店、房屋署、历史书、书报亭、人口学、车辆厂、玻璃门、物理课
玻璃门、垃圾桶、艾滋病、克隆人、沙发床、咖啡壶、摩托车、芭蕾舞
塑料碗、牛仔裤

三、双音节语素 ＋ 双音节语素：

(19) 文学评论、新闻周刊、中文大学、政府机构、水泥地板、英语字典
电视新闻、化学试剂、沥青路面、交通信号、数学公式、音乐团体
机关干部、人民公园、假日酒店、阳光海滩、股票市场、笔墨官司
道德文章、领袖人物、江湖故事、饭店厨师、财经消息

四、上列形式之一 ＋ 词根：

(20) 中文系教授、外交部官员、人事处主任、财务部小姐、铁路局职员
新闻周刊记者、股票市场动态

中文系教授 ＝ ［［中文＋系］＋教授］］,［[外交＋部]＋官员］,等等。

因为是向心式的,上列普通复合词都有一个中心语素,都可以按第二章 2.0.1 节讲的词结构的生成程序来组合。以"外交部官员"为例：

(21) a. 部 ⇒ [N 部]
b. 外交 ⇒ [N 外交]
c. 官员 ⇒ [N 官员]
c. [N 部] ⇒ [N 0 [N 部]]
d. [N 0 [N 部]] ⇒ [N [N 外交] [N 部]]
f. [N 官员] ⇒ [N 0 [N 官员]]
g. [N 0 [N 官员]] ⇒ [N [N [N 外交] [N 部]] [N 官员]]

最后结果用树形图来表示就是：

(22)

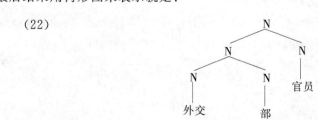

一个很重要的问题是,普通复合词的最终界限在哪儿？如果按照复合词一般是"词

根与词根组合而成的词"这样的定义(邵敬敏等,2001:121),下面的例子都不是复合词:

(23) 外交部礼宾司、铁路局运输署、中文大学翻译系、新闻周刊编辑部

"**外交部**"、"**礼宾司**"都是复合词,而不是词根,因此"**外交部礼宾司**"不是"词根+词根"构成的复合词,而是"复合词+复合词"组成的名词短语。同理,"**铁路局+运输署**"、"**中文大学+翻译系**"、"**新闻周刊+编辑部**"等也属类似情况。再如:

(24) 外交部礼宾司官员、铁路局运输署职员、中文大学翻译系学生
数学研究所教授、起重机制造厂工人、新闻周刊编辑部记者

按照上面的定义,这些例子也不是复合词。拿"**外交部礼宾司官员**"来说。"**外交部**"可以修饰"**礼宾司**",然后,"**外交部礼宾司**"再修饰"**官员**"。这样的话,就是"[复合词+复合词]+词根",因为涉及两个复合词,就不可能是复合词结构。再者,如果"**外交部**"修饰"**礼宾司官员**",即"复合词+[复合词+词根]",也是涉及两个复合词,也不可能是复合词。其他例子同理。

问题是,如果这些例子不是复合词,那它们又是什么?唯一的选择似乎是名词短语。从语法理论的操作系统的角度看,这个如何区别普通复合词和名词短语的问题可以归结为如何理解词库跟句法的分工的问题。换言之,词库在哪一种情况下自己负责生成语言形式的任务,在哪一种情况下会把这个任务交给句法去做?原则上,词库只管生成词结构,名词短语之类是句法的任务。但是二者的界限在哪儿?这些都是意义深刻的问题。本书没有固定的答案,将暂时采用复合词一般是"词根与词根组合而成的词"的定义。关于复合词和名词短语的区别我们到第四章4.3节再做讨论。

3.3.1.4 量补式普通复合词

上文(3)中列出了量补式普通复合词。其语序跟句法语序相反,应是词结构无疑。"量补"顾名思义指量词补充说明前面的名词。但从生成语法的角度,句法里的"量—名"(Cl-N)结构跟"述—宾"(VO)结构一样,都是中心语靠左的结构。请比较:

(25)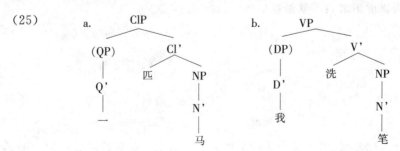

在词结构中,虽然语序相反,但"名—量"(N-Cl)结构跟"宾—述"(OV)结构一样,都是名词性,所以也还都是中心语素靠左。请比较:

(26)　　　　a.　　　　　　　　　　b.

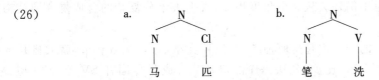

OV 型复合词的详细讨论请见下节。对量补式来说,重要的是它是双音节,因此也极可能已经演变成词根。证据待考。

3.3.2　合成复合词

前文说过,合成复合词的中心语是动词,跟其他名词性成分之间有题元关系。所以,合成复合词相当于以词形式出现的句子。下面分类型、结构、题元关系三个方面来讨论。

3.3.2.1　类型

合成复合词可以表达主谓宾、主谓、述宾、偏正、述补等等语法关系,所以是以词的形式出现的句子。我们知道,汉语句子的基本语序(canonical word order)是"主谓(宾)(SV(O))"。与之相对,我们从合成复合词中观察到了"(宾)谓主((O)VS)"的语序。这应该就是汉语词法的基本语序。

从语序和音节来看,汉语合成复合词有两大特点。一、语序十分复杂;分别有句法、词法语序,还有二者混合的语序。二、同一语序有不同的音节。同一成分(如主、谓、宾、补、修饰语)既有单音节的,也有双音节甚至多音节的;同一词结构有些是双音节的,有些是多音节的。正由于语序和音节的原因,使得汉语合成复合词显得相当复杂。按语法关系,汉语合成复合词可分成五组:

(27)　　　　　句法语序　　词法语序　　混合语序
　　　主谓宾:　SVO 型　　 OVS 型　　 VOS 型、SVOX 型
　　　主谓:　　SV 型　　　VS 型　　　SVX 型
　　　述宾:　　VO 型　　　OV 型　　　XVO 型、VOX 型、OVX 型
　　　偏正:　　XV 型　　　VX 型　　　XVX 型
　　　述补:　　VV 型
　　　　　　 或 VA 型

S = 主语,表施事;V = 动词;O = 宾语,表客事;X = 边缘成分,表时间、处所、工具、方式、材料等等;A = 形容词。

如此复杂的类型,其实就是两条主线。一、句法、词法结构要分开,这包括混

合语序的情况;二、音节,这指整个复合词的音节和其中组成分的音节。本章开头说过,双音节词大概已经是进入记忆的词根形式,是汉语词结构的一大特征,这在合成复合词中也不例外。从这个角度出发,看上去十分复杂的合成复合词结构就变得清楚多了。

先说双音节的词。不管是何种结构,何种类型,只要是双音节,就大概是词根(也有例外,见下文)。比如,句法语序的双音节合成复合词有 SV 型、VO 型、XV 型、VV 或 VA 型,例子见上文(2);词法语序的双音节合成复合词有 VS 型、OV 型、VX 型,例子见上文(3)。

用这些双音节的合成复合词以及其他语素充当组成分再去构词,就得到其他类型或者同一类型但音节不同的、新的合成复合词。比如"**投资**"、"**载重**"应该是词根形式,再跟语素"**商**"、"**汽车**"构成"**投资商**"、"**载重汽车**(VOS)"。更多例子见下文。

一、让我们先看多音节的、句法语序的词。这包括 VO 型、SVO 型、XVO 型。例如:

(28)　　VO -　　V、O 各为双音节(注意跟相同句法结构表达的语义不同):①

学习文件、设计图纸、翻译小说、出租汽车、生产工具
广播节目、登记人数、代理厂长、处理商品、交换材料
核对结果、储备人员、进口香蕉、出口钢铁、自销产品

　　　　SVO -　　多音节:

人造棉、人造丝、鬼画符、民营厂、虫蛀孔、市辖县
人造钻石、名人作品、群众留言、私人存款、私人酿酒
私人雇工、乡巴佬烧蛋、武大郎烧饼、蒙古人烧全羊
王小二酱黄瓜

　　　　XVO -　　多音节:

冰镇啤酒、手抓牛肉、德国造盒子枪

理论上,句法语序的合成复合词,不管为何种结构,也不管音节多寡,都是整个句法结构一起作为词来使用的,是说话人要记住的形式。它表达的语义跟相同句法结构表达的语义不同。比如"学习文件(复合词:供学习用的文件)/学习文件(句法结构:学习某一文件)";以及"王小二酱黄瓜(复合词:王小二酱的黄瓜,或者照其方法酱出来的黄瓜)/王小二酱黄瓜(句法结构:有个人叫王小二,他酱制黄瓜)";还有"冰镇啤酒(复合词:用冰冷却出来的啤酒/冰镇啤酒(句法结构:用冰来冷却啤酒)",等等。这些复合词形式就跟成语习语一样,只能一个一个地来学习,记住了,

---

① 部分例子摘自邵敬敏(1997:22)。

就能用,否则便不能。

　　整个句法结构一起作为词来使用,是语言作为动态和变化系统的表现。正因如此,当句法结构入词之后,整个结构或者其中的成分就可能词汇化。汉语词结构的特点是趋于双音节。因此,如果 SVO、XVO 结构中有两个成分一起构成双音节,比如 SV、VO、XV 部分,就有词根化的可能。比如"**人造**(SV)"、"**留言**(VO)"、"**冰镇**(XV)",可能词根化了。如是,所在的 SVO 和 XVO 结构就可能转化成可以用构词规则来生成的结构。但是,诸如"鬼画"、"虫蛀"、"市辖"、"烧蛋"、"手抓"之类,恐怕尚未词根化,所在的 SVO、XVO 的结构应该仍然还是整个句法结构入词。究竟哪些是,哪些不是,需要再研究。

　　二、现在看多音节的、词法语序的词。这包括 VS 型、OV 型、OVS 型、VOX 型。比如:

(29) 　VS － 　V 为双音节,S 为单/双/多音节:
　　　　　　　研究员、裁判长、反对党、巡逻兵、选举人、游击队
　　　　　　　搬运工、煽动者、单干户、空降兵、寄生虫、巡逻部队
　　　　　　　劳动模范、生产标兵、装卸工人、放射元素、侦查小分队

(30) 　OV － 　O、V 各为双音节:
　　　　　　　资料分析、古玩收藏、飞机设计、武器核查、水文勘测
　　　　　　　地质勘探、人口统计、成果鉴定、房屋装修、户口登记
　　　　　　　水土保持、相片加印、车辆检查、文物交易、劳务输出

　　　　OVX － 多音节:
　　　　　　　客运站、货运码头、期刊阅览室、珍珠养殖场
　　　　　　　沼气沤化池、垃圾焚化炉、文物走私车、房屋装修图
　　　　　　　酸液阻隔膜、鲁迅纪念日、商品展销会、标兵选拔赛
　　　　　　　汽车生产线、原煤输送带、稀有金属铸造厂
　　　　　　　教学辅助设备、项目审批程序、钞票回笼机制

　　　　OVOX－ 多音节:
　　　　　　　水泥制品厂、生物杀虫剂、图书出版社、新闻播音室

(31) 　OVS － 三音节:
　　　　　　　素食者、肉食者、曲作者、词作者、客运员、血吸虫
　　　　　　　O、V 各为单音节,S 为双音节:
　　　　　　　重载汽车、货运司机
　　　　　　　O、VS 各为双音节:
　　　　　　　电视观众、戏曲听众、杂技演员、新闻记者、历史学者
　　　　　　　明报读者、基督信徒、巴士乘客、黄山游客、肖像画家
　　　　　　　语文教师、飞碟射手

O、V 各为双音节，S 为单/双/多音节：
谣言制造者、文学爱好者、资料分析员、古玩收藏家
坦克狙击手、飞机设计师、遗嘱执行人、文物诈骗犯
武器核查团、水文勘测队、数据分析组、产品经销人
五金批发商、论文指导教师、人口统计中心
资格审查小组、新产品研发中心、成果鉴定委员会

三、再看多音节的的偏正式。这包括 XV 型、VX 型、XVX 型、VOX 型。比如：

（32） XV － X、V 皆为双音节：
激光打印、高频选择、自动控制、线性切割、离心破碎
耦合放大、五笔输入、反转螺旋、曲线反射、定向爆破
电力驱动、微波通信、液压传动、线性切割、激光扫描

VX － V 为双音节：
选择性、收发室、压缩机、说明书、改正液、放大器
狂欢节、函授部、游泳池、通信录、飞行图、健身车

V、X 各为双音节：
朗读比赛、函授课程、失败原因、联欢晚会、游行路线
锻压车间、空投地点、审核程序、设计方案、驾驶执照
出发地点、考试成绩、服务对象

XVX － X、V、X 皆为双音节：
定向爆破技术、线性切割机床、激光扫描程序

前两个成分为双音节：
激光打印机、高频选择性、自动控制器、耦合放大器
五笔输入法、离心破碎机、反转螺旋桨、曲线反射仪
液压起重机、水泥制品厂、生物杀虫剂、自动高射炮

也有动词本身是一个联合结构的情况：

（33） 设计装潢公司、进（口）出口公司、勘探设计院、加洗放大服务

这显然是 VX 型的结构。

四、最后来看多音节的、混合语序的词。又分两种情况。一种是所在结构中的 SV、VO 部分是双音节。比如：

（34） SVX － SV 为双音节：
地震区、耳鸣症、头疼片、腹泻药

VOS - VO 为双音节：
播音员、理事长、理发师、投机家、毕业生、吹鼓手
发言人、造谣者、负心汉、管家婆、投资商、传令兵
讨厌鬼、探险队、接线生、司务长、转业兵、带头人
VO 和 S 各为双音节：
炒股专家、灭鼠能手、节能标兵、载重汽车
示踪原子、喷气飞机、充电设备

VOX - VO 为双音节：
留言簿、签名册、候机楼、度假村、洗澡堂、司令部
洗手间、遮羞布、洒水车、顶针盒、计数器、见面礼
知己话、动员令、转业费、投票日、访客簿、游园票
VO、X 各为双音节：
报名手续、毕业典礼、签约仪式、酬宾宴会

因为 SV、VO 部分是双音节，它大概已经转化成词根，所以整个结构也可能已经转化成词结构，可以用构词规则来生成。

另一种情况是"句法 + 词法"的结构，即句法生成的结构返回到词库参加构词，这包括 VOS 型的一部分，SVX 型的一部分，以及 VOX 型、SVOX 型的结构。例如：

(35) VOS - V、O 各为双音节，S 为单/双音节：
制造谣言者、传播病毒者、盗窃国宝犯、拐骗儿童犯
贩卖毒品集团、倒卖股票团伙、发放贷款银行

VOX - V、O、X 各为双音节：
压缩通货政策、紧缩银根理论

SVX - S、V、X 各为双音节：
能量守恒定律、液气共存系统、激光辐射效应
S、V 各为双/多音节，X 为单/双音节：
妇女旅游日、师生休息室、儿童游泳池、婴儿死亡率
少儿合唱团、动物狂欢节、工人俱乐部、学生朗读赛
炮兵射击场、妇幼保健站、老干部疗养院
幼儿发育阶段

SVOX - S、VO 各为双/多音节，X 为单/双音节：
知青养猪场、工人读报栏、贵宾候机室、部长度假村
民兵打靶场、国家投资策略、韦氏拼音方法
运动会开幕式

理论上,其中的 VO、SV 和 SVO 部分,比如"**制造谣言**(VO)"、"**压缩通货**(VO)"、"**能量守恒**(SV)"、"**知青养猪**(SVO)",是在句法里生成的结构,然后返回词库跟 X 部分,比如语素"者"、"政策"、"定律"、"场",构成复合词。详见下文 3.3.3 节的讨论。

另外,也有句法结构作为单一成分入词的情况。比如下面的 OVS 结构:

(36) 计划生育辅导办公室、复苏经济调研委员会、振兴中华协调大会

其中的"**计划生育**"、"**复苏经济**"、"**振兴中华**"都是述宾式短语(VO),充当 OVS 结构中的宾语(O)。理论上,它们也应该都是在句法里生成的结构,返回词库跟其余部分构成复合词。也见 3.3.3 节的讨论。

又注意,所谓混合语序,是指类型之间的差别,而不是同一类型内部成分之间的差别。后一种差别对分析合成复合词的整体类型和结构没有意义。比如,"**图书出版商**"、"**图书批发商**"都是 OVS 型的结构;但是,"**出版**"是述宾式动词,而"**批发**"是联合式动词。这样,"**图书出版商**"似乎有了混合语序(O[VO]S)。但就整体结构而言,"**出版**"充当 OVS 结构中的动词,其中("版")跟整体结构没有关系。另外,双音节的"**出版**"极可能已经转化为词根,从来都是作为一个动词来使用的。再举一个例子。"**论文指导教师**"、"**论文指导老师**"也都是 OVS 型的结构;不过,"**教师**"是主谓式名词,而"**老师**"是偏正式名词。这样,"**论文指导教师**"也似乎有了混合语序(OV[SV])。同理,这个所谓的混合语序跟整体结构没有关系。"**教师**"充当 OVS 结构中的主语,其中("教")跟整体结构没有关系。

小结一下。从以上的例子和讨论可以观察到,合成复合词在句法语序和词法语序两方面主要有三点区别。其一,凡是词法语序的词,包括混合语序在内,一般都是名词,只有述补和一部分偏正式除外。见(3)、(29)-(34)中的有关例子。可是,句法语序的词中有名词、动词以及形容词,有些词甚至可以兼类,见例(2)、(28)中的有关例子。

其二,音节对句法语序的词有相当的限制,而对词法语序的词却限制较少。比如,SV 语序限于双音节,见例(2);VO 语序的词虽不限于双音节,但如是多音节,比如 V、O 各为双音节,词的数量有限,而且表达的语义跟相同句法语序表达的语义完全不同,譬如上文中的"**学习文件**(复合词:供学习用的文件)/学习文件(句法结构:学习某一文件)"。

其三,词法语序比句法语序能产,尤其是科学技术词和随社会发展而出现的新词。在有关词典中,多音节的 OVS/OVX 词远比 VOS/VOX 的词数量要多,也见上文有关例子。

3.3.2.2 结构

有三种情况不在本节讨论范围。一、整个句法结构一起作为词来使用的;二、"句法+词法"的混合结构在后面一节讨论;三、普通复合词用合成复合词作为组成分的。如:

(37) 翻译系学生、研究所教授、制造厂工人、编辑部干事、旅游公司职员

"学生"、"教授"、"翻译系"、"研究所"、"制造厂"、"编辑部"、"旅游公司"等都是合成复合词,但也都是所在普通复合词的组成分,这些普通复合词相当于 3.3.1.3 节中列出的第四类,即"复合词 + 词根"的那一类。而普通复合词不在本节讨论范围。

合成复合词的结构按照第二章 2.0.1 节所说的程序来生成,一般要遵循中心语素右向原则(The Right-hand Head Rule,Williams 1981:248),即靠右侧的语素决定结构的范畴,也有例外。在汉语中,双音节的词大多是词根形式,是自由语素;但是,单音节的词却不一定,可能是自由语素,也可能是不大单独使用的黏着语素。所以,视音节的多寡,可以看出构词的方式。或者说要区别两类结构:一类是自由词根组成的结构,另一类中却使用了黏着词根。自由词根组成的结构如下:

(38)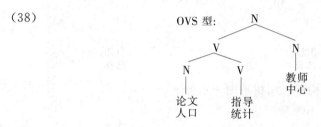

第二章 2.0.1 节 讲述词结构的生成过程时曾经讲过,有关结构之所以是"[[论文指导]教师]"而非"[论文[指导教师]]",原因是词结构跟句法结构的语序刚好相反,但成分的结构位置却要保持一致,以符合题元指派统一论的要求。这一点我们下一节还要讲到。

如果主语(S)是黏着词根,那结构就不同了,如:

(39)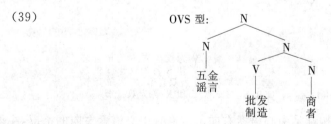

"教师"、"中心"是可以单独使用的自由语素,而"商"、"者"却是不单独使用的黏着词根。二者不同之处是,自由词根可以跟一个词结构去组成复合词,比如"教师"、"中心"跟[论文指导]和[人口统计]分别组成[[论文指导]教师]和[[人口统计]中心]。但是,黏着词根的特征跟派生词缀差不多,必须要跟一个自由词根去组成一个合成词。因此,"商"、"者"要先跟[批发]和[制造]分别组成[批发商]和[制造者],之后再和"五金"、"谣言"分别组成[五金[批发商]]和[谣言[制造者]]。

OVX 型、XVX 型的合成复合词也有类似的情况。自由词根组成的结构如：

(40)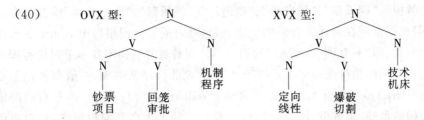

含黏着词根的如：

(41)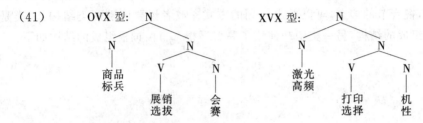

其他类型的合成复合词结构可以用树形图表示如下：

(42)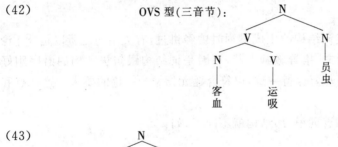

(43)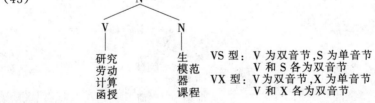

上面的(38)-(43)的词结构都是中心语素右向。但也有中心语素左向的情况，主要出现在 OV 型和 XV 型：

(44)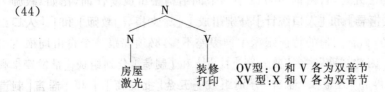

这些词因而是名词。双音节的 OV 型(= O 和 V 各为单音节)也是名词，见例(3)。

前文说过,词法语序的合成复合词大都是名词,除了述补式和一部分偏正式的词之外。是什么原因造成 OV 型和 XV 型违反中心语素右向原则,尚需研究。

3.3.2.3 题元关系

合成复合词是以词形式出现的句子,它的动词和名词性成分之间有题元关系,因此要服从题元阶层和题元指派统一论的要求。比如,在 [[论文指导]教师]、[谣言[制造者]] 的结构中,"论文"、"谣言"是客事宾语(O),"教师"、"者"是施事主语(S)。

然而,由于音节的原因,这两种合成复合词的结构并非整齐划一,而是不同的结构,详见上文(38)-(39)。第二章 2.0.1 节中已经说过,[[论文指导]教师]之类的复合词,它的施事成分的结构位置高于客事成分,跟汉语句子结构中的情况一致;因此,它的成分结构正好跟题元阶层相符合,也符合题元指派统一论的要求。相对而言,[谣言[制造者]]之类的复合词,它的施事成分的结构位置低于客事成分,其成分结构不符合题元阶层的要求,也不符合题元指派统一论的要求。因此,它需要一个符合题元阶层的逻辑形式。换一个角度说,[[论文指导]教师]之类的复合词,它的词结构和逻辑形式相同,而[谣言[制造者]]之类的复合词,它的词结构和逻辑形式不同(见第十四章 14.1 节的讨论)。

"新闻记者"、"论文导师"之类也属于同一情况。其中的"者"、"师"是跟在动词后面的黏着语素(参朱德熙 1983a,吕叔湘 1979),那么,"新闻记者"、"论文导师"之类的结构应该是:

(45)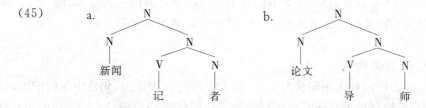

"记者"、"导师"是双音节词,不能分解,引起违反题元阶层原则和题元指派统一论的情况,因为(45)中题元成分的位置跟句子如"某人采记新闻"和"某人指导论文"之中的位置不一样。

[[论文指导]教师]中的"教师"是自由语素,不必附在动词后面,因此可以生成在比动词高一个层次的位置,于是符合题元阶层原则和题元指派统一论的要求。相对而言,(45)(a)、(b)中的"者"和"师"是黏着语素,必须附在在动词后面,因此造成违反题元阶层原则和题元指派统一论的情况。但是这种情况只是表面的。按照上面所说的,(45)(a)、(b)会作为表层结构会输出给语音形式界面,同时输出给逻辑形式界面,此时,操作系统会对它的结构再进行调整,然后使符合题元阶层原则和题元指派统一论的要求(参见第十四章 14.1 节)。

其他语言中也有跟题元阶层原则和题元指派统一论相违背的情况。比如在英语里边,"thesis supervisor"(**论文指导者**)之类就是。这里,"-or"(**者**)是派生词缀,是附在动词"supervise"(**指导**)之后的;因此,作为施事题元的"-or"(**者**),其结构位置就是比客事题元,即"thesis"(**论文**),要低,如下所示:

(46)

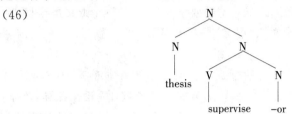

但是,在跟(46)对等的句法结构里,比如"Teachers supervise theses"(**教师指导论文**),作为施事题元的"teachers"(**教师**),其结构位置却一定比客事题元"theses"(**论文**)的位置要高,相当于把(46)当中的施事题元和客事题元换一个位置(具体的英语结构此处不赘)。这样一来,英语(46)看上去好像是违反了题元阶层原则和题元指派统一论。其实也不是。前面说过,操作系统输出的结构最后都要经过逻辑形式界面和语音形式界面的检查,以符合有关语义和语音的要求。一方面,(46)会在语音形式界面读出来,成了所谓的表层形式;另一方面,(46)因为违反题元阶层原则和题元指派统一论,是过不了逻辑形式界面这一关的。因此,在它输出到逻辑形式界面之后,操作系统会对它的结构再进行调整,使符合题元阶层原则和题元指派统一论的要求(见第十四章14.2节的讨论)。汉、英之间的区别是,汉语"**者**"、"**师**"之类是跟在动词后面的黏着语素,而英语"-or/er"之类却是派生词缀。

3.3.3 回环构词

本章开头讲过词库跟句法的关系,如(1)所示。理论上,句法中生成的短语结构,返回合成构词区再跟语素组成词结构。这叫作回环构词(loop theory)(Pinker 1999:205)。(1)中的箭号表示回环路线。上面3.3.2.1节中我们说过,合成复合词如果是"句法+词法"结构,就是回环构词,其中的句法部分在句法中生成(也参何元建2004a,何元建、王玲玲2005;不同的分析方法参见顾阳及沈阳2001、程工2005)。

例如,多音节的SVX型、VOS型、VOX型、SVOX型中的SV、VO、SVO部分皆是在句法中生成。有关复合词的结构如下:

(47)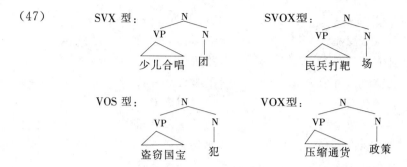

即,SV、VO、SVO 部分皆是在句法中生成的动词短语(VP),回到词库再跟一个语素(代表 S 或者 X)组成复合词。

另外还有上文(36)提到的句法结构作为单一成分入词的情况。比如:

(48)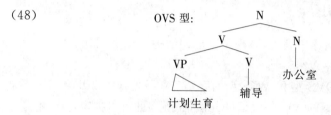

这里,VO 部分是在句法中生成的动词短语(VP),回到词库再跟其他语素(代表 V 和 S)组成复合词。

因为在句法生成,对音节就没有限制。因此,混合结构的句法部分的音节可长可短。例如:**卖玻璃者、浪费钱者、不见棺材不掉泪者、洋人中能够第一眼就辨出中国人者**,等等。

问题是,我们怎么知道有关结构是通过回环构词来组合的呢?很简单,用加入屈折词缀的办法来测试。如(1)所示,如果一个词需要屈折变化,就要进入屈折构词区。按照词库各部分之间的连接关系,屈折构词区是构词的最后一道程序。也就是说,任何形式的词,如果需要屈折变化,那一定是在其他任何构词程序都完成之后,才有屈折构词这一步的。

由于句法语序词和词法语序词并存,甚至用于同一词义,虽然为数不多,但为测试带来方便。请观察:

(49)　　OVS 型：　　比较　　VOS 型：
　　　　国宝盗窃犯们　　　*盗窃国宝犯们
　　　　儿童拐骗犯们　　　*拐骗儿童犯们
　　　　谣言制造者们　　　*制造谣言者们
　　　　病毒传播者们　　　*传播病毒者们
　　　　毒品贩卖者们　　　*贩卖毒品者们
　　　　金钱崇拜者们　　　*崇拜金钱者们
　　　　宗教信仰者们　　　*信仰宗教者们
　　　　事业开创者们　　　*开创事业者们
　　　　计算机操作者们　　*操作计算机者们
　　　　通缩政策推行者们　*推行通缩政策者们
　　　　非暴力理论兜售者们　*兜售非暴力理论者们

同一词义可以用两种语序来表达，体现了汉语词结构的演变。但是却只限于单数，不能有复数形式。为什么？

道理也很简单。OVS 型和 VOS 型的区别仅在一处：OVS 型的 OV 不是汉语的句法语序，而 VOS 型的 VO 是汉语的句法语序；因此可以推定，OV 不是一个句法结构，而 VO 则一定是句法结构。或者说，OVS 型的复合词是纯粹的词结构，见上文(38)-(39)，而 VOS 型是"句法＋词法"的混合结构，见上文（47）。如是，OVS 型可以有屈折变化就是理所当然的，因为它是纯粹的词结构；相对而言，VOS 型不能有屈折变化也在预料之中，因为它不是单一的词结构，而是"句法＋词法"的混合结构，其中的句法结构恐怕是阻碍屈折变化的原因。

当然，能够加"们"的复合词不多，无法对所有"句法＋词法"的复合词采用类似的办法测试。尽管如此，上面测试 VOS 型复合词的结果是可靠的。我们暂时以此推定，SVX 型、SVOX 型的复合词也是一样。

在此，读者也许会问，"操作计算机者"跟"操作计算机的人"的区别又在哪儿？很简单，"操作计算机者"是复合词，"操作计算机的人"是句法结构。对语法系统来说，这是一个操作程序上的选择。要生成"操作计算机者"，语素集把"操作"、"计算机"两个词根输入到句法，生成动词短语"操作计算机"，然后输回合成构词区，跟"者"组成复合词。即"操作计算机者"。但是，如要生成"操作计算机的人"，语素集就把"操作"、"计算机"、"的"、"人"等词根输入到句法，直接生成短语"操作计算机的人"。如前所述，"操作计算机者"不可以变成"*操作计算机者们"。然而，"操作计算机的人"却可以说成"操作计算机的人们"。这是因为"人"先在词库中先加上"们"变成了"人们"之后再进入句法的缘故。正因为语法系统有不同的操作程序，所以说话人才有不同的选择。

3.4 重叠词

重叠词指词根重叠而成的词(邵敬敏等,2001:120)。有四类：

一、AA 式,如：**爸爸**、**妈妈**、**宝宝**、**星星**。但是,本书把所有双音节的词形式都一律看作词根,因此,AA 式也在此列。

二、AABB 式,如：**形形色色**、**密密麻麻**、**大大咧咧**、**花花绿绿**。但是没有对应的 AB 式词根,如：* **形色**、* **密麻**,等等。因此,这类 AABB 式是由两个单音节词根分别重叠之后再复合而成的,如"形形＋色色",属离心式复合。邵敬敏等(2001:120)将它称为重叠式复合词。

三、AABB 式,如：**大大方方**、**漂漂亮亮**、**整整齐齐**、**高高兴兴**。有对应的 AB 式词根,如：**大方**、**漂亮**、**整齐**、**高兴**。跟原来的词根比,重叠形式的语义程度加强了,因此有语法意义。据邵敬敏等(2001:120),这类重叠形式不算新词。但无论从语义还是形态上,它应该算作新词。

四、ABB 式,如：**白胖胖**、**黄澄澄**、**黑压压**、**喜滋滋**、**气鼓鼓**、**昏沉沉**、**颤巍巍**。这一类也是重叠式复合词。即由一个单音节词根跟另一个经过重叠的单音节词根复合而成,如"白＋胖胖"。复合词的两部分有明显的修饰关系,属向心式复合,如"白"和"胖胖"是偏正关系,"气"和"鼓鼓"是述补关系。

按 Katamba(1993:163),重叠是音律及音韵过程造成的形态变化(prosodic morphology)。由 AB 式词根重叠而成的 AABB 式,就完全属于音律形态,是音律音韵规则生成出来的。即,AB 式词根,如"**大方**",从语素集进入合成构词机构,通过音律音韵规则将其重叠,生成 AABB 式,如"**大大方方**"。有关音律音韵规则是哪些,超出本书的范围,不赘。没有对应 AB 式词根的 AABB 式,需要两个单音节词根,如"形"和"色",从语素集进入合成构词机构,先通过音律音韵规则将其重叠,生成"**形形**"和"**色色**",然后通过上文所说的构词规则将重叠好的词根形式组合起来,生成"**形形色色**"。如果有两个单音节词根进入合成构词机制,如"白"和"胖",就只有一个重叠,比如"**胖胖**",再跟另外一个词根组合起来,生成"**白胖胖**",那就是 ABB 式。

除了上述重叠词之外,还有一类"A 里 AB"式,如：**古里古怪**、**傻里傻气**、**洋里洋气**、**糊里糊涂**,其中的 AB 式词根只是部分重叠。据邵敬敏等(2001:120),这些都是派生词,"里"是派生词缀。语义上,A 里 AB 式跟 AB 式词根相比,前者的语义程度加强了,因此有语法意义,比如"古里古怪"跟"古怪"相比。问题是,这里的重叠是怎么来的？如果是派生词,那它跟上述重叠词的构成过程无关。用树形图来表示就是：

(50)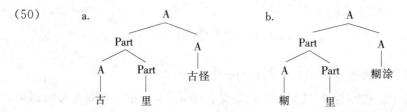

Part = 助词性。关键是,"古"的意义必须跟"古怪"相近或一致,"糊"的意义必须跟"糊涂"相近或一致。也就是说,"古"和"糊"不太可能是独立的词根。那只有一个解释,就是"古"是"古怪"的省略,"糊"是"糊涂"的省略。这是允许的,因为"里"的作用相当于一个连接成分(coordinator)。省略可以表示如下:

(51)　a. [A[Part[A　古怪]里]古怪] ⇒ [A[Part[A　古-]里]古怪]
　　　b. [A[Part[A 糊涂]里]糊涂] ⇒ [A[Part[A　糊-]里]糊涂]

但待进一步研究。

另外,要把重叠词跟句法中的重叠形式区别开来。比如"她笑笑,看看我,又瞅瞅他",又如"今天让我们高兴高兴,舒服舒服"。这是句法中重复动词(或形容词)来表示体貌(aspect),被重叠的部分用作体貌词,结构上跟前面的动词(或形容词)不是一个词,而是句法结构。见第七章 7.0.1 节。

3.5　缩略词

缩略词的构成是一个复杂的问题,我们在这里只作简单的介绍。缩略词的一个基本特点就是它的语义必须跟它原型的语义完全一样。比如:

(52)　科学技术→科技　　彩色电视→彩电　　知识青年→知青
　　　和平谈判→和谈　　作家协会→作协　　革命干部→革干
　　　超级市场→超市　　民意调查→民调　　公民投票→公投

(53)　空中小姐→空姐　　台湾同胞→台胞　　财政部长→财长
　　　高等院校→高校　　归国华侨→归侨　　高等法院→高院

"→"表示"缩略成"。表面上看,原型结构中不是单音节的成分可以省略掉一部分。有时候,省略的部分可以靠所在结构成分的左侧,如:

(54)　[特别][行动][队]→[-别][-动][队]

有时候靠右侧,如:

(55) ［武装］［工作］［队］→［武-］［工-］［队］

有时候既靠右,又靠左,如:

(56) ［空中］［小姐］→［空-］［-姐］

因此,缩略在词结构这个层次似乎没有什么规律,而是受音律音韵过程的左右。本书不涉及。

缩略词的原型一般是复合词,如以上的例子。但有时候是短语,比如"动词＋宾语"型的短语:

(57) ［提高］［速度］→［提-］［速-］
　　　［保持］［新鲜］→［保-］［-鲜］
　　　［扶持］［贫困地区或家庭］→［扶-］［贫-］
　　　［扫除］［黄色物品或行为］→［扫-］［黄-］

因此,一个理论问题是:短语的缩略是在语法系统的哪一部分进行的? 回答是,在词库,是在词库的合成构词区里边进行的。我们怎么知道的呢? 很简单,缩略跟句法中的相同成分省略截然不同:前者可以省略掉词里面的成分,即语素,如以上的例子,而句法中省略的最小单位是词,限于某些相同的成分,绝不能省略到词里面的成分。所以,缩略是合成构词的一部分。

然而,已知短语结构是在句法中生成的,如果要对短语进行缩略,那它就必须回到词库里去,这也属于回环构词。在汉语里边,短语结构回环进入合成构词区之后,可以经过缩略,生成缩略词;也可以跟词根结合,生成复合词。回环构词生成复合词的例子我们已经在上面 3.3.3 节讨论过了。

从省略的方式于是可以看出原型的结构。比如,"人民代表大会"和"经济委员会"各有两种缩略:"人代会"和"人大";"经委会"和"经委":

(58) a. ［［人民］［代表］］［大会］→［［人-］代-］］［-会］
　　　　　［人民代表］［大会］→［人-］［大-］
　　　b. ［经济］［委员］［会］］→［经-］［［委-］［会］］
　　　　　［经济］［委员会］→［经-］［委-］

用树形图来表示就是:

(59)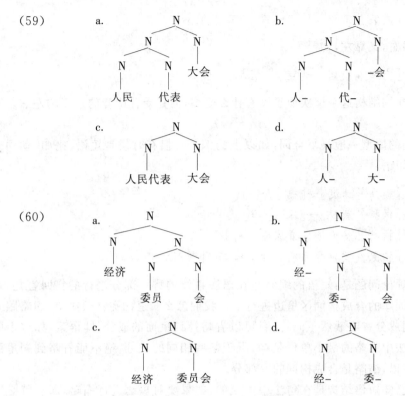

换言之,"**人民代表**"、"**委员会**"之类目前在汉语中的地位既可以是复合结构,也可以是一个词根。它们缩略的方式就是证据。但有时要区别歧义,如:

(61)　[[常务][委员]][会] → [[常-][委-]][会]

"**常务委员会**"是"**常务委员**"开的"**会**",而不是"**常务**"的"**委员会**"。相反,"**经济委员会**"是有关"**经济**"的"**委员会**",而不是"**经济委员**"开的"**会**"。所以,虽然"**经济委员会**"和"**常务委员会**"都可以缩略成表面类似的"**经委会**"和"**常委会**",但缩略前后的结构彼此都不相同;"**经济委员会**"可以另外缩略成"**经委**",而"**常务委员会**"却不能缩略成"**常委**",就是证据。

再如:

(62)　[奥林匹克][[运动][会]] → [奥-][[运-][会]]
　　　[奥林匹克][运动会] → [奥-][运-]
　　　[世界][[博览][会]] → [世-][[博-][会]]
　　　[世界][博览会] → [世-][博-]

说明"**运动会**"和"**博览会**"似乎也是兼复合词和词根两重身份。不过,"**理事会**"好像还不是词根(设"**安全理事会**"是有关"**安全**"的"**理事会**",而不是"**安全理事**"开的

"会"):

(63) ［安全］［理事］［会］→［安-］［理-］［会］］

又如：

(64) ［微型］［计算机］→［微-］［-机］
　　　［高级］［工程师］→［高-］［工-］
　　　［空气］［调节器］→［空-］［调-］
　　　［博士生］［导师］→［博-］［导-］

说明"**计算机**"、"**工程师**"、"**调节器**"、"**博士生**"都似乎已是词根。或者说原先是三音节的复合词有变成词根的倾向。

相对而言，四音节的复合结构就一定不能是词根，如：

(65) ［［立体］［交叉］］［桥］→［［立-］［交-］］［桥］
　　　［［公共］［交通］］［车］→［［公-］［交-］］［车］
　　　［［展览］［销售］］［会］→［［展-］［销-］］［会］
　　　［［离职］［休养］］［干部］→［［离-］［休-］］［干部］
　　　［［特别］［价格］］［商品］→［［特-］［价-］］［商品］

所以，分清有关的成分结构乃是进一步了解缩略过程的第一步。

3.6　屈折词

词库的屈折构词区主要管"规则的屈折变化"。"不规则的屈折变化"本身就是一种词根形式(Pinker 1999)。汉语没有"不规则的屈折变化"，"规则的屈折变化"大概只有名词复数词缀"们"。但是汉语名词加"们"是为了语用的需要（如改变文体）而不是语法的需要，因为汉语名词作为一个语法范畴是不分单复数的。另外，能够加"们"的只限于那些指人的名词。尽管如此，汉语的屈折变化机制除了只适用于特定名词之外，跟其他语言中的屈折变化机制并无根本不同。

设定屈折词缀是储存在屈折构词机制里边的。汉语有关名词如需要带上"**们**"，就要从语素集进入屈折词机制，有关规则再将它们跟"们"组合起来，生成带"-们"的复数名词。规则仍然是投射和填位规则(见第二章 2.0.1 节)。同时要考虑到特定的语言事实：一、屈折变化不改变新词的词性；二、"们"必须出现在有关名词之后；三、只有指人的名词才可以加"们"。第三点不是成分结构的内容，而是语法系统的逻辑语义库的功能(见第一章 1.1 节)。

结构上，任何名词都可以加"们"，如"**鸟们**"、"**桌子们**"，但是得不到正确的语义解释(我们可以猜到它是什么意思,但我们大脑中却缺少一个现成的解释)。换言之,汉语中复数的概念要跟指人的名称联系起来,它的逻辑语义库中没有储存"**鸟们**"、"**桌子们**"的语义解释。换一种语言,如英语的"birds(鸟-复数)、tables(桌子-复数)"就可以通过英语的逻辑语义界面,因为英语中复数的概念可以跟指动物的名称联系起来。这体现了普遍语法的原则与参数的框架:在成分结构这个阶段,所有的语言都遵循相同的生成规则,因为所有的语言都有语素和词项,都要组成某种成分结构来表达语义;但是,有的结构在有的语言里通不过逻辑语义库,或者通不过语音形式界面,因为它们代表的语义关系或者音韵关系在有关的语言中不存在。

先看词根加"们",如"**老师们**"。"**老师**"从语素集进入屈折构词机制,根据第二章 2.0.1 节讲过的生成程序以及汉语的语序,就有:

(66) a. 老师 ⇒ [N 老师]
b. 们 ⇒ [N-pl 们]
c. [N-pl 们] ⇒ [N-pl 0 [N-pl 们]]
d. [N-pl 0 [N-pl 们]] ⇒ [N-pl [N 老师] [N-pl 们]]

N-pl = 名词性复数,即"们",它是中心语素。用树形图来表示就是:

(67)

按 Di Sciullo & Williams(1987:25)和 Katamba (1993:312-313),屈折词缀必须充当所在词结构的中心语素,因而决定整个词的类。这在汉语中也是对的,因为"们"不改变所在名词的类。另外,让屈折词缀充当所在词结构的中心语素还有一个原因。即,屈折词缀的语义必须在结构上表达出来,语法系统才可能对它进行整体语义解释。这我们第二章 2.1.6 节已经说过。比较(67)和下面(68):

(68)

(67)的中心语素是"们",即 [N 老师] 填位到 [N-pl 0 [N-pl 们]] 之中;而(68)的中心语素是"老师",即 [N-pl 们] 填位到 [N [N 老师] 0] 之中。因此,就结构的类而言,(67) = 复数名词,而(68) = 名词。进入逻辑形式库时,(67)会得到正确的语义解释,而(68)不行。在生成语法理论的系统中,得不到正确语义解释的结构就会自行解体(crash),即生成过程失败。第二章 2.1.6 节讲过,这种对成分结构进行语义诠释的原则叫作"整体诠释原则"(Full Interpretation Principle, Chomsky 1993/1995)。

现在看看合成词加"们"的例子。如：

(69) a. [$_{N-pl}$ [$_N$ 弟子] [$_{N-pl}$ 们]]
b. [$_{N-pl}$ [$_N$ 艺术家] [$_{N-pl}$ 们]]
c. [$_{N-pl}$ [$_N$ 电脑操作者] [$_{N-pl}$ 们]]
d. [$_{N-pl}$ [$_N$ 娃娃] [$_{N-pl}$ 们]]
e. [$_{N-pl}$ [$_N$ 常委] [$_{N-pl}$ 们]]

(a)是派生词,(b)是普通复合词,(c)是合成复合词,(d)是重叠词,(e)是缩略词,它们的内部结构我们上文已经说过,不赘。

3.7 记忆与规则的相互作用

上文说过,词根即已经进入了记忆的词形式,而合成词是用规则,即用操作系统,生成出来的,如派生词、复合词、重叠词和缩略词。不过有一些证据表明,原来由规则生成出来的词,基于某些原因,也会进入记忆,变成词根。这包括两类情况。一、句法结构因为具备双音节的形式经过历时演变为词根;二、词结构因为具备双音节的形式经过历时演变为词根。下面分别来看。

具备双音节形式的句法结构经过历时演变为词根的,就是传统意义上的联合式、偏正式、主谓式、述宾式、述补式这些双音节复合词,例子见(2)。这些词似乎已经不再需要操作系统来生成了,或者说已经词根化了。举例来说,VOS 型复合词中的 VO 可以是一个述宾式双音节复合词,如：

(70) [[VO]S]:
造谣者　　毕业生　　摄影师
探险家　　播音员　　理事长

也可以是一个 V 和 O 皆为双音节的形式,如：

(71) [[VO]S]:
制造谣言者　　操作电脑者
贩卖毒品犯　　盗窃国宝犯

注意,不论 V 和 O 皆为单音节,还是皆为双音节,VO 语序都是典型的汉语句法语序。也就是说,它是句法结构入词。

我们在上面 3.3.3 节中的(49)看到,(71)中的复合词不能加上屈折词缀"们"。

然而,(70)中的复合词却可以加"们"。比如:

(72)　　造谣者们　　毕业生们　　摄影师们
　　　　探险家们　　播音员们　　理事长们

问题是,既然(70)和(71)都是VOS型复合词,都是一样的语序和结构,比如"造谣者/制造谣言者",那么,为什么会出现这样的差别?

我们在上面3.3.3节已经说过,(71)中的复合词,即VOS型中V和O皆为双音节的复合词,不能加"们"是因为其中的VO部分是一个动词短语,它入词之后会影响整个词结构的性质,使之不能加"们"。如果是这样,从逻辑上讲,(70)中的复合词,即VOS型中V和O皆为单音节的复合词,可以加"们"则是因为其中的VO部分不是动词短语,而是一个词根。

接下来的问题是,已知汉语是SVO语言,VO语序就是句法结构,那为什么V和O皆为单音节时,VO就变成了词根?这个问题我们等一会再讨论。先再看一看述宾式双音节复合词可能已经演变为词根的其他证据。有两条。其一,一部分OVS型合成复合词中的V本身是VO结构。如:

(73)　　新闻播音员/电影摄影师/电影出品人/电视剧编剧人/图书出版商
　　　　　　O　　VO　S

整体语序为OVS,所以这是一个词结构。但是,动词(V)本身又是一个述宾式双音节复合词,语序是VO,显然是句法语序。于是,动词似乎有两个宾语。那它如何来满足跟这两个宾语的题元关系呢?答案似乎只有一个:VO作为一个整体,即作为一个动词再向左边的O指派一次客事题元。如是,双音节述宾式复合词就可能已经词根化了,其中的宾语已经是动词的一部分。

其二,一般来说,合成复合词中动词的宾语可以用疑问词来替换,以便出现在回声问句当中。例如:

(74)　　甲:我听说她是[新闻播音员]。OVS复合词
　　　　乙:什么播音员?
　　　　甲:新闻播音员。

　　　　甲:政府正在推行[压缩通货政策]。VOX复合词
　　　　乙:压缩什么政策?
　　　　甲:压缩通货政策。

不管是OV语序还是VO语序,其中的O都可以被疑问词替换。可是,这些复合词中的宾语都是双音节的。如果宾语是单音节的,好像就不能被替换。例如:

(75)　　甲:我听说她是[播音员]。VOS 复合词
　　　　乙:*播什么员?

　　　　甲:我听说她是[客运员]。OVS 复合词
　　　　乙:*什么运员?

另外,这些复合词中的 OV 或者 VO 可以整个地被替换:

(76)　　甲:我听说她是[播音员]。VOS 复合词
　　　　乙:什么员?
　　　　甲:播音员。

　　　　甲:我听说她是[客运员]。OVS 复合词
　　　　乙:什么员?
　　　　甲:客运员。

一方面,OV 或者 VO 中的 O 不能被替换;另一方面,OV 或者 VO 可以整个地被替换。这两个事实一起说明,这里的 OV 或者 VO 似乎已经成为一个整体。如果是这样,这个整体只能是一样东西:词根。换言之,双音节的述宾式复合词,不论是 OV 还是 VO 语序,既不是句法结构,也不是词结构,而是词根形式。

回到上面的问题,已知汉语是 SVO 语言,VO 语序就是句法结构,那为什么双音节的 VO 就变成了词根?另外,上面我们还看到,双音节的 OV 似乎也是词根。也就是说,OV 语序虽然是词结构,但因为是双音节,也演变成了词根。为什么?

按照 Pinker(1999),语法有两种生成机制:规则生成和相关模式记忆(pattern-associated memory)生成。前面已经讲过了规则生成。相关模式记忆生成指某些语言形式具备某种共同模式而整个的"记存"起来,进入了记忆,同时,这个模式还可以生成新词。在语法的运作上,运用记忆比运用规则来的方便,更经济,于是"驱使"那些具备某种模式同时又是规则生成的结构进入记忆,成为词根形式。这反映了语法系统运作的经济原则。我们又知道,规则生成和模式记忆生成都是跨语言的普遍性特征,即在各种语言中都存在。但是,哪一种语言具备哪一种模式却不是跨语言的,而是个别语言的特征。汉语的一种模式显然是双音节。不管是句法结构还是词结构,因为恰好具备双音节的形式就可能经历时演变而成为词根,这是汉语的特点,也跟语法运作的经济原则有关。冯胜利(1997/2009:34)认为,汉语"双音节词的创造是为了满足双音节韵律的需要。……语言要求双音节单位,不管它是否是复合词。"换言之,双音节对语法结构的制约是汉语韵律使然(又参 Feng 1997;冯胜利 2004,2007)。据此,可以认为韵律是有关演变过程的必要条件。从

神经语言学和心理语言学的角度,词根跟词结构(如复合词)的区别在于前者整个是记存的形式,即来自记忆,后者则是靠规则组合起来的形式。

词根是已经进入了记忆的词形式,而合成词是规则的产物,这是 Pinker (1999)的观点。句法结构当然也是规则的产物。不过,记忆跟规则的相互运作贯穿整个语法系统,这是由语言的心理和生物基础所决定的,其结果是使语法系统的运作经济和不冗余。心理语言学上,运用规则指"心智活动",具体涉及哪些大脑神经活动,有待完全确认。但有证据表明,运用记忆跟运用规则分属不同的大脑区域,前者在左颞顶区,后者在左前叶区(Pinker 1999:298-299)。理论上,运用记忆不涉及"心智活动",所以应该比运用规则来得经济。于是,一些原来的合成词进入了"记存"状态,整个儿地存储起来了,变成了词根,不再要规则来生成,是一种经济的运作方式。"记存"状态何时会发生并不清楚,但要具备某种条件才能发生。据 Pinker (1999)的分析,能否进入"记存"状态主要看被"记存"的语言形式是否有"相关模式"。比如英语不规则动词一般都有相关模式,如"sing, sang, sung(唱)"、"ring, rang, rung(鸣)"。大脑这种把事物的相关模式存储起来的记忆叫作相关模式记忆,它也有生成能力,即靠存储起来的模式生成出类似的形式,称为相关模式记忆生成。

汉语双音节复合词有词根化的倾向,其相关模式可能就跟双音节有关。不但复合词,双音节的派生词,如前面提到的"阿姨"、"阿爸"、"椅子"、"桌子"、"木头"、"石头"、"嘴巴"、"尾巴"、"花儿"、"鸟儿"、"给以"、"加以"、"等于"、"便于"、"突然"、"当然"、"可惜"、"可爱"、"等于"、"鉴于"等等,以及"学生"、"读者"、"画家"、"演员"、"猎手"、"钙化"等等,都有词根化的倾向。而且,双音节词似乎也最能产,常跟新词挂钩,如"炒股"、"博彩"、"盗版"、"上网"、"存档"、"隆胸"、"煽情"、"脱贫"。由此看来,双音节词似乎是汉语词结构中一种稳定的相关模式,不但有进入"记存"的条件,还有生成能力。当然还需要进一步研究证明。

3.8 词 类

自然语言的一个基本事实就是它是由不同类的词相互组合起来的语串(word strings)。词在人的大脑里边是如何分门别类地储存起来的,是一个十分复杂的问题,不是我们这里要讨论的。但是,词必须要分类是一个共识。语法学者们对如何划分汉语的词类有不同的看法,本书也不作讨论。这里列出的词类只作参考,目的是便于以后各章的分析。括号里边是此类词的英文缩写,将出现在树形图里边。更多的例子将在以后有关章节中讨论。

一、名词（N）：

普通名词：**人**、**狗**、**山**、**湖**

专有名词：**张三**、**李四**、**老王**、**小赵**、**中国**

时间名词：**今天**、**明天**、**后天**、**过去**、**现在**、**将来**

方位词：**上**、**下**、**左**、**右**、**前**、**后**、**里**、**外**、**东**、**西**、**南**、**北**、**中**；**上面/上边**、**下面/下边**、**左面/左边**、**右面/右边**、**前面/前边**、**后面/后边**、**里面/里边**、**东面/东边**、**中间/中心**

区别（名）词：**棉**、**夹**、**单**、**男**、**女**、**金**、**银**、**雌**、**雄**、**公**、**母**、**荤**、**素**、**正**、**副**、**双**、**别**。

区别（名）词以其特殊的"区别语义"功能而得名（朱德熙 1982：52-54）。比如，"**棉衣**"相对于"**夹衣**"、"**单衣**"，有区别语义的作用，即含有类称的意思（generic meaning），专指某一类（如特别御寒和缝制方式不同于其他类）的衣服。也就是说，"**棉**"有两个意思：代表个体（entity）的基本语义和代表类别（type）的类称语义（后者相对于"**夹**"、"**单**"而言）。"**棉**"的基本意义代表一种物质，是普通名词。比如"**棉衣**"还有一个意思，就是"**棉的衣服**"或者"**棉质的衣服**"。这时"**棉**"就是普通名词，跟"**绸衣**"、"**毛衣**"中的"**绸**"、"**毛**"一样，各自代表一种物质。这时它没有区别语义。不过，"**夹衣**"、"**单衣**"不好说成"！**夹的衣服**"、"！**单的衣服**"，也不能说成"！**夹做的衣服**"、"！**单做的衣服**"，似乎就是证据。可以说，"**棉**"的基本意义是对一种物质的命名，而它的"区别语义"是对一种制衣方式的命名。

必须指出，像"**棉**"这样有相对明显的区别语义的词是少数。其他如"**男**"、"**女**"、"**金**"、"**银**"等似乎很难把它的"区别语义（＝ 区别词）"和"基本语义（＝ 普通名词）"分开。很难说出来它的区别语义在哪儿。朱德熙（1982：53）提出区别词不受数词和量词的修饰，所以不是名词，如"＊**一块金**"。这似乎可以再议。首先，这在中国南方的北方方言区是可以接受的。其次，可以说"**一盎司金**"、"**一小块金**"、"**一桶金**"。其实，要修饰单音节的、不可数的名词，量词有选择性。先要说明，"可数或不可数"是一个语义概念；在有的语言中它语法化了，如英语，但在有的语言中没有，如汉语。但不管是否语法化了，语义概念是存在的。"**三个学生**"中的"**学生**"可数，只不过"可数"是一个语义概念。"**一杯牛奶**"中的"**牛奶**"不可数，也是语义概念。对不可数的名词而言，量词常常是名词转过来的。如"**盎司**"、"**杯**"，再如"**一桶油**"、"**一盆水**"、"**一碗肉**"。也就是说，只要量词合适，不可数的名词是可以被修饰的。同时也就说明有关的词是普通名词。比如"**一盎司金**"说明"**金**"是普通名词。另外，在对举的语境中，可以说"**这两个**"，"**一个男/公/雄/正，一个女/母/雌/副**"；"**这两盘，一盘荤，一盘素**"，等等。也说明"**男**"、"**女**"、"**金**"、"**银**"、"**雌**"、"**雄**"、"**公**"、"**母**"、"**正**"、"**副**"、"**荤**"、"**素**"可以是普通名词。当然，以上说区别词可能兼名词，并非是说它不可以单独成类。而是说，其中不少词的区别语义很弱，原因可能就是它们兼名词。实际上，像"**男**"、"**女**"、"**金**"、"**银**"、"**雌**"、"**雄**"、"**公**"、"**母**"、"**荤**"、"**素**"、

"正"、"副"之类，似乎都来自从古汉语的普通名词。

二、量词(Cl)：

语义上将物体分成不同的单位(unit)。功能有两种：一种是按照事物本身的实体作为单位，比如"**一个苹果**"、"**一本书**"、"**一张纸**"、"**一支笔**"、"**一辆车**"、"**一条鱼**"、"**一把刀**"；另一种是创造出计量物体的单位，比如"**一碗饭**"、"**一杯茶**"、"**一桶水**"、"**一立方水**"、"**一顿水泥**"、"**一米布**"、"**一尺布**"。表示复数或者多数的量词只有一个，即"些"，即可代表可数的复数或多数，比如"**一些书**"、"**一些笔**"，也可代表不可数的复数或多数，比如"**一些牛奶**"、"**一些水**"。当然，不论是以事物本身的实体作为单位，还是创造出计量物体的单位，都是约定俗成的（包括我们的社会法定的单位）。

三、形容词(A)：

性质形容词：**黄、红、绿、白、黑、蓝、红、大、小、高、矮、快、慢、新、旧、冷、热、好、坏、弯、直、宽、窄、香、臭、高大、渺小、强大、弱小、美丽、丑陋、仔细、年轻、高级、低级**。前面能加程度副词"很"，也可以转作副词，见第六章。

状态形容词：**橘黄、粉红、碧绿、天蓝、飞快、笔直、火热、冰冷、崭新、滚圆、绿油油、黑压压、胖乎乎、红彤彤、香喷喷、乱七八糟、糊里糊涂、黑不溜秋**。前面不能加"很"，不可以转作副词。

非谓形容词：**恶性、慢性、中式、西式、大型、小型、高档、低档、中级、初级、短期、长期、高速、流线型、综合性、多功能、超高速**。"非谓"者即不好作谓语，如"*这个病<u>恶性</u>"；比较"这趟车快"、"这条路笔直"。有的著作把这类词也叫作区别词（朱德熙 1982:53-54），但区别词可能跟这些词没有任何关系。区别词一般是单音节名词，并具有所谓的"区别作用"的语义，见上文。而非谓形容词一般是双音节或多音节的合成词，属于形容词这一类，并没有"区别作用"的语义。两者是否可放在一起，可以再议。

四、副词(Adv)：

  时间、频率副词：**刚、才、就、再、老、又、还、马上、立刻、曾经、一直、随时、永远、偶尔、经常、渐渐**

  量化副词：**都、全、只、仅、共、全体、全部、一共、一律、一齐**

  程度副词(Deg)：**很、极、太、稍、更、最、格外、特别、非常**

  情态副词：**一定、可能、也许、大概、难道、竟然、未必、恐怕**

  方式副词：**一起、赶紧、慢慢、快快**

  疑问副词：**怎、怎么、怎样、怎么样、为什么**

五、介词(P)：
   表处所、空间、时间：在、于、从、自、至、以
   表工具：用、以
   表方向：自、至、从、朝、往、向、沿
   表终点、目的：给、到、为了
   表方式、过程：以、通过
   表关连、关涉：跟、对、于、对于、关于、按、按照、依据、根据
   表比较：比
   表条件：趁

六、限定词(D)：
   指示代词：这、那、这么、那么、这样、那样、这么样、那么样、此、彼、彼此
   人称代词：我、你、他、它、我们、你们、他们、它们、咱们、大家。另外，"此"、
            "彼"、"彼此"也兼作人称代词。
   反身代词：自己
   疑问代词：谁、哪、什么、哪儿、什么时候、什么地方
   领属助词：的
   不定代词：某、全体、全部

传统上，指示、人称、反身、疑问及不定代词都划归在名词类。为什么我们又改称它们为限定词呢？其中的原因我们在第五章5.0节再讲。

七、否定词(Neg)：不、别、没、没有、无

八、数量词(Q)：
   基数词：一、二、三、五十、一百、三千
   序数词：第一、第二、第三
   限量词：每、半、整、多、少、多数、少数、许多、繁多、任何、不少、些许、少许、
          全体

九、连词(Conj)：
   并列连词：和、及、以及；介词"跟"有时也能兼作并列连词，比如"他跟我从
            来不吃臭豆腐"。
   转折连词：但、却
   选择连词：或、或者
   递进连词：并、并且、而、而且、又、加、又……又……、越……越……、不但
            ……而且……
   从属连词：如、假如、如果、若、若果、倘若、虽然……但是……、因为……所
            以……

十、助词：
　　体貌词(Asp)：着、了、过、起来
　　结构助词(Part)：的／地
　　能愿助词(Mod)：—得—（表肯定）；—不—（表否定）。能愿助词可以表情态，但又跟真正的情态词不同，它不是可以单独使用的情态词，必须跟动词组成固定结构，比如"**对得起/对不起**"、"**买得起/买不起**"。见第七章 7.0.3 节的讨论。

十一、语法范畴词：
　　情态词(Mod)：将、能、肯、愿、敢、会、应、应该、可以
　　被动语态词(Pass)：被

十二、语气词：
　　句类语气词(C)：吗、呢、吧、啊、嘛、呀、哪、啦、哩、哟、哦、咧、哇、喽
　　范畴语气词(I)：了、呢、来着

十三、动词(V)：
　　趋向动词(Vd)：上、下、来、去、进、出
　　一元动词：
　　　　非宾格动词：跑、走、到、坐、站、出现
　　　　非作格动词：笑、睡、喊、听、哭
　　　　作格动词：开、沉、吓、感动、融化、打破
　　二元动词：
　　　　宾格动词：是、有、说、看、吃、喝、写、期待、相信、要求
　　　　提升动词：好像、看来、仿佛
　　　　役格动词：饮(yìn)、食(sì)
　　三元动词：
　　　　处所动词：挂、放、搁
　　　　双宾与格动词：给、送、借、赏、赐、赢
　　　　混宾动词：问、告诉、通知
　　　　兼语动词：请、劝、选、逼、鼓励、命令
　　轻动词：
　　　　表使役：使、令、让
　　　　表结果：得
　　　　表处置执行：把
　　　　表焦点：是
　　　　表示存在或者出现：有

表使成：**给**；表示"使承受或经受、使成为"的意思；比如"**张三给死了父亲**"（使张三经历了父亲死亡这样的过程）。

表执行：**进行、加以**；等等

表比较：**比/比较/相比、有、像**

注意，轻动词"比/比较/相比"和介词"比"都是表达比较语义范畴的词。但二者句法范畴迥异。前者用于"和/跟……比/比较/相比"字句中，如"**这件和/跟那件比/比较/相比一样漂亮**"。这个句式中的"比"可以跟"比较/相比"互换，相当于"比较/相比"的缩略形式。而在"**我比他了解你**"、"**你不比他强**"这样的句子中，"比"是介词，不能换成"比较/相比"：* 我比较/相比他了解你"、"* 你不比较/相比他强。显然，此"比"不是彼"比"，一为成介词，一为轻动词，二者不同。

十四、空语类，有如下几类：

零代词：pro；可以有对应的语音形式，如人称代词。比如，"（你）吃饭了没有？（我）还没呢"。人称代词"你"、"我"如果不出现，理论上就是 pro。

虚代词：PRO；无对应的语音形式。比如，"**妈妈**$_i$ **打电话**[PRO$_i$ **叫医生**]"。理论上，"**叫医生**"的主语就是 PRO，跟前面的主语共指（co-referential），但不能是语音形式的代词，比如"**妈妈**$_i$ **打电话**[* **她**$_i$ **叫医生**]"。

零关系代词：OP；用于关系语句中表示语法空位。

零运算子：Op；用于逻辑形式中表示句法语义之间的逻辑关系。

零轻动词：v；可以有对应的语音形式，比如上列任何轻动词；也可以无对应的语音形式。

语迹（trace）：t；代表成分移位之后留下的结构位置。

零空位：O；可以代表两种情况。一、结构生成的过程中为了计算需要而出现的原始空位，供填位（merge）只用，即词项或者已经生成好的结构填入其中。二、成分省略之后留下的空位。

最后，也常常用"e"或者 X（= N/V/A/P/D/C/……）来代表上述任何零形式，或者其他任何词项或语素的零形式。

第四章 名词短语和量词短语

本章讲述名词短语和量词短语。自然语言中,名词短语和动词短语是两个最主要和最重要的句法范畴。同时,许多语言中的名词要跟量词一起搭配使用。汉语就是如此。所以,量词短语也是汉语的一个特征。下面分别来看。

4.0 名词短语

名词短语的中心词当然就是名词,它可以是词根,也可以是合成词(派生词、复合词等等)。名词可以单独使用,如"**去商店买东西**",其中的"**商店**"、"**东西**"都是名词。另外,名词常常有修饰语,在汉语中,它们都出现在名词的前面。常见的名词的修饰语有:性质形容词、非谓形容词、数量词、"**的**"字短语、同位语句和关系语句。下面我们依次来看。

性质形容词修饰名词的例子如:

(1) [高]楼、[平]路、[凉]水、[坏]事、[老]树、[年轻]人、[干净]衣服
    [甜]豆浆、[香]米饭、[酸]苹果、[红]桌布、[大]房子、[长]板凳

非谓形容词修饰名词的例子如:

(2) [中式]餐厅、[高档]商品、[袖珍]电脑、[大型]展览会、[短期]训练班
    [流线型]机体、[综合性]企业、[多弹头]导弹、[多功能]雷达

数量词作修饰语,包括基数词和限量词,二者成互补分布;"互补分布"就是不能同时出现,只能出现一个。例如:

(3) a. [很多]人、[两]人、[三]人、[一百]人、[五千]人
    b. [许多]事情、*[三]事情(比较:[三件]事情)
    c. [任何]人、[任何]事情
    d. [不少]人、[不少]事情

汉语中,基数词一般不可以直接修饰名词,但极个别名词除外,如"**人**"。但是,基数词中的"**一**"是特殊情况,如"**吃一烧饼**"、"**买一汽车**"、"**交一女朋友**"、"**看一电影**"、"**打一电话**"。但需要语法环境,即跟动词在一起。

"的"字短语是由助词"的"跟别的成分组成结构。在本书中,"的"字短语不包括"句子+的"之结构,这种结构中的"的"叫作标句词。见下一节的讨论。"的"字短语大致有这样几种:

甲:性质形容词+的:

(4)　[高的]楼、[平的]路、[凉的]水、[坏的]事、[老的]树、[年轻的]人
　　　[干净的]衣服、[重要的]决定、[甜的]豆浆、[香的]米饭、[酸的]苹果

性质形容词直接修饰名词的例子见(1)。一般来说,性质形容词如果自己受程度副词"很"的修饰,修饰名词时就必须加"的":

(5)　[很高的]楼/＊[很高]楼　　　[很平的]路/＊[很平]路
　　　[很凉的]水/＊[很凉]水　　　[很快的]车/＊[很快]车
　　　[很坏的]事/＊[很坏]事　　　[很老的]树/＊[很老]树
　　　[很年轻的]人/＊[很年轻]人　[很甜的]豆浆/＊[很甜]豆浆
　　　[很香的]米饭/＊[很香]米饭

性质形容词如果重叠之后再修饰名词,也一定要加"的":

(6)　[高高的]楼/＊[高高]楼　　　[红红的]布/＊[红红]布
　　　[亮亮的]灯/＊[亮亮]灯　　　[香香的]芝麻/＊[香香]芝麻
　　　[直直的]路/＊[直直]路　　　[凉凉的]水/＊[凉凉]水
　　　[高高大大的]形象/＊[高高大大]形象

朱德熙(1982:73—74)认为,前面加了程度副词之后,性质形容词的功用就转换为状态形容词。据此,性质形容词的重叠式也有类似的功能转换。

乙:非谓形容词+的:

(7)　[中式的]餐厅、[高档的]商品、[大型的]展览会、[短期的]训练班
　　　[袖珍的]收录机、[流线型的]机体、[综合性的]企业、[多功能的]雷达

丙:数量词+的:

(8)　[很多的]人、[不少的]人、[许多的]事情、[任何的]事情

丁:状态形容词+的:

(9)　[鲜红的]布、[宽大的]房间、[笔直的]马路、[蔚蓝的]天空
　　　[圆滚滚的]肚皮、[绿油油的]麦田、[黑压压的]乌云

汉语中,状态形容词一般须加"的"才能修饰名词。比较:

(10) *[鲜红]布、*[宽大]房间、*[笔直]马路、*[蔚蓝]天空
[圆滚滚]肚皮、[绿油油]麦田、*[黑压压]乌云

是为跟性质形容词的区别。

戊：名词＋的：

(11) [帆布的]帐篷、[玻璃的]盖子、[青砖的]房子、[羊皮的]书包
[竹子的]蒸笼、[毛线的]帽子、[塑料的]笔筒、[木头的]门

(12) [外交部的]官员、[铁路局的]职员、[中文系的]学生、[编辑部的]记者
[中国的]外交部、[郑州的]铁路局、[北大的]中文系、[杂志的]编辑部

作修饰语的名词自己也可以带修饰语：

(13) [粗帆布的]帐篷、[五彩瓷的]花瓶、[硬塑料的]包装、[高个头的]学生

注意，"的"是结构助词，也可以是领属限定词。请比较：

(14) [外交部的]官员 ＝ 官员属于外交部
[铁路局的]职员 ＝ 职员属于铁路局
[中文系的]学生 ＝ 学生属于中文系
[编辑部的]记者 ＝ 记者属于编辑部

(15) [玻璃的]盖子 ≠ 盖子属于玻璃
[青砖的]房子 ≠ 房子属于青砖
[羊皮的]书包 ≠ 书包属于羊皮
[木头的]门 ≠ 门属于木头

(16) [粗帆布的]帐篷 ≠ 帐篷属于粗帆布
[五彩瓷的]花瓶 ≠ 花瓶属于五彩瓷
[硬塑料的]包装 ≠ 包装属于硬塑料
[高个头的]学生 ≠ 学生属于高个头

(15)-(16)里边的"的"只能是结构助词，但(14)里边的"的"既可以是助词，也可以是领属限定词。原则上，助词的结构是助词短语，领属限定词的结构是限定词短语。在名词短语的范围内，我们把修饰名词的"的"字短语都看成是助词短语。而在限定词短语的范围内，"的"是领属限定词。换言之，(12)、(14)中的例子可以有两种结构分析：如果把它看成是名词短语，"的"是助词，见下文；如果把它看成是限定词短语，"的"是领属限定词，见第五章5.4节。

己：介词短语＋的：

(17) ［沿河的］柳树、［在校的］学生、［趁热的］时候
　　　［以上的］情况、［以下的］条件、［对此的］要求

介词自己也可以带修饰语：

(18) ［三年级以上的］学生、［十年以下的］工龄、［刚好在场的］目击者

"三年级"、"十年"都是名词短语，分别修饰介词结构"以上"、"以下"，"刚好"是副词短语，修饰介词结构"在场"。也见第六章 6.2 节。再如：

(19) ［十年工龄以下的］员工、［五十年历史以上的］学校

"十年工龄"、"五十年历史"都是名词短语，分别修饰"以下"、"以上"。

有时候，貌似复杂的"的"字短语实际上是上面讲过某一种情况。如：

(20) ［三年级以上学生的］成绩、［十年以下工龄的］员工

这里的"的"字短语实际上是"名词短语＋的"。即，介词短语"三年级以上"修饰名词"学生"，然后名词短语"三年级以上学生"组成"的"字短语，再修饰名词"成绩"。"十年以下工龄的员工"结构相同。

注意两个重要之处。一、出现在"的"前面的成分包括限量词、性质、状态或非谓形容词、名词以及介词短语。"的"跟这些成分之间的关系，即助词短语的内部结构，现在不讨论，请见第六章 6.4 节。目前，对我们来说，只需要了解"的"字短语修饰名词时的结构。也就是说，不管"的"前面的成分是什么，只要它是修饰名词，就行了。二、"的"字短语顾名思义就是要有"的"。那些可以把"的"去掉的情况在此暂不讨论，详见第四章 4.3 节。

现在来看看名词短语的结构。我们在第二章的 2.1.1 节已经讲过，修饰成分的类别对语序有明显的限制，因此，修饰语的类型决定它们在名词短语中的结构位置。当三类修饰语一起修饰名词的时候，只能是"数量词＋的字短语＋性质形容词（或者非谓形容词）"，而不能是其他。根据 X-标杠模式，这样的语序只能是如下的结构：

(21)

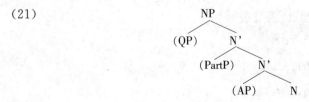

N ＝ 名词中心语，QP ＝ 数量词短语，PartP ＝ "的"字短语，AP ＝ 形容词短语（性质形容词或者非谓形容词），( ) ＝ 可选。如果名词单独使用，就只有中心语，

可选成分都不出现。如果名词带上一个修饰语,就有三种组合形式:AP ＋ N;QP ＋ N;PartP ＋ N。这三种组合形式上文已经讨论过了。如果名词带上两个修饰语,也有三种组合形式:QP ＋ AP ＋ N;QP ＋ PartP ＋ N;PartP ＋ AP ＋ N。如果名词带上三个修饰语,就只有一种组合形式:QP ＋ PartP ＋ AP ＋ N。下面分别来看。

一、QP ＋ AP ＋ N,包括:

甲:AP ＝ 性质形容词:

(22) a.［许多］［大］马路
b.［不少］［红］灯笼

乙:AP ＝ 非谓形容词:

(23) a.［很多］［大型］展览会
b.［好多］［高档］商品

二、QP ＋ PartP ＋ N,包括:

甲:PartP ＝ 数量词＋的。这时候,因为数量词已经到了"**的**"字短语里边,就不会再单独出现了:

(24) a.［许多的］书
b.［任何的］事

乙:PartP ＝ 性质形容词＋的:

(25) a.［很多］［白的］狗
b.［许多］［红的］灯笼

丙:PartP ＝ 状态形容词＋的:

(26) a.［很多］［黄澄澄的］柿子
b.［许多］［胖乎乎的］孩子

丁:PartP ＝ 非谓形容词＋的:

(27) a.［很多］［大型的］展览会
b.［许多］［高档的］商品

戊:PartP ＝ 名词＋的:

(28) a.［许多］［中文系的］学生
b.［不少］［编辑部的］记者

己：PartP ＝ 介词短语＋的：

(29) a.［许多］［以上的］情况
    b.［不少］［沿河的］柳树

三、PartP ＋ AP ＋ N，包括：
甲：PartP ＝ 数量词＋的：

(30) a.［许多的］［高］楼
    b.［很多的］［大］马路

乙：PartP ＝ 性质形容词＋的：

(31) a.［白的］［大］狗
    b.［大的］［红］灯笼

丙：PartP ＝ 状态形容词＋的：

(32) a.［香喷喷的］［热］米饭
    b.［凉冰冰的］［冷］馒头

丁：PartP ＝ 非谓形容词＋的：

(33) a.［重型的］［大］货车
    b.［高档的］［小］商品

戊：PartP ＝ 名词＋的：

(34) a.［中文系的］［老］教师
    b.［铁路局的］［新］职员

己：PartP ＝ 介词短语＋的：

(35) a.［以上的］［新］情况
    b.［在校的］［老］职工

我们注意到，以上例子中，PartP ＋ AP ＋ N 组合中的 AP 是性质形容词。如果换成非谓形容词的话，就还有：

甲：PartP ＝ 数量词＋的：

(36) a.［许多的］［大型］展览会
    b.［很多的］［短期］训练班

乙：PartP ＝ 性质形容词＋的：

(37) a. [旧的][微型]收录机
b. [强大的][多功能]雷达

丙：PartP ＝ 状态形容词＋的：

(38) a. [崭新的][流线型]飞机
b. [飞快的][超高速]列车

丁：PartP ＝ 非谓形容词＋的：

(39) a. [大型的][综合性]企业
b. [短期的][小型]训练班

戊：PartP ＝ 名词＋的：

(40) a. [外文系的][初级]班
b. [铁路局的][高速]列车

己：PartP ＝ 介词短语＋的：

(41) a. [以上的][高档]商品
b. [在公司的][高级]职员

四、QP ＋ PartP ＋ AP ＋ N，包括：

甲：PartP ＝ 数量词＋的。这时，因为数量词已经到了"**的**"字短语里边，就不会再单独出现了。例子见上面(30)、(36)。

乙：PartP ＝ 性质形容词＋的：

(42) a. [许多][宽阔的][大]马路
b. [好多][大的][红]灯笼

丙：PartP ＝ 状态形容词＋的：

(43) a. [许多][绿油油的][大]草原
b. [很多][香喷喷的][白]馒头

丁：PartP ＝ 非谓形容词＋的：

(44) a. [很多][黄澄澄的]柿子
b. [许多][胖乎乎的]孩子

戊：PartP = 名词+的：

(45) a. ［许多］［青砖的］［高］楼
　　　c. ［很多］［高个子的］［胖］学生

己：PartP = 介词短语+的：

(46) a. ［好多］［在校的］［新］同学
　　　b. ［不少］［三百年以上的］［老］树

当然，以上例子中，QP + PartP + AP + N 组合中的 AP 是性质形容词。如果换成非谓形容词的话，就有：

甲：PartP = 性质形容词+的：

(47) a. ［许多］［旧的］［微型］收录机
　　　b. ［好多］［强大的］［多功能］雷达

乙：PartP = 状态形容词+的：

(48) a. ［许多］［崭新的］［流线型］飞机
　　　b. ［很多］［飞快的］［超高速］列车

丙：PartP = 非谓形容词+的：

(49) a. ［很多］［大型的］［综合性］企业
　　　b. ［许多］［短期的］［小型］训练班

丁：PartP = 名词+的：

(50) a. ［许多］［外文系的］［初级］班
　　　b. ［很多］［铁路局的］［高速］列车

戊：PartP = 介词短语+的：

(51) a. ［好多］［以上的］［高档］商品
　　　b. ［不少］［在公司的］［高级］职员

那么，以上这些众多的组合形式的结构又该如何来表达呢？按照上面(21)表示出来的结构模式，首先，如果是"数量词+形容词+名词"的话，即 QP + AP + N，其结构就是：

(52)

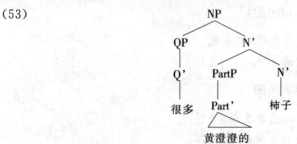

如果是非谓形容词,如"**许多大型展览会**",结构相同。

其次,如果是"数量词+的字短语+名词"的话,即 QP + PartP + N,其结构就是:

(53)

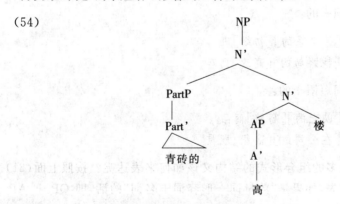

这里,PartP = 状态形容词+的。PartP 也可以换成"数量词+的"、"名词+的"、"性质或者非谓形容词+的"、或者"介词短语+的",只是有关句法范畴不同而已,但不影响名词短语的结构。

再次,如果是"的字短语+形容词+名词"的话,即 PartP + AP + N,其结构就是:

(54)

这里,PartP = 名词+的。PartP 也可以换成"数量词+的"、"状态、性质或者非谓形容词+的"、或者"介词短语+的",只是句法范畴不同,但名词短语的结构相同。

最后,如果是"数量词+的字短语+形容词+名词"的话,即 QP + PartP + AP + N,其结构就是:

(55)

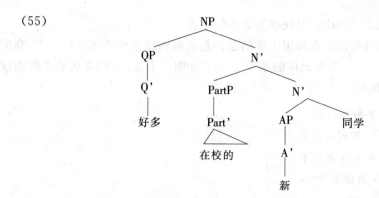

这里,PartP = 介词短语+的。同理,PartP 也可以换成"数量词+的"、"名词+的"、或者"状态、性质或者非谓形容词+的",句法范畴不同,但名词短语的结构相同。

至此,上文列出的名词短语中成分组合的形式就讲述完了。名词带一个修饰语时的组合形式的结构,如 AP + N,PartP + N,以及 QP + N,请参看第二章的 2.1.1 节。值得注意的是,数量词和"数量词+的"修饰名词的结构是互不相同的。请比较(56)和(57):

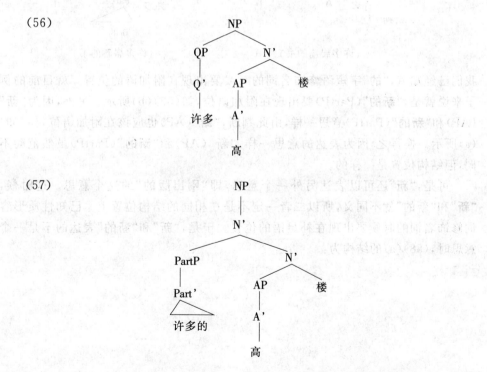

也就是说,限量词不加"**的**",就是数量词短语(QP),出现在标定语的位置。加了

"的",就是助词短语(PartP),出现在附加语的位置。

最后的问题是,我们怎么知道上面的名词短语结构是正确的呢?这一点,我们已经在第二章的 2.1.1 节从语序的角度做出了证明。下面,我们再从语义的角度做一点补充。请观察:

(58) a. 许多新书
   i. 许多刚出版的书
   ii. 许多崭新的书
  b. 许多新的书 = ii

"新"可以表达"新的"(= 崭新的),也可以表达另外的意义(= 刚出版的),是为歧义。重要的是,当"新"与"新的"同义时,(a)的结构应该跟(b)是一样的。也就是:

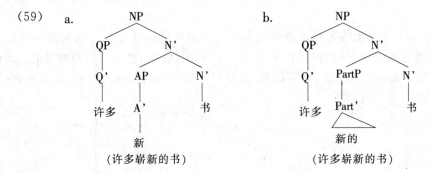

(59)　a.　(许多崭新的书)　　　　b.　(许多崭新的书)

我们已经知道,"的"字短语修饰名词的时候要出现在附加语的位置。就目前的例子来说就是,"新的"(PartP)要出现在附加语位,如(59)(b)所示。另外,因为"新"(AP)和"新的"(PartP)意思一样,由此判断,"新"(AP)也应该在附加语位,如(59)(a)所示。换言之,因为表达的意思一样,"新"(AP)和"新的"(PartP)虽然范畴不同,但结构位置是一样的。

可是,"新"还可以表达另外一个意思,即"刚出版的"的这个意思。这时候,"新"和"新的"就不同义,所以二者一定不是在相同的结构位置上。已知性质形容词修饰名词的时候要出现在补足语的位置。于是,"新"和"新的"表达的不是一个意思时,(58)(a)的结构为:

(60)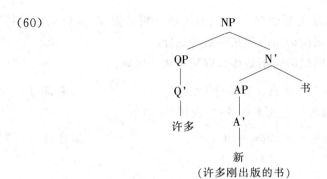
(许多刚出版的书)

就是说,"新"在修饰名词时产生的歧义暗示它一定有不同的结构位置。把这个事实跟 X-标杠模式结合起来,就为支持汉语名词短语的结构提供了的证据。具体来说,名词前面可以有三类修饰语,即"数量词+的字短语+形容词+名词"。在结构上,这三类不同的修饰语分别处于三个层次。数量词的层次最高,处于 X-标杠模式的标定语位置,"的"字短语的层次低一点,处于 X-标杠模式的附加语位置,形容词的位置最低,跟名词中心语处于同一个层次。有时候,形容词也可以出现在附加语的位置。这时就会出现歧义,如上面(58)这样的例子。

4.1 复杂的名词短语

名词的修饰语也可以由句子来充当,所组成的结构就叫作复杂的名词短语(complex NPs)。一般来说,修饰名词的句子形式有两种,一种叫作关系语句(relative clause),一种叫作同位语句(appositive clause)。汉语里,这两种句子都必须出现在"……的"这样的结构里边,都必须出现在所修饰的名词的前面。例如:

(61) a. [她提的]建议　　　　关系语句
　　　b. [她说的]话

(62) a. [穿西装上班的]人
　　　b. [新入校的]学生

(63) a. [大家去找工作的]建议　　同位语句
　　　b. [人人要自强的]话

(64) a. [村民们祭祀祖先的]日子
　　　b. [风云变幻的]年头

关系语句跟同位语句有两个区别。其一,关系语句所修饰的名词本身是关系语句内的某一语法成分。比如,(61)中的"**建议**"、"**话**"都是关系语句中动词的宾语,

(62)中的"**人**"、"**学生**"都是关系语句中动词的主语。相对而言,同位语句的特征是,它所修饰的名词不是同位语句内的某一语法成分。

有时候,关系语句跟同位语句不是那么容易辨认。比如:

(65) a. [外商在那儿存放出口商品的]仓库　　　　关系语句
　　 b. [公司用它来记录收支账目的]账簿

(66) a. [外商存放出口商品的]仓库　　　　　　　同位语句
　　 b. [公司记录收支账目的]账簿

(65)是关系语句,因为它所修饰的名词跟关系语句中表示处所或者工具的状语是同一个语义成分。即,"**仓库**"、"**那儿**"是同一个语义成分,都表示处所;"**账簿**"、"**它**"也是同一个语义成分,都表示工具。相对而言,(66)是同位语句,因为它所修饰的名词跟关系语句中语法成分没有直接关系。

关系语句跟同位语句的第二个区别是,关系语句可以单独使用,而同位语句则不行。比如:

(67) a. [她提的]
　　 b. [她说的]
　　 c. [穿西装上班的]
　　 d. [新入校的]

(68) a. ?[大家去找工作的]
　　 b. ?[人人要自强的]
　　 c. ?[村民们祭祀祖先的]
　　 d. ?[风云变幻的]

单独使用的关系语句叫作自由关系语句(free relatives)。

另外,汉语关系语句还有一个特征。这就是,如果关系语句所修饰的名词是关系语句中动词的宾语,在紧接着动词之前的位置就可以使用一个"**所**"字。如:

(69) a. [她所提的]建议
　　 b. [她所说的]话
　　 c. [他所做的]事
　　 d. [他所吃的]食物

"**所**"是古汉语中的关系代词,作宾语出现在动词之前,指代上文或者语境中出现的人或物。"**她所说的**"、"**她所见的**"这样的句子是继承古汉语"**所说**"、"**所见**"的句型。"**所**"在现代汉语中已经虚化了,可以说是一个虚代词,没有什么具体的意义,用不用它都没有多大关系。

在结构上,关系语句和同位语句本身都是句子,有自己的组成部分。严格地说,它们都属于陈述句,其生成过程跟生成别的陈述句没什么两样。原则上都是有关的词项经过投射和填位的操作来组成的。第十章讲句子的生成过程时会讲到。唯一不同的地方是,关系语句和同位语句都有一个标句词"**的**",以便把这些句子跟它们所修饰的名词分隔开。下面我们来看看含有关系语句或者同位语句的名词短语的结构。

以上例子中,"**的**"标示出名词跟关系语句的分界,或者跟同位语句的分界。因此,我们把这个将关系语句或者同位语句标示出来的"**的**"叫作标句词。以此区别其他的"**的**"字短语。或者说,"**的**"字短语有两种:如果出现在"**的**"前面的成分是句子,"**的**"就是标句词;如果出现在"**的**"前面的是其他成分,"**的**"就是助词。表示领属关系的"**的**"不在此列。

如何来确定关系语句或者同位语句在名词短语中的结构呢?这就需要看看它们一起修饰名词时的语序。比如:

(70)　a.　[她提的]、[大家去找工作的] 建议
　　　 b.　*[大家去找工作的]、[她提的] 建议

(71)　a.　[她说的]、[人人要自强的] 话
　　　 b.　*[人人要自强的]、[她说的] 话

我们看到,关系语句一定要出现在同位语句的前面。这样一来,根据 X-标杠模式,关系语句就是在附加语的位置,而同位语句是在补足语的位置:

(72)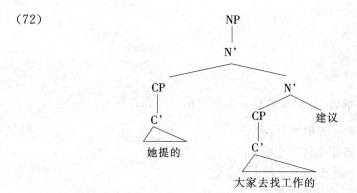

CP = 标句词短语。关系语句和同位语句本身的结构,我们在第十章讨论。

那么,关系语句前面可不可以再有成分出现呢?可以。比如:

(73)　[许多][她说的]话

跟上文讨论过的例子一样,数量词"**许多**"可以认为是出现在标定语位的。即:

(74)

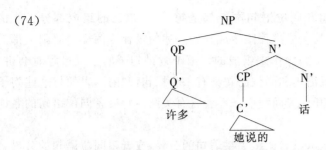

然而,有时候,关系语句也会出现在数量词的前面。如:

(75) [她说的][许多]话

尤其是当关系语句和同位语句同时修饰名词的时候,更是如此:

(76) a. [她说的][许多][人人要自强的]话
b. ?[许多][她说的][人人要自强的]话

对这种情况,简单的分析是认为数量词也可以出现在附加语位,另一个可能是关系语句可能移了位。究竟如何,可以再研究。也见第十章 10.5.2.2 节的讨论。

4.2 量词短语

大家都知道,汉语名词前面常常要加一个量词,而且量词前面总是有一个数量词。比如:

(77) 一[条]狗
两[座]山
三[个]人
四[所]学校

如果名词自己带了修饰语,修饰语总是出现在量词的后面:

(78) a. 一[条][大的][白]狗
b. 两[座][美丽的][高]山
c. 三[个][十恶不赦的][坏]人
d. 四[所][大家称赞的][好]学校

这就是说,修饰语仍然属于名词短语里边的成分,而数量词却是量词短语里边的成分了。

有的时候,量词后面也可以不跟名词。如:

(79) 一[条]、两[座]、三[个]、四[所]

根据以上的语料,并根据每一个词项都要投射成自己的二阶短语这一原则,我们可以设定汉语量词短语的结构如下:

(80)
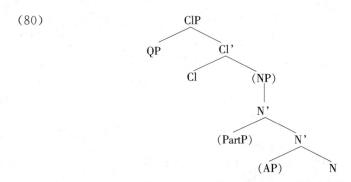

ClP = 量词短语,Cl = 量词。这个结构说,量词要投射成量词短语。其中,数量词短语是修饰量词的标定语,名词短语是量词的补足语。但是,名词短语是可选的,即不一定要出现。如果出现,名词短语本身可以是一个名词中心语,也可以带"的"字短语或者形容词短语做修饰语。下面依次来看。

首先,如果量词后面不跟名词,如上面(79),结构就是:

(81)
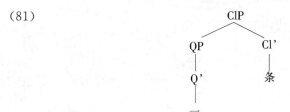

如果量词后面跟上一个不带修饰语的名词,如上面(77),结构就是:

(82)
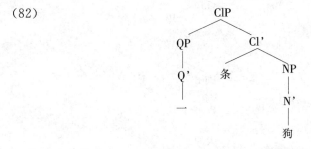

如果名词本身有两个修饰语,如上面(78),结构就是:

(83)

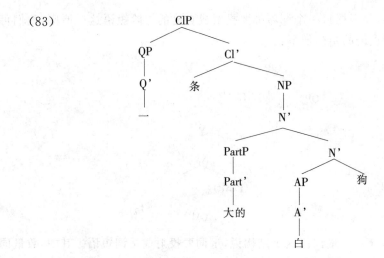

名词只带一个修饰语的情况,请看上一节的讨论,这里不赘。

我们又知道,指示代词常常可以出现在量词短语的前面。如:

(84)　a.［这］一条大的白狗
　　　b.［那］两座美丽的高山

这表明,量词短语可以作指示代词的补足语。如:

(85)

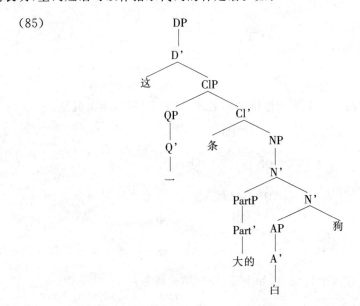

通过成分结构,我们可以看清楚名词、量词、指示代词三者之间的关系。指示代词属于限定词的范畴。请参看下一章关于限定词的详细讨论。

最后,像"书一本"、"钥匙两把"、"马车三辆"之类含有量词的短语,我们在第六章 6.3 节再讨论。

4.3　名词短语与复合名词的区别

　　名词修饰名词既可以出现在词结构中,也可以出现在句法结构中。如果是前者,就是复合名词;如果是后者,就是名词短语。问题是,如果名词短语中作修饰语的名词没有标记的话,怎么把名词短语跟复合名词分开?

　　第三章 3.3.1 节说过,普通复合名词有这样几类:

　　一、单音节词根 ＋ 双音节词根,如:**竹笔筒**、**瓷花瓶**、**铁书架**、**布衬衫**;

　　二、双音节词根 ＋ 单音节词根,如:**铁路局**、**文学系**、**人事处**、**外交部**;

　　三、双音节词根 ＋ 双音节词根,如:**新闻周刊**、**数学教材**、**政府机构**;

　　四、上列形式之一 ＋ 词根,如:**铁路局职员**、**新闻周刊记者**。

　　上列复合名词中第一、三、四种都可能变成有标记的名词短语,如:

　　(86)　竹的笔筒、瓷的花瓶、政府的机构、铁路局的职员

所谓标记,指作修饰语的名词带上"的"字。这个"的"字是结构助词还是领属限定词跟目前的讨论没有关系。关键问题是,这些例子中的"的"字是可选的。那么,如果把"的"字拿掉,这些例子到底因该是复合名词呢,还是名词短语?这才是语法理论应该回答的问题。

　　理论上,名词修饰名词既可以组成复合名词,也可以组成名词短语,二者如何区别,主要看两个方面。一、理论上,语法系统有一个分工,复合名词在词库生成,而名词短语在句法生成。要弄清楚的是,在何种情况之下由词库来进行操作,生成复合名词?又在何种情况之下由句法来进行操作,生成名词短语?二、复合名词一定不会带"的"字,带了的则一定是名词短语。比如,"**玻璃盖子**"是词法生成的,"**玻璃的盖子**"是句法生成的,依说话人的选择而定,语法系统只是提供操作程序。然而,也有名词短语不带"的"字的情况,例子见下文,那么应该怎么来区分呢?

　　先说问题的第一个方面。理论上,语法系统的分工是,如果只涉及词根,比如"词根＋词根"、"词根＋[词根＋词根]"或者"[词根＋词根]＋词根"(其中的[词根＋词根]可以是一个复合词形式),就让词法来操作;如果涉及两个或以上复合词形式,比如"复合词＋复合词",就让句法来操作。

　　因此,"**竹笔筒**"、"**瓷花瓶**"、"**铁书架**"、"**布衬衫**"是"词根＋词根",所以是复合词;"**新闻周刊**"、"**数学教材**"、"**政府机构**"也是"词根＋词根",所以也是复合词;"**外交部官员**"、"**铁路局职员**"、"**新闻周刊记者**"是"[词根＋词根]＋词根",还是复合词;"**中国外交部**"、"**郑州铁路局**"、"**杂志编辑部**"是"词根＋[词根＋词根]",仍然是复合词。

相对而言，"外交部礼宾司"、"铁路局运输署"、"新闻周刊编辑部"、"中文大学翻译系"是"**复合词＋复合词**"，所以是名词短语；"外交部礼宾司官员"、"铁路局运输署职员"、"新闻周刊编辑部记者"、"中文大学翻译系学生"也是"[复合词＋复合词]"，所以也是名词短语。当然，像"外交部礼宾司官员"这类，也可以分析成"[复合词＋复合词]＋词根"的结构。

这样分工的理由可以看成是词结构的容量有限，不可能在词库无限制地生成下去。当已经有两个或以上类似复合词的结构再组合的时候，就由句法来操作。从认知的角度看，跟组合类型有关的记忆容量一定是有限的。词结构是没有标记的，跟句法结构相比，所以容量一定要小得多。当然，这里只是做理论假设，到底词结构可以容纳多少个语言单位，要做独立的研究。

现在看问题的第二个方面。按照上面所设的标准，名词短语不带"的"字的情况就如上面的例子：外交部礼宾司、铁路局运输署、外交部礼宾司官员、铁路局运输署职员，等等。那么，这些短语的结构是怎样的呢？我们把这些短语中作修饰语的名词都看成是"名词＋的"的结构，但是，"的"字在这里是一个零形式，即没有语音形式的"的"。也就是说，作修饰语的名词是一个助词短语（PartP），是名词短语结构中的附加语。比如：

(87)

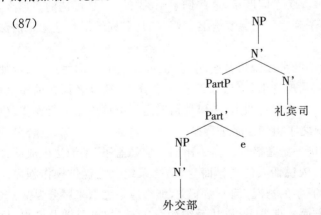

e ＝ 零形式助词。一旦助词不是零形式，那么就有"**外交部的礼宾司**"。另外，作修饰语的名词和被修饰的名词之间总是可以插进一个性质形容词。比如"**外交部新礼宾司**"。这说明作修饰语的名词的结构位置是在附加语的位置，否则不可能插进形容词。也就是说，(87)这样的结构是对的。

再说像"**外交部礼宾司官员**"这样的形式。上面说这样的形式可以有两种分析："**外交部＋礼宾司＋官员**"以及"**外交部＋礼宾司官员**"。如是前者，结构如下：

(88)
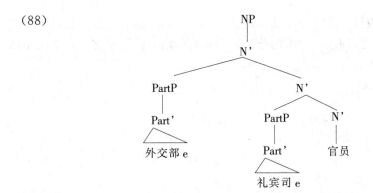

e = 零形式助词。如果助词不是零形式,那么就有"**外交部的礼宾司的官员**"、"**外交部的礼宾司官员**"或者"**外交部礼宾司的官员**"。

如果把"**礼宾司官员**"整个看成复合词,那么结构就是:

(89)
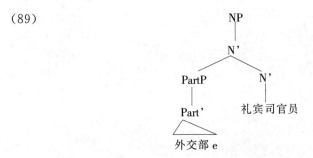

如果助词不是零形式,那么就有"**外交部的礼宾司官员**"。(89)这样的结构的意思是,"**礼宾司官员**"整个是复合词。因此,如果"**礼宾司**"和"**官员**"之间插进成分,比如"**礼宾司的官员**"或者"**礼宾司新官员**",那么,结构就一定是上面的(88)了。

不带标记的名词短语和复合名词之间的界限不是一刀就能够切得很干净的。这反映了词库和句法分工界限的复杂性,语法理论如何将这个分工弄清楚也不是一天两天的事。至少现在我们知道这是一个词库和句法分工界限的问题,它的实质是认知系统在语言处理中如何运作的问题。其实,这样的分工无时不在,也是语言处理的需要。比如"**三年级**"、"**五班**"、"**九室**"等等是复合词,而不是名词短语。基数词在这些词结构中的意思是凝固的,没有"数量"的意思,相当于序数词。而一旦到了句法里边就有了"数量"的意思。如"**三个年级**"、"**五个班**"、"**九个室**"。也就是说,"**三年级**"跟"**三个年级**"的区别是词结构跟句法结构的区别。这里,并不是说加了量词之后,基数词就表示"数量",没有就不表示。正确的理解是,没有量词的时候,"**三年级**"在词法里生成,是词结构,基数词的意思是凝固的。有了量词,就要到句法里才能把"三个年级"生成出来。这时候,基数词就有了"数量"的意思。唯一例外是"数词+人",如"**三人**"、"**五人**"。这些也要到句法才能生成出来。句法里边，数词只表示"数量"，表示顺序就一定要用序数词，如"**第三年级**"、"**第五班**"、"**第九室**"等等。换言之，词法和句法的分工是非常巧妙的。弄清楚这个问题是语法研究的一项长期任务。

第五章 限定词短语

本章讨论限定词短语。先从限定词的类别和功能说起,再讨论限定词短语的结构,以及零形式的限定词。

5.0 什么是限定词?

限定词的一个主要功能是出现在名词前面,从而使名词获得指称。例如:

(1)　这［房子］/那［边］/我［爸爸］/你［太太］/自己［人］/谁［人］/(学校)的［车］

这里的指示、人称、反身、疑问代词,以及领属助词"**的**",都是限定词。所说的指称是这样来定义的(参 Stockwell et al 1973):

指称 ⎰ 定指:说话人认为,他和听话人皆知道名词的所指对象
　　 ⎱ 不定指 ⎰ 特指:说话人认为,只有他知道名词的所指对象
　　　　　　　 ⎱ 非特指:说话人认为,他和听话人皆不知道名词的所指对象

或者按"有指"和"无指"来划分:

指称 ⎰ 有指 ⎰ 定指:说话人认为,他和听话人皆知道名词的所指对象
　　　　　　 ⎱ 特指:说话人认为,只有他知道名词的所指对象
　　 ⎱ 无指(非特指):说话人认为,他和听话人皆不知道名词的所指对象

无论怎么划分,指称的基本定义并不受影响。唯一要指出是,以上所说的"特指"包括"全称特指"(generic reference)和"部分特指"(partial reference)。前者指名词所指对象的类别,如"人"、"狗"、"房子",所以又叫"类称"或"类指"。后者指这些类别中的"某个"或"某些"。

第三章 3.8 节列出了汉语中的限定词的类。重复一部分例子如后:一、指示代词:**这**、**那**、**该**;二、人称及疑问代词:**我**、**你**、**她**、**谁**、**哪**;三、反身代词:**自己**;四、不定代词:**某**;五、领属助词:**的**。除领属限定词之外,其他的限定词都可以单独使用。既可作指示代词又可作人称代词的还有:**此**、**彼**、**彼此**。领属限定词是附着语素(clitic),所以不能单独使用,它前面还要有一个名词,组成领属限定词短语(见

5.4节)。

传统上,指示、人称、反身及疑问代词都划归在名词类。为什么我们又改称它们为限定词呢？首先,将这些词划为名词范畴,这原则上没有错。但同时这些词又跟单纯的普通名词不一样。指示、人称、反身及疑问代词这些词具有显著的限定性词义(即它们本身就具有指称),而普通名词没有。这是因为指示、人称、反身及疑问代词这些词的词结构中有一个表示指称的形态,比如英语的"th-",而普通名词没有。汉语虽然没有"th-"这样的形态,但是它的指示、人称、反身及疑问代词跟英语的同类词一样,也具有显著的限定性词义特征。理论上,我们就说汉语的指示、人称、反身及疑问代词的词结构中也有一个表示限定词义的形态,但它是零形式(＝无语音形式);或者说,汉语有一个跟英语"th-"表达相同限定词义的零形态。其实,零形态不光在汉语有,英语也有。比如：

(2)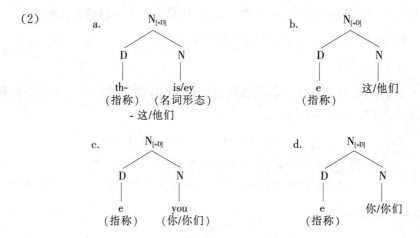

N[+D] ＝ 具有指称的名词；e ＝ 零指称形态。英语第二人称主、宾、领属代词曾经是"thou(你)/thee(你)/thy(你的)"；后来,"thou(你)/thee(你)"变成了"you","thy(你的)"变成了"your"。不但元音演变了,其中的"th-"也可能在语言进化过程中演变成了零形式。汉语代词从来没有指称形态,理论上一直都是零形式。总而言之,指示、人称、反身及疑问代词这些词之所以自身就具有显著的限定性词义特征,是因为它们的词结构中就有一个表示限定词义的形态,或称指称形态(reference morph)。理论上,这个指称形态可以有语音形式,也可能是零形式。相对而言,普通名词的词结构中没有指称形态,也就没有限定性的词义。普通名词要获得指称,就要在句法中靠表示指称的词来修饰,比如英文中的冠词(the/a),如"the child(那孩子)"；或者直接用,指示、人称、反身及疑问代词这些词来修饰,如"this/his/whose child(**这/他的/谁的孩子**)"。

上述"限定形态 ＋ 名词形态"组成的词结构,跟"限定词 ＋ 名词"组成的短语结构有共同之处。它们都是限定成分修饰名词性成分,内部结构相同。但传统上它们一直被划归为名词(N)或者名词短语(NP)。但这样做并不符合语言事实,理论上也不符合"整体诠释原则"(见第二章 2.1.6 节)。为了更准确起见,我们也可以用"N$_{[+D]}$"和"NP$_{[+D]}$"来表示。"[+D]"表示这个"N/NP"具有指称。不过,如果把限定成分看成是这些结构的中心语,名词性成分是补足语,那么,"N$_{[+D]}$"也可以直接表示为限定词(D),"NP$_{[+D]}$"表示为限定词短语(DP)。即,N$_{[+D]}$ = D,NP$_{[+D]}$ = DP。这样,表达形式的改变就有了语言内部结构的基础。于是,理论系统将指示、人称、反身及疑问代词这些具有指称的名词改称为限定词。这就是 Chomsky(1986b)、Abney(1987)论证具有指称的名词和名词短语以及有关形式表达方式的实质与精髓,虽然他们讨论的是英语,并没有涉及汉语。

基于以上,限定词如果单独使用,其结构如下:

(3)

D = 限定词,DP = 限定词短语。如果限定词后面跟了名词,名词就是限定词的补足语。下面我们依限定词的类别来看它们的结构。

5.1 指示代词

不单独使用时,指示代词可以出现在名词前面,也可以出现在带有量词的名词或者单个的量词的前面。如:

(4)　a. 这[车]/这[事儿]/那[人]/那[书]
　　　b. 这[部车]/这[件事儿]/那[本书]
　　　c. 这[部]/这[件]/那[本]/那[个]
　　　d. 这[些车]/那[些人]

我们已经知道,名词所代表的名词短语是指示代词的补足语(见第四章 4.0 节),量词或者带有名词的量词都是量词短语(见第四章 4.2 节)。所以,我们把名词或者量词短语都处理成指示代词的补足语。其结构如下:

(5)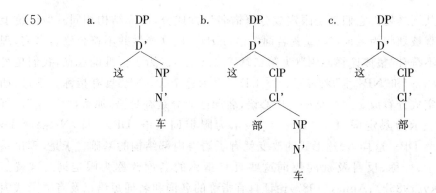

注意,上面这类"限定词 + 名词"的短语结构跟前节讲过的有关词结构很相似,见前文(2)。只不过在词结构中是"限定形态 + 名词形态"。其实,词结构和短语结构合二而一,就是"限定成分 + 名词成分"。前文说过,正因为名词成分受到限定成分的修饰,词结构的范畴不再是单纯的名词,而是具有限定语义的名词,即"$N_{[+D]}$"。依此类推,短语结构的范畴也不再是单纯的名词短语,而应该是"$NP_{[+D]}$"。其实我们知道,这类"限定词 + 名词"的结构在形式表达上跟语义上有一个不对称。形式上,这类结构表示为限定词短语(DP),"D"是它的中心语。但在语义上,"D"仅仅是修饰语,后面的名词性成分(ClP/NP)才是真正的中心语。传统上,这些结构都直接表示为名词性短语(ClP/NP)。那为什么要做如此重大的修正呢?原因很简单。严格地说,"限定词 + 名词"这类结构在语义上并不是单纯的名词性短语(ClP/NP),而是具有限定性语义特征的名词性短语。这种限定性语义特征正是来自"限定词修饰名词"的结构。所以,这类结构应该在形式上表示为"$ClP_{[+D]}/NP_{[+D]}$"才正确,以区别于单纯的名词性短语(ClP/NP),后者结构上不受限定词的修饰。这样才符合语法系统的"整体诠释原则"(见第二章 2.1.6 节)。为简便起见,"$ClP_{[+D]}/NP_{[+D]}$"直接表示成限定词短语(DP)。据我所知,应该是自 Chomsky(1986b)、Abney(1987)始,便将"$NP_{[+D]}$"(= 具有限定性语义特征的名词性短语)直接表示为限定词短语(DP)了。这种形式化的修正背后的结构原因上文已经说过,不赘。

在了解"限定词 + 名词"这类结构的语义和句法内涵之后,就可以进一步解释下面有关的相互对照的结构了。例如:

(6) a. 张三买了[这部车]。
车$_i$,张三买了[这部 t_i]。
b. 张三买了[这部[不错的车]]。
张三买了[不错的$_i$ [这部[t_i 车]]。

"这部车"的结构如(b),名词短语(NP)移位到句首作话题,就是"车$_i$,张三买了[这

部 t_i]"。"**这部不错的车**"结构也如(b),其中的名词短语(NP)里边有一个修饰语"**不错的**"(参第四章 4.0 节、第六章 6.4 节)。"**不错的**"移位到指示代词短语的标定语位,就得到"张三买了[不错的$_i$ [这部[t_i 车]]]"。

我们又观察到,人称代词常常会出现在指示代词组成的短语之前,如:

(7) a. 你［这［事儿］］/他［那［人］］
　　　b. 你［那［本书］］/我［那［间房］］
　　　　你［那［本］］/我［那［间］］
　　　　他［那［几个破玩意儿］］/我们［那［个坏老板］］

这时,限定词短语的结构取决于怎样确定人称代词跟后面指示代词组成的短语之间的关系。比如,"**你**"和"**这事儿**"之间是什么结构关系?

我们知道,人称代词作限定词有两个功用:表同位和表领属。如:

(8) a.［它洪水］再凶猛,我们也不能退却。(同位)
　　　b.［咱们大老粗］说话不会拐弯抹角。

(9) a.［我爸爸］来了。(领属)
　　　b.［你太太］在哪儿工作?

表领属的限定词和名词之间总是可以插进一个领属限定词"**的**",如"**我的爸爸**"、"**你的太太**",而表同位的限定词和名词之间不能插进"**的**",如"＊**它的洪水**"、"＊**咱们的大老粗**"(注意,加了"**的**"之后有领属意义,不算同位用法,再次说明二者之间的差别)。

由于有两种功用,人称代词作限定词有时会出现歧义。例:

(10)　[你们政府]太无能。

这有两个意思:一、你们,也即政府,太无能;二、你们的政府太无能。这时候,人称代词"**你们**"跟名词"**政府**"是两种结构关系,即:

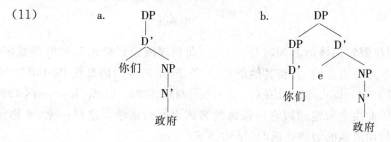

e = 零限定词(见 5.5 节)。(a)中"**你们**"是中心语,表示同位;(b)中"**你们**"是标定语,表示领属。是为歧义的原因。同时,(a)和(b)表明,同位限定词跟它所修饰的名词之间是中心语跟补足语的关系,而领属限定词跟它所修饰的名词之间是指定语跟补足语的关系。

零限定词如果用领属限定词或指示代词来替换,就得到"**你们的政府**"、"**你们这政府**"。结构如下:

(12)
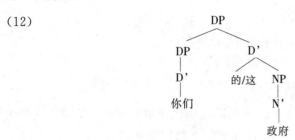

要不要把零限定词换成显性的限定词取决于说话人的意向。"**的**"仅仅表示领属,而指示代词却有同位关系。

回到人称代词出现在指示代词之前的情况。这时,指示代词是同位限定词,而人称代词是领属限定词,只能出现在指示代词之前:

(13) a. [你这事儿]不好办。
　　　b. *[这你事儿]不好办。

(14) a. 只怨[自己那工夫]不到家。
　　　b. *只怨[那自己工夫]不到家。

(b)之所以不可以接受,是因为有结构交叉的错误,如:

(15)

也就是说,同位限定词修饰名词时是中心语,而领属限定词修饰名词时是指定语。这种结构关系是跨语言的,它在其他语言(如英语)中的运用请参见 Postal(1966)、Abney(1987)、Longobardi(1994)、Uriagereka(1995)以及 Radford(1997a,1997b)。它因此决定限定词跟它所修饰的名词之间的语序。这样一来,人称代词出现在指示代词组成的短语之前时,结构如下:

一、人称代词 + 指示代词 + 名词：

(16)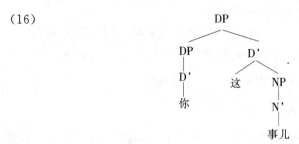

二、人称代词 + 指示代词 + 量词：

(17)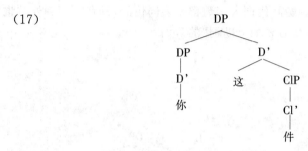

三、人称代词 + 指示代词 + 量词 + 名词：

(18)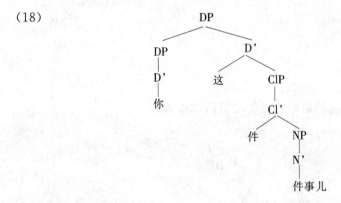

也见下面各节中有关讨论。

5.2 人称代词、疑问代词、不定代词

不单独使用时，人称代词（包括疑问代词和不定代词）后面可以跟名词或者量词短语。如：

(19) 我[爸爸]/你[太太]/她[家里]
谁[人]/谁[家]/哪[人]/哪[家]
哪[个]/哪[个人]/哪[几个]/哪[几个人]/哪[些]/哪[些工厂]
某[人]/某[事]/某[个人]/某[件事]/某[些人]/某[些事]

人称代词还可以出现在疑问代词组成的短语前面,如:

(20) 你们[哪[几个人]]/我们[哪[些人]]

前面说过,人称代词既表同位又表领属,二者的结构不同,见上面(11),不赘。不过,许多时候人称代词是表领属的,如"**我**[爸爸]"、"**你**[太太]"、"**她**[家里]"之类。

不定代词是表同位的。疑问代词大多数都是表同位的,只有"**谁**"例外,"**谁**"既表同位又表领属,但是表领属时要加上助词"**的**",如:

(21) a. 你是[谁人]?
b. 你是[谁的人]?

有关结构如下:

(22)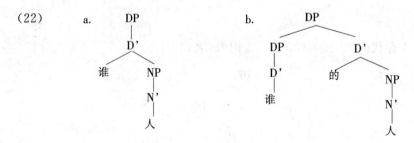

人称代词出现在疑问代词组成的短语之前的结构如:

(23)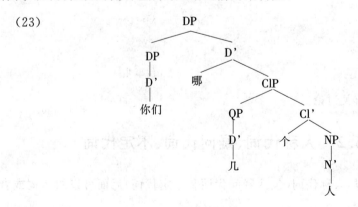

也见下面各节中有关讨论。有关人称代词在句子中如何获得先行词的讨论,见第十四章 14.3 节。

5.3 反身代词

现代汉语的反身代词主要就是一个,即"自己"。不单独使用时,"自己"前面可以有人称代词、专有名词或者复数名词,如"**他自己**"、"**张三自己**"、"**同学们自己**";后面可以跟名词或者量词短语,如"**自己人**"、"**自己一个人**"。先看"自己"前面有人称代词、专有名词或者复数名词的情况。这时,人称代词、专有名词或者复数名词在结构上是标定语,如下所示:

(24)
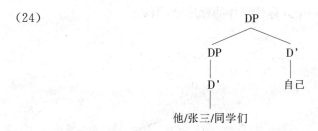

注意,专有名词和复数名词都是有指称的,如定指或者特指,所以都是限定词短语,具体的结构细节我们下面讨论零限定词时再说。注意,英语"my-/your-/him-/herself"(**我/你/他/她自己**)是词结构,跟汉语不同。

"自己"后面跟上名词时,"自己"表示领属,所以是标定语,而中心语是一个零限定词,如:

(25)
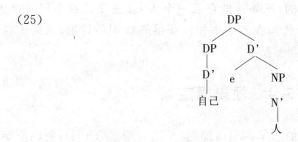

e = 零限定词,可以用领属限定词来替换,如"**自己的人**"。

"自己"后面跟上量词短语时,"自己"表示同位,量词短语是补足语,如:

(26)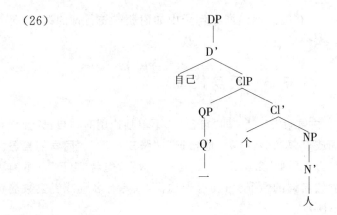

这时,"自己"还可以带上一个人称代词作的标定语,如:

(27)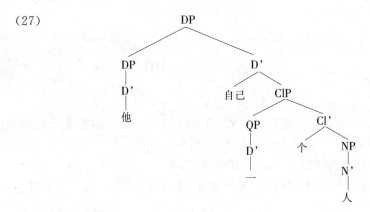

这样的短语是我们常常听到的,比如:[他自己一个人]就去了、[我自己一个人]**走路回来的**,等等。有关反身代词在句子中如何获得先行词的讨论,见第十四章14.3节。

5.4 领属限定词

前文说过,领属限定词"的",又称领属助词,是附着语素(clitic),所以不能单独使用。它可以组成普通的领属限定词短语,以及特殊的名物化结构(nominalization)。我们先分析普通的领属限定词短语,然后再看名物化结构。

5.4.1 普通结构

这时,"的"的前面可以是一个限定词短语,如:

(28) [我]的/[他]的/[谁]的/[自己]的/[你太太]的/[这个学校]的

"**的**"的后面可以再跟上一个名词短语,如:

(29) [我]的[学生]/[他]的[公司]/[谁]的[学生]
　　　[自己]的[公司]/[你太太]的[车]/[这个学校]的[校长]

或者限定词短语,如:

(30) [我]的[那个学生]/[谁]的[这些学生]
　　　[你太太]的[这辆车]/[这个学校]的[那些学生]

结构上,领属限定词"**的**"也要投射成自己的短语,"**的**"是中心语,前面的限定词短语是标定语,如:

(31)

"**的**"后面的名词或者限定词短语是补足语,结构如下:

(32)

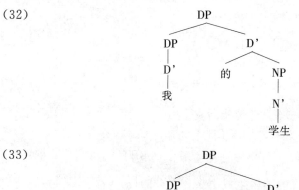

(33)

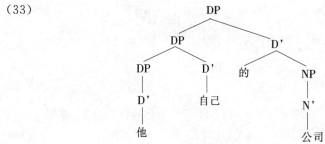

(34)

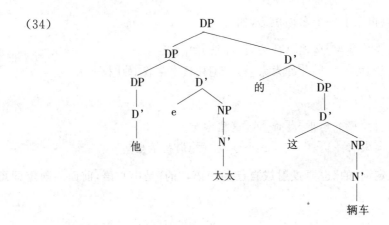

另外,领属限定词还可以循环使用,如:

(35) a. [我 的 书] 的 [封皮]
b. [你太太 的 车] 的 [轮胎]
c. [这间学校 的 校长] 的 [秘书]

(36) a. [我 的 书] 的 [那张封皮]
b. [你太太 的 车] 的 [那个轮胎]
c. [这间学校 的 校长] 的 [那位秘书]

(37) a. [我 的 那本书] 的 [封皮]
b. [你太太 的 那辆车] 的 [轮胎]
c. [这间学校 的 那个校长] 的 [秘书]

(38) a. [我 的 那本书] 的 [那张封皮]
b. [你太太 的 那辆车] 的 [那个轮胎]
c. [这间学校 的 那个校长] 的 [那位秘书]

这些语串都可以按上面所说的结构生成出来。拿(35)(a)为例:

(39)

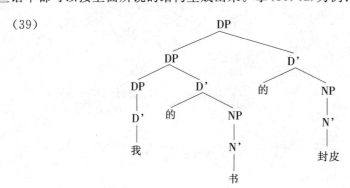

读者可以自己试试画出其他语串的结构树来。

还有,领属限定词前面的人称代词如果是复数形式,或者后面的名词是表亲属关系的,而么领属限定词可以不用,如:

(40) 他们(的)学校/你们(的)公司/我(的)爸爸/你(的)太太

前面说过,领属限定词如果不出现,是有一个零限定词取代了它的位置,见(11)(b)。假如领属限定词前面的人称代词是单数形式,后面的名词不是表亲属关系的,那么领属限定词非用不可,如:

(41) 他的学校/你的公司
＊他学校/＊你公司

零限定词的讨论见下面 5.5 节。

5.4.2 名物化结构

这时,"的"前面仍然是一个限定词短语,后面可以是一个形容词短语,如:

(42) ［她］的［刁蛮］/［同胞］的［亲切］/［为政者］的［虚伪］
［夜晚］的［宁静］/［泰山］的［雄伟］/［大海］的［浩瀚］

或者动词短语,如:

(43) ［张三］的［出走］/［这本书］的［出版］/［母亲］的［爱］
［经济］的［增长］/［冬天］的［来临］/［大街］的［喧闹］

或者被动的动词短语,如:

(44) ［他］的［被谋杀］/［环境］的［被污染］/［这座城市］的［被毁］

这些就是名物化结构,指"的"后面的动词或形容词已经被名物化了。

要考虑的问题是:"的"字前后的成分跟它是什么关系? 从语义上我们可以判定,"的"前面的名词性成分是它后面的谓词的题元成分。我们因此假设,"的"前后的成分本来属于同一个句域,但题元成分移了出来,移到"的"字的前面,剩下的谓词就成了被名物化的成分。

具体来说,"的"是 DP 的中心语(head),它的补足语(complement)是一个小句(small clause)。所谓小句指仅含一个谓词短语的句子;谓词短语 ＝ 动词短语(VP)或者形容词短语(AP)。有关证据我们下面再讨论。小句中的题元成分(主语或者宾语)移位到"的"字的标定语(specifier)位置;这样,整个名物化结构就生成出来了。先来看一个含形容词的例子,如:

(45) 小句主语移位前： 小句主语移位后：

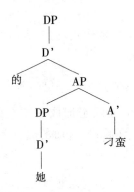
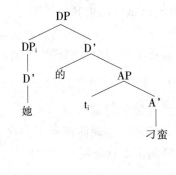

再看一个含有动词的例子，如：

(46) 小句主语移位前： 小句主语移位后：

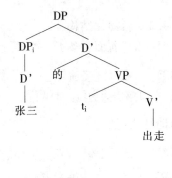

上述名物化结构的生成过程，有一点值得注意。我们知道，汉语形容词和动词都可以独立作句子谓语，如"**她刁蛮**"、"**张三出走**"。因此，我们在理论上设定，汉语形容词和动词要向自己的主语指派格位。然而，由于形容词短语（AP）或者动词短语（VP）作了领属限定词"**的**"的补足语，使得形容词或动词不能向自己的主语指派格位，主语因此需要移位，移到领属限定词"**的**"的主语位置，从领属限定词那里获得格位。

名物化结构的生成过程大同小异，遵从相同的原则，但可能移位的成分不同。相关例子如下：

（47） 小句主语移位前：　　小句主语移位后：

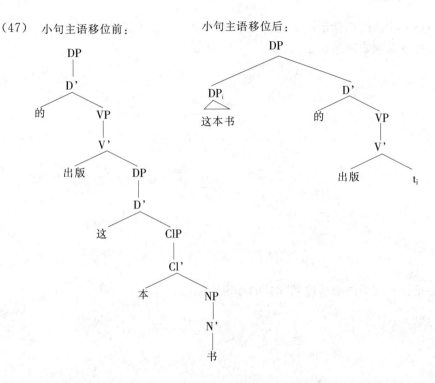

以上 VP 可能有一个虚代词（PRO）充当的主语，到后面再讨论。

有时候，领属限定词"的"后面的动词短语是被动式，如上文（44）。被动式不含施事成分，如"*他的被她谋杀"，也不含使成轻动词"给"，如"*他的被给谋杀"，所以又叫作短被动式。"被"是表示"被动语态"的语法范畴词（Pass）（见第十章 10.2 节），后面是谓语动词短语（VP），动词宾语移位至"被"的标定语位，充当被动式的主语。理论上，只有短被动式中的动词宾语才可以移位（见第十一章 11.1 节）。比如：

（48）

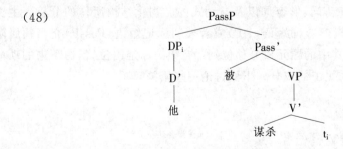

被 = 被动标记，PassP = 被动标记短语。注意，动词短语是"**被**"的补足语，而动词宾语是"**被**"的标定语，二者处于同一句域（domain）。因此，理论上，动词仍然可以向自己的宾语指派格位和题元。

(48)中的结构就是一个动词短语的被动式。如果要将短被动式名物化,就用它去作领属限定词的补足语,如:

(49)
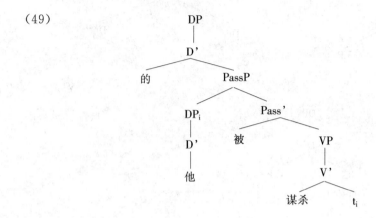

然后把被动式的主语移位到"**的**"的标定语位,如:

(50)
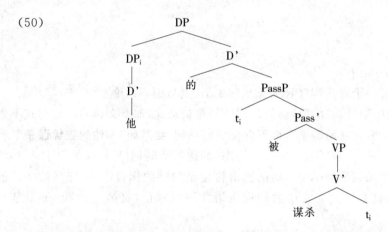

以上就是对汉语中含有动词、形容词以及被动式的名物化结构所作的分析。主要特点是,动词短语(VP)、形容词短语(AP)或者被动标记短语(PassP)充当领属限定词"**的**"字的补足语,其中的题元成分移位到"**的**"字的标定语位置,留下来的动词或者形容词就是被名物化了的成分。下面讨论一些相关问题。

5.4.3 相关问题

上述分析有若干好处:

一、在结构上包含了两种语义:动词或者形容词表达的谓语特征(动作、状态、过程、属性)以及领属限定词所表达的限定语特征(指称、领属关系)。比如,"**她的刁蛮**"既有"**她刁蛮**"的谓语特征,也有名词性特征,即"**她的刁蛮**"是一个有指称的名词性短语,可以作句子的主语、宾语,如"[她的刁蛮]让人讨厌"、"不喜欢[她的刁蛮]"。另外,如果"的"前、后的成分之间如果是主谓关系,还有领属关系。"刁蛮"还有属于"她"这样的领属关系。

二、清晰地表达了汉语中主格、宾格在成分结构中如何向领属格转移的情况。我们知道,主格、宾格向领属格转移是一种跨语言现象。英文中如:

(51) he is clumsy   ⇒   his clumsiness
      —他很笨拙   —他的笨拙
      he moved out   ⇒   his moving out
      —他搬走了   —他的搬走
      he departed   ⇒   his departure
      —他离开了   —他的离开
      to murder him   ⇒   his murder
      —谋杀他   —他的被谋杀
      to publish it   ⇒   its publication
      —出版它   —它的出版
      to develop the theory ⇒ [the theory]'s [development]
      —发展理论   —[理论] 的 [发展]
      to destroy the city ⇒   [the city]'s [destruction]
      —摧毁这座城市   —[这座城市]的 [被毁]

原来的主语、宾语是代词,转移的时候,英文就用领格代词;而原来的主语、宾语是名词,转移的时候,英文就在名词后面加上领属限定词"'s"(= 的)。汉语因为没有领格代词,转移的时候,就一律用加领属限定词"的"的方式来解决。

三、区分了汉语中名物化结构和关系语句之间的差别。汉语中,名物化结构是中心语左向(left-headed),谓词要出现在"的"字的后面,如"书的[出版]"。或者说"的"字的补足语要出现在它的后面。

相对而言,关系语句中的"的"是中心语右向(right-headed),谓词要出现在"的"字的前面,如"[出版]的(书)"。或者说"的"的补足语要出现在它的前面。这里,"的"只具有标句功能,所以也叫标句词,即把一个关系语句标示出来,跟它后面的名词隔开(如果后面有名词的话),所以是单纯的结构助词。①

有时候,关系语句也有名物化的功能。但是要注意,关系语句只是可以有这样的功能,但不是说它就是名物化结构,两者是不一样的。例如:

---

① 也有认为名物化结构中的"的"是标句词(参司富珍 2002)。

(52) 老师对小李进行了批评 ⇒ [老师对小李进行的]批评
政府对贫民实行了补助 ⇒ [政府对贫民实行的]补助

这里，右边含"的"字的结构是关系语句，而不是名物化结构。但是，这里的关系语句有名物化的功能，即有关的动词的使用方式（或者说功能），如"批评"、"补助"的使用方式，已经名物化了。但为什么这些结构不是名物化结构呢？

关键在于作为名词来使用的动词根本不是所在句子的谓语动词，而只是宾语成分。具体来说，"批评"、"补助"虽然是动词，但句法功能却是宾语，即动词性宾语；句子的谓语动词是"进行"、"实行"。我们知道，关系语句的特征就是其中的主语、宾语、状语都可以被"关系化"（relativized），成为关系语句所修饰的成分。比如，"老张在商场卖鲜鱼"可以经过"关系化"变成"[老张在商场卖的]鲜鱼"、"[在商场卖鲜鱼的]老张"、"[老张在那儿卖鲜鱼的]商场"等等。同理，以上(52)中的"批评、补助"是动词宾语，经过"关系化"，遂成为关系语句所修饰的成分。

换言之，句子的"关系化"是把主语、宾语或者状语提到句子之外，作为关系语句所修饰的成分；而"名物化"（nominalized）则是把主语、宾语或者状语提到句子之外，留下谓语动词作为被名物化的成分。有时候，如果是动词作了句子的宾语，把它"关系化"出来，其功能就跟"名物化"差不多。但是"关系化"和"名物化"的生成过程不同，结构不同。请比较：

(53) 名物化结构：[她刁蛮] ⇒ 的[她刁蛮]
⇒ [她]$_i$ 的 [t_i 刁蛮]

[张三出走] ⇒ 的[张三出走]
⇒ [张三]$_i$ 的 [t_i 出走]

[出版这本书] ⇒ 的[出版这本书]
⇒ [这本书]$_i$ 的 [出版 t_i]

关系语句：[她刁蛮] ⇒ [她刁蛮]的
⇒ [t_i 刁蛮]的[她]$_i$

[张三出走] ⇒ [张三出走]的
⇒ [t_i 出走]的[张三]$_i$

[出版这本书] ⇒ [出版这本书]的
⇒ [出版 t_i]的[这本书]$_i$

名物化结构的生成过程上面讲过了，关系语句的结构和生成过程我们在第十章10.5.2.2节讨论。

四、本节中的分析体现了一个思想，即"汉语名物化结构是从相应的句子转换出来的"（也参何元建、王玲玲 2007）。这里所谓的"相应句子"，就是一个动词短语

(VP)、形容词短语(AP)或者被动标记短语(PassP)。它充当领属限定词"的"字的补足语,其中的题元成分移位到"的"字的标定语位置,留下来的动词或者形容词就是被名物化了的成分。

为什么要这样来分析呢?这里有一个历史渊源。从上文我们看到,名物化结构跟它相应的句子结构的语义差不多。因此,早期学者曾认为名物化结构就是从相应的句子结构转换出来的(Lees 1960;Katz 等 1964)。Chomsky(1970)反驳了这种观点,认为在印欧语言里(如英语),这样的转换根本不可能。主要原因是,有关结构中的动词、形容词、名词、代词、助动词、被动标记等等各有形态,而句法中的转换不可能涉及形态。比如,形容词"clumsy"及名词"clumsiness"之间是没有句法转换关系的;动词"publish"和名词"publication"之间是没有句法转换关系的;主格代词"he/she"和领格代词"his/her"之间、主格代词"it"和领格代词"its"之间也是没有句法转换关系的;助动词"was"和"being"之间也是没有句法转换关系的。所有这些词都是词库中各自独立的词项。所以,要把名物化结构从相应的主谓或者述宾结构中转换出来,实为不可能。Chomsky(1970)的这个观点遂成为句法转换不能干涉构词的一个经典依据。Chomsky(1970)的观点又称为"词项假说"(lexicalist hypothesis),而主张转换的观点又叫作"转换假说"(transformationalist hypothesis),是生成语法理论发展史上一个有名的争论。直到上世纪 80 年代中期,Chomsky 仍然认为,名物化结构中含有领属限定词的结构,如"the city's destruction"(这座城市的被毁),涉及一种叫作"领属限定词插入"(possessive-marker insertion)的转换(Chomsky 1986a:198)。即,[[the city][destruction]] ⇒ [[the city]'s [destruction]]。到了上世纪 90 年代,建立了新的词项投射及填位理论(Chomsky 1991,1995),像英文这样有名词形态标记的语言,名物化结构直接就可以生成出来,所谓"领属限定词插入"的转换操作也完全没有必要了。这也符合语法操作系统经济性的大原则。

然而,原来的"名物化结构可能从相应的句子转换出来"的这种思想真的就完全错了吗?否。只需要多看看英文之外、缺乏名词形态标记的语言就行了。汉语就是这样的一种语言。

由于没有名词形态标记,如英文的"-ness,-ing,-ture,-ment,-tion"之类,汉语的动词或形容词无论是用在句子当中,还是用在相应的名物化结构里边,都是动词或形容词。换言之,由于没有形态标记,汉语跟英文的名物化结构是不同的。英文的动词或形容词通过改变形态,变成名词,就可以直接生成在名物化结构中;而汉语的动词或形容词不太可能像英文这样,作为名词直接生成在名物化结构里边,而是要通过转换,使能出现在名物化结构之中。

另外,如上文(52)所示,汉语名物化结构一律要用领属限定词"的"做标记,这暗示有关结构是以"的"为中心语,而以动词或形容词短语作领属限定词的补足语的结构。这就是上面 5.4.2 节的分析。

最后,汉语名物化结构中的一些现象值得一提。其一,动词、形容词只能带一个需要接受格位的成分。或者说主语和宾语要成互补分布,要么只有主语,如"**张三的出走**"、"**她的刁蛮**";要么只有宾语,如"**书的出版**"、"**理论的发展**"。如果主、宾语要同时出现,宾语就要找到一个介词给它指派格位。如:

(54) 我军对敌人攻击 ⇒ 的[我军对敌人攻击]
  ⇒ [我军]$_j$ [对敌人]$_i$ 的 [t_j t_i 攻击]

  老师对小李批评 ⇒ 的[老师对小李批评]
  ⇒ [老师]$_j$ [对小李]$_i$ 的 [t_j t_i 批评]

这里的名物化结构不是从"**我军攻击敌人**"、"**老师批评小李**"这样的小句生成出来的。而是从小句**我军对敌人攻击**"、"**老师对小李批评**"生成出来的,其中的宾语已经不再是动词的宾语,而是介词的宾语(如"**对敌人**")。如果仍然是动词的宾语,移位之后的结构就会有错:

(55) 我军攻击敌人 ⇒ 的[我军攻击敌人]
  ⇒ *[我军]$_j$ [敌人]$_i$ 的 [t_j 攻击 t_i]

动词的主语"**我军**"和宾语"**敌人**"都要移出来,但只有一个可以接受格位的位置,即"**的**"的标定语位。假设"**我军**"移进这个位置,那"**敌人**"就只好移到"**的**"的附加语位(adjunct)(这里设"**敌人**"移位到了附加语位置)。然而,二阶短语(XP)只有标定语和补足语位才是受格位,而附加语位是不可以接受格位的(Chomsky 1986a:186-190)。所以,(55)中生成的名物化结构有错,理论上是因为"**敌人**"这个名词性题元成分没有格位。

其二,上面(54)中的例子显示了状语成分的移位。即,小句中除了主语、宾语要移位之外,如有状语,也要移位,使离开原来的动词或形容词短语,只剩下动词或者形容词在"**的**"字的后面,成为名物化的成分。再如:

(56) 从正面对敌人攻击 ⇒ 的[从正面对敌人攻击]
  ⇒ [从正面]$_j$ [对敌人]$_i$ 的 [t_j t_i 攻击]

最靠近动词的成分先移,依次进行。结构上,小句中的状语成分是在附加语的位置,移位到了"**的**"字的前面(即领属限定词短语中),也是处在附加语的位置。前面说过,理论上,主、宾语要移位的原因是因为动词短语作了领属限定词"**的**"的补足语,动词因而不能向其主语或宾语指派格位,后者就要移位到"**的**"的标定语位,由"**的**"向这个移了位的主语或宾语指派格位。那么状语移位的原因又是什么呢?根据 Ernst(1991)的研究，汉语状语成分的分布要受到所在短语中心语的"认可"（license）。据此，我们设定，在名物化结构中，因为 VP 作了领属限定词"的"的补足语，有关动词因而不能继续"认可" VP 里边的状语成分，后者就要移位到 DP 里边，由"的"向移了位的状语成分进行"认可"。当然，需要进一步的研究。

其三，名物化结构中的动词可以带零形式的主语或宾语。比如：

(57)　这本书的[PRO 出版]/母亲的[爱　PRO]

PRO = 零代词（即没有语音形式的代词）。理论上，零代词的出现是动词题元结构的需要。比如，如动词的题元结构要求动词带施事和客事两个题元，动词投射成动词短语之后，施事题元的位置就在标定语位，而客事题元就在补足语位。按需要，这些题元位置要么用一个有语音形式的成分去填位，要么用零代词去填。零代词跟上下文中的成分共指(co-reference)。比如，"母亲从小对他$_i$　无微不至，母亲的[爱　PRO$_i$　]让他一生不能忘怀"。

其四，名物化结构中的动词或者形容词一般不能进入体貌结构，也不能进入焦点结构。例：

(58)　a. 他搬走了 ⇒ *他的[搬走了]；比较：他的[搬走]
　　　　 出版过它 ⇒ *它的[出版过]；　　 它的[出版]
　　　b. 他是勤奋 ⇒ *他的[是勤奋]；比较：他的[勤奋]
　　　　 他是高兴 ⇒ *他的[是高兴]；　　 他的[高兴]

不过，被名物化了的成分可以是一个否定结构，如：

(59)　他不合作 ⇒ 他的[不合作]
　　　 你不理解 ⇒ 你的[不理解]
　　　 局势不明朗 ⇒ 局势的[不明朗]
　　　 他不理不问 ⇒ 他的[不理不问]

有时候甚至是带宾语的否定结构，如：

(60)　我不见记者 ⇒ 我的[不见记者]
　　　 他不理俗务 ⇒ 他的[不理俗务]

按上文讲的分析原则来处理这些结构是完全可以的，只是在 VP 或者 AP 中多含一个否定成分而已。关键的是，肯定性的及物谓语是不可以进入名物化结构的，如：我见记者 ⇒ *我的[见记者]、他不理俗务 ⇒ *他的[不理俗务]。这似乎是汉语名物化结构的一个规律。至于为什么否定性的及物谓语就可以，而肯定性的及物谓语则不行，还要再研究。

其五，上文说过状语成分要从动词或者形容词短语中移出来。但是，某些描写

性副词却可以留下来跟动词或形容词在一起,如:

(61) 张三匆匆出走 ⇒ 张三的[匆匆出走]
游击队迅速撤离 ⇒ 游击队的[迅速撤离]
总统意外辞职 ⇒ 总统的[意外辞职]
冬天突然降临 ⇒ 冬天的[突然降临]

不过,描写性副词不可以再带结构助词"地"。请比较:

(62) ＊张三的[匆匆地出走]
＊游击队的[迅速地撤离]
＊总统的[意外地辞职]
＊冬天的[突然地降临]

这时,有关成分一定要移出来:

(63) ＊张三[匆匆地]$_i$ 的[t_i 出走]
＊游击队[迅速地]$_i$ 的[t_i 撤离]
＊总统[意外地]$_i$ 的[t_i 辞职]
＊冬天[突然地]$_i$ 的[t_i 降临]

这些结构从句法输出到语音形式库之后,经过"同音删减",就可以得到:

(64) 张三[匆匆 ∅]的[出走]
游击队[迅速 ∅]的[撤离]
总统[意外 ∅]的[辞职]
冬天[突然 ∅]的[降临]

当然,要生成(64)中的表层语序,更经济的的办法是直接从不带"地"字的结构转换。即:

(65) 张三匆匆出走 ⇒ 张三匆匆的[出走]
游击队迅速撤离 ⇒ 游击队迅速的[撤离]
总统意外辞职 ⇒ 总统意外的[辞职]
冬天突然降临 ⇒ 冬天突然的[降临]

对语法的操作系统而言,两种生成方式都是可行的。

可是,请注意,诸如(64)、(65)中的名物化结构,只是从理论上定义出来的名物化结构而已。在表层语序上,因为"地"、"的"发音相同,这些结构跟一个状语成分修饰动词的单句结构将没有什么区别。请比较:

(66) 张三匆匆地出走
游击队迅速地撤离
总统意外地辞职
冬天突然地降临

也就是说,当我们在考虑为什么某些描写性副词可以留下来跟被名物化的谓词在一起的时候,这个问题已经有了一个语用功能上的原因和解释。这就是,如果把这些描写性副词移位出来,在表层语序和语用功能上,将形成一个跟状语成分修饰动词的单句无法严格区分的结构。例如:

(67) 张三匆匆地出走/张三匆匆的出走,对全队的士气影响很大。

由于表层语序没有区别,语用功能上也就没有了任何区别。按 Tai & Paris (1986),被名物化的成分有获取语用焦点(focus-taking)的作用。因为"地"、"的"发音相同,(67)中的名物化结构相对状语成分修饰动词的单句而言,可以说是失去了这个焦点。而如果说成:

(68) 张三的[匆匆出走],对全队的士气影响很大。

同样相对状语成分修饰动词的单句而言,(68)中的被名物化的成分就可能成为语用焦点。换言之,为了避免造成名物化结构在表层语序和语用功能上跟状语成分修饰动词的单句无法区分的情况,允许一些描写性副词可以留下来跟被名物化的谓词在一起。我们知道,一种语言形式的存在跟其语用功能息息相关。而语法系统能够在形式和功能之间维持一种奇妙之平衡,让人叹为观止。

上面所说应该是一种特殊情况,一般来讲,状语成分是要从动词或者形容词短语中移出来的,前文已经说过。还有一个特殊情况,程度副词"很"既不能留下来跟被名物化的谓词在一起,移位出来也不行,如:

(69) 他很笨拙 ⇒ *他的[很笨拙]; 比较: 他的[笨拙]
他很沮丧 ⇒ *他的[很沮丧]; 他的[沮丧]
他很笨拙 ⇒ *他[很]$_i$ 的 [t_i 笨拙]
他很沮丧 ⇒ *他[很]$_i$ 的 [t_i 沮丧]

也就是说,"很"根本就跟名物化结构无缘。究其原因,"很"的作用是限制谓词的语义范围,是一个单纯的范围词(degree word),有别于描写性副词。

5.5 零限定词

上文说过,零限定词就是没有语音形式的限定词。语法理论为什么要提出零限定词的概念呢？前面说过，限定词的一个主要功用是修饰名词并赋予名词的指称。但是，许多时候，名词不受限定词的修饰，照样有指称。比如专有名词：

(70)　张三/李四/北京/中国/广播局/外交部/北京大学

这些专有名词所指的人和物对于说话人和听话人都是清楚的，不会产生误会，说明它们有指称(定指或者特指)。

另外，不带任何修饰语的名词，称为"光杆名词"，也有指称，如：

(71)　[政策]执行了/[门]开了/[客人]来了/[老师]开会去了
　　　[房子]我看过了/小妹把[眼镜]丢了/[总统]将做出[决定]
　　　[狗]会追[猫]/我刚才在[厨房]看见[猫]，准是[房东]的

括弧中的名词所指的人和物对于说话人和听话人也都是清楚的，也不会产生误会，说明它们也有指称(定指或者特指)。

还有，属于光杆名词范畴的方位词也有指称，如：

(72)　[里边]请/[外边]坐/不要往[前边]挤/请站到[中间]来

方位词所指的地点对于说话人和听话人都是清楚的，说明它们也有指称(定指或者特指)。其他的方位词如：**东、南、西、北、上、下、左、右、前、后、里、外、中；东边、南边、西边、北边、上边、下边、左边、右边、前边、后边、里边、外边、中间、中心；东面、南面、西面、北面、上面、下面、左面、右面、前面、后面、里面、外面、对面；东方、南方、西方、北方**；它们出现在句子中的时候也都有指称。

于是，语法理论要回答的问题是，不受限定词修饰的名词为甚么也可以有指称？答案有两种：指称要么来自名词自身的词汇特征，要么来自句法结构。取第一种答案的可能性很小。首先，如果名词指称来自词汇特征，那何必再借助限定词来表达指称呢？另外，指称不止一种，如果是词汇特征赋予名词的指称，那么还必须有区分不同指称的词汇特征。至少目前没有证据支持这样的立论。因此，我们的看法是取第二种答案，即，不受限定词修饰的名词的指称来自句法结构。

就上面列举的专有名词和光杆名词而言，其指称来自句法结构就是说它受到一个零限定词(即没有语音形式的限定词)的修饰。拿光杆名词为例：

(73)　a. [这 房子]我看过了。
　　　b. [e 房子]我看过了。

e = 零限定词，跟(a)中的"**这**"的句法作用一样，起赋予后面名词的指称的作用。两者的区别在于，指示代词如"**这**"、"**那**"有明确的近指或远指作用，但零限定词既可近指也可远指。

5.5.1 零限定词的语义特征

零限定词有定指型和特指型两种,证据来自别的语言中的冠词。以英语为例,其定冠词主要用来表示定指或全称特指,不定冠词表示(全称或部分)特指和非特指。例如:

(74) a. *The President* has retired to his study. (定指)
　　　(总统回到书房去了)
　　b. *The/A leopard* has a dark-spotted yellowish-fawn coat.①
　　　(全称特指)(豹全身长着浅黄褐色的毛,间有黑色斑点)

(75) a. I bought *a flat* in Beijing.(部分特指)
　　　(我在北京买了一套公寓)
　　b. I want to buy *a flat* in Beijing.(非特指)
　　　(我想在北京买一套公寓)

用作非特指的时候,如(75)(b),不定冠词的功能相当于数量词"one"(即"一")。这时候,我们可以用"one"来代替不定冠词,如:

(76) I want to buy *one flat* in Beijing.(非特指)
　　　(我想在北京买一套公寓。)

然而,即使是英语这样有冠词的语言,也需要零限定词(参 Abney 1987,Longobardi 1994,Radford 1997a,1997b)。这是因为英语中除了使用单数名词加冠词来表示特指以外(见(74)(b)和(75)(a)),还可以用光杆复数名词,如:

(77) a. *Eggs* are nutritious. (全称特指)
　　　(鸡蛋有营养。)
　　b. I had *eggs* for breakfast. (部分特指)
　　　(我早餐吃的是鸡蛋。)

这时候,表特指的复数名词是受到一个零限定词的修饰,即:

(78) [e eggs](=[e 鸡蛋])

也就是说,英语中的零限定词是特指型的。英语不需要定指型的零限定词,因为英语已经有定冠词。

汉语根本不用冠词,按光杆名词的指称来自句法结构的观点,汉语应该既有定

---

① 摘自 Huddleston (1984:255)。

指型的零限定词,也有特指型的零限定词。前者如英语中的定冠词,后者如英语中的不定冠词。就此,两种语言的对比如下(也参何元建 2000a):

		汉语	英语
定指型零限定词		有	无(用定冠词)
特指型零限定词	单数	无(用定冠词或不定冠词)	
	复数	有	
	中性	有	

汉语的特指型零限定词是中性的,因为汉语名词不分单复数。例释如下:

(79)　a. 小张问现在在北京租[房子]住容易不容易。(非特指)
　　　b. 我在城西找到[房子]住了。(部分特指)
　　　c. [房子]是人类的居所。(全称特指)

由于不分单复数,汉语光杆名词既能表示"部分"(即"一个"或"数个"),如(a)、(b),也能表示"全称",如(c)。另外,光杆名词有时有指称,如(b)、(c),有时无指称,如(a)。依据光杆名词的指称来自句法结构的观点,并依据上述零限定词的语义特征,当它表示"部分特指"时,如(b),是受到特指型的零限定词的修饰;表示"全称特指"时,如(c),则是受到定指型的零限定词的修饰(比较:英语名词表"全称特指"时可以受定冠词的修饰,见上面(74)(b))。

5.5.2　零限定词短语的结构

按上文,专有名词和光杆名词的指称来自句法结构,即在结构上受到一个零限定词的修饰。结构如:

(80)
```
        DP
        |
        D'
       / \
      e   NP
          |
          D'
     张三/政策/里边
```

e = 零限定词,定指型或者特指型,按言语生成的需要而定。如有需要,零限定词也可以换成显性的限定词,如:**这**张三、**这**政策、**这**里边。

跟零限定词短语有关的几个问题值得一提。一、光杆名词的定义就是表层语序中不受任何修饰语的修饰,因此,如果两个光杆名词中间夹着一个领属限定词,如:

(81) ［学校］的［车］/［政策］的［优点］/［厨房］的［门］
　　　［库房］的［钥匙］/［政府］的［政策］/［学校］的［老师］
　　　［卧室］的［里边］/［院子］的［前边］/［广场］的［中间］

这时,真正的光杆名词是前面的那个。后面那一个名词已经有了限定词,即领属限定词,结构如：

(82)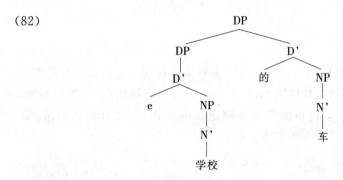

二、零限定词不限于修饰专有名词和光杆名词,也常常修饰量词短语和"**的**"字短语。例如：

(83) a. 我昨天丢了［一把钥匙］。
　　　b. 他把［一个提包］忘在火车上了。
　　　c. ［一个孩子］不多,再生一个。
　　　d. ［一个大厂子］,没个好领导可不成。

例子中的量词短语都是有指称的,特指或者定指,却没有显性的限定词修饰。因此,可以确定这些量词短语都是受一个零限定词的修饰,结构如：

(84)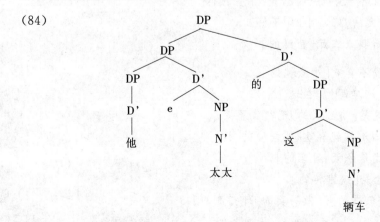

或者说,这些量词短语的指称来自一个零限定词,结构上是一个限定词短语。当然,零限定词也可以按说话人的意向换成显性限定词,如"**这一把钥匙**"。

不过，受数量词修饰的量词短语，如"**一把钥匙**"，似乎有别于光杆量词短语，如"**把钥匙**"。在没有领属限定词的情况下，零限定词可以被显性的同位限定词替换，如：

(85) a. 我丢了［e 一把钥匙］。
     b. 我丢了［这一把钥匙］。

(86) a. 我丢了［e 把钥匙］。
     b. 我丢了［这把钥匙］。

e＝同位零限定词，可以用指示代词"**这**"来替换。这说明零限定词也是表同位的，说明上面我们的分析是正确的。然而，如果有领属限定词出现，受数量词修饰的量词短语，如"**一把钥匙**"，可以继续受零限定词的修饰，而光杆量词短语，如"**把钥匙**"，便不可以再受零限定词的修饰。如：

(87) a. 我丢了［你 e 一把钥匙］。
     b. 我丢了［你 这 一把钥匙］。

(88) a. ＊我丢了［你 e 把钥匙］。
     b. 我丢了［你 这 把钥匙］。

这表明同位限定词是否可以换成零限定词要受一定的限制。

下面来看零限定词修饰"**的**"字短语。这里说的"**的**"字短语分两种：一、形容词短语附上"**的**"字；二、自由型的关系语句。例如：

(89) a. ［生的］不好吃，［熟的］好吃。
     b. 你不愿吃［肥的］，就吃［瘦的］好了。
     c. ［大的］好，［小的］不好。
     d. 给我来二斤［新鲜的］。

(90) a. 我不喜欢［小张挑的］。
     b. ［老李写的］在这儿。
     c. 这是［小红买的］吧？我不要。
     d. 知道你就喜欢［妈妈做的］！
     e. 我是今天［开车的］。
     f. 他是［搞宣传的］。
     g. ［教书的］/［做买卖的］/［打渔的］

上面这些"**的**"字短语，不管是形容词短语附上"**的**"字，还是自由型的关系语句，都有指称，特指或者定指。由于它们都没有显性的限定词来修饰，因此，可以确定这些"的"字短语都是受一个零限定词的修饰,或者说它们的指称来自一个零限定词。

第四章说过,"的"字短语中的"的"字是助词(参吕叔湘等 1981;朱德熙 1982),是"的"字短语的中心语。按生成语法的习惯,跟着句子的助词又称为标句词(complementizer)。于是,结构上,形容词短语附上"的"字之后是助词短语(PartP),自由关系语句是标句词短语(CP)。如下所示:

(91)

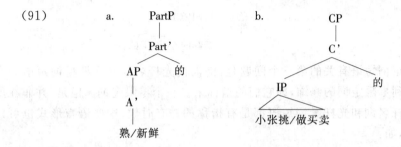

IP = 语法范畴短语,是单句中的一部分,具体结构我们会在第十章讲。

当"的"字短语表达指称的时候,这时,指称来自一个零限定词,或者说"的"字短语是受一个零限定词的修饰。结构如:

(92)

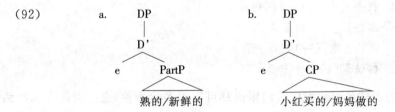

其中的零限定词也可以换成显性限定词,如:

(93) a. [这新鲜的]好。
      b. [那小红买的]太贵。①

"的"字短语也可以跟在量词后面,如:

(94) a. 这条[新鲜的]好。
      b. 那件[小红买的]太贵。

其结构如下:

---

① "那"跟"小红"也可以是同位关系。这时,"那"只修饰"小红",而不是修饰"小红买的"。

(95)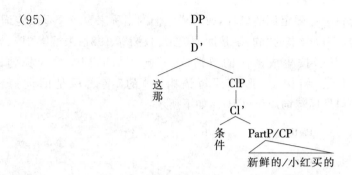

跟零限定词短语有关的第三个问题是，前面说光杆名词和光杆量词短语如有指称就是受到零限定词的修饰，即它们的指称来自一个零限定词。但是，并非在所有的时候光杆名词和光杆量词短语都是有指称的。有时候，这些语言形式也可以不表达指称，如：

(96) a. 小王出去叫[车]了。
b. 你去叫[(一)辆车]来。
c. 这儿有[(一)台电视机]就好了。
d. 我今天去配[(一)把钥匙]。
e. 你去买[(一)块豆腐]回来。
f. 我们去吃[(一)碗面]吧。
g. 你该娶[(一)个老婆]了。

上面例子中的光杆名词和光杆量词短语都可以不表达指称，也即说话人和听话人都可以不知道有关名词和量词短语所指的对象。这时，由于没有指称，有关的名词和量词短语便不需要受零限定词的修饰。或者说，这些名词和量词短语的结构就是它们自身的结构（见第四章），不在限定词短语的范畴之内。举例来说，(96)(a)中的"车"如果有指称，比如小王去叫的车是他知道的某一辆车，那么，这个"车"就是一个零限定词短语；不过，如果小王只是出去随便在街上叫一辆车，那么，这个"车"就没有指称，是一个名词短语，如下所示：

(97)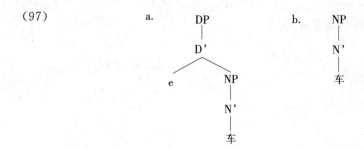

(a)是限定词短语,它的中心语是零限定词,语义上修饰后面的 NP"**车**","**车**"因此有指称。(b)仅仅是一个名词短语,所以没有指称。如果把(a)中的零限定词换成一个有语音形式的词项,就得到像"**这车**"、"**那车**"这样的短语。再次说明零限定词跟有语音形式的(同位)限定词的结构位置是一样的。

注意,光杆名词和光杆量词短语什么时候有指称,什么时候没有指称,是一个语法问题,也是一个认知问题。说它是语法问题,是说零限定词可以从词库中抽取出来去跟名词或者量词短语组成零限定词短语的结构。说它是认知问题,是说言语生成过程中有语法之外的认知因素去决定何时要从词库抽取零限定词,而何时不需要从词库抽取零限定词。这是说话人的意向决定的。当然,说话人的意向也会反映到言语生成中去,反映到语言编码中去。比如:

(98) a. 我在北京买了[一套房子]。(特指)
b. 我想在北京买[一套房子]。(无指)

"**一套房子**"在(a)句中有指称,而在(b)句中没有指称。怎么会如此?从生成语法的角度,句法从词库中抽取词项,然后组词成句。有指称,即是说它受到了零限定词的修饰,或者说有零限定词从词库中抽取出来,跟它组成了短语结构。相对而言,有指称,即是说它没有受零限定词的修饰,或者说根本没有零限定词从词库中抽取出来去跟它组成短语结构。这显然跟说话人的意向有关。(a)句里动词"**买**"是完成貌,表示"**一套房子**"已经买到;这时,说话人自然知道"**一套房子**"所指的对象,所以有指称。(b)句里动词"**买**"不是完成貌,而说话人当然不会知道"**一套房子**"所指的对象,所以没有指称。这个"有指称"或者"无指称"在言语生成中体现出来,就是受或者不受零限定词的修饰。或者说,把"有指称"和"无指称"看成是语义的义项,它们的具体语言编码就是跟或者不跟零限定词组成短语结构。

跟零限定词短语有关的第四个问题是汉语中光杆名词和光杆量词短语的句法分布。以上,我们说汉语中光杆名词和光杆量词短语的指称来自句法结构。即,如果光杆名词和光杆量词短语有指称,就是受零限定词的修饰,在结构上是一个零限定词短语。这种分析有一个好处,就是可以从一个方面来理解汉语光杆名词和光杆量词短语的句法分布。我们知道,在汉语里,光杆名词和光杆量词短语作话题、主语及把字宾语时,一般都是有指的,而作动词宾语时,则既可有指,也可无指。如下所示(参 Y. R. Chao 1968):

(99)	话题	主语	把字宾语	宾语
有指(定指或特指)	+	+	+	+
无指	-	-	-	+

根据上文的分析,我们又知道,无指的光杆名词或者光杆量词短语在结构上就是它

们本身,即名词短语或者量词短语。然而,有指的光杆名词或者光杆量词短语在结构上却是一个零限定词短语。也就是说,单纯的名词短语和量词短语在汉语里一般不充当话题、主语及把字宾语这些成分,而要用限定词短语来充当。这样一来,汉语句子成分对名词或量词短语的指称的限制,实际上是对名词、量词短语以及限定词短语的句法分布限制。

换句话说,作话题、主语及把字宾语的,需要限定词短语,不可以用单纯的名词短语和量词短语;而作动词宾语的,既可用限定词短语,也可以用单纯的名词短语和量词短语。

问题是,为什么话题、主语及把字宾语需要限定词短语来充当,而动词宾语则不一定。文献中见智见仁(参 C.-T. James Huang 1987;Tsai 1994a,1997;Cheng & Sybesma 1996;Y.-H. A. Li 1998,1999;L. Xu 1995,1997)。笔者认为这可能跟有关句子成分是否移了位有关系(参何元建 2000b)。即,话题、主语及把字宾语这些成分可能是移了位的,留下的语迹属反身代词型,按甲种约束条件,必须受约束(按:名词性成分的语迹属反身代词型;参 Chomsky 1982:184,1986a:164)。这可以从两个角度来看。一、反身代词的先行语必须有指称;二、移位成分自己须有指称,其语迹才有指称。因此,话题、主语及把字宾语这些成分是限定词短语。比如:

(100) 书$_i$,[$_{CP}$ [$_{IP}$ 你 [$_{VP}$ 还了 t_i]] 吗]?

(101) [$_{CP}$ [$_{IP}$ 你 [$_{vP}$ 把 [$_{VP}$ 书$_i$ [还了 t_i]]] 吗]?

(102) [$_{CP}$ [$_{IP}$ 老师$_i$ 可以 [$_{VP}$ t_i 去]] 吗]?

"书"是移位的话题,或者是移位的把字宾语(又叫作次话题;刘丹青、徐烈炯 1998),"老师"是移位的主语。主语要移位的分析是按照"主语提升说"(VP-Internal Subject Hypothesis)来考量的(见第二章 2.1.3 节)。"主语提升说"认为,句子结构由下至上含三个部分:动词短语(VP)、语法范畴短语(IP)和标句词短语(CP)(屈折词包括五类:时态、体貌、情态、否定和语态。汉语不是屈折语,所以我们采用"语法范畴词"这个术语,见第十章)。主语源于动词短语,从动词那里获得题元,之后再提升到语法范畴短语当中,因为语法范畴词总是介于主语和动词之间的。因此,主语"老师"从动词短语(VP)中移出,提升到语法范畴短语(IP)当中(这里是情态词短语)。

但这种分析不一定对。首先,有些话题不是通过移位来生成的,如:

(103) a. 老师ᵢ,[你ⱼ 还去吗]?
b. 书ᵢ,[你把它ᵢ 都还了吧]。

这里,话题有指称(如上面的**"老师"、"书"**),但却不是通过移位来生成的。

其次,**"把"**字宾语也没有必要通过移位来生成。"主语提升说"只是一种理论假设,不一定是普遍原则。从语法操作的经济原则出发,凡可以不移位的地方,都应该考虑不移位。关于话题、主语及**"把"**字宾语为什么一定要限定词短语来充当的问题,可以再研究。

最后,跟零限定词短语有关的一个问题是句子中名词成分的题元与指称的关系。有一种观点认为(参 Longobardi 1994),凡是作题元的光杆名词都是一个零限定词短语。另外一种观点则认为不一定(如 Stowell 1989)。笔者倾向后一种观点。笔者认为,作题元的光杆名词是否是一个零限定词短语,关键取决于这个名词是否有指称。如有,它就是一个零限定词短语;如没有,就是一个名词短语。例:

(104) [老师]批评了[小王]。

其中,"**老师**(施事)","**小王**(受事)"都有指称,因此都是零限定词短语。但是,名词在句中担任某种题元跟其是否有指称没有必然的联系。例如,下面例子中所举的名词都担任某种题元,但都无指称。因此,这些名词都只是一个名词短语:

(105) a. 老李到处找[人]帮忙。
b. 眼下请[保姆]不容易。
c. 她一下飞机就问有没有[房子]住。

最后总结一下本节的要点,专有名词、光杆名词、量词短语和**"的"**字短语都可以有指称,这时它们在结构上都是一个零限定词短语。光杆名词如果没有指称,在结构上是一个名词短语。这种结构上的差别在一定程度上说明汉语名词性成分的句法分布。

第六章 其他短语

在这一章里,我们讨论由形容词、副词、介词、数量词、助词以及连词作中心语的短语结构。

6.0 形容词短语

第三章 3.8 节列出了汉语中的形容词的类。重复一部分如下:

性质形容词,如:黄、红、绿、白、黑、蓝、红、大、小、高、矮、快、慢、新、旧、冷、热、好、坏、弯、直、宽、窄、香、臭、高大、渺小、仔细、年轻、高级、低级

状态形容词,如:橘黄、粉红、碧绿、天蓝、飞快、笔直、火热、冰冷、崭新、滚圆、绿油油、黑压压、香喷喷、乱七八糟、糊里糊涂、黑不溜秋

非谓形容词,如:恶性、慢性、中式、西式、大型、小型、高档、低档、中级、初级、短期、长期、流线型、综合性、多功能

结构上,形容词是自己短语的中心语,如:

(1)

然而,性质形容词常常受程度副词的修饰,如:

(2) [很]红/[太]大/[比较]漂亮
    [非常]可靠/[更]干净/[如此]彻底

或者受限定词"这么"、"那么"的修饰,如:

(3) [这么]小/[那么]大

语义上,程度副词是限定范围的,所以结构上应该是标定语。限定词也是限定范围的,结构上也是标定语。如:

(4)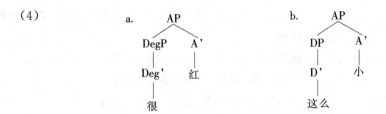

性质形容词有时候也有介词短语充当的补语,如:

(5) 早[在十年前]/活跃[在舞台上]/好[在警察来得快]
生[于40年代]/大[于五]/富[于表情]

结构如:

(6)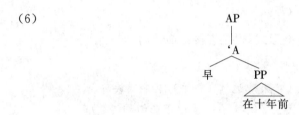

介词短语的结构请见下面6.2节。

另外,汉语形容词是可以重叠的;这时,重叠的形容词形式一般不单独使用,必须出现在"的"字短语之中,如:

(7) 小小的/红红的/大大的/漂漂亮亮的/可可靠靠的/干干净净的

又观察到,出现在"的"字短语之中重叠的形容词形式一般不受程度副词的修饰,如:

(8) *[很]红红的/*[太]大大的/*[比较]漂漂亮亮的
[非常]可可靠靠的/[更]干干净净的

不过可以受限定词"**这么**"、"**那么**"的修饰,如:

(9) [这么]小小的/[那么]大大的

"的"字短语的结构请见下面6.4节的讨论。

6.1 副词短语

第三章3.8节从语义的角度列出了汉语中的副词的类。从语法功能上,副词大致可分两类,限制性的和描写性的。限制性的有:

时间、频率副词，如：刚、才、就、再、还、只、又、老、马上、立刻、曾经、一直、随时、永远、偶尔、经常、常常、渐渐、已经

范围副词，如：也、都、全、全部、只、仅、共、一共、一律、一齐

程度副词，如：很、极、太、稍、更、最、格外、特别、非常、比较

情态副词，如：一定、可能、也许、大概、难道、竟然、未必、恐怕

方式副词，如：一起、赶紧、匆匆、匆忙

疑问副词，如：怎、怎么、怎样、为什么

描写性的副词是从形容词"借用"来的。有两种情况。一种是双音节的性质形容词，可以直接修饰动词，如：

(10)　仔细（看）/认真（做）/详细（调查）
　　　勇敢（保卫）/坚决（服从）

另一种情况是性质形容词的重叠形式，也是直接修饰动词，如：

(11)　好好（说）/细细（看）/快快（跑）/慢慢（走）
　　　紧紧（抓住）/早早（起床）/远远（招手）/轻轻（放）
　　　深深（记在心里）/大大（阔气了一番）/仔仔细细（看）
　　　认认真真（做）/高高兴兴（过年）/整整齐齐（排队）

上述两种情况的描写性副词都可以出现在"地"字短语中，然后修饰动词，如

(12)　仔细地（看）/认真地（做）/详细地（调查）
　　　勇敢地（保卫）/坚决地（服从）
　　　好好地（说）/细细地（看）/快快地（跑）
　　　慢慢地（走）/紧紧地（抓住）/早早地（起床）
　　　远远地（招手）/轻轻地（放）/深深地（记在心里）
　　　大大地（阔气了一番）/仔仔细细地（看）
　　　认认真真地（做）/高高兴兴地（过年）/整整齐齐地（排队）

另外，程度副词可以修饰"地"字短语中的描写性副词，但去掉"地"之后似乎不行，如：

(13)　［很］仔细地（看）/？［很］仔细（看）
　　　［非常］坚决地（服从）/？［非常］坚决（服从）
　　　［更］紧紧地（抓住）/？［更］紧紧（抓住）
　　　［特别］认认真真地（做）/？［特别］认认真真（做）

这种差别的原因是,"地"字也许是形容词"转作"副词时的标记,如果不受程度副词的修饰,"地"字可以不用,如上面(10)-(11);但如果有程度副词的修饰,"地"字必须出现,如上面(13)。我们也可以把"地"字不出现的情况看成是有一个零形式的"地"在起作用。也就是说,凡形容词"转作"副词用的时候,都需要出现在"地"字短语中;但有时候是一个零形式的"地",有时候是一个显性的"地",取决于有没有程度副词的修饰。"地"字短语的结构请见下面 6.4 节的讨论。

现在看看副词短语的结构。首先,限制性副词不管哪一类,都是它自己的短语的中心语,如:

(14)　　　　　　　　　AdvP
　　　　　　　　　　　　|
　　　　　　　　　　　Adv'
　　　　　　　　　　　　|
　　　　　　　　常常/全部/可能/一起/怎么

但是请注意,习惯上用"Deg"来表示程度副词,如:

(15)　　　　　　　　　DegP
　　　　　　　　　　　　|
　　　　　　　　　　　Deg'
　　　　　　　　　　　　|
　　　　　　　　　　　　很

另外注意,限制性副词一般不互相修饰,比如:

(16)　　a. 他们［也］［就］［刚刚］［才］来。
　　　　b. 他们［也］［就］［才］［刚刚］来。
　　　　c. 他们［刚刚］［也］［就］［才］来。

这些限制性副词的语序可以换来换去,并不改变句子的基本意义,这说明这些副词之间没有相互修饰的关系。或者说,它们是独立的短语结构,各自分别修饰动词而已。

上文说过,描写性的副词是形容词"转用"过来的,而且,"转用"的标记是助词"地"。"地"可以是零形式的,也可以是显性的。这我们在下面 6.4 节的讨论。另外,双音节的程度副词也可以出现在"地"字短语中,如:**格外地**、**非常地**、**特别地**;个别程度副词还可以重叠之后再出现在"地"字短语中,如:**非常非常地**、**特别特别地**。这些情况也在下面 6.4 节的讨论。

6.2 介词短语

第三章 3.8 节列出了汉语中的介词的类。重复一部分如下：
表处所、空间、时间：**在、于、从、自、至、以**
表工具：**用、以**
表方向：**自、至、从、朝、往、向、沿**
表终点、目的：**给、到、为了**
表方式、过程：**以、通过**
表关连、关涉：**跟、对、于、对于、关于、按、按照、依据、根据**
表比较：**比**
表条件：**趁**

汉语介词不可以悬空（preposition-stranding），必须带一个宾语。这个宾语可以有这么几类：

一、由名词充当，如：

(17) 朝［东］/往［西］/给［老张］/比［过去］/在［左边/右边］

二、由代词充当，如：

(18) 跟［我们］/对［他们］

三、由形容词当，如：

(19) 趁［热/早］

四、由名词性的短语充当，如：

(20) 按［学校的规定］/依据［政府的政策］

五、由介词短语充当，如：

(21) 从［对你的态度］/通过［对有关规定的学习］

六、由动词短语充当，如：

(22) 为了［解决问题］/通过［学习宪法］

七、由句子充当，如：

(23) 趁［天不亮］/跟［他犯错误］（有关）/对［我们学翻译］（有帮助）

结构上，介词是介词短语的中心语，它的宾语就是介词短语的补足语。要注意的是，介词宾语的类型很多，结构也因此不同。比如：

(24) a. [PP 跟 [P' [DP [D' e [NP [N' 我们]]]]]]

b. [PP 按 [P' [DP [DP [D' e [NP [N' 学校]]] [D' 的 [NP [N' 规定]]]]]]]

除了带宾语之外，一小部分介词也可以受前置修饰语的修饰。这个前置修饰语可以是名词，比如：

(25) 长江 [以南]/黄河 [以西]

也可以是一个介词短语，比如：

(26) 从南 [至北]/从古 [至今]/从小 [到大]/从早 [到晚]

结构上，介词的前置修饰语是标定语，比如：

(27)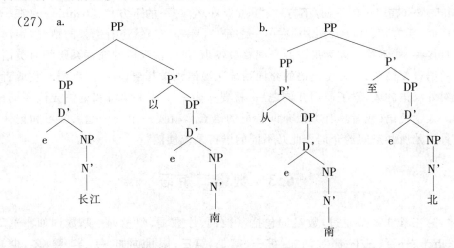

值得一提的是，汉语表示处所和空间的介词，即"在"，语义上连接的是一个全方位的处所或者空间。这在表达全方位的处所或者空间时没有问题，如：

(28) 在 [非洲]/在 [中国]/在 [北京]/在 [人民公园]/在 [清华大学]

但是，如果要表达具体处所或者空间的时候，就要靠方位名词来表达，如：

(29)　在［房前］/在［屋后］/在［门外］/在［桌子上］/在［桌子上方］
　　　在［书柜里］/在［花台前边］/在［山下面］/在［广场中间］
　　　在［大厅右侧］/在［马路左边］/在［客厅与阳台之间］

前、后、里、外、上、下、左、右、上方、下面、里边、中间、之间，等等都是方位名词，有时单音节和双音节词的语义不同，比如"上(贴着表面)"、"上方(不贴表面，在表面之上)"。方位名词先和前面的名词组成复合名词，如"山下面"、"广场中间"，然后作介词"在"的宾语。究其原因，是汉语并没有表示具体处所和空间的介词。于是，汉语要表达具体处所或者空间的时候，就需要一个通用的处所与空间介词(在)，跟方位名词一起组成"在……方位名词"这样的结构来表达。相对而言，在有的语言里，如英语，除了有通用的处所与空间之外，如"in/at"(在)，还有若干表示具体处所和空间的介词。使用通用介词时跟汉语差不多，要么是表达全方位的处所或者空间，要么加上类似汉语方位名词的名词来表达具体处所和空间。前者如表达上面(28)中的例子要表达的意思："in Africa(在非洲)"、"at the Tsinghua University(在清华大学)"，等等；后者如表达上面(29)中的例子要表达的意思："in front of the house(在房前)"、"at the back of the house(在屋后)"、"at the centre of the Plaza(在广场中间)"，等等。另外的时候，就直接使用表示具体处所和空间的介词来表达有关的意思，比如"on the table(在桌子上)"、"above the table(在桌子上方)"、"under …(在……的下面/下方)"、"below …(在……的下方)"、"behind …(在……的后面/后方)"、"between …(在……之间)"，等等。当然还有例外的情况，跟讨论无直接关系，不赘。因为汉语的介词总数较少，可以说汉语的介词系统相对英语一类的语言要简单；或者说英语的介词系统比汉语稍微复杂。因此，汉语儿童或者学习对外汉语的人，学了通用介词之后，就要一个一个地来学习和记住方位名词；而中国人学英语(或者具有类似介词特征的语言)，就要一个一个地来学习和记住表示具体处所和空间的介词。此乃不同的语言系统使然。

6.3　数量词短语

第三章 3.8 节说过，数量词包括基数词、序数词、限量词。基数词如：一、二、三、五十、一百、三千；序数词如：第一、第二、第三；限量词如：每、半、整、多、少、多数、少数、许多、繁多、任何、不少、些许、少许、全体。

结构上，数量词就是自己短语的中心语，如：

(30)
```
        QP
        │
        Q'
        │
      多/一/第一
```

限量词**"多"**、**"少"**可以受程度副词如**"很"**、**"特"**、**"太"**的修饰,这时,程度副词是数量词短语的标定语,如:

(31)
```
         QP
        ╱  ╲
     DegP   Q'
      │     │
     Deg'  多/少
      │
      很
```

数量词的作用主要是修饰名词或量词,作定语,如:

(32)　[许多]事/[不少]人/[任何]代价/[一]个西瓜/[半]个烧饼

或者修饰数量词短语,如:

(33)　[每]一个人/[每]一件事/[每]一幅画/[每]一条路/[每]一座桥

有的也可以有代词功能,充当主语、宾语,如:

(34)　a. [多数]同意,[少数]反对。
　　　b. [三千]不够,给你[五千]行不行?

有时也作谓语,如:

(35)　a. 市面上书[很多]。
　　　b. 零售商的花样[繁多],举不胜举。

个别的数量词,如**"多"**、**"少"**,也可以作状语修饰动词,如:

(36)　a. 多就多吃,少就少吃。
　　　b. 多就多做,少就少做。

第一个**"多"**和**"少"**作的是谓语,它的主语没有出现,大概指食物或者工作;第二个**"多"**和**"少"**作的是状语,修饰动词,宾语也没有出现,指的是同一种食物或者工作。汉语中用来表达数量同时又修饰动词的还有范围副词,如:**都**、**全**、**全部**。例如:

(37)　同学们都到了/同学们全到了/同学们全都到了/同学们全部都到了

汉语的一条规律就是修饰语要出现在被修饰语的前面。**"都"**、**"全"**、**"全部"**出现在动词的前面，而不是名词的前面，所以可以看成是修饰动词的状语。不过有时候，"**全部**"也会出现在名词的前面，如：

(38) 全部同学们都到了。

这时，"**全部**"是从后面移位上来的：

(39) ［全部ᵢ 同学们 ［ tᵢ 都到了］］

这就是范围副词的换位现象（quantifier-floating）。但是，汉语中不是副词的数量词是不可以换位的。比如：

(40) a. 全体同学们都到了。
b. *同学们全体都到了。

"**全体**"只能出现在名词之前作修饰语，而不能出现在动词之前作修饰语。这说明"**全体**"是数量词，而不是范围副词。

有关数量词的另一个问题是，基数词有时候不表示数量，而是表示"整体"。如：

(41) a. 你们［三个人］一组。
b. 我们［四个人］开一辆车。
c. 他［一个人］在（一）家。
d. 他们［六个人］睡一张床。

"三"、"四"、"一"、"六"这里都不表示数量，而是代表一个"整体"。但是注意，凡是表示"整体"的、超过"一"的基数词，一定要跟一个包含数目"一"的成分相对应。比如上面的"三个人"对"一组"，"四个人"对"一辆车"，等等。

如何在结构上来表示这种代表"整体"的基数词呢？李艳惠（Y.-H. A. Li 1999）认为"整体"是一个特殊的语义范畴，属于名词的指称范围。能够表达"整体"意义的基数词已经不是通常的作计数用的数量词，而是一种特殊的限定词，表达"整体"这个特指意义。她建议用"Num"这个符号来代表它。既然表"整体"的基数词成了限定词，那么它后面的名词或者量词短语就是它的补足语，如下面(a)，并比较基数词表示数量的结构，如(b)：

(42) a. NumP
         Num'
      三   ClP
            Cl'
         个   NP
               N'
               人

b. ClP
   QP   Cl'
   Q' 个   NP
   三   N'
              人

记住，(a)里的 NumP = 数目限定词短语；"三"的功用相当于一个表示"整体"指称的限定词。(b)里的 QP = 数量词短语；"三"的功用是计数。

数目限定词短语(NumP)还有一个用处，就是表示下面的短语：

(43) 书一本／钥匙两把／马车三辆／计算机十部／良田二十亩

这些短语一般都是有指称的，具体地说，都是特指，即说话人知道量词短语中的名词指的是什么。跟"**一本书**"、"**两把钥匙**"、"**三辆马车**"、"**十台计算机**"、"十亩良田"之类比较，后者常常没有指称。譬如，"**张三要买十台计算机**"，"十"只是计数，"**计算机**"可以是任指的。相对而言，"**张三要买计算机十台**"，"十"可能是表达一个"总数"，"**计算机**"可能是特指某一种型号、牌子、等等。

这时，"**计算机十台**"可以用两种结构来表示：

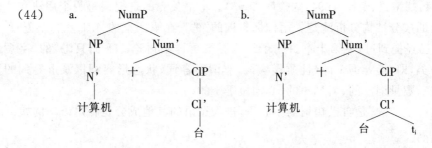

(44) a. NumP
       NP   Num'
       N'   十   ClP
     计算机   Cl'
                 台

b. NumP
   NP   Num'
   N'   十   ClP
 计算机   Cl'
             台 t_i

(a)里边，"十"是限定词，"**十部**"因此有指称，"**计算机**"相当于一个修饰语而已。(b)里边，"十"仍然是限定词，但"**计算机十台**"是从"**十台计算机**"衍生而来的，保留了"量词 + 名词"的底层结构。后一种分析的好处是把"数量词 + 量词 + 名词"也处理成有指称的结构，便于解释一些相互对照的结构，如：

(45) 张三买了一部车。／张三买了车一部。／车，张三买了一部。

这时,"一部车"是数量词短语(NumP),其中的数量词相当于限定词。"车一部"的结构如(44)(b)。如果(44)(b)中的名词短语(NP)不是移位到数量词短语的标定语位,而是移到句首作话题,我们就得到"车$_i$,张三买了[一部 t_i]"这样的结构。不过,有指称的"数量词＋量词＋名词"结构(如"一部车")也可以处理成零限定词短语(DP)(见第五章5.5节),但数量词短语(NumP)更简单。

数目限定词短语(NumP)还可以用来表示动量名词的整体性,比如"跳了三下"、"跑了两圈"。见第八章8.1.4节、8.2.4节的讨论。

6.4　助词短语

这里主要指结构助词"的"、"地"组成的短语。二者的发音在现代汉语中没有任何区别,但是所在短语的语法功用截然不同,正因为此,所以用两个不同的汉字来代表它们。我们先说"的"字短语,然后再说"地"字短语,最后讨论含有零形式的"的"或者"地"的短语结构。第五章5.4节讲过了表示领属限定词"的",它不在本节讨论之列。

用作结构助词的"的"字短语有两大类。第一类包括:形容词＋的(性质形容词、非谓形容词、状态形容词以及形容词的重叠形式)、数量词＋的、名词＋的、介词短语＋的;这些我们在第四章的4.0节中都已经说过。第二类是:句子＋的,这我们叫作标句词短语,在第四章的4.1节和第五章5.5.2节也都说过。或者说,"的"前面的成分是句子,"的"就是标句词;如果是其他成分,"的"就是助词。同一个"的"字,有如此众多的用法和功能。自然常常成为语法学者们关注的对象(参朱德熙1984,胡裕树、范晓1994,陆俭明2003)。本书关心的是把跟每一个用法和功能相对应的成分结构分析清楚。用作标句词的"的"在第四章的4.1节和第五章5.5.2节已经提到过,在第十章讲句子结构时会再详细讨论。下面只讲"的"字短语的第一类,即,形容词＋的(性质形容词、非谓形容词、状态形容词以及形容词的重叠形式)、数量词＋的、名词＋的、介词短语＋的。

结构上,"的"是自己短语的中心语,进入短语的其他成分是补足语。例如:

(46)　a. [红/中式/宽大/高高]的
　　　b. [许多/少许]的
　　　c. [木头/羊皮]的
　　　d. [沿河/在校]的

结构如下:

第六章 其他短语 171

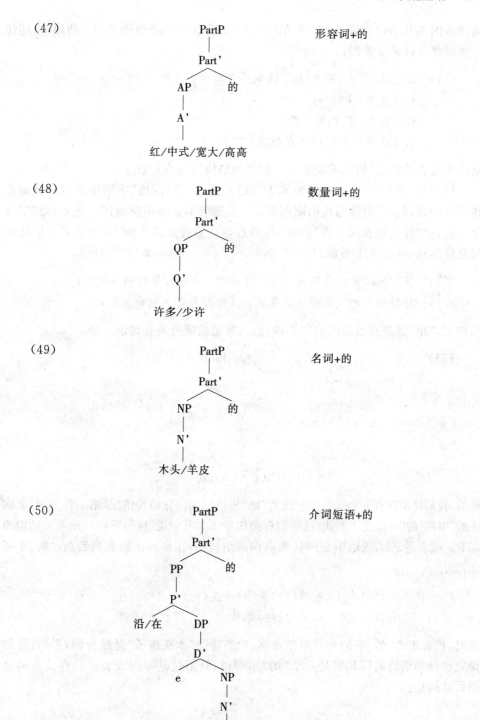

第四章的 4.0 节已经说过,助词"**的**"字短语的语法功用是修饰名词。所以,上述任一短语都可以修饰名词:

(51) a. ［红/中式/宽大 的］睡袍/［高高的］楼房
 b. ［许多/少许 的］盐
 c. ［木头/羊皮 的］筏子
 d. ［沿河的］柳树/［在校的］学生

这些不是表领属的"**的**",不要混淆。前者的结构请见第五章5.4节。

现在看"**地**"字短语。本章的 6.1 节已经说过,进入"**地**"字短语的成分主要是描写性的副词。所谓描写性的副词就是性质形容词直接用作副词。进入"**地**"字短语之后,有"性质形容词＋地"以及"性质形容词重叠形式＋地"两种形式。语法功用是修饰动词(见 6.1 节的讨论)。例如:

(52) 仔细地（看）/认真地（做）/详细地（调查）/勇敢地（保卫）
 仔仔细细地（看）/认认真真地（做）/详详细细地（调查）

结构上,"**地**"也是自己短语的中心语,进入短语的成分是补足语。如:

(53)
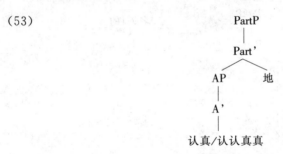

最后,我们讨论含有零形式的"**的**"或者"**地**"短语结构。分两种情况,第一种情况"名词＋的"中的"**的**"可以是零形式,这我们在第四章 4.3 节中说过,但没有讨论有关结构的细节。读者还记得,汉语中名词修饰名词的结构中,作修饰语的名词后面,"**的**"字可选,如:

(54) 木头(的)房子/玻璃(的)盖子/羊皮(的)书包
 政府(的)机构/铁路局(的)职员

这时,排除不含"**的**"字的形式是复合词,比如排除"**木头房子**"是复合词,那么,我们设定作修饰语的名词其实是一个"**的**"字短语,只不过是零形式罢了。有关名词短语的结构如:

(55)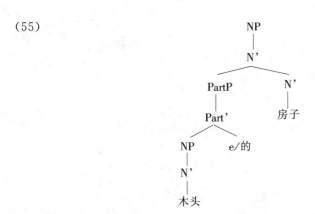

e = 零形式,可以跟语音形式交替出现。理论上,这取决于词库向句法输出哪一个形式。

零形式出现的第二种情况是前面有性质形容词,即"性质形容词+的"或者"性质形容词+地"。注意,二者的语法功用不同,"性质形容词+的"是修饰名词(见第四章 4.0 节),"性质形容词+地"是修饰动词(见本章 6.1 节)。读者也一定还记得,如果没有程度副词的修饰,性质形容词可以直接修饰名词,而有了程度副词的修饰之后,性质形容词后面必须加"的"。例如:

(56)　[坏]事/＊[很坏]事/[很坏的]事
　　　 [老]树/＊[很老]树/[很老的]树
　　　 [香]米饭/＊[很香]米饭/[很香的]米饭
　　　 [甜]豆浆/＊[很甜]豆浆/[很甜的]豆浆
　　　 [年轻]人/＊[很年轻]人/[很年轻的]人

类似的情况是,如果没有程度副词的修饰,性质形容词可以直接转作描写性副词修饰动词,而有了程度副词的修饰之后,性质形容词后面必须加"地"。例如:

(57)　[仔细]看/?[很仔细]看/[很仔细地]看
　　　 [坚决]服从/?[非常坚决]服从/[非常坚决地]服从
　　　 [紧紧]抓住/?[更紧紧]抓住/[更紧紧地]抓住
　　　 [认认真真]做/?[特别认认真真]做/[特别认认真真地]做

于是可以设定,性质形容词修饰名词,要加"的";但是,如果没有程度副词的修饰,"的"是零形式,而有程度副词的修饰,"的"是显性形式。同理,性质形容词转作描写性副词修饰动词,要加"地";但是,如果没有程度副词的修饰,"地"是零形式,而有程度副词的修饰,"地"是显性形式。

这样一来,有程度副词的修饰的性质形容词进入"的"或者"地"字的短语的结构如下：

(58)
```
        PartP
         |
        Part'
        /  \
       AP   的/地
      /
    DegP  A'
     |    |
    Deg'  认真
     |
     很
```

如果没有程度副词的修饰，结构如下：

(59)
```
        PartP
         |
        Part'
        /  \
       AP   e/的/地
       |
       A'
       |
      认真
```

我们已经知道，"的"字短语修饰名词，在结构上是附加语（见第四章 4.0 节）。如果"**的**"是零形式，那么，出现在附加语位置上的"性质形容词＋e"跟性质形容词直接出现在补足语位置上并没有什么区别的。如：

(60) a. [$_{NP}$[$_{N'}$[$_{AP}$ 年轻] 人]]
    b. [$_{NP}$[$_{N'}$[$_{PartP}$ 年轻 e][$_{N'}$ 人]]]

我们在第四章 4.0 节就是采纳的(a)结构。由于(b)结构也是可能的，因此，可以认为(a)是(b)过渡而来的。

6.5　连词短语

第三章 3.8 节列出了各类连词。有并列连词，如：**和**；转折连词，如：**但、却**；选择连词，如：**或、或者**；递进连词，如：**并、而、又、加**；**又……又……**；**越……越……**；**不但……而且……**；从属连词，如：**如果**；**虽然……但是……**；**因为……所以……**。还有其他，这里就不一一举了，本书关心的是结构，而不是语义范畴。

连词的语法作用是连接各种句法范畴的语言形式。结构上，如果连词连接的是句子，连词的功用就是标句词。见第十章 10.6 节对联合复句中连词用作标句词

的讨论。这里,我们主要看一看连词是怎样来连接比句子小的成分,比如名词短语、形容词短语、动词短语等等。例如:

(61) 包子和馒头/聪明又漂亮/又快又好/勇猛但不沉着
成事不足却败事有余/乘火车或者坐飞机/越做越好

很少有人讨论连词短语的结构。早期文献中可以看到类似这样的结构:

(62)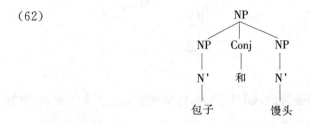

按照第二章所说的"每一个词项都要投射成含有自身的短语"这个标准,上面这个结构肯定是不对的。还有,为什么一个 NP 下面可以有两 NP,似乎跟早期的短语规则有关(如 NP → NP Conj NP)。但问题就在如何制定短语规则本身要遵守的原则。跟上面结构有关的规则好像是随心所欲造出来的,有很大的随机性。现在的理论框架摒弃了短语规则,规定短语结构是通过词项投射而成的。

这样,连词本身要投射成连词短语,同时跟它要连接的成分组成一个结构上合理的成分结构。我们知道,X-标杠模式限定每一个短语结构可以有一个补足语位,一个标定语位。这两个位置上的成分常常是可以互换的,比如汉语动词的宾语可以出现在动词之后,即补足语位,也可以出现在动词之前,即在标定语位。这就为连词连接两项成分提供了结构位置,例如:

(63)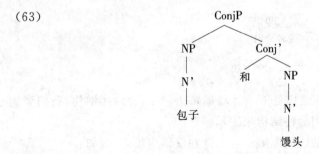

如果要连接的成分不止两项,附加语位就可以用上了。如:

(64)

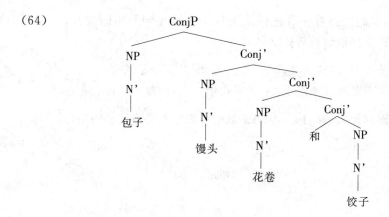

连词的词汇特征决定了它所连接的成分是并列、转折或者其他关系。所以,被连接的成分之间不存在相互修饰的问题。

其他用单项连词连接的并列成分的例子如:

(65)

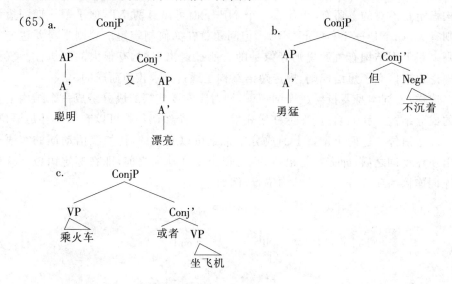

否定词短语(NegP)的内部结构见下节。动词短语(VP)的内部结构,我们要到七、八章才讨论,这里暂时先用简略结构来表示。

如果涉及双重连词,结构的原则一样。这在汉语中很多,例如:

(66) 又聪明又能干/不但聪明而且能干/越长越像他爸爸

这时,前一个连词组成的短语就成为后一个连词连接的成分。如:

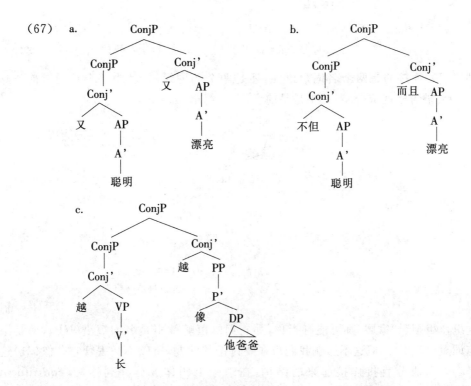

最后说说分析汉语连词短语的结构时常常遇到的两个问题。第一个问题,连词时常是可选的;如果不出现,并列成分排在一起,之间就会没有连词。比如:

(68) 我们建设祖国(和)保卫祖国。
这里的农民种麦子(和)种棉花。
她聪明(又)漂亮。

如果连词不出现,我们假设它是零形式的,即没有语音形式的"和"、"又",用字母"e"代表:

分析连词短语的结构时常常遇到的第二个问题,尤其是并列连词短语,就是不好分辨哪些成分是属于被连接的成分。例如:

(70) 保卫祖国和家园 ⇒ 保卫［祖国和家园］
　　　　　　　　　　　［保卫祖国］和［∅　家园］

到底"和"连接的是两个名词短语呢，还是两个动词短语，其中一个动词承前省略（∅ = 被省略的成分）？如果是是前者，那很简单，如：

(71)

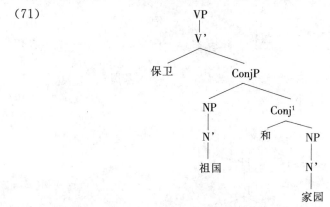

这里，"祖国"、"家园"都可能有指称，那它们的范畴就不是名词短语（NP），而是限定词短语（DP）。但这不影响我们现在要讨论的问题，所以不必去管它。像(71)这样将并列成分直接连接起来的结构，在理论上叫作成分并列连接（constituent coordination）。

不过，如果"和"连接的两个动词短语中的动词相同，那就比较麻烦，因为这时后面的那个动词短语中的动词不出现；技术上，可以认为后面的动词因为跟前面的动词相同，所以被省略掉了；也可以认为后面的动词是移位到了前面的动词短语中去。究竟怎样来分析，涉及不同的理论，这里不说（读者可以参见何元建1995b，邓思颖2000,2010那里的讨论）。关键是，不管如何分析，都要基于相同的成分结构，如：

(72)

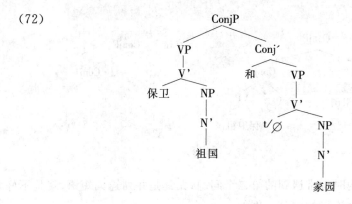

t = 动词移位后留下的语迹；∅ = 被省略掉了之后的空位。"t/∅"只是句法结构中的运算符号，但不是合法的语音形式；所以，当结构输出到语音形式库之后就会被删除。

到底是选择连接两个名词短语，还是选择连接两个动词短语，根本问题是我们究竟愿意给语法理论留下多大的空间。如果选前者，只涉及最小的成分结构，即两个名词短语。如果选后者，涉及的成分结构就相对大得多，要将两个动词短语包含进去。理论上，成分结构的范围越小，它对其他成分的影响就越小；反之就越大。比如，如果是连接动词短语，就要考虑到动词的删除或者移位等问题。究竟应该怎么办，我们这里给不出一个答案。我们目前关心的问题只是连词短语的成分结构。

最后还要提到另外一种含连接成分结构的分析方法，叫作右端结点提升（right-node raising；Gazdar 1982）。例如：

(73) a. 张三先卖了、但(他)后来又送了[[$_{ZP}$ 王五][$_{YP}$ 几套珍贵邮票]]。
    b. 县政府不让，可是老百姓就要选[[$_{YP}$ 老李][$_{ZP}$ 当村长]]。

(74) a. 李四借了、欠了[$_{YP}$ 我][$_{ZP}$ 五百块钱]。
    b. 张三骂得、气得[[$_{YP}$ 李四][$_{ZP}$ 很伤心]]。
    c. 李小姐画了、绣了[[$_{YP}$ 几朵花][$_{ZP}$ 在枕头上]]。

(73)中的句子分别是双宾句和兼语句；(74)中的句子分别是双宾句、得字补语句和动词后地点补语句。其中，YP 和 ZP 分别是两个有关成分，代表直接宾语和间接宾语(或者补语)。

我们关心的问题是：为什么两个不同的动词可以有同一组"直接宾语和间接宾语"或者"宾语和补语"？比如，"卖了"、"送了"共有一组直接宾语和间接宾语，即"[[$_{ZP}$王五][$_{YP}$几套珍贵邮票]]"。理论上，每一个动词输出至句法之后，都要按照自己题元结构，比如(施事(终点/益事(客事)))，以及次范畴选择特征（subcategorization）比如[V-DP-DP]，来组成句法结构。这样，两个动词都应该各自组成结构。如果是共有一组直接宾语和间接宾语，那么应该怎样来理解结构的生成？

一个分析方法是，两个动词都各自组成短语，之间有连词（零形式或非零形式）连接，组成并列成分连接的结构；但因为各自的直接宾语和间接宾语相同，前一个动词的直接宾语和间接宾语（或者补语）就蒙后省略了。可是，这里的省略涉及两个成分，理论上不太理想。本来，生成语法理论的宗旨是设计出一个"无语境"（context-free）的语法系统，其结构运作过程不受语境的制约。这个宗旨要这样来理解。说话人说话当然要受语境的制约，但是，说话时一旦决策如何应对之后（这个决策过程是无意识的，属认知范畴），有关言语的结构生成过程是不受语境制约的。然而，大片成分的省略可能会引起系统对"语境敏感"(context-sensitive)，不是理论上的最佳办法。

另一个分析方法是，两个动词都各自组成短语，但用的同一组直接宾语和间接宾语。如何做到这一点呢？首先，(73)中的并列成分跟(74)中的有区别。(73)中的连接词连接的是句子，而非动词短语。证据是，后一个动词也可以有主语。而(74)中没有显性的连接词，后一个动词似乎不能有主语：

(75) a. 李四借了、(*他)欠了[YP 我][ZP 五百块钱]。
　　　b. 张三骂得、(*他)气得[[YP 李四][ZP 很伤心]]。
　　　c. 李小姐画了、(*她)绣了[[YP 几朵花][ZP 在枕头上]]。

如果后一个动词带上主语，句子就有错。

先看(73)。因为连接词连接的是句子，我们设定它是后一分句的标句词(也见第十章10.6节关于联合复句的讨论)。因此，我们有：

(76)

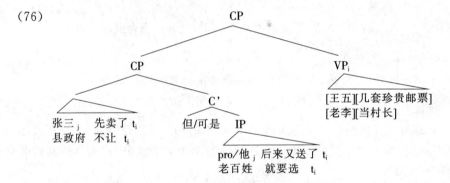

跟目前讨论有关的是，连词"但/可是"连接的两个句子，两个句子中共同部分，即[[王五][几套珍贵邮票]]或者[老李][当村长]，出现在整个结构的最右端。具体来说，这个共同部分先在后一个句子中生成，满足该句中的题元关系与句子结构的需要；然后移位到前一个句子，又满足这个句子中的题元关系与句子结构的需要；最后，它向整个结构的右端移位，跟标句词短语(CP)组成附加语结构。

现在看(74)。这里，设两个并列成分是轻动词短语(vP)(何谓轻动词请见第八章)，两个并列成分中的共同部分，直接宾语和间接宾语(或者补语)出现在谓语动词短语(VP)里边(细节请见第八章的讨论)，它出现在整个结构的最右端：

(77)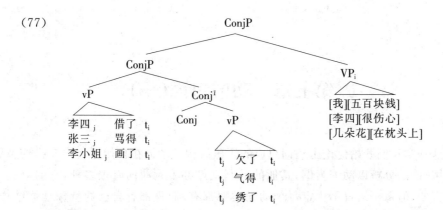

Conj = 零连接词。具体来说,动词短语(VP)先生成在后一个轻动词短语(vP)中,然后移位到前一个轻动词短语(vP),最后向整个结构的右端移位,跟连词短语(ConjP)组成附加语结构。另外,动词的主语也是先生成在后一个轻动词短语(vP)中,然后移位到前一个轻动词短语(vP)。后一个动词的主语位置是移位留下的语迹,所以不能够复原成代词(见上文(75))。

右端结点提升这个分析方法涉及的运作都是句法内部的操作,在理论上不受语境制约。并列结构中涉及缺损成分是一个极其复杂的经验事实和理论问题,对汉语的有关研究还在继续。

第七章 动词短语(一)

这一章我们开始讨论由动词组成的短语结构。动词在自然语言中有提纲挈领的作用,语法分析以动词为纲,其他的问题就好办了。动词有很多种,它的分类是跨语言的,但每个语言不一定每个动词类型都有,而且都有自己的特殊动词结构。这一章里,我们就来看看汉语里的特殊的动词结构和动词的修饰语。

7.0 动词的特殊结构

汉语里的特殊的动词结构有:动词跟体体貌词组成的体貌式、跟趋向动词组成的动趋式、跟能愿助词组成的能愿式以及跟否定词组成的疑问式。所有这些结构有一个共同的特点,即它们都是在动词投射成动词短语之间组成的中心语结构(head-structure)。

我们已经知道,每一个词项进入句法之后就必须投射成以自己为中心语的二阶短语结构。比如,X ⇒ X' ⇒ XP。但是,中心语(X)本身在投射成一阶短语之前可以先组成某种中心语结构,比如:

(1)
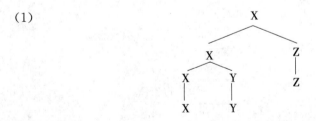

这个中心语结构相当于一个"词结构",但不是词;真正的词结构是在词库里生成的,是强词性的(strongly lexical),而句法里边生成的"词结构"是弱词性的(weakly lexical)(参 Di Sciullo & Williams 1987)。或者说词库里生成的词结构是词,而句法里边生成的"词结构"不是词。通常把它叫作并入结构(incorporation)。Sadler & Arnold(1993)把句法里边生成的"词结构"看成是句法结构中的次结构(lexical sub-tree),具有词的某些功能。汉语动词的体貌式、趋向式、能愿式以及疑问式就是这样,它们不是词,但具有词的某些功能,比如是一个完整的语义单位。汤廷池先生(1992a,1992b)也曾认为汉语体貌词和趋向动词是在句法中并入动词的。下面分别来看。

7.0.1 体貌式

体貌式是动词跟体貌词组成的结构。汉语的体体貌词都是紧跟在动词之后，表达动作或过程的貌(aspect)。例如：

(2) a. 我 笑 —— 中性貌
　　b. 我 笑笑 —— 体验貌
　　c. 我 笑着 —— 持续貌
　　d. 我 笑了 —— 完成貌
　　e. 我 笑了笑 —— 间隙貌
　　f. 我 笑过 —— （弱势）经验貌
　　g. 我 笑过了 —— 强势经验貌
　　h. 我 笑起来 —— （弱势）起始貌
　　i. 我 笑了起来 —— 强势起始貌
　　j. 我 笑起来了 —— 起始过程的完成貌

注意，"笑笑"、"笑了笑"中的第二个动词是作体貌词用的，不能重读。

以前的研究很少关心体貌式的结构，只是把它放在一起就是。比如：

(3)
```
          VP
         /  \
       DP    V'
       |     |
       D'   笑了起来
       |
       我
```

但汉语不是屈折语，"笑了起来"不是一个词，而是动词"笑"跟体貌词"了"、"起来"组合起来的结构。因此有必要把体貌式的结构弄清楚。

体貌式按第二章讲过的语素的投射和填位过程来组合。另外遵循以下三条原则：

一、动词是中心语(head)，是其他成分并入它，而不是相反；
二、如果有一个以上的并入成分，每一次并入的结果组成一个新的结构成分；
三、动词中心语结构具有词结构左向分枝的特点。

拿"笑了起来"为例，其生成过程如下：

(4) a. 笑 ⇒ [$_V$ 笑]
　　b. 了 ⇒ [$_{Asp}$ 了]
　　c. 起来 ⇒ [$_{Asp}$ 起来]
　　d. [$_V$ 笑] ⇒ [$_V$[$_V$ 笑]]

e. [v[v 笑]] ⇒ [v[v 笑]0]
f. [v[v 笑]0] ⇒ [v[v 笑][Asp 了]]
g. [v[v 笑][Asp 了]] ⇒ [v[v[v 笑][Asp 了]]]
h. [v[v[v 笑][Asp 了]]] ⇒ [v[v[v 笑][Asp 了]]0]
i. [v[v[v 笑][Asp 了]]0] ⇒ [v[v[v 笑][Asp 了]][Asp 起来]]

最后的结果用树形图来表示就是：

(5)
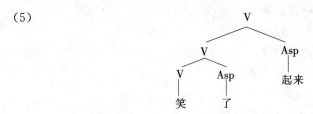

类似的结构如下：

(6)
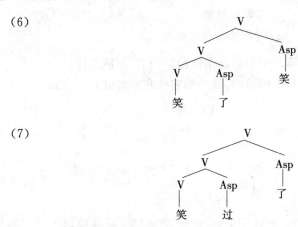

(7)

含一个体貌词的结构如下：

(8)
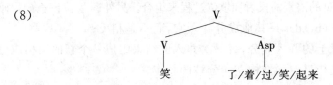

注意，这些结构都是体貌词并入动词，而不是相反，如上面第一条原则所规定。这样做的原因，是因为体貌式的中心语是动词，而不是体貌词。这样一来，当体貌式本身再投射成动词短语时，就不会出问题。比如：

(9)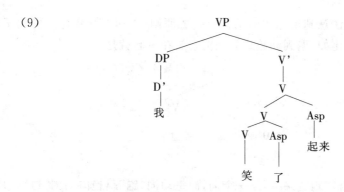

跟上文(3)相比,(9)清楚地显示了体貌式的成分结构,是结构描写上的一个进步。当然,我们也可以预设,(3)虽然没有显示体貌式的结构,但它就是如(9)所示。但是,有时句子的语序需要将体貌式的结构显示出来。如:

(10) a. [你去过了美国]吗?
b. [你去过美国了]吗?

有两个原因不能将(b)中的"了"算成句末的语气词。一、句末已经有了疑问语气词"吗",所以"了"仍然是体貌词;二、两个句子的意思差不多一样,所以不能说(a)中的"了"是体貌词,而(b)中的"了"就成了语气词。问题是,为什么体貌词的"了"可以出现不同的位置?

其实,我们可以这样来分析(10)这样的句子。首先,按照题元阶层,处所题元的位置要高于客事题元(见第二章 2.1.3 节)。因此,动词的处所宾语跟客事宾语不同。动词在只带有客事宾语的情况下,客事宾语一般总是要生成在动词之后;而动词在只带有处所宾语的情况下,处所宾语却可以生成在动词的前面,如:

(11) [你 [美国 去过了]]吗?

然后动词再移位到处所宾语之前。如:

(12) a. [你 去-过-了$_i$ [美国 t$_i$]]吗?
b. [你 去-过$_i$ [美国 t$_i$-了]]吗?

上文说过,"去-过-了"的结构如(1)。"去-过-了"可以整个移位,也可以只移其中的"去-过"这一部分。结果,我们就得到两个语序不同的句子。(12)中的句子结构的细节我们在第八章再讲。

7.0.2 动趋式

动趋式是动词跟趋向动词组合成的结构,其中动词是中心语。按吕叔湘等(1981),汉语趋向动词有十一个:来、去、上、下、进、出、回、过、起、开、到。以往的研究少有注意到动趋式的结构及生成原则,因而对含动趋式的句子的分析往往不够透彻。比如,遇到动趋式只是把它放在一起就是:

(13)
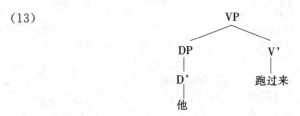

同理,汉语不是屈折语,"**跑过来**"不是一个词,而是动词"**跑**"跟趋向动词"**过**"、"**来**"组合起来的结构。或者,可以把"**过来**"看成是一个复式趋向动词。

理论上,动趋式也是要通过语素投射和填位来生成的,并遵从上文所说的三条原则。拿"**跑过来**"为例:

(14)　a. 跑 ⇒ [$_v$ 跑]
　　　 b. 过 ⇒ [$_{vd}$ 过]
　　　 c. 来 ⇒ [$_{vd}$ 来]
　　　 d. [$_v$ 跑] ⇒ [$_v$[$_v$ 跑]]
　　　 e. [$_v$[$_v$ 跑]] ⇒ [$_v$[$_v$ 跑] 0]
　　　 f. [$_v$[$_v$ 跑] 0] ⇒ [$_v$[$_v$ 跑][$_{vd}$ 过]]
　　　 g. [$_v$[$_v$ 跑][$_{vd}$ 过]] ⇒ [$_v$[$_v$[$_v$ 跑][$_{vd}$ 过]]]
　　　 h. [$_v$[$_v$[$_v$ 跑][$_{vd}$ 过]]] ⇒ [$_v$[$_v$[$_v$ 跑][$_{vd}$ 过]] 0]
　　　 i. [$_v$[$_v$[$_v$ 跑][$_{vd}$ 过]] 0] ⇒ [$_v$[$_v$[$_v$ 跑][$_{vd}$ 过]][$_{vd}$ 来]]

用树形图来表示最后的结果,就是:

(15)
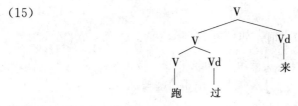

V$_d$ = 趋向动词。因为动词是动趋式的中心语,所以,动词可以继续投射成动词短语。例如:

(16)

```
           VP
          /  \
        DP    V'
        |     |
        D'    V
        |    / \
        他  V   Vd
           / \   |
          V  Vd  来
          |  |
          跑 过
```

有时候,动词可能还要跟体貌词并入,如:

(17)

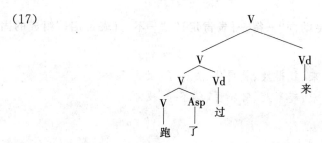

动词然后再投射成动词短语:

(18)

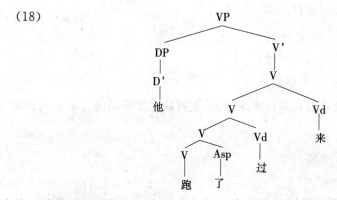

弄清楚了动趋式的结构可以帮助我们解释常见的汉语句子中复杂的语序。例如:

(19)　a. 他跑进屋里来了。
　　　 b. 他扛进屋里来三口袋面。

上文说过,处所宾语可以生成在动词之前,然后动词再以为到处所宾语的前面去。这样,上面两个句子的深层结构为:

(20)　a. [他　[屋里　跑-进-来-了]]
　　　 b. [他　[屋里　扛-进-来　三口袋面]]

这里所说的"深层结构"指句子生成过程中的某一阶段。之后，动词可以移位如下：

(21) a. [他　跑-进$_i$　[屋里　t_i-来-了]]
　　 b. [他　扛-进$_i$　[屋里　t_i-来 三口袋面]]

我们看到，在深层结构中，动趋式"**跑-进-来-了**"、"**扛-进-来**"都已经生成好了。但在移位时，只有"**跑-进**"、"**扛-进**"移走了，结果就得到了(19)句子中的语序。也就是说，分析动趋式的结构能够解释汉语中最复杂的语序现象之一。另见第十一章11.4节的有关讨论。

7.0.3　能愿式

能愿式是动词跟能愿助词"—**得**—（表肯定）"、"—**不**—（表否定）"组成的固定结构。比如：

(22) 吃得消、划得来、赶得及、管得住、骗得了、受得了
　　 吃不消、划不来、赶不及、管不住、骗不了、受不了

而且是能产的。比如：

(23) 你怎么<u>玩得赢</u>他呢？／你什么人都要保，你<u>保得完</u>吗？

还能跟趋向动词和体貌词组合。如：

(24) 对得起、吃得下、打得过、斗得过
　　 对不起、吃不下、打不过、斗不过
　　 都吃不过来了／都接不过来了

能愿式也是要通过语素投射和填位来生成的，也遵从上文所说的三条原则。拿"**对得起**"为例：

(25) a. 对 ⇒ [$_V$ 对]
　　 b. 得 ⇒ [$_{Mod}$ 得]
　　 c. 起 ⇒ [$_{Vd}$ 起]
　　 d. [$_V$ 对] ⇒ [$_V$ [$_V$ 对]]
　　 e. [$_V$ [$_V$ 对]] ⇒ [$_V$ [$_V$ 对] 0]
　　 f. [$_V$ [$_V$ 对]] ⇒ [$_V$[$_V$ 对][$_{Mod}$ 得]]
　　 g. [$_V$[$_V$ 对][$_{Mod}$ 得]] ⇒ [$_V$[$_V$ 对][$_{Mod}$ 得]]
　　 h. [$_V$[$_V$ 对][$_{Mod}$ 得]] ⇒ [$_V$[$_V$ 对][$_{Mod}$ 得] 0]
　　 i. [$_V$[$_V$ 对][$_{Mod}$ 得] 0] ⇒ [$_V$[$_V$ 对][$_{Mod}$ 得][$_{Vd}$ 起]]

最后的结果用树形图来表示：

(26)

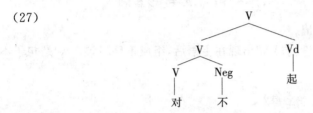

V = 动词，Mod = 能愿助词，Vd = 趋向动词。如果是表否定，能愿助词换成"一不一"，但生成程序相同，结构如下：

(27)

Neg = 否定词。我们注意到，(26)-(27)都是动词为中心语的结构。这样，动词还可以继续投射成动词短语。如：

(28)

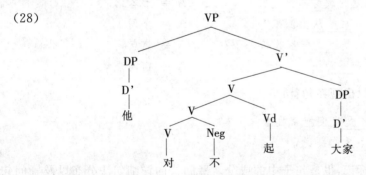

关于动词短语的结构，我们在本章和后面的两章里会有详细的讨论。这里只是举例。

7.0.4 疑问式

疑问式指词项跟否定词组成的中心语结构，它的语法功能是用作疑问标记，凡是含有疑问式的句子都是问句。疑问式的形式有三种：一、A 不；二、A 不 A；三、A 没(有)A。"A 不"中的"A"可以是情态词、动词、形容词；"A 不 A"中的"A"可以是情态词、体貌词、动词、形容词、介词、焦点词或者构词语素。分布如下：

第一，"A 不"和"A 不 A"出现在句末，跟前面的句子之间需要一个停顿，组成附加问句。"A"是独立成分，跟谓词没有关系。例如：

(29) a. 你帮我把车卸了, 肯不?　　A = 情态词
　　　b. 爷爷今年九十岁了, 是不?　A = 动词
　　　c. 帮我买张票, 行不?
　　　d. 给你泡杯龙井, 好不?　　　A = 形容词
　　　e. 她撒谎了, 对不?

(30) a. 他想进来, 可(以)不可以?　A = 情态词
　　　b. 小李今天没去上班, 是不是?　A = 动词
　　　c. 你别说了, 行不行?
　　　d. 我们把家收拾一下, 好不好?　A = 形容词

疑问式只是句末的疑问标记。

第二,"A 不 A"和"A 没(有)A"出现在主语后, 组成正反问句, "A"是句子本身的成分。例如:

(31) a. 老师要不要去上海?　　　　A = 情态词
　　　b. 老师有没有去上海?　　　　A = 体貌词
　　　c. 你买没买电脑?　　　　　　A = 动词
　　　d. 食堂的饭好不好吃?　　　　A = 形容词
　　　e. 老师从不从上海来?　　　　A = 介词
　　　f. 我们是不是把家收拾一下?　A = 焦点词
　　　g. 她勤不勤快?　　　　　　　A = 构词语素

焦点疑问式也可以出现在句首:

(32) a. 是不是我们把家收拾一下?
　　　b. 是不是你别说了?

疑问式既是疑问标记, 也是句子中的成分。疑问式的详细句法分布以及疑问句的结构, 我们将在第十三章讨论。

从语法系统的角度, 生成疑问式非常简单: 词库输出词项至句法, 但单纯词的构词语素怎么办? 再投射与组合, 就生成结构。先看"A 不"形式。例如:

(33) a. 对 ⇒ [$_v$ 对]
　　　b. 不 ⇒ [$_{Neg}$ 不]
　　　c. [$_v$ 对] ⇒ [$_v$ [$_v$ 对]]
　　　d. [$_v$ [$_v$ 对]] ⇒ [$_v$ [$_v$ 对] 0]
　　　e. [$_v$ [$_v$ 对] 0] ⇒ [$_v$ [$_v$ 对] [$_{Neg}$ 不]]
　　　f. [$_v$ [$_v$ 对] [$_{Neg}$ 不]] ⇒ [$_v$ [$_v$ [$_v$ 对] [$_{Neg}$ 不]]]

(f) = (34):

(34)

再看"A 不 A"。例如:

(35)   a. 去 ⇒ [$_V$ 去]
       b. 不 ⇒ [$_{Neg}$ 不]
       c. 去 ⇒ [$_V$ 去]
       d. [$_V$ 去] ⇒ [$_V$ [$_V$ 去]]
       e. [$_V$ [$_V$ 去]] ⇒ [$_V$ [$_V$ 去] 0]
       f. [$_V$ [$_V$ 去] 0] ⇒ [$_V$ [$_V$ 去] [$_{Neg}$ 不]]
       g. [$_V$ [$_V$ 去] [$_{Neg}$ 不]] ⇒ [$_V$ [$_V$ [$_V$ 去] [$_{Neg}$ 不]]]
       h. [$_V$ [$_V$ [$_V$ 去] [$_{Neg}$ 不]]] ⇒ [$_V$ [$_V$ [$_V$ 去] [$_{Neg}$ 不]] 0]
       i. [$_V$ [$_V$ [$_V$ 去] [$_{Neg}$ 不]] 0] ⇒ [$_V$ [$_V$ [$_V$ 去] [$_{Neg}$ 不]] [$_V$ 去]]

i = (36):

(36)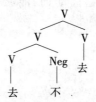

"A 没 A"的生成过程同上。"没"可以跟完成体貌词"有"一起出现。如:

(37)   她究竟 [来(了)没(有)来]?

前一个动词带肯定形式"了",后一个动词带否定形式"有"。"了"跟"有"成互补分布,都可以不出现。如果"有"不出现,就是融合进否定词。那么,两个动词都带上完成体貌词的"A 没 A"形式的结构如下(生成过程略):

(38)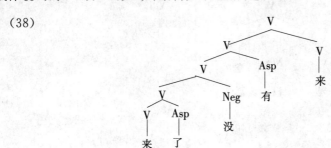

当然,如果只有一个动词都带上体貌词,结构就是:

(39)

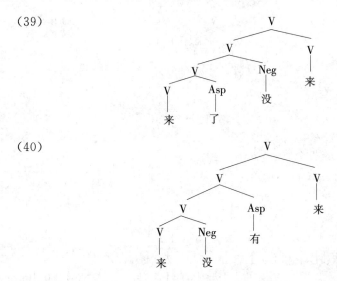

(40)

两个动词都不带体貌词,结构就是"来没来"。不赘。理论上,有几个体貌词取决于词库是否输出了几个;如果完全没有,就是词库没有输出。

疑问式也可以跟体貌词、趋向动词、能愿词结合,组成混和的中心语结构。比如:

(41)　　　　　　　　　　　　　　　　疑问 + 体貌

(42)　　　　　　　　　　　　　　　　疑问 + 动趋

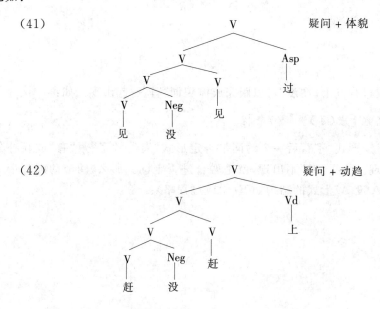

(43)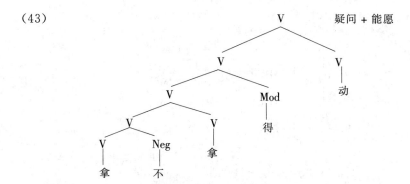

还可以跟作补语的语素结合，组成疑问式的动补性词结构：

(44)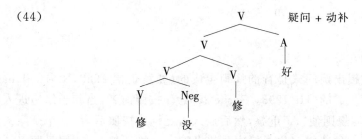

这些混和结构都是疑问式作为一个中心语，再加上别的成分来构成的。

疑问式都是中心语结构，按（说话人的）需要再投射成句子结构中的动词短语。比如用疑问式构成的附加问句（为简略起见，只显示有关部分）：

(45)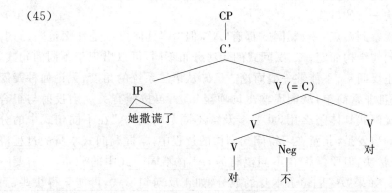

IP ＝ 屈折词短语，CP ＝ 标句词短语。这时，疑问式充当标句词，表示这是一个问句。再比如用疑问式构成的正反问句（为简略起见，仅用动词短语来显示）：

(46)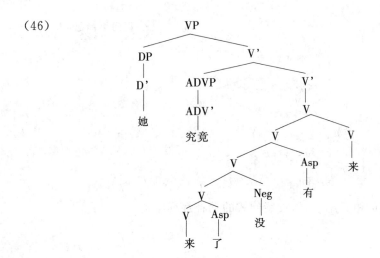

疑问句的结构我们在第十三章讨论。

　　之前也有研究提出疑问式是音韵规则生成的(如黄正德 1988, R.-H. Huang 2008)，以及在词库生成的(He 1998, Gasde 2004)。按照前者，当句子结构进入语音形式库之后，音韵规则使"A"重叠，然后插入否定词。按照后者，整个疑问式或者其中的成分需要在句法中移位。但这些似乎不大可能。其一，动词受题元结构的限制，一旦从词库输入句法，必须投射成跟题元结构相应的短语结构；其二，否定词插入并不可行；其三，词结构中的成分在句法中移位不妥。但如果疑问式是句法生成的中心语结构，上述困难皆不存在。这也符合疑问式不是词结构——最多只能是弱词性结构——的事实。

　　上面我们观察到两点：一、疑问式都有"A"，但"A"具体可以是什么范畴的词，需要视具体的问句结构而定；二、疑问式的句法分布不同，可以出现于不同的句式，如附加问句和正反问句，不能够一概而论。已知从语法系统的角度，无论何种疑问式，其生成过程都非常简单：从词库输出词项至句法，再按照有关规则投射与组合就可以了。但疑问式具体怎么用，就要涉及含不同范畴的"A"在不同句式中的分布。<u>这给我们的启发是，儿童在习得问句结构的过程中，掌握疑问式本身的过程应该非常简单、非常快，但要掌握含不同范畴的"A"在不同句式中的分布，就需要一个较长的过程。如果"A"是句子本身的成分，如正反问句形式，可能学得快些；而如果"A"不是句子本身的成分，如附加问句或者是非问句形式，可能会慢一些。</u>

　　最后注意一点，不要将"A 不"形式跟否定词作疑问标记混淆。如：

(47)　你去<u>不</u>？／她吃<u>不</u>？／老张睡<u>不</u>？

这些看上去似乎是"A 不"形式，其实不是，只是否定词充当疑问标记而已。这里只是谓语动词碰巧跟否定词在一起，结构上并没有关系。如果动词带了宾语，就不会发生这样的情况。比如：

(48) 你去上海<u>不</u>？/她吃龙虾<u>不</u>？/老张睡上铺<u>不</u>？

另外，否定词作疑问标记要根据谓语动词的体貌而变化。如果动词带了完成体貌词，否定词就要用"**没(有)**"。如：

(49) a. 你去了上海<u>没有</u>？
　　　b. 她吃过龙虾<u>没有</u>？
　　　c. 老张睡过上铺<u>没有</u>？

而"A **不**"形式只是附加问句的疑问标记，见例(29)。这个"**不**"不能换成"**没(有)**"。原因是，所谓"附加"，就是在已经有了一个陈述句的情况下，把"A **不**"形式附上去，成为问句。这时，句子中的谓语动词的体貌跟"A **不**"形式没有关系。比如，"她撒谎了，对不"，谓语动词的体貌用的是"了"，而"A **不**"形式仍然是"对不"，而不是"对没(有)"。而否定词作疑问标记，却需要跟谓语动词的体貌互相配合，如上面(37)-(40)。

7.1　动词短语中的题元关系

现在我们来看看动词如何投射成动词短语。与此有关的一个至关紧要的理论，就是动词的题元结构(argument structure)。我们已经知道，题元成分指出现在句子当中跟动词有关的名词性成分，如主语、直接宾语、间接宾语、介词宾语等等，请见 2.1.3 节。动词的题元结构就是指这些名词性成分跟动词的题元关系的总和。比如：

(50)　笑，V〈施事〉
　　　　　V〈施事，客事〉
　　　　　V〈施事，客事，述题〉

这代表动词"**笑**"的题元结构，是生成语法理论中的一种习惯表达法。首先写出动词，如这里的"**笑**"，用逗号隔开，后面是动词的符号 V，再后面是尖括弧〈〉，其中依次写出句子中出现的名词性成分的题元，用逗号分隔。(50)便是对下面三个句子中题元关系的总结：

(51) a. 张三笑。
　　　b. 张三笑李四。
　　　c. 张三笑[李四][不修边幅]。

(a)含施事，(b)含施事和客事，(c)含施事、客事和述题。述题题元笼统地代表一个谓语成分，或者一个句子。

目前，我们并不知道汉语中每一个动词的题元结构，那是要通过许多经验性的研究之后才会知道的事。也不用去讨论一个看起来似乎有多个题元结构的动词，到底是一词多用呢，还是一个题元结构就代表一个动词，比如(51)中的"**笑**"。那也是要通过研究之后才能决定的事(参顾阳 1994,1996)。

这里，我们只讲一个问题，就是题元结构要跟句法结构相结合(见 Jackendoff 1972,1987,1990；Marantz 1984；Chomsky 1986a；Baker 1988,1997；Grimshaw 1990；Williams 1994；Haegeman 1997a,1997b；Radford 1997a,1997b)。如何相结合呢？有两点。一、动词的题元结构决定它所投射成的动词短语；二、句子中先出现的题元成分的结构位置一般高于后出现的题元成分的结构位置。

理论上，动词一旦进入句法就要投射成一个动词短语(VP)。但是，按照 2.1.1 节讲过的 X-标杠模式，这个动词短语可以有多种形式。究竟是哪一种形式，就要看动词的题元结构了，这就是上面讲的第一点。比如，动词的题元结构中有一个施事成分，这时，动词就会投射成一个有标定语(specifier)的 VP。拿上文(51)中的(a)为例：

(52)
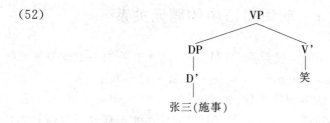

读者一定想问，为什么这个施事一定要放在标定语的位置？为什么它不放在补足语(complement)的位置，不放在附加语(adjunct)的位置呢？

回答是，在动词短语中，附加语位置一般是留给动词的修饰语的，如状语之类，见下节；而状语之类的成分通常不算作题元成分。这样一来，动词短语中接受题元成分的位置就只有两个：标定语位和补足语位。那为什么不把施事放在补足语的位置呢？这就跟题元成分跟短语结构中的位置的对应关系有关了。所谓对应，就是句子中先出现的题元成分的结构位置一般高于后出现的题元成分的结构位置，即上文讲的题元结构跟句法结构相结合的第二点。

虽然(51)(a)这样的句子只有一个施事成分，但不等于说汉语句子都是这样。再拿(51)(b)为例，动词除施事之外，还带了一个客事成分。这时，客事成分就会出现在补足语的位置，如：

(53)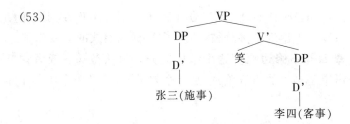

我们在 2.1.3 节讲题元阶层时讲过，题元成分在句子中出现的先后次序大致如下：

(54) （致事（施事/当事（与事/来源/目的/处所/工具（客事（述题））)))

并非所有的题元都会同时出现在一个句子当中，但是，同一个句子中出现的题元成分，先出现的，其结构位置要高于后出现的。因此，如果一个动词同时带一个施事和客事，施事就会放在标定语位，而客事就放在补足语位。当然，如果动词只带有施事，也会放在标定语位，因为同一语言中，题元成分在句子中的相对结构位置应该是基本稳定的，而不是在有的句子中是这样，在有的句子中是那样。这样才符合语言形式跟所表达的语义之间有一个基本的对应关系的原则。否则，我们就没有办法来系统地观察和描写语言了。

施事放在标定语位，客事放在补足语位，是一种非常典型的情况。其他的题元成分的结构位置我们会在下文和以后的章节中一一讲述，让读者了解生成语法是如何在短语结构中表达题元成分的。

另外还有一个问题，就是如果一个句子中出现了两个以上的题元成分怎么办，譬如(51)(c)？这时，VP 中的题元位置似乎已经占完了，那该怎么办？的确，这也是理论发展中曾经出现过的困惑（参 Larson 1988, 1990）。在 Chomsky(1993/1995)提出最简理论之前，这样的情况就只好作如下处理：

(55)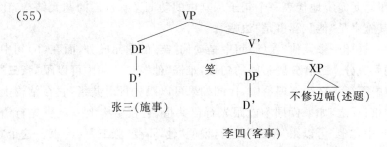

这样分析有好多问题。首先，它不符合语言事实。请看：

(56) a. 张三既鼓励[李四][不修边幅]，又笑[李四][不修边幅]。
　　　b. 张三既鼓励____、又笑[李四][不修边幅]。

"[李四][不修边幅]"在联合结构中可以一起省略掉，说明它必须属于同一个结构成分,否则无法一起省略。其次,理论上,客事题元和述题题元出现在同一个结构层次,违反了题元阶层;结构上出现了多分枝,违反了 X-标杠模式的双枝原则。

下一步是确定"[李四][不修边幅]"这个结构成分的语法范畴。或者说"[李四][不修边幅]"这个语串是多大的语言单位,是一个句子呢,还是一个比句子小的单位?再请看:

(57) a. 张三$_i$ 笑[他]$_{*i/j}$ [不修边幅]。
     b. 张三$_i$ 说[他]$_{i/j}$ [不修边幅]。

(a)中的"他"不能跟主语"张三"共指(co-referential),而(b)中的"他"可以。为什么有如此区别?其实,(a)、(b)什么都一样,就是动词不同。这说明,"[李四][不修边幅]"这个语串跟动词"笑"的结构关系与跟动词"说"的结构关系大不一样。

我们可以从题元结构的角度来理解这个差别。(57)(a)的题元结构我们已经在上文(51)里陈述过了。即,"[他][不修边幅]"是动词"笑"带的两个题元成分。然而,"[他][不修边幅]"对于动词"说"而言是一个题元成分,即:

(58) 说,V〈施事,述题〉

也就是说,在(57)(b)里边,"张三"是施事,"他不修边幅"是述题。其结构如下:

(59)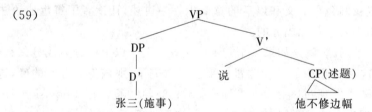

前面说过,述题题元笼统地代表一个句子。其中的动词又有自己的题元结构,比如这里的"修",其施事是"他",客事是"边幅"。

回到(57)。这样一来,"他"在(a)句中是动词"笑"的题元成分,而在(b)句中是动词"修"的题元成分。二者分属不同的句域,难怪"他"在(b)句中可以跟"张三"共指,而在(a)句中不行。在约束理论中,代词如果可以跟先行语共指,它在结构上不受先行语的约束;反之,如果代词不能跟先行语共指,它在结构上一定受先行语的约束。在(b)句中,"他"可以跟"张三"共指,说明"他"不受"张三"的约束。这个"不受约束"的概念是通过"他"所在短语范畴(CP)来表示的。这里,CP = 标句词短语,代表一个单句,同时代表一个约束屏障(binding barrier,Chomsky 1986b),表示"张三"不能穿过 CP 去约束"他";或者说,在 CP 以上,并在它之外的名词性成分不能穿过 CP 去约束在 CP 里面的代词。就目前我们所运用的 X-标杠模式而言,暂时没有其他更好更简洁的表示办法。

再回到(57)(a)句,这里的"**[他][不修边幅]**"是动词"**笑**"带的两个题元成分,同时,"**他**"不能跟"**张三**"共指。那又该如何来表示呢?这也就会到前面的问题,即如果一个句子中出现了两个以上的题元成分怎么办?

我们在第二章 2.1.3 节讲题元阶层时讲过,题元是动词通过短语结构指派给有关成分的;同时,我们又知道,一个动词短语(VP)中只有两个接收题元的位置:标定语位和补足语位。如果一个动词带了两个以上的题元成分,理论上,必须在短语结构中增加题元成分的位置,才能解决问题。对此,Chomsky(1993/1995)在最简理论中提出的解决途径就是设法多增加动词短语的数量,比如在 VP 的上面加一个所谓的轻动词短语,符号上记为 vP,跟一般的动词短语 VP 有所区别。再拿上文(57)(a)句为例,其结构如下:

(60)
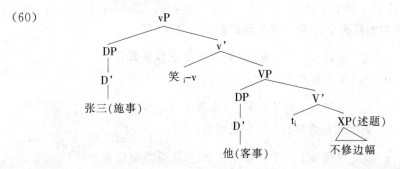

这样的结构称为"动词的套组结构"(VP-Shell)。即在谓语动词短语(VP)的上面再套上一个轻动词短语(vP)。严格地说,是谓语动词短语(VP)作了轻动词(v)的补足语。这里,vP = 轻动词短语,v = 零形式(即没有语音的形式)的轻动词。当然,轻动词也可以有语音的形式,可以是一个黏着语素,也可以是一个自由语素。零形式的轻动词相当于一个黏着语素,必须跟一个词根相结合才符合语法。所以,其中的谓语动词要移位上去跟"v"合为一体。轻动词的功能如果是帮助谓语动词完成题元结构跟成分结构的组合过程,这类轻动词可称为"执行轻动词"(performance light verb)(参 Radford 1997a:209)。有关动词的套组结构和轻动词的详细内容请见第八章 8.2 节。

理论上,动词的套组结构解决了一个动词带了两个以上的题元成分时,有关题元成分在结构上的分布问题。按照上面(60)中的结构,它首先符合相关的语言事实。即,客事和述题成分应该属于同一个成分结构,如上文(56)所示;同时,施事主语不可以跟客事宾语共指,如上文(57)所示。这些事实在(60)的结构中都描述了出来。即,客事和述题成分同属一个动词短语(VP);因为动词短语不是约束屏障,所以主语在结构上可以约束了宾语,二者不能共指。

可见,轻动词和动词的套组结构的概念是一个理论上的进步,它把题元阶层和成分结构更紧密地结合起来，同时也是语言描写上的一个进步，它解释了以前尚不能比较精细地描写的一些语言事实。在这方面，轻动词和动词的套组结构的概念还提供了一个解释语言中意义基本相同但语序不同的句子的方法，这我们在以后的章节中会看到。在本节里，我们的重点只是讲解动词的题元结构和短语结构之间的关系。

7.2 动词的修饰语

　　动词的修饰语属于状语（adverbial）的范畴，这里主要指用于修饰动词而且不是句子的状语成分。如果状语成分本身是句子，用来修饰另一个句子，那就属于复句的范畴，我们在第十章再说。

　　汉语动词的修饰语常常出现在动词和主语之间，如：

(61)　a. 他［好好］吃了一顿。（副词性成分作修饰语）
　　　 b. 他［常］去那儿。

(62)　a. 他［悄悄地］跑了出来。（主语方向的修饰语）
　　　 b. 她［满面愁容地］站在我面前。

(63)　a. 他［脆脆地］炒了一盘花生米。（宾语方向的修饰语）
　　　 b. 她［香喷喷地］抹了一脸香水。

"地"字短语也属于副词性修饰成分，但它常常有方向性，语义上指向主语或者宾语。句法上，这些成分是动词的修饰语，但语义功能上，它们不是修饰动词，而是对主语或者宾语作出修饰性的描写。比如，"他［**悄悄地**］跑了出来"是说"**他跑出来的时候，他是悄悄的**"。予以类推。

　　再看其他类型的修饰语：

(64)　a. 他［在北京］工作。（介词短语作修饰语）
　　　 b. 他［对你］有意见。
　　　 c. 他［朝那边］走了。
　　　 d. 我［为你患病］担心。
　　　 e. 他［在妈妈回来以前］做好了饭。
　　　 f. 他［在开会的时候］病倒了。

(65)　a. 他［坐火车］来。（动词短语作修饰语）
　　　 b. 他［拿刀］杀鸡。
　　　 c. 他［吃了饭］洗澡。

动词短语作修饰语也可以出现在动词之后,如:

(66) a. 他打电话［叫医生］。
　　 b. 他上街［买菜］。
　　 c. 他去广州［打工］。

(65)、(66)这类句子又叫连动式或者连谓式(serial verb constructions)(Y. R. Chao 1948,1968;胡裕树等 1992),也可以含两个以上的动词短语,但我们这里只考虑含两个动词短语的情况。动词之前的动词短语一般作方式状语,而动词之后的动词短语一般作目的状语。有时候,方式和目的的界限并不十分清楚,比如,**他［举手］［赞成］**,"**举手**"可以是"**赞成**"的方式,"**赞成**"也可以是"**举手**"的目的。不管是表示目的还是表示方式,它跟谓语动词的结构关系才是我们关心的问题。

结构上,不管是什么成分修饰动词,它是状语,是动词的附加语,比如:

(67)　　　　　　　　　　　　　副词短语作修饰语

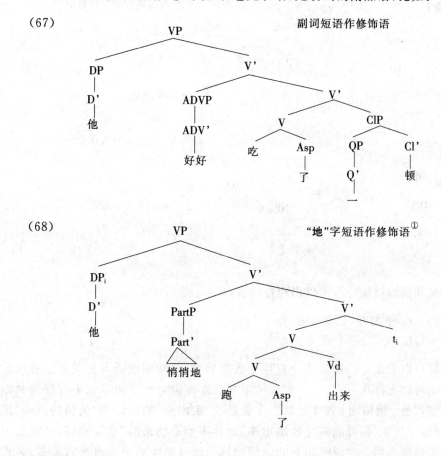

(68)　　　　　　　　　　　　　"地"字短语作修饰语[①]

[①] "跑"是非宾格动词,带一个宾语;该宾语可移位至动词前,见第八章 8.1.3 节。

(69) 介词短语作修饰语

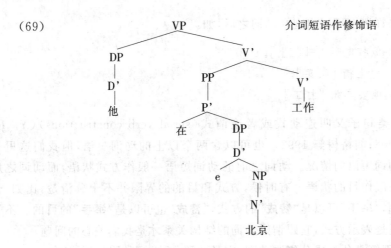

(70) 动词之前的动词短语作修饰语

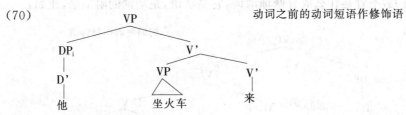

(71) 动词之后的动词短语作修饰语

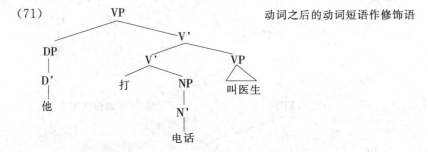

以上的某些修饰语成分也可以出现在句首,比如:

(72) a. 悄悄地,他跑了出来。
b. 对你,他有意见。

这种情况可以看成是修饰语成分直接生成在句首,跟动词短语没有关系。有两方面的事实可以支持这一点。一、句首的副词性修饰语对整个句子似乎有修饰的作用。比如,"他[悄悄地]跑了出来",主要是说"**跑出来**"的动作是"**悄悄的**";而"**悄悄地,他跑了出来**"则可能有"[他跑出来]这件事情是悄悄的"这层意思,即对整个句子有了修饰作用。这说明句首的副词性修饰语可能跟动词短语没有关系,是直接生成在句首的。二、句首的介词短语常有标记动词宾语的作用。比如:

(73) a. 领导很信任［他］。
　　　　［对他］，领导很信任。
　　　b. 你找老张谈［这件事］。
　　　　［关于这件事］，你找老张谈。

"**关于**"、"**对**"标记的是客事宾语。工具宾语、处所宾语也有类似情况。比如：

(74) a. 他吃［大碗］。
　　　　他［用大碗］吃。
　　　b. 他吃［食堂］。
　　　　他［在食堂］吃。

"**用**"标记的是工具宾语，"**在**"标记的是处所宾语。上述例子显示，有介词作标记之后，动词宾语可以出现在别的句法位置，包括句首。根据这个道理，我们可以判定，下列句子是各自生成的，之间没有转换的关系：

(75) a. 领导很信任［他］。
　　　b. 领导［对他］很信任。
　　　c. ［对他］，领导很信任。

当然，有时候介词标记的成分根本就不是动词的宾语。此时，介词短语的句法位置之间也应该没有转换关系。重复前面的例子：

(76) a. 他［对你］有意见。
　　　b. ［对你］，他有意见。

这里，"**对**"标记的是关涉题元，介词短语要么生成在动词短语中，要么生成在句首。

　　理论上，动词宾语如果作了介词宾语，那么，这个宾语就不再从动词那里获得题元和格位，而是从介词那里获得题元和格位。这也是为什么(73)-(76)中含有介词的句子不应该是从动词宾语句转换而来的一个理由。相反，如果不用介词，宾语不出现动词之后而出现在句子的其他位置(而我们知道汉语是SVO语言)，就有可能是宾语移位，比如：

(77) a. 领导很信任［他］。
　　　　［他］$_i$，领导很信任　t_i。
　　　b. 你找老张谈［这件事］。
　　　　［这件事］$_i$，你找老张谈　t_i。

理论上，宾语要从动词那里获得题元和格位之后，才能移到其他位置。这是我们依据题元和格位理论得到一个分析(见第二章2.1.3和2.1.4节)。也是和前面

(73)、(75)中含有介词的句子不同的地方。

最后,应该补充一下有关动词短语作修饰语的问题。前面说过,有的著作把这种句子归于连动式或者连谓式。其原因之一是想把这类句式跟汉语中动词的并列结构(verbal coordination)区别开来(Y. R. Chao 1948,1968)。请先观察下面的并列结构:

(78) a. 他打麻将听京戏。
b. 他听京戏打麻将。

(79) a. 他抽烟喝酒。
b. ＊抽烟,他喝酒。
c. ＊喝酒,他抽烟。

(80) a. 他炒股票做地产。
b. 他是[炒股票]是[做地产]。
c. ＊他[炒股票]是[做地产]。

(81) a. 她洗衣做饭。
b. 她[洗了衣][做了饭]。
c. ＊她[洗衣][做了饭]。

(82) a. 她唱歌跳舞。
b. 她又唱歌又跳舞。

并列成分(conjunct)可以换位置而不改变意义(Y. R. Chao 1948,1968),如(78);不可以前置作话题(He 1990,1996),如(79);不可以只有后面一个并列成分作焦点(文献同前),如(80);不可以只有后面一个并列成分带体貌词(文献同前),如(81);可以用"又……又……"来连接,如(82)。

下面请比较连动式的句子:

(83) a. 他乘船去英伦。
b. 他去英伦乘船。(意思不同)

(84) a. 我们引水种棉花。
b. 引水,我们种棉花。
c. 种棉花,我们引水。

(85) a. 他跳上台去讲话。
　　　b. *他是[跳上台]是[去讲话]。
　　　c. 他[跳上台]是[去讲话]。

(86) a. 她参军打鬼子。
　　　b. ？她[参了军][打了鬼子]。
　　　c. 她[参军][打了鬼子]。

(87) a. 她开车上班。
　　　b. *她又开车又上班。（意思不同）

我们看到,连动式中前后的动词短语换了位置之后,意思也发生了变化,如(83);两个动词短语都可以作话题,如(84);两个动词短语不好同时作焦点,但后面一个可以单独作焦点,如(85);两个动词短语不好都带体貌词,但后面一个可以单独带体貌词,如(86);不好用"又……又……"来连接,如(87)。也就是说,连动式变换句式的结果跟并列结构的结果恰好相反。说明连动式不是并列结构。余下的可能性只有一个,就是从属结构(subordination)。换言之,连动式中的两个动词其中一个是句子的谓语动词,而另一个则是谓语动词的修饰语。前面说过,一般来说,表示方式的动词会出现在谓语动词之前,而表达目的的动词会出现在谓语动词之后。不管是在前还是在后,作修饰语的动词短语跟谓语动词之间是从属的结构关系;如果用二阶短语结构的方式表示出来,就是我们前面分析的那样,即,谓语动词是中心词,而作修饰语的动词短语则是附加语。

如果语篇中出现含有两个以上动词短语,具体情况就要具体分析。比如:

(88)　于观[板着脸]₁[进了家门]₂,[进到客厅]₃[脱鞋]₄[换拖鞋]₅,
　　　接着[挨个]₆[解衬衣扣子]₇,[一声不吭]₈,
　　　[横眼]₉[瞧着([摊手摊脚][坐在沙发上][微笑着]的)老头子]₁₀,
　　　然后猛地[脱下衬衣]₁₁,[穿着小背心]₁₂[去卫生间]₁₃[拧开水龙头]₁₄
　　　[哗哗地洗]₁₅,片刻,[拿着大毛巾]₁₆[回到客厅]₁₇[([用力]地)擦]₁₈,
　　　[继续([用眼][瞧着老头子])]₂₀。

（摘自《我是王朔》,页135,王朔等1989）

这类按照动作或过程发生的时间顺序排列的动词短语,组成一个长长的文本句（即以句号为标记的"句子"）,汉语里很多,叫作流水句(吕叔湘1979)。结构上,流水句并不是一个语法范畴,而是包含了动词的并列和从属结构二者交织在一起的一段文本或者篇章。上面的例子中,编了号的动词短语都可以用"**于观**"作主语,换言之,一个主语后面跟了二十来个动词短语,还不算用在"……**的**"字和"……**地**"字结构中的动词短语。

从本节讨论的动词修饰语的角度来看,(88)中似乎有如下的情况:

(89) a. [板着脸]是[进了家门]的表方式的修饰语;
b. [挨个]是[解衬衣扣子]的表方式的修饰语;
c. [横眼]是[瞧着(摊手摊脚坐在沙发上微笑着的)老头子]的表方式的修饰语;
d. [穿着小背心]是[去卫生间]的表方式的修饰语;
e. [拧开水龙头哗哗地洗]是[去卫生间]的表目的的修饰语;
f. [拧开水龙头]是[哗哗地洗]的表方式的修饰语;
g. [拿着大毛巾回到客厅]是[([用力]地)擦]的表方式的修饰语;
h. [拿着大毛巾]是[回到客厅]的表方式的修饰语。

另外,在"……**的**"字和"……**地**"字结构中,动词短语作修饰语的有:

(90) a. [摊手摊脚]是[坐在沙发上]的表方式的修饰语;
b. [用力(地)]是[擦]的表方式的修饰语;

还有动词短语作了动词宾语的情况,即,[用眼瞧着老头子]是动词"继续"的宾语。而在[用眼瞧着老头子]中,[用眼]是[瞧着老头子]的表方式的修饰语。以上所列的修饰关系都是从属结构,都可以用上文讨论过的动词短语中的附加语的形式表示出来。

当然,流水句中还有动词短语组成的并列结构。这虽然不是本节要讨论的范围,我们也将它列出来作参考:

(91) a. [进到客厅][脱鞋][换拖鞋]
b. [摊手摊脚坐在沙发上][微笑着]
c. [板着脸进了家门]、[进到客厅脱鞋换拖鞋]、[接着挨个解衬衣扣子]、[一声不吭]、[横眼瞧着摊手摊脚坐在沙发上微笑着的老头子]、[然后猛地脱下衬衣]、[穿着小背心去卫生间拧开水龙头哗哗地洗]、[片刻拿着大毛巾回到客厅用力地擦]、[继续用眼瞧着老头子]

其中的动词短语之间都可能是并列结构。(c)有语间停顿,也表示是并列结构。语篇中含有多个动词短语的情况十分复杂,虽然一个一个动词短语之间的结构关系可以用从属或者并列结构来分析,但篇章结构本身已超出了句法的范畴,不赘。

第八章 动词短语(二)

本章讨论动词的分类以及每一类动词组成的动词短语的结构。其中,由表达语法范畴的轻动词加上谓语动词组成的套组型的动词短语是解决及物动词含有两个宾语、一个宾语和一个补语成分时的关键结构。

8.0 动词的分类

从生成语法的角度,动词的分类是跨语言的,有的语言可能少了某一小类,有的可能多了某一小类。分类的标准大致有两个。一是及物和不及物:设所有的动词都可能有一个用主语表达的题元,而及物动词除此之外,还有用宾语或者补语表达的题元。习惯上,带一个题元成分的动词又叫一元动词(one-place verb),带两个题元成分的叫二元动词(two-place verb),带三个题元成分的叫三元动词(three-place verb)。另外,按动词是否表示动作(action)、过程(process)或者状态(state),以及这些动作、过程或状态是自主的(active)还是非自主的(nonactive),(参Vendler 1967, Perlmutter 1978, Pullum 1988, Dowty 1979, Burzio 1986),动词也可以再分成若干小类。两个标准结合起来,汉语动词可以有如下的分类:

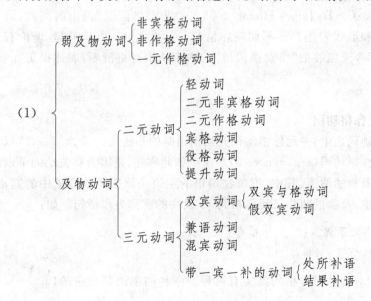

理论上,非宾格动词(unaccusatives)可以表示非自主动作或过程;非作格动词(unergatives)、宾格动词(accusatives)以及各类双宾动词,可以表示自主动作或过程;一元作格动词(one-place ergatives)、提升动词(raising verb)一般表示非自主状态(或状态变化);二元作格动词(two-place ergatives)和役格动词(causatives)可以表示自主或非自主状态(或状态变化)。轻动词表达的是语法范畴,见下文 8.2.1 节。

第七章 7.1 节讲过,理论上,每一个动词输出至句法之后,都要按照自己题元结构,比如(施事(终点/益事(客事))),以及次范畴选择特征(sub-categorization),比如[V-DP-DP],来组成句法结构。下面我们就来逐一看看各类动词组成的动词短语的成分结构。目前,我们并不完全知道每一类的动词都有哪些,这是汉语研究逐步要做的事情。所以,我们列出的动词都限于举例而已。

8.1 一元动词

这类动词在传统语法中通称为不及物动词。其实,这包括非作格动词、非宾格动词和作格动词三种。表面上,这三种动词都可以具有"主语 + 动词"的表层结构;但实际上,这是三种在语法特征和结构上都非常不同的动词。有一个著名的理论,叫作"非宾格假说"(The Unaacusative Hypothesis)(Perlmutter 1978, Burzio 1986)。它认为,非宾格动词的题元成分是它的宾语,而非作格动词的题元成分是它的主语。之后的研究又发现,这些动词其实并非只带一个题元,而是两个:非宾格动词的主语是隐性的,而非作格动词的宾语是隐性的(Baker 1988; Hale & Keyser 1992, 1993; C.-T. James Huang 2008)。"非宾格假说"提出的当初,研究者对结构的认识和形式表述都远不如现在清楚。20 世纪 80 年代末起,理论有长足的进步,使我们今天能够把"非宾格假说"的内容认识得更清晰,表述得更完善。下面来看。

8.1.1 一元作格动词

在三种一元动词之中,一元作格动词充当谓语时的句法结构最为简单,所以我们首先讨论它。作格动词(ergative verb)之所以如此称呼,是因为有关动词可以组成一对及物和不及物的谓语,其中,不及物谓语的主语是原来及物谓语中的宾语。在这样一对谓语中,及物的叫作二元作格句,不及物的就称为作格句。如:

(2) a. 他感动了我。(二元作格句)
　　b. 我感动了。(作格句)

不过,跟作格句相对的二元作格句其实有两种。一种的主语是自主的(active),如

(2)(a)及下面(3)这样的句子;一种的主语是非自主的(non-active),如下面(4):

(3) a. 你温暖了她的心。/她的心温暖了。
b. 小莉开了门。/门开了。
c. 水手们沉了船。/船沉了。
d. 他(故意)吓了我一跳。/我吓了一跳。
e. 小张发了家。/家发了

(4) a. 太阳光温暖了他的身体。/他的身体温暖了。
b. 这一撞就开了门。/门开了。
c. 风暴沉了船。船沉了。
d. 树影吓了我一跳。/我吓了一跳。
e. 炒股票发了家。/家发了。

非自主主语的例子还有:**太阳融化了冰/冰融化了,音乐丰富了生活/生活丰富了,军训严肃了纪律/纪律严肃了,贸易繁荣了市场/市场繁荣了。**

不管它的主语是自主的还是非自主的,二元作格句可以变换成使动句(即含"使"、"令"、"让"的句子),语义不变,如"**他感动了我/他令我感动了、太阳融化了冰/太阳使冰融化了**"。我们在后面 8.2.1 节讨论含非自主主语的二元作格句,在 8.2.3 节讨论含自主主语的二元作格句。

前面说过,一元作格动词主要表示非自主状态(或状态变化)。因此,它的主语代表的是一个当事题元(experiencer),例如:

(5)
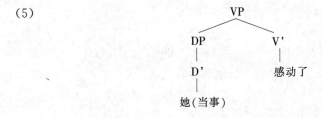

这个动词短语(VP)如果充当句子谓语,就是单句结构的一部分。单句结构的讨论见第十章。

8.1.2 非作格动词

非作格动词(unergative verb)并不是跟作格动词相对而言的,只是借用了个名称而已。特点是:主语不能出现在动词之后,也不能用代词"那儿"放在主语位置上。如:睡、醒、笑、哭、病、喊、聋、瞎、哑、疯、傻、走(走路)、跑(跑步)、跳,等等。例如:

(6) a. 张三睡了。/＊睡了张三。/＊那儿睡了张三。
　　b. 张三醒了。/＊醒了张三。/＊那儿醒了张三。
　　c. 张三笑了。/＊笑了张三。/＊那儿笑了张三。
　　d. 张三哭了。/＊哭了张三。/＊那儿哭了张三。
　　e. 张三病了。/＊病了张三。/＊那儿病了张三。
　　f. 张三喊起来。/＊喊起来张三。/＊那儿喊起来张三。
　　g. 张三聋了。/＊聋了张三。/＊那儿聋了张三。

主语不能出现在动词之后，也不能用代词"那儿"放在主语位置上，是两个鉴定非作格动词的标准。有时候，某一动词似乎不一定遵守其中一个标准，比如可以说"**那儿睡着张三**"，但却一定不能说"＊**睡着张三**"，因此，"睡"仍然是非作格动词。另外，汉语中所谓的离合词也似乎都是非作格动词，比如：

(7) a. 张三签名。/＊签名张三。/＊那儿签名张三。
　　b. 张三撒谎。/＊撒谎张三。/＊那儿撒谎张三。
　　c. 张三生气。/＊生气张三。/＊那儿生气张三。
　　d. 张三伤心。/＊伤心张三。/＊那儿伤心张三。
　　e. 张三听话。/＊听话张三。/＊那儿听话张三。

前文说过，非作格动词的题元成分是它的主语，而它的宾语是隐性的。原因是非作格动词是从名词衍生出来的（Baker 1988；Hale & Keyser 1992, 1993；C.-T. James Huang 2008）。比如英文中的一些例子：

(8) a. don't make a fuss.　⇒　don't fuss.
　　　（别烦人）
　　b. let's have a party.　⇒　let's party.
　　　（我们来派对）
　　c. he took a sleep.　⇒　he slept.
　　　（他睡了）
　　d. he plays golf.　⇒　he golfs.
　　　（他打高尔夫球）
　　e. he told a lie.　⇒　he lied.
　　　（他说谎）
　　f. he catches fish.　⇒　he fishes.
　　　（他钓鱼）
　　g. we had a laugh.　⇒　we laughed.
　　　（我们笑了）

h. they took a dance.　　⇒　they danced.
(他们跳了舞)

左边的句子是及物谓语,右边的是不及物谓语。右边的动词是左边的宾语名词改作的。按有的研究,这个名词改作动词的过程发生在句法,是把右边句子处理成深层及物谓语(Radford 1997a:391)。如:

(9)
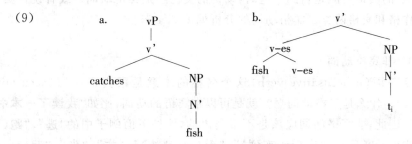

这样组成的非作格谓语又称为"非名物化谓语"(denominal predicates)(参 Baker 1988,Hale & Keyser 1993)。(a)显示一个及物动词短语,但它的动词(catches)是一个执行轻动词(performance light verb)(Chomsky 1993,1995);(b)显示相同的动词短语,但轻动词是零形式的,v = 零轻动词,可以有时态、体貌标记,但本体相当于一个黏着语素,必须跟一个词根相结合才符合语法。所以,宾语名词移位上去跟"v"合为一体,组成了表层语序看上去由名词转作的动词"fishes"。轻动词的详细内容我们在本章 8.2.1 节讲。

那么,汉语的非作格动词是否也是在句法中生成的呢?这涉及汉语的非作格动词的起源是否跟同一类动词在其他语言中的起源一样?另外,汉语的非作格动词虽然跟另一语言的同一类动词有相同的语法功能,其形式特征是否一定相同?比如,汉语离合词大多可以兼作名词和动词,这跟英文中的非作格动词的功用相同;然而,汉语离合词的名、动功能可能来自兼类,而不是通过上述句法转换过程来做到的,这就跟英文中的非作格动词不同。此问题需要进一步的研究。

这里暂且采纳非作格谓语是"非名物化谓语"的分析。具体来说,非作格动词的深层形式是零形式,它表示自主的动作或过程,带一个施事主语,例如:

(10)
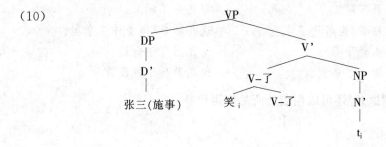

V = 零非作格动词,带一个名词宾语,该名词移到零动词的位置,完成"名物化谓语"的组成过程。这种句法操作和结构又叫作"并入结构"(incorporation)(Baker 1988)。也见 8.2.1 节有关轻动词的讨论。当然,有些非作格动词也可以带一个当事主语,如"张三病了",表示非自主的动作或过程。少数非作格动词也可以带宾语,比如"**她笑我**"(= 嘲笑我),"**小张哭父亲**"(为父亲而哭)。"**笑**"的宾语应该是客事,而"**哭**"的宾语可能是目的。这时,动词的类已经是宾格动词。或者说,"**笑**"、"**哭**"兼非作格和宾格两类。宾格动词的分析见 8.2.4 节。

8.1.3 非宾格动词

非宾格动词(unaccusative verb)这个名称的本意是跟宾格动词(accusative verb)相对的。什么是宾格动词呢?就是可以带宾语的动词,比如"**我读了一本书**"中的"**读**"。因此,非宾格动词应该是不带宾语的,比如下面例子中的"**逃**"、"**跑**(= 逃跑)"、"**走**(= 离开)"、"**来**(= 来到)"、"**到**(= 到达)"、"**站**"、"**坐**"、"**起**(= 升起)"、"**落**(= 落下)"、"**长**(= 生长)"、"**死**"、"**出现**"、"**发生**"、"**产生**"。例如:

(11) a. 张三了逃/跑了。
    b. 客人来了/走了。
    c. 火车到了。
    d. 许多学生站着/坐着。
    e. 矿工死了。
    f. 奇迹出现了。
    g. 事故发生了。

语义上,非宾格动词大都可以表达存在或者出现这样的意思。句法上,该类动词还有一个特点,就是它的主语也可以出现在动词之后,而且还可以用代词"**那儿**"、"**这儿**"放在主语位置上。如:

(12) a. 逃了/跑了张三。   那儿逃了/跑了张三。
    b. 来了/走了客人。   这儿来了/走了客人。
    c. 到了火车。   那儿到了火车。
    d. 死了矿工。   那儿死了矿工。
    e. 站着/坐着许多学生。   这儿站着/坐着许多学生。
    f. 出现了奇迹。   这儿出现了奇迹。
    g. 发生了事故。   这儿发生了事故。

而且,"**那儿**"、"**这儿**"还可以用表处所的短语代替,如:

(13) a. 监狱里逃走了/跑了张三。
b. 家里来了/走了客人。
c. 车站到了火车。
e. 煤矿死了矿工。
f. 教室里站着/坐着许多学生。
g. 东方出现了奇迹。
h. 场里发生了事故。

另外,一部分动词后的成分也可以出现在处所短语之前,如:

(14) a. 张三从监狱里逃走了/跑了。
b. 客人从家中走了。
c. 矿工在煤矿里死了。
d. 许多学生在教室里站着/坐着。

这时候,处所必须有介词标记。但并非所有的非宾格谓语中的处所短语都可以这样来标记。有的不行,如"*火车在火车站到了"(原因是这个处所短语可以直接充当宾语,即"火车到了火车站",所以不必再作状语)。重要的是,我们看到(13)中主语跟(14)中的有标记的处所短语成互补分布。

该如何来解析上述非宾格谓语的结构呢?按照"非宾格假说"(The Unaacusative Hypothesis)(Perlmutter 1978, Burzio 1986),非宾格动词的主语其实并不是真正的主语,而是客事宾语,之后移位到主语的位置(也见 Radford 1997a:392ff, 2004:348ff)。这个原则应该是跨语言的。因此,设非宾格动词的题元结构是⟨(处所),客事⟩,即客事成分生成在动词的补足语位置,标定语位置是一个可选的处所成分。前文还说过,非宾格动词的主语是隐性的(Baker 1988; Hale & Keyser 1992, 1993; C.-T. James Huang 2008)。这样,在非宾格动词充当谓语的句子中,单句的主语是一个零代词。如:

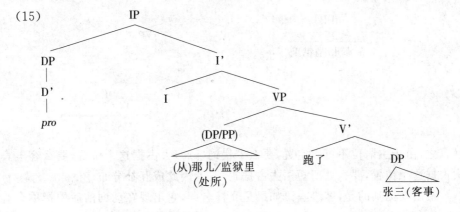

I ＝ 零语法范畴词，IP ＝ 语法范畴词短语，它是单句的必要成分，见第十章 10.2 节的讨论。pro ＝ 零代词，没有具体语义，充当占据结构位置的成分。每个单句都要有一个主语；如果不出现，就可能是零形式（参 Chomsky 1993,1995）。DP ＝ 限定词短语（那儿/监狱里），PP ＝ 介词短语（从那儿/监狱里）；词库输出了介词就生成为 PP，否则就是 DP。如果处所短语不出现，就是"跑了张三"。而如果零代词（pro）不出现，即词库不输出这个词项，那么，为了让"主语位置不空置"，宾语就要移位到主语位置，生成"张三(从那儿/监狱里)跑了"，或者说，非宾格句的主语是衍生而来的。如下所示：

(16)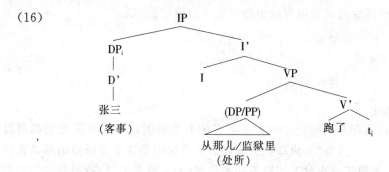

理论上，移位的原因是获得格位，即移位成分不能从生成位置取得格位，于是需要移位。"非宾格假说"的倡导者 Burzio(1986)认为，非宾格动词如不向宾语位置指派格位，就可以向主语位置指派格位。据此可以设，如果词库不输出零代词(pro)，结构上主语的空缺会抑制非宾格动词向宾语位置指派格位，于是宾语移位到主语位置，既保证了主语位置不空置，同时也取得了格位。

如果词库不输出零代词(pro)，宾语也不移位，那么，主语位置就一定有处所短语出现。如：

(17)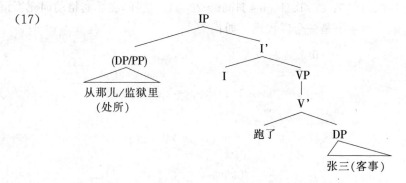

换言之，由于主语位不可以空置，要么零代词(pro)去占据这个位置，要么客事宾语去占据这个位置，要么处所短语去占据它，三者因此成互补分布。

最后要提到的是，客事宾语如果是光杆名词，它出现在动词前后的指称会有所不同。请比较：

(18) a. 犯人跑了。/跑了犯人。
b. 火车到了。/到了火车。
c. 客人来了。/来了客人。
d. 矿工死了。/死了矿工。

动词前的"犯人"、"火车"、"客人"、"矿工"都是有指的（referential），而在动词后可能是有指的,也可能是无指的（non-referential）。那么,该怎么来分析有关的名词性成分呢？我们在 5.5.2 节讨论零限定词短语的结构时观察到,约束关系中的先行语需要有指称。我们又知道,名词性成分的指称并不能因为移位而改变。这意味着客事宾语在移位之前就是有指的,也暗示这个宾语的指称是随语法环境而定的。换言之,要移位的宾语一定是有指的,而不移位的宾语则有指无指皆可。或者说,光杆名词在非宾格动词前后的指称不同的问题,实际上是有关名词本身的结构问题。从第四章和第五章的讨论,我们知道,作宾语的光杆名词既可以是一个名词短语（NP）,也可以是一个零限定词短语（DP）。比如：

(19)

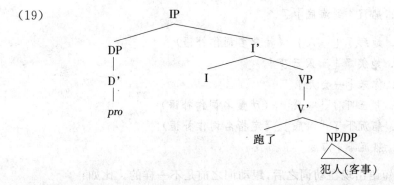

这是宾语不移位的情况。而宾语如果要移位,句法输出的（光杆名词）宾语必须是一个零限定词短语,才可以约束自己的语迹。图示如下：

(20)

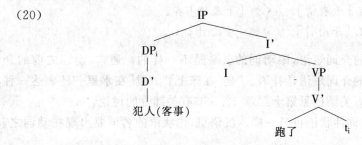

当然,限定词短语也可以不移位,如前面(15)中的"跑了张三"。以上分析满足了约

束关系中的先行语需要有指称这个条件。也解决了非宾格动词之前的光杆名词主语的指称问题。非宾格动词跟表存在范畴的轻动词"有"一起使用情况,如"**有一位客人(从海外)来了**",在第十一章 11.4 节讨论。

最后要提到两点。其一,存在动词"**在**"也属于非宾格动词类,有关句式我们在第十一章 11.4 节再讲。其二,汉语趋向动词可以将动词非宾格化。例如,"**跳**"本来是非作格动词(见下节),但是"**跳出来**"却有非宾格用法:"**李四跳出来了**"、"**(那儿)跳出来了李四**"、"**从墙角跳出来一个李四**"。原因很简单,汉语趋向式有表达"出现/呈现"之意,前文说过,这正是非宾格用法的一种语义。

8.1.4 一元动词的补语

前面说过,不及物动词主要指不带宾语,但它也可能有补语成分。这里说的补语,既有语法功能的意思,也有结构上的意义。先看例子:

(21) a. 他住[在北京]。(介词短语作补语)
b. 他生[于上海]。
c. 他来[自远方]。
d. 船沉[到海底]了。

(22) a. 她病了[一天]。(时量名词作补语)
b. 她笑了[三天三夜]。
c. 你来[一会儿]。
d. 张三吓了[一跳]。(动量名词作补语)
e. 船沉下了[海底]。(定指名词作补语)
f. 船沉下[海底]了。

汉语里,介词短语出现在动词之后,跟动词之前是不一样的。比如:

(23) a. 她坐[在床上]。/她[在床上]坐。(不同义)
b. 她跳[在水里]。/她[在水里]跳。(不同义)
c. 她言[于表情]。/*她[于表情]言。
d. 她工[于心计]。/*她[于心计]工。

这说明,动词前后的介词短语,跟动词的关系是不一样的。通常,动词之前的介词短语是状语,之后的介词短语是补语。"**坐[在床上]**"、"**跳[在水里]**"还表达一种状态或结果的意思,有关结构见第十二章 12.5 节有关部分的讨论。

动词前后的名词性状语也是一样。汉语里,作状语的名词要出现在动词之前,例如:

(24) a. 她［昨天］去了北京。/＊她去了北京［昨天］。（没有停顿不行）
　　 b. 她［每天］上班。/＊她上班［每天］。
　　 c. 她［一会儿］来。/她来［一会儿］。（不同义）

而作补语的名词要出现在动词之后，如文中的例子。

问题是，结构上该如何来区别状语和补语呢？用短语结构的话来说，动词之前的状语在结构上是动词的附加语，而动词之后的补语在结构上是动词的补足语。状语的问题我们已经在第七章 7.2 节讨论过了。补语成分的结构如：

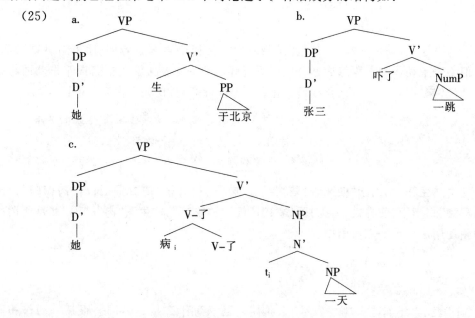

注意，我们用名词短语（NP）表示时量名词短语，如(c)，而用数目短语（NumP）表示动量名词短语，如(b)。前者代表可数，后者代表数量的整体（见第六章 6.3 节的讨论）。

上面是不及物动词带补语成分的情况，即动词没有宾语，只有补语。如果是及物动词带补语成分，即动词既有宾语，又有补语，这种情况我们在下面 8.3.5 节讨论。

8.2　二元动词 —— 动词短语的套组结构

二元动词可以带一个宾语或者补语。语法理论过去二十年左右的发展对及物谓语的分析有很大的帮助，其中，动词短语的套组结构理论（theory of VP-shell）（Larson 1988，1990）对如何处理双宾语或者一宾一补动词组成的动词短语，以及有使动用法的作格动词组成的动词短语,起到了提纲挈领的作用。理论上,套组结构理论又叫作"分裂动词短语假说"(Split VP Hypothesis)。

  Chomsky(1991,1993,1995)又提出一个极其重要的语法概念,即轻动词(light verb),与动词短语的套组结构结合得天衣无缝,奠定了套组结构的经验基础和理论依据。所谓轻动词,就是执行不同语法范畴的虚词,帮助谓语动词完成句子的语义。轻动词的存在以及套组结构的引进使一系列复杂谓语的成分结构得以解析,以往分析遇到的障碍一下变得通畅无阻。下面分别来看。

8.2.1 轻动词

  事实上,动词的"轻"与"重"是相对的。任何语言都有名词,用来给事物命名。但要表示动作和过程怎么办?任何语言都用的一个办法就是把名词兼作动词。或者说将名词的意义谓词化或谓语化(朱德熙 1982)。比如在古汉语中:

(26) a. 吾见申叔夫子,所谓<u>生</u>死而<u>肉</u>骨也。《左传·襄公二十二年》
   b. 齐桓公合诸侯而<u>国</u>异姓。《史记·晋世家》
   c. 凭谁问,廉颇老矣,尚能<u>饭</u>否? 辛弃疾《永遇乐·京口北固亭怀古》

这里,"**生死**"相当于"**使死者(复)生**";"**肉骨**"相当于"**使白骨(长出)肉(来)**";"**国异姓**"相当于"**使异姓(封为)国(家)**";"**饭**"是"**吃饭**"。"**生**"、"**肉**"、"**国**"都是所谓的使动用法。再如在粤语中:

(27) a. 我车你去。(我开车送你去)
   b. 我嘴你。(我亲你)

"**车**"表示"**开车送**","**嘴**"表示"**亲/吻**"。至于为什么某一名词会跟某一动作相联系,比如为什么"**嘴**"可以表示"**亲/吻**"而不表示"**啃/咬**"? 这个问题跟概念的认知分类有关,比如"**啃/咬**"不光用嘴,还要用牙;也跟语言所在的文化有关,还跟文化如何通过认知系统而反映在语言里有关。但这是语法系统之外的问题。

  回到语法,如果一个动作或过程不能用名词兼类来表示,那只好用一个专门的动词来表示。比如,现代汉语不用"**饭**"来表示"**吃饭**",而要用动词"**吃**"加上"**饭**"来表示。这说明汉语在某一个历史阶段不再用"**饭**"来表示"**吃饭**",于是出现了专门的动词"**吃**"。弄清楚这个历史发展的过程及其前因后果,是历史语言学的课题。同理,以北方话为基础的现代汉语不用"**车**"表示"**开车送**",也不用"**嘴**"表示"**亲/吻**",而要用专门的动词"**开**"、"**送**"和"**亲/吻**",说明北方话和粤语之间的方言差别,弄清楚这个差别的成因,是类型学的课题。

  回到动词的"轻"与"重"。可以说,为表达动作或过程而产生的动词比名词兼类"要轻"。或者说名词兼类的动词"较重"。从这个角度,一个语言中可以兼作动词的名词如果越多,动词就越少。反之,动词就越多。

那么,有没有比普通动词"还要轻"的动词呢?有。就是那些表达语法范畴的动词,比如表达时态、体貌、情态、语态、焦点、结果、处置、使役、执行等等的动词。<u>这些就是轻动词</u>。但有两点说明。一、有的语法范畴是用动词来表示的,而有的可能不是;轻动词只管动词,别的不管。二、轻动词这个名称比较新,而表达语法范畴的动词可能已经有了别的名称,比如表情态的按传统叫助动词,表体貌的叫体貌助词,等等;但这没有关系,只要概念理解了就行。

轻动词有两种形式:黏着语素和自由语素。前者如表结果的"**得**",需要跟动词在一起才能用,如"**吃得**"、"**打得**"、"**气得**";后者如表使役的"**使**"、"**令**"、"**让**",表处置的"**把**",表被动的"**被**",表焦点的"**是**",表执行的"**作**"、"**进行**"、"**加以**",表存在的"**有**",等等。这里,我们先用执行轻动词和使役轻动词来说明由轻动词组成的短语结构。

执行轻动词就是传统文献中所说的"形式动词",如:**作**、**进行**、**加以**、**予以**、**给以**、**干**、**开展**、**展开**、**实行**、**举行**(朱德熙 1961):

(28) a. 跟困难作斗争/跟困难斗争
b. 对案子进行调查/调查案子
c. 把加以材料整理/整理材料
d. 对腐败予以揭露/揭露腐败
e. 对先进给以表扬/表扬先进
f. 起来干革命/起来革命
g. 银行开展货币回笼/银行回笼货币
h. 红十字会今天展开募捐/红十字会今天募捐
i. 西岸昨晚实行戒严/西岸昨晚戒严
j. 市民上街举行游行/市民上街游行

这些句子有三个特点。一、轻动词和谓语动词之间不能插入状语成分,如"***作跟困难斗争**"、"***加以每天整理**"、"***实行昨晚戒严**"。二、用不用轻动词,语义维持不变,表层结构不同而已。三、所谓的谓语动词其实都是非作格动词。换言之,这些谓语其实是"非名物化谓语"(denominal predicates)(见 8.1.2 节)。因此,结构上,有关"谓语动词"其实是执行轻动词的宾语。例如:

(29)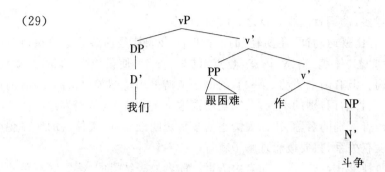

不过,除了有语音形式(= 听得见)的轻动词之外,我们又假设还有零形式(即没有语音形式)的轻动词,简称零轻动词。理论上,凡听得见的轻动词都是一个实实在在的语素,都可以有一个相对的零形式,其语法特征跟黏着语素相同,就是必须跟自由语素相结合才符合语法(参 Hale & Keyser 1993,Chomsky 1995)。

在上面(29)中,如果执行轻动词是零形式,那么,名词宾语就要移位上去与之结合,否则不合语法:

(30)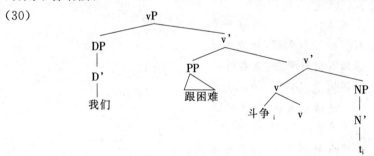

这说明汉语本身就有用来表达谓语的功能语义的执行性轻动词。这个轻动词既可以用,也可以不用。用与不用造成表层结构的差异。

现在来看使役轻动词,如"**使**"、"**令**"、"**让**"。传统上这些动词又叫作使役动词,仅一字之差,乃理论系统使然。含使役轻动词的句子叫作使动句,它带一个致事题元主语,一个从句作宾语;从句的动词可以不及物,也可及物,例如:

(31)　a. 小红 使 [大伙笑了]。
　　　b. 他今天 让 [人难过]。
　　　c. 这事 使 [大家迷惑不解]。
　　　d. 他的举动 使 [我吃惊]。

(32) a. 种族动乱 使［这里的人民失去了家园］。
　　 b. 这却 使［我觉得有些兀突］。
　　 c. 张老师今天的课 使［我懂了好几个问题］。
　　 d. 读书 令［我更相信真理］。

我们观察到,以上从句的主语不能跟主句的主语共指：

(33) a. 小红$_i$ 使［她$_{*i/j}$ 笑了］。
　　 b. 小丽$_i$ 今天 让［她$_{*i/j}$ 难过］。
　　 c. 张三$_i$ 使［他$_{*i/j}$ 明白了许多道理］。
　　 d. 李四$_i$ 令［他$_{*i/j}$ 更相信真理］。

但是,相同的从句,跟上宾格动词时,从句的主语却可以跟主句的主语共指：

(34) a. 小红$_i$ 说［她$_{i/j}$ 笑了］。
　　 b. 张三$_i$ 说［他$_{i/j}$ 明白了许多道理］。

按乙种约束条件,代词不可以被其先行词所约束。因此,以上宾格动词句跟使动句之间的对比说明,宾格动词如"**说**"的从句是一个单句结构,即标句词短语(见后面 8.2.4 节),而使役轻动词如"**使**"、"**令**"、"**让**"的从句是一个小句结构,即动词短语 (VP)。单句(CP)是约束屏障,而小句(VP)不是,所以有上面看到的指称关系的差别(也见 8.2.4 节中宾格动词和 ECM 动词的区别)。

这样一来,轻动词"**使**"、"**令**"、"**让**"带一个致事主语和带一个动词短语(VP)作宾语的短语结构如下：

(35)　　　　　a.

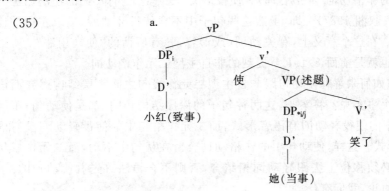

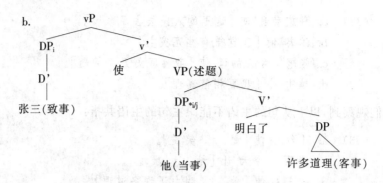

使 = 使役轻动词，vP = 轻动词短语。这样一个由轻动词带一个动词短语(VP)作宾语的短语结构就叫作动词短语的套组结构(VP-shell)(Larson 1988,1990; Chomsky 1991,1993,1995)。

又观察到，使动句可以跟含作格动词(或形容词)的句子互相转换，组成语义基本相同但表层结构不同的句子。譬如：

(36) a. 这件事 令 [她感动了]。/这件事　感动了 [她_]。
　　　b. 他的话 使 [她的心温暖了]。/他的话　温暖了 [她的心_]。
　　　c. 太阳 使 [冰融化了]。/太阳　融化了 [冰_]。
　　　d. 这一幢就 使 [门开了]。/这一幢就　开了 [门_]。
　　　e. 风暴 使 [船沉了]。/风暴　沉了 [船_]。
　　　f. 炒股票 使 [家发了]。/炒股票　发了 [家_]。

右边句子中的作格动词(或形容词)有使役语义，传统上又叫作"词的使动用法"(参王力 1957,吕叔湘 1987)。即，虽然这些句子中不含使役轻动词，但跟左边的使动句语义相同。在这个意义上，有关动词(或形容词)有所谓的"使动用法"。所谓的"使动用法"也就是前面 8.1.1 节提到的非自主型二元作格动词。

那么，该如何来解释使动句跟非自主型二元作格句之间表层结构迥异而语义相同这样一个事实呢？答案是，这两种句子的深层结构相同，都是使动句；不同的是，使动句中的使役轻动词有语音形式，而二元作格句中的使役轻动词没有语音形式，即零形式。这样，使动句中的作格动词会留在从句中不动，而二元作格句中的作格动词必须移位上去跟轻动词相结合，否则不合语法。先看使动句的结构。根据上文的讨论，我们有：

(37)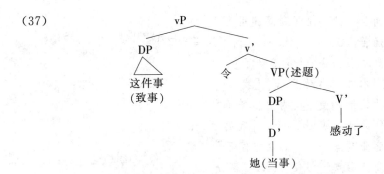

令 = 使役轻动词,vP = 轻动词短语,VP = 小句 = 作格动词短语。如果词库向句法输入的不是"令",而是它的零形式(= 黏着语素),那么,后面从句中的作格动词就要移位上去跟零使役轻动词相结合。即:

(38)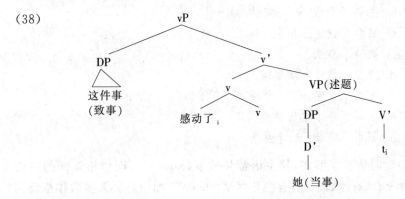

v = 零使役轻动词,[$_v$ [感动了 v]] = 作格动词移位之后跟零轻动词组成的附加结构(adjunction);抽象地说,是中心词移位之后组成的附加结构。这个附加结构的原则是:如果 Y 附加于 X,Y 和 X 组成的成分结构直接归于 X 范畴。用符号来表示就是:

(39)　　X ⇒ [$_x$　X]
　　　　[$_x$　X] ⇒ [$_x$　0　X](插入原始空位 0)
　　　　[$_x$　0　X] ⇒ [$_x$　Y　X](用 Y 取代 0)

虽然操作方法是按照最简理论来做(Chomsky 1995),但此附加结构最早是 Chomsky(1965)提出来的,所以又叫作"乔姆斯基附加结构"(Chomskian Adjunction)。有关细节在以后的树形图中可能不再重复。

这样,(38)表示的结构就是含非自主主语的二元作格句。跟上面(37)表示的使动句相比,使动句中的使役轻动词听得见,而非自主二元作格句子中的使役轻动词是零形式的。请观察更多的例子:

(40) a. 痛苦 使［他沉到深渊里去了］。
　　　　痛苦 沉$_i$-v ［他 t_i 到深渊里去了］。
　　 b. 那本书 令 ［我感动了］。
　　　　那本书 感动了$_i$-v ［我 t_i ］。
　　 c. 他的话 使［我的心温暖了］。
　　　　他的话 温暖了$_i$-v ［我的心 t_i ］。
　　 d. 商业网点 令［群众方便了］。
　　　　商业网点 方便了$_i$-v ［群众 t_i ］。

(41) a. 音乐 使［生活丰富］。
　　　　音乐 丰富$_i$-v ［生活 t_i ］。
　　 b. 军训 使〔纪律严肃〕。
　　　　军训 严肃$_i$-v ［纪律 t_i ］。
　　 c. 战争 使［土地丧失］。
　　　　战争 丧失$_i$-v ［土地 t_i ］。
　　 d. 贸易 使〔市场繁荣〕。
　　　　贸易 繁荣$_i$-v ［市场 t_i ］。
　　 e. 下雨 令［空气清新］。
　　　　下雨 清新$_i$-v ［空气 t_i ］。

不管使役轻动词是否零形式，其主语都是致事（causer）。而作格动词的主语有些是当事（experiencer），如(40)，有些是客事（theme），如(41)。大多数作格动词只带一种主语，当事或者客事。个别的两种都可以，如"沉"。不过，边缘题元成分（如处所）有时候只能够在使役轻动词不是零形式时出现，如"风暴 使［船沉到了海底］/ *风暴 沉了$_i$-v［船 t_i 到海底］"。令有关句子不合法的原因跟句法无关，而是受韵律的制约。有待探讨。

这个对比分析解决了两个问题：

一、解释了语义基本相同但表层不同的句子到底是怎么一回事。这一点，是零轻动词的理论帮助我们做到的。

二、解决了传统语法所谓"词的使动用法"到底是怎么一回事。即，它并不是说有关动词（或形容词）本身是役格动词（causative verb），而是说有关句子的深层结构是一个使动句结构，其中的使役轻动词是零形式。正是此，有关的句子表面上虽然不含使役轻动词，但语义却跟使动句一样。现代汉语中的役格动词极少（见后面 8.2.5 节）。所以，现代汉语表达使役义主要靠句法手段，即使动句。但使动句中的使役轻动词可以听得见，也可听不见；听不见就是零形式，结果造成所谓的"词的使动用法"。也见下面 8.2.3 节及第十一章 11.2 节。

在下面几节里,我们将继续看到零轻动词的理论在分析一系列复杂谓语的成分结构时的重要作用。

8.2.2 二元非宾格动词

上面 8.1.3 节说过,非宾格动词必须带一个作宾语的客事题元,另外在主语位置还可以有一个处所题元,如"火车站到了火车/海上起了风暴/张家发生了盗窃案"。不过有时候,出现在主语位置上的不是处所,而是一个当事主语,如:

(42) a. 张三死了父亲。
　　　b. 客人来了两碗素面。
　　　c. 他起了一身鸡皮疙瘩。
　　　d. 大娘白了头发。

其他例子如:**她瞎了眼睛/他们出了车祸/他长了一身贼肉**,等等。这些句子中的动词就是二元非宾格动词。语义上,当事主语经历了动词带给客事宾语的动作或过程。例如,"张三死了父亲"指"张三经历了父亲死亡这样的过程"。

结构上,已知非宾格动词的带客事宾语时,这个宾语会移位到动词之前,如:[父亲$_i$ [死了 t_i]](见 8.1.3 节)。如果有了当事主语,宾语就不再移位。但是,不管有没有当事主语,非宾格动词只能指派客事题元;换言之,它的题元结构仅仅是⟨(处所),客事⟩,当事主语不在其词汇语义范围。那么,当事主语的当事题元从何而来呢?答案是从一个轻动词而来。这个轻动词可以理解成一个"使成性的轻动词"。所谓"使成性"(BECOME)有"使承受或经受"的意思。其实,在上面(42)这样的句子中可以加上一个"**给**"字,如:

(43) a. 张三<u>给</u>死了父亲。
　　　b. 客人<u>给</u>来了两碗素面。
　　　c. 他<u>给</u>起了一身鸡皮疙瘩。
　　　d. 大娘<u>给</u>白了头发。

有了"给"字,文体稍有改变,不太那么书面和正式,但语义是一样的。这个"**给**"就是"使成性的轻动词"。也就是说,"给"的作用完全是为了执行某种语法范畴内的功能,即使成性功能。

这样,二元非宾格动词的短语结构是:

(44)

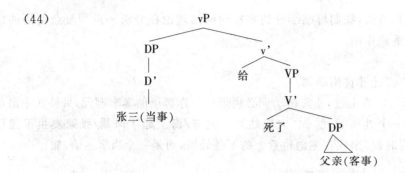

v = 使成性轻动词,vP = 轻动词短语,VP = 非宾格动词短语;使成性轻动词的主语是当事,非宾格动词的宾语是客事。

如果承受性轻动词是零形式,我们就得到前面(42)中句子的结构:

(45)

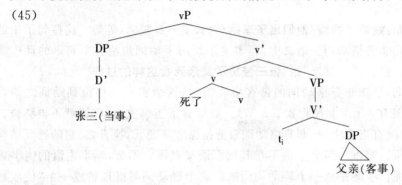

v = 零使成轻动词,非宾格动词移位上去与之结合,使之符合语法。由于在移出位和移入位之间没有介入成分(理论上叫作移位不透明),表层上看不出来。

小结一下,二元非宾格动词句中有一个客事宾语,一个当事主语;但后者得当事题元并非来自非宾格动词本身,而是来自一个使成性的轻动词。这个轻动词的具体形式是"给",也可以是零形式。如是后者,非宾格动词必须移位与之结合。最后,二元非宾格谓语也可以出现在把字句中,如"**张三把个父亲(给)死了**"。这我们在第十一章11.0节分析把字句时一起讨论。

8.2.3 二元作格动词

前面 8.1.1 节说过,二元作格句有两种:非自主型的和自主型的。前者如"**这一撞就开了门/风暴沉了船/树影吓了我一跳/这本书感动了我**"。这我们在 8.2.1 节已经分析过了。这里讨论自主型的二元作格句,如:

(46) a. 我开了门。
    b. 水手们沉了船。
    c. 他(故意)吓了我一跳。
    d. 她(真诚地)感动了我。
    e. 老妇人发了家。
    f. 我们丰富了生活。
    g. 学校严肃了纪律。
    h. 国家繁荣了市场。

所谓"自主",指这些句子中的主语"主动地发出了动作或过程"。相对而言,非自主的主语不会主动地发出动作或过程,如上文中的"**这一撞**"、"**风暴**"、"**树影**"、"**这本书**",尽管这两种谓语中(非自主和自主)的动词可以是相同的,如"**开**"、"**沉**"、"**吓**"、"**感动**"。有时候,非自主型的二元作格句又称为"非施事使役句"(non-agent causatives),而自主型的二元作格句又称为"施事使役句"(agent causatives)。后者是语言中最为复杂的谓语之一(参 Palmer 1994,何元建 2004a)。

之所以复杂,有两个原因。一是如何区别非自主型和自主型的两种二元作格谓语,比如"**风暴沉了船/水手们沉了船**";二是如何区别自主型的二元作格谓语和宾格谓语,比如"**我开了门/我敲了门、水手们沉了船/水手们修了船、他吓了我一跳/他打了我一下**"。语感上,自主型的二元作格谓语既不同于非自主型的二元作格谓语,也不同于宾格谓语。但是,如何从语法系统的角度来表示有关的差别,才是我们关心的问题。下面我们先说自主型和非自主型的二元作格谓语之间的差别,然后说自主型的二元作格谓语与宾格谓语之间的差别。

非自主型和自主型的二元作格谓语之间的差别简单说来有两点:第一,作格动词的题元结构分一元结构和二元结构(不算处所、动量之类的边缘题元),比如:

(47) 开,   V   〈当事〉
         V   〈施事,客事〉
    沉,   V   〈当事,(处所)〉
         V   〈施事,客事,(处所)〉
    吓,   V   〈当事,动量〉
         V   〈施事,客事,动量〉

第二点，一元结构生成的句子就是一元作格句；一元作格句如果充当零使役轻动词的补足语（即从句），就生成非自主型的二元作格句；而二元结构生成的句子如果充当零使役轻动词的补足语，就生成自主型的二元作格句。例如：

(48) a. 门开了。
b. 这一撞就 开了$_i$-v [门　t_i]。（非自主）
　　这一撞就 使 [门开了]。
c. 我$_j$　开了$_i$-v [t_j　t_i　门]。（自主）

(49) a. 船沉了。
　　船沉到海底了。
b. 风暴 沉了$_i$-v [船 t_i]。（非自主）
　　风暴 令 [船沉了]。
c. 水手们$_j$　沉了$_i$-v [t_j　t_i　船]。（自主）

(50) a. 我吓了一跳。
b. 树影 吓了$_i$-v [我　t_i　一跳]。（非自主）
　　树影 使 [我吓了一跳]。
c. 他$_j$（故意）吓了$_i$-v [t_j　t_i　我一跳]。（自主）

一元作格句不用再解释（见 8.1.1 节）。非自主型的二元作格句的深层结构是使动句，这一点我们也已经在 8.2.1 节讲过了。重复一下要点：一、一元作格句（即〈当事,（处所/动量）〉）如果充当使役轻动词（= **使、令、让**）的补足语，并且使役轻动词本身有致事主语（causer），那么，生成的句子就是使动句，如"**这一撞就使[门开了]/风暴令[船沉了]/树影使[我吓了一跳]**"；而如果使役轻动词是零形式，那么，生成的句子就是自主型的二元作格句，如"**这一撞就 开了$_i$-v [门　t_i　]/风暴 沉了$_i$-v [船　t_i　]/树影 吓了$_i$-v [我　t_i　一跳]**"。因为轻动词是零形式，作格动词必须移位上去与之结合，否则不合语法。结果，我们在表层结构就得到非自主型的二元作格句。注意，严格地说，所谓非自主型的二元作格句事实上并不是"二元作格句"，而是一元作格句作了零使役轻动词的补足语。零使役轻动词本身有致事主语，这个主语在表层结构看上去似乎是作格动词的主语，其实不是。

现在来看自主型的二元作格句。它的深层结构也是使动句。其中，作格动词的二元结构（即〈施事,客事,（处所/动量）〉）充当零使役轻动词的补足语，而且零使役轻动词本身没有主语，这样，就生成自主型的二元作格句。为便于讨论和观察，让我们将它跟相关的使动句摆在一起来看：

(51)　a. 他的命令 使[我开了门]。
　　　　　我$_j$　　开了$_i$-v [t$_j$　　t$_i$　　　门]。
　　　b. 风浪 使[水手们 沉了船]。
　　　　　水手们$_j$　沉了$_i$-v [t$_j$　　t$_i$　　　船]。
　　　c. 那种情景 使[我　吓了　他一跳]。
　　　　　我$_j$　吓了$_i$-v [t$_j$　　t$_i$　他一跳]。
　　　d. 炒股票 使[老妇人发了家]。
　　　　　老妇人$_j$　发了$_i$-v [t$_j$　t$_i$　家]。
　　　e. 音乐　使 [我们丰富了生活]。
　　　　　我们$_j$　丰富了$_i$-v [t$_j$　t$_i$　生活]。
　　　f. 军训使[学校严肃了纪律]。
　　　　　学校$_j$　严肃了$_i$-v [t$_j$　t$_i$　纪律]。
　　　g. 贸易使 [国家繁荣了市场]。
　　　　　国家$_j$　繁荣了$_i$-v [t$_j$　t$_i$　市场]。

当使役轻动词是零形式的时候，后面从句中的作格动词就移上去跟零使役轻动词相结合。另外，这个零使役轻动词没有自己的主语，这样一来，从句的主语就可以移上去作了致事主语。为什么会这样呢？语感告诉我们，自主型的二元作格句有使役义，它的主语又像施事，又像致事。问题是，一个主语怎么同时会跟施事和致事有关呢？"题元原则"规定，一个成分只能充任一个题元(Chomsky 1981:29)。或者说同一成分不能兼致、施两事。但是，原来要作施事的成分可以改作致事，即移位到致事的位置。

有证据支持上面的分析吗？有。请观察：

(52)　他吓了我一跳。
　　　　a：他无意中吓了我。
　　　　b：他故意吓我。

(53)　他使[我吓了一跳]。
　　　　— 他无意中吓了我。

(52)有歧义，兼自主和非自主两个意思；但(53)没有歧义。(53)是使动句，按上文中及 8.2.1 节的分析，它的结构如下：

　　　　　〈致事〉　　　　　　〈当事〉
(54)　　　他　　　　使　　　 [我　吓了一跳]

当使役轻动词是零形式时,这个结构就转换成:

(55) 他 吓了$_i$-v [我 t$_i$ 一跳]

这就是(52)表达非自主语义时,即表达(a)的意思时的结构。这时,由于(55)跟(54)同义,所以我们可以肯定(55)的分析是正确的。

但是,在表达自主语义时,即表达(52)(b)的意思时,结构应该不同于(55),所以才有歧义。从主语的自主语义来推断,这个句子是二元作格结构,即,原来要作施事的成分改作了致事,即移位到了致事的位置,如下所示:

(56) 〈致事〉 [施事] 〈客事〉
　　　他$_j$　吓了$_i$-v　[t$_j$　t$_i$　我　一跳]

"施事"用方括号标出,表示并未被指派,即"吓"并未向"他"指派施事题元和格位。"他"移位到致事的位置之后,从零使役轻动词"v"那里获得致事题元和格位。讨论见下文。把(55)、(56)两个结构摆在一起来看:

(57)　　　　　　　〈致事〉　　　　〈当事〉
　　独立致事:　　他　　吓了$_i$-v　[我　t$_i$　一跳]

　　　　　　　〈致事〉　　[施事]　　〈客事〉
　　施事改致事:　他$_j$　吓了$_i$-v　[t$_j$　t$_i$　我　一跳]

两个句子的表层语序相同而深层结构不同,所以出现歧义。但是,两者都是使动结构,都有一个零使役轻动词;不同之处只是从句的结构不同。原因是"吓"这个动词既可以带当事主语,也可以带施事主语,即有两种题元结构,见上文(47)。如用树形图来表达,非自主型和自主型的二元作格句的结构如下:

(58)
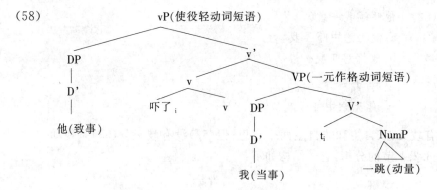

(59)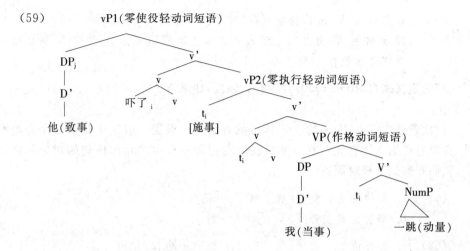

在非自主型结构中,作格动词只有两个题元,即〈当事,动量〉,都生成在作格动词短语(VP)中;另外,零使役轻动词(v)有自己的致事主语,作格动词"吓了"移位上去与零轻动词相结合。而在自主型结构中,作格动词有三个题元,即〈施事,客事,动量〉,施事题元只能生成在零执行轻动词短语(vP2)中(按 Chomsky 1993,1995,施事题元可以是执行轻动词的主语;见 8.2.4 节的讨论)。作格动词"吓了"移位上去与两个零轻动词相结合。另外,零使役轻动词本身不带致事主语,这个位置原本是空的,"吓"的施事主语于是可以移位进去,解决了这种句子的主语为什么能够表达自主使役语义这个问题。[施事]=未指派的题元。

回到(52)中的歧义,它为解答自主与非自主二元作格句之间的结构差别提供了线索,也同时自主句的结构提供了证据。事实上,除了施事可以改作致事之外,客事也可以改作致事。这就把我们带回到自主型二元作格句跟宾格句之间的差别。

跟宾格动词相比,自主型二元作格动词有使动用法,或者说表达了使役语义。比如,"**我开了门**"有"**我使门开了**"的意思,而"**我敲了门**"没有"***我使门敲了**"的意思。另外,二元作格句还可以变换成一元作格句,比如"**我开了门/门开了**",而宾格句不行,比如"**我敲了门/ *门敲了**"。显然,二者的表层结构虽然相似,因为动词的类不同,深层结构也就不同。举例说,"**我开了门**"跟"**我敲了门**"在深层结构上不一样。宾格谓语的分析见后面 8.2.4 节。

最后应该提到一个理论问题。我们在第二章 2.0.3 节说过,理论上,移位必须有一个理由。当施事成分改作致事主语时,如(59),有关成分移位的理由是去取得格位和题元。我们设,零轻动词有抑制从属动词向主语或者宾语指派格位和题元的作用,把它叫作"格位和题元抑制条件"(参何元建、王玲玲 2003:103):

（60） 如果动词(V)跟零轻动词(v)相邻接，并且 V 同时带有主语和宾语，这时，v 抑制 V 向自己主语或者宾语指派题元和格位；迫使 V 的主语或者宾语移位作 v 的主语，从 v 获得题元和格位。

"邻接"的定义来自 Rizzi(1990)：X 与 Y 邻接，如果 YP 是 X 的补足语，即[X[$_{YP}$ …Y…]]。

在此条件之下，(59)中的主语移位就有了理论根据。但这毕竟是一个理论假设，有没有证据支持它呢？有一些。在使动句和非自主二元作格句的对应的格式中，我们观察到这样对照：

（61） a. 那种情景 使 ［我 吓了 一跳］。
　　　 b. 那种情景 吓了$_i$-v ［我 t$_i$ 一跳］。

（62） a. 那种情景 使 ［我 吓了 他 一跳］。
　　　 b. *那种情景 吓了$_i$-v ［我 t$_i$ 他 一跳］。
　　　 c. 我$_j$ 吓了$_i$-v ［t$_j$ t$_i$ 他 一跳］。

(61)和(62)之间的差别是因为"吓"有两个不同的题元结构：〈当事，动量〉和〈施事，客事，动量〉。我们的问题是，为什么(61)(b)可以，而(62)(b)不行？合法的结构是将独立致事主语拿掉，让从句的施事主语改作致事主语，即(62)(c)。为什么会这样？

理论上，造成(62)(b)有错的原因是从句的主语没有获得格位与题元。具体来说，零轻动词(v)抑制了从句动词"吓"向自己的主语指派格位与题元，而且后者又不能够移位到另一个位置去获得格位与题元，所以句子有错。相对而言，(62)(c)的从句主语可以移位到致事主语的位置去获得格位与题元，所以没有问题。另外，(62)(a)也没有问题，因为轻动词不是零形式。(61)(b)的轻动词虽然是零形式，但从句动词"吓"只带了一个主语，没有宾语，所以也没有问题，显然，轻动词只有是零形式(v)，而且只在从句动词同时带主语和宾语的情况下才有抑制作用。换言之，上面(61)和(62)之间的对照正好支持了(60)中所定义的"格位和题元抑制条件"。

小结以上，自主型二元作格句的语义复杂，轻动词理论问世之前，分析其结构是一个难题，因为它涉及一个甚至两个轻动词短语。由此也看出，轻动词理论确实代表着生成语法理论框架中的一个很大进步。[①]

8.2.4 宾格动词

宾格动词(accusative verb)的特征是常常带一个施事主语和一个客事宾语，

[①] Chomsky(1991,1993,1995)之后，轻动词分析也随即用于汉语，但见于中文文献有一个过程，如沈阳、何元建、顾阳(2001,第四章、第五章)，汉语中轻动词的发展可参见冯胜利(2011)。

例如：

(63) a. 张三写了［一本书］。
b. 张三杀了［一个人］。
c. 张三批评了［李四］。
d. 张三买了［五斤米］。
e. 张三看了［一场电影］。
f. 张三洗了［几件衣服］。

也可以是一个当事主语和一个客事宾语，例如：

(64) a. 张三遇见了［李四］。
b. 张三丢失了［行李］。
c. 张三收到了［包裹］。
d. 张三认识［李四］。
e. 李四有［两个妹妹］。

或者是一个处所或者工具宾语，例如：

(65) a. 张三去了［北京］。
b. 李四来了［上海］。
c. 张三吃［食堂］。
d. 李四吃［大碗］。

也可以是一个述题性的宾语，例如：

(66) a. 张三喜欢［看外国电影］。
b. 张三爱［吃带鱼］。
c. 张三说［李四写了一本书］。
d. 张三知道［李四认识王五］。

客事、处所、工具宾语是名词性的，述题宾语可以是一个动词短语，如(a)-(b)，也可以是一个句子，如(c)-(d)。有的动词只能带名词性宾语，如"**写**"、"**杀**"、"**切**"、"**煮**"、"**吃**"、"**喝**"、"**洗**"、"**懂**"、"**认识**"、"**访问**"；有的既能带名词性宾语，也能带动词性宾语，如"**喜欢**"、"**爱**"、"**恨**"；有的既能带名词性宾语，也能带宾语从句，如"**说**"、"**听**"、"**批评**"、"**知道**"、"**理解**"、"**觉得**"、"**明白**"。

应该提到的是，宾语也可以不表示任何题元，例如：

(67) 李四是［医生］/［律师］/［校长］/［总统］。

判断句中表示职业和职称的名词有谓词性，即我们把判断词拿走，句子照样可以成立,比如"**李四,医生**"。因此没有指称,也没有题元。

关于宾格动词,有两方面的问题值得讨论。一、所谓动量和时量宾语的问题;二、如何区分宾语从句和动词短语作宾语,即所谓 ECM 动词的问题。

所谓动量和时量宾语指:

(68) a. 张三打了[三下]。
b. 李四去过[一趟]。
c. 张三看过[几次]。
d. 李四说了[两遍]。
e. 王五写了[整个夏天]。
f. 赵六说了[三天三夜]。

(a)-(d)是所谓的动量宾语,(e)-(f)是所谓的时量宾语。已知宾语是宾格动词所带的必要题元成分,动量和时量宾语则不是。在别的语言中(如英语),同类成分可以用介词标记出来,因此都是状语。但汉语动量和时量宾语可以单独跟随宾格动词出现,似乎有宾语的性质。但从结构上讲,它是补语,真正的宾语可以跟它一起出现。比如,动量宾语出现在名词充当的客事宾语的前后皆可,如:

(69) a. 张三打了[李四][三下]。/张三打了[三下][李四]。
b. 李四去过[纽约][一趟]。/李四去过[一趟][纽约]。
c. 张三看过[李四][几次]。/张三看过[几次][李四]。

但人称代词充当的客事宾语出现在动量宾语之前似乎比较好:

(70) a. 张三打了[他][三下]。/? 张三打了[三下][他]。
b. 张三看过[她][几次]。/? 张三看过[几次][她]。

这似乎暗示动量宾语应该生成在客事宾语之后。但是,处所代词充当的客事宾语却不在乎语序的变动:

(71) a. 李四去过[那儿][一趟]。/李四去过[一趟][那儿]。
b. 李四来过[这里][两回]。/李四来过[两回][这里]。

而且,有的动词根本就不允许动量宾语出现在客事宾语之后:

(72) a. 李四说了[两遍][这个话]。/ * 李四说了[这个话][两遍]。
b. 他打了[三遍][腹稿]。/ * 他打了[腹稿][三遍]。
c. 李四写了[两遍][论文]。/ * 李四写了[论文][两遍]。
d. 他听了[两遍][新闻]。/ * 他听了[新闻][两遍]。

于是,动量宾语应该生成在客事宾语之前,结构分析见下文(91)。如果客事宾语出现在动量宾语之前的话,则可能是焦点成分(参何元建 2000b),也见第十二章 12.0.1.2 节。

客事宾语和动量宾语一起出现的另外一个办法是让动词重复,构成所谓的重动句(见第十二章 12.2 节):

(73) a. 张三看[医生]看过[几次]。
b. 张三访问[李四]访问过[三次]。
c. 李四写[论文]写了[两遍]。
d. 李四说[这个话]说了[两回]。

也就是说,动量宾语既可以出现在非重动句中,如上文中的例子,也可以出现在重动句中。但是,时量宾语就比较适合重动句,如:

(74) a. 王五写[论文]写了[整个夏天]。
王五[整个夏天]写[论文]。
＊王五写[论文][整个夏天]。
b. 赵六说[故事]说了[三天三夜]。
? 赵六[三天三夜]说[故事]。
＊赵六说[故事][三天三夜]。

结构上,按照题元阶层原则(见第二章 2.1.3 节),客事宾语总是生成在动词之后。因此,在非重动句中,动量和时量宾语的位置应该在客事宾语之前(虽然只有极少数时量宾语可以这样做)。如果客事宾语出现在动量宾语之前的话,可能是焦点成分。分析见下文。重动句的结构我们在第十二章 12.2 节讨论。

现在看如何区分宾语从句和动词短语作宾语的问题。我们知道,汉语句子的主语如果是代词就可以不出现,即所谓的"代词主语脱落"现象(pro-drop)(参 Perlmutter 1971)。例如:

(75) A:张三来了没有?
B:(她)没来。

代词主语可以不出现。不过,要是宾语从句中的代词主语不出现,就可能改变语义,例如:

(76) a. 张三说[他写了一本书]。
b. 张三说[写了一本书]。

(a)中的"他"可以是"张三",也可以是别的人;而(b)中"写了书的人"一定是"张三"。这等于说,不用代词就可以避免歧义。为什么是这样?一种可能性是,不出现的代词主语并非真的不出现,而是以零代词的形式出现在句子中,即:

(77)　a. 张三ᵢ 说［他_{i/j}　写了一本书］。
　　　 b. 张三ᵢ 说［proᵢ　写了一本书］。

pro = 零代词(即没有语音形式的代词)，"i,j"表示名词性成分之间是否指称共指。(a)表示"他"既可跟"张三"共指，也可异指；(b)表示"pro"跟"张三"共指。也就是说，零代词一定要有个先行词，而代词则不一定。这种不用代词就可以避免歧义的现象在任何语言里都有，所以又叫作"免用代词原则"(avoid-pronoun principle)(Chomsky 1981:65)。不过要注意，免用代词指的是不用同指代词。

请观察：

(78)　a. 张三认为［胜任愉快］。
　　　 b. 李四承认［还要努力］。
　　　 c. 王五宣布［参加竞选］。
　　　 d. 赵六表示［通过这个议案］。

(79)　a. 张三期待［胜任愉快］。
　　　 b. 李四要求［还要努力］。
　　　 c. 王五喜欢［参加竞选］。
　　　 d. 赵六建议［通过这个议案］。

(78)、(79)看上去没什么不同，似乎都是动词短语作宾语。可是，如果给这个动词短语加上一个代词主语，就有了区别：

(80)　a. 张三ᵢ 认为［(他_{i/j})胜任愉快］。
　　　 b. 李四ᵢ 承认［(他_{i/j})还要努力］。
　　　 c. 王五ᵢ 宣布［(他_{i/j})参加竞选］。
　　　 d. 赵六ᵢ 表示［(他_{i/j})通过这个议案］。

(81)　a. 张三ᵢ 期待［(他_{*i/j})胜任愉快］。
　　　 b. 李四ᵢ 要求［(他_{*i/j})还要努力］。
　　　 c. 王五ᵢ 喜欢［(他_{*i/j})参加竞选］。
　　　 d. 赵六ᵢ 建议［(他_{*i/j})通过这个议案］。

两组句子的对照提出两个问题。一、在(80)里边，括弧里的代词主语可以跟前面的主句主语共指，也可异指；但是，在(81)里边却不能共指，只能异指。问题是，在基本相同的表层语序里边，为什么会出现这样的差别？二、在(80)里边，同指代词如果不出现，那它就是零形式，即零代词(pro)：

(82) a. 张三ᵢ 认为 [proᵢ 胜任愉快]。
    b. 李四ᵢ 承认 [proᵢ 还要努力]。
    c. 王五ᵢ 宣布 [proᵢ 参加竞选]。
    d. 赵六ᵢ 表示 [proᵢ 通过这个议案]。

零代词跟前面的主语共指,是"免用代词原则"在起作用。可是,(81)中的句子不允许同指代词存在。这意味着,在这些句子里边,即使括弧中的主语不出现,如(79)所示,那也不可能有零代词(pro),因为,按"免用代词原则",零代词要跟前面的主句主语共指。问题是,在(81)里边,括弧中的动词也应该有一个零主语,它一方面要接受从动词指派的题元,另一方面要跟前面的主句主语共指(语义上,主句主语也是括弧中动词的逻辑主语);因此,如果这个零主语不是零代词(pro),那它到底是什么?下面,我们逐一来讨论。

先说第一个问题。引起指称差别的原因出在动词身上。按照乙种约束条件,代词不能受先行词的约束(见第二章2.1.5节)。要做到这一点,代词跟它的先行词必须处于不同的句域。这样一来,(80)中的主句主语和从句主语一定不是处在同一个句域,而(81)中的主句主语和从句主语则是处在同一个句域。或者说,(80)中的动词,即"**认为**"、"**承认**"、"**宣布**"、"**表示**"之类,带的是一个宾语从句,而(81)中的动词,即"**期待**"、"**要求**"、"**喜欢**"、"**建议**"之类,带的是一个动词短语作宾语。

那么,带宾语从句的动词跟带动词短语作宾语的动词,其底层结构到底有什么不同呢?首先,宾语从句是一个单句(clause),其结构有三层,即动词短语(VP)、语法范畴短语(IP)和标句词短语(CP)。相对而言,动词短语就是它本身,相当于一个小句(small clause)。其次,理论上,标句词短语是约束屏障(Chomsky 1986b),所以,宾语从句的代词主语不受主句主语的约束,可以跟主句主语共指。相对而言,小句没有约束屏障,其代词主语一定受主句主语的约束,不能跟主句主语共指,如下所示:

(83)

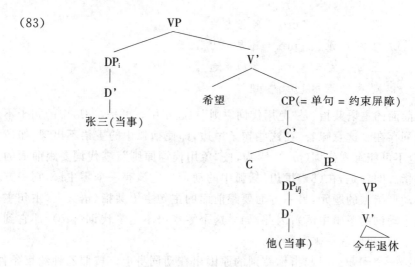

(84)

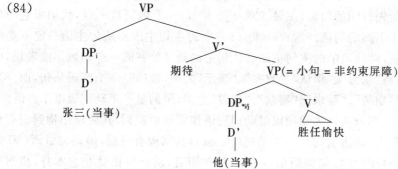

有关单句和小句结构的详细讨论见第十章10.4节。

从上面的讨论我们看到,同样都是宾格动词,有的可以带宾语从句,但有的只能带动词短语作宾语。后者又叫作 ECM 动词。"ECM"是英文"exceptional case marking"的缩写,叫作"特殊的格指派"(参 Chomsky 1981,1986a,1986b)。什么意思呢?原来,在有时态的语言里(如英语),有一组特别的宾格动词,它可以带一个宾语从句,但这个从句既可以有时态,也可以无时态,如:

(85) a. John$_i$ expected [that he$_{i/j}$ would leave soon].
b. John$_i$ expected [him$_{*i/j}$ to leave soon].
（张三$_i$ 期待 [他$_{*i/j}$ 很快离开]）

我们看到,英语这类动词表现出来的主句主语和从句主语之间的约束关系跟汉语是完全一样的,只不过汉语没有时态而已。理论上曾经认为句子主语的格位是由时态词指派的(参 Chomsky 1981,1986a,1986b)。那没有时态的句子怎么办,比如(85)(b)中的从句? 于是认为,像这样的英文句子,其中从句主语的格位是由主句动词指派的。因此叫作"特殊的格指派"。证据是有关主语是宾格,而不是主格(参Radford 1988,1997a,1997b)。懂了"ECM"的含义,我们可以把这类动词叫作"兼时动词"(即兼有时态和无时态的意思),但仅适用于有时态的语言。

汉语没有时态(或者说时间概念在汉语里没有语法化,但不是说汉语不能表达时间概念),我们没有办法用时态来区分汉语中的 ECM 动词(这个名称对汉语其实是误用)。但是,这类动词表现出来的主句主语和从句主语之间的约束关系却是跨语言的,无论在汉语,或者在别的语言,都是一样的。因此,约束关系是区别这类动词跟其他宾格动词的尺度,正如我们在上文所看到的。另外,汉语没有格位变化,没有证据说主句动词向从句主语指派格位。所以,汉语句子的主语似乎都是从动词那里获得格位的。

回到上面提出的第二个问题。即,如果(81)中小句的主语如果不出现,那它到底是什么?问题的起源来自(81)跟(80)之间的对照。在(80)里边,宾语从句的代词主语可以跟主句的主语共指。这说明,如果这个主语不出现,那它就是零代词(pro),如(82)所示。这对(82)没有问题,因为宾语从句是约束屏障。相对而言,(81)中的小句主语根本不能是一个同指代词。这意味着,即使这个主语不出现,如(79)所示,那它也不可能是零代词(pro),因为零代词也要服从乙种约束条件。因此,问题是,(81)中小句的主语如果不出现,那它到底是什么?

其实,(81)中的小句主语如果一定要跟前面的主句主语共指,因为不可以用同指代词,唯一的办法就是用反身代词,如:

(86) a. 张三$_i$ 期待 [自己$_i$ 胜任愉快]。
      b. 李四$_i$ 要求 [自己$_i$ 还要努力]。
      c. 王五$_i$ 喜欢 [自己$_i$ 参加竞选]。
      d. 赵六$_i$ 建议 [自己$_i$ 通过这个议案]。

因此,如果反身代词不出现,我们需要一个可以代替反身代词的零形式。这个零形式是何物呢?它就是虚代词(PRO)。理论上,虚代词(PRO)又是反身代词,又是一般代词,因此,它无须服从任何约束条件(Chomsky 1981,1982,1986a)。这样一来,它就能满足小句结构的要求。换言之,(81)或(86)中的小句主语(人称或反身代词)如果不出现,这个主语是一个虚代词(PRO),其先行词是主句的主语。如:

(87) a. 张三$_i$ 期待 [PRO$_i$ 胜任愉快]。
      b. 李四$_i$ 要求 [PRO$_i$ 还要努力]。
      c. 王五$_i$ 喜欢 [PRO$_i$ 参加竞选]。
      d. 赵六$_i$ 建议 [PRO$_i$ 通过这个议案]。

虚代词(PRO)跟前面主句的主语共指,但不受约束条件的制约。这种指称关系叫作控制关系(control)(Chomsky 1981,1982,1986a)。到此为止,我们就解释了上面(78)和(79)之间的对照。

最后我们来看宾格动词组成的谓语的结构。按 Chomsky(1995:209)的分析,宾格动词组成的谓语 X(= 动词 + 宾语)可以分解成"主语执行了一个以 X 行为或过程为特征的事件"。比如,英文句子"He reads the book(他读那本书)"可以分解成"He does an act of reading the book(他执行了一个[读那本书的事件])"。这里,所谓"执行"(do-an-act)是句子谓语的功能语义,类似时态、语态、情态等等功能语义。生成语法中,功能语义在句子中表现的方式就是投射成一个短语结构,如时态短语、被动短语、情态短语等等。同样,表现"执行"的句法手段也是将它投射成一个短语。按照这一原则以及题元阶层原则(见第二章 2.1.3 节),带客事宾语的宾格句有下面的结构:

(88)
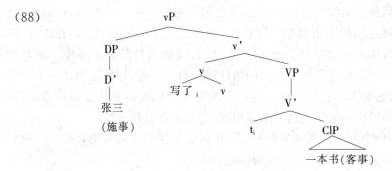

带处所、工具或者动量宾语的宾格句的结构同上。不同的是,在客事宾语的位置换成处所、工具或者动量宾语。如:

(89)
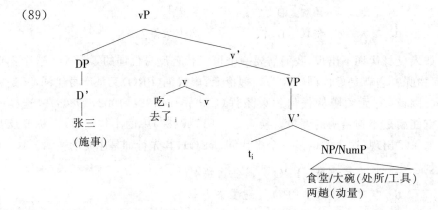

动量、处所或者工具如果与客事宾语一起出现,就要生成在动词的标定语位。不过,动量不需要标记,而处所或者工具就要轻动词来标记。如:

(90)

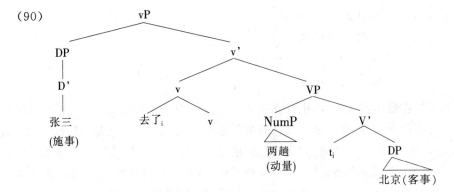

如果后面还有宾语,结构如下:

(91)

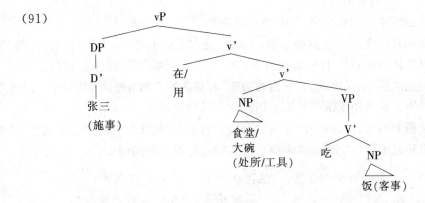

在 = 标记处所的轻动词,用 = 标记工具的轻动词。动量不用标记,这说明它比处所或者工具更接近客事宾语。注意,许多动词不能直接带处所或工具宾语,如"*他工作北京"、"*他签名钢笔",处所和工具只能作状语,如"他在北京工作"、"他用钢笔签名",其中的"在"、"用"是介词。换言之,"在"、"用"既作介词,也作轻动词,视谓语动词能否带处所或工具宾语而定。客事宾语(包括代词宾语)如果出现在动量之前,就是焦点结构,见第十二章 12.0.1.2 节的讨论。涉及动量或时量宾语的重动句见 12.2 节。宾格动词带从句和小句的结构已经在上文(83)-(84)说过,不赘。小句的讨论也见第十章 10.4 节。

8.2.5 役格动词

役格动词就是带使役形态的动词(morphological causative verb),即"动词 + 使役形态"。现代汉语中的役格动词从古汉语继承而来,但少之又少,如"**食(sì)**"、"**饮(yìn)**"(见《现代汉语词典(修订本)》,1996)。判定这些是役格动词的一个根据是存在跟它们形成最小音义差别的宾格动词或形容词,即"**食(shí)**"、"**饮(yǐn)**"。例:

(92) a. 你拿肉去食(sì)狗。
让狗食(shí)肉。
b. 我(提水)去饮(yìn)马。
让马饮(yǐn)水。

如果不存在最小音义差别,也就判别不出使役形态。这种情况下,一个动词即使可以表达使役语义,那也只是音义之间的任意组合,比如:"**杀**"就是"使死","**教**"就是"使懂","**喂**"就是"使吃/喝","**买**"就是"使卖","**赢**"就是"使输","**胜**"就是"使败",等等。但这些词是宾格动词,不是役格动词;或者说是有使役语义的宾格动词。关键的一点是,<u>役格动词的特征就是有使役形态;如果没有使役形态,即能表达使役语义,也不是役格动词</u>。

在形态较丰富的语言中(如英语),役格动词是一个比较大的类。当然,现代汉语役格动词是用声调表示使役形态,别的语言未必。另外,据梅祖麟(1991)考证,上古汉语曾用清浊音区别使动和自动(即役格动词读清声,而作格动词读浊声)。他引六朝颜之推《颜氏家训》,"**军自败为败**,**打败人军曰败补败反**",第二个"**败**"注明读反切清声。这说明汉语曾经不止用声调表示使役形态。

应该提到的是,汉语中有"X-化"这样的动词,如"**绿化**"、"**美化**"、"**恶化**"。这些是不是役格动词呢?"**化**"是否是使役形态呢?先看下面的例子:

(93) a. 我们绿化了祖国。/祖国绿化了。/我们使祖国绿化了。
b. 我们美化了环境。/环境美化了。/我们使环境美化了。

我们看到,"X-化"动词可以组成作格谓语,而且这个作格谓语可以用在使动句里。但是,役格动词组成的谓语却不能用在使动句里,例如:

(94) a. 她食(sì)了狗。
c. 狗食(sì)了。
d. *她让狗食(sì)了。
e. 她让狗食(shí)了。

(95) a. 他饮(yìn)了马。
b. 马饮(yìn)了。
c. *他让马饮(yìn)了。
d. 他让马饮(yǐn)了。

有错的原因大概是双重标记(double marking)的缘故。即,动词已经有了使役形态,又来一个句法标记,即"**让**"。应该说,语言系统少见双重标记。如果用了"**让**",谓语动词就不能再有使役形态。

可见,"X-化"并不是役格动词,"化"也不是使役形态。实际上,"化"是作格形态,"X-化"就是把 X 变成作格动词。同理,按照是否有双重标记的原则,我们可以判定汉语中的"**空(kòng)**"也不是役格动词,而是作格动词:

(96) a. 请你空(kòng)两个位子出来。
　　　b. 两个位子空(kòng)出来了。
　　　c. 让两个位子空(kòng)出来。
　　　d. ＊让两个位子空(kōng)出来。

"**空(kòng)**"和"**空(kōng)**"相对;但是,使动句(c)中不能用"**空(kōng)**",而只能用"**空(kòng)**"。这和役格动词组成的句子刚刚相反,请对比上面(94)-(95)。因此,"**空(kòng)**"不是役格动词,而是作格动词。或者说,"**空(kōng)**"是形容词,但要用为作格动词,就要变声调,即"**空(kòng)**"。

最后来看役格动词组成的短语结构。应该说,役格是相对宾格而言的。这是因为一般的及物动词的宾语叫作宾格,而有使役形态的及物动词的宾语则可称为役格。名称不同可以帮助把语言形式特征上不同的两种动词分开。即,宾格动词没有使役形态,而役格动词有。所以相对于一般宾格动词的题元结构⟨施事,客事⟩,役格动词的题元结构为⟨致事(causer),役事(causee)⟩。不过,役格动词已经是有形态标记的使役结构,即"动词 ＋ 使役形态",因此,句法上不能够再有使役标记,既不能有双重标记。8.2.1 节说过,句法上的使役标记就是轻使役动词(有语音形式或者零形式)。也就是说,役格动词谓语是一个不含轻动词的结构,如:

(97)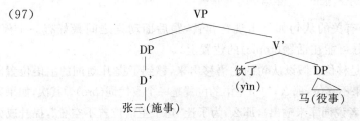

不含轻动词就是役格谓语跟其他及物谓语的区别,如宾格谓语和二元作格谓语(包括自主和非自主)。8.2 说过,宾格谓语含零执行轻动词,而二元作格谓语(包括自主和非自主)含零使役轻动词。总之,现代汉语中的役格动词少之又少。因此,使役作为一个语法范畴在汉语中的表达多半是通过句法手段来实现的,详见本章 8.2.1 节和 8.2.3 节。

8.2.6 提升动词

提升动词如下面例子中的"**好像**"、"**看来**"、"**似乎**"、"**估计**":

(98) a. 好像　［张三开了大门］。
　　　张三　好像　［＿＿＿ 开了大门］。
　　b. 看来　［张三病了］。
　　　张三　看来　［＿＿＿ 病了］。
　　c. 似乎　［李四又来了］。
　　　李四　似乎　［＿＿＿ 又来了］。
　　d. 估计　［李四去了庐山］。
　　　李四　估计　［＿＿＿ 去了庐山］。

还有形容词组成的提升谓语，比如"**很容易**"、"**很遗憾**"、"**不幸**"。提升动词之所以如此称呼，是因为这些动词带一个从句，而从句的主语可以"提"出来放到句首，叫作主语提升（subject-raising）。有关动词也因此称为提升动词。除了主语提升之外，也有宾语提升（object-raising）：

(99) a. 很容易　［讨好张三］。
　　b. 张三　很容易［讨好 ＿＿＿］。

另外，跟提升有关的从句自己可以出现在句首，如：

(100) a. 看来　［张三病了］。
　　　　［张三病了］，看来。
　　 b. 很容易　［讨好张三］。
　　　　［讨好张三］　很容易。

不过，跟主语提升有关的从句如果出现在句首，跟后面动词之间最好有一个停顿。停顿表示有关成分可能在话题（topic）的位置上。

　　所谓提升，就是移位。假设从句的主语移出来，移到了提升动词的主语位置。首先，设有关成分如果不移位，那么，句子主语的位置是一个零代词（pro）。其次，如果零代词（pro）不出现（或者说词库未输出），那么，为了让"句子主语位置不空置"，提升成分移位到句子的主语位置。换言之，零代词（pro）和提升成分成互补分布。这样，我们有：

(101)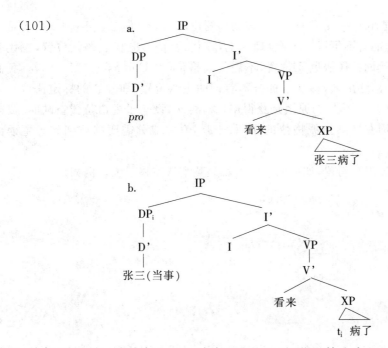

这里,从句(XP)是一个小句(= IP 或者 VP/vP)(细节见第十章10.4节)。宾语提升的例子如:

(102)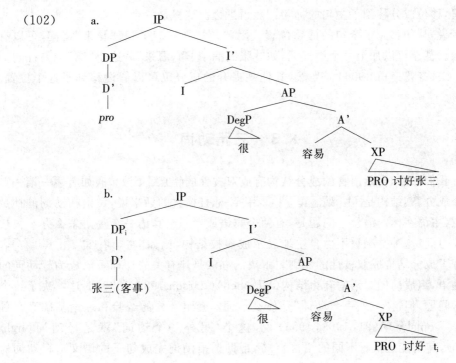

PRO = 虚代词,pro = 零代词,都代表动词的逻辑主语。但二者不一样,后者可以用代词替换,但前者不可以。因此,理论上,零代词(pro)既代表题元位置,也代表格位,但是,虚代词只代表题元位置,不能代表格位(参 Chomsky 1981:64)。我们看到,从句的宾语移出来,移到了提升形容词的主语位置,即 AP 的标定语位。8.2.2 节说过,理论上,移位的原因是获得格位。再次,设句子主语位置空缺时,提升谓语对下域动词有抑制指派格位的作用;于是,有关成分需要移位到句子主语位置,以取得格位。

假如从句出现在句首,如上面(100),就是整个从句移了位。例如:

(103)

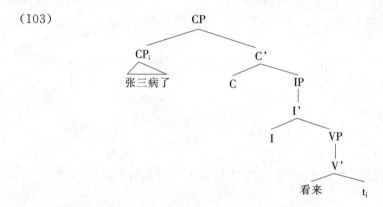

这里,移位成分移到了主句的标句词短语里边。这里是一个话题位置(见第十章)。或者说,从句移到了全句的话题位置。因此,在"**张三病了**"和"**看来**"之间,可以有停顿。甚至可以加上一个语气词,如"[**张三病了**]啊,**看来**"。这个"啊"就是标句词(= C)(参曹逢甫 1996)。当然,其他被提升的成分也可以假设移到了这个位置。不赘。

8.3 三元动词

我们知道,自然语言的成分结构有成双枝性的特点。因此,假如有主—谓—宾三个成分,其结构是[主[谓[宾]]]。用 X-标杠模式的话来说,宾语在动词的补足语位,主语在标定语位。问题是,有两个宾语或者一个宾语一个补语怎么办?很长一段时间,这种情况被不由自主地表示成多枝结构,比如[主[谓[宾1][宾2]]],违背了成分结构成双枝性的原则。解决的办法是让有关的动词短语成为轻动词的补足语,组成动词短语的套组结构(VP-shell)(Larson 1988,1990)。这解决了一个技术问题,但这"另外一个动词"是什么动词?套组结构的经验和理论基础又在哪里?Chomsky (1991,1993,1995)说,这个"另外一个动词"就是轻动词(light verb),其功能是执行不同的语法范畴,帮助谓语动词完成句子的语义。轻动词的存在以及套组结构的引进使一系列复杂谓语的成分结构分析得到了比较好的解决。我们已经在上面 8.2.1 节以及其他小节讲过了轻动词以及套组结构，下面分析汉语中含三个题元的谓语。这包括双宾谓语（双宾作格动词及假双宾动词组成的谓语）、兼语动词谓语、处所动词谓语、含名词和从句组成的混合谓语，以及含一宾一补的谓语。

8.3.1 双宾与格动词

这一类动词带两个宾语，一个直接宾语，一个间接宾语。直接宾语一般是客事题元（theme），间接宾语是目的题元（goal）或者受益题元（benefitiary）（又称益事），多数可以用与格介词"给"标记出来，所以又统称与事。间接宾语如果没有介词"**给**"作与格标记，就叫作双宾句；如果有，就叫作与格句。但是，间接宾语出现在直接宾语之前时，与格标记可选；如出现在直接宾语之后，必须有标记。例如：

(104) a. 张三送 [（给）李四] [一本书]。
　　　　张三送 [一本书] [给李四]。
　　　　*张三送 [一本书] [李四]。
　　b. 政府奖 [（给）张老汉] [一万元]。
　　　　政府奖 [一万元] [给张老汉]。
　　　　*政府奖 [一万元] [张老汉]。

或者说，所谓双宾句只不过是与格标记可选时的与格句而已。同类动词还有：**寄（给）、托（给）、领（给）、发（给）、输（给）、赏（给）、赔（给）、还（给）、借（给）、卖（给）、买（给）、拿（给）、偷（给）、抢（给）**，等等。但是，个别双宾句并没有对应的与格句，如：

(105) 张三给 [李四] [一件礼物]。
　　　*张三给 [给李四] [一件礼物]。
　　　?张三给 [一件礼物] [给李四]。

也有的与格句没有对应的双宾句：

(106) a. 张三 订了 [三张戏票] [给李四]。
　　　　*张三 订了 [李四] [三张戏票]。（不同义）
　　b. 张三借 [给李四] [一本书]。
　　　　张三借 [一本书] [给李四]。
　　　　*张三借 [李四] [一本书]。（不同义）
　　c. 张三 买 [给李四] [一辆车]。
　　　　张三 买了 [一辆车] [给李四]。
　　　　*张三 买 [李四] [一辆车]。（不同义）

"订"、"借"、"买"这些动词是双向的,其间接宾语既可以"受益",也可以"受损"(affectee)。关键是,只有"受益"才是与格结构,而"受损"属于假双宾句的范畴(见下一节的讨论)。比如,说"张三买了[**一辆车**][**给李四**]"时,意思是"**李四得到一辆车**",间接宾语是"受益",而说"张三买[**李四**][**一辆车**]"时,意思是"**李四卖出一辆车**",间接宾语(在语法范畴内)是"受损"。

那么,双宾与格句的结构该如何解析?有两个问题要解决:一、两个宾语跟动词如何组成成分结构?二、双宾句和与格句到底哪一个是基本结构(canonical structure),哪一个是衍生结构(derived structure)?先说第一个问题。有证据表明,"(给)-IO-DO"组成一个结构成分(constituent)。DO = 直接宾语,IO = 间接宾语。请观察:

(107)　a.　我先还了［张三一袋白米］,后来又送了［张三一袋白米］。
　　　　　　我先还了＿＿＿、后来又送了［张三一袋白米］。
　　　　　　*我先还了［＿＿＿一袋白米］,后来又送了［张三一袋白米］。
　　　　　　*我先还了［张三＿＿＿］,后来又送了［张三一袋白米］。
　　　b.　我先送［给他十块钱］,后来又寄［给他十块钱］。
　　　　　　? 我先送＿＿＿、后来又寄［给他十块钱］。
　　　　　　我先送［给＿＿＿］、后来又寄［给他十块钱］。
　　　　　　我先送［给他＿＿＿］,后来又寄［给他十块钱］。
　　　　　　*我先送［＿＿＿十块钱］,后来又寄［给他十块钱］。

如果没有与格标记,如(a),"IO-DO"要一起不出现;如果只出现其中一个,就不符合语法。这说明,"IO-DO"属于同一个成分结构。有了与格标记,如(b),"IO-DO"也要一起不出现;但是,留下标记比不留好。这似乎说明动词跟"**给**"之间有句法并入关系。另外,"给-IO"不能单独不出现,也说明"给-IO-DO"属于同一个成分结构。

回到第二个问题,双宾句和与格句到底哪一个是基本结构?有理由认为前者是基本结构,即[V [[(给)IO] DO]],而[V [DO [给 IO]]]是从前者衍生而来的。理由有二。一、按照"题元阶层"原则(见第二章 2.1.3 节),客事题元总是低于其他(如目的)题元的。换言之,基本语序应该是[V [[(给)IO] DO]],即双宾句。二、间接宾语出现在直接宾语之前,与格标记是可选的,即[V [[(给)IO] DO]],而出现在直接宾语之后则不可选,即"*[V [DO [IO]]]"。这种现象可以这样来解释:与格标记可以有语音形式,也可以是零形式;如是后者,它受前面动词的允准(lisenced);当直接宾语出现在间接宾语之前时,即[V [DO [给 IO]]],零与格标记不能再受到动词的允准,所以必须自己有语音形式。下面我们分析[V [[(给)IO] DO]]这种形式的结构。这是与格向右移动的结果。即:[V[[给 IO] DO]]⇒[[V[t_i DO]][给 IO]$_i$]。

前面 8.2.1 节和 8.2.4 节说过,宾格动词组成的谓语含一个零形式的执行轻动词(参 Chomsky 1995:209)。同理,我们设双宾与格动词组成的谓语也含有一个零执行轻动词,它投射成一个轻动词短语(vP)。这样一来,轻动词带一个主语,再带一个动词短语作补足语,那么,就有了三个题元位置。例如:

(108)
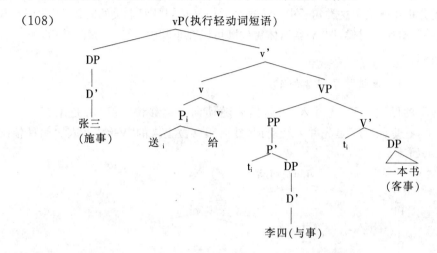

v = 零执行轻动词,[ₚ 送 给] = 动词移位上去先跟介词并入,[ᵥ[ₚ 送 给]ᵥ]] = 整个并入结构移位上去跟零轻动词相结合。动词要跟介词并入的理由是这里的介词不可以随其宾语一起不出现,见上文(107)(b)。有关细节在以后的树形图中可能不再重复。

与格介词也可以是零形式,这时,动词更是必须移位上去跟零介词并入(因为零形式相当于黏着语素),如:

(109)
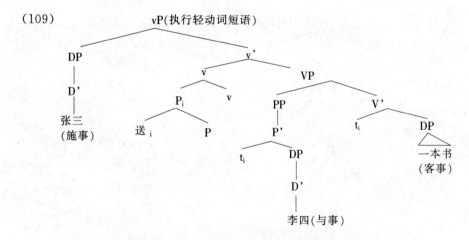

P = 零与格介词。而在表层结构,我们得到的就是所谓的双宾句。如果动词本身是

"**给**",上面(108)-(109)的分析同样适用,不同的是,与格介词"**给**"为实词时,会(在语音界面中)被同音删除。其实,如上面(108)-(109)所示,不管是双宾句还是与格句,深层结构都是与格句;分别仅在双宾句的与格标记是零形式,而与格句的与格标记是一个实实在在的词。也就是说,上面的分析把双宾句和与格句的结构统一起来了。另外,上述分析也解决了这类句子中一个很细微但又长期悬而未决的问题:当动词和与格标记一起出现的时候,即"**V-给**",体貌词既可以介于其中,也可以跟随其后,如:

(110) a. 他借了给我他的车。
b. 他借给了我他的车。

(a)是常见的形式,"了"先并入动词,然后随动词一起移位。但(b)是怎么一回事呢？原来,这里的"了"是先并入轻动词,然后跟移位上来的"**V-给**"并入。两种情况分别演示如下:

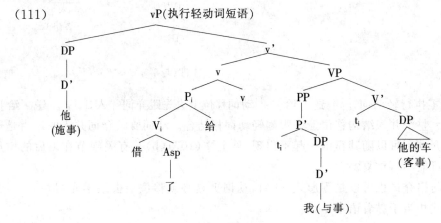

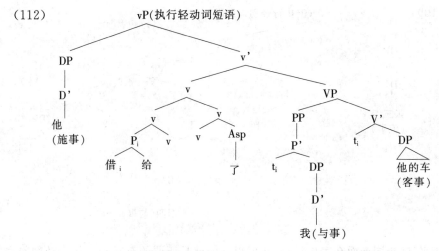

体貌词并入轻动词的结构跟并入其他动词并无不同(具体分析见第七章 7.0.1 节)。可以说,怎样分析双宾与格结构,重在如何处理直接宾语和间接宾语的组合语序。即,基本语序到底是[V [[(给)IO] DO]],还是[V [DO [给 IO]]]。以往的研究曾经考虑过后一种语序是基本语序的可能性(如顾阳 1999;沈阳、何元建、顾阳 2001,第八章)。但事实上,前一种语序更具有跨语言的经验基础,即无标记的双宾与格结构在别的语言中也是如此,比如英语(参 Radford 2004:344ff)。最近一些汉语的研究也是把它作为基本语序,虽然具体分析跟本章有不同(如 N. Zhang 1998;C.-T. James Huang 2008)。可再研究。

8.3.2 假双宾动词

上文刚看到,双宾句中的间接宾语,其题元为目的或者益事,可以用与格介词"**给**"标记出来,所以其实也是与格句。或者说,真正的双宾句一般都有相应的与格句。不过,另外还有一些动词也带两个宾语,但它的间接宾语是受损题元(affected),或称蒙事(affectee),不能用与格介词"**给**"标记出来。比如:**罚、欠、赢、借(出)、偷(走)、抢(走)、拿(走)**,等等。这些所谓的"双宾句"没有相应的与格句,于是,我们把这类句子叫作假双宾句。例如:

(113)   a. 张三罚了[李四][十元钱]。
             *张三罚了[十元钱][给李四]。
      b. 张三欠[李四][一千元]。
            *张三欠[一千元][给李四]。
      c. 张三赢了[李四][一千元]。
            *张三赢了[一千元][给李四]。(不同义)
      d. 张三借[李四][一本书]。
            *张三借[一本书][给李四]。(不同义)
      e. 小偷偷了[大妈][一千元]。
            *小偷偷了[一千元][给大妈]。(不同义)
      f. 强盗抢了[老师][一千元]。
            *强盗抢了[一千元][给老师]。(不同义)
      g. 张三拿了[李四][一包烟]。
            *张三拿了[一包烟][给李四]。(不同义)

另外,一些常见的宾格动词也能组成假双宾句;这时,直接宾语除了有客事提元,还有分事题元(partative)和工具提元(instrument)。如:

(114) a. 张三吃了[李四][一顿大餐]。
　　　 *张三吃了[一顿大餐][给李四]。
　　 b. 张三抽了[李四][整整一包烟]。
　　　 *张三抽了[整整一包烟][给李四]。
　　 c. 张三开了[李四][一个玩笑]。
　　　 *张三开了[一个玩笑][给李四]。
　　 d. 张三占了[李四][一个便宜]。
　　　 *张三占了[一个便宜][给李四]。
　　 e. 张三打了[李四][一个嘴巴]。（分事 — 李四的嘴巴）
　　　 *张三打了[一个嘴巴][给李四]。
　　 f. 张三捅了[李四][一刀子]。（工具）
　　　 *张三捅了[一刀子][给李四]。

不过，可以作直接宾语的非客事题元似乎很少（见 8.2.4 节）。关键是，假双宾句的间接宾语一定是受损的蒙事题元（affectee）。

由于没有对应的与格句，假双宾句的结构因此跟与格句无关。设假双宾动词组成的谓语也是在零执行轻动词短语之中，那么，假双宾句的结构如下：

(115)

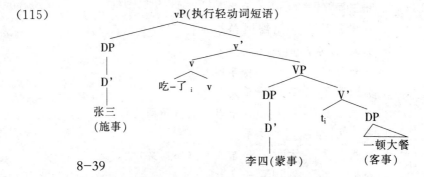

8-39

跟上一节讲过的双宾与格句结构相比，除了有关题元成分不一样之外，<u>双宾与格句的结构必须含一个与格介词短语，而假双宾句的结构不含</u>。二者之间进一步的区别我们在第十一章 11.0 节讨论把字句时再谈。

还要提到的是，有时候主语可以是蒙事题元，如：

(116) a. 张三吃了[李四][一个亏]。
　　 b. 张三上了[李四][一个当]。
　　 c. 张三中了[李四][一个计]。
　　 d. 张三受了[李四][一回骗]。

但直接宾语仍然是客事，比如上面"吃亏"、"上当"、"中计"、"受骗"。间接宾语是来源题元(source)。问题是,这样的句子跟上面(114)中的句子是否具有相同的结构? 如是,相关的语义差别是怎样来表达的? 我们认为,结构并无不同,有关语义差别是动词的词义跟名词的词义之间的语义组合来决定的。比如,"吃亏"、"占便宜"句法上都是述宾结构,但二者之间的语义差别却是具体动词跟具体名词之间的语义组合来决定的。

另外,下面这些句子也是假双宾句,

(117)　a. 张三吃了［李四］［的亏］。
　　　　b. 张三上了［李四］［的当］。
　　　　c. 张三中了［李四］［的计］。
　　　　d. 张三受了［李四］［的骗］。
　　　　e. 张三敲了［李四］［的竹杠］。
　　　　f. 张三造了［李四］［的谣言］。
　　　　g. 张三开了［李四］［的玩笑］。
　　　　h. 张三占了［李四］［的便宜］。
　　　　i. 张三打了［李四］［的耳光］。
　　　　j. 张三打了［李四］［的主意］。
　　　　k. 张三打了［李四］［的小报告］。
　　　　l. 张三贴了［李四］［的大字报］。
　　　　m. 张三揩了［李四］［的油］。(比喻占便宜)
　　　　n. 张三吃了［李四］［的豆腐］。(比喻性骚扰)
　　　　o. 后车摁了［前车］［的喇叭］。

不同的是,直接宾语前有一个"的"字。事实上,几乎所有的假双宾句都可以有这样形式,个别双宾与格句也可以也这样的形式,比如,"**李四结婚,张三送了李四(的)大礼**"。这里,"的"字完全不表示领属关系,只是一个填位语素,没有任何语义功能。所填的位置,是谓语动词移位之后留下的空位。本来,动词移位之后留下一个语迹,见上面(115),供句法结构进入逻辑形式界面之后的语义诠释之用。不过,进入语音形式界面之后,所有的语迹都要删除(因为不能发音)。这时,可能由于韵律的要求,插入"的"字,完成言语生成。具体程序还待进一步研究。但"的"在现代汉语语法中充当填位语素的功用,值得注意(也见第十二章 12.2 节)。

8.3.3　兼语动词

兼语动词之所以得名,是因为动词宾语兼作后面动词短语的逻辑主语之故(Y. R. Chao 1948,1968)。如:

(118) a. 张三请［李四］［明天去北京开会］。
b. 太太劝［他］［别生气］。
c. 学生选［他］［当代表］。
d. 哥哥逼［他］［打工］。
e. 妈妈催［他］［起床］。
f. 连长命令［他］［冲锋］。
g. 老师鼓励［他］［学习］。

兼语句有几个特点。

一、宾语后面的动词短语的主语不能补出来：

(119) a. ＊张三请［李四］［李四明天去北京开会］。
b. ＊太太劝［他］［他别生气］。
c. ＊学生选［他］［他当代表］。
d. ＊哥哥逼［他］［他打工］。

二、宾语后面的动词短语可以不出现：

(120) a. 张三请［李四］。
b. 太太劝［他］。
c. 学生选［他］。
d. 哥哥逼［他］。
e. 妈妈催［他］。
f. 连长命令［他］。
g. 老师鼓励［他］。

不出现的成分所表达的意思需要从上下文去理解。比如"**小张不愿意出去打工，但哥哥逼他(出去打工)**"。

三、主语不可以跟宾语共指：

(121) a. 张三$_i$ 请［他$_{*i/j}$］［明天去北京开会］。
b. 张三$_i$ 选［他$_{*i/j}$］［当代表］。

相对而言，宾格动词的主语可以跟后面的从句主语共指：

(122) a. 张三$_i$ 说［他$_{i/j}$ 明天去北京开会］。
b. 张三$_i$ 希望［他$_{i/j}$ 当代表］。

四、宾语和后面的动词短语可以一起不出现：

(123) 张三一边请[他去开会]，一边催[他去开会]。
张三一边请____、一边催[他去开会]。
？张三一边请[他____]，一边催[他去开会]。
＊张三一边请[____去开会]，一边催[他去开会]。

主语不能补出来说明它是一个虚代词(PRO)；成分可选说明它是补语成分；主、宾语不能共指说明它们中间没有约束屏障；宾语和补语要一起不出现说明它们居于同一个成分结构。这些特点应该看作是兼语句的成分结构使然。

这样一来，设兼语句结构是通过零形式执行轻动词连接起来的结构，如：

(124)
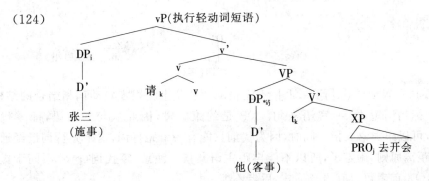

v＝零执行轻动词，[v[请 v]]＝兼语动词移位上去跟零轻动词相结合的结构，XP＝补语成分。补语成分的主语，即虚代词(PRO)，可以跟宾语共指(这反映了所谓"兼语"的意思)，同时说明 XP 是约束屏障。相对而言，VP 不是约束屏障，因此，主、宾语不能共指。XP 具体应该是什么句法范畴，留待将来的研究去确定。理论上，虚代词(PRO)作主语的"句子"不表达语气(proposition)(或称述题)，跟单句有别；单句表达语气，句法范畴是标句词短语(CP)，见第十章10.2节的讨论。

8.3.4 混宾动词

混宾动词指带一个名词性宾语，一个宾语从句的动词。如：

(125) a. 张三$_i$ 告诉 [李四$_j$][他$_{i/j}$ 明天去北京开会]。
b. 张三$_i$ 问 [李四$_j$][他$_{i/j}$ 昨天去了哪里]。

从句主语既可以跟宾语共指，也可以跟主语共指。但是，如果从句代词主语脱落，就只能跟宾语共指：

(126) a. 张三$_i$ 告诉 [李四$_j$][pro$_{*i/j}$ 明天去北京开会]。
b. 张三$_i$ 问 [李四$_j$][pro$_{*i/j}$ 昨天去了哪里]。

8.2.4节讲过，代词主语如果脱落，就是以零代词(pro)的形式出现在句子中。但是零代词为什么就不可以跟前面的主语共指了呢？原来，零代词(pro)，包括虚代词(PRO)，要遵循所谓的"最近距离原则"来选择先行词(Rosenbaum 1967, Chomsky 1980, C.-T. James Huang 1984,1989)。

我们设混宾动词句也是通过零形式执行轻动词连接起来的结构，如：

(127)

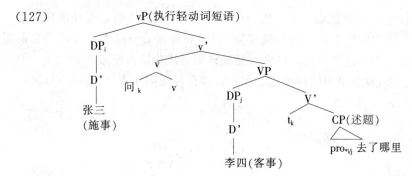

v = 零执行轻动词,[,[问 $_v$]] = 宾格动词移位上去跟零轻动词相结合的结构，CP = 标句词短语 = 宾语从句。CP 是约束屏障，因此从句的主语，即零代词(pro)，可以跟宾语共指。同时，因为代词只能有一个先行词，这个先行词已经通过"最近距离原则"确定了，所以不能再跟主语共指。注意，零代词(pro)不同于虚代词(PRO)，前者可以有语音形式，后者不能。

8.3.5 带一宾一补的动词

这类动词也属于宾格动词的范畴，但有着特殊的句法与语义特征。即，这些动词可以在宾语之后带一个补语。补语有两种：处所补语和结果补语。前者表示"宾语的处所"，后者表示谓语动词的行为或过程对"宾语造成的某种结果"，相当于一个次谓语(secondary predicate)。下面分别来看。

8.3.5.1 处所补语

这指由介词"在"组成里的处所短语。在汉语里，处所短语"在……"有两个句法位置：动词前和动词后。如是前者，处所短语表达的"处所语义"一定可以指向主语(即表示主语代表的人或事物之所在)，如：

(128) a. 张三［在深圳］做［生意］。
　　　 b. 张三［在超市］当［经理］。
　　　 c. 张三［在北京］读［大学］。

另外，视处所名词表达的空间的大小，"处所语义"也可以指向宾语(即表示宾语代表的人或事物之所在)，如：

(129)　a. 张三［在茶壶里］沏［茶］。
　　　　b. 张三［在饭桌上］包［饺子］。
　　　　c. 张三［在木桶里］洗［土豆］。

处所名词表达的空间的大小，受到认知范畴的限制。即，在正常的认知范畴内，"一个人不太可能跑到茶壶里去沏茶、跑到饭桌上去包饺子、跑到木桶里去洗土豆"。因此，是"茶在茶壶里、饺子在饭桌上、土豆在木桶里"，而不是"张三在茶壶里、在饭桌上、在木桶里"。换言之，"处所语义"的指向此时靠的是认知范畴的限制，而不是靠的句法位置。正因为此，如果认知范畴允许"处所语义"改变指向，那么，把"张三"理解成"在茶壶里、在饭桌上、在木桶里"也不是不可以的，譬如在童话或神话故事这样的语境里。所以，在严格的意义上，这些句子是有歧义的。因此可以这样来说，凡动词前的处所短语，其"处所语义"都可以指向主语，是否指向宾语，须受认知范畴的限制。从这一点我们看到，认知范畴不是句法，二者的作用各自是很清楚的。

处所短语如果出现在动词之后，"处所语义"一律指向宾语。但这又分两种情况。一、处所短语不能跟宾语一起出现在动词之后，如：

(130)　a. ＊张三 沏［茶］［在茶壶里］。
　　　　b. ＊张三 炒［肉］［在锅里］。
　　　　c. ＊张三 忘［书包］［在家里］。

但是，宾语可出现在动词前，或者句首，或者跟在"**把**"字后边。如：

(131)　a. 张三［茶］沏［在茶壶里］。
　　　　b. 张三［肉］炒［在锅里］。
　　　　c. 张三［书包］忘［在家里］。

(132)　a.［茶］，张三 沏［在茶壶里］。
　　　　b.［肉］，张三 炒［在锅里］。
　　　　c.［书包］，张三 忘［在家里］。

(133)　a. 张三 把［茶］沏［在茶壶里］。
　　　　b. 张三 把［肉］炒［在锅里］。
　　　　c. 张三 把［书包］忘［在家里］。

二、处所短语可以跟宾语一起出现在动词之后，如：

(134) a. 张三 挂 [画] [在墙上]。
b. 张三 写 [字] [在桌子上]。
c. 张三 放 [钱] [在钱包里]。
d. 张三 倒 [水] [在澡盆里]。
e. 张三 留 [奶奶] [在哥哥家里]。

这种动词为数不多,属于宾格动词,但因为宾语和处所短语可以同处动词之后,它们就有了一个专有名称:处所动词(locative verb)。换言之,只有同时在动词后带宾语和处所短语的宾格动词,才叫处所动词。

不过,即使宾语和处所短语可以同处动词之后,宾语也可以出现在其他位置:

(135) a. 张三 [画] 挂 [在墙上]。
b. 张三 [字] 写 [在桌子上]。
c. 张三 [钱] 放 [在钱包里]。
d. 张三 [水] 倒 [在澡盆里]。
e. 张三 [奶奶] 留 [在哥哥家里]。

(136) a. [画],张三 挂 [在墙上]。
b. [字],张三 写 [在桌子上]。
c. [钱],张三 放 [在钱包里]。
d. [水],张三 倒 [在澡盆里]。
e. [奶奶],张三 留 [在哥哥家里]。

(137) a. 张三 把 [画] 挂 [在墙上]。
b. 张三 把 [字] 写 [在桌子上]。
c. 张三 把 [钱] 放 [在钱包里]。
d. 张三 把 [水] 倒 [在澡盆里]。
e. 张三 把 [奶奶] 留 [在哥哥家里]。

对于有些说北方话的人而言,处所动词出现在把字句里边最好,而且有一些处所动词只能出现在把字句里边:

(138) a. 张三 把 [花] 插 [在花瓶里]。/? 插 [花] [在花瓶里]。
b. 张三 把 [文件] 摆 [在桌子上]。/? 摆 [文件] [在桌子上]。

"把"是表达"处置"语法意义的标记(王力 1984 年新版)。另外,"把"也能用作使役轻动词(参 Y. Li 1990,1999;C.-T. James Huang 1992;Sybesma 1992;Gu 1992,2003)。即,"张三把花插在花瓶里"相当于"张三使得花插进花瓶里"。这样一来,宾格动词和轻动词组成套组结构,如:

(139)

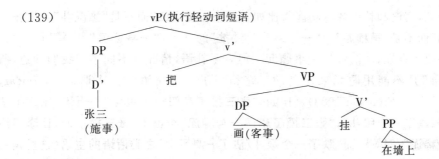

这里,[ᵥₚ 画挂在墙上]自成一个二次谓语,从句法上表达了处所补语对于宾语的表述作用。不过,如果"**把**"是零形式的话(设所有自由语素形式的轻动词都可以有一个对应的零形式),后面的动词就要移位上去与之结合:

(140)

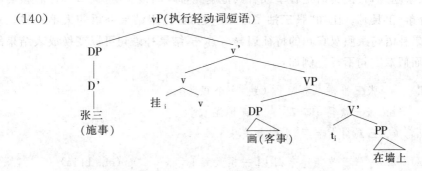

v = 零处置轻动词,[ᵥ[挂 ᵥ]] = 动词移位上去跟零轻动词并合的结构。移位之后的表层结构就是没有"**把**"字的处所补语句。换言之,"**把**"的轻动词功能为我们提供了分析处所补语结构的证据。"把"字句的讨论详见第十一章 11.0 节。最后要提到的是,第二章 2.1.3 节说过,按照"题元阶层"原则,客事宾语应该生成在处所成分之下。但是,这是针对主语指向的处所成分而言;对于宾语指向的处所补语,前面说过,它相当于宾语的二次谓语,所以不在"题元阶层"之列。

8.3.5.2 结果补语

这指下面句子中跟在客事宾语后面的名词性成分:

(141) a. 张三推了[李四][一个跟斗]。
　　　b. 张三踢了[李四][一个趔趄]。
　　　c. 张三摸了[李四][一身稀泥]。
　　　d. 张三摔了[李四][一个嘴啃泥]。
　　　e. 张三绊了[李四][一个四脚朝天]。
　　　f. 张三说了[李四][一个满脸羞愧]。
　　　g. 张三骂了[李四][一个狗血喷头]。

我们看到，宾语和补语各有功能。比如，是"**张三推李四**"而不是"**推跟斗**"；是"**张三摸李四**"而不是"**摸稀泥**"。"**一个跟斗**"是"**推**"的结果；"**一身稀泥**"是"**摸**"的结果。如果补语不存在，宾语就是受事题元。但有了补语，情况就不同了。我们知道，所谓"结果"是不能用题元来定义的。它相当于针对宾语的二次谓语（secondary predicate）(J. Simpson 1983)。比如，"**张三推了李四一个跟斗**"相当于"**张三推李四，李四跌了一个跟斗**"；"**张三摸了李四一身稀泥**"相当于"**张三摸李四，让李四沾了一身稀泥**"；等等。而"**跌了一个跟斗/沾了一身稀泥**"之类谓语的主语（这里是宾语），是典型的当事题元。基于此可以认为，结果补语句中的宾语是当事题元，即"动词 + 当事宾语 + 结果"。

结果补语句跟前面 8.3.2 节讲过的假双宾句是不同的。在假双宾句中，间接宾语是蒙事题元，直接宾语是客事或者其他题元，即"间接宾语（蒙事）+ 直接宾语（客事/分事/工具）"。比如"**张三抽了李四一包烟**"。跟结果补语句大不一样。句法上，结果补语句跟假双宾句的特征迥异。首先，结果补语句可以变换成表结果的得字句，而假双宾句不行。例如：

(142) a. 张三推得［李四］［(跌)一个跟斗］。
　　　b. 张三摸得［李四］［一身稀泥］。
　　　c. 三骂得［李四］［狗血喷头］。

(143) a. *张三吃得［李四］［一顿大餐］。　　(cf. 114a)
　　　b. *张三抽得［李四］［整整一包烟］。　(cf. 114b)
　　　c. *张三开得［李四］［一个玩笑］。　　(cf. 114c)

其次，结果补语句可以变换成把字句，而假双宾句不行。如：

(144) a. 张三把［李四］推了［一个跟斗］。
　　　b. 张三把［李四］摸了［一身稀泥］。
　　　c. 张三把［李四］骂了［一个狗血喷头］。

(145) a. *张三把［李四］吃了［一顿大餐］。　　(cf. 114a)
　　　b. *张三把［李四］抽了［整整一包烟］。　(cf. 114b)
　　　c. *张三把［李四］开了［一个玩笑］。　　(cf. 114c)

其实，有一部分结果补语句只能以把字句的形式出现：

(146) a. 张三把［汽车］盖上［篷布］。
　　　　 *张三盖上［汽车］［篷布］。（"汽车篷布"不是复合词）
　　　b. 李四把［房子］刷了［油漆］。
　　　　 *李四刷了［房子］［油漆］。

c. 王五把[箱子]捆了[绳子]。
   *王五捆了[箱子][绳子]。
d. 赵六把[橘子]剥了[皮]。
   *赵六剥了[橘子][皮]。("橘子皮"不是复合词)
e. 钱七把[门]踢了[一个洞]。
   *钱七踢了[门][一个洞]。

不过注意,这里的宾语是客事,不同于上面(142)中的当事宾语。另外,这里的补语似乎有题元含义:"**篷布**"、"**油漆**"、"**绳子**"可以是材料或工具,"**皮**"、"**洞**"可以是客事宾语的一部分,即分事。因此,补语表达的"结果"不是谓语形的,而是引申性的:"**汽车盖上篷布就是'有篷布的汽车'**"、"**房子刷了油漆就是'有油漆的房子'**";等等。

换言之,结果补语句有两种形式:"动词 ＋ 当事宾语 ＋ 谓语性结果"(也可以变换成把字句),如(142),以及"动词 ＋ 把 ＋ 客事宾语 ＋ 引申性结果"(不能变换成非把字句),如(146)。为后一种句子只能以把字句形式出现,我们在第十一章11.0节再讨论,这里仅分析前一种句式。

由于可以变换成把字句,我们可以将"动词 ＋ 当事宾语 ＋ 谓语形结果"这种类型的补语句看成是含了一个零形式"**把**"的结构。即:

(147)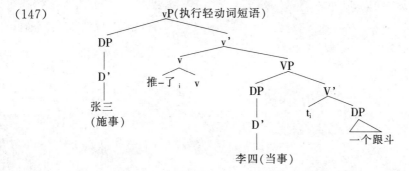

如果"**把**"不是零形式,动词就不用移位:

(148)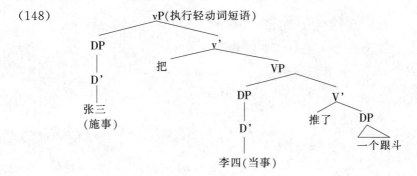

跟处所补语所在的结构类似，这里，[$_{VP}$ **李四推了一个跟斗**]自成一个二次谓语，从句法上表达了结果补语对于宾语的表述作用。同时，轻动词"把"为上述补语结构的提供了证据。关于"把"字句的讨论详见第十一章 11.0 节。

8.4 小　结

本章讲解和分析了动词的分类和组成的动词短语结构。最主要的概念之一是轻动词。轻动词的客观存在及其跟谓语动词组成的套组结构（VP-shell）是解决复杂谓语结构的关键。我们注意到，一系列的谓语结构（如三元动词组成的谓语）都统一于套组结构。这就展示了语法系统的精髓：句型只是表面现象，是系统在抽象原则之下的运作结果；而彻底抽象的普遍原则就是儿童语言习得之机制（Chomsky 2002，第四章）。

第九章 含动结式复合词的动词短语

汉语中有一种由复合词形式的动词,非常能产,叫作动结式复合词(verb-resultative compounds),简称动结式。在本章里我们分析由这种动词的词结构、题元结构、分类以及它组成的动词短语结构。

动结式指"V1-V2"形式的动词,如"**看完**"、"**撕烂**",极为能产(陆俭明 1992:1-3)。时至今日,生成语法学者对动结式进行的研究凸显出两个问题:

一、是否所有"V1-V2"形式都是动结式?譬如,"他吃饱了饭"和"他吃完了饭"历来都被看成是动结式。但是,研究者们早就注意到,"他吃饱了饭"是主语指向,而"他吃完了饭"是宾语指向(Hashimoto 1965,陆孝栋 H.-T. Lu 1977)。最近一些研究明确提出,只有宾语指向的"V1-V2"才是动结式,而主语指向的则不是(C.-T. James Huang 2006,Shibata 等 2007)。理由是,在自然语言的动补结构中(如汉、英、日语的动补结构),结果补语都是宾语指向;因此,汉语动结式也不应例外。

二、动结式到底是复合词还是在句法中合成的形式?两类研究都有,前一类如顾阳(Gu 1992,2003)、吴道平(Wu 1992)、李亚非(Y. Li 1990,1993,1995,1999)、Sybesma(1992,1999)、郑礼珊及黄正德(Cheng & Huang 1994)、郑礼珊、黄正德及汤志真(Cheng,Huang & Tang 1996a)、何元建及王玲玲(2010)。后一类研究如早期的余霭芹(Hashimoto 1966)、陆孝栋(H.-T. Lu 1977),以及较近期的汤廷池(1992a,1992b)、石定栩(Shi 1998)、王玲玲及何元建(2002)、何元建(He 2003)、Sybesma 及沈阳(2006)、黄正德(C.-T. James Huang 2006)、Shibata 等(2007)。

针对以上问题以及之前研究中的不足,本章再分析动结式的词结构、题元结构、分类及其谓语结构。主要结论是:动结式分动补型和非动补型,只有动补型才是宾语指向,分宾格类和二元作格类。宾格谓语有两种深层结构(含宾语或补语),二元作格谓语是隐性使动句。本章探讨先动结式的词结构、题元结构、分类,然后分析含动结式的宾格谓语和作格谓语;最后讨论研究中出现的一些理论问题。

9.0 词结构

V1-V2 到底是复合词还是在句法中合成的形式,我们在后文中讨论。这里先设它为复合词。那么,其词结构该如何确定?该怎样来分类?第一个问题可归结为 V1 和 V2 哪一个是中心语素(head)这样一个问题。郑礼珊、黄正德(Cheng & Huang 1994)认为 V1 是中心语素,而其他一些学者则认为 V2 是中心语素(如 Li & Thompson 1976,Y. Li 1990,C. R. Huang & Lin 1992,Gu 1992)。事实上,二者都对。请观察:

(1) a. 张三吃饱了饭。V2 指向主语:张三吃饭,张三饱了。
    b. 张三吃完了饭。V2 指向宾语:张三吃饭,饭完了。①

V1 表述主语,但 V2 却既可表述主语,也可表述宾语。由此判断,当 V1-V2 都表述主语时,V1-V2 可能是并列结构,V1 和 V2 都是(也都不是)中心语素。而当 V1 表述主语、V2 表述宾语时,V1-V2 是从属结构,V1 是中心语素,V2 则是补语。

换言之,主语指向的动结式不含补语,V1 和 V2 都是谓词;而宾语指向的动结式才含补语(= V2),V1 是谓词。或者说,宾语指向的动结式是动补型,而主语指向的动结式是非动补型。这个区别可以图示如下:

(2) 主语指向:[v V1 V2]   例:[v 吃饱]

(3) 宾语指向:[v V1 [v V2]]   例:[v 吃 [v 饱]]

跨语言而论,谓词一定是主语的述语,而补语则是宾语的述语。J. Simpson (1983) 观察到,补语必须宾语指向,否则不合语法;有补语但没有宾语,句子也不合语法;于是将此总结成一条规则,叫作"直接宾语限制条件"(Direct Object Restriction,简称 DOR)。在其他语言(如英语)中,DOR 效应很充分:

(4) a. John ate beef raw.(张三生吃了牛肉)
       *John ate beef tired.(欲表达:张三吃牛肉吃累了)
    b. John talked himself hoarse.(张三说话说得声音沙哑了)
       *John talks hoarse.(欲表达:张三说话声音沙哑)

补语(raw 一生)指向宾语,所以句子是对的;而补语(tired 一累)指向主语,所以句子有错。另外,宾语(himself 一他自己)跟补语(hoarse 一沙哑)同在,句子正确;但宾语不出现,句子有错。

回到汉语。已有的研究指出,动结式的补语(= V2)也必须遵从 DOR(如 Gu 1992,Sybesma 1999,C.-T. James Huang 2006)。但需要解释三种情况。一、主语指向的动结式为何不违反 DOR;二、宾语指向的动结式如何遵从 DOR;三、如

---

① "吃完"也可以指向主语,如"张三吃完了"。这时它的结构是(2),见下文的讨论。

何区别主、宾语双向的动结式。

按照上文的分析，V1-V2 本身（即在词结构中）分为动补型与非动补型。如是后者，V2 跟 V1 一样是谓词，所以是主语指向，如(1)(a)。这时，V2 跟 DOR 无关，自然谈不上会违反 DOR。只有动补型的 V1-V2，V2 才是补语，是宾语指向，如(1)(b)；此时，动结式自然遵从 DOR。

这个分析对主、宾语双向的动结式也适用。比如：

(5) 张三骑累了马。("张三累了"或者"马累了")

预设词库里既有动补型的"**骑累 1**"（指向宾语），也有非动补型的"**骑累 2**"（指向主语）。因为同音异型，歧义就随之而来。至于词库何时会输出动补型，何时会输出非动补型，是由动词本身的次范畴（sub-categorization）或者比单句更大的语法范畴来决定的。(5)中"**骑累**"到底是动补型还是非动补型，应该是比单句更大的范畴来选择的。由动词次范畴选择的例子如"**张三吃完了饭/张三吃完了**"。二元动词是动补型(**吃完 1**)，而一元动词是非动补型(**吃完 2**)。①

同音异型属于特例，并非所有的二元动结式都是动补型（上文(1)(a)就不是）。但是，一元动结式一定都是非动补型。例如：

(6) a. 张三跑摔了。非宾格类
　　 b. 李四滑倒了。

(7) a. 张三睡着了。非作格类
　　 b. 李四气晕了。一元作格类

非宾格主语也可以出现在句末，句首还可以有一个处所短语，比如"**那儿跑摔了张三/舞台上滑倒了李四**"。而非作格类(**睡着**)和一元作格类(**气晕**)不可以，比如"*　**那儿睡着了张三/*舞台上气晕了李四**"。所以，理论上，非宾格主语是从宾语位置衍生出来的。如：

(8) 张三ᵢ ［跑摔了 tᵢ］

但是，衍生的主语并不影响 V1-V2 的语义指向。不管是主语还是宾语，V1 和 V2 都是表述同一个名词成分。因此，V1-V2 是并列结构，是非动补型。之前已有研究指出，凡一元动结式都不违反 DOR（如 Gu 1992，Sybesma 1999）。虽然之前的处理方式不同，但本章的分析继续支持同一个结论。

小结以上，动结式不管是一元还是二元，凡主语指向的就是非动补型，V1 和 V2 都是谓词，所以 V1-V2 不违反 DOR。这跟 V1-V2 是何种动词类型无关。宾

---

① 比单句更大的语法范畴可能是复句，也可能是其他，需要单独研究。

语指向的动结式是动补型，V1 是谓词，V2 是补语，因此也不违反 DOR。如果同音异型，就会引起（主、宾语双向的）歧义。以下的讨论主要针对宾语指向的动结式。

9.1 题元结构

因为要表述宾语，宾语指向的 V1-V2 一定是二元动词，带主语（域外题元）和宾语（域内题元）。是否有三元的动结式（V1-V2），比如"**老师教会了我演题**"，不在本章讨论范围。一般来说，及物动词为二元（或三元），如宾格动词与二元作格动词；不及物动词为一元，如非宾格动词、非作格动词、一元作格动词等。特征都是跨语言的（Perlmutter 1978，Burzio 1986）。至于哪一类有何种特征，有关汉语的文献可参见吕叔湘（1987）、郑礼珊与黄正德（Cheng & Huang 1994）、王玲玲及何元建（2002），等等。

问题是，V1 和 V2 本来各有自己的题元结构，组成动结式之后，V1-V2 作为一个复合词，其题元结构该如何来判定？这一直是动结式研究的课题（如 Y. Li 1990, 1995, 1999；Gu 1992；Cheng & Huang 1994；Sybesma 1999；汤廷池 1992a, 1992b；王玲玲及何元建 2002）。因为语料繁复，有些事实迄今并不明朗。厘清有关语言事实，是本节讨论的目的。首先，有必要把貌似宾语指向的动结式区别开。例如：

(9)　　　　S　　　　V1-V2　　　　O
　　a. 那件事　　气疯了　　　张三。
　　b. 这场面　　吓傻了　　　李四。

这里，"S"是独立成分，跟 V1-V2 没有任何题元关系；比如"**那件事不能够主动去气张三，是张三自己因为它而气疯**"。V1-V2 表述的是它后面的"O"，因此是主语指向，只不过这个主语跑到了句末。原因是这些句子属于隐性的使动结构，V1-V2 移到了主语的前面，比如：

(10)　　那件事　气疯了$_i$-v　[张三　t_i　]

v = 零使役轻动词。假如它不是零形式，而是一个实实在在的词，那么，V1-V2 就不用移位了：

(11)　　那件事使[张三气疯了]

换言之，这里的 V1-V2 是一元动词（更多的细节见 第八章 8.1 节的讨论）。

据观察，真正的宾语指向动结式有四种组合格式：[一元动词 ＋ 一元动词]、[一元动词 ＋ 二元动词]、[二元动词 ＋ 二元动词]以及[二元动词 ＋ 一元动词]。

一元动词也包括形容词。

一、[一元动词 ＋ 一元动词]。例如：

(12) a. 他哭湿了手帕。V1(非作格)＋ V2(非作格)
　　 b. 他笑醒了妹妹。

V1-V2 的主语就是 V1 的主语,V1-V2 的宾语就是 V2 的逻辑主语。这表明,V1-V2 的域外和域内题元分别来自 V1 和 V2。

二、[一元动词 ＋ 二元动词]。例如：

(13) a. 他跑丢了钱包。V1(非作格)＋ V2(宾格)
　　 b. 我跳折了腿。

V1 和 V2 的域外题元合二为一,成为 V1-V2 的域外题元;V1-V2 的域内题元就是 V2 的域内题元。理论上,两个题元合二为一称为题元重合。其他的研究(如汤廷池 1992a,b;Y. Li 1990,1995,1999)提到过 V1 和 V2 复合之后,V1 的主语会成为 V1-V2 的主语;V1-V2 的宾语则视 V1 和 V2 原来的(域内)论元相互补充和抑制的结果。不过,相关的理论原则与操作机制远不明朗。

三、[二元动词 ＋ 二元动词]。例如：

(14) a. 红队打输了那场球。V1(宾格)＋ V2(宾格)
　　 b. 他听懂了这两句话。

这里,V1 和 V2 的域外和域内题元分别重合,比如,[红队[打了那场球]]、[红队[输了那场球]],分别成为 V1-V2 的域外和域内题元。

四、[二元动词 ＋ 一元动词]。有两种情况出现:甲、V1 的域内题元跟 V2 的题元重合;乙、V1 的域内题元在句子中不出现。逐一来看。

甲、V1 的域内题元跟 V2 的题元重合,成为 V1-V2 的域内题元;而 V1-V2 的域外题元就是 V1 的域外题元。如：

(15) a. 张三打死了人。V1(宾格)＋ V2(非宾格)
　　 b. 张三赶走了客人。

(16) a. 他踢破了门。V1(宾格)＋ V2(非作格)
　　 b. 我扭伤了脚。

(17) a. 诸葛亮气死了周瑜。V1(二元作格)＋ V2(非宾格)
　　 b. 张三吓跑了李四。

(18) a. 张三吓傻了李四。V1(二元作格)＋ V2(非作格)
　　 b. 张三气疯了李四。

乙、V1 的域内题元不出现；这样，V1-V2 的域外题元就是 V1 的域外题元，而 V1-4V2 的域内题元就是 V2 的题元。如：

(19) a. 他(踢门)踢破了两只鞋。V1(宾格)＋V2(非作格)
      b. 我(送礼)送酸了腿。

(20) a. 红队(打决赛)打输了蓝队。V1(宾格)＋V2(一元作格)
      b. 红队(打篮球)打败了蓝队。

跟在 V1-V2 后面的成分并不是客事宾语，即 V1 的域内题元不出现。见 9.4 节的讨论。

把组合格式和 V1 和 V2 的类别结合起来就能大致判定 V1-V2 的题元结构。已知单个动词的题元结构大致如下：

(21) V,⟨施事/当事⟩,   V = 非作格动词、一元作格动词；
      V,⟨客事⟩,   V = 非宾格动词；
      V,⟨施事/当事,客事⟩,   V = 宾格动词；
      V,⟨施事,客事⟩,   V = 二元作格动词。

施事承担自主行为或过程，当事承担非自主行为或过程，客事接受自主或非自主行为或过程。那么，当单个动词复合成二元动结式时，扣除题元重合或不出现(见上文)，复合之后的题元结构如下：

一、⟨施事/当事,当事⟩。有[非作格 ＋ 非作格]，如(12)；[宾格 ＋ 非作格]以及[宾格 ＋ 一元作格]，但宾格动词的域内题元不出现，如(19)-(20)。

二、⟨施事/当事,客事⟩。包括：[非作格 ＋ 宾格]，如(13)；[宾格 ＋ 宾格]，如(14)；[宾格 ＋ 非宾格]，如(15)；[宾格 ＋ 非宾格]，如(16)；[二元作格 ＋ 非宾格]，如(17)；[二元作格 ＋ 非作格]，如(18)。

9.2 分　类

已知宾语指向动结式是二元动词，又知属于二元动词的有宾格类(accusative)和二元作格类(two-place ergative)。问题是二者该如何区分？

广义而言，即不限于动结式而言，作格动词可以是二元的，也可以是一元的(见第八章)：

(22) a. 张三感动了李四。
      b. 张三感动了。

一元作格谓语还可以进入使动句，其致事主语有生命或无生命皆可：

(23) a. 那件事使［张三感动了］。
    b. 王五令［张三感动了］。

相对而言，宾格动词只能是二元的：

(24) a. 张三批评了李四。
    b. ＊张三批评了。

"饭吃了"、"作业做了"之类可以看成是宾语前置（而且主语没有说出来），但显然也不能用于"批评"一类动词。"饭好吃"、"书好看"、"笔好写"之类是所谓浅层作格（surface ergative），也称中间句（middle construction）。既然不存在一元宾格谓语，也就没有相关的使动句：

(25) a. ＊那件事使［张三批评了］。
    b. ＊王五令［张三批评了］。

拿同样的标准来界定动结式，我们知道，动结式当然可以是二元的，见上文例(9)-(20)。但它也可以是一元的。如：

(26) a. 手帕哭湿了。   (cf. 12a)
    b. 钱包跑丢了。   (cf. 13a)
    c. 那场球打输了。   (cf. 14a)
    d. 人打死了。   (cf. 15a)
    e. 门踢破了。   (cf. 16a)
    f. 周瑜气死了。   (cf. 17a)
    g. 李四吓傻了。   (cf. 18a)
    h. 两只鞋踢破了。   (cf. 19a)
    i. 蓝队打输了。   (cf. 20a)

这样，便无法有效界定哪些是作格谓语，哪些是宾语前置的宾格谓语？这也是之前的研究遇到的困难（如 Cheng & Huang 1994，王玲玲、何元建 2002）。

那么，界定动结式的类只剩下一个办法，就是看其组成的一元谓语是否可以进入使动句。比如：

(27) a. ＊他使/令［手帕哭湿了］。   (cf. 12a, 26a)
    b. ＊他使/令［钱包跑丢了］。   (cf. 13a, 26b)
    c. ＊红队使/令［那场球打输了］。   (cf. 14a, 26c)
    d. ＊张三使/令［人打死了］。   (cf. 15a, 26d)

       e. *他使/令[门踢破了]。   (cf. 16a,26e)
       f. *他使/令[两只鞋踢破了]。   (cf. 19a,26i)
       g. *红队使/令[蓝队打输了]。   (cf. 20a,26j)
(28) a. 诸葛亮使/令[周瑜气死了]。   (cf. 17a,26f)
     b. 张三使/令[李四吓傻了]。   (cf. 18a,26g)

不能进入使动句的应该是宾格动词,而能进入的是作格动词。换言之,宾语指向的动结式就是两类:宾格类,如(12)-(16)、(19)-(20);以及二元作格类,如(17)-(18)。

其实,不论是否是动结式,能否变换成使动句是宾格谓语与二元作格谓语之间的一个极其重要的区别;这个区别表明,宾格谓语没有使役语义,而二元作格谓语一定有使役语义(参 Y. Li 1999,Gu 2003,He 2003,何元建、王玲玲 2003)。非动结式谓语例子如下:

(29) a. 水手们修了船。   cf. *水手们使/令[船修了]。
     b. 水手们沉了船。   cf. 水手们使/令[船沉了]。
     c. 张三打了李四一下。 cf. *张三使/令[李四打了一下]。
     d. 张三吓了李四一跳。 cf. 张三使/令[李四吓了一跳]。

宾格句(a)、(c)没有使役语义,因而不能够变换成使动句;二元作格句(b)、(d)有使役语义,所以能够变换成使动句。非动结式谓语如此,动结式谓语也是如此:

(30) a. 张三打伤了李四。   cf. *张三使/令[李四打伤了]。
     b. 张三吓呆了李四。   cf. 张三使/令[李四吓呆了]。

宾格句和二元作格句的表层语序相同但表达的语义完全不同,说明二者有不同的深层结构。下面分别来看。

9.3 宾格句

表层语序是"S + V1-V2 + O",但题元结构却有两类:⟨施事/当事,客事⟩和⟨施事/当事,当事⟩,代表两种不同的深层结构。两者的区别主要在"O"是动词的宾语还是补语。请观察:

(31) a. 张三踢破了门。   (cf. 16)
     b. 张三踢破了鞋。   (cf. 19)
(32) a. 红队打输了球。   (cf. 14)
     b. 红队打输了蓝队。   (cf. 20)

(33) a. 张三下赢了棋。
　　　b. 张三下赢了李四。

类似例子还有:红队踢赢了那场球、红队踢赢了蓝队/红队打胜了世界杯、红队打胜了蓝队。有三个原因使得这里的宾语和补语不好单凭语感来区别。一、表层语序相同;二、都是名词性成分;三、不管它是宾语还是补语,V2 都是指向它的,比如"门破了"、"鞋破了",等等。不过,如果让宾语和补语同时出现,比如在重动句当中,就能看出差别来。比如:

(34) a. 张三踢门踢破了鞋。
　　　b. *张三踢鞋踢破了门。

(35) a. 红队打球打输了蓝队。
　　　b. *红队打蓝队打输了球。

(36) a. 张三下棋下赢了李四。
　　　b. *张三下李四下赢了棋。

为什么有此差别?理论上,宾语和补语各自跟动词的相对结构位置不同。

我们首先设定,理论上,含动结式的宾格谓语可以用如下短语结构来表示:

(37)

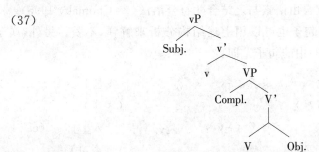

Subj. = 主语,Compl. = 补语,Obj. = 宾语,V = 动结式,v = 执行轻动词(DO-type light verb),它是一个结构元素(place holder),没有实义,也没有指派题元的功能,其结构功能是帮助组成双枝结构。

<u>上述短语结构的精髓是</u>:当 V=动结式时,宾语和补语成互补分布。如:

(38) a.

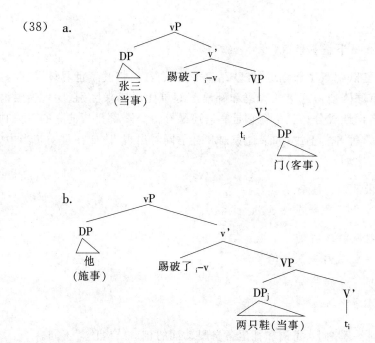

b.

(38a)含宾语,是动宾句;(38b)含补语,是动补句。V1-V2 之所以移位,是因为零轻动词属于黏着语素,须有自由语素与之结合才符合语法(参 Chomsky 1995)。

前面(32)-(33)中的句子也可以用上述结构分析来解释,不赘。另外,属于动宾结构的还有(13)和(15)中的句子。即:

(39) a. [$_{vP}$ 他　　跑丢了$_i$-v 　[$_{VP}$[$_{V'}$ t$_i$ 　钱包]] 　(cf. 13)
　　　　　(当事)　　　　　　　　　　　　(客事)
　　b. [$_{vP}$ 张三　打死了$_i$-v 　[$_{VP}$[$_{V'}$ t$_i$ 　人]] 　(cf. 15)
　　　　　(施事)　　　　　　　　　　　　(客事)

类似例子还有:**他走丢了孩子/她跑摔了酒瓶/李四赶跑了客人/咱们搬动一下桌子/他翻乱了书架/宝宝吹破了气球/嫂子熨糊了衣服/猎人磨快了刀/大妈吃光了李子/你最好做熟了菜/张三喂肥了鸭子。**

属于动补结构的还有(12)中的句子。即:

(40) 　[$_{vP}$　宝宝　哭湿了$_i$-v 　[$_{VP}$　手帕　[$_{V'}$　t$_i$　]]] 　(cf. 12)
　　　　　　(施事)　　　　　　　　　(当事)

类似例子还有:**爷爷看花了眼睛/婆婆吃坏了肚子/姐姐唱哑了嗓子/孩子饿瘪了肚子/小张哭火了我了/我笑疼了肚子/她热晕了头/他喊哑了嗓子/老奶奶站肿了脚/爷爷累弯了腰/涛涛急红了脸。**

9.4 作格动词构成的隐性使动句

9.2节说过,作格类 V1-V2 构成的谓语有使役语义。问题是,这个使役语义是从哪里来的？之前有研究认为,它来自动结式本身,即有关 V1-V2 是役格动词(causative verb)(参 Cheng & Huang 1994; Y. Li 1990,1995,1999)。但这个看法似乎不太妥当。

其一,第八章 8.2.5 节说过,所谓役格动词就是有使役形态(causative morphology)的动词。比如英文中的"**wid-en(加宽)**"、"**en-large(放大)**"、"**beauti-fy(使美丽)**"、"**moderni-ze(使现代化)**"。古汉语中曾用清浊音区别使动和自动(即役格动词读清声,而作格动词读浊声)。梅祖麟(1991)引六朝颜之推《颜氏家训》,"**军自败为败,打败人军曰败**补败反",第二个"**败**"注明读反切清声。这说明汉语史上曾经有使役形态,有过作格、役格各自成类的情况。今天,汉语中仍然有个别传承古汉语的役格用法,如"**饮(yìn)马**"、"**食(sì)狗**",分别对应于"**饮(yǐn)水**"和"**食(shí)肉**";这说明古汉语中还有过宾格、役格各自成类的情况。但是,除此之外,现代汉语中并没有其他词根形式的役格动词。

其二,假如 V1-V2 有役格类,那么,它的使役形态只能有两个来源:声调或者复合形式本身。据观察,V1-V2 并无依靠声调来区别作格与役格以及宾格与役格的情况,文献中也未发现这样的情况。至于是否可以通过复合形式来获得使役词义,可能性更小。如上所说,现代汉语中不存在词根形式的役格动词(传承用法者除外),那么,词根复合构成 V1-V2 之后仍然不可能是役格动词。迄今为止,确未发现过汉语中可以通过复合构词来获得使役词义的例子。

其三,之前研究中所确认的役格类 V1-V2,例如"**气晕**"、"**吓疯**",跟普通词根形式的作格动词并无任何句法特征上的区别。比如:

(41) a. 船沉了。 作格动词
b. 风暴令[船沉了]。
c. 水手们沉了船。

d. 张三气晕了。 V1-V2
e. 这件事令[张三气晕了]。
f. 张三气晕了李四。

不论是词根形式还是 V1-V2,都可以有一元和二元谓语,而且,一元谓语还可以进入使动句。也就是说,这些动词都是作格类(也见 9.2 节)。事实上,凡具备上述句法特征的 V1-V2,V1 都是毫无例外地是作格动词。例如,"**张三气了、这件事让**

[张三气了]、张三气了李四"。①

综上所述,V1-V2 没有役格类;作格类 V1-V2 构成的谓语有使役语义应该有别的原因。我们知道,除了形态标记之外,自然语言的使役标记还有语义标记和句法标记。语义标记即任意的音义结合,如"喂"就是"使吃"、"教"就是"使学";句法标记如"**使/令/让**"。不过,V1-V2 不太可能有词义层面的使役标记,比如很难说"**气晕**"就是"**使气晕**"、"**吓疯**"就是"**使吓疯**",因为这些动词可以组成一元谓语,见上例(也见 9.2 节)。

这样一来,作格类 V1-V2 构成的谓语,其使役语义只能来自句法标记。这个句法标记没有语音形式(理论上,它是对应于"使/令/让"的零形式),它使得有关结构成为深层形式的使动句,又叫隐形使动句(细节见下文)。同时,隐形使动句的结构并不单一,而是有三种:一、一元作格动词构成的独立致事主语结构;二、施事成分改作致事主语的结构;三、客事成分改作致事主语的结构。下面分别来看。

9.4.1 独立致事主语

9.2 节已经提到过此类句子,见例(9)。其一大特征是 V1-V2 为主语指向,并可变换成显性使动句而不影响语义。如:

(42) 那件事气疯了张三 ⇒ 那件事使[张三气疯了]

据之前的研究,显性使动句的结构如下(参沈阳、何元建、顾阳 2001,第四、五、六章;Gu 2003,He 2003):

(43)

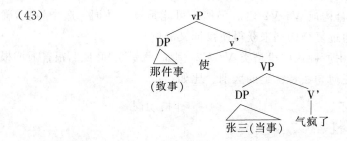

一元作格谓语(**张三气疯了**)是使役轻动词(**使**)的从句,所以 V1-V2 跟致事主语(**那件事**)没有题元关系。理论上,致事主语是从轻动词(**使**)那里获得致事题元的,它属于非自主性质(non-agentive),表示致使过程不是主语成分的主动行为。

假如使役轻动词是零形式(= 黏着语素),作格动词就要移位上去跟它结合,句子就变成隐性的使动结构:

---

① "张三气了李四"也有"张三因为李四而生气"的意思。

(44)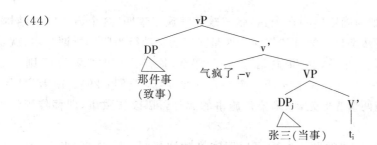

类似的例子还有:那个情景吓呆了小王/那件事气傻了李四/那次事故气死了奶奶("死"是失去生命,不是程度补语)/寒风冷醒了我们/酷暑热死了两位老人/恶梦哭醒了妹妹/这地方穷怕了我们/他这一掌就推开了门。

如(43)-(44)所示,显性与隐性的使动句的区别,仅在于前者的使役轻动词有语音形式(使),而后者使役轻动词为零形式(v)。正因为它有对应的语音形式(使/令),零使役轻动词不同于 9.3 节讲过的零执行轻动词,后者没有对应的语音形式。因此,零使役轻动词有指派致事题元的功能,而零执行轻动词没有,仅是一个结构元素。

9.4.2 施事改作致事主语

9.1 节中举出的(17)-(18)属于这一类。类似例子还有:**老张惊呆了小王/姐姐惊醒了妹妹/张三吓呆了李四/张三吓醒了李四**。这类句子的致事主语属于自主性质(agentive),致使过程含有主语成分的主动行为。可是,结构上该怎么样来理解呢? 有关歧义提供了线索。如:

(45) 张三气疯了李四。
—— 张三故意气李四,李四疯了。
—— 张三并没有主动去气李四,是李四自己因为张三而气疯了。

致事主语既可以是自主的,也可以是非自主的(non-agentive)。不过,对讲北方话的人来说,下面的显性使动句没有歧义:

(46) 张三使李四气疯了。
—— 张三并没有主动去气李四,是李四自己因为张三而气疯了。

已知(46)是显性使动句,那么,(45)跟其同义时,就是隐性使动句。即:

(47) a. 张三 使[李四 气疯了]
b. 张三 气疯了$_i$-v [李四 t_i]

这时,致事主语是非自主的(即"气疯李四不是张三的主动行为"),也是独立的(即并非衍生而来)。

接下来就是如何确定(45)在表达"**张三故意气疯了李四**"这个语义时的结构。此时,致事主语显然是自主的(即"气疯李四是张三的主动行为")。所谓自主,就是跟施事题元有关。可是,致事主语怎么会跟施事有关呢?"题元原则"(θ-Criterion,)规定,一个成分只能充任一个题元(Chomsky 1981:29)。或者说同一成分不能兼致、施两事。但是,原来要作施事的成分可以改作致事,即移位到致事的位置。

已知二元作格动词的题元结构可以跟宾格动词相同,即〈施事/当事,客事〉。又知道,二元作格谓语有使役语义,而宾格谓语没有。因此设定,二元作格谓语的结构相当于"宾格谓语 + 使役轻动词",即上文(37)中设定的结构之上,再有一个使役轻动词。图示如下:

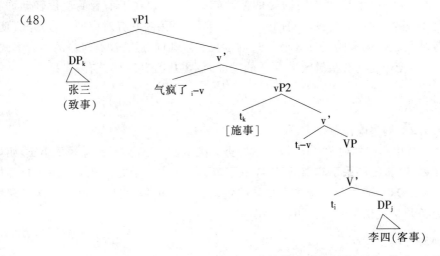

vP2 相当于宾格结构(参上文(38)(a)),vP1 则是使役轻动词短语,代表二元作格谓语。理论上,v1 = 零使役轻动词,v2 = 零执行轻动词,[施事] = 未指派的题元。致事主语位置原本是空的,由于零轻动词抑制了下域的 V1-V2 向施事主语指派格位和题元,因此,原来的施事主语移位到致事主语的位置,取得格位和题元(讨论见 9.5.2 节)。

如果上述分析不错,那么,上文(45)中出现的歧义就是自主与非自主使动句之间的差别。即:

(49) a. 张三 气疯了$_i$-v [李四 t_i]
　　　　——张三并没有主动去气李四,是李四自己因为张三而气疯了。
　　　b. 张三$_j$ 气疯了$_i$-v [t_j t_i 李四]
　　　　——张三故意气李四,李四疯了。

一个是非自主使动句,V1-V2 是主语指向的一元动词,致事主语独立;一个是自主使动句,V1-V2 是宾语指向的二元动词,致事主语是施事改作的。二者表层语序相同而深层结构不同,所以出现歧义。其根本原因,是"**气疯**"这个动词有两种题元结构:⟨当事⟩和⟨施事,客事⟩(或者说词库里有两个动词:**气疯 1**、**气疯 2**),分别构成非自主和自主使动句。①

此外,非自主使动句跟自主使动句之间还有一个重要差别。即,前者有显性和隐性两种形式(见 9.4.1 节),而后者只能是隐性结构。如:

(50) a. 张三 气疯了$_i$-v [李四 t_i] (重复 47)
　　 b. 张三使[李四气疯了]

(51) a. 张三$_j$ 气疯了$_i$-v1 [t_j t_i-v2 [t_i 李四]]] (重复 48)
　　 b. *张三$_i$ 使 [t_i t_i-v2 [气疯了李四]]]

为什么是这样? 理论上,句法结构的生成必须一个阶段一个阶段地来进行,零形式与非零形式的词项对各自所在的阶段,有不同的限制。细节见 9.6.3 节。

9.4.3 客事改作致事主语

除了施事成分可以改作致事主语之外,客事成分也可以这样做。请观察:

(52) 　　　　S　　　　V1-V2　　　O
　　 a.《苏三起解》　唱哭了　　演员。
　　 b.《苏三起解》　唱哭了　　台下的观众。

(52)(a)里边,V1 和 V2 都是指向"O"(**演员唱,演员哭**),V1-V2 组成一元谓语,从属于带独立致事主语的隐性使动句;而如果轻动词不是零形式,就是显性使动句:

(53) a.《苏三起解》 唱哭了$_i$-v [演员 t_i]
　　 b.《苏三起解》　　　 令 [演员唱哭了]

类似例子还有:班车等急了上夜班的人/班车使[上夜班的人等急了];这日子过腻了他/这日子使[他过腻了];这本书看烦了学生们/这本书使[学生们看烦了];故事听乐了弟弟/故事让[弟弟听乐了];那瓶酒喝醉了老张/那瓶酒令[老张喝醉了]。

(52)(b)就不同了。首先,这个句子可能有歧义:"观众"可能是"唱《苏三起解》的人"或者是"听《苏三起解》的人"。如是前者,V1 和 V2 都是指向"O",句子的结构就跟(53)一样。如是后者,V1 指向的域外题元并没有出现,即"唱《苏三起解》的人"没有出现。同时,V2 指向"O",即"**台下的观众哭了**"。另外,如变换成显性使动句,句子的意思只能是"观众唱":

---

① 理论上,一元动词多选择非生命名词充当主语,而二元动词多选择有生命的名词作主语。但后者也并非一定是自主,比如"**司机不小心撞死了人**"。

(54)《苏三起解》 令[台下的观众唱哭了]。

这说明显性使动句的 V1-V2 是主语指向,它的隐性形式,即(52)(b),确实可能有"**观众唱**"的意思。但是,如果要得到宾语指向的语义,即"**观众哭了**"但"**唱《苏三起解》的人**"没有出现,那么,有关结构一定不是带独立致事主语的隐性使动句,即(53)。

这个结构应该怎么来理解呢?首先,因为它不是带独立致事主语的隐性使动句,因此,表层句式中的"S"不是独立成分;语义上,它是 V1"**唱**"的客事宾语。再者,"O"不是施事主语(不是"**观众唱**"),也不是客事宾语(也不是"＊**唱观众**"),而是跟 V2"**哭**"一起组成补语(即"**观众哭了**")。

结构上与之对应,我们有:一、V1-V2 没有主语;二、宾语和补语同时出现;三、宾语要移位充当致事主语。这样,在上文结构分析的基础上,我们得到:

(55)

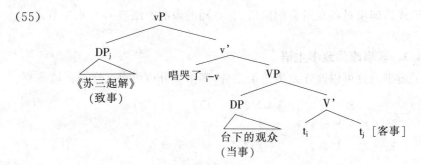

v = 零使役轻动词,[客事] = 未指派的题元。致事主语位置原本是空的,由于零轻动词抑制了下域动词(= V1-V2)向宾语指派格位和题元,因此,原来的客事主语移位到致事主语的位置,取得格位和题元(讨论见 9.5.2 节)。类似例子还有:**报纸看花了他的眼睛/李子吃坏了肚子/一张电影票排晕了头/这些钢材跑断了腿/《聊斋》故事说笑了大家伙/这一席话说紧张了李四**。

需要指出两点。一、因为致事主语是客事宾语衍生而来,所以它属于非自主性质。这跟独立致事主语和施事改作的致事主语都不同。独立致事主语虽然也属于非自主性质,但它是独立成分(见 9.4.1 节);施事改作的致事主语虽然也是衍生而来的,但它有自主特征(见 9.4.2 节)。

二、9.4.1 节说过,只有带独立致事主语的隐性使动句可以变换成显性使动句,如(50);但是,含衍生主语的隐性使动句不能变换成显性使动句,如(51)。再看:

(56) a.《苏三起解》 唱哭了$_i$-v [演员 t_i] (重复53)

　　　b.《苏三起解》　　　　令[演员唱哭了]

(57) a. 《苏三起解》ⱼ 唱哭了ᵢ-v [vp 台下的观众 [v' tᵢ tⱼ]]
— 观众被唱哭了,但唱《苏三起解》的人没有出现。(重复55)
b. *《苏三起解》ⱼ 令 [vp 台下的观众 [v' 唱哭了 tⱼ]]
（欲表达与(a)相同的语义,但这个句子的意思却是"观众唱《苏三起解》唱哭了",所以句子有错)

(56)同(50),是带独立致事主语的使动句,隐性和显性结构都可以;而(57)同(51),是含衍生主语的使动句,不允许显性结构,虽然(57)中是客事改作致事主语,而(51)中是施事改作致事主语。为什么如此？前文说过,句法结构的生成须分阶段进行,零形式与非零形式的词项对各自所在的阶段,会产生不同的限制。细节见9.5.3节。

9.4.4 歧义句

从上文知道,V1-V2所在句法结构很不单一。因此,当表层句式相同而深层结构迥异的情况下,就会出现歧义。例如:

(58) 医生等急了我。
— 医生等我,医生急了。主语指向:二元宾格谓语
— 我等医生,我急了。主语指向:一元作格谓语,含独立致事主语的隐性使动句

(59) 阿贵追累了阿兰。
— 贵追兰,贵累了。主语指向:二元宾格谓语
— 兰追贵,兰累了。主语指向:一元作格谓语,独立致事主语的隐性使动句
— 贵追兰,兰累了。宾语指向:二元作格谓语,客事改作致事主语的隐性使动句

可以看到,歧义最多有三种:甲、A-V1-B,A-V2;如"A 等 B,A 急；A 追 B,A 累"；乙、B-V1-A,B-V2;如"B 等 A,B 急；B 追 A,B 累"；丙、A-V1-B,B-V2;如"A 追 B,B 累"。而每一种语义都恰好跟 V1-V2 的语义指向以及类别有关。准确地说,是 V1-V2 的语义指向及类别决定相关的语义。即,设动词 ＝ V1-V2,主语指向的宾格动词表达的就是甲种语义；一元作格动词都是主语指向,它组成的含独立致事主语的隐性使动句,表达的就是乙种语义；二元作格动词都是宾语指向,组成客事改作致事主语的隐性使动句,它表达的就是丙种语义。之所以出现歧义,是因为 V1-V2 有同音异类。理论上,词库里分别有"**等急1(宾格)**"、"**等急2(一元作格)**"和"**追累1(宾格)**"、"**追累2(一元作格)**"、"**追累3(二元作格)**"。这似乎是一种经

济、简洁的处理方法,对 V1-V2 的语言习得可能有一定的意义。就是说,儿语或二语习得过程中,只要学会了 V1-V2 的某一类,就能够用它来造句,不需要在语义上和句法中去跟另外的类型加以区别。或者说,学习者没有去区别类别的任务,只有学会了一类、就多一类表达方式的任务。

注意,上文说歧义最多有甲、乙、丙三种。逻辑上似乎还缺了一种,即 B-V1-A,A-V2;比如"B 追 A,A 累"。即我们无法从(59)得到"兰追贵,贵累了"这样的意思。但是,这个"缺损"不难解释。首先,如上所述,甲、乙、丙三种语义是 V1-V2 的类来决定的(甲 = 宾格,乙 = 一元作格,丙 = 二元作格);而没有一类现存的动词可以跟"B-V1-A,A-V2"这样的语义联系得上;或者说,是因为不存在此类动词,所以才没有这样的语义。其次,词类虽然有限,但名词性成分的语法位置是可以变的;从这一点看,"B 追 A,A 累"和"A 追 B,B 累"在逻辑上其实是一回事,只不过语法位置变了而已;因此,要想得到"B-V1-A,A-V2"这样的语义,只需将"A、B"的语法位置换一换就可以了,比如"阿兰追累了阿贵"(欲表达"兰追贵,贵累了")。也就是说,虽然无法从(59)得到"兰追贵,贵累了"这样的意思,但可以通过改变名词性成分的语法位置来得到。对语法系统而言,无论是"阿贵追累了阿兰"还是"阿兰追累了阿贵",其中 V1-V2 的词类、涉及的句式以及语义种类,都是一样的:甲种语义 = 宾格动词 = 宾格句;乙种语义 = 一元作格动词 = 含独立致事主语的隐性使动句;丙种语义 = 二元作格动词 = 客事改作致事主语的隐性使动句。而变换名词性成分的语法位置,又可以互补两个句子各自都不能够表达的第四种语义。换言之,动词的类或缺了,却可以通过变换名词性成分的语法位置来互补;语法系统实为不冗余。

基于上文的分析,造成 V1-V2 的歧义其实原因很简单:因为语义来自动词的类,不存在某一类动词也就没有相关的语义。或者说,V1-V2 可以有甲、乙、丙三种语义,但不能有第四种语义。这跟语言中是否存在某一词类跟题元网络理论和句法生成过程都没有关系。这样,之前的处理方法欠妥(如 Y. Li 1995,1999 的题元网络理论,王玲玲、何元建 2002 的分层句法生成过程)。

9.5　有关理论问题的讨论

本节讨论三个相关的理论问题:一、动结式(V1-V2)到底是复合词还是在句法里生成的形式?二、动结式谓语中衍生主语移位的理由是什么?三、在衍生主语结构中,为什么只允许零形式的使役轻动词?下面依次来说。

9.5.1　V1-V2 是复合词还是句法生成的形式?

本章将动结式看成是复合词,认为其两个语义指向是不同的词结构使然(见

9.1 节)。也有把动结式看成是在句法里边生成的形式,包括合成谓语(complex predicates)以及并入结构(incorporation)两种形式。其实,无论何种取向,面对的问题都是一样的。无非分开两种语义指向,分开使役语义和非使役语义,分开有歧义的结构。历来的研究都是这样来做的。

举例来说。"张三吃完了"是主语指向,而"张三吃完了饭"却是宾语指向。从词法的角度,词库有两个词项:"吃完 1"和"吃完 2"。前者是并列结构,如(2);后者才是动补结构,如(3)。词库输出的是哪一个词项,句法就会生成相应的句子。

从句法的角度,两种语义指向源于两种不同的句法结构。比如,C.-T. James Huang(2006)认为动结式谓语是隐形的得字句结构,将 V1 和 V2 处理成分属两个轻动词短语。如:

(60) a. 张三$_i$ 吃$_j$-de [PRO$_i$ t$_j$-become [PRO$_i$ 饱了 [t$_j$ (饭)]]]
　　　b. 张三 吃$_j$-de [PRO$_i$ t$_j$-become [PRO$_i$ 完了 [t$_j$ 饭$_i$]]]

de = 零形式的"得",become = 零形式的"变"。简单点说,就是:

(61) a. 张三$_i$ 吃$_j$-v [[PRO$_i$ 完了] t$_j$]
　　　b. 张三 吃$_j$-v [[PRO$_i$ 完了] t$_j$ 饭$_i$]

PRO 由主语控制(subject-control)就是主语指向,由宾语控制 PRO(object-control)就是宾语指向。这种分析叫合成谓语法,V1 和 V2 各自组成谓语结构,但不会并入(如王玲玲、何元建 2002;C.-T. James Huang 2006)。

如果让两个动词相互并入,那就是并入法(如汤廷池 1992a;Sybesma、沈阳 2006;Shibata 等 2007)。Sybesma、沈阳(2006)的分析也叫作"小句分析法",稍有不同。比如:

(62) a. 张三$_i$ 吃-饱了$_j$ [(饭) [PRO$_i$ t$_j$]]
　　　b. 张三 吃-完了$_j$ [饭$_i$ [PRO$_i$ t$_j$]]

简单点来看,就是:

(63) a. 张三 吃$_j$-饱了[t$_j$ (饭)] 　　　V1 并入 V2
　　　b. 张三 吃-完了$_j$ 饭$_i$ [PRO$_i$ t$_j$] V2 并入 V1

所引文献中,并入既可以是 [$_x$ Y-X],如(a);也可以是 [$_x$ X-Y],如(b)。似乎很随意,没有原则性。为什么如此?有关研究没有讲。

复合词和句法生成形式哪一种更接近语言事实?本章认为,复合词的分析更接近语言事实。可从四方面来看。其一,据王力(1957)、梅祖麟(1991)、蒋绍愚(1992)、杨伯峻及何乐士(1992)及蒋冀聘(1998),动结式是两个独立的动词经句法结构而演变成的复合词形式。尽管研究者的观点有不同,但这一点却是共识。跟

其他动补结构(得字句或者结果补语句)相比,动结式的补语已经并入谓词,明显已经脱离了句法上的动补结构。比如:

(64) a. 张三　摸得[李四][很脏]。
　　　b. 张三　摸了[李四][一身稀泥]。
　　　c. 张三　摸[脏]了[李四]。

既然已经演变成复合词,没有理由认为它仍然是句法中的结构。

其二,绝大多数动结式以双音节形式出现,而双音节正是现代汉语中极普遍的词形式。如果这还不能确认动结式是复合词,那么反过来,句法分析面对的根本问题就是如何证明双音节的动结式在句法结构中是两个独立的动词。迄今为止,似乎还没有令人信服的论证。

其三,我们知道,动结式会出现题元不出现。比如"**我送酸了腿/爷爷看花了眼睛/婆婆吃坏了肚子**"。"送/看/吃"的域内题元不出现。这跟语境中的不出现不同,比如"送了礼没有?送了"。语境中的不出现来自逻辑语义相同而引起的省略,发生在动词进入句法之后。而动结式中的不出现就很难如此来解释。唯一的解释是 V1、V2 组成复合词时发生的不出现,即词结构的内在产物。

其四,理论上,词库输出一个复合词比输出两个动词进入句法更经济,有关句法结构也更简单。这意味着儿童学起来要更容易。事实上,由于动结式多是双音节复合词,儿童学起来应该跟学其他双音节词没有什么不同。主语指向的可能先学会,然后是宾语指向的宾格类,最后可能才是二元作格类(因为这些谓语是深层使动句)。当然,儿语习得方面有待将来的研究揭迷。

9.5.2　格位和题元抑制条件

在 9.4 节里,我们说施事或者客事成分可以移位充当致事主语。那么,移位的理由是什么?理论上,名词性成分移位的理由是获取格位或者题元。为此我们在第八章 8.2.3 节提出了"格位和题元抑制条件",假设零轻动词有抑制从属动词向主语或者宾语指派格位和题元的作用。重复如下:

(65)　如果动词(V)跟零轻动词(v)相邻接,并且 V 同时带有主语和宾
　　　语,这时,v 抑制 V 向自己主语或者宾语指派题元和格位;迫使 V
　　　的主语或者宾语移位作 v 的主语,从 v 获得题元和格位。

"邻接"的定义来自 Rizzi(1990):X 与 Y 邻接,如果 YP 是 X 的补足语,即 [$_X$[$_{YP}$ …Y…]]。

以此条件为前提,成分移位就有了理论根据。但有没有证据支持它呢?有一些。在显性与隐性使动句之间,我们观察到这样的对照(重复第八章 8.2.3 节(61)-

(62)):

(66) a. 那种情景 使［我 吓了 一跳］。
b. 那种情景 吓了$_i$-v ［我 t$_i$ 一跳］。

(67) a. 那种情景 使［我 吓了 他 一跳］。
b. *那种情景 吓了$_i$-v ［我 t$_i$ 他 一跳］。

动词"吓"有两个不同的题元结构：〈当事，动量〉和〈施事，客事，动量〉，因此造成(66)与(67)之间的差别。(66)(b)可以说，而(67)(b)不行。为什么？

理论上，(67)(b)不合法是因为零轻动词(v)抑制动词"吓"向从句主语(我)指派格位与题元，而后者又不能够移位到另一个位置去获得格位与题元，所以出错。如果轻动词不是零形式，抑制作用不复存在，(67)(a)就没有问题。

(66)(b)合法是因为动词"吓"只带了主语，没有宾语；这时，虽然轻动词是零形式，所以也没有问题。也就是说，只有从句动词同时带主语和宾语的情况下，零轻动词才有抑制作用。换言之，上面"格位和题元抑制条件"是行得通的。至于为什么只有零轻动词(v)才有抑制作用，而非零形式(使)没有，这就跟下一个要讨论的问题有关了。

9.5.3 衍生主语与零使役轻动词

此问题关系到确定使动结构的基本原则。要理解这一点，须简单回顾有关语言事实：

(68) a. 那件事使李四气疯了。
b. 那件事气疯了李四。

两句话的意思都是"**那件事不能够主动去气李四，是李四自己因为它而气疯**"。已知用"使"的句子是显性使动句，跟它同义但不用"使"的句子是隐性使动句。那么，有关结构如下（详见 9.4.1 节）：

(69) a. 那件事 使[张三气疯了] （重复43）
b. 那件事 气疯了$_i$-v ［张三 t$_i$ ］ （重复44）

这里的致事主语是非自主的、独立的，从句动词是一元作格动词。

但下面的两个句子不同：

(70) 张三使李四气疯了。 （重复46）
— 张三没有主动去气李四，是李四自己因为张三而气疯了。

(71) 张三气疯了李四。　　　（重复45）
　　—— 张三故意气疯了李四。
　　—— 张三没有主动去气李四,是李四自己因为张三而气疯了。

用了"使"的句子没有歧义,如果不用,歧义就会出现。为什么？表面上,这似乎是非生命的主语(**那件事**)和有生命的主语(**张三**)而引起的歧义。但实际上,歧义意味着不同的句法结构。

已知(70)是显性使动句,那么,当它跟(71)同义时(= **张三没有主动去气李四,是李四自己因为张三而气疯了**),后者就是隐性使动句。即:

(72)　a.　张三　使[李四气疯了]　　　（重复47(a)）
　　　b.　张三　气疯了$_i$-v　[李四　t_i]　（重复47(b)）

这里的致事主语也是非自主的、独立的,从句动词也是一元作格动词。

可是,(71)这句话还有"**张三故意气疯了李四**"的意思。此时,其致事主语是自主的(即"**气疯李四是张三的主动行为**")。也就是说,致事主语兼有施事功能。然而,按照"题元原则"(θ-Criterion, Chomsky 1981:29),一个名词成分只能充任一个题元。因此,致事主语不可能同时既是致事又是施事。结构上,让致事主语获得施事功能的途径只有一个,就是让施事主语移位改作致事主语。即:

(73)　张三$_{0j}$　气疯了$_i$-v　[t_j　t_i　李四]　（重复48）

这里,从句动词是二元作格动词,通过施事主语移位和动词移位而构成自主使动结构。因此,致事主语是自主的、衍生而来的。

换句话说,"**气疯**"这样的动词有两种题元结构:〈当事〉和〈施事,客事〉。进入句法之后会生成自主与非自主两种使动结构:

(74)　a.　张三　气疯了$_i$-v　[李四　t_i]　（重复49(a)）
　　　　—— 张三并没有主动去气李四,是李四自己因为张三而气疯了。
　　　b.　张三$_j$　气疯了$_i$-v　[t_j　t_i　李四]　（重复49(b)）
　　　　—— 张三故意气李四,李四疯了。

表层语序相同而深层结构不同,是为歧义。基于有关语言事实,这个分析应该是可靠的。

上述语言事实和分析已经在前文陈述过(见9.4.1、9.4.2节),简略复述一下是为了下文的深入讨论。就在生成语法框架中进行的使役句法的研究而言,含独立致事主语的句子最先获得解决,因为其显性与隐性结构之间存在很有规律的对应,见上面(69)、(71)(参 Gu 2003, He 2003)。然后才是施事成分改作致事主语的结构,即所谓的"施事役格句"(agentive causatives)见上面(73)(参 He 2003, 何元建、王玲玲 2002,2003)。但是,之前的研究尚未解决的问题是:为什么非自主使动句有显性和隐性两种形式,而自主使动句只能是隐性结构?例如:

(75) a. 张三 气疯了$_i$-v [李四 t_i] (重复 50)
      b. 张三使[李四气疯了]

(76) a. 张三$_j$ 气疯了$_i$-v1 [t_j t_i-v2 [t_i 李四]]] (重复 51)
      b. *张三$_j$ 使 [t_j t_i-v2 [气疯了李四]]]

为什么如此?正是本节我们要回答的问题。

答案是,这是语法系统的运作程序使然。具体来说,是受到"相面豁免条件"(Phase Impenetratability Condition)(Chomsky 2001:5;2008)的制约。我们在第二章 2.1.8 节已经讲过了"相面豁免条件"的理论背景。这里,我们来看这个条件是如何受制约上面(75)-(76)中的句子的。2.1.8 节说过,"相面豁免条件"运作的一个重要的具体程序是,只有当相面中心语(phase head)是词汇形式的自由语素时(词汇形式 = 有语音),其补足语才会被输送出去确认语音和语义。而如果相面中心语是零形式,则要等到它成为词汇形式时,其补足语才会被输出。拿轻动词短语(vP)为例。如果 v 的补足语 = WP,而 v = 词汇形式的自由语素,一旦[$_v$, v WP]生成好,WP 就要被输出。而如果 v = 零形式(或者说 v = 黏着语素),则要等到 W 移位跟 v 结合,构成 W-v,WP 才会被输出。这时,因为 W 是词汇形式的自由语素,W-v 等于把 v 转化成了词汇形式的自由语素,所以,WP 可以被输出。演示如下(重复 2.1.8 节(109)—(110)):

(77)   [$_{vP}$ ... [$_{v'}$ v [$_{WP}$... W ...]]]   v = 词汇形式
                                                              WP 输出

(78) a.   [$_{vP}$ ... [$_{v'}$ v [$_{WP}$... W ...]]]   v = 零形式
                                                              WP 不输出

      b.   [$_{vP}$ ... [$_{v'}$ W$_i$-v [$_{WP}$... t_i...]]]   W-v = 词汇形式
                                                              WP 输出

输出之前,WP 中可以进行句法操作;一经输出,WP 就受到"相面豁免条件"的保护,其句域之内不可再进行任何句法操作。

重温了有关语法操作程序,现在来看具体的例子。先看(75)。这里,无论轻动词有无语音形式,即不管它是"使"还是"v",它的补足语(VP)中都没有成分外移(= 没有任何句法操作),因此都不会影响到输出程序。

(76)就不同了。在(a)里边,v1 = 零形式,它的补足语是 vP2。因此,在动词(气疯)移位跟 v1 结合成"气疯-v1"之前,vP2 不会被输出。第二章说过,结构(包括词、句结构)的生成是一个词项投射、成分填位(merge)和移位(move)过程,称为"概化转换"(generalized transformation)(Chomsky 1995)。因此,我们有:

(79) a. v1 投射成 v':
     v1 ⇒ [$_v$, v1]

b. 在 v1 右边插入原始空位:
   [$_v$, v1] ⇒ [$_v$, v1 0]

c. 用已生成好的 vP2 填位:
   [$_v$, v1 0] ⇒ [$_v$, v1 vP2]
   vP2 = [$_{vP2}$ 张三 [$_v$, v2 [$_{VP}$[$_v$, 气疯了李四]]]]

d. v' 投射成 vP1:
   [$_v$, v1 vP2] ⇒ [$_{vP1}$[$_v$, v1 vP2]]

e. 在 v' 左边插入原始空位:
   [$_{vP1}$[$_v$, v1 vP2]] ⇒ [$_{vP1}$ 0 [$_v$, v1 vP2]]

f. vP2 中的主语移位:
   移位前,vP2 = [$_{vP2}$ 张三 [$_v$, v2 [$_{VP}$[$_v$, 气疯了李四]]]]
   移位后,vP2 = [$_{vP2}$ t_j [$_v$, v2 [$_{VP}$[$_v$, 气疯了李四]]]]
   [$_{vP1}$ 0 [$_v$, v1 [$_{vP2}$ 张三$_j$ [$_v$, v2 [$_{VP}$[$_v$, 气疯了李四]]]]]] ⇒
   [$_{vP1}$ 张三$_j$ [$_v$, v1 [$_{vP2}$ t_j [$_v$, v2 [$_{VP}$[$_v$, 气疯了李四]]]]]]

g. VP 中的动词移位:
   移位前,VP = [$_{VP}$[$_v$, 气疯了李四]]
   移位后,VP = [$_{VP}$[$_v$, t_i 李四]]
   [$_{vP1}$ 张三$_j$ [$_v$, v1 [$_{vP2}$ t_j [$_v$, v2 [$_{VP}$[$_v$,气疯了李四]]]]]] ⇒
   [$_{vP1}$ 张三$_j$ [$_v$,气疯了$_i$-v1 [$_{vP2}$ t_j [$_v$, t_i-v2 [$_{VP}$[$_v$, t_i 李四]]]]]]

理论上,语法的经济原则确保操作的结果恰好符合语法结构的要求(参 Chomsky 1995)。从这个角度,主语应该先于动词移位,以保证得到上面的结果。反之,假如动词先于主语移位,到了"**气疯了**$_i$-v1"这一步时,vP2 就要立刻输出;那么,也就不可能再进行主语移位了。

相对而言,在(76)(b)里边,**使** ≠ 零形式,一旦生成[$_v$, **使** vP2],vP2 就要被输出。即:

(80) a. "使"投射成 v':
     使 ⇒ [$_v$, 使]

b. 在"使"右边插入原始空位:
   [$_v$, 使] ⇒ [$_v$, 使 0]

c. 用已生成好的 vP2 填位：
   $[_{v'}$ 使 $0] \Rightarrow [_{v'}$ 使 vP2$]$
   vP2 = $[_{vP2}$ 张三 $[_{v'}$ v2 $[_{VP}[_{v'}$ 气疯了李四$]]]$

到了这一步,vP2 就要被输出。之后,vP2 之内便不可再进行任何句法操作。因此,继续从 vP2 之中移出主语就不合语法,即：

(81) a. $[_{v'}$ 使 vP2$]$ 投射成 vP1：
   $[_{v'}$ 使 vP2$] \Rightarrow [_{vP1}[_{v'}$ 使 vP2$]]$

   b. 在 v' 左边插入原始空位：
   $[_{vP1}[_{v'}$ 使 vP2$]] \Rightarrow [_{vP1}$ 0 $[_{v'}$ 使 vP2$]]$
   vP2 中的主语移位：
   移位前,vP2 = $[_{vP2}$ 张三 $[_{v'}$ v2 $[_{VP}[_{v'}$ 气疯了李四$]]]$
   移位后,vP2 = $[_{vP2}$ t_j $[_{v'}$ v2 $[_{VP}[_{v'}$ 气疯了李四$]]]$
   $[_{vP1}$ 0 $[_{v'}$ 使 $[_{vP2}$ 张三 $[_{v'}$ v2 $[_{VP}[_{v'}$ 气疯了李四$]]]]]] \Rightarrow$
   $[_{vP1}$ 张三$_j$ $[_{v'}$ 使 $[_{vP2}$ t_j $[_{v'}$ v2 $[_{VP}[_{v'}$ 气疯了李四$]]]]]]$

因为移位不允许,所以结构是错的。另外,v2 还没有跟动词结合,也是错的。可是,即使已经结合(气疯了-v2)也无济于事,因为这只能保证 VP 的输出,管不到上域的主语。

最后再补充三点。其一,如果轻动词不是零形式,不光是从 VP 中移出施事成分时会受到限制,移出任何成分都要受到限制。例如,重复上文(57)：

(82) a. 《苏三起解》$_j$ 唱哭了$_i$-v $[_{VP}$ 台下的观众 $[_{v'}$ t_i t_j $]]$
   —— 观众被唱哭了,但唱《苏三起解》的人没有出现。

   b. *《苏三起解》$_j$ 令 $[_{VP}$ 台下的观众 $[_{v'}$ 唱哭了 t_j $]]$
   (欲表达与(a)相同的语义,但这个句子的意思却是"观众唱《苏三起解》唱哭了",所以句子有错)

按 9.5.3 节,(b)里移出的成分是应该是客事宾语,即"《苏三起解》"。按照"相面豁免条件",这个结构有错是因为生成过程到了"$[_{v'}$ 令 $[_{VP}$ 台下的观众 $[_{v'}$ 唱哭了《苏三起解》$]]]$"这一步,VP 就已经输出了；这时再从 VP 中移出客事宾语来就不合语法。详细分析如下：

(83) a. "令"投射成 v'：
   令 $\Rightarrow [_{v'}$ 令$]$

   b. 在"令"右边插入原始空位：
   $[_{v'}$ 令$] \Rightarrow [_{v'}$ 令 0$]$

用已生成好的 VP 填位；
VP = [$_{VP}$ 台下的观众 [$_{v'}$ 唱哭了《苏三起解》]]
[$_{v'}$ 令 0] ⇒ [$_{v'}$ 令 VP]

到了[$_{v'}$ **令** VP]这一步，VP 就要被输出。之后，VP 之内便不可再进行任何句法操作。因此，继续从 VP 之中移出宾语就不合语法，即：

(84) a. [$_{v'}$ 令 VP] 投射成 vP：
　　　　[$_{v'}$ 令 VP] ⇒ [$_{vP1}$[$_{v'}$ 令 VP]]
　　b. 在 v'左边插入原始空位：
　　　　[$_{vP1}$[$_{v'}$ 令 VP]] ⇒ [$_{vP1}$ 0 [$_{v'}$ 令 VP]]
　　c. VP 中的宾语移位：
　　　　移位前，VP = [$_{VP}$ 台下的观众 [$_{v'}$ 唱哭了《苏三起解》]]
　　　　移位后，VP = [$_{VP}$ 台下的观众 [$_{v'}$ 唱哭了 t_j]]
　　　　[$_{vP1}$ 0 [$_{v'}$ 令 [$_{VP}$ 台下的观众 [$_{v'}$ 唱哭了《苏三起解》]]]] ⇒
　　　　[$_{vP1}$《苏三起解》$_j$ [$_{v'}$ 令 [$_{VP}$ 台下的观众 [$_{v'}$ 唱哭了 t_j]]]]

因为移位不允许，所以结构是错的（读起来似乎可以接受，但不是要表达的意思；见(82)）。从上面的讨论我们看到，"相面豁免条件"要控制结构生成的全过程，不管是主语移位还是宾语移位，都要受其制约。

其二，9.6.2 节提出的"格位和题元抑制条件"其实也是以"相面豁免条件"为理论基础的。回顾(66)-(67)，我们看到只有零轻动词(v)才会抑制 VP 中的动词指派格位和题元，而非零形式轻动词(**使**)则不会。为什么如此？

从上文知道，如果 v = 零形式，VP 要等到 V-v 形成之后（即 vP 生成之后）才会被输出；在此之前，v 自然能够去抑制动词(V)。而如果 v = 非零形式，那么，一旦形成 [$_{v'}$[**使** VP]]，VP 就被输出，VP 之内不可再进行任何句法操作，包括抑制作用。因此，非零形式轻动词不会抑制动词(V)指派格位和题元。

其三，不光是含 V1-V2 的结构要受"相面豁免条件"的限制，其他形式的动词组成的结构也要受限制。如：

(85) a. 那种情景 令 [我　吓了　他一跳]
　　　　我$_j$ 吓了$_i$-v [t_j 　t_i 　他一跳]
　　　　*我$_j$ 令 [t_j 　吓了他一跳]
　　b. 风浪 使 [水手们　沉了船]
　　　　水手们$_j$ 沉了$_i$-v [t_j 　t_i 　船]
　　　　*水手们$_j$ 使 [t_j 　沉了船]

c. 他的命令 使 [我开了 门]
　　我$_j$　　开了$_i$-v [t$_j$　　t$_i$　　门]
　　*我$_j$　使　[t$_j$　开了　门]
d. 银光 使[老妇人收敛了凶焰]
　　老妇人$_j$　收敛了$_i$-v [t$_j$　t$_i$　凶焰]
　　*老妇人$_j$　使 [t$_j$　收敛了　凶焰]
e. 音乐 使[我们丰富生活]
　　我们$_j$　丰富$_i$-v [t$_j$　t$_i$　生活]
　　*我们$_j$　使 [t$_j$　丰富生活]
f. 军训 使[学校严肃纪律]
　　学校$_j$　严肃$_i$-v [t$_j$　t$_i$　纪律]
　　*学校$_j$　使 [t$_j$　严肃纪律]
g. 贸易 使[国家繁荣市场]
　　国家$_j$　繁荣$_i$-v [t$_j$　t$_i$　市场]
　　*国家$_j$　使 [t$_j$　繁荣市场]

(85)表明,非 V1-V2 形式的二元作格谓语,可以出现在含独立致事主语的显性使动句当中,也可以出现在衍生致事主语的隐性使动句当中;但是,衍生结构中的轻动词必须是零形式。理论上,这是"相面豁免条件"起了限制作用的缘故。

这跟上文中讨论的 V1-V2 二元作格谓语的情形一样。不同的是,V1-V2 二元作格谓语只能出现在衍生致事主语的隐性使动句当中,而不能够出现在含独立致事主语的显性使动句当中:

(86) a. *那件事令 [诸葛亮气死了周瑜]
　　　b. 诸葛亮$_j$　气死了$_i$-v [t$_j$　　t$_i$　周瑜]

为什么 V1-V2 形式跟其他形式的动词有这样的差别,有待后续的研究。

9.6 小　结

针对迄今研究提出的问题(是否所有"V1-V2"形式都是动结式,以及动结式是复合词还是句法中生成的形式),本章论证了动结式(V1-V2)的词结构、分类、题元结构以及谓语结构,目的是对之前研究中未讲到或者讲得不够透彻不够完整之处做出补充。主要结果如下:

(87) 复合词结构：　　　　动补型　　　　　　非动补型
　　　语义指向：　　　　V2 指向宾语　　　　V2 指向主语
　　　分类：　　　　　　非宾格　　　　　　　非作格
　　　　　　　　　　　　宾格　　　　　　　　一元作格
　　　　　　　　　　　　二元作格
　　　例子：　　　　　　9.0 节、9.2 节　　　 9.0 节

(88) 题元结构：　　　　一元作格　　　二元作格　　　　宾格
　　　　　　　　　　　〈当事〉　　　〈施事,客事〉　〈施事,当事〉
　　　　　　　　　　　　　　　　　　　　　　　　　〈施事/当事,客事〉
　　　例子：　　　　　　9.4.1 节　　　9.4.2、9.4.3 节　　9.3 节

(89) 谓语结构：　　　　宾格谓语　　一元作格谓语　　二元作格谓语显性
　　　使动：　　　　　　—　　　　　　+　　　　　　　—
　　　隐性使动：　　　　—　　　　　　+　　　　　　　+
　　　独立致事主语：　　—　　　　　　+　　　　　　　—
　　　施事改作致事：　　+　　　　　　—　　　　　　　+
　　　客事改作致事：　　—　　　　　　—　　　　　　　+
　　　例子：　　　　　　9.3 节　　　9.4.1 节　　　　9.4.2 节、9.4.3 节

这里，谓语结构指具有"S + V1-V2 + O"表层语序的结构。

按照语言事实，把动结式处理成复合词似乎更符合汉语的实际；理论上，这对于语法系统的运作也更为经济，对解释语言习得可能更为有利。不过，动结式作为复合词，其题元结构组合格式背后的理论原则，尚不完全清楚（见 9.1 节；另参 Y. Li 1990,1995,1999），需要后续的研究。

生成语法研究的目标可以说是为了探究人大脑中的语言机制及其操控言语的方式。其主要手段是探求语言形式的内部结构（internal structure）。但语言结构是看不见的（如分子和原子结构看不见一样），看得见的只是结构的表象，如形态和句式。表象背后的抽象原则才是语法系统运作的理据。比如上文中提到的"直接宾语限制条件"（J. Simpson 1983），它是区分动补型与非动补型动结式的原则；还有"相面豁免条件"（Chomsky 2001），它是区分显性与隐性使动句的原则。因此，形态和句式只是语法系统在原则指导之下运作的产物。让原则足够的抽象，尽可能地接近儿童语言习得机制，便是语法理论的终极目标（Chomsky 2002,第四章）。

第十章 单句、小句及复句的结构

本章讨论单句（clause）、小句（small clause）和复句（complex sentences）的结构。单句结构有三个组成部分：动词短语（VP）、语法范畴词短语（IP）和标句词短语（CP）。小句的结构就是动词短语（VP），但有句子的功能。复句则是单句的组合。这些是语言事实决定的，也是理论问题。另外，也对句子成分的句法范畴跟语法功能之间的关系作一些探讨。

10.0 单句的三个组成部分

单句的结构有三个基本组成部分：动词短语（VP）、语法范畴词短语（IP）和标句词短语（CP）。简单表示如下：

(1)
```
            CP(标句词短语)
            |
            C'
           / \
          C   IP(语法范畴词短语)
              |
              I'
             / \
            I   VP(动词短语)
                |
                V'
               / \
              V   (XP)
```

C = 标句词，I = 语法范畴词，V = 动词。就结构而言，VP 是 I 的补足语，IP 是 C 的补足语。此结构阶层跟语序无关。重要的是，单句结构的三个基本组成部分互为依存；理论上，标句词（C）选择语法范畴词短语（IP），语法范畴词（I）选择动词短语（VP），动词（V）再选择其他成分（如宾语、补语）。如有需要，语法范畴词（I）可以选择轻动词短语（vP），轻动词再选择动词短语（VP）（见第八章 8.2 节）

"IP"是英文"Inflection Phrase"的缩写，意思是"屈折词短语"，因为屈折语中的语法范畴有很多都是通过屈折形态来表达的（参 Chomsky 1986a, 1986b）。汉语不是屈折语，改称"语法范畴词短语"较为合适。不过，我们不便改变理论上已经定下来的符号，所以沿用"I"作为表示语法范畴词的总称，沿用"IP"作为表示语法范畴词短语的总符号。

　　理论上,从上世纪 80 年代后期至 90 年代再到现在,上述句子的三个基本组成部分是一个持衡不变的观点(Chomsky 1986a,1986b;1991,1993,1995,2001)。变只是在三个基本部分内的变化。VP、IP 及 CP 都可以而且必须再分解。IP 能分解成时态、体貌、情态、否定及语态等成分(Chomsky 1986a,1986b),VP 能分解成含上下两个动词短语的套组结构(Larson 1988,1990;Johnson 1991;Bowers 1993;Pesetsky 1995,Haegeman 1997a,1997b),CP 则可以分解成含不同标句成分的结构(Rizzi 1997,2001,2003)。同时,句子中的功能范畴是插在分解之后的 VP、IP 和 CP 里边的。比如,轻动词短语(vP)是 VP 之上;时态、体貌、情态、否定及语态短语是在 IP 之中;话题短语(TopP)、焦点短语(FocP)是在 CP 下方,也可能在动词短语上方。另外,呼应语言中有呼应成分,在理论的发展过程曾经提出过"呼应短语"(AgrP);管主语的叫"主语呼应短语"(AgrSP),管宾语的叫"宾语呼应短语"(AgrOP)(如 Pollock 1989,1997;Chomsky 1991,1993)。AgrSP 要置于分解后的 IP 里边,AgrOP 置于分解后的 VP 里边(如 Koizumi 1995;McCloskey 1997;Boskovic 1997;Haegeman 1997a,1997b)。现在,"呼应短语"虽然不再用了,但可以看得出理论发展的思绪。事实上,过去十几年的生成语法理论在句子结构方面的研究就围绕这些短语该如何分解以及背后的理论基础是什么来进行。我们下面仅介绍跟本文有关的理论、原则及方法。

　　在汉语里,标句词有两类:语气词以及标示句子边界的词。前者如"**你来吗**"中的疑问语气词"**吗**","**这怎么行啊**"中的感叹语气词"**啊**"。标示句子边界的词只有一个,就是结构助词"**的**",比如[来开会的]人。标句词短语的讨论详见 10.3 节。

　　汉语表示基本语法范畴的词有体貌词、情态词和否定词。体貌词大多跟在动词后面,只有个别的可以夹在主语和动词之间,比如"**他还没有来**"中表示完成貌的"**有**"。情态词和否定词都是要夹在主语和动词之间的,比如"他必须来"中的"**必须**","**他不会来**"中的"**会**"和"**不**"。详见 10.2 节。

　　换句话说,单句的结构由三个部分组成的理由就是根据有关成分的语序来定的。例如:

　　(2)　a. [[张三　　会　　[去北京]$_{VP}$　]$_{IP}$　　　　吗]$_{CP}$
　　　　　b. [[李四　　可　　[真勇敢]$_{VP}$　]$_{IP}$　　　　啊]$_{CP}$
　　　　　　　　　　　　　　动词短语　　语法范畴词短语　　标句词短语

下面我们就三个组成部分逐一来看。不过,我们已经在第七、第八、第九章里边详细地讨论过汉语动词短语的结构。本章对动词短语的讨论将非常简单。

10.1 动词短语

凡含有动词作谓语的句子就含有动词短语(见第八章)。补充两点。一、汉语中也有不含动词作谓语的句子,比如形容词作谓语和名词作谓语。如:

(3)　a. 这里风景<u>秀丽</u>。
　　　b. 你的态度<u>不好</u>。

(4)　a. 他今年<u>五十岁</u>。
　　　b. 明天<u>清明</u>了。

形容词兼有动、名词的性质(Chomsky 1970, Muysken & Riemsdijk 1985)。或者说它常常可以充当动、名词的角色。换言之,凡形容词充当句子谓语,就跟动词差不多。因此我们设定,凡形容词充当谓语,其短语结构(AP)跟动词短语(VP)一样,也是句子结构中最下面的那部分。至于名词谓语,据石定栩(2002)的分析,这些句子中其实含有一个零形式(即没有语音形式)的"是动词",即零形式的"是"。例如,"他今年(是)五十岁",其中的"是"可选,如果不出现,就是零形式。本章同意这个观点。这样,这些句子也含有一个动词短语,它的中心语是一个零动词(用"V"代表)。比如:

(5)
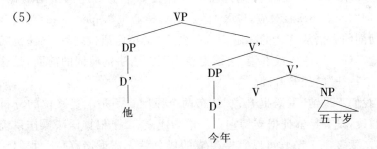

二、到目前为止,本书讲到动词的主语时,都说动词的主语就生成在动词短语里边,即 VP 的标定语位,如上面(5)。这样讲的原因一来是为了方便讲述动词短语的结构,二来是我们还没有讲到句子的结构。现在,我们把动词短语作为句子结构的一部分来讲,动词的主语在多数情况下就不会生成在动词短语里边,而是要生成在语法范畴词短语里边,即 IP 的标定语位。比如:

(6)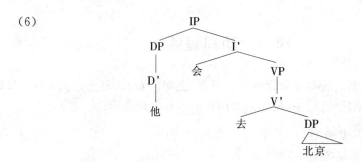

动词的主语不能生成在 VP 里边、而是要生成在 IP 里边的原因,上文曾间接地提到过,就是动词的主语需要出现在表达语法范畴的词之前,如上面的情态词"**会**"。

在生成语法理论发展的过程中,曾经有一种理论叫作"主语提升说"(The VP-internal Subject Hypothesis)(参 Kitagawa 1986,Kuroda 1988,Sportiche 1988,Ernst 1991,等等)。是说动词的主语先生成在 VP 里边,从动词那里接受题元和格位,然后再移位到 IP 里边。这是因为,理论上,题元和格位的接受成分和其指派词应该处在同一"辖域"(domain)(即同一短语范围)之内,使指派词能够"管辖"(govern)接受题元和格位的成分(Marantz 1984:23ff,Chomsky 1986b:59-60)。在稍后的"最简理论"中,移位受词汇特征的控制。就"主语提升说"而言,语法范畴词有所谓的"主语特征"(EPP feature),可以将动词的主语从 VP 里边吸引到 IP 里边(Chomsky 1995:55,232,354)。理论上,词汇特征在句法上对应的渠道有两个:"核心词对核心词"(head-head)对应,以及"标定语对核心词"(spec-head)对应。因此,在理论上,动词的主语从 VP 的标定语位移到 IP 的标定语位之后,语法范畴词的"主语特征"就得到了对应。或者说,主语需要出现在语法范畴词的前面,是这类词具有所谓"主语特征"的经验基础。

在本书里,我们不采纳"主语提升说"。有两个原因。一是上述移位的分析很多是基于理论假设,没有足够证据支持它在汉语中成立;二是根据语法操作系统的经济原则(见第二章 2.1.7 节),可以直接生成的成分就无需诉诸移位。我们在第二章 2.1.3、2.1.4 节已经说过,动词的主语是直接生成在语法范畴词短语之内的,即 IP 的标定语位;动词可以通过语法范畴词短语向主语指派题元和格位。在没有足够的反证出现之前,我们认为这是正确的。

当然,动词的主语并非在所有的时候都是直接生成在 IP 的标定语位的。这种情况只是针对单句结构而言。上文说过,句子除了单句之外,还有小句和复句。复句即单句的组合,因此也属于单句范畴。小句则不同;小句仅仅是一个动词短语,不含语法范畴词短语和标句词短语。这时候,动词的主语仍然要生成在动词短语里边,即 VP 的标定语位。请看下面 10.4 节的讨论。

小结一下,汉语单句既可以含动词短语也可以含形容词短语;名词谓语的深层结构是一个零形式的"是"动词短语。语义上,动词如果充当句子的谓语,它的主语也就是句子的主语。可是在结构上,动词的主语却可以有两个可能的位置:一是在动词短语里边,即 VP 的标定语位,一是在语法范畴词短语里边,即 IP 的标定语位。前者代表一个小句结构,后者则是单句结构。按生成语法理论,IP 的标定语位才是"单句的主语位置"。原因是,单句如果含有语法范畴词的话,语法范畴词一定是夹在主语和动词中间,即"主语—语法范畴词—动词—(宾语)"。比如,"**张三会打网球**"。也就是说,单句的语序要求动词的主语出现在语法范畴词短语里边。在本章里,按语法操作系统的经济原则,动词的主语直接生成在语法范畴词短语之内,即 IP 的标定语位;动词通过语法范畴词短语向主语指派题元和格位。

10.2 语法范畴词短语

如(1)所示,语法范畴词短语是单句结构的中间部分。首要的问题是:什么是语法范畴?为什么要拿语法范畴词短语作为单句结构一部分?广义上的语法范畴(grammatical category)包括三部分:一、跟句子的动词有关的范畴,如时态(tense)、体貌(aspect)、语态(voice)、情态(modality)、否定(negation)等;二、跟句子中名词性成分有关的范畴,如处置(disposal)、话题(topic)、焦点(focus)、使役(causativity)等;三、跟句子的语气有关的范畴,如陈述语气(declarative)、疑问语气(interrogative)、祈使语气(imperative)、感叹语气(exclamative)等。可是,狭义上的语法范畴专指跟动词有关的范畴;这就是本节要讨论的。跟语气有关的范畴属于标句词短语,在下一节讨论。

语法范畴可能有标记,如形态、助词、重音或者语调;也可能没有标记,比如,动词的肯定形式(相对于否定形式)是没有标记的,主动语态(相对于被动语态)也是没有标记的,许多语言的陈述语气(相对于疑问、祈使、感叹等语气)也是没有标记的。

理论上,<u>语法范畴要通过句子的结构表示出来,有关的语义才能获得圆满的解释</u>(参 Chomsky 1986a,1986b)。具体方法就是<u>让表达语法范畴的标记投射成独立的短语结构</u>,如时态短语(TP)、体貌短语(AspP),等等。如果没有标记,则可以认为是零标记。

不同的语法范畴在句子中的结构位置不同。跟动词有关的范畴处于动词之上,跟语气有关的范畴处于"跟动词有关的范畴"之上。这样就形成了单句结构的三个部分。其他的范畴,比如跟名词性成分有关的范畴,则可以在这三个部分中来解决,比如处置和使役能在动词短语中解决;话题(topic)可以在语气范畴短语中解决;焦点(focus)可以在动词短语或者语气范畴短语中解决。这样做的好处是保留单句结构三个部分这个大框架(参 Chomsky 1986a,1986b;1991,1993,1995),同时允许将三个部分分解。

现在讨论跟动词有关的语法范畴。标记限于形态、助词或者零标记。形态附在动词身上,助词就要出现在动词短语之外。先看看其他语言的例子。比如,英文的过去时、进行貌以及被动语态都要涉及动词的形态:

(7) a. He studi-ed grammar before.
　　　 他　学习-过去时　语法　　以前
　　　—他以前学过语法。
　　b. He is eat-ing.
　　　 他　时态助词(现在)　吃-进行貌
　　　—他正吃着。
　　c. The vase was brok-en.
　　　 冠词　花瓶　时态助词(过去)　打破-被动
　　　—花瓶(被)打破了。

英文动词也有否定形态:

(8) He un-ti-ed the shoelaces.
　　 他　否定-系-过去时　定冠词　鞋带
　　—他解开了鞋带。

又如格陵兰岛的爱斯基摩语(Greenlandic Eskimo)中表示情态需要动词的形态变化(转引自 Katamba 1993:223):

(9) Timmi-sinnaa-vu-q.
　　 飞-能-它-陈述句标记
　　—它会飞。

下面看用助词来标记语法范畴的例子。比如,英文的将来时态一定要用助词来表示:

(10) He will go to Japan.
　　　他　时态助词(将来)　去　介词(到)　日本
　　　—他将去日本。

即使是现在和过去时态,也有形态和助词两种标记。如果动词已经附上别的形态,如上面(7)(a)、(7)(b),时态就要用助词来表示,如"**is**"(现在)和"**was**"(过去)。有时候,形态和助词两种标记还可以表示出一种反差语义(contrast)。如:

(11) a. He studi-es grammar.
　　　 他　　学习-现在时＋呼应　　语法
　　　 — 他学语法。

　　 b. He does study grammar.
　　　 他　时态助词(现在)＋焦点＋呼应　学习　语法
　　　 — 他确实是学语法。

(12) a. He studi-ed grammar.
　　　 他　　学习-过去时　　语法
　　　 — 他学过语法。

　　 b. He did study grammar.
　　　 他　时态助词(过去)＋焦点　学习　语法
　　　 — 他确实是学过语法。

相同的时态,(a)句用的是形态作标记,(b)句用的是助词作标记;用助词作标记兼有句法焦点的功能,因而两句的意思出现了反差。

上面的英文例子说明,语法范畴的标记既可以是形态,也可以是独立的词。如果是后者,它就要出现在动词之外。所谓"之外",也许是之前,也许是之后。"之前"是针对"主-动-宾"为语序的语言而论,如英语。"之后"则是针对"宾-动-主"的语言而论,如爱斯基摩语。语序常用英文缩写来代表,如"主-动-宾"就是 SVO,"宾-动-主"就是 OVS,余以类推。按 Greenberg (1966)、Givón (1984),世界的语言按语序而论有 SVO、SOV、OVS、VOS、VSO、OSV 等六种。

现在看汉语。汉语跟英语一样是 SVO 语言,但动词没有形态变化,也没有时态(唯一可以算作时态助词的是"将",表将来时;但完全不成系统,所以不能说有时态)。在汉语里边,语法范畴的标记主要是助词(包括黏着语素和自由语素)。但它却有体貌、语态、情态和否定这些范畴;表示语态、情态和否定范畴的都是独立的词(即自由语素),要出现在动词之前,例如:

(13) a. 罪犯<u>被</u>抓起来了。
　　 b. 小王<u>肯</u>去。
　　 c. 老张<u>没</u>来。

被动标记有时不用,如"**罪犯抓起来了**"。怎样来分析它的结构见智见仁。但这不是我们现在要关心的问题。现在的问题是,在有标记的句子中,标记的结构在哪里?

相对而言,汉语体貌助词是黏着语素,要跟在动词的后面,如:

(14) a. 我笑-了。　　　　完成貌(perfective aspect)
　　　b. 我笑-着。　　　　持续貌(pregrassive aspect)
　　　c. 我笑-过。　　　　经历貌(experiential aspect)
　　　d. 我笑-起来。　　　初始貌(inchoative aspect)
　　　e. 我笑-笑。　　　　尝试貌(experimental aspect)

尝试貌助词就是动词的重叠。汉语体貌助词不是屈折形态，而是跟动词组合起来的"弱词性"结构(见第七章7.0.1节)。

　　不过，否定句中的完成貌可以用"有"来表示，出现在动词之前。比如：

(15)　他没有来。(比较：他来了)

中国南方的有些北方方言区中，肯定句也可以用"有"。比如：

(16) a. 他来了。
　　　b. 他有来。

也就是说，"了"和"有"都是完成貌助词，但在肯定句和否定句中成互补分布。其他方言中也有类似情况。如梅县方言和连城方言中表持续貌的"**紧＋动词**"(林立芳1996，项梦冰1996)、连城方言中表进行貌的"**得＋动词**"(项梦冰1996)、安义方言表进行貌的"**勒＋动词**"(万波1996)、泉州方言中表进行貌的"**嘞＋动词**"(李如龙1996)、温州方言中表进行貌的"**着搭＋动词**"(潘悟云1996)。但是具体情况要专门研究(参张双庆1996)。

　　就北方话而言，如把(15)、(16)(b)中的用法考虑在内，那么它的体貌、语态、情态和否定都可以出现在动词之前。不光如此，语法范畴和动词之间还可以插入其他成分。如：

(17) a. 罪犯被立刻抓起来了。
　　　b. 小王肯马上就去。
　　　c. 老张没有马上来。
　　　d. 他有昨天来。

说明语法范畴和动词在结构上是分开的。

　　那么，语法范畴在句子中结构究竟该如何来表示呢？前面说过，在屈折语当中，语法范畴常常通过动词的屈折形态表现出来。因此，生成语法理论就采用"屈折"(Inflection)这个名称来统称句子中的语法范畴(参 Chomsky 1986a，1986b)，并用"屈折"的英文缩写"I"来作为代表语法范畴的总符号。理论上，任何表示语法范畴的标记都可以记为 I，比如：I 可以是时态，可以是体貌，可以是语态，可以是情态，可以是否定，等等；I 投射生成的短语结构就记为 IP。结构上，<u>动词短语(VP)</u>

是语法范畴标记(I)的补足语。见上文(1)。

汉语不是屈折语,对我们来说,I 和 IP 更多是代表许多不同语法范畴及其短语的符号而已。或者说,I 和 IP 这些符号对汉语而言更具理论上的意义。在具体的结构描写过程中,简单的办法是句子里边有什么范畴,就表示什么范畴。比如,(18)含有情态词,它组成语法范畴词短语(ModP):

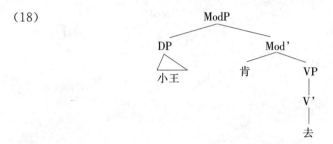

(19)含有否定词,它的语法范畴词短语就是否定词短语(NegP):

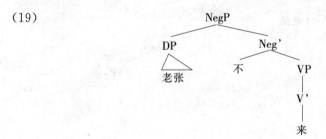

(20)含有被动标记,它的语法范畴词短语就是被动标记短语(PassP):

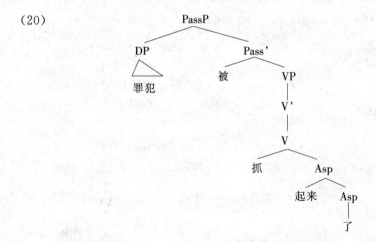

ModP = 情态词短语,NegP = 否定词短语,PassP = 被动标记短语,Asp = 体貌词。

语法范畴如果不止一个,<u>要按语序排列,后面的是前面的补足语</u>。如:

(21)

(22)

(23)

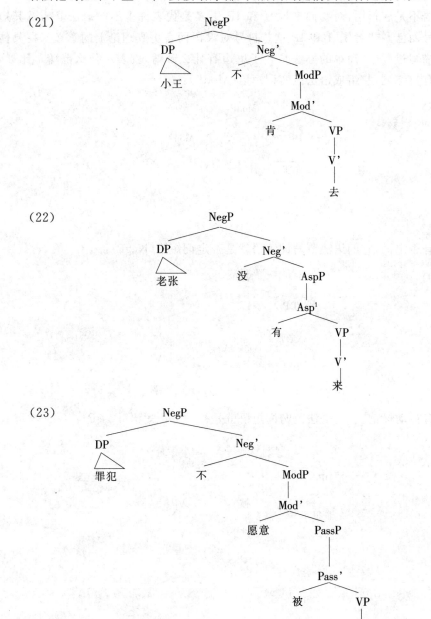

另外,我们知道,出现在否定词后面的完成貌助词"**有**"是可选的,即可以不出现,如"**老张没有来 = 老张没来**"。曾有研究认为"**没**"本身包含了完成貌,所以"**有**"可以不出现(如 Wang S.-Y. 1965)。如果是这样,"**有**"出现时岂不是用了双重标记?从语法操作的经济原则来说,双重标记是应该避免的。从这个角度讲,"**没**"本身应该不包含完成貌,"**有**"如果不出现,就是零形式,如:

(24)
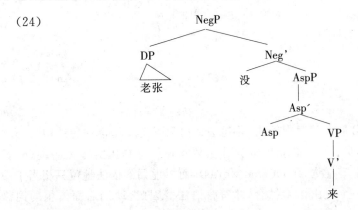

AspP = 体貌词短语,Asp = 零体貌词。如果体貌词不是零形式,生成的句子结构就是上文(22)。

两个问题。一、范畴标记如果跟在动词后面,如上文(14),句子的结构该怎么来表示? 二、如果句子表面上什么范畴标记都没有,那又怎么办? 先回答第一个问题。标记不管出现在何处,都说明句子有语法范畴。事实上,标记跟动词分开的情况更多。于是理论上设定,语法范畴词短语的位置一律应该在动词短语之外的(参 Chomsky 1986a,1986b)。如果范畴标记出现在动词后面,句子结构中的语法范畴词短语中心语就是零形式,而动词后面的标记要在逻辑形式移位到零语法范畴词的位置(参 Chomsky 1991,1993)。比如:

(25)   a.
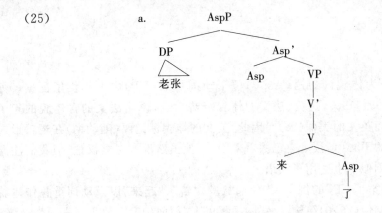

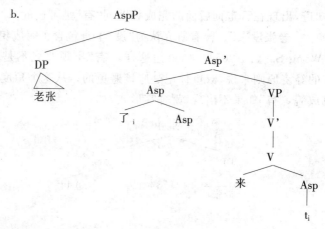

(a)是句法结构,(b)是它的逻辑形式(即句法结构和语义解释合一的结构;比较"**老张有来**")。两点说明。一、体貌助词为什么要移位？这是因为零体貌词(e)属于零轻动词,或者说是零虚词(functional words),而零虚词的语法地位只相当于一个黏着语素,必须跟一个自由语素结合,才符合语法。因此,动词后面体貌助词移位上去跟零体貌词结为一体。二、移位为什么在逻辑形式进行？这是一个理论上的解释。论据是：虽然不说"＊**老张了来**",但它在逻辑语义上相当于"**老张有来**";因此,"**老张来了**"是句法结构,但它的逻辑形式是"**老张了来**",跟有的方言说"**老张有来**"是一回事。或者说,"**老张有来**"的句法结构和逻辑形式是一样的,而"**老张来了**"的句法结构和逻辑形式不同。

例如,方言中的体貌词"**有**"出现在动词之前的结构如下：

(26)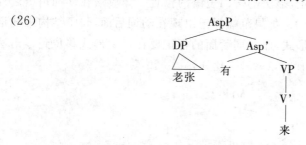

这样的方言句子为体貌词短语(AspP)位于动词短语(VP)之上提供了证据。另外,Chomsky(1991,1993)用英、法文的体貌范畴为例,说明法文的含体貌的句子结构类似(26),而英文的类似(25)。因此,英文的体貌标记要(随动词)在逻辑形式中移位,而法文的不必(请读者自己去看例子)。他虽然没有考察汉语,但我们注意到,他的理论原则似乎也适用于汉语。

上面虽然只举了"**了**"的例子,其他如"**过**"、"**着**"、"**起来**"以及动词重叠作体貌词的情况,都是类似(25)的结构。另外,根据以上,前面(20)需要重新表示为：

(27)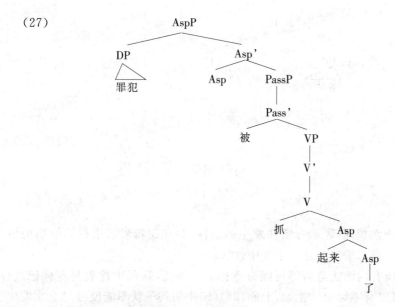

这样,句子所含的语法范畴便都在结构上表示出来了。

现在回答第二个问题:如果句子表面上什么范畴标记都没有,那又怎么办?如:

(28) a. 爷爷天天打太极拳。
b. 你干什么?我写日记。

没有具体的标记,不等于句子结构上就没有语法范畴。上文说过,并非所有的语法范畴都有标记,而且,有的范畴有时候有标记,有时候没有标记。比如,英文的过去时态和将来时态有标记,而现在时态就没有标记,例如"we study Chinese(我们学汉语)"。这样一来,英文的现在时态我们就设定是零标记。换言之,理论上我们设定单句都含有语法范畴这一层。范畴标记可能出现,也可能不出现。<u>如果不出现,就设定是零标记</u>,用 IP 来统一表示句子的语法范畴,因为 IP 是语法范畴的总称。至于这个零标记可能代表什么语法范畴,依具体情况而定。比如,英文是一个有时态的语言,它的现在时态没有标记,就可以设定用的是零标记,会在逻辑形式中得到恰当的语义解释。

汉语没有时态,它表现最突出的语法范畴是体貌。而且我们观察到,如果动词表示的是习惯性发生的事件,常常是没有体貌标记的,如上面的(28)(a)。这时,我们可以设定汉语有一个中性貌(neutral aspect)。张洪年(2007),Matthews & Yip (1994)把粤语中类似的句子称为"普通貌",与此同理。另外,我们设定中性貌用的是零标记来表示的。比如:

(29)

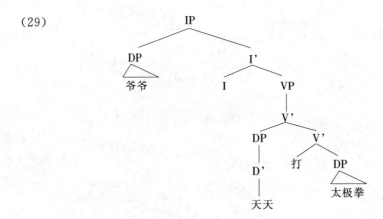

这里，I = 零中性貌词，表示习惯性发生的事件，会在逻辑形式中得到恰当的语义解释。或者说，词库输出的是一个零中性貌词。

理论上，所有的语法范畴都可能有零标记。因此，除了中性貌是零标记之外，其他体貌也可以有零标记。比如，上面(28)(b)中的句子就不能说是习惯性发生的事件。不论是"**你干什么**"还是"**我写日记**"，根据语境，它们表达的都应该是进行貌。但是却没有进行貌的标记。按上述没有具体标记就用 IP 来表示的原则，我们有：

(30)

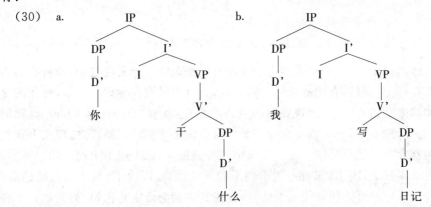

这里，I = 零进行貌词，表示正在进行的事件，也会在逻辑形式中得到恰当的语义解释。或者说，词库输出的是一个零进行貌词。

小结以上，跟动词有关的语法范畴如时态、体貌、语态、情态、否定等都要在句法结构中表示出来。即，表示这些范畴的词项必须投射成短语结构，居于动词短语之上。具体来说，表示语法范畴的词项的总称是"I"，它的短语就是 IP。结构上，动词短语（VP）是"I"的补足语。这样，VP 和 IP 就组成句子结构的两大部分。句子含有表示某一语法范畴的词项时，就要用具体的词项来代表"I"，比如 I = Mod，

IP = ModP,等等;如果没有,就用 IP 统而概之。

10.3 标句词短语

标句词有两个作用:标示句子的边界(clause boundary)以及表示句子的语气(proposition)。句子的边界和语气都是句子的重要信息,是通过句子结构来运载的。正因为此,语法系统才能够对句子给出恰当的语义解释。在这个意义上,标句词短语就成为句子结构的一个重要组成部分。通常,标句词出现在句首。不过,能够出现在句首的成分除了标句词之外,还可以有其他成分,如话题、焦点成分,等等。因此,Rizzi(1997,2001,2003)提出"标句词短语分裂假说"(Split CP Hypothesis),将句首的结构位置按实际情况安排为四层。最高层次是标句词短语(CP),又称为力度短语(ForceP),下方是话题短语(TopP)、焦点短语(FocP)和非限定词短语(Fin Phrase)。标句词短语是必须出现的,而其他短语则根据实际需要而定。比如,汉语句子没有限定与非限定结构之分,因此也就没有非限定词短语。但在有的语言中(如意大利语、英语、法语)却是有的。另外,并非每个句子都会有话题和焦点,这些成分也是按实际需要才出现。为了便于讨论,我们先不涉及"分裂标句词短语假说",之后在分析焦点句和话题句时再谈。读者可以参见第十二章12.0、12.1 节。

汉语里,标示边界的标句词就只有一个,即结构助词"**的**"。例如:

(31) a. [我们昨天去<u>的</u>]那个公园
b. [她刚刚买<u>的</u>]那本书

(32) a. [董事长辞职<u>的</u>]消息
b. [海关管制进出口<u>的</u>]规章制度

结构助词"**的**"标记出关系语句,如(31),或者同位语句,如(32)。又见 10.5.2 节。

句子的语气分陈述、疑问、祈使、感叹四大类,是个非常复杂的语言现象。这里要说明的仅仅是语气是怎么通过句子结构来表示的。

语气词有两种:表达句子的语用功能以及表达句子的语法范畴。前者不会改变句子的语法范畴,比如不会将陈述句变成疑问句,而后者则会改变句子的语法范畴。分析语气词的时候,必须将二者区别开来。汉语中用在陈述句中的语气词属于前一类,用在疑问、祈使、感叹句中的语气词大多属于后一类。

先说用在陈述句中的语气词。这类语气词即使不用,句子仍然是陈述句;用了以后仅仅是改变句子的语用功能。例如:

(33) a. 他做得对啊。(肯定)
　　 b. 他刚刚还在这儿来着。(肯定)
　　 c. 小狗听话着呢。(肯定)
　　 d. 我不是有意的啊。(提醒)
　　 e. 有人找你呢。(提醒)
　　 f. 他还会打高尔夫呢。(夸耀)
　　 g. 可能要下雨啊。(揣测)
　　 h. 吃饭喽。(催促)
　　 i. 这地方不错欸。(赞许)

应该说明的是,在脱离语境的情况下,准确划分句子表达的语用功能几乎是不可能的事;上述"肯定"、"提醒"、"夸耀"等等的划分仅仅是作参考而已。有的文献把这类语气词叫作表述说话人的"情感和态度"(如朱德熙 1982:208-209,《现代汉语词典》,2002)。其实,所谓说话人的"情感和态度",就是句子的语用功能。或者说,不用语气词时,语用功能是隐含的;用了,就明确一些。我们知道,用语言形式把句子隐含的语用功能带出来是常见的语言现象。比如:

(34) 关窗。/请关窗。/关窗吧。/请关窗吧。

设"**关窗**"隐含的语用功能是"请求"。用了动词"**请**",隐含的语用功能就明确了;不用"**请**",用语气词"**吧**",语用功能也比什么都不用要明确一些。又用"**请**"又用"**吧**",语用功能就双重地明确。换言之,语气词"**吧**"有明确句子的语用功能的作用。

回到上面(33)中的语气词,如果不用这些词,句子仍然有提醒、催促、赞许、夸耀等等语用功能,只不过隐含一些,不太明确。用了这些词之后,语用功能就明确得多。

不过,语法和语用要分开。从语法的角度,把上述语气词拿掉,句子仍然是陈述句,这说明汉语并无所谓"陈述语气的语法标记"。所谓"陈述语气的语法标记",指如果不用这些标记,陈述句就不能成立。其实,很多语言都没有专门的陈述语气的语法标记,只有少数有,如格陵兰岛的爱斯基摩语,见上文例(9)。或者说,汉语有的只是陈述语气的语用标记,如上面(33)中的语气词。

不过,汉语中表达疑问、祈使、感叹的语气词则属于语法标记,它们可以改变句子的语法范畴。如:

(35) a. 妈妈要去超市吗
　　 b. 你还没办完事儿吧
　　 c. 你说呢
　　 d. 这真是一个伟大的国家啊

把"吗"、"吧"拿掉,没有语调变化,(a)、(b)就是陈述句,而不是疑问句;把"呢"拿掉,(c)就是祈使句,而不是疑问句;把"啊"拿掉,(d)就是陈述句,而不是感叹句。换言之,"吗"、"吧"可以把陈述句变成疑问句,因此有确定句子疑问语气的功用;"呢"可以把祈使句变成疑问句,也有确定句子疑问语气的功用;"啊"可以把陈述句变成感叹句,因此有确定句子感叹语气的功用。朱德熙(1982:207-211)、陆俭明(1984)称"吗"、"吧"、"呢"为疑问语气词,汤廷池(1984)认为它们就是问句的标句词。

"吧"还可以把陈述句变成祈使句:

(36) a. 小赵把鞋脱了。
b. 小赵把鞋脱了<u>吧</u>。

人名一般是第三人称,除非是直呼听话人的名字,就是第二人称(朱德熙 1982:205-206)。也就是说,(a)可能是陈述句,也可能是祈使句。但是,(b)一般理解为祈使句。这说明"吧"可以把陈述句变成祈使句,是一个可以表祈使语气的语气词,或者叫作祈使句的标句词。

不论是标示句子边界,还是表示语气,标句词都是句子结构的一个重要方面,必须要在句子结构中表示出来。那么,怎么来表示标句词的结构呢?很简单,就是标句词要投射成自己的短语,即标句词短语。用英文缩写 C 表示标句词,它投射成的标句词短语就是 CP 。前面已经讲过,结构上,语法范畴词短语(IP)是标句词(C)的补足语,而动词短语(VP)又是语法范畴(I)的补足语;这样,CP、IP 和 VP 就成为单句结构的三个组成部分。CP 在最上面,IP 在中间,VP 在最下面,见前文(1)。

前面又讲过,单句结构最重要的是它的结构层次,而不是线性语序。这符合短语结构的基本原则,即短语结构最重要的是它的结构层次,而不是线性语序,见 2.1.1 节。事实上,汉语标句词总是出现在句末。如上面(33)、(34)。再看一些例子,如反诘问句:

(37) a. 难道这样做不对<u>吗</u>?
b. 恐怕不是如此<u>吧</u>?

特指问句:

(38) a. 你干什么<u>呢</u>?
b. 你怎么不说话<u>呀</u>?
c. 是谁<u>啊</u>?

祈使句：

(39) a. 起来吧。
b. 快走呀！
c. 小心点儿啊！
d. 加油干哪！

感叹句：

(40) a. 景色多美啊！
b. 这是一个多么善良的人哪！

以及陈述句：

(41) a. 多谢您哪。
b. 我没注意呀。
c. 她就是不来嘛。

现在来看看怎么用树形图来表示语气词的结构。先拿是非问句(35)(a)和特指问句(38)(a)为例，它们的结构分别是：

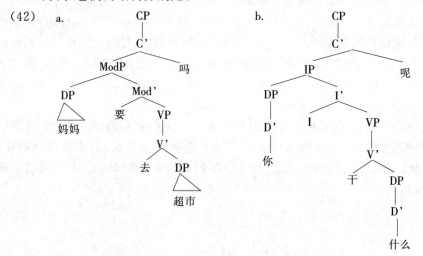

疑问语气词"吗"和"呢"分别投射成 CP，清楚地在结构中表示出来。理论上，结构从句法输入逻辑形式库，句子的疑问语气就能得到相应的语义解释。

另有一种观点是，汉语标句词在底层结构中生成在句首，但是 IP 移位到CP的标定语位，于是在表层语序，标句词出现在句末(参 D. Xu 1998)。例如：[吗[**老师会来**]] ⇒ [[**老师会来**]ᵢ 吗 tᵢ]。这种分析的理论根据来自 Kayne (1994)，认为 X-标杠模式应该将核心词和其他成分(补足语和标定语)之间的顺序限定为

"标定语-核心词-补足语"。这种严格的模式到底有多少经验基础,尤其是有多少汉语基础,尚待考证。仅供读者参考而已。

标句词短语的例子不再一一演示出来,以后各章读者会看到更多的演示。但有三个问题要说一下:

一、许多句子常常不用语气词,这时,句子的结构该怎么来表示?

二、句末的"了"是不是语气词?如果不是,该怎么区分?

三、不一定每个句子都有 CP、IP、VP 三个部分,那又怎么办?

先说第一个问题。语气标记只有两种:语气词和语调。用哪一种是说话人的选择,但听话人也知道句子是哪一种语气,不会搞错。因此,所谓"不用语气词"的句子在表达语气的时候也一定是用了语调,因为语气没有第三种标记(至少目前所知如此)。按音韵学的一般原则,句子的语调是按句子的成分结构来决定的。具体这是怎么做的,不是我们关心的问题。原则上,就表达语气的语调而言,句法结构上一定要有相应的机制,才能使有关语调最后"说出来"。这个机制就是表示语气的结构,即标句词投射成的短语。本章不止一处说过,理论上,表示语法范畴的虚词都可能有零形式。设语气词的零形式可以投射成标句词短语,该结构在句法结构输出到语音形式库之后,可以触发有关的语音指令。

前面说过,很多语言的陈述句都没有专门的语气词作标记,汉语也一样。汤廷池(1984)于是建议汉语中的陈述句平时用的就是零语气词(除非换成加强语气的"啊"),而且,陈述句的不用语气词,或者说用的是零语气词,跟疑问句、祈使句、感叹句的可用可不用语气词形成对照。当然,如果疑问句、祈使句、感叹句不用语气词,照目前的理论,也是用了零语气词。

比如,上文(42)(b)中的疑问语气词如果不出现,就是用了相应的零语气词:

(43)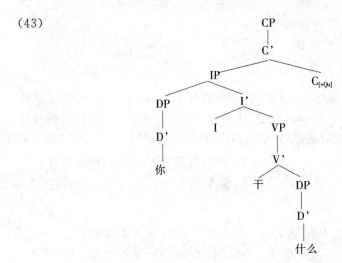

$C_{[+Qu]}$ = 零疑问语气词。在语音形式库中,对应相关的语调;在逻辑形式库中,表示相应的语义诠释。

而陈述句一般都是用的零语气词(除非换成加强语气的"啊"),如:

(44)

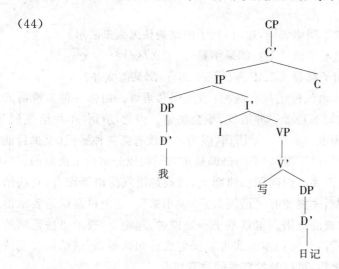

C = 零陈述语气词。同理,在语音形式库中,C 对应相关的语调;在逻辑形式库中,表示相应的语义诠释。注意,(43)、(44)两个结构完全一样,可是前者是问句,后者是陈述句。其区别就是通过不同的零语气词来表达的。把这个区别用形式化的方法表示出来,这就是单句结构的意义之一。

以上用了不同的符号来标示不同的零语气词,即:

(45)   C   = 陈述
         $C_{[+Qu]}$ = 疑问
         $C_{[+Im]}$ = 祈使
         $C_{[+Ex]}$ = 感叹

下标分别是有关的英文缩写,文献中早有这样的传统(如 Chomsky 1986b, van Riemsdijk & Williams 1986)。不过,这些符号没有真正的理论涵义,纯粹是一种形式而已。文献中常见的是,不管是何种零语气词,都用"C"来代表,只要上下文表达清楚就行。也就是说,"C"是标句词的总称,就如"I"是语法范畴的总称一样。

现在看第二个问题,即:句末的"了"是不是语气词?如果不是,该怎么区分?请观察:

(46)   a. 下了雨。/下了雨了。/下了雨了吧?/*下了雨吧了?
          b. 吃了饭。/吃了饭了。/吃了饭了吗?/*吃了饭吗了?

这就是有名的"了1"、"了2"现象。动词后的"了1"是体貌词,句末的"了2"有的研究者看成是助词(如 Li & Thompson 1981),有的看成是语气词,暗示动词描写的动作或事件对环境带来的变化(朱德熙 1982:208-209)。

上文说过,语气词有两种:表达句子的语用功能以及表达句子的语法范畴。"了2"显然不是后者,因为把它拿掉,句子仍然是陈述句。按朱先生的分析,"了2"应该是表达句子的语用功能。

不过,本章认为"了2"不是语气词,而是体貌词,其功用是加强完成貌。原因有二。其一,"了2"会引起谓语语义的变化。比如,"下了雨"只是说"下雨"这个事件已经过去了;而"下了雨了",则是说"下雨"这个事件在说话时已告终结。这是谓语语义的变化,而不是语气问题。其二,"了2"后面可以再跟上"能够改变句子语法范畴的语气词",但反过来却不行。见上面(46)。这种对照该如何来解释呢?

如果"了2"不是语气词,而是体貌词,那么,有关语言事实就一目了然了。也就是说,"了2"是在语法范畴词短语(IP)里边,而疑问语气词"吧"则是在标句词短语(CP)里边。拿"下了雨了吧"为例,请看:

(47)

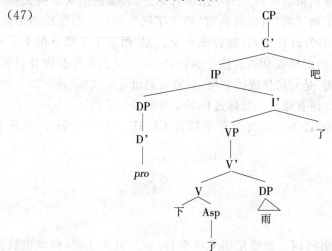

"下"是非宾格动词,主语是零代词(pro),代表一个可以补出来的处所主语,比如"天下了雨了吧"。再看:

(48)

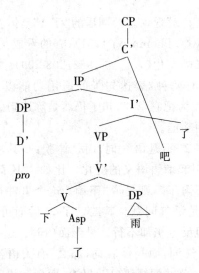

(48)代表"*下了雨吧了",句子有误是因为出现了结构分枝交叉。

另外补充一点。非宾格动词的主语不用零代词充当,动词的宾语就要移位作主语。也就是说,"下了雨了吧"可以转换成"雨下了吧",而后者的深层结构是"雨下了了吧",两个"了"因为语音相同,融合成一个。即"雨下了了吧→雨下了吧"。对此,朱德熙(1982:210)已经提到过。按生成语法,语音融合发生在语音形式库。也就是说,"雨下了了吧"是句法生成的结构,它输出到语音形式库,经过语音融合,就变成了"雨下了吧"。语音融合的具体过程不是我们要讨论的。

现在看第三个问题,即不一定每个句子都有 CP、IP、VP 三个部分,那该怎么办?如:

(49) a. 她呢?
b. 人啊!
c. 天哪!

这些语串只含主语和语气词。如果把语气词拿掉,语义就大不同,似乎也就不成句。怎样分析这些语串呢?两个办法。一、设语气词兼有谓词功能,可以带主语,这些语串就是语气词带主语的句子,相当于一个小句;二、这些语串是从单句结构截省(sluicing)而来的。即,这些语串先是单句结构,在语音形式库经过省略之后形成的。如下所示:

(50)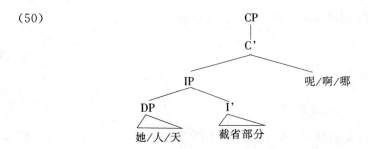

被截省的部分是什么,须按上下文而定。本书采纳截省的分析法。但具体截省过程如何,须后续的研究。含"**呢**"的截省句,如果被截省的部分是特指问句结构,可参见第十三章 13.4 节的讨论。

10.4 小 句

小句是一个结构概念,是跟单句结构相对而言的。即,单句结构含三个部分,即动词短语(VP)、语法范畴词短语(IP)和标句词短语(CP);而小句结构不含 CP,一般就是 VP,也可以是 IP。

关键是,造成结构上差别的是句法环境;离开了句法环境,就很难判断哪个是单句,哪个是小句。比如,如果一个句子含动词,也含语法范畴词和标句词,那它就是单句:

(51) a. [CP [IP 张三 能 [VP 开车去]] 吗]
      b. [CP [IP 李四这人 可 [VP 好]] 了]

可是,如果一个句子只含动词(或者还有语法范畴词),但没有其他的标记,要说它是单句还是小句,就不容易了。如:

(52) a. 他不成器。
      b. 她感动了。

这时候,要把这样的句子放到动词宾语的环境中,才可以说哪个是单句,哪个是小句。换言之,小句出现的句法环境是充当动词的宾语,而且是跟单句充当动词的宾语相对而言的。下面来看。

另观察到,小句的一个特征是其代词主语不可以跟主句的主语共指。如:

(53) a. 张三$_i$ 恨 [他$_{*i/j}$ 不成器]。
      b. 张三$_i$ 爱 [他$_{*i/j}$ 风流]。
      c. 张三$_i$ 要求 [他$_{*i/j}$ 去北京]。
      d. 张三$_i$ 要 [他$_{*i/j}$ 来公司]。

这些是宾格动词带的小句,其小句主语可以不出现:

(54) a. 张三恨[不成器]。
b. 张三爱[风流]。
c. 张三要求[去北京]。
d. 张三要[来公司]。

这时,主句主语在语义上是小句动词的逻辑主语。换言之,小句动词的主语是一个虚代词(PRO),受前面主句主语的控制(control):

(55) a. 张三$_i$ 恨 [PRO$_i$ 不成器]。
b. 张三$_i$ 爱 [PRO$_i$ 风流]。
c. 张三$_i$ 要求 [PRO$_i$ 去北京]。
d. 张三$_i$ 要 [PRO$_i$ 来公司]。

虚代词(PRO)的存在还有两个原因。一、这个位置上不可能有零代词(pro)。这是因为,零代词一方面按"免用代词原则"需要跟前面的主句主语共指,另一方面又要服从乙种约束条件,不能跟主句主语共指;而事实上这个位置是不允许有同指代词的,如上(53)所示,说明乙种约束条件在起作用。因此,结论是没有零代词。二、这个位置可用反身代词,即(53)中的"PRO"都可以换成"自己";"PRO"兼有反身代词的特征,所以没有问题。

另外,使役动词带的也是小句,不过,它的主语不能不出现:

(56) a. 李四$_i$ 使 [他$_{*i/j}$ 生气]。/ * 李四使[生气]。
b. 李四$_i$ 令 [她$_{*i/j}$ 感动]。/ * 李四令[感动]。

原因可能是使役动词只是表达语法范畴的轻动词之故。

综合起来说,小句除了有主语不能跟主句主语共指的特征之外,还有一些特点。一、小句的主语也不能出现在句首作话题:

(57) a. 张三恨[谁不成器]? / * 谁,张三恨[＿＿不成器]?
b. 李四令[谁感动]? / * 谁,李四令[＿＿感动]?

二、整个小句自己也不能出现在句首:

(58) a. 张三恨[他不成器]/ * [他不成器],张三恨。
b. 李四令[她感动]。/ * [她感动],李四令。

三、小句跟前面动词之间也不能有停顿:

(59) a. 张三恨[他不成器]/ * 张三恨,[他不成器]。
b. 李四令[她感动]。/ * 李四令,[她感动]。

四、也不能插进情态副词：

(60) a. 张三恨[他不成器]/＊张三恨可能[他不成器]。
　　 b. 李四令[她感动]。/＊李四令也许[她感动]。

五、也不能插进焦点词"是"：

(61) a. 张三恨[他不成器]/＊张三恨[是他不成器]。
　　 b. 李四令[她感动]。/＊李四令[是她感动]。

小句之所以成为小句，就是有上述各种特征。相对而言，如果是单句结构，上述所有的特征就都不存在。换句话说，一、单句主语可以跟主句主语共指：

(62) a. 张三$_i$ 说[他$_{i/j}$ 不成器]。
　　 b. 李四$_i$ 觉得[她$_{i/j}$ 很感动]。

二、单句的主语可以出现在句首作话题：

(63) a. 张三说[谁不成器]。/谁，张三说[＿＿不成器]？
　　 b. 李四觉得[谁很感动]。/谁，李四觉得[＿＿很感动]？

三、整个单句可以出现在句首：

(64) a. [他不成器]，张三说。
　　 b. [她很感动]，李四觉得。

四、单句跟前面动词之间可以有停顿：

(65) a. 张三说，[他不成器]。
　　 b. 李四觉得，[她很感动]。

五、可以插进情态副词：

(66) a. 张三说可能[他不成器]。
　　 b. 李四觉得也许[她很感动]。

六、可以插进焦点词"是"：

(67) a. 张三说[是他不成器]。
　　 b. 李四觉得[是她很感动]。

造成单句和小句之间差别的原因，是主句使用的动词不同之故。使役动词和所谓的"ECM 动词"一般带小句，后者是宾格动词的一类；带单句的动词则是那些可以带宾语从句的宾格动词，尤其是所谓的"桥式动词"(bridge verb)，如：

(68) 张三听[李四说[王五觉得[赵六相信[地球是平板一块]]]]。

这样的句子就像搭桥一样,越"搭"越长;其中的动词"听"、"说"、"觉得"、"相信"叫作"桥式动词"(参 Chomsky 1981:303ff)。

值得一提的是,小句就是动词短语这一分析有跨语言的意义,尤其是可以把有时态语言和无时态语言在小句问题上统一起来。汉语是无时态语言,不分限定动词(finite verb)和非限定动词(non-finite verb)。而在有时态的语言中,如英语,时态通过限定动词来表达,没有时态的句子就要用非限定动词;另外,还有少数无时态的句子根本不含动词。先看含非限定动词的句子的例子:

(69) a. John$_i$ preferred [him$_{*i/j}$ going to the theatre].
(张三宁愿[他去剧院] — "他"不是"张三")
b. John$_i$ expected [him$_{*i/j}$ to go to the theatre].
(张三期待[他去剧院] — "他"不是"张三")

这些小句中的代词主语是不能够跟主句主语共指的,或者说是不允许有同指代词主语出现的:

(70) a. I consider [*me/myself a fool].
(我觉得自己蠢材一个)
b. I painted [*me/myself red].
(我漆红了自己)
c. I ate [*me/myself raw].
(我生吃了自己)

反身代词可以,而同指代词则不行。这在含非限定动词的小句也一样。由于不允许同指代词当主语,当小句主语一定要跟主句主语共指时,就只能用反身代词了:

(71) a. John preferred [himself going to the theatre].
(张三宁愿[自己去剧院])
b. John expected [himself to go to the theatre].
(张三期待[自己去剧院])

或者小句主语不出现,迫使主句主语成为小句动词的逻辑主语:

(72) a. John preferred [going to the theatre].
(张三宁愿[去剧院])
b. John expected [to go to the theatre].
(张三期待[去剧院])

这时,不出现的小句主语就要理解成一个虚代词(PRO),即:

(73) a. John$_i$ preferred [PRO$_i$ going to the theatre].
（张三宁愿[去剧院]）
b. John$_i$ expected [PRO$_i$ to go to the theatre].
（张三期待[去剧院]）

从句法范畴上看，含分词（即 V-ing 形式）的小句当然是动词短语结构。含不定式（即 to + V 形式）的小句曾经看成是单句结构，但因为不定式标记（即 to）不能向主语指派格位，这个格位要由前面的"ECM"动词来指派；为达此目的，单句范畴（即 CP）因为阻碍格指派而必须省略掉（当时把单句范畴叫作"S-标杠"，因此，省略单句范畴又叫作"S-标杠省略"；参 Lasnik & Kupin 1977, Chomsky 1986b：303-304）。换言之，含不定式的小句是一个不定式短语结构。拿今天的观点来看，不定式标记属于语法范畴词（是零时态的标记），不定式短语是语法范畴词短语（IP）。

下面是英文中不含动词的小句的例子：

(74) a. I consider [him a fool].
（我觉得他蠢材一个）
b. I painted [the house red].
（我漆红了房子）
c. I ate [the beef raw].
（我生吃了牛肉）

括号代表小句。拿汉语来比，(a)中的小句就是名词谓语句，(b)、(c) 中的小句是形容词谓语句。这种"宾语 + 补语"的成分结构曾经被认为是典型的小句结构（参 Chomsky 1981, van Riemsdijk & Williams 1986, Stowell 1981, 1989；Bowers 1993）。表面上看，(a)中的小句好像是一个限定词短语，[$_{DP}$ him [a fool]]；(b)、(c)好像是一个形容词短语，[$_{AP}$[the house] [red]]/[$_{AP}$[the beef] [raw]]。或者说，要确定这些小句的成分结构和句法范畴是一件棘手的事（参上列文献）。

但是，如果把上述小句作为（执行性）轻动词的补足语，我们就有：

(75) a. I consider$_i$-v [$_{VP}$ him t$_i$ a fool].
b. I painted$_i$-v [$_{VP}$ the house t$_i$ red].
c. I ate$_i$-v [$_{VP}$ the beef t$_i$ raw].

v = 轻动词，VP = 小句。谓语动词原来在 VP 里面，移位到了轻动词的位置。轻动词是黏着语素，需要跟一个自由语素结合才符合语法。上述分析在文献中已经提出过（王玲玲、何元建 2002：99）。可以补充的是，轻动词概念的提出是上世纪80年代后期的事（Larson 1988, 1990；Chomsky 1991, 1993；Radford 1997a, 1997b, 2004），因此，上述分析比当初的分析是一种进步，至少它有把英语中的小句范畴统一起来的作用。

　　当然,小句就是动词短语这一分析不仅仅是可以把个别语言中的小句结构统一起来,更重要的是可以把有时态语言和无时态语言在小句问题上统一起来。这才是它跨语言的意义。

10.5　主从复句

　　复句就是单句的组合。但组合的方式有两种:从属结构(subordination)和联合结构(coordination)。如果是前者,就是主从复句;如果是后者,就是联合复句。本节分析一些典型的主从复句,联合复句在后面讨论。讨论范围有限,重点在结构,不能面面俱到,未涉及的方面还要留待将来的研究去解决。另外,复句本身也可以进入联合结构或者从属结构,组成多重复句。多重复句已进入话语篇章(discourse)的范围,本章不讨论。

10.5.1　主语从句、宾语从句

　　单句作主语就是主语从句,作宾语就是宾语从句。例如:

(76)　a. [张三当领导]不合适。
　　　b. [李四做思想工作]很有水平。
　　　c. [王五来不来]跟我没关系。

(77)　a. 张三说[他明天去北京]。
　　　b. 李四觉得[他可以信赖]。
　　　c. 王五相信[地球是圆的]。

按题元理论,从句代表一个述题(theme),一个完整的功能复合体(complete functional complex)。因此,从句如果作了主语,主句动词一般不是行为动词,因为行为动词需要施事或当事主语。所以,带主语从句的动词都是表状态的动词,或者就是形容词。带宾语从句的动词是宾格动词。但不能是"ECM"动词,因为这种动词带的是小句。

　　我们怎么知道主语从句、宾语从句是单句结构呢?有一个办法,就是看看从句中的主语是否能够跟主句中的代词共指。请比较:

(78)　a. [张三$_i$　当领导]不适合 他$_{i/j}$　。
　　　b. [李四$_i$　做思想工作]对 他$_{i/j}$　有帮助。
　　　c. [王五$_i$　来不来]跟 他$_{i/j}$　没关系。

(79) a. 张三ᵢ 不适合他*ᵢ/ⱼ。
b. 李四ᵢ 对他*ᵢ/ⱼ 有帮助。
c. 王五ᵢ 跟他*ᵢ/ⱼ 没关系。

(78)显示，主语从句的主语可以跟主句中的代词共指。相对而言，主语却不能跟同一句域中的代词共指，如(79)所示。按乙种约束条件，代词在同一句域中不能有先行词。因此，主语从句的主语可以跟主句中的代词共指的现象，说明主语从句跟主句一定是分属两个不同的句域，否则共指不可能。或者说，主语从句自身是单句结构。

宾语从句自身也是单句结构，原因之一也是因为它的代词主语可以跟主句主语共指，这我们在上文已经讨论过。不赘。

不过，跟宾语从句有关的另一个问题是所谓"桥式动词"和"非桥式动词"之分。桥式动词(bridge verb)和非桥式动词(non-bridge verb)都是宾格动词，前者如：**说、觉得、认为、知道、相信**；后者如：**自语、喊道、唱道、笑道、默记、朗诵**。后者因此又叫"方式动词"(manner of speaking verb)。两种动词都可以带宾语从句。

跨语言而论，不是每一种语言都有桥式动词和非桥式动词的分别。有的语言有，如汉语、日语、英语；有的语言只有非桥式动词，如俄语、部分德语方言(参 van Riemsdijk & Williams 1986:294)；当然，这并不是说这些语言就不能表达其他语言中用桥式动词来表达的内容，而是说这些语言把其他语言中用桥式动词来表达的内容也都用非桥式动词来表达了。

句法上，桥式动词和非桥式动词有一个重要的区别。前者组成的句子，可以有长距离移位(包括只含一个宾语从句的情况)，但后者的不行。如：

(80) 张三相信［地球是平板一块］。
地球，张三相信［＿＿＿是平板一块］。
什么，张三相信［＿＿＿是平板一块］?

(81) 张三听［李四说［王五认为［赵六相信［地球是平板一块］］］］。
地球，张三听［李四说［王五认为［赵六相信［＿＿＿是平板一块］］］］。
什么，张三听［李四说［王五认为［赵六相信［＿＿＿是平板一块］］］］?

(82) 张三自语［地球是平板一块］。
*地球ᵢ，张三自语［tᵢ 是平板一块］。
*什么ᵢ，张三自语［tᵢ 是平板一块］?

(83) 张三喊道［李四自语［地球是平板一块］］。
*地球，张三喊道［李四自语［＿＿＿是平板一块］］。
*什么，张三喊道［李四自语［＿＿＿是平板一块］］?

该怎么来解释这样的现象呢？

按 Stowell(1981)对英语桥式动词的研究（也参 Chomsky 1981:303ff, Kayne 1981, van Riemsdijk & Williams 1986:294ff），以及 Butler、(1989)、Saito(1985)和 Fukui(1996)对日语桥式动词的研究，桥式动词的宾语从句在结构上是动词的补足语，而非桥式动词的从句在结构上是动词的附加语；在这个意义上，非桥式动词的从句并不是真正的宾语从句。

设这个结构差异是对的，并对汉语适用，那么它是如何造成上述桥式动词和非桥式动词之间在长距离移位上的差别的呢？理论上，长距离移位是循环进行的(cyclic moment)，所以又叫作"多层依存关系"(unbounded dependency)（参 Chomsky 1977, 1981, 1986a, 1986b）。即移位成分需要在每一个句子的标句词短语(CP)中停留一下，位置是 CP 的标定语位，如：

(84) [$_{CP}$ 什么$_i$ [张三听 [$_{CP}$ t$_i$ [李四说 [$_{CP}$ t$_i$ [王五认为
      [$_{CP}$ t$_i$ [赵六相信 [$_{CP}$ t$_i$ [t$_i$ 是平板一块]]]]]]]]?

循环移位如要行得通，其中的语迹(t)须受到相邻成分的某种"允准"(liscening)，满足所谓的"空范畴原则"(Empty Category Principle, Chomsky 1981:259ff)。(84)中的句子是对的，说明它满足了"空范畴原则"。不过，该原则是如何满足的，却有不同的分析。

按 Stowell(1981)和 Butler(1989)的研究，因为宾语从句在结构上是桥式动词的补足语，因此，桥式动词对 CP 中的语迹有"允准"作用，保证了长距离移位中留下来的语迹的合法性，使句子符合语法。拿(84)为例，其中所有的语迹，除主语位的语迹之外，分别受到语迹左侧桥式动词的"允准"。另外，按黄正德(C.-T. James Huang 1982, 1984)的研究，汉语句子的语法范畴(I)对主语位的语迹有"允准"作用。这样一来，主语位的语迹也没有问题了。

相对而言，长距离移位若发生在非桥式动词组成的句子当中，因为宾语从句在结构上是动词的附加语，因此，动词对 CP 中的语迹起不了"允准"的作用，语迹因此违反"空范畴原则"，句子也因此不符合语法。

将上述两种情况分别演示如下：

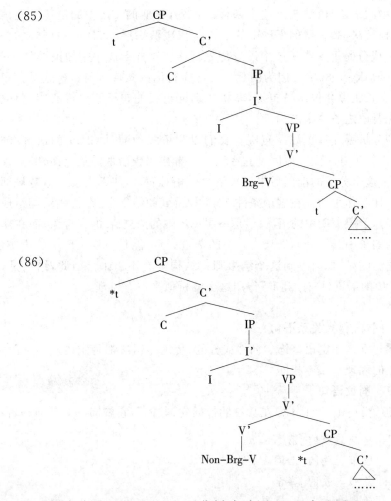

Brg-V = 桥式动词,Non-Brg-V = 非桥式动词,t = 合法语迹,*t = 不合法语迹。我们看到,桥式动词的宾语从句(CP)是在动词的补足语位,如(85)所示,而非桥式动词的从句(CP)是在动词的附加语位,如(86)所示。

设:甲"允准"乙,如果甲、乙都属于同一个成分结构中的直接成分(又叫"最小统制"(minimal command),参 Chomsky 1986b)。在(85)里面,动词(V)和从句(CP)属于同一个成分结构(即 V')中的直接成分。因此,动词(V)对从句(CP)中的成分,包括语迹(t),都有"允准"的作用。而在(86)里面,动词(V)和从句(CP)不属于同一个成分结构(即 V')中的直接成分。这样一来,动词(V)对语迹(t)就起不了"允准"的作用。这样的分析很清楚。

另外还有一种分析,它设语迹(t)需要有一个局部先行语(local antecedent)(参 Lasnik & Saito 1984, Lasnik & Uriagereka 1988, Aoun & Li 1993a,1993b)。拿

(84)为例,其中的语迹(t)都满足这个条件。首先,最低的 CP 中的语迹是主语位语迹的先行语;其次,高一层的 CP 中的语迹是依次低一层 CP 中的语迹的先行语;最后,移位成分是下一个 CP 中语迹的先行语。这样形成一个约束链(binding chain)(参 Chomsky 1986b)。因为满足了局部先行语的条件,所以,桥式动词组成的句子,可以有长距离移位。逻辑上,非桥式动词组成的句子不允许长距离移位,应该是局部先行语之条件未能满足。

上面两种分析哪一种更好一点呢?我们以为桥式动词对 CP 中的语迹有"允准"作用的分析似乎好一点。原因是它在结构上看得比较清楚。从上面(85)、(86)两个结构来看,这个分析的前因后果比较清楚。相对而言,却不大看得清楚局部先行语条件是怎样起作用的。在这个条件下,希望得到的结果是:在桥式动词组成的句子中,即(85),上层 CP 中的语迹(t)是下层 CP 中的语迹(t)的先行语;而在非桥式动词组成的句子中,即(86),上层 CP 中的语迹(t)不能是下层 CP 中的语迹(t)的先行语。遗憾的是,如何得到这个结果却在结构上看不出来。因此,结论是,桥式动词对 CP 中的语迹(t)有"允准"作用这个分析似乎更有道理。

10.5.2 同位语句、关系语句

这两种从句都是作定语修饰名词性成分的,传统的叫法都是定语从句。但是,两者在句法上的表现却大不相同。

10.5.2.1 同位语句

同位语句(appositive clause)在其右侧带标句词"**的**",它修饰一个名词,如:

(87) a. [总统辞职的]消息
b. [股市狂跌的]新闻
c. [夏粮丰收的]喜讯
d. [敌人被击退的]捷报
e. [患难之交去世的]噩耗
f. [蓝队打不过红队的]事实
g. [大家要积极找工作的]建议
h. [事不关己,高高挂起的]态度
i. [勇往直前,不屈不挠的]精神
j. [环境被严重污染的]局势
k. [老马身体不支已经退下来的]情况

[…] = 同位语句。它的基本特点是,被它修饰的名词逻辑上不是同位语句中的题元成分或语法成分,包括主语、宾语、状语。语义上,同位语句和被它修饰的名词表达的是同一样东西。比如,"**总统辞职**"就是"**消息**","**夏粮丰收**"就是"**喜讯**",等等。

结构上,同位语句跟被修饰的名词共同组成一个复杂的名词短语(complex NP)。同位语句是被它修饰的名词的补足语,如:

(88)

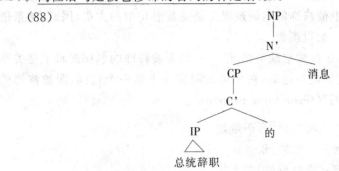

如果同位语句跟关系语句一起修饰名词,语序是后者在前,前者在后:

(89)　［电视台播出的］［总统辞职的］消息
　　　＊［总统辞职的］［电视台播出的］消息

这乃是结构使然。结构上,同位语句是被它修饰的名词的补足语,而关系语句则是附加语,所以决定了语序。下一节看关系语句。

10.5.2.2　关系语句

关系语句(relative clause)也是在其右侧带标句词"**的**",可以修饰名词或者不修饰名词,后者又叫"自由关系语句"(free relatives)。先看修饰名词的关系语句。如:

(90)　a.　［辞了职的］总统／［狂跌的］股市
　　　b.　［老舍写的］小说／［邓丽君演唱的］情歌
　　　c.　［生意兴隆的］饭店／［质量不错的］花瓶
　　　d.　［夏粮丰收的］那一年／［人民庆祝胜利的］日子
　　　e.　［花好月圆的］时候
　　　f.　［罪犯作案的］现场／［歌舞团今晚表演的］舞台
　　　g.　［太阳升起的］地方

［…］＝关系语句,被它修饰的名词在逻辑上是关系语句中的题元成分或语法成分,包括主语、宾语、定语、状语。比如,(a)中被修饰的名词逻辑上是关系语句中的主语,即,"总统辞职"、"股市狂跌";(b)中被修饰的名词逻辑上是关系语句中的宾语,即,"老舍写小说"、"邓丽君演唱情歌";(c)中被修饰的名词逻辑上是关系语句中的定语,即,"饭店的生意兴隆"、"花瓶的质量不错";(d)、(e)中被修饰的名词逻辑上是关系语句中的时间状语,即,"夏粮那一年丰收"、"人民在这个日子庆祝胜利"、"在那个时候"、"花好月圆";(f)、(g)中被修饰的名词逻辑上是关系语句中的

处所状语，即，"罪犯在这个现场作案"、"歌舞团今晚在这个舞台表演"、"太阳在这个地方升起"。句法上，上述关系语句中有一个语法位置的空缺（gap），跟被修饰的名词相对应。比如，(a)中被修饰的名词逻辑上是关系语句中的主语，因此，关系语句中的主语位置是空缺。余以类推。

但是，也有不出现语法位置空缺的情况。一、如果被修饰的名词逻辑上是关系语句中的间接宾语，就是如此。这时，被修饰的间接宾语是一个代词，跟被修饰的名词共指，又叫"填位代词"（resumptive pronoun）：

(91) a. [小李送她玫瑰花的]那个姑娘
b. [政府奖他一万元的]张老汉
c. [我家欠她一袋白面的]李大娘

二、如果被修饰的名词在逻辑上是关系语句中的介词宾语，这个宾语也必须是一个代词，包括用介词作与格标记的间接宾语在内：

(92) a. [乡亲们写了一封感谢信给他的]那个县长
b. [政府奖了一万元给他的]那个张老汉
c. [小李送给她玫瑰花的]那个姑娘
d. [老张跟他一起做生意的]那位台商
e. [学生早晨在那儿跑步的]操场
f. [师傅用它来修车的]工具
g. [我小时候常常沿着它走的]江边

三、如果被修饰的名词在逻辑上是关系语句中的兼语，这个兼语也必须是一个代词：

(93) a. [大会请他发言的]王教授
b. [村民们选他当村长的]刘老根
c. [经理催她快交报告的]李秘书

四、如果被修饰的名词在逻辑上是关系语句中的小句主语，这个小句主语也是一个代词：

(94) a. [老师恨他不成器的]赵同学
b. [王小姐喜欢他讲笑话的]李先生

五、如果被修饰的名词在逻辑上是关系语句中紧跟"把"、"被"、"使"、"得"等词项的题元成分，这个成分也必须是一个代词：

(95) a. ［公司把他解雇了的］那个杨先生
　　 b. ［杨先生被它解雇了的］那个公司
　　 c. ［地震使他们无家可归的］难民
　　 d. ［老板批评得她很难过的］李小姐

六、如果被修饰的名词在逻辑上是关系语句中作状语的连动式中的题元成分，这个成分也必须是一个代词：

(96) a. ［校长打电话叫他来的］张老师（"叫他来"是目的状语）
　　 b. ［旅客们刚才乘它抵达上海的］班机（"乘它"是方式状语）

该怎么来看待关系语句中是否出现语法位置空缺的现象呢？

汉语没有关系代词。因此，关系语句中的语法位置出现空缺是正常的。那么，为什么在上述几种结构中还需要填位代词呢？仅就介词宾语而言，汉语因为不允许介词悬空（preposition stranding）（研究者早就观察到这一点，如 Y. R. Chao 1968, T.-C. Tang 1972），所以，需要填位代词似乎理所当然。不过，其他几种结构又怎么解释呢？

假如本章提供的结构分析不错，那么，无标记的间接宾语、兼语、小句主语、以及紧跟"把"、"被"、"使"、"得"的题元成分，都是出现在下面画圈的结构位置上：

(97)
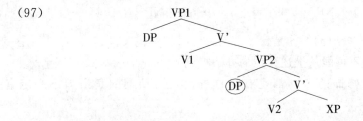

V1 ＝ 轻动词（如：**把**、**被**、**使**、**得**），或者零轻动词（如双宾语句中执行性的零轻动词），或者"ECM"动词（即带小句作宾语的宾格动词）；V2 ＝ 谓语动词（如宾格动词、作格动词、双宾动词、兼语动词等）。也就是说，上面画圈的位置不可以在关系语句中成为空缺，只有个别兼语结构除外，如：

(98) a. ［大会请（他）来发言的］王教授
　　 b. ［校长打电话叫（他）来的］张老师

兼语后面用了动词"**来**"，兼语就可以不出现。但这属个别情况。

如果跟有空缺的关系语句相比较，如上文(89)中的例子，显然，画圈的位置不是关系语句自身的主语或者（直接）宾语的位置，也不是状语的位置。上文已经说过，画圈的位置是间接宾语、兼语、小句主语或者是紧跟在"**把**"、"**被**"、"**使**"、"**得**"等词项后面的题元成分。很明显,如果不是关系语句自身的主语、宾语或者状语,就不可以空缺。虽然目前难以确定其原因,但至少确认了一系列的相关结构,其余可再研究。最后,连动式作状语时,其中的题元成分自然也不是关系语句自身的主语、宾语或者状语,不可以空缺也是顺理成章的。

现在来看用以修饰名词的关系语句的结构,又叫复杂名词短语(complex NP,比如 J. Ross 1967,Chomsky 1977),是一个跨语言的问题。有的语言有关系代词(relative pronoun),专为关系语句而设,如英语、法语;有的语言却没有关系代词,如汉语。在生成语法理论中,对没有关系代词的语言,有两种分析方法。一、设零关系代词(如 Radford 1981;对汉语的分析如 He 1990,1996,2007;Ning 1993);二、从关系语句中移出被修饰的名词(如 Kayne 1994;对汉语的分析如 D. Xu 1998,He 2001)。后一分析有若干问题。简单说明如下。

一、关系语句是一个单句,即 CP。理论上,当有名词性成分从关系语句中移位出来之前,按结构生成原则(见第二章 2.0.3 节),CP 必须先投射成一个包含自己的结构,在这个结构中插入原始空位,然后,有关名词性成分才可以移进这个原始空位。即:

(99) a. $[_{CP}\cdots NP \cdots] \Rightarrow [_{?}[_{CP}\cdots NP \cdots]]$
b. $[_{?}[_{CP}\cdots NP \cdots]] \Rightarrow [_{?}[_{CP}\cdots NP \cdots] 0]$
c. $[_{?}[_{CP}\cdots NP \cdots] 0] \Rightarrow [_{?}[_{CP}\cdots t_i \cdots] NP_i]$

但是,无法确定 CP 投射的结构是什么范畴,因此用"?"代表。其实,需要的是一个名词短语(NP),但不可能从上述移位的办法得到。

二、关系语句修饰的名词都是有指称的;但是,动词的宾语却不一定有指称。如:

(100) a. [老舍写的]书
b. 老舍写书

(a)中的"书"是有指称的,但(b)中的"书"却不一定有指称。如果说(a)中的"书"是动词宾语移出来的,等于说一个没有指称的成分移了位就能获得指称;这是不可能的。光杆名词如果无指称就是一个名词短语(NP),而有指称就是一个限定词短语(DP)。NP 不能够移了位就变成了 DP。

三、关系语句可以出现在限定词及量词之前,也可以出现在之后:

(101) a. [老舍写的]那本书
b. 那本[老舍写的]书

赵元任(Y. R. Chao 1968)和余霭芹(Hashimoto 1971)说,出现在限定词及量词之前的关系语句是"限制性的",而出现在之后的关系语句是"描写性的"。但汤廷池(T.-C. Tang 1977)认为这没有任何实质意义,仅是名称而已。我们同意这个说法。对讲汉语的人来说,上述(a)、(b)没有语义及功能上的区别。换言之,这是自由语序,语法系统应该保证既能够生成自由语序,又不能造成结构差异,因为结构差异就意味着语义及功能上的区别。而上述移位的办法不可能做到这一点。

　　四、同位语句是被它修饰的名词的补足语,而关系语句则是附加语。这种结构安排是一个跨语言的特征,在所有语言中都是一样的。如果关系语句和同位语句一起修饰名词,理论上有四种情况:

(102)　a. [$_{NP}$[$_{N'}$ RC [$_{N'}$ AC N]]]
　　　　b. [$_{NP}$[$_{N'}$ [$_{N'}$ N AC] RC]]
　　　　c. [$_{NP}$[$_{N'}$ RC [$_{N'}$ N AC]]]
　　　　d. [$_{NP}$[$_{N'}$ [$_{N'}$ AC N] RC]]

RC = 关系语句(relative clasue),AC = 同位语句(appositive clause)。关系语句和同位语句跟被修饰名词之间的相对结构位置不受线性语序的影响。

　　汉语属于上面(102)(a)这种情况;即,关系语句要出现在同位语句之前。问题是,这种结构关系如何能够从上述移位的办法来生成,即从关系语句中移出被修饰名词的办法来生成?我们认为似乎不大可能。

　　顺便说到的是,有的语言因为受自身条件的限制,表面上看上去似乎违反上面(102)所列的情况,其实并非如此。英语就是一例。在英语中,关系语句要出现在同位语句之前。如:"the suggestion [that she made][that everyone should find a job]"([她提的][大家要找工作的]建议),这跟汉语刚好相反。而且,它不属于上面(102)所列之任何一种情况。这怎么一回事呢?原来,英语有一个特征,就是"重的成分要出现在轻的成分的右侧"(参 J. Ross 1967)。同位语句中因为没有语法位置空缺,所以一般来说总是比关系语句要重。因此,它要移位到关系语句的右侧:"the suggestion [that everyone should find a job] [that she made] ⇒ the suggestion t$_i$ [that she made][that everyone should find a job]$_i$"。演示如下:

(103)　a. [$_{NP}$[$_{N'}$[$_{N'}$ N AC] RC]] ⇒ [$_{NP}$[$_{N'}$[$_{N'}$ N AC] RC] 0]
　　　　b. [$_{NP}$[$_{N'}$ N AC] RC] 0] ⇒ [$_{NP}$[$_{N'}$[$_{N'}$ N t$_i$] RC] AC$_i$]

也就是说,英语属于上面(102)(b)这种情况。但是,因为受自身"重成分靠右侧"条件的限制,同位语句移到关系语句的右侧,即标定语的位置。

当然，如果关系语句已经比同位语句要"重"，那后者就不必移位了。例如："the suggestion [that everyone should find a job] [that she made in 1937 at a conference for the Federal Railway Workers Union at the height of the Great Crisis]（[她 1939 年在大危机高峰期间于联邦铁路工人工会大会上提的][大家要找工作的]建议）"。这里的英文没有任何问题，为上述分析提供了证据。也就是说，复杂名词短语的基本结构是跨语言的，在汉、英两种语言中都是一样的。

回到汉语。本章不采取从关系语句中移出被修饰的名词的办法，仍然采用设零关系代词的分析，并照顾到上述汉语关系语句的若干特点。结构上，关系语句跟被修饰的名词共同组成一个复杂的名词短语；这个名词短语的指称来自零限定词。如：

(104)

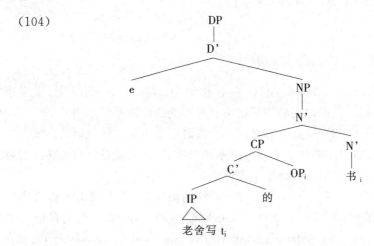

e = 零限定词，OP = 零关系代词。这里，零关系代词从动词宾语的位置移到标句词短语（CP）的标定语位。另外，它跟中心词（**书**）共指；但因为 CP 是约束屏障，所以不违反乙种约束条件。注意，关系语句是被它修饰的名词的附加语，而同位语句是被它修饰的名词的补足语（见前节）。是为二者的差别。

当然，零限定词也可以换成限定词，如：

（105）

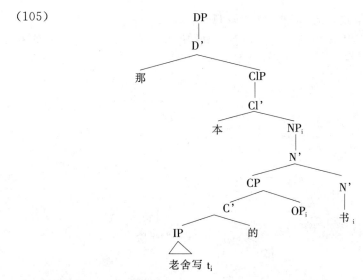

关系语句也可以移位到限定词短语（DP）的标定语位，如：

（106）

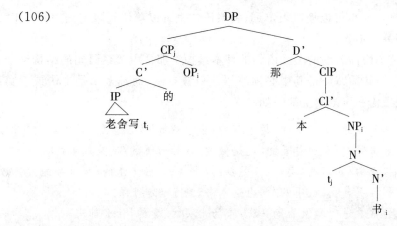

这样，上述汉语关系语句的若干特点就都照顾到了（又参 He 1997，2001，2007）。上面只是举例说明了汉语关系语句跟所修饰的名词组成的复杂名词短语。其实，所涉及的结构已经不止名词短语，还包括了限定词短语。上面例子中只是零关系代词作宾语的情况。原则上，零关系代词作其他成分也是一样，如作主语或状语。不赘。

需要特别指出的是，一部分关系语句如果出现在限定词之前，标句词"的"可以不要，如：

（107） a．[穿西装（的）]那个男人是我丈夫。
b．[今天来看小刘（的）]那位女士是她妈妈。

这限于主语空缺的关系语句。其他的不行，比如"**[我丈夫穿（＊的）]那件西装是我**

做的"。这是宾语空缺,"的"不能没有(参 He 1996)。

当然,如果关系语句中没有语法位置空缺,比如使用了填位代词,那就不涉及零关系代词。如:

(108)
```
              DP
              |
              D'
             /  \
            e    NP
                 |
                 N'
                /  \
               CP   N'
               |     |
               C'   张老汉ᵢ
              /  \
             IP   的
             |
        政府奖 他ᵢ 一万元
```

e = 零限定词。它也可以换成限定词,关系语句也可以移位到限定词短语(DP)的标定语位,等等。不赘。

上面讨论了修饰名词的关系语句的基本结构。那自由关系语句的结构又如何呢?自由关系语句的特征是其中必须有语法位置空缺,而且多半是主语或者宾语空缺,甚至是主语和宾语都空缺。如:

(109) 辞了职的/排了队的/拍了照的/毕了业的/吃了饭的/开了会的
老舍写的/邓丽君唱的/妈妈做的/领导布置的/政策规定的
打渔的/开车的/卖唱的/跳舞的/上课的/做生意的/跑单帮的
你去买点吃的、用的/拿上这本书,到了飞机上有看的
经常拿说的和做的比一比/市场上买的、卖的,什么都有

这些自由关系语句都是有指称的,属于特指,即说话人一定知道它们的所指。这个指称可以看成是自由关系语句是零限定词的补足语。如:

(110)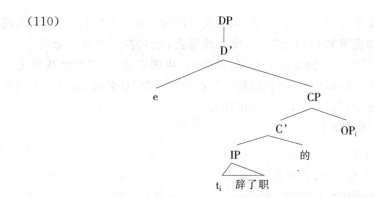

e = 零限定词,OP = 零关系代词。因为整个结构是一个限定词短语(DP),自由关系语句可以充当句子中的题元成分。如:**我们都喜欢看[老舍写的]**,**听[邓丽君唱的]**;**[跳舞的]站到这边来**;等等。

10.5.3 状语从句

简单地说,单句充当状语就是状语从句。然而,并非所有的语言都可以拿单句来充当所有类型的状语(状语有表时间、地点、目的、方式、原因、条件、让步等等)。比如,英文中就没有表时间地点的状语从句;汉语也一样,而且也没有表目的的状语从句。没有,就要用别的办法来代替。英文用自由关系语句来代替表时间地点的状语从句,汉语用的是介词短语或者复杂名词短语。下面,我们先看这些"代替结构",然后讨论汉语中表原因、条件、让步等的状语从句。

汉语没有表时间、地点、目的、方式的状语从句。代替的形式有:一、含复杂名词短语的介词短语;二、复杂名词短语本身;三、动词短语。第一种情况的例子如下:

(111) a. 中国[在"文革"结束的那一年]开始对外开放。
b. 他[在自己平常吃午餐的小食店]遇到了她。
c. 妈妈[为了支持他学习]不再周末加班了。

"在'文革'结束的那一年"、"在自己平常吃午餐的小食店"、"为了支持他学习"都是介词短语;其中"'文革'结束的那一年"、"自己平常吃午餐的小食店"是复杂名词短语;而"支持他学习"是句子作介词宾语,跟名词短语功能相同。

复杂名词短语本身常常作时间状语,属于第二种情况。如:

(112) a. ["文革"结束(的)那年],中国开始对外开放。
b. [中国开放(以)后],经济迅速增长。
c. [二次大战爆发(以)前],世界人口是现在的一半不到。
d. [内战开始时],祖父在美国。

"'文革'结束(的)那年"是复杂名词短语,因为关系语句出现在限定词之前,标句词"的"可以不要。"中国开放(以)后"、"二次大战爆发(以)前"、"内战开始时"则是"句法结构 + 词根"组成的混合型复合词,其中的"中国开放"、"二次大战爆发"、"内战开始"是动词短语,而中心词"(以)后"、"(以)前"、"时"是名词,所以属名词短语(结构上应该是零限定词短语,因为有指称)。

第三种情况的例子如下:

(113) a. 老张昨天[坐夜班飞机]去了广州。
b. 小李每天[骑自行车]上班。
c. 奶奶[打电话]叫来了医生。

"坐夜班飞机"、"骑自行车"、"打电话"都是动词短语,但前二者充当方式状语,后者充当目的状语。

以上列举的表时间、地点、目的、方式的状语,因为是复杂的结构,语义上说成是"状语从句"也无妨。但在句法上,它们不是状语从句,句法位置处于状语通常出现的位置,即出现在谓语动词之前作动词的修饰语,或者出现在句首作话题。结构上,动词的修饰语就是动词短语(VP)的附加语。比如(111)中的状语。拿(a)为例:

(114)

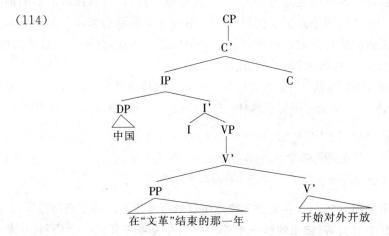

C = 零标句词,I = 零语法范畴词。而上文(111)中的状语则是句首的话题,处于标句词短语(CP)的标定语位。拿(a)为例:

(115)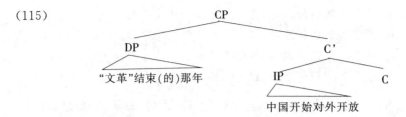

使用名词性成分作状语是一种普遍的语言现象。汉语有,其他语言也一样。

以动词短语形式充当的状语也是出现在动词之前,如(113)中的状语。类似上面(114)的结构:

(116)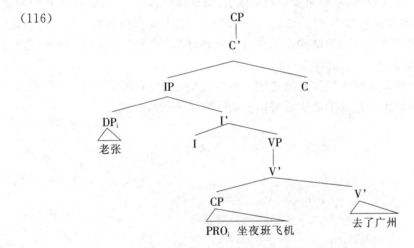

理论上,作状语的动词有一个主语,跟句子的主语共指(co-referential)。

真正的状语从句,无论是自身的结构,还是所在的句子结构,都跟普通的状语不一样。汉语中真正的状语从句有表原因、表条件和表让步的。如:

(117) a. 因为部长很忙,所以(她)不能来参加我们的会。
       b. 部长因为很忙,所以(她)不能来参加我们的会。
       c. 由于部长很忙,因此(她)不能来参加我们的会。
       d. 部长由于很忙,因此(她)不能来参加我们的会。

(118) a. 如果市长有空,那么(你)请他来出席今天的开幕典礼。
       b. 市长如果有空,那么(你)请他来出席今天的开幕典礼。
       c. 除非市长有空,那么(他)不会出席今天的开幕典礼。
       d. 市长除非有空,否则(他)不会出席今天的开幕典礼。

(119) a. <u>虽然</u>老张已经退休，<u>可</u>(他)还是天天去单位走走。
b. 老张<u>虽然</u>已经退休，<u>可</u>(他)还是天天去单位走走。
c. <u>尽管</u>老张已经退休，<u>但</u>(他)还是天天去单位走走。
d. 老张<u>尽管</u>已经退休，<u>但</u>(他)还是天天去单位走走。

我们看到，三种从句都可以有标记（即关联词），即"因为、由于"、"如果、除非"、"虽然、尽管"。关联词可以出现在句首，也可以出现在主语之后。另外，从句后面的主句句首也可以有关联词，即"所以、因此"、"可、但"、"那么、否则"。

上述有关联词的情况属于"最冗情况"。同样的句子也可能少用或者不用关联词，如"**部长因为很忙，不能来参加我们的会/部长很忙，所以不能来参加我们的会/部长很忙，不能来参加我们的会**"。但这没有关系。我们的目的是找出"最冗情况"，以便确定有关句子的结构。确定有关结构之后，对于少用或者不用标记的情况，就可设定是零标记，即零关联词。

那状语从句的结构该如何确定呢？首先我们设定，关联词即标句词。主语出现在关联词后面就是处于语法范畴词短语（IP）的标定语位，如：

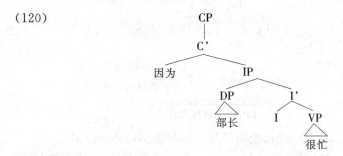

而主语如果出现在关联词前面就是处于标句词短语（CP）的标定语位，如：

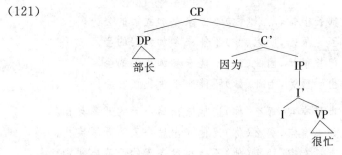

上述语法范畴词的位置是可以用上的。比如"**因为部长肯帮忙/部长因为肯帮忙**"（也见第二章 2.1.7 节的讨论）。所以这些结构是合理的。

另外，汉语中状语的位置常常出现在句首。因此，整个状语从句的位置可以确定为处于主句的标句词短语（CP）的标定语位，如：

(122)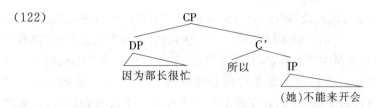

这样分析的好处,是可以顺带解释主句出现在从句之前的情况。这包括两条事实。

一、如果主句出现在从句之前,主句一定不可以有标记。如:

(123) a. (*所以)部长不能来参加我们的会,因为(她)很忙。
b. (*但)老张还是天天去单位走走,尽管(他)已经退休。
c. (*那么)你请市长来出席开幕典礼,如果(他)有空。

二、不管是主句出现在从句之前,还是从句出现在主句之前,二者的主语如果共指,先行词如果是代词,后面的共指主语不能是名词。如:

(124) a. 因为部长$_i$很忙,所以(她$_i$)不能来参加我们的会。
因为她$_i$很忙,所以(*部长$_i$)不能来参加我们的会。
b. 部长$_i$不能来参加我们的会,因为(她$_i$)很忙。
她$_i$不能来参加我们的会,因为(*部长$_i$)很忙。

(125) a. 尽管老张$_i$已经退休,但(他$_i$)还是天天去单位走走。
尽管他$_i$已经退休,但(*老张$_i$)还是天天去单位走走。
b. 老张$_i$还是天天去单位走走,尽管(他$_i$)已经退休。
他$_i$还是天天去单位走走,尽管(*老张$_i$)已经退休。

(126) a. 如果市长$_i$有空,那么请他$_i$来出席开幕典礼。
如果他$_i$有空,那么请他$_i$/*市长$_i$来出席开幕典礼。
b. 请市长$_i$来出席开幕典礼,如果他$_i$有空。
请他$_i$来出席开幕典礼,如果他$_i$/*市长$_i$有空。

*X = X 不能出现,如果出现,句子就不合法。怎么来解释这两条事实呢?

设状语从句所在的结构即上面(117)中的结构。即,设状语从句要生成在主句的标句词短语(CP)的标定语位。假如主句出现在从句之前,那就是移位到了前面。比如:

(127)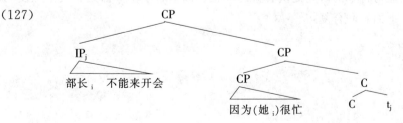

C = 零标句词。也可以假设"所以"之类的关联词生成在这个位置,但在主句移位之后被省略了。这里我们采纳零标句词。我们注意到,主句主语是名词"**部长**"(设它是这样生成的);如果主句不移位,就引起两个问题。第一,从句的代词主语显然无法跟它共指(共指的结构条件是先行词必须统制共指的代词;见第二章 2.1.5 节);第二,违反丙种约束条件(该条件要求独立指称成分不能有先行词;见第二章 2.1.5 节)。因此,主句必须移位,即解脱了丙种约束条件,又能使从句的主语可以跟主句主语共指,一举两得。但是,理论上,只有 X 和 XP 可以移位,而 X' 是不可以移位的(参 Chomsky 1986b)。因此,只能 IP 移位,标句词却不能随着一起移。或者说,即使有"所以"之类的关联词,也无法随 IP 一起移位。这大概就是为什么主句无法带关联词一起出现在从句之前的原因。换言之,上面两条事实支持了上面(117)中的结构,证明这个结构是合理的。

如果没有标记(即关联词),就要弄清楚句子的语义,才能确定是什么样的状语从句。有时候,更要分清楚多重标记的情况。例如下面这样的句子:

(128) (假如)成人尚且难登上这样的高山,更何况孩子呢?

从句中已有"**尚且**",句首的标记(即"**假如**")如果不出现,就较难确定这是条件状语从句。但这仅仅是多重标记而已。主句也不简单,不但句首有标记"**更何况**",还有标句词"**呢**"。分析这种句子的成分结构也不难。按上文,我们可以有:

(129)

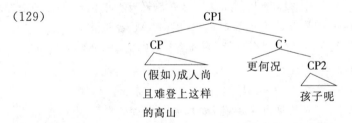

一个句子可以带一个以上标句词。这样,标句词短语的数量自然按标句词的多寡而增加(参 Rizzi 1997, Haegeman 1997a, 1997b)。上面我们把"**更何况**"处理成一个标句词,"**呢**"又是一个标句词。

本节只是举例说明状语从句所在的结构。未讨论到的语料还很多。但希望本节的讨论能为将来的研究提供有益的框架。以上若干小节都是有关主从复句结构的讨论。下面看联合复句。

10.6 联合复句

按陆俭明等(2000:171),联合复句含七类:并列、连贯、对立、选择、递进、注释、分合。这主要是从语义角度来说的。在结构上,联合结构就是两种:并列结构(conjoining)和转折结构(disconjoining)。这在所有语言里都是一样的。本来,进入联合结构的成分可以是任何语言单位,如语素、词、短语、单句,甚至复句。这里说的联合复句,指单句进入并列或者转折结构,又称为并列复句或者转折复句。下面,我们先讨论描写语句,它是汉语并列复句中较有特色的一种;然后讨论其他类型的并列复句和转折复句。

10.6.1 描写语句

描写语句(descriptive clause)也是定语从句的一种,但它出现在所修饰的名词性成分之后,如:

(130) a. 张三有一个同学[喜欢莫扎特]。
b. 王五认识许多朋友[会打太极拳]。
c. 李四前天看了一个电影[充满了恐怖情节]。
d. 赵六买了一辆新车[闪闪发亮]。

"描写语句"是李纳及汤普逊的术语(Li & Thompson 1981:611);屈承熹则叫它"并合语句"(elaborative clause)(C.-C. Chu 1983b:272);赵元任的叫法是"相关语句"(correlative clause)(Y. R. Chao 1968)。

表面上看,描写语句很像是一个放在被修饰名词之后的关系语句。请将上面的描写语句跟下面的关系语句比较:

(131) a. 张三有一个[喜欢莫扎特的]同学。
b. 王五认识许多[会打太极拳的]朋友。
c. 李四前天看了一个[充满了恐怖情节的]电影。
d. 赵六买了一辆[闪闪发亮的]新车。

因为出现在被修饰的名词之后,描写语句所以不需要用标句词"的"。按 Li 及 Thompson (1981:614),语义功能上,关系语句表达的是说话人心目中已经确定的东西,而描写语句表达的是临时或偶然想到的东西。不过,上述语义功能的区别似乎很难界定,主观性很强。本章认为,描写语句和关系语句仅仅是说话人根据语境做出的编码选择而已。也就是说,说话人受语境的影响会做出不同的编码选择。究竟是如何影响的,规律在哪里,不是句法关心的问题。句法关心的问题是,说话人一旦选择了这种或那种编码形式,语法系统是怎样把有关的形式生成出来的,即语法系统的规律。

在句法上,描写语句和关系语句有同有异。相同的地方是,二者都有语法位置的空缺。比如,上面描写语句的例子中空缺的是主语。宾语空缺和定语空缺的例子如下:

(132)　a. 张三有一个妹妹[李四喜欢]。
　　　　b. 李四写了一本书[大家都看不懂]。
　　　　c. 王五开了一家饭馆[生意不错]。
　　　　d. 赵六买了一辆新车[颜色很好看]。

(a)、(b)中是宾语空缺;(c)、(d)中是定语空缺,即"**它的生意不错**"、"**它的颜色很好看**"。

但是,描写语句跟关系语句不同的地方更多。一、描写语句中的空缺有时候不一定代表被修饰的名词,而是代表一个事件(event)。例如:

(133)　a. 小王送小赵一束玫瑰花,[小李很羡慕]。
　　　　b. 股市一周内上下振荡,[老百姓不懂]。

"**羡慕**"的对象可以是"**小赵**",但更多的是"**小王送小赵一束玫瑰花**"这件事情;"**不懂**"的对象也许可以是"**股市**",但更多的是"**股市一周内上下振荡**"这件事情。这种可以代表一个事件的空缺是关系语句所没有的。应该指出的是,所谓"事件空缺",仅仅指空缺跟整个事件有关。句法上,空缺是句法位置。比如,上面例子中的空缺是宾语。有"事件空缺"的描写语句可以看成是修饰前面的整个句子。

二、描写语句跟被修饰的成分之间可以有一个停顿,用逗号标示出来。见上面(133)。而关系语句和被修饰的成分之间不能有停顿,如"张三有一个[喜欢莫扎特的]同学/＊张三有一个[喜欢莫扎特的],同学"。

三、描写语句可以离开被修饰的名词,比如:

(134)　a. 张三写了一封信给李四,[王五偷偷看了]。
　　　　b. 小王送一束玫瑰花给小赵,[小李觉得好香喔]。
　　　　c. 老张升了职,[同事们又钦佩又忌妒]。

"**一封信**"、"**一束玫瑰花**"、"**老张**"跟修饰它们的描写语句都不相邻。另外,"**同事们又钦佩又忌妒**"的对象也可以是"**老张升了职**"这件事情。

四、总的来说,描写语句的句法分布比关系语句要窄得多。关系语句可以出现在任何位置上,如主语、直接宾语、间接宾语、介词宾语的位置上。而描写语句只能出现在句末。请比较:

(135) a. [小张崇拜的]人来了。(主语位置)
　　　 *人[小张崇拜]来了。
　　 b. 老赵寄了一封[自己写的]信给律师事务所。(直接宾语位置)
　　　 *老赵寄了一封信[自己写]给律师事务所。
　　 c. 小王送[爱打扮的]小兰一束玫瑰花。(间接宾语位置)
　　　 *小王送小兰[爱打扮]一束玫瑰花。
　　 d. 小张跟[喜欢喝酒的]老李一起去北京。(介词宾语位置)
　　　 *小张跟老李[喜欢喝酒]一起去北京。

五、描写语句的语法位置空缺可以换成一个代词,而关系语句的不可以:

(136) a. 张三买了一辆新车,[它闪闪发亮]。(主语空缺)
　　 b. 李四写了一本书,[大家都看不懂它]。(宾语空缺)
　　 c. 王五开了一家饭馆,[它的生意不错]。(定语空缺)

(137) a. *张三买了一辆[它闪闪发亮的]新车。
　　 b. *李四写了一本[大家都看不懂它的]书。
　　 c. *王五开了一家[它的生意不错的]饭馆。

跟事件有关的空缺可以换成有指的名词性成分:

(138) a. 小王送小赵一束玫瑰花,[小李很羡慕这件事]。
　　 b. 股市一周内上下振荡,[老百姓不懂这种事]。
　　 c. 小兰走了,[同学们不理解这件事]。

前面说过,关系语句没有所谓的"事件空缺"。

六、描写语句中的宾语可以移位到句首作话题,但关系语句的不可以:

(139) 张三有个妹妹[喜欢李四]。
　　 李四$_i$,张三有个妹妹[喜欢　t$_i$　]。

(140) 张三有个[喜欢李四的]妹妹。
　　 *李四$_i$,张三有个[喜欢　t$_i$　的]妹妹。

但是,描写语句中的主语不可以移位到句首作话题,跟关系语句一样:

(141) a. 张三有个妹妹[李四喜欢]。
　　　 *李四$_i$,张三有个妹妹[　t$_i$　喜欢]。
　　 b. 张三有个[李四喜欢的]妹妹。
　　　 *李四$_i$,张三有个[　t$_i$　喜欢的]妹妹。

也就是说,关系语句的主语和宾语在移位这一点上表现一致,但描写语句的主语和宾语却表现不一致。我们知道,关系语句中的任何成分都是不能移出来的,这又叫作"复杂名词短语制约条件"(Complex NP Constraint)(J. Ross 1967)或者"(基础结构)邻接条件"(Subjacency Condition)(Chomsky 1973,1977)。以上可见,描写语句的宾语是不遵守这个条件的。

上述几点说明,就与它所修饰的成分的关系而言,描写语句一定不同于关系语句。10.5.2.2 节说过,关系语句跟它所修饰的名词组成一个名词短语,这个名词短语又出现在一个限定词短语之中。但描写语句跟它所修饰的成分之间不是这样。

先说描写语句自身的结构。其中的语法位置空缺可以换成代词,因此,空缺的时候就是代词脱落,或者说是有一个零代词(pro)存在。虽然代表事件的空缺不好换成代词,但理论上却是可以的。也就是说,被修饰的成分是这个零代词的先行词。比如:

(142) a. 张三买了一辆新车$_i$,[pro$_i$ 闪闪发亮]。(主语空缺)
b. 李四写了一本书$_i$,[大家都看不懂 pro$_i$]。(宾语空缺)
c. 王五开了一家饭馆$_i$,[pro$_i$ 生意不错]。(定语空缺)
d. [小王送小赵一束玫瑰花]$_i$,[小李很羡慕 pro$_i$]。(事件空缺)

这种指代关系决定了描写语句跟所修饰的成分之间比较松散的语义和功能关系。

那么,描写语句跟前面的句子之间又是什么关系呢? 按之前的研究(如 He 1990,1996),描写语句跟它所修饰的成分所在的句子组成一个并列结构。例如:

(143)

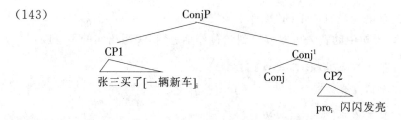

CP1 = 被修饰的成分所在的句子,Conj = 零关联词,CP2 = 描写语句。这个并列结构可以解释上述描写语句的一些特征。比如,CP1 和 CP2 之间可以有停顿,语法位置空缺跟被修饰的成分之间是指代关系,有"事件空缺"等。

如上所示,描写语句虽然执行的是定语功能,但它所在的结构,不是主从复句,因为它不是充当主句中的某一成分。这跟主语从句、宾语从句、同位语句、关系语句都是不同的。结构上,描写语句跟前面的句子平起平坐,是由关联词连接起来的两个相等成分。在这个意义上,描写语句所在的结构不是主从复句,而是联合复句。

10.6.2 并列和转折复句

简单地说,有两种情况。

一、前一分句没有关联词,后一分句有;如:

(144) a. 小李走了,而且(她)还带走了孩子。(并列)
b. 小李走了,不过(她)留下了孩子。(转折)
c. 老张升迁了,可是(他)并不愉快。
d. 我们去看电影,或者(我们)去海边。

二、前后两个分句都有关联词。不过,如果前后分句的主语共指或相同,关联词可以出现在主语之前或之后,如:

(145) a. 一来这样做很麻烦,二来(这样做)也费钱。(并列)
这样做一来很麻烦,(它)二来也费钱。
b. 一会儿他坐下去,一会儿(他)站起来。
他一会儿坐下去,(他)一会儿站起来。
c. 与其你失去家庭,不如(你)放弃工作。(转折)
你与其失去家庭,(你)不如放弃工作。①

前后分句的主语不同,关联词只能出现在主语之前,如:

(146) a. 不但姐姐喜欢习武,而且妹妹也喜欢。(并列)
＊姐姐不但喜欢习武,妹妹而且也喜欢。
b. 不是我们走,就是他们离开。(转折)②
＊我们不是走,他们就是离开。

另外,有些关联词只能出现在主语之后,如:

(147) a. 他又能唱歌,(他)又能跳舞。(并列)
＊又他能唱歌,又(他)能跳舞。
b. 你越着急,他越高兴。
＊越你着急,越他高兴。
c. 他边喝茶,(他)边看书。
＊边他喝茶,边他看书。

前节说过,主语若出现在关联词之前,它位于标句词短语(CP)之中;若出现在关联

---

① 邵敬敏等(2001:252)又将此种句式看成是选择复句。
② 邵敬敏等(2001:253,255)又将此种句式看成是选择复句。

词之后,它位于语法范畴词短语(IP)之中。

先看第一种情况。这里的关联词是连接前后两个分句的,它不属于任何分句。不管是并列还是转折复句,都是一样的联合结构。比如:

(148)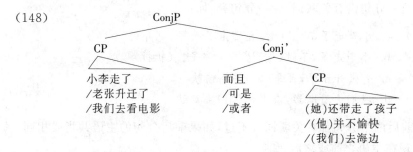

理论上,每一个单句都含有一个标句词。因此,没有关联词的分句,标句词可以设为零形式。前面的分句在标定语位,后面的在补足语位,结构阶层决定了前面分句的主语可以统制后面分句的主语。不过,虽受统制但又分属两个单句,因此,如果后者是代词,自然而然就与前者共指。

再看第二种情况。关联词的位置只会影响主语的位置,而不会影响分句的结构。因此,分句自身总是一个单句。但是,两个关联词之间有语义的联系,比如"一来……一来……"有递进的关系,"与其……不如……"有转折的关系。因此,后一个关联词不是连接分句的成分。这样一来,连接两个分句的是一个零关联词。如:

(149)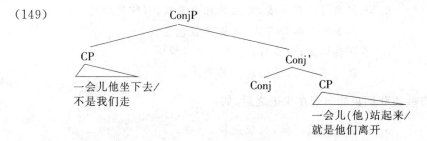

Conj = 零关联词。有关关联词句法位置的讨论也见 2.1.7 节。

复句的结构包括其中从句和分句自身的结构,以及复句本身的结构,尤其是从句跟主句的结构关系,以及分句之间的结构关系。以往研究复句,很少涉及这些。用生成语法理论框架研究汉语,也少见对复句的研究。因此,希望以上对复句结构的观察与分析,对这方面的研究有参考作用。

10.7 句子成分的句法范畴与语法功能

通过本章以上各节的讨论,读者对句子的基本结构,尤其是单句的三个组成部分,已经有所了解。在本章的最后,我们对句子成分的句法范畴与语法功能之间的关系,做一些讨论。

句子是句子成分(constituent)组成的。句子成分的句法位置(syntactic position)、句法范畴(syntactic category)(又泛称语法范畴,grammatical category)以及语法功能(grammatical function)便是句法理论的三大基本要素。仍然拿单句的结构为例。最上面是标句词短语(CP),中间的是语法范畴词短语(IP),最下面的是动词短语(VP)。大致说来,CP 和 IP 是句子的虚词部分(functional part),VP 是实词部分(lexical part)。因此,单句结构载有(至少)三方面的信息:

一、成分和成分之间组合的结构关系,即成分结构(constituent structure);

二、成分和成分结构的句法范畴,即每一成分和成分结构的句法范畴是什么;

三、谓词(动词或形容词)跟其相关的题元成分(如主语、宾语)之间的相对结构关系;结构关系因此决定动词跟这些成分之间的语法和语义关系。

举例来说:

(150)
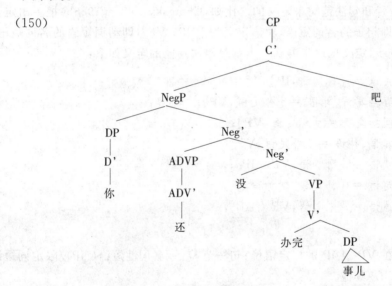

成分:DP(你)、ADVP(还)、Neg(没)、V(办完)、NP(事儿)、C(吧)

成分结构:V'(办完事儿)、VP(办完事儿)、Neg'(没办完事儿)、
Neg'(还没办完事儿)、NegP(你还没办完事儿)、
C'(你还没办完事儿吧)、CP(你还没办完事儿吧)

成分结构也是成分,即成分组合之成分。最后的组合就是句子。不过,一般不说句子是成分,因为成分的本意是句子的组成部分。另外,单枝结构以二阶短语(XP)起算成分,如上面 DP(你)、ADVP(还)、NP(事儿)。

<u>所有的成分和成分结构无一例外都是句法范畴(syntactic categories)</u>。也就

是说,X、X'、XP 都是句法范畴。生成语法中,句子成分的句法范畴以及结构位置决定它的语法功能(参 Chomsky 1981,1986a,1986b;Wasow 1985,van Riemsdijk & Williams 1986)。不同的理论对语法功能有不同的定义。主要的分歧在,生成语法理论并不把语法功能作为理论元素,即作为理论本身的一部分,而别的理论可能是这样做的,所以有时也许会造成误解(参 Wasow 1985:199)。

语法功能指句子成分依据相互关系而充当的某种作用,所以又称语法关系。大家都接受的一些术语是:主语、谓语、述语、宾语、补语、定语、状语等。但这些只是名称而已,关键问题是如何来定义"相互关系"和"作用"。比如:"谓语(的作用)是陈述主语的"、"主语(的作用)是(充当)谓语陈述的对象"。也就是"陈述"和"被陈述"的关系。这是一种元语言的循环定义(元语言指用来描述语言的"语言"),离语言自身的特征,如语义和结构,很远。事实上,要从语义上界定语法功能恐怕远远超出目前我们的知识范畴。生成语法理论于是另辟蹊径。

首先,语法功能并不是理论的组成部分,而是参照系统;其次,作为参照系统,它是按结构位置和句法范畴来定义的。比如,Chomsky(1986a,1986b)把主语定义为 [NP, S],即句子的名词短语,宾语定义为 [NP, VP],即动词短语的名词短语。随着理论的进步,定义也逐步准确。本章对语法功能的定义如下:

(151)　主语　＝ [标定语,IP];
　　　　直接宾语、补语 ＝ [补足语,VP];
　　　　间接宾语 ＝ [标定语,VP];
　　　　宾语、补语 ＝ [补足语,VP];
　　　　状语 ＝ [附加语,VP / IP];
　　　　定语 ＝ [补足语/附加语/标定语,NP];
　　　　述语 ＝ [中心语,VP / AP]。

诠释如下:

主语:它在 VP 或 IP 的标定语位;句法范畴 ＝ 名词性短语(NP)/限定词短语(DP)/句子(CP)/其他。

宾语:它在 VP 的补足语位;句法范畴 ＝ 名词短语(NP)/限定词短语(DP)/句子(CP)/其他。

补语:动词如果不带宾语,补语也在 VP 的补足语位;但句法范畴不同于宾语。句法范畴 ＝ 形容词短语(AP)/介词短语(PP)/小句(VP 或 IP)/其他。

也就是说,如果不同时出现,宾语和补语的结构位置相同,但句法范畴不同。同时出现时,视具体结构而定。

顺便说一下,"补足语"和"补语"这两个术语不应搞混。前者纯粹是结构概念,代表短语结构中一个非常特定的结构位置。后者则是一个不太严格的功能概念,代表出现在"补足语"位置的某些句法范畴,如介词短语。只要记住就不会出错。

状语:它是 VP 或者 IP 的附加语。句法范畴 = 副词短语(ADVP)/名词短语(NP)/介词短语(PP)/句子(CP)/助词短语(PartP)/其他。

定语:它出现在 NP 里边,由句法范畴决定结构位置:补足语 = 性质形容词短语(AP);标定语 = 数量词或者限量词短语(QP);附加语 = 名词短语(NP)/介词短语(PP)/句子(CP)/助词短语(PartP)/其他。

回到上面(150)中的例子。它的主语就是限定词短语(DP)"你",或者[DP(你),NegP](NegP = IP);宾语就是名词短语(NP)"事儿",或者[NP(事儿),VP];状语就是副词短语(ADVP)"还",或者[ADVP(还),NegP](NegP = IP)。

述语:它就是 VP 或者 AP 的中心语,句法范畴 = 动词(V)/形容词(A)。注意,这里说的 AP 是取代 VP 充当谓语(一部分)的形容词短语。注意,按生成语法理论的习惯,就直接称谓词(动词或形容词),而不常用述语这个名称。

还有谓语呢?生成语法没有"谓语"的特别定义。原因是它没有一个独立的结构位置。仍然拿上面(150)为例。如果非说不可,谓语就是 Neg'(**还没办完事儿**)。或者说,就是 I'。但是 I' 是一个成分结构,而不是一个结构位置。已知短语中的结构位置是:标定语、附加语、补足语、中心语,见第二章(40)和(68)。从结构上看,谓语包含 VP,还有 IP 的一部分。所以较难定义。但这并不是说我们就不使用"谓语"这个名称。用照样用,只是要知道它的含义而已。

按句法范畴和结构位置来定义语法功能,比元语言的循环定义要好,也跟语言自身的特征挂上了钩。尽管如此,它也有若干不足:

一、不是每一种语法功能都对应一个独立的结构位置,比如谓语根本就没有一个结构位置,见上文。另外,一种语法功能可能对应多个结构位置。比如,定语可以对应多个结构位置。例如:

(152) [许多]学生/[勤奋的]学生/[胖]学生

"**许多**"、"**勤奋的**"、"**胖**"都叫定语,修饰名词"**学生**"。但各自的结构位置不同:"**许多**"是标定语;"**勤奋的**"是附加语;"**胖**"是补足语。这是语序告诉我们的:

(153)   a. [许多][勤奋的][胖]学生
        b. *[许多][胖][勤奋的]学生
        c. *[勤奋的][胖][许多]学生
        d. *[勤奋的][许多][胖]学生
        e. *[胖][勤奋的][许多]学生
        f. *[胖][许多][勤奋的]学生

或者说，限量词短语（QP）是标定语，助词短语（PartP）是附加语，性质形容词短语（AP）是补足语。

二、对应多个结构位置的还有宾语。上面我们说宾语是 VP 的补足语，只是动词带一个宾语的情况。但动词可以带双宾语：

(154) a. 妈妈送[她][一个布娃娃]。
b. 妈妈送了[一个布娃娃][给她]。

或者一个宾语一个补语：

c. 妈妈放了[一个布娃娃][在她床上]。

(a)里边，直接宾语"**一个布娃娃**"在补足语位；但在(b)里边，"**一个布娃娃**"在标定语位。另外，在(c)里边，宾语"**一个布娃娃**"也是在标定语位。

三、语法功能的界限有时模糊。比如间接宾语和补语。间接宾语的位置有两个：标定语位，例子如(154)(a)，或者补足语位，例子如(154)(b)。这说明 VP 的补足语和标定语位都可以是宾语的位置。不过，间接宾语如果出现在直接宾语后头，如(154)(b)，要有与格(dative)标记，即介词"**给**"。即"**给她**"是介词短语。这样，跟(154)(c)中的"**在她床上**"比较，就没有什么区别。两者的句法范畴相同，都是介词短语；结构位置也一样。上面说过，宾语跟补语的区别不在结构位置，而在句法范畴，而且补语常常是介词短语。于是就有了一个问题：把"**给她**"叫做间接宾语呢，还是叫它补语？答案是，一般不把出现在直接宾语之后的间接宾语叫作补语，因为，换了语序，间接宾语还是间接宾语，见(154)(a)。不过，换了语序也就变了句法范畴，这是语法系统决定的。同时造成语法功能定义的模糊。

四、语法功能可能会随着语法环境而变化。典型的例子是定语和状语：

(155) [勤奋的]学生/[勤奋地]学习

"**勤奋的**"修饰名词"**学生**"，叫作定语，"**勤奋地**"修饰动词"**学习**"，叫作状语。但二者本身并无实质差别：一、"**的**"和"**地**"语音一样，只是书写不同（参朱德熙 1982：142）；二、二者句法范畴相同，都是助词短语（PartP）；三、结构位置相同，都在附加语位。二者的称谓有别是因为修饰的对象不同。换言之，语法功能会随着语法环境而变化。

五、按句法范畴定义语法功能有时缺乏普遍特征。上面我们看到，间接宾语如果出现在直接宾语之后，就是介词短语，如"**给她**"。但是在有的方言中，如粤语，间接宾语永远出现在直接宾语之后，也不用与格标记，如"**你摞十蚊佢（你拿十块钱给她）**"。这首先说明，间接宾语出现在任何位置都是间接宾语，不把它叫作补语是对的（见上文）。但同时，间接宾语作为一个"语法功能"，它的句法范畴似乎缺乏普遍特征。

　　基于上述种种原因,在生成语法理论里,"语法功能"(即主语、谓语、述语、宾语、补语、定语、状语这些名称)<u>只是一个元语言的参照系统</u>,而<u>非语法系统自身的组成部分</u>。

10.8　小　结

　　小结本章的内容。本章讲了汉语单句、小句和复句的基本结构。有两点新贡献。一、所有的结构都是在生成语法理论框架中有系统地来讲的,使对三个基本结构有一个统一的认识,这是以前的汉语生成语法研究尚未做到的地方;二、传统语法也讨论这些结构,但并不注重成分结构的分析和之间的内在联系,本研究有填补空白的意图。另对结构成分跟语法范畴之间的关系作了一个分析。

　　具体来说,标句词短语(CP)、语法范畴词短语(IP)和动词短语(VP)是句子结构的三个最基础、最重要的部分,载有句子成分的句法范畴、结构位置以及语法关系的信息。句子再复杂,其结构也是在这三个基础部分之中衍生出来的。其实,从上面我们已经看出,标句词短语(CP)、语法范畴词短语(IP)和动词短语(VP)代表的东西并不一致。CP 中心语就是 C,VP 中心语就是 V。但 IP 的中心语 I 却是一个符号而已,代表着不同的语法范畴。或者说 I 可以分解成不同的中心语,如 Asp,Mod,Neg,Pass,等等。这样一来,读者也许要问,那我们可不可以把 C 和 V 也看成是一个符号,代表不同标句词和动词范畴呢?可以。理论上,C 和 V 也可以分解。C 可以分解成代表焦点(Focus)或者话题(Topic)结构的中心语,V 也可以分解成代表轻动词(light verb)的中心语。句子结构有三个基础部分,即 CP、IP、VP,它们代表着句子最基本的语义和语法范畴,同时它们可以各自分解开来,表示复杂的语义和语法范畴,这就是生成语法关于句子结构的最基础和最核心的理论。

第十一章 特殊的句法范畴(一)

本章讨论汉语中的一些特殊的句法范畴及其句法表现形式。说"特殊",有三个原因。其一,这些句法范畴表达一些特别的语义,比如存在、被动、结果、使役、焦点,等等;不少句法范畴是跨语言的,只是不同语言有不同的表现方式而已;这些表现方式正是研究者们所关心的。其二,句法范畴的语法化程度不尽相同,有的已经有了专门的形态或句法标记,但有的可能尚未完全如此。其三,有个别范畴是汉语独有的,比如处置,也是多年来研究的题目。要说明的是,讨论特殊语法范畴的文献很多,不能面面俱到,只是有选择地引述而已。在本章里,我们分析处置(disposal)、被动(passivization)、使役(causivization)、结果(result)、存现(existence)、量化(quantification)等六个句法范畴。

11.0 处置——"把"字句

处置式就是把字句(王力 1944)。因为是汉语独有的,历来备受研究者的重视(如黎锦熙 1924,吕叔湘 1944,1952;祝敏彻 1957,王还 1959,Y. R. Chao 1948,1968;朱德熙 1982)。用生成语法理论来分析把字句最早有王士元(William S.-Y. Wang 1965),Peter Chin-tang Wang(1971),汤廷池(T.-C. Tang 1972),梅广(Mei 1973),Sells(1985),等等。随着理论的发展和变化,同样的句式,分析也就不同。

分析处置式有两个主要问题。一、何谓"处置"?诸如"将宾语表达的对象作出处置"之类的说法太泛泛,不解决问题,比如"什么对象"、"怎么处置",等等。二、处置式的成分结构是怎么样的?按祝敏彻(1957),把字句本来是古汉语中的联动式,比如"**禹亲把天之瑞令,以征有苗**(墨子·非攻下)","**把**酒问青天(苏轼·水调歌头)"等等。"**把**"从动词先虚化为工具格介词,再演变成处置式。这个历史对现代汉语把字句的分析影响很大。以往的分析,不管是否是在生成语法理论的框架之内,大多认为"把"和它后面的名词性成分要组成一个成分结构,即"把＋NP"是一个介词短语(PP)。

先说第一个问题。本书认为可以从两个角度去理解"处置"。一、从句法结构上增强有关谓语结构的及物性(transitivity);二、增强有关及物宾语的使成性(able-to-become)。因此,处置 ＝ 及物 ＋ 使成。

所谓增强及物性,就是说把字结构将典型的宾格谓语标记化,或者说给宾格谓语加上及物标记。比如,"**张三骗了他**"是无标记的及物宾格谓语,而"**张三把他骗了**"却成为有标记的结构。这是一般情况。其实,把字句在今天的汉语中有成为固定结构的倾向,或者说把字句自身就可以理解成一个无标记结构了。例如,带补语的句子一定要进入把字结构,否则就不太好或者不好:

(1) a. 他把灾难降临到国家的头上。
? 他降临灾难到国家的头上。
b. 超市把货品优惠给顾客。
? 超市优惠货品给顾客。
c. 王五把门踢了一个洞。
*王五踢了门一个洞。
d. 赵六把房子刷了油漆。
*赵六刷了房子油漆。

这说明这些句子本身已经进入或者开始进入固定句式的地位,成为汉语中的一种无标记句式,成为当今汉语的一个特征。从这个角度,把字句相对应于其他句式是一种及物性较强的句式。

如何理解"处置 = 及物 + 使成"呢?我们在第八章 8.2.2 节说过,所谓"使成性"(BECOME)有"使承受或经受"的意思,具有弱使役语义("弱"相对于"**使/令/让**"这些结构表达的使役语义而言;见下文)。举例来说,"**张三把他骗了**"就是"**使他承受了受骗的行为或过程**"的意思。可以理解成主语代表的人或事使得宾语代表的人或事"经受了动词表达的动作或过程的影响"(参 Li & Thompson 1981)。相对而言,普通的宾格句如"**张三骗了他**"则至少没有很强的这一层"使经受影响"的意思。其实,这一层"使经受影响"的意思也可以有句法标记。例如:

(2) a. 张三把他(给)骗了。
b. 李四把机密文件(给)丢了。
c. 钱七把信(给)寄了。
d. 王五把窗户(给)擦亮了。
e. 赵六把家务事全都(给)做完了。

含及物谓语的把字句似乎都可以加"**给**",包括动结式,如(d)-(e)。在这个意义上,"**给**"就是使成性的句法标记,或称使成轻动词(见第八章 8.2.2 节);但它在把字句中常常不出现,如果不出现,就是零形式。

换言之,"处置 = 及物 + 使成",及物标记是"**把**",而使成标记是"**给**"。从使役语义的角度,"使成性"也是一层使役语义,但很弱。汉语中,典型的使役义是用使役轻动词也表达的,例如"**使/令/让**"。但是,"**给**"表达的使役义相对来说要弱得多。或者说,汉语中的使役机制有强弱之分,强势标记是"**使/令/让**",弱势标记就是"**给**"。自然语言使用不同的使役标记来表达不同程度的使役义是很平常的事(参 Palmer 1994,何元建 2004a)。使役机制分强弱不仅汉语有,其他语言也有,如英语中的弱势使役标记如"**have/get**",而强势标记如"**make/cause**"。

正因为把字句有使成语义(= 弱使役义),而且"**给**"又常常不出现在把字句里边,这可能让有些研究直接将"**把**"处理成把字句中的使役标记(如 Y. Li 1990, 1999;C.-T. James Huang 1992;Sybesma 1992;Gu 1992,1998)。另外,黄正德多次提出"处置 = 使役 + 成为"的观点,即"**把**"是使役标记,而"**给**"是"成为"的标记(C.-T. James Huang 1992,1997,2006;黄正德 2007)。而事实上,"**给**"才是使成标记,"**把**"仅仅是及物标记而已。

除了含及物谓语的把字句之外,含其他谓语的把字句中也可以加"**给**"。例如:

(3) a. 这本书把张三(给)感动了。　作格谓语
　　 b. 孩子们把鞋(给)弄湿了。
　　 c. 贸易把市场(给)搞活了。
　　 d. 她把奶奶(给)吓了一跳。(含无意或有意两个意思)
　　 e. 她把窗户(给)打开了。

(4) a. 张三把个父亲(给)死了。　非宾格谓语
　　 b. 大娘把头发(给)白了。
　　 c. 她把眼睛(给)瞎了。

可见,把字句中也可以加"**给**"该句型的一个结构特征,并非宾格谓语特有。这也说明我们将把字句的处置语义理解成"及物 + 使成"是对的。

现在来看把字句的结构。先说含宾格谓语的结构。"**把**"、"**给**"都是轻动词,但"**给**"是可选的,可以不出现。前文说过,不出现就是零形式,看不见而已,但仍在结构之中。如:

(5)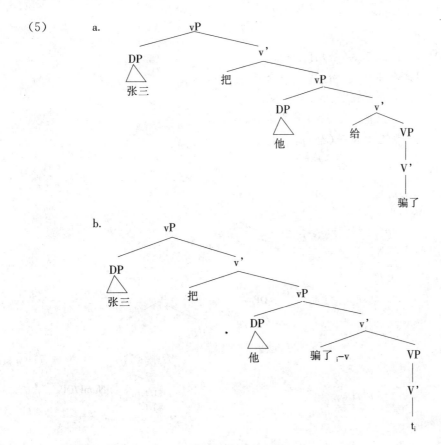

把 = 及物轻动词,**给** = 使成轻动词,v = 零使成轻动词。宾语直接生成在使成轻动词的标定语位置。如果使成轻动词是零形式,谓语动词要移位与之结合,使之合法。理论上,整个及物轻动词"把"短语(vP)是一个相面,是一个句域(domain)。其中,动词短语(VP)是使成轻动词"给"的补足语,而使成轻动词短语(vP)又是及物轻动词"把"的补足语,一环扣一环。在此意义上,动词跟处在使成轻动词短语的宾语是相互"邻接"的,跟处在及物轻动词短语的主语也是相互"邻接"的。因此符合合"接受题元与格位的名词成分在跟动词短语'相邻接'的短语之内"这个条件(见第二章 2.1.3、2.1.4 节)。"邻接"的定义见 Rizzi(1990),也见第八章 8.2.3 节。因此,宾语和主语都可以从动词那里获得题元与格位,无需通过任何移位。这是跟之前的若干研究不同之处(如本节开头所引文献)。在把字句中,"把"的作用是将述宾结构的宾语标记出来,使结构的及物性增强;而及物性增强的结果就是该结构具有使成性,可以用"**给**"标记出来。

动词如果带了补语的话,宾语就直接生成在使成轻动词的标定语位。带处所补语的例子我们在第八章 8.3.5.1 节已经讨论过了。下面是动量和结果补语的

例子:

(6) a. 张三把他(给)打了一顿。
　　b. 李四把门(给)踢了一个洞。
　　c. 王五把橘子(给)剥了皮。
　　d. 赵六把房子(给)刷了油漆。
　　e. 张三把箱子(给)捆了绳子。

有关结构是:

(7)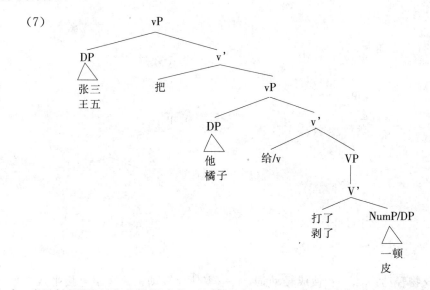

本来,动量补语要生成在动词之前(见第八章 8.2.4 节),但在把字结构中,出于经济原则的制约,客事宾语要直接生成在使成轻动词的标定语位,动量补语就到了动词之后。前文说过,宾语移位是为了获得格位,如上文(5)。现在不移位也能获得格位,生成过程反而更经济。换言之,在(7)里边,名词性的补语从动词那里获得格位,而宾语从"把"那里获得格位。对于结果补语,它本来就是生成在动词之后(见第八章 8.3.5.2 节),所以更没有问题。同前,"给"如果是零形式,动词就要移位与之结合。不赘。

双宾与格结构也是一样。我们在第八章 8.3.1 节讲过,与格短语(PP)要生成在动词之前。但进入把字结构之后,出于"相面豁免条件"的制约,宾语要直接生成在使成轻动词的标定语位,与格短语就到了动词之后。例如:

(8) a. 张三把信(给)寄给了李四。
    b. 王五把奖金(给)发给了赵六。
    c. 小张把汽车(给)卖给了老李。
    d. 老王把房子(给)租给了小赵。

注意,从语感上,这些句子如果不含括弧里的"**给**",更容易接受。也就是说,这个使成轻动词"**给**"最好是零形式。有关结构是:

(9)
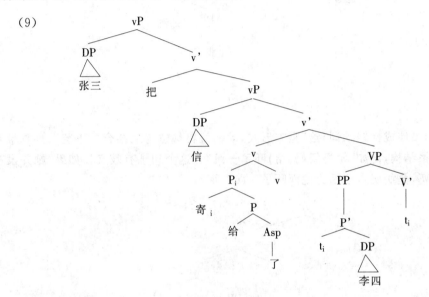

v = 零使成轻动词。体貌词"**了**"先并入与格介词,即[ₚ 给 了],动词再移位上去并入这个结构,即[ₚ 寄 [ₚ 给 了]],它再移位与零使成轻动词(v)结合。

最后来看进入把字结构的非宾格句以及作格句。非宾格句的例子见上文(4)。我们在第八章8.1.3、8.2.2节讲过,非宾格动词带一个客事宾语。进入把字句后,这个宾语直接生成在使成轻动词的标定语位。例如:

(10)
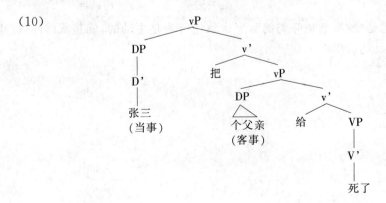

同理,如果使成性轻动词是零形式,动词就要移位与之结合。不赘。

现在看作格句。例子如上文(3)。有关结构是:

(11)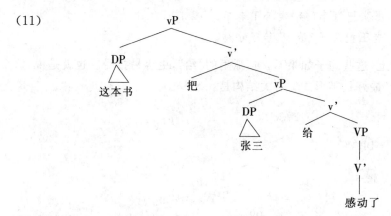

同上,如果使成性轻动词"**给**"是零形式,动词就要移位与之结合。不赘。再看带补语的作格结构,比如"**她把奶奶(给)吓了一跳**"。这个句子有歧义。如果"她并没有要吓奶奶,是奶奶自己因为她而吓了一跳",那么,结构是:

(12)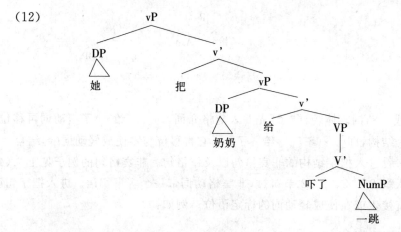

如果句子的意思是"她有意地吓奶奶",那么致使行为是主动的,就是所谓的"施事改作致事"的使动句。即:

(13)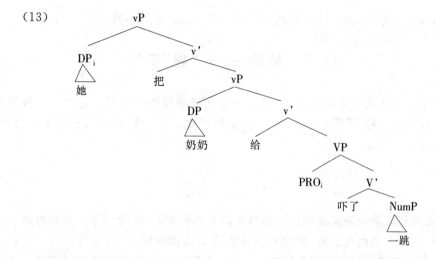

同上,以上两个结构中的使成性轻动词"给"如是零形式,动词就要移位与之结合。细节不赘。注意,如果不是把字结构,这类句子中的致使主语是原来要作施事的成分通过移位而改作的(见第八章 8.2.3 节及第九章 9.5.2 节)。进入把字结构后,轻动词"把"和"给"都有语音形式(= 实实在在词);因受到"相面豁免条件"的限制(见第二章 2.1.8 节),移位不再可行,也没有必要,原来施事成分的位置可以理解为一个虚代词(PRO),跟致使主语同指。理论上,"相面豁免条件"限制了移位的运用,使得语法系统变得更加严谨。这符合整个生成语法理论的发展历程。即,限制语法的运作系统,使其不那么随意,更加严谨。

最后我们来看含宾格动结式的把字句,比如"他把饭(给)吃完了"。我们在第九章 9.4 节已经讲过宾格动结式谓语的结构。在把字句里,客事宾语直接生成在"给"的标定语位,兼补语的功能(= 吃饭、饭完了):

(14)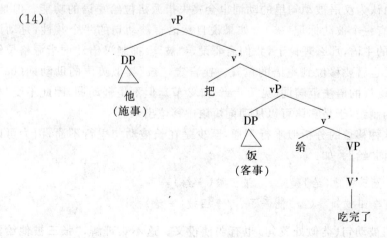

只有当"给"是零形式时,谓语动词才移位与之结合。此处不赘。

11.1 被动——"被"字句

被字句又称被动式或被动句,是汉语表达被动范畴的句型。它含一个被动标记,即"被"字。"被"后面有施事成分的,叫作长被动句;"被"后面没有施事成分的,叫短被动句。例如:

(15) a. 张三被他骗了。
b. 张三被骗了。

这里,被动句的动词是宾格动词。它也可以是作格动词,这我们等一会儿再说。

语义上,无论何种语言,被动句的主语是宾格动词的宾语,是客事题元。在汉语中,"张三被骗了"就是"骗了张三"。在生成语法中,解决宾语作了主语的一个办法,就是让宾语移位至主语的位置。具体移位的机制,是宾语不能在自己的位置获得格位,因此要移位至主语位置去得到格位。比如英语(参 Chomsky 1981:117ff; Sells 1985:43):

(16) [Theme Object]$_i$　be　　V-en　　 t_i 　(by [Agent])
　　　 客事宾语　　　助动词　动词-被动形态　语迹　(介词[施事成分])

在英文里,动词含有被动形态(-en),相当于形容词,因此丧失指派格位给宾语的功能,宾语于是要移位到主语的位置。另外,站在今天理论的角度,助动词(be)是兼时态和被动语气两种功能的语法范畴词,而不是轻动词,所以不受"相面豁免条件"的制约(见第二章2.1.8节),因此,宾语可以从动词短语中移位出来。

在汉语里,动词本身没有被动形态,在主动句和被动句里完全是同一个形式,因此,没有理由认为汉语被动句里的动词也会丧失指派格位给宾语的功能。但是,汉语被动句中有一个被动标记("被")。如果说自然语言被动句的一个共性,是动词宾语作了句子的主语,那么理论上,我们需要设定"被"会抑制汉语动词指派格位给宾语,于是宾语也就要移位到主语的位置。换言之,"被"类似英语的助动词(be),它是表达被动语气的语法范畴词(见第十章10.2节),但不是轻动词,因此不受"相面豁免条件"的制约,于是宾语可以从动词短语中移位出来。

问题是,这种移位的分析似乎行不通,至少是在长被动句里行不通,因为可以出现使成轻动词"给"。如:

(17) a. 张三被他(给)骗了。/张三被(*给)骗了。
b. 李四被领导(给)批评了。/李四被(*给)批评了。

语义上,这说明被动句(类似处置句)也有弱使役义。这不难理解,"张三被他给骗了"就是"**他使张三被欺骗**"的意思,或者说有"**他使[张三被欺骗]发生**"的意思在里边。不过,句法上,"**给**"可以出现在长被动句里边这个事实,却给上文所说的宾语移位分析带来困难。这里,"**给**"是轻动词,它后面的动词短语(VP)必须受到"相面豁免条件"的制约。理论上,当"**给**"出现时,动词短语(VP)就要被输出,其中的任何成分,包括宾语在内,就无法移位,除非"**给**"是零形式。如是,动词要移位与之结合,但在此之前,宾语可以先移位。

于是可以假设,凡不含"**给**"的被动句——包括短被动句以及不含"**给**"的长被动句,"**给**"是零形式,这时,宾语可以移位。但是,含"**给**"的长被动句又怎么办?这显然是一个棘手的难题;如果照顾不含"**给**"的被动句,让宾语移位,可以解决被动句的主语就是动词宾语这个语义逻辑上的问题;但却解决不了含"**给**"的长被动句中宾语不可能移位的句法结构问题。

也有研究认为汉语被动句中的动词宾语本身没有移位,那是在"相面豁免条件"(Chomsky 2001)提出来之前(参冯胜利 1997,C.-T. James Huang 1999,S.-W. Tang 2001,邓思颖 2004)。这些研究提出采用零运算子代替宾语移位的办法来解决宾语本身不能移位、但又必须充当被动句主语这个语义逻辑问题。从今天的理论看,零运算子移位可以在逻辑形式进行,不受"相面豁免条件"的制约。理论上这虽然行得通,但所涉及的语言事实仍然还需要我们多去理解。下面,让我们先看看相关的问题。

之前曾认为"**被**"是介词。比如王力(1957)认为,"**被**"在古汉语中作及物动词的一种用法是表示"蒙受、遭受",然后演变成介词,表被动。这种看法对分析现代汉语被动句似乎有较大的影响。但有一个问题。假如"**被**"是介词,当"**被**"后面的施事成分不出现时,就是所谓的介词悬空(preposition stranding)。如是,"**被**"是汉语中唯一的介词可以这样做。从这个角度看,说"**被**"是介词实在不令人信服。允许介词悬空的语言有德语、法语、俄语等,但汉语不是。于是有研究者提出,"**被**"是动词,它后面的成分是它带的从句(如桥本万太郎 1987),而且从句主语可以不出现。例如:"**张三被[(他)骗了]**"。也叫作"补足语结构"(complementation),或者称为被动句的补足语分析法。

我们同意"**被**"是动词,它后面的成分是从句的观点。但准确地说,"**被**"只是表达被动语态的语法范畴词,它后面的从句是一个小句(small clause),即一个轻动词或动词短语,因为"**被**"后面的名词性成分是不可以跟主语共指的,如:

(18) 张三ᵢ 被[他*ᵢ/ⱼ 骗了]。

这说明,"**被**"后面的名词性成分不可能是在一个单句之中。我们知道,单句是约束屏障(也见第八章 8.2.1 节及第十章 10.4 节的讨论)。如果上面[**他骗了**]是一个单句,那么,有关名词性成分就一定可以跟主语共指。请比较:

(19) 张三ᵢ 说 [他_{i/j} 走了]。

另外,"被"后面的名词性成分也可以是反身代词,如:

(20) 张三ᵢ 被 [自己ᵢ 骗了]。

这说明,如果这个位置的成分不出现,可能是用了一个没有语音形式的代词,但这个代词一定是虚代词(PRO),而不是零代词(pro),因为前者兼人称、反身代词的特征,而后者则属于人称代词,一定不可以跟主句的主语共指(也见第八章 8.2.1 节、第十章 10.4 节的讨论)。即:

(21) 张三ᵢ 被 [PRO_{*i/j} 骗了]。

这就是所谓的短被动句。其中,PRO 从动词那里获得施事题元,但没有格位。虚代词(PRO)需要题元,但没有格位是一个很重要的理论原则(参 Chomsky 1981:56,191;1986b:114ff)。

我们知道,动词的题元结构决定它要带哪些题元成分(见第七章 7.1 节的讨论)。被动句的宾格动词的题元结构一般是〈施事,客事〉,即它一定要带一个施事成分和一个客事成分。如果施事成分是一个实实在在的词,如"张三被他骗了",那就是所谓的长被动句;而如果施事成分是一个虚代词(PRO),如(22),那就是所谓的短被动句。不管是长被动句,还是短被动句,施事成分都在结构当中,只不过在短被动句中听不见而已。施事成分如果是人称代词,包括虚代词(PRO),先行词则在上下文中,比如"**那个自称是保险公司的人**ᵢ 跟张三说买**他**ᵢ 的债券利息高,比存银行好。结果,张三被(**他**ᵢ/PROᵢ)骗了"。因此,如果将短被动句中的施事成分处理成零代词(pro)(比如 S.-W. Tang 2001),似乎不妥。

那么,应该怎样来分析汉语被动句的结构呢?首先,含使成轻动词"**给**"的长被动句的结构可以这样来理解:

第十一章　特殊的句法范畴(一)　　359

(22)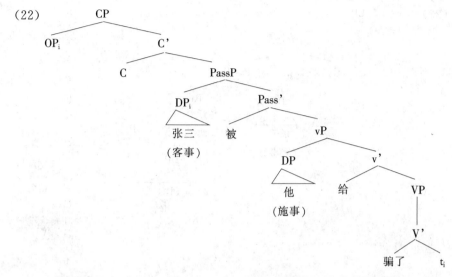

Op = 零运算子，PassP = 被动语气词短语，**被** = 被动语气词，vP = 使成轻动词短语，**给** = 使成轻动词。如果"**给**"不出现，就是零形式。此时，动词就要移位与之结合。不赘。受"相面豁免条件"的制约，动词的客事宾语不能从动词短语(VP)中移出，所以直接生成在主语的位置。零运算子(Op)生成在动词的宾语位置，在句法中并不移位，移位发生在逻辑形式之中(即句法结构输出至逻辑形式界面之后)。理论上，这体现了经济原则。零运算子(Op)移位至标句词短语(CP)的标定位置，并与被动句的主语共指(co-referential)，表达了它其实是动词宾语这样一个语义逻辑关系。

现在来看短被动句的结构。因为"**给**"不能出现于其中，那么有两种可能：一、短被动句的结构中也有"**给**"，但是零形式；二、没有"**给**"。其实，不管施事成分是否出现，被动结构总是有使成的意思，即有"使某人/某事被置于某种状况"之意。所以，第一个可能性较为可取。这样，我们有：

(23)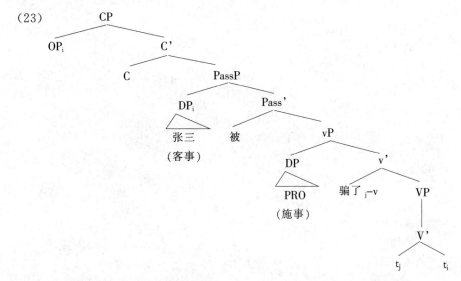

也就是说,短被动句的结构跟长被动句其实完全一样,区别只在使成轻动词是零形式以及施事成分由虚代词(PRO)来充当。线性语序上,施事成分虽然跟在"被"的后面,但却不属于同一个结构成分。因此,当虚代词(PRO)充当施事成分时,表层语序中会出现"被"后面名词性成分悬空的假象。

现在来看含作格动词的被动句。例如:

(24) a. 她被(这本书)(给)感动了。
　　 b. 市场被(贸易)(给)搞活了。

(25) a. 船被(水手们)(给)沉到海底去了。
　　 b. 奶奶被(她)(给)吓了一跳。

第八章 8.1.1、8.2.3 节都讲过,作格动词有两种题元结构:〈当事,(其他)〉,〈施事,客事,(其他)〉。不管是哪一种,它组成的被动句结构跟宾格动词组成的被动句基本相同,即上文的(23)-(24)。例如(细节不赘):

(26) a. [Op$_i$ [她$_i$ 被 [这本书 给 [感动了 t$_i$]]]]
　　　　 [Op$_i$ [她$_i$ 被 [这本书 感动了$_j$-v [t$_j$ t$_i$]]]]
　　　　 [Op$_i$ [她$_i$ 被 [PRO 感动了$_j$-v [t$_j$ t$_i$]]]]
　　 b. [Op$_i$ [市场$_i$ 被 [贸易 给 [搞活了 t$_i$]]]]
　　　　 [Op$_i$ [市场$_i$ 被 [贸易 搞活了$_j$-v [t$_j$ t$_i$]]]]
　　　　 [Op$_i$ [市场$_i$ 被 [PRO 搞活了$_j$-v [t$_j$ t$_i$]]]]

(27) a. [Op_i [船_i 被 [水手们 给 [沉了 t_i]]]]
    [Op_i [船_i 被 [水手们 沉了_j-v [t_j t_i]]]]
    [Op_i [船_i 被 [PRO 沉了_j-v [t_j t_i]]]]
  b. [Op_i [奶奶_i 被 [她 给 [吓了 t_i 一跳]]]]
    [Op_i [奶奶_i 被 [她 吓了_j-v [t_j t_i 一跳]]]]
    [Op_i [奶奶_i 被 [PRO 吓了_j-v [t_j t_i 一跳]]]]

注意,"奶奶被(她)(给)吓了一跳"有歧义,可以是"她没有故意要吓奶奶,是奶奶自己因为她而下了一跳",也可以是"她有意要吓奶奶"。上面的结构是前一个意思。如是后一个意思,虚代词(PRO)跟施事成分**她**共指。

再看含宾格动结式谓语的被动句:

(28) [Op_i [饭_i 被 [他 给 [吃完了 t_i]]]]
    [Op_i [饭_i 被 [他 吃完了_j-v [t_j t_i]]]]
    [Op_i [饭_i 被 [PRO 吃完了_j-v [t_j t_i]]]]

最后我们来看一看同时含有"把"和"被"的句子。例如:

(29) a. 饭被张三把它(给)吃完了。
  b. 小偷被警察把他(给)抓走了。

两个特点。其一,施事成分必须存在;其二,"把"后面的是填位代词(它/他)(resumptive pronoun)(参 He 1990:114),它必须跟客事宾语同指,这说明它就是生成在这个位置的。这些句子是处置式和被动句的结合:

(30) a. [Op_i [饭_i 被 [张三 把 [它_i 给 [吃完了 t_i]]]]]
    [Op_i [饭_i 被 [张三 把 [它_i 吃完了_j-v [t_j t_i]]]]]
  b. [Op_i [小偷_i 被 [警察 把 [他_i 给 [抓走了 t_i]]]]]
    [Op_i [小偷_i 被 [警察 把 [他_i 抓走了_j-v [t_j t_i]]]]]

这也说明我们上面的有关分析是正确的。

11.2 使役——"使/令/让"字句

第八章讨论一元作格动词谓语(8.1.1节)和二元作格动词谓语(8.2.3节)时,以及第九章讨论作格动结式谓语(9.5节)时,我们已经分析过汉语的使役句式。要点是,现代汉语没有使役形态,即没有役格动词(causative verb);现代汉语的使役标记表现在句法之中,有"**使/令/让**"等,又称使役轻动词。例如:

(31) a. 小红 使 [大伙 笑了]。
　　 b. 他今天 让 [人 难过]。
　　 c. 这事 使 [大家 迷惑不解]。
　　 d. 他的举动 使 [我 吃惊]。

在这些句子中,使役轻动词后面是不及物谓语。但也可及物,如:

(32) a. 种族动乱 使 [这里的人民 失去了 家园]。
　　 b. 忽然听说他已被校长辞退了,这却 使 [我 觉得 有些兀突]。
　　　　(鲁迅《彷徨·孤独者》)

这些句子常称为使动句(periphrastic causatives)。不过,上面两组例子中的动词都不是作格动词,所以这些句子不能变换成不含使役轻动词的役格句(lexical causatives)(参何元建、王玲玲 2002,2003),之前又称为"谓词有使动用法"的句子(王力 1958,潘允中 1982,李佐丰 1983,刁晏斌 1997,范晓 2000)。请比较下面的例子:

(33) a. *小红 笑了 [大伙　____]。
　　 b. *他今天 难过 [人　____]。
　　 c. *这事 迷惑不解 [大家　____]。
　　 d. *他的举动 吃惊 [我　____]。

(34) a. *种族动乱 失去了 [这里的人民 ____ 家园]。
　　 b. *这却 觉得 [我 ____ 有些兀突]。

然而,如果是作格动词(或形容词)就不同了。请看:

(35) a. 一只蛐蛐 使 [两户人家　发了]。
　　 b. 罗维民的发现 使 [两个人　激动了]。
　　 c. 种种的行为 使 [自己　矛盾着、痛苦着]。
　　 d. 这些东西 使 [屋子里所有的人　兴奋了]。

(36) a. 他们 使 [两条生产线　停产了]。
　　 b. 她不能 使 [她自身 沉 到一层极深的渊底去观测她底自身]。

并请比较:

(37) a. 一只蛐蛐 发了 [两户人家 ____]。(小说家 1993.4)
     b. 罗维民的发现 激动了 [两个人 ____]。(北京晚报 1999.3.28)
     c. 种种的行为 矛盾着、痛苦着 [自己 ____]。
        (丁玲《一九三零年春上海》)
     d. 这些东西 兴奋了 [屋子里所有的人 ____]。
        (丁玲《一颗未出膛的枪弹》)

(38) a. 他们 停产了 [两条生产线 ____]。(大连电视台新闻，1993.10.28)
     b. 她不能 沉 [她自身 ____ 到一层极深的渊底去观测她底自身]。
        (柔石《二月》)

换言之，只有作格动词（或形容词）才能既出现在使动句，也出现在役格句。

这种使动句和役格句之间似乎很有规律的变换启示我们去探究它们的结构。我们在第八章 8.1.1 节、8.2.3 节以及第九章 9.4 节已经讲过，含作格动词的役格句的结构是所谓隐性使动句，即它的深层结构就是使动句，但其中的使役动词是零形式。简单来说，使动句的结构如：

(39)
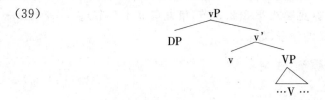

DP = 致事主语；v = 使役动词/零使役动词；V = 作格动词/其他动词。这个结构适用于上面(31)-(32)、(35)-(36)之类的句子。

如果：v = 零使役动词；V = 作格动词；那么，作格动词要移位与零使役动词结合：

(40)
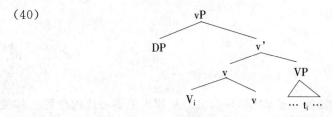

这个结构适用于上面(37)-(38)之类的句子。

最后要提到的是注意区分非施事役格句（"非施事"不等于有关名词不可以代表人）和施事役格句。前者役格句表达的使役义是非自主的(non-active)，它的致事主语没有主动地致使某种结果，或者说致事主语是独立的，比如(37)-(38)之类的例子。后者表达的使役义是自主的(active)，即跟施事有关，或者说它的致事主语是由原来要作施事的成分改作的。施事役格句看上去跟普通的宾格句差不多，但表达的语义就大不一样。例如：

(41) a. 我开了门。　　比较：我敲了门。
　　　　 我使门开了。　　　 ＊我使门敲了。
　　　 b. 水手们沉了船。　　　水手们修了船。
　　　　 水手们使船沉了。　＊水手们使船修了。
　　　 c. 我们丰富生活。　　　我们体验生活。
　　　　 我们使生活丰富。　＊我们使生活体验。
　　　 d. 学校严肃纪律。　　　学校强调纪律。
　　　　 学校使纪律严肃。　＊学校使纪律强调。
　　　　 国家繁荣市场。　　　国家调节市场。
　　　　 国家使市场繁荣。　＊国家市场调节。

左边句子表达的就是具有自主意义的使役义；而右边句子表达的仅仅是（施事型的）自主语义，但没有使役义。右边的句子是宾格结构（见第八章8.2.4节），而左边的却是施事役格句结构（见第八章8.2.3节，第九章9.4.2节）。

还要注意区分有歧义的句子，如：

(42) 我吓了他一跳。
　　　—— 故意吓他。
　　　—— 无意中吓了他，他自己因为我而吓了一跳。

"**故意吓他**"才是施事役格句的意思，而"**无意吓他**"是非施事役格句的意思。后者的致事主语是独立的，跟使动句一样：

(43) 我使[他吓了一跳]。
　　　—— 我无意中吓了他。

如是前者，结构应该是：

(44) 我$_i$ [$_{v'}$ 吓了$_j$-v [$_{vp}$ t$_i$　t$_j$　他 一 跳]

致使主语"**我**"是原来的施事主语改作的；也就是从原来施事主语的位置上移位到致使主语位置的。因为使役轻动词是零形式(v)，谓语动词也要移位与之结合。但是，受"相面豁免条件"的限制，主语移位要先于动词移位；不然，如果动词先移位，使得相面中心语(phase head)(= 零使役轻动词)词汇化，动词短语(VP)就会被输出，主语移位就不能再进行。可见，"相面豁免条件"使句法操作变得更加严谨。有关结构也请参见第八章8.1.1节、8.2.3节以及第九章9.4节。此处不赘。

11.3 结果——"得"字句

得字句的特殊语义是表示动词所表达的行为或者过程的结果。例如:

(45) a. 张三走得很累。
b. 李四哭得很伤心。

(46) a. 张三骂得李四很伤心。
b. 张三把李四(给)骂得很伤心。

这里的"**得**"是表结果补语的轻动词。但它跟迄今讲过的其他轻动词不同,如"**把**"、"**被**"、"**使**"、"**给**"等。这些轻动词是一个独立的词,但是"**得**"却是一个词缀,需要附着在一个动词后面。换言之,有语音形式的轻动词可以是一个独立的词,也可能是一个词缀;零形式的轻动词一律是词缀。

之前的研究认为"**得**"是由动词虚化而来,在现代汉语中成了词缀,但主要是从对句子语义的理解出发来论证,缺乏句法方面的具体证据(杨建国 1959、祝敏彻 1960、岳俊法 1984)。汉语生成语法学者起初把"**得**"看成标句词(如 Hashimoto 1971;C.-T. James Huang 1982;Y.-H. A. Li 1985);后来又重新把它处理成动词的后缀,但也没有提供证据,也没有说"V-**得**"形式是如何组成的(C. Ross 1983;C.-T. James Huang 1988;Y.-H. A. Li 1990;汤廷池 1992c)。何元建(He 1990)为此提供了证据。请观察:

(47) a. 张三骂[得李四很伤心],骂[得王五很难过]。
b. *张三骂[得李四很伤心],____[得王五很难过]。

(48) a. 张三骂[得李四很伤心],打[得李四很伤心]。
b. *张三骂____、打[得李四很伤心]。

如果"**得**"是标句词,主句动词跟"**得**"不属于同一个结构成分(constituent),动词可以省略。另外,"**得**"后面应该是一个从句,两者同属一个结构成分,可以一起省略。但是,(48)(b)显示主句动词不能省略;(49)(b)显示"**得**"与后面的从句不能一起省略。这说明"**得**"不是标句词。

相反,英语中的典型标句词,如"that",是可以跟从句一起省略的;而且主句动词也是可以省略的。请比较下面的英文句子:

(49) a. John said [that Paul is foolish] and said [that Ali is stupid].
b. John said [that Paul is foolish] and ____ [that Ali is stupid].
(张三说李四傻,王五蠢)

(50) a. John said [that Ali is stupid] and believed [that Ali is stupid].
　　 b. John said ____ and believed [that Ali is stupid].
　　（张三说而且相信李四蠢）

(49)(b)显示主句动词省略；(50)(b)显示"that"与后面的从句一起省略。这说明英语的"that"的确是标句词。相对而论，汉语的"得"不可能是标句词。

另外，如果"得"是标句词，它后面的名词成分就应该是从句的主语，可以跟主句主语共指（co-referential）。但是这个名词成分不可能是从句的主语。请观察：

(51)　张三$_i$　骂得他$_j$　很伤心。

(52)　张三$_i$　觉得他$_{i/j}$　很伤心。

(51)中的"他"不能复指"张三"，而(52)中的"他"可以复指"张三"。这说明前者受"张三"的统制（c-command），而后者不受"张三"的统制。这是根据"乙种约束条件"(Binding Condition B; Chomsky 1981:188)做出的判断。该条件要求代词不受先行词的统制。反之，如果代词不能复指某名词，那一定是受该名词的统制。因此，(52)的"他"应该是后面从句的主语；相对而言，(51)中的"他"不可能是从句的主语，应该是谓语动词的宾语。

根据以上，"得"肯定不是标句词。接下来的问题是，如果它是动词后缀，那么，"V-得"形式是如何组成的？笔者之前提出来，"得"是表示"结果"这一语法范畴的轻动词（见沈阳、何元建、顾阳 2001，第三章）。具体来说，"V-得"形式是由动词移位形成的并入结构。是跟"得"字句的谓语的功能有密切关系。这样我们把"得"处理成轻动词。以上文中的(45)(a)为例：

(53)

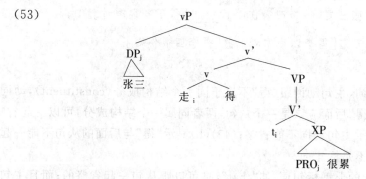

"得"是词缀，不能单独存在，所以谓语动词移位与之结合成一体。

如果谓语动词带了宾语,以(46)(a)为例,我们则有:

(54)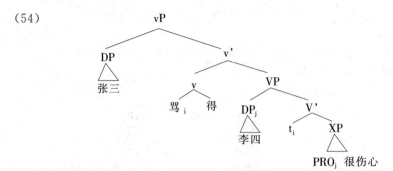

这里把"**得**"处理成了轻动词,由此解释了之前的研究没有解答的"V-**得**"是如何在句法中生成的这个问题。

值得指出的是,有时候"**得**"后面的名词成分并不是谓语动词的宾语,如:

(55) a. 他笑得眼泪都出来了。
　　　b. 他哭得手帕都湿了。

这时,我们认为"**得**"后面的名词成分是在从句当中,即上面(55)那样的结构。例:

(56)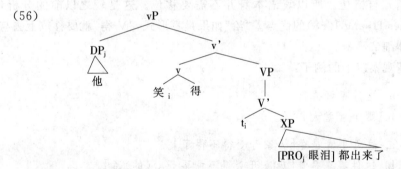

虚代词(PRO)作定语,相当于"**他的**"。

现在来看进入把字句的"**得**"。以上文中(46)(b)为例:

(57)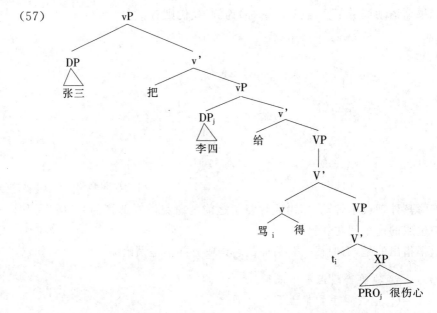

谓语动词的宾语生成在使成轻动词"**给**"的限定语位,当谓语动词移位之后,就可以向其指派题元与格位。所以宾语本身并不需要移位。这是较之以前的分析(如 C.-T. James Huang 1988)的优点。"**给**"如果是零形式,"V-**得**"就要移位上去与之结合。具体细节不赘。

最后请观察以下的例子:

(58) a. 这件事好得很。
b. 那个食堂大得很。

(59) a. 这件事真是令[大家开心得不得了]。
b. 这件事真是让[大家开心得不能再开心(的)了]。

这些是在口语中常常听到的。(58)的结构很简单,如:[**这件事**[**好**$_i$-**得**[**很** t$_i$]]]。形容词移位之后,留下副词"**很**"在句末。而(59)是使动句(参见 11.2 节),其中的从句是不带宾语的"**得**"字结构:

(60)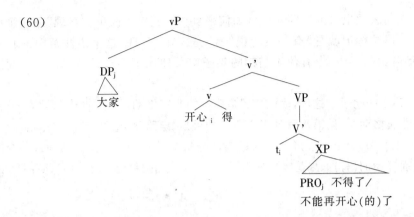

"不得了、不能再开心(的)了"的结构与这里的讨论无关,可另行研究。总之,"**得**"就是汉语中表达谓语动词行为或者过程的轻动词,形式上属于词缀,需要跟谓语动词结合成一体才符合语法。

最后要提到"他的老师当得好/他的球打得好/他的字写得好"这类句子。这是重动句的变体,即"他当老师当得好/他打球打得好/他写字写得好"这样的句子的变体。见下一章 12.2 节的讨论。

11.4 存现 ——"有"字句

存现即存在或者出现(或消失)。同一类的存现句有的用了"**有**",有的却不用,而且语序也不尽相同。如:

(61) a. 来了/走了(一位)客人。
   b. 客人来了/走了。
   c. 有(一位)客人来了/走了。

这里,我们认为"**有**"是表示存现的语法标记(除了用作体貌词之外,见第十章 10.2 节)。再如:

(62) a. 有几个同学在教室里。
   b. 教室里有几个同学(在)。
   c. (在)教室里有几个同学。

(63) a. 跑进屋里来一条狗。
   b. 屋里跑进来一条狗。
   c. 跑了一条狗进屋里来。
   d. 有一条狗跑进屋里来。

问题是,存现句表现出来的不同语序该如何来解释?其实很简单,"存现"是一个语法范畴,它的语法标记就是"有";或者说"有"是表达"存现"这个语法范畴的轻动词。在上面各组句子中,没有使用"有"的句子就是使用了零形式的"有"。下面逐一来看。

先看(61)中的句子。这里,动词"来"是典型的非宾格动词;动词"走"是"离开"的意思,也是非宾格动词(见第八章 8.1.3 节)(如果是"走路"的意思,就是非作格动词;见第八章 8.1.2 节)。下面仅以动词"来"为例分析有关句子。非宾格动词带一个客事宾语,存现轻动词(有)如果是零形式,动词就要移位与之结合,得到(61)(a):

(64)

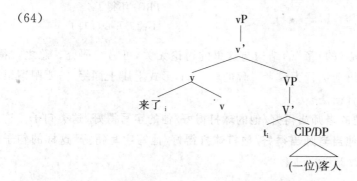

是量词短语(ClP)还是限定词短语(DP),取决于说话人对有关名词性成分的指称的理解(见第五章)。如果将宾语移位到动词之前,就得到(61)(b):

(65)

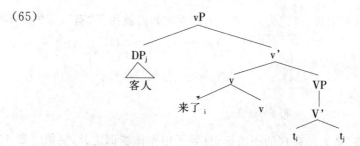

注意,宾语必须先于动词移位,否则违反"相面豁免条件"。移了位的宾语只能是限定词短语(DP),而不能是名词短语(NP)。这是因为移位的名词性成分要约束自己的语迹(= 反身代词);这就要求移位的名词性成分必须有指称;符合这要求的只有限定词短语,而名词短语没有指称(见第五章 5.5.2 节)。

如果以上结构中的存现轻动词不是零形式,而是实词"有",那么,由于受到"相面豁免条件"的限制,宾语就不能移位,如要它出现在动词之前,就只能生成在动词的标定语位。如此就得到(61)(c):

(66)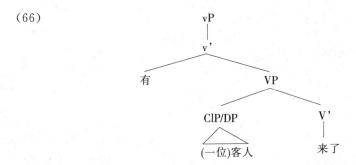

以上分析为存现句的结构奠定了基础。

现在看(62)中的句子。这些句子看起来似乎简单,其实涉及的生成过程并非如此。首先要确定"**在**"的语法范畴。如果说它是介词,似乎可以解释"**有几个同学[在教室里]**"这样的句子;可是,当我们说"**[教室里]有几个同学在**"之时,这个"**在**"就是介词悬空。而我们知道汉语并不允许介词悬空。所以,这个"**在**"应该是动词,准确地说是存在动词(existential verb),属于非作格类动词,它带一个当事主语,一个处所补语。但是,由于动词"**在**"跟介词"**在**"同音,理论上需要解决二者同时出现的问题。陈重瑜(Chen 1978)提出同音删减原则来解决汉语中的同类现象。对此可以这样来理解:同音删减可以通过结构并入(incorporation)(Baker 1988; Hale & Keyser 1993)来实现。已知非作格类动词是通过结构并入来形成的(这便是 Hale & Keyser 的观点;也见第八章 8.1.2 节)。那么,设动词"**在**"是通过介词"**在**"并入形成的。即:

(67)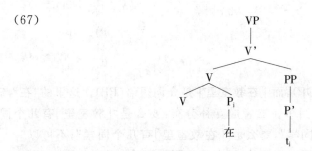

[$_v$ V [$_P$ **在**]] 就是动词"**在**"在句法中的形式。或者说,动词本来是零形式(相当于黏着语素),介词并入之后才获得实词形式。

这样,只需将有关结构理解成这种形式即可。拿(62)(a)为例:

(68)

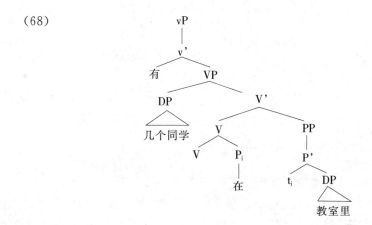

如果处所短语要出现在"有"之前,比如(62)(b)-(62)(c)句,那么就是直接生成在那里的。即：

(69)

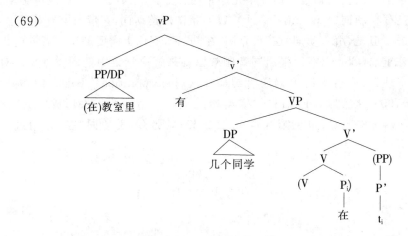

[教室里]是限定词短语(DP),而[在教室里]是介词短语(PP)。这里的"在"与充当动词补语的"在"不是一回事。二者成互补分布：要么是"[教室里]有几个同学在"或者"[教室里]有几个同学",要么是"[在教室里]有几个同学";不可以"*[在教室里]有几个同学在"。原因很简单,没有进行同音删减。为达此目的,其中一个音必须不出现。如果是介词短语(PP)中的"在"不出现,我们就得到限定词短语(DP);如果是充当动词补语的"在"不出现,动词就是零形式,到了语音形式库之后就会被删除。

最后来看(63)中的句子。第八章8.1.3节讲过,动词"跑"如果是"逃跑"的意思,就是非宾格动词;而如果是"跑步"的意思,就是非作格动词(见8.1.2节)。另外,第八章8.1.3节又讲过,假如非作格动词跟趋向动词一起用,就有非宾格动词的功能,可以表示存现的语义。(63)中的"跑"就是如此。本来,"狗跑"就是"狗在跑步"之意,"跑"应该是非作格动词;但因为跟趋向动词(**进**、**来**、**进来**)一起用,就获得了非宾格动词的功能,表达存现之语义。先看动趋式的结构:

(70)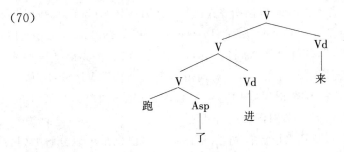

动趋式结构的生成原则与过程请见第七章 7.0.2 节。(63)(a)的结构如下:

(71)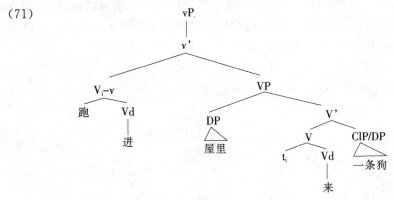

v = 零形式的"**有**"。如果在"v' ⇒ vP"(v' 投射成 vP)的阶段,处所短语直接生成在轻动词短语(vP)的标定语位,就得到(63)(b):

(72)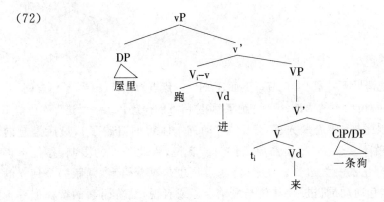

现在看(62)(c),其中的存现轻动词仍然是零形式;但是,宾语要出现在动词与处所短语之间,而且有一个趋向动词(**来**)出现在句末。这是如何做到的呢?我们知道,曾经有研究者提出,在有呼应标记(agreement marker)的语言中(如英语),呼应标记要投射成所谓的"呼应短语"(AgrP)(Belletti 1990;Pollock 1989,1997;Chomsky 1991,1993)。而且,管动词跟宾语之间呼应的叫"宾语呼应短语"(AgrOP),要置于分解后的 VP 里边,称为"动词短语分裂假说"(Split-VP Hypothesis)(Koizumi 1995;McCloskey 1997;Boskovic 1997;Haegeman 1997a,1997b;Radford 1997a,1997b)。所谓"分裂",即分解之意,即将动词短语一分为二,将宾语呼应短语置于其中。其实,分解动词短语早在提出的"动词短语套组结构"(VP-Shell)假说时就已经做到了,并成为分析复杂谓语结构的基本结构(Pollock 1989,1997;Chomsky 1991,1993;也见第八章 8.2 节对汉语的分析)。

　　沿着这个思路我们回到汉语。首先,汉语的动词短语也是可以分解的(见第八章 8.2 节的讨论)。另外,汉语虽然不是呼应语言,没有所谓的呼应短语,但却可以有其他短语置于分解后的动词短语套组结构之中。于是笔者之前提出,焦点短语(FocP)可以置于分解后的动词短语套组结构之中(参何元建 2000b),使能解决(63)(c)这样的句子结构。例如:

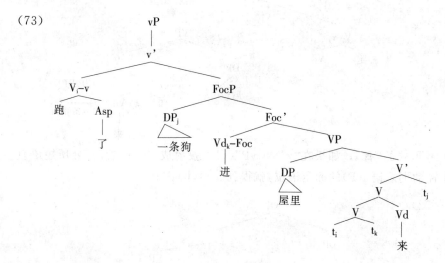

(73)

　　有关焦点的讨论请见下一章 12.0 节。上面,FocP = 焦点短语;Foc = 零焦点词 = 轻动词;t_i = 宾语移位留下的语迹;t_j = "跑了"移位留下的语迹;t_k = "进"移位留下的语迹。移位的顺序是:宾语最先移,然后是"动词—体貌词"(**跑了**),最后是趋向动词(**进**)。这样就不会违反"相面豁免条件";或者说,受此条件的限制,移位不再是随意的。这是理论的一大进步。注意,零焦点词也是黏着语素,须跟一个独立的词相结合。所以,趋向动词(**进**)要移位与之结合。或者说,黏着语素的特征似乎正好圆满地解释了这类句子中如此复杂的语序。让词汇特征主导句法结构的生成过程,正是 Chomsky(1991,1993)提出"最简理论"的初衷,以修正之前理论系统存在的一些随意性;"相面豁免条件"(Chomsky 2001)又进一步对句法结构的生成过程加以限制,使更严谨。

如果(73)中的存现轻动词(v)不是零形式,那么就得到(63)(d)中的句子：

(74)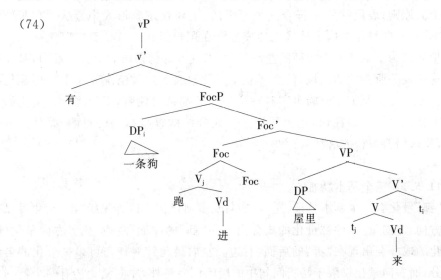

移位顺序不赘。注意两点。一、焦点短语(FocP)自身生成好了之后才去跟"**有**"组合,所以符合"相面豁免条件";二、"**有**"和"**了**"成互补分布,请比较(70)与(71);后者不能用"**了**": *有一条狗跑了进屋里来。这说明,除了表达存现功能之外,"**有**"仍然保留其基本的体貌功能。但是,"**有**"是自由语素,可以单独使用;"**了**"是黏着语素,须跟在动词后(也见第七章 7.0.1 节)。

11.5 量化 ——"都"字句

量化(quantification)是自然语言中最常见的现象之一。指有量化功能的词语对另外一些成分进行修饰,引起有关成分在可数或者计量方面的"数"或"量"发生变化。量化的语义范畴比较复杂。有全称量化(universal quantification),也有存在(= 个体或部分)量化(existential quantification)。全称量化又包括正值量化(positive polarization),如"**全部人**"、"**每个人**"、"**任何人**",以及或者负值量化(negative polarization),如"**没(有)人**"、"**无人**"。存在量化的例子如"**有些人**"、"**一些人**"、"**几个人**"、"**一个人**"等等。

"**都**"传统上是副词,具全称量化功能。之前对"**都**"量化的研究很多,涉及语义范畴、话语功能和句子结构,但对结构的讨论最少,未能解决一个最根本的问题,即将"**都**"量化三个基本特征——左向、右向及多项量化——都一并涵盖在内,同时要做到结构简单清晰,使语义与成分结构直接挂钩。因此,本节对"**都**"量化结构进行再调查,将"都"处理成有量化功能的轻动词,被量化的成分必须出现在它左侧的标定语位置,以进入量化辖域。大部分"都"字句属于左向量化,其表层结构就已经符合这个大原则;表层结构不符合这个原则的,也要在逻辑形式中遵从。有两种情况。其一,右向量化结构中被量化的成分要在逻辑形式中移位至"都"之前;其二,左向量化结构中虽然处于"都"的左侧、但并未进入量化辖域的成分,"都"自身要移位至这个成分所在的结构域,使后者获得量化语义。这种情况发生于多项量化结构中。上述分析原则在经验事实和理论两方面都站得住脚,不但将"都"量化的三个基本特征一并涵盖在内,达到了语义与成分结构直接挂钩的目的,而且简单清晰,有反映语言习得的潜在可行性。

11.5.1 三个基本特征

"都"量化有三个基本特征:左向、右向及多项量化。这首先指"都"量化可以有两个方向:左向量化,即被量化的成分出现在"都"的前面/左边;或者右向量化,即被量化的成分会出现在"都"的后面/右边。左向量化针对任何可以被量化的名词性成分,而右向量化仅限于特指问句中的疑问词。另外,左向量化还有一个特别之处:被"都"量化的成分可以不止一个,这就是多项量化结构。下面先看一般左向量化的例子,然后看多项量化的例子,最后看右向量化的例子。

（一）左向量化结构。被量化的成分有若干特点。一、总括同一句子成分（如主语、宾语或者状语）中的几个项。例如:

(75)　a. 姐姐、哥哥、弟弟都是大学生。总括主语
　　　b. 我北京、上海、广州都去过。总括宾语
　　　c. 他前天、昨天都去钓鱼去了。总括状语
　　　d. 他在北美、欧洲都住过。
　　　e. 她对政治、经济都没有兴趣。

二、被量化的成分可以是可数的,如:

(76)　a. 学生们都来了。
　　　b. 老师们都兴高采烈的样子。
　　　c. 街道都张灯结彩,喜气洋洋。

也可以是不可数的,如:

(77)　a. 群众都离开了。
　　　b. 牛奶都坏了。
　　　c. 水土都流失了。

三、被量化的成分本身也可以同时受全称限量词的修饰。如：

(78)　a. 每个同学都来了。
　　　b. 每一条街道都张灯结彩。
　　　c. 每一瓶牛奶都坏了。

四、被量化的成分本身也可以受数词和限量词的修饰。如：

(79)　a. 四十个同学都来了。
　　　b. 附近几条街道都张灯结彩。
　　　c. 两瓶牛奶都坏了。

"都"自己也可以受全称副词的修饰。如：

(80)　a. 学生们(全)都来了。
　　　b. 牛奶(全)都坏了。
　　　c. 街道(一律)都张灯结彩。

五、被量化的成分除了充当主语之外，如上面的例子，还可以是状语。如：

(81)　a. 老李每天都骑车上班。
　　　b. 他这几天都去钓鱼去了。
　　　c. 学生每堵墙上都贴满了海报。

状语也可以出现在句首，照样受到量化：

(82)　a. 每天老李都骑车上班。
　　　b. 这几天他都去钓鱼去了。
　　　c. 每堵墙上学生都贴满了海报。

介词短语充当状语时，被量化的成分是介词宾语；如果出现在句首，介词可以不出现。例如：

(83)　a. 他对全世界的事都感兴趣。/全世界的事他都感兴趣。
　　　b. 他在每个地方都活得挺好。/每个地方他都活得挺好。

六、被量化的成分如果是宾语，就要出现在动词之前。如：

(84)　a. 他这些书都看过。/这些书，他都看过。
　　　b. 我这些地方都去过。/这些地方，我都去过。

七、被量化的成分也可以是虚用的疑问词。如：

(85) a. 今天谁都可以来。/谁今天都可以来。
   b. 我哪儿都不去。/哪儿我都不去。
   c. 儿子在哪儿都摆满了玩具。/哪儿儿子都摆满了玩具。
   d. 她什么时候都在忙。/什么时候她都在忙。
   e. 他怎么都不肯。/怎么他都不肯。
   f. 你买多少都行。

这里的疑问词相当于无定代词：**谁 ＝ 任何人**，**哪儿 ＝ 任何地方**，**什么时候 ＝ 无论何时**，**怎么 ＝ 无论如何**，**多少 ＝ 任何数量**。

（二）多项量化结构。在左向量化结构中，如果被"**都**"量化的成分不止一个，就是多项量化。被量化的成分可以是两项。例如：

(86) a. [我们][作业]都做完了。主语—宾语
    比较：我[作业]都做完了。
   b. [我们][每天]都去钓鱼。主语—状语
    比较：我[每天]都去钓鱼。

(87) a. [作业][我们]都做完了。话题—主语
    比较：[作业]我都做完了。
   b. [每天][我们]都去钓鱼。
    比较：[每天]我都去钓鱼。
   c. [这些书]我[每天]都看。话题—状语

(88) a. 我[这些书][每天]都看。次话题—状语
   b. 我[每天][这些书]都看。状语—次话题

(89) a. [这些书][每天]我都看。双话题
   b. [每天][这些书]我都看。

也可以是三项。例如：①

(90) a. [我们][这些地方][每年]都去一次。主语—次话题—状语
   b. [你们][这三本书][每天]都看一遍。
   c. [我们][每年][这些地方]都去一次。主语—状语？—次话题
   d. [你们][每天][这三本书]都看一遍。

---

① 董秀芳(2006)观察到许多情况下多项中只有一项被量化。我们咨询过的说话人中有一些人也拿不准是否三个成分都被量化了，尤其是主语。理论上这可能是"**都**"的量化域并未达至每一个被量化的成分。

e. [这些地方][我们][每年]都去一次。话题—主语—状语
f. [这三本书][你们][每天]都看一遍。
g. [这些地方][每年][我们]都去一次。双话题—主语
h. [这三本书][每天][你们]都看一遍。

一般来说,状语不能出现在次话题之前,如"她[这些痛苦]都默默地忍受过;*她默默地[这些痛苦]都忍受过"。但是,上面例子中被量化的状语却可以出现在次话题之前。所以,量化结构一定有其特殊的地方。

(三) 右向量化结构。上文(86)中我们观察到,当疑问词出现在"都"的左侧,前者的功能一定是虚用,相当于无定代词。与此相反,疑问词要是出现在"都"的右侧,它就保留疑问功能,同时接受"都"的量化。这就是右向量化结构。例如:①

(91) a. 今天都谁来开会了?
b. 会上都有哪些人?
c. 你暑假准备都干些什么?
d. 我都该怎么念普通话的四个声调?
e. 你都在哪些日子去打高尔夫?
f. 你都在哪些地方加汽油?
g. 你都对谁说过这件事?
h. 你知道老张今天都买了多少股票?

汉语疑问词有所谓的"本位"(in situ)特征,无须出现在问句句首就可以获得疑问语义的辖域。那么,接受"都"量化时,这个特征维持不变。假如问句中疑问词要出现在"都"之前,它马上就有了虚用功能,而且可能还有歧义。例如:

(92) a. 你暑假准备都做点什么?　　什么 = 疑问
b. 我暑假准备什么都做(一点)。　什么 = 虚用
　　我暑假什么准备都做(一点)。
　　什么我暑假准备都做(一点)。

(93) a. 今天都谁来过?　　　　　　谁 = 疑问
　　都谁今天来过?
b. 今天谁都来过。/?　　　　　谁 = 虚用或者疑问②
　　谁今天都来过。/?

加上疑问语气词"呢"或者"吗",歧义就消除了。比如"今天谁都来过呢"和"今天谁

---

① 部分例子摘自李晓琪等(2003:64)。
② 注意,疑问词虚用时也可以是问句。

都来过吗"。但是,含"呢"的句子,疑问词表示疑问,而含"吗"的句子,疑问词是虚用。这说明歧义代表着不同的深层结构。对目前的讨论而言,最重要的一点是,在接受"都"量化时,疑问词的疑问功能与虚用功能在句法结构上成互补分布:右向量化 = 疑问,左向量化 = 虚用(或者疑问),形成最小结构对照。这个最小结构对照是下文我们分析"都"量化结构的一条重要的依据。

11.5.2 "都"字句的结构

任何对"都"量化的研究都要将其三个基本特征——多项量化、左向量化以及右向量化——结合起来一起分析,否则不足以解决问题。王士元的研究(W. Wang 1967)恐怕是开先河的第一人。他建议将"都"看成是连词,连接 n 个深层句子,以表示多项量化。这就离开了将"都"划为副词的传统(参 Y. R. Chao 1968, Alleton 1972, 朱德熙 1982, 马真 2004)。黄正德(C.-T. James Huang 1983)对"都"逻辑形式的研究,黄诗哲(S. Huang 1996)、林若望(Lin 1996, 1997, 1998)对其量化范畴做的形式语义学的分析也很有特色,但却未对"都"字句内部结构作深入讨论。这方面,李行德(Lee 1986)、何元建(He 1990)、郑礼珊(L. Cheng 1995)的研究都有涉及,而且大同小异,都认为"都"是量化词(quantifier),也许还有约束词作用;邱慧君(Chiu 1993)提出"都"还可以浮动(floating),颇为独特与深刻(见下文的讨论)。李艳惠(Y.-H. A. Li 1992)在讨论"都"量化虚用疑问词时,是将它处理成允准词,预设它统制(c-command)被虚用的成分。侯炎尧(Hou 1983)、李洁(J. Li 1995)、张宁(N. Zhang 1997a)也是将"都"处理成全称数量词,对被量化的成分有允准作用或者约束关系。

但是,现存的研究并没有提出一个结构上清晰简单、能够涵盖三个基本特征的的分析。本书的立场是,句子的语义要跟成分结构直接挂钩,否则没有经验基础。"都"的量化结构不但要将三个基本特征一并涵盖在内,而且应该简单清晰。假如结构复杂抽象不已,那么儿童如何学得会?虽然句法分析不一定能够直接反映语言习得,但至少应该有这方面的考虑。

首先是"都"的语法范畴。它的句法特征并不像副词。虽然跟副词一样,"都"也要出现在动词之前,但这一点并不能成为它是副词的依据。其一,"都"一定要跟被它量化的成分一起出现,组成一个短语;但副词并没有一个一定要跟它在一起组成短语的成分。其二,两个副词一般可以互换位置,如**高兴地、满意地去了北京;满意地、高兴地去了北京**"(描写性副词),"刚刚才来;才刚刚来"(限制性副词)。但"都"短语不能和副词互换位置,如"她[这些都]默默忍受了;*她默默[这些都]忍受了",或者"她[这些都]刚刚听说;*她刚刚[这些都]听说"。其三,"都"可以出现在情态词之前,如"你们都能/必须/可以/要做到";但描写性副词不可以,如"*你们仔细地能/必须/可以/要做到";限制性副词也不一定可以,如"你们刚刚能/可以/要做到这一点, * 你们刚刚必须做到"。

将"都"处理成全称数量词同样缺少句法依据。的确,"都"具有全称量化功能,但跟典型的全称数量词相比较,如"每",句法特征迥异。全称数量词属限量词范畴,只能出现在被量化的成分之前。与此相反,"都"要出现在被量化的成分之后(右向量化除外,但在逻辑形式中也是一样的,见下文)。所以应该跳过全称数量词和副词的理念来看待"都"。其实,既然它能出现在情态词或动词之前,说明它具有语法范畴词的特征。我们建议将它看成是量化轻动词,被量化的成分必须出现在它左侧的标定语位置。

先看左向量化结构。前文(76)-(85)中我们观察到,被量化的成分本身可以有若干特点,比如总括同一句子成分中几项、可数、不可数、受数量词的修饰,等等。但就"都"量化的整体结构而言,最重要的是被量化成分跟"都"的相对结构位置。就此而言,被量化的成分无一例外须出现在"都"的左侧/之前。主语量化最简单(为节省篇幅,不演示无关的结构部分),我们有:①

(94)
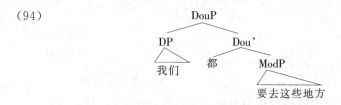

DouP = 量化轻动词短语,"都"是它的中心语(head)。ModP = 情态词短语(含谓语动词短语),它是"都"的补足语。重要的是,被量化的成分处于"都"的标定语位置,这种[标定语,中心语]的关系是界定"都"量化辖域的结构条件,是我们理解"都"的全称量化功能的结构基础;"都"对被量化成分的允准作用(见上引文献),也应该这样来理解。理论上,因为"都"短语(DouP)可以处于情态词之上,它就是语法范畴短语(IP)分解出来的成分。主语直接生成在标定语位置,接受量化,动词透过上域结构向主语指派题元和格位。②

如要量化宾语或者状语,"都"短语(DouP)处于 IP 与 VP 之间。如:

---

① "都"要投射成独立的短语(DouP)最早见于邱慧君(Chiu,1993)。其他研究也这样提过(如 Y.-H. A. Li 1992,Lin 1996,X. Li 1997,Wu 1999a等),尽管有不同的名称。

② 这是可能的,因为"都"短语处于情态词之上,也不属于一个相面(phase),不受"相面豁免条件"(PIC, Chomsky 2001)的限制。至于主语是否先生成在动词短语再移位至"都"短语(DouP)的标定语位,这不但不经济,对目前的讨论也并不重要。

(95)

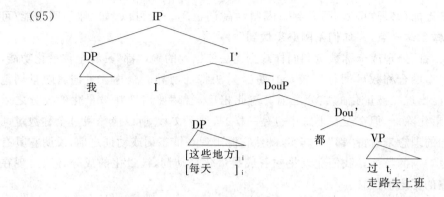

宾语本来生成在动词之后，接受格位和题元之后移位至"都"短语（DouP）的标定语位置，接受量化。而状语直接生成在"都"短语（DouP）的标定语位置接受量化。已经被量化的成分也可以移位至句首作话题：

(96)

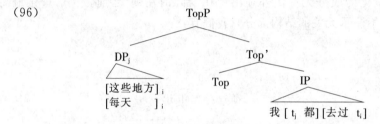

表面上，"都"看上去似乎可以透过主语去量化句首的话题成分，其实不是。

其他左向量化的例子大同小异，不再一一作演示。比如介词短语（PP）作状语，见上文例（83），它直接生成在"都"短语（DouP）的标定语位，同（96）。整个介词短语可以移位至句首作话题，或者介词宾语移位至句首作话题，留下的介词稍后于结构输入到语音形式库时被删除（参 He 2007）。比如：

(97) a. [我 [DouP [PP 对 [DP 这些事]] 都] 见惯了]
　　 b. [[PP 对 [DP 这些事]]_i [我 [DouP t_i 都] 见惯了]]
　　 c. [[DP 这些事]_i [我 [DouP [PP 对 t_i] 都] 见惯了]]
　　 d. [[DP 这些事]_i [我 [DouP [PP t_i] 都] 见惯了]]

如果句法衍生出来的是(c)，那么(d)就是语音形式库经过删除的结构。这就是为什么汉语句首的介词为可选的原因。①

左向量化的真正特殊之处是多项量化结构,如前文(86)-(90)。这里,光表层结构不足以实现量化语义,还需要逻辑形式的帮助。在所有这些结构中,不管它是两项还是三项量化,宾语、状语的量化可以在表层结构实现,但主语的量化是在逻辑形式实现的。具体来说,在表层结构中,如果是两项量化,宾语或状语处于"都"短语中,但主语并没有;如果是三项量化,宾语和状语处于"都"短语中,但主语也没有。因此,"都"要在逻辑形式中移位至主语的结构域(domain),使后者进入"都"的量化域(scope),从而获得量化语义。

先看两项量化结构,如(86)(a)-(b),被量化的是主语和宾语:

(98)　表层结构:　[IP 我们 I [DouP 作业 都] 做完了]]
　　　　　　　　　[IP 我们 I [DouP 每天 都] 去钓鱼]]

　　　逻辑形式:　[IP 我们 I-都$_i$ [DouP 作业 t_i] 做完了]]
　　　　　　　　　[IP 我们 I-都$_i$ [DouP 每天 t_i] 去钓鱼]]

表层结构中,宾语已经在"都"短语中获得量化,但主语处于语法范畴词短语(IP)的标定语位,不在"都"的量化域之内;而在逻辑形式中,"都"移位至"I",组成中心语结构,使主语进入它的量化域,获得量化语义。

三项量化的结构也一样。不同的是,宾语和状语都处于"都"短语中,组成域外附加语结构。先看(90)(a)-(b):②

(99)　表层结构:[IP 我们 I [DouP 这些地方 [DouP 每年 都]] 去]]
　　　　　　　　[IP 你们 I [DouP 这三本书 [DouP 每天 都]] 看]]
　　　逻辑形式:[IP 我们 I-都$_i$ [DouP 这些地方 [DouP 每年 t_i]] 去]]
　　　　　　　　[IP 你们 I-都$_i$ [DouP 这三本书 [DouP 每天 t_i]] 看]]

衍生程序上,宾语先从动词后移位至域内标定语位置,然后状语直接生成在域外标定语的位置。再看(90)(c)-(d):

---

① 一些特殊结构,比如"把"字宾语被量化的情况,也是在上述原则之下来处理。"把"是处置轻动词,在非量化的结构中,动词短语(VP)是"把"的补足语,宾语处于 VP 的标定语位,即 [vP 把 [VP DP V]]。而在量化结构中,"都"短语(DouP)是"把"的补足语,动词短语(VP)是"都"的补足语,宾语移位至"都"的标定语位,即 [vP 把 [DouP DP$_i$　都 [vP V t_i]]]。宾语跟主语不同,宾语必须生成在动词短语中,在动词之后作补足语是基本语序,在动词之前作标定语是变体,视结构而定。在"把"字句中,宾语生成在动词标定语位,省去移位,结构更为经济。而在"都"字句中,移位不可避免,于是生成在补足语位。

② 域外附加语结构,即[XP YP [XP WP X …]],可以使中心语多可以容纳一个标定语(YP = 域外标定语,WP = 域内标定语),中心语与两个标定语的结构关系相同(Chomsky 1986b)。

(100) 表层结构：[$_{IP}$我们 I [$_{DouP}$ 每年 [$_{DouP}$ 这些地方 都]] 去]]
　　　　　　　　[$_{IP}$你们 I [$_{DouP}$ 每天 [$_{DouP}$ 这三本书 都]] 看]]
　　　逻辑形式：[$_{IP}$我们 I-都$_i$ [$_{DouP}$ 每年 [$_{DouP}$ 这些地方 t$_i$]] 去]]
　　　　　　　　[$_{IP}$你们 I-都$_i$ [$_{DouP}$ 每天 [$_{DouP}$ 这三本书 t$_i$]] 看]]

这里，衍生程序变了一下，状语先生成在域内标定语位置，然后宾语从动词后移位至域外标定语位置。注意，前文中曾提到状语一般不可以出现在做宾语的次话题之前，但在"都"量化结构中却可以。究其原因，正是因为状语指直接生成在"都"短语中之的。

　　至于(90)(e)-(f)或者(90)(g)-(h)中的句子，其宾语或者状语，甚至于二者一起，移位至句首作了话题。这时，宾语、状语是已经被量化的成分；主语的量化仍然来自逻辑形式中"都"的移位。重要的是，在多项量化的结构中，宾语或者状语会首先占据"都"的量化域，而主语无一例外地要出现在"都"的上域。因此，如要量化主语，"都"必须在逻辑形式中移位。这是汉语的语序特征使然。"都"作为逻辑运算子(C.-T. James Huang 1983)或者浮动量化词的概念(如 Chiu 1993)，应该这样来理解。①

　　最后我们来看右向量化结构，如上文(91)中的例子所示。这里，被量化的成分是特指问句的疑问词，它出现在"都"的右侧/之后。按照以上对"都"量化结构的分析，"都"的量化域在它的标定语位置。那么，如要接受量化，这些被量化的疑问词一定是在逻辑形式中移位到了"都"的标定语位置。这样来推断的理由很简单，已知"都"量化绝大多数都是左向的，唯一的例外是问句的疑问词。究其原因，是疑问词本身的疑问功能与虚用功能对立使然。两种功能都可以被量化，但结构上却形成互补分布：疑问与虚用的对立变成"疑问右向量化"与"虚用左向量化"的对立，见上文例(92)-(93)。换言之，右向量化是有条件的，必须跟左向量化形成语义功能的对照。即，疑问词左向量化 = 常态 = 虚用，疑问词右向量化 = 例外 = 疑问，后者形成了句法和语义之间的不对称。一方面，被量化成分要出现在"都"的左侧，另一方面，疑问功能则要求被量化的疑问词出现在"都"的右侧。如何解决这个矛盾呢？很简单。在表层结构中，疑问词出现在"都"的右侧，造成似乎是"右向量化"的假象；但在逻辑形式中，疑问词实际上出现在"都"的左侧，接受左向量化，只不过我们看不见而已。

　　先看表层结构。拿疑问词作主语来演示：

---

① 379页注①说过，说话人对三项量化中的主语是否被量化感觉不一。理论上，说话人觉得主语没有量化时，是因为"都"没有移位至主语的结构域(domain)。

(101)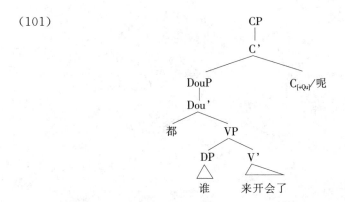

这是"读"出来的表层句法结构,即语音形式。在逻辑形式中,疑问词移位到"都"的标定语位,接受量化:

(102)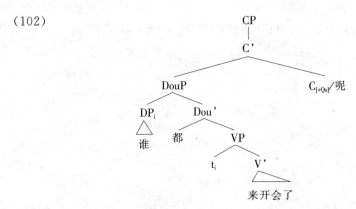

语义上,逻辑形式表示句子的主语"**谁**"是被"**都**"量化的成分,即"X = **所有来开会的人**",那么,"X **是谁**"。在北方话中,既可以说"**都谁来开会了(呢)**",也可以说"**谁都来开会了(呢)**"。不管"呢"是否出现,前者都是问句,没有歧义。而后者只在"**呢**"出现时才是问句;"**呢**"如果不出现,句子就有歧义,既作问句解,也作虚用解,或者说有问句和虚用的两种深层结构。如是问句结构,它的标句词可以是实词(呢),也可以是零形式($C_{[+Qu]}$)。

再看一看疑问词作宾语的例子:

(103)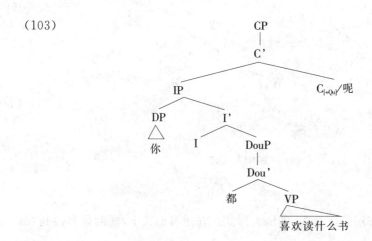

同上，这是"读"出来的表层结构（即语音形式），作宾语的疑问词短语处于"**都**"的右侧；而在逻辑形式中，疑问词短语移位到"都"的标定语位，接受量化：

(104)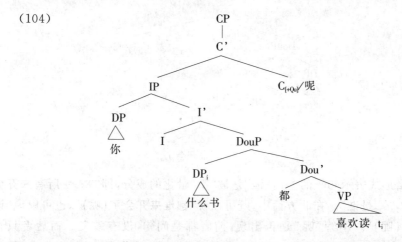

语义上，逻辑形式表示宾语是被"都"量化的成分，即"X = **你所有喜欢读的书**"，那么，"X 是什么？"也就说，不管疑问词充当主语还是宾语，在逻辑形式中都要移位到"**都**"短语（DouP）的标定语位。疑问词充当状语时也是一样，疑问词也要移到这个位置。例子不赘。

汉语疑问词没有形态变化，其疑问与虚用功能需要在句法结构中来分辨。当疑问词接受"**都**"量化时，疑问与虚用功能就分别表现为两个表层方向：右向与左向。而在有些语言里，这两种功能可以分别是两种形态。譬如英语，它的疑问词不变形态就是表示疑问功能，比如"**who**、**what**、**which**、**where**、**how**（谁、什么、哪、哪里、怎么）"；变了形态就是表示虚用，比如"**whoever**、**whatever**、**whichever**、**wherever**、**however**（任何人、任何事/东西、任何一个、任何地方、任何方式/无论如何）"。虚用形态(-ever)就是量化词缀(quantifying affix),它出现在词根的右侧,这跟句法结构中的量化方向一致。例如:

(105) a. Who have all come?
—— 都谁来了?
b. Who ever has come does not matter.
—— 任何人/谁来了都没关系。

上述英、汉对应的句子已经将两种语言的差别演示得再清楚不过。英语疑问词如果在句法结构中被量化,那就是量化它的疑问功能;而如果在词结构中被量化,那就是量化它的虚用功能。不管是词结构还是句法结构,量化都是一个方向。即疑问词必须出现在量化词(all)或词缀(-ever)的左侧,构成左向量化。理论上,疑问词就进入了量化域。这跟上文讲过的原则完全一样。相对而言,汉语疑问词没有虚用形态,要依靠句法结构中的量化词来取得虚用功能,但必须服从左向量化的大原则,即疑问词要出现在全称量化词(都)的左侧。这样一来,疑问词如要保留疑问功能同时又要接受量化,就只能出现在量化词(都)的右侧。于是,汉语疑问词就有了两个量化方向。然而理论上,同类与同等量化只能发生在同一个方向:x ← q 或者 q → x;两个方向是讲不通的。因此,上文的分析将两个方向统一起来,即疑问词在逻辑形式中移位,在理论上是完全不错的。

不过,有时候英语疑问词也可以不变形态、而是依靠不同的主句动词来区别疑问与虚用两种功能,如"She asks [what you want](她问你要什么)"和"She wants [what you want](她要你要的东西)"。这时候,被虚化的疑问词仍然可以有虚用形态,如"She wants [whatever you want](任何你要的东西,她都要)";但是,表示疑问的句子却不行,如"*She asks [whatever you want]"。这进一步说明,主句动词有选择疑问与虚用两种功能的能力。汉、英两个语言的差别是,汉语疑问词只有一个形态,词结构没有选择,不管是疑问还是虚用功能,都只能依靠句法结构来区别;而英语疑问词除了句法结构可以帮助它选择疑问或者虚用功能之外,疑问词本身的结构还可以有所选择。

11.5.3 小结

分析"都"量化的关键在于要将它的三个基本特征——左向、右向及多项量化——都一并涵盖在内,同时要做到结构简单清晰,使语义与成分结构直接挂钩。在表层结构中,"都"量化绝大多数是左向的。理论上,这可以理解成"都"是表达全称量化的轻动词,被量化的成分必须出现在它的标定语位置。多项量化结构中(尤其是三项量化结构),被量化的宾语或状语(或者二者一起)在表层结构中就已经符合这个大原则,但主语的量化要靠"都"在逻辑形式中移位来完成。这是汉语本身的语序特征使然。"都"量化方向的唯一例外,是表示疑问功能的疑问词,它要出现在"都"的右侧,即所谓的"右向量化"。这时,被量化的疑问词在逻辑形式中移位,进入"都"的量化域,完成量化程序。上述分析将"都"量化的三个基本特征统一于一个大原则之下,在经验事实和理论两方面都站得住脚,是为在前人研究基础上的进步。

最后要补充三点。第一点,"都"除了量化功能之外,还有表达焦点的作用,尤其是使用在焦点框架"把/连……都"之中(见第十二章 12.0.2 节),注意不要混淆。

第二点,汉语中唯一不能单独虚用的疑问词是"为什么",必须跟"无论/不论/不管"等关联词一起来用。例如:

(106) 黛玉<u>不论为什么</u>都要去。/<u>不论为什么</u>黛玉都要去。

为什么 = 无论如何/不管什么原因。至于"为什么"怎么跟其他疑问词虚用的情况不太一样,可以看成是它需要更明确的允准结构,即"无论/不论/不管……都"(也见第十三章 13.7 节的讨论)。这类似英文疑问词虚用有时候需要虚用形态,有时候则不用,比如"<u>Who dares wins</u>(勇者胜)"、"<u>Whatever you do</u>, please be careful(做什么都要小心)"。不同的是,英语的允准成分主要是在词结构,而汉语的在句法结构。

第三点,上文举的例子中,被"都"量化的成分都是名词性的,这是因为名词本身可数,或者可以用创造出来的计量物体单位来"计数",比如"**一瓶牛奶**"。换言之,一个成分本身要"可以计数",才有被量化的可能。名词属于这一类成分。不过,在总括几个成分的用法中,被量化的成分也可以是谓词性的。例如:

(107) a. 吃、喝、拉、撒、睡都很重要。
　　　b. 喜、怒、哀、乐都是人之常情。
　　　c. 活得平淡、活得舒心都需要。

但这不等于说谓词性的成分本身被量化了。事实上,是这些成分作为个体组成的数量集合被量化了。我们知道,汉语不分限定性与非限定性谓词,谓词在任何句法环境中出现都是一个形态。而在区分限定、与非限定性谓词的语言里,上面被量化成分中的汉语谓词都要加上非限定形态。比如在英语里边,(107)(a)就是:<u>Eating, drinking, shitting, peeing and sleeping are all very important</u>。"-ing"就是非限定形态。这似乎说明被量化的成分有名词性。汉语谓词虽然没有非限定形态,但如果处于被量化成分的句法环境,也不应该是谓词本身被量化了,而是上面说的谓词个体组成的数量集合被量化了。

第十二章 特殊的句法范畴(二)

本章继续讨论含有特殊句法范畴的句子结构,包括焦点(focus)、话题(topic)、重动(verb-reduplication)、比较(comparison)、中间结构(middle constructions)以及倒装(inversion)。这些结构都不是汉语特有的,但在汉语中的表现形式却不同于以它语言。

12.0 焦点句

所谓焦点(focus)是针对预设(presupposition)而言(Jackendoff 1972)。预设来自上下文,焦点则是针对某一预设而发。比如某人说"**张三都八十岁了,不戴眼镜还能看得很清楚**",知情者回应之"他戴**的是隐形眼镜**"。这个"隐形眼镜"就是焦点成分,其中的"**是**"就是焦点词,或称焦点标记,有关句子就是焦点结构。这也可以说是已有信息(**八十岁不戴眼镜还能看得很清楚**)和新信息(**戴的是隐形眼镜**)之间的语义对照。不过,也有观点认为焦点是已有信息,是为与话题的区别(Radford 2004:327)。其实,焦点与话题都是从话语角度来定义的。但话题作为新信息,总是出现在句首;而焦点却不一定出现在句首,它作为新信息的标志是强化有关成分的语义。也就是说,没有经过强化的成分本来不是新信息,但经过了强化,就是新信息。

焦点可以通过焦点结构来获得,也能通过语音、形态方式来获得。汉语是非屈折语,没有焦点形态,用语音和句法结构来表示焦点。语音即重音,比如"**你他妈的说什么**",但这不是我们要讨论的。我们关心的是汉语最显著的一些焦点结构,比如"**是……的**"、"**连……也/都**"、"**只/就……**"这样的形式。三者有共同点,也有不同之处。先来看一些最基本的例子:

(1) a. 是[张三戴的眼镜]。主语焦点
 是[张三戴眼镜]的。
 b. 张三是[戴的眼镜]。宾语焦点
 张三是[戴眼镜]的。
 c. *张三是[眼镜戴的]。

(2) a. 只/就[张三戴了眼镜]。主语焦点
　　 b. 张三只/就[戴了眼镜]。宾语焦点
　　 c. *张三只/就[眼镜戴了]。

(3) a. 连[张三也/都戴了眼镜]。主语焦点
　　 b. 张三连[眼镜也/都戴了]。宾语焦点
　　 c. *张三连[也/都戴了眼镜]。

三种句式的共同点是:主语紧随"**是**、**只/就**、**连**"之后就会成为焦点成分。不同之处是:宾语必须前置至"**连**"之后才能获得焦点,而在"**是**、**只/就**"句式中就不必也不能这样做。

另外,"**只/就……**"、"**连……也/都**"句式中还可以插入"**是……的**"。例如,将"**是……的**"插入上面(2)-(3),我们有:

(4) a. 只/就[张三(是)戴了眼镜(的)]。主语焦点
　　 b. 张三只/就(是)[戴了眼镜(的)]。宾语焦点

(5) a. 连[张三也/都(是)不戴眼镜(的)]。主语焦点
　　 b. 张三连[眼镜也/都(是)不戴(的)]。宾语焦点

请注意,插入"**是……的**"完全是可选的,有没有它,都不影响句子的语义;正因为此,起焦点作用的仍然是"**只/就……**"、"**连……也/都**",而不是"**是……的**"。这表明这里的"**是……的**"不是焦点标记。

换言之,"**是……的**"、"**只/就……**"和"**连……也/都**"句式之间有共同的特征。即,焦点词(是、只/就、连)之后的成分可以获得焦点,而非之前的成分。之前的研究多将三者分别处理,同时缺乏结构分析的基础。理论上,凡焦点结构应该有共同之处,而非各自为政。根据"**是……的**"可以插入"**只/就……**"和"**连……也/都**"句式而又不影响焦点语义这一事实,暗示三者可能有共同的深层结构。下面分别来看。

12.0.1 "是……的"句式

现代汉语的"是"有两个主要功能:判断词和焦点词。含焦点框架"**是……的**"的焦点句一直吸引着研究者们的注意(如 Paris 1979; Teng 1979; R. L. Cheng 1983; C.-C. Chu 1983a; T.-C. Tang 1983; He 1990; 方梅 1995; 张伯江、方梅 1996; 徐杰 2001; 徐烈炯 2001,2002; 何元建 2000b,2010a),其中汤廷池(T.-C. Tang 1983)、徐杰(2001)两个研究似乎最为全面,详细讨论了"**是……的**"焦点句的功能、语义及语用限制。但是对成分结构的论证仍付阙如。

12.0.1.1 主语或者宾语焦点

先拿主语或者宾语焦点为例做演示。主语如要获得焦点(= 被突出或强调），须紧随焦点词，结构助词可以出现在句末或者动词之后。如：

(6) a. 是张三戴隐形眼镜的。
    b. 是张三戴的隐形眼镜。①

而如果宾语要获得焦点，动词须紧随焦点词，结构助词可以出现在句末或者动词之后。如：

(7) a. 张三是戴隐形眼镜的。
    b. 张三是戴的隐形眼镜。

上面句子中如果"的"不出现，就有：

(8) a. 是张三戴隐形眼镜。比较：(6)(a)-(b)
    b. 张三是戴隐形眼镜。比较：(7)(a)-(b)

重要的是，去掉"的"之后，焦点并没有变化。所以，(8)中的"是……"可以看成是"是……的"框架的变体。

但如果"是"不出现，就变成：

(9) a. 张三戴隐形眼镜的。比较：(7)(a)
    b. 张三戴的隐形眼镜。②

去掉"是"之后，焦点似乎只能是宾语，不能是主语。

怎么来分析上面(6)-(9)的例子的结构呢？有三层关系。一、这些句子的基础结构是判断句，含主语和宾语，动词就是判断词(是)；二、但是主语或者宾语本身又是自由关系语句；三、然后整个判断句再进入焦点短语，就构成焦点句结构。下面来看。

理论上，焦点词"是"属于轻动词范畴，投射成焦点词短语(FocP)。按照 Rizzi (1997, 2001, 2003)，焦点短语(FocP)的结构位置处于力度短语(ForceP)和话题短语(TopP)的下方，以及限定词短语(FinP)与语法范畴短语(IP)的上方。按惯例，力度短语(ForceP)也就是标句词短语(CP)，它是句子结构最高层次。标句词短语(CP)、语法范畴短语(IP)、动词短语(VP)或者轻动词短语(vp)是句子结构的必要成分。其余的话题短语(TopP)、焦点短语(FocP)、非限定短语(FinP)是可选成分，视实际需要而出现。比如，非限定短语的作用是表示有关句子的动词是非限定动

---

① 这句话也可以理解成复杂名词短语，即关系语句修饰名词，焦点仍然保留。
② 这句话也可以理解成复杂名词短语，即关系语句修饰名词，但就不再是焦点句。

词。这在汉语里没有。有关结构如：①

（10）

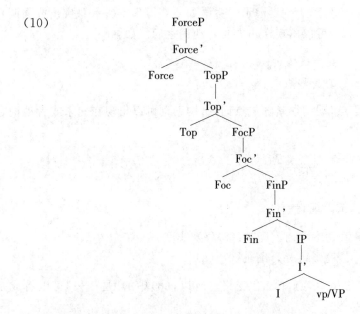

为节省篇幅，如无必要，下面将不显示焦点词短语（FocP）以上的部分。

上文中说过，获得焦点的成分须紧随焦点词。结构上，焦点句的基础结构是"焦点词＋基础判断句"。焦点成分必须位于判断句主语的位置——要么是主语本身，或者在主语结构之内。焦点成分是主语本身的例子如：

（11）

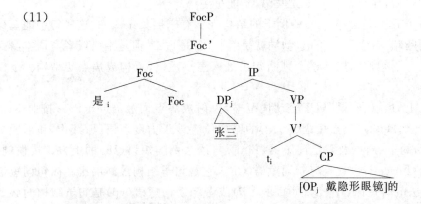

Foc ＝ 零焦点词；[Foc 是 Foc] ＝ 动词移位并入零焦点词的结构；OP ＝ 零关系代词。细节在以后树形图中可能不再重复。焦点成分位于主语结构之内的例子如：

---

① 在 Rizzi(1997,2001,2003)里边，CP ＝ ForceP，TopP ＝ ToP，IP ＝ TP。我们使用了更通常的表达符号。

(12)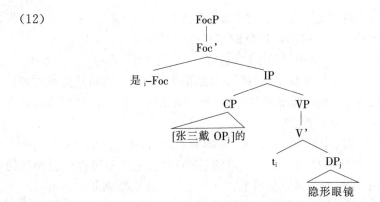

在(11)里边,基础判断句是:**张三**是[**戴隐形眼镜的**],判断词"**是**"然后移位到零焦点词的位置,跟后者合二为一,一来兼作了焦点词,二来满足了零焦点词必须跟一个实词结合才符合语法的要求(Chomsky 1993,1995)。而在(12)里边,基础判断句是:[**张三戴的**]**是隐形眼镜**。换言之,(11)里边,自由关系语句充当宾语;而(12)里边,自由关系语句充当主语。

上面(11)-(12)分别是(6)(a)-(b)中的句子。下面(13)-(14)分别是(7)(a)-(b)中的句子:

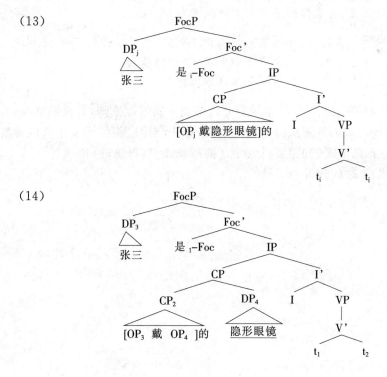

在(13)里边,基础判断句是:[戴隐形眼镜的]是张三,宾语(张三)移位到焦点词短语的标定语位,然后判断词(是)再移位跟零焦点词结合,因此不违反"相面豁免条件"(Chomsky 2001:5)。而在(13)-(14)里边,焦点词短语(FocP)本身有主语(张三),而基础判断句是:隐形眼镜是[戴的];作宾语的自由关系语句然后移位到标定语位作附加语,组成"[戴的]-隐形眼镜"。自由关系语句中的主语和宾语都是零关系代词,分别与有关成分共指。

如果自由关系语句中的标句词(的)是零形式,(11)-(12)就是(8)(a)中的句子,(13)-(14)就是(8)(b)中的句子。或者说,不同的衍生过程可以获得相同的表层结构。如果判断词和焦点词都是零形式,(13)-(14)分别也就是(9)(a)-(b)中的句子。这时,理论上,自由关系语句中的动词要在逻辑形式中移位,先移到零判断词位置,然后再移到零焦点词位置。不赘。

这样,(11)、(12)、(13)-(14)中的结构涵盖了(6)、(7)、(8)、(9)中所有的句子。补充三点。第一,有间接证据表明上述分析是可靠的。请观察下面例子中的相同成分省略:

(15) a. 是张三[戴隐形眼镜的]、不是李四[戴隐形眼镜的]。
    b. 是张三　　　　、不是李四[戴隐形眼镜的]。
    c. 是张三　[戴隐形眼镜的]、不是李四　　　。

(16) a. 是张三买的[隐形眼镜]、不是李四戴的[隐形眼镜]。
    b. 是张三买的　　　、不是李四戴的[隐形眼镜]。
    c. 是张三买的[隐形眼镜]、不是李四戴的　　　。

根据 van Oirsouw(1983,1985)对相同成分省略提出的线性原则,以及戴浩一(Tai 1969)、何元建(He 1996)针对汉语所做的研究,处于结构边缘的成分才可以省略。上面我们看到,[戴隐形眼镜的]可以省略,[隐形眼镜]可以省略,说明各自是独立成分,也说明(11)里边的分析是可靠的。

再请观察下面例子中的相同成分省略：

(17)　a. 张三是[戴隐形眼镜的]、李四也是[戴框架眼镜的]。
　　　b. 张三是____、李四也是[戴框架眼镜的]。
　　　c. 张三是[戴隐形眼镜的]、李四也是____。

(18)　a. 张三是戴的[隐形眼镜]、李四是买的[隐形眼镜]。
　　　b. 张三是戴的____、李四买的[隐形眼镜]。
　　　c. 张三是戴的[隐形眼镜]、李四是买的____。

[隐形眼镜]可以省略，说明(12)-(14)里边的分析也是可信的。

第二点，在上文分析焦点结构时，为节省篇幅，仅采用了焦点词短语(FocP)和动词短语(VP)，并没有涉及其他。事实上，位于主语前的焦点词的结构位置是在标句词之下。如：

(19)　a. [是张三要送过来这些文件(的)]吗？
　　　b. [是李四将要去北京开会(的)]吗？

换言之，句首焦点词短语(FocP)位于标句词短语(CP)的下方。

第三点，位于主语后的焦点词的结构位置高于情态词和时态词，如：

(20)　a. 张三是要/可以/能/必须去开会(的)。
　　　b. 李四是将要去北京(的)。

注意，焦点句中的"**的**"其实是自由关系语句中的标句词，即使表面上出现在句末，但是跟主句的标句词没有关系。主句自己可以自己的标句词。比如上面(19)，再如：

(21)　a. [张三是戴隐形眼镜的]吗？
　　　b. [张三才是戴隐形眼镜的]啊！

"**吗**"、"**啊**"才是主句的句末标句词，一个标示是非问句，一个标示感叹句。

12.0.1.2　间接宾语或者补语焦点

间接宾语出现于双宾及与格句，这里所说的补语指跟宾语同时出现于宾格谓语中的补语成分，主要有三种：动量、处所和结果。其他类型的补语，比如一元动词后面的补语以及得字句中表结果的补语，虽然也都可以进入焦点结构，但都不在这里讨论之列。先回顾一下有关句子的基本特征：

(22) a. 张三送了［一束花　给李四］。
　　　b. 李四去过［纽约　一趟］。
　　　c. 王五挂了［一幅画　在书房］。

(23) a. 张三送［给（了）李四　一束花］。
　　　b. 李四去过［一趟　纽约］。
　　　c. ？王五挂了［在书房　一幅画］。

不合法的句子下面就不会讨论了。让我们先看(22)中的句子。这时，如果"动词＋(直接)宾语"紧随焦点词，就是(直接)宾语接受焦点。例如：

(24) a. 张三是送了[一束花给李四]的。
　　　b. 李四是去过[纽约　一趟]的。
　　　c. 王五是挂了[一幅画　在书房]的。

(25) a. 张三是送的[一束花　给李四]。
　　　b. 李四是去（？过）的[纽约　一趟]。
　　　c. 张三是挂（？了）的[一幅画　在书房]。

体貌词不能出现的原因应该是在句法之外，比如音韵方面，需另行研究。

但是，如果要(22)中句子的间接宾语或者补语紧随焦点词，似乎只有间接宾语可以这样做。如：

(26) a. 张三送了[一束花]是[给李四]的。
　　　b. ？李四挂了[一幅画]是[在书房]的。①
　　　c. ＊王五去过[纽约]是[一趟]的。

再看(22)中的句子。这时，如果"动词＋间接宾语/动量"紧随焦点词，间接宾语和动量就可以接受焦点：

(27) a. 张三是送[(给)李四　一束花]的。
　　　b. 李四是去过[一趟　纽约]的。

(28) a. 张三是送的[(＊给)李四　一束花]。
　　　b. 李四是去（？过）的[一趟　纽约]。

---

① 如果在"张三挂了一幅画"之后停顿一下，句子可以接受，但结构就不同了。

而如果让句末的(直接)宾语紧随焦点词,只有双宾语句和处所句可以。例如:

(29) a. 张三送[(给)李四]是[一束花](*的)。
b. 李四挂[在书房]是[一幅画](*的)。
c. *王五去过[一趟]是[纽约](*的)。

但是,"的"却不能出现。究其原因,这些句子不是焦点句,而是判断句。在判断句中,句末不可以加"的"字,比如"张三是学生(*的)"。

我们在本节开头说过,接受焦点的成分须服从一个基本原则。即,紧随"是"之后的成分(不限于名词性),或者是紧随"是"之后的成分中最邻近的名词性成分,可以获得焦点。以上观察显示,在含间接宾语或者补语的句子中,仍然要服从同一原则。下面分析有关焦点句的结构。因为篇幅的关系,我们只分析合法句子的结构。根据前面12.0.1.1节奠定的焦点结构分析原则,(24)中的句子的结构为:

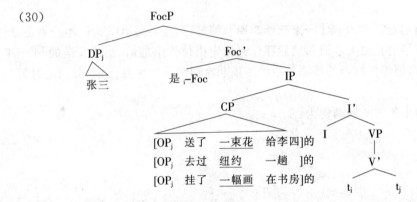

基础判断句是:[送了一束花给李四的]是张三,等等;宾语(张三)移位到焦点词短语的标定语位,然后判断词(是)再移位跟零焦点词结合。(直接)宾语是焦点词的补足语中位于标定语的成分中最邻近焦点词的名词性成分,所以获得焦点。

(25)中的句子的结构为：

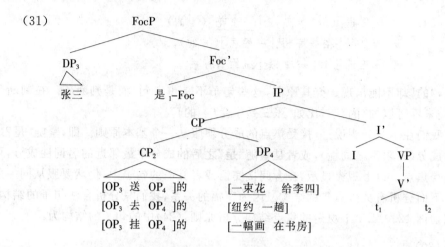

基础判断句是：[送的]是[一束花给李四]，等等；焦点词短语(FocP)本身有主语(张三)，作宾语的自由关系语句然后移位到标定语位作附加语，组成"[送的]-[一束花给李四]"，等等。自由关系语句中的主语和宾语都是零关系代词，分别与有关成分共指。

(26)中的句子的结构为：

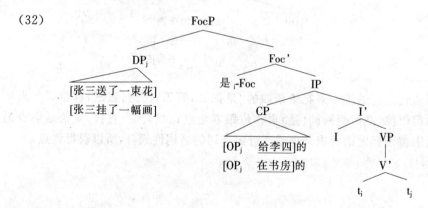

基础判断句是：[给李四的]是[张三送了一束花]，等等；宾语(张三送了一束花)等移位到焦点词短语的标定语位，然后判断词(是)再移位跟零焦点词结合。

(27)中的句子的结构为：

(33)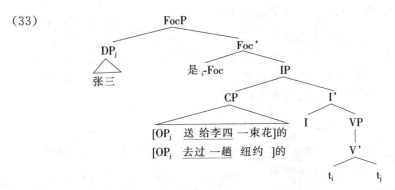

基础判断句是：[送给李四一束花的]是张三,等等；宾语(张三)等移位到焦点词短语的标定语位,然后判断词(是)再移位跟零焦点词结合。

最后补充一点。下面这些句子也可以说：

(34) 张三是[在书房]挂了[一幅画]的。比较：(26)(b)

基本结构跟上文(30)中的分析一样：

(35) [$_{FocP}$张三$_j$ 是$_i$-Foc [$_{VP}$[OP$_j$ 在书房挂了一幅画的] t$_i$ t$_j$]]

总之,不论具体句子如何,都可以按照前面12.0.1.1节奠定的焦点结构分析原则来处理。即,一、焦点句的基础都是判断句结构,含主语和宾语,动词就是判断词(是)；二、但是主语或者宾语本身又是自由关系语句；三、然后整个判断句再进入焦点短语,就构成焦点句结构。篇幅所限,其余不赘。

12.0.1.3 状语焦点

本节分析状语焦点的结构。读者也许会问,那定语焦点呢？我们知道,定语属于所修饰名词的名词短语,因此很难单独获得焦点。比如在"**是初升的太阳照亮了大地**"这个句子中,很难说"初升的"这个定语单独获得了焦点语义。状语就不同了,只要出现在焦点框架中,就可以获得焦点。此时,状语紧随焦点词,助词可以出现在句末：

(36) a. 中国是在"文革"结束的那一年开始对外开放的。(时间)
   b. 改革是从农村开始搞起来的。(地点)
   c. 张三是为了参加抗战而投身革命的。(目的)
   d. 奶妈打电话是叫来了医生的。(目的)
   e. 李四是坐飞机去广州的。(方式)
   f. 奶妈是打电话叫来了医生的。(方式)

也可以出现在谓语动词之后(包括句末动词):

(37) a. 中国是在"文革"结束的那一年开始的对外开放。(时间)
   b. 改革是从农村开始的。(地点)
   c. 张三是坐飞机去的广州。(方式)
   d. 奶妈是打电话叫的医生。(方式)

如果是动词短语充当状语,助词也可以出现在状语动词之后:

(38) a. 奶妈是打的电话叫来了医生。(方式)
   b. 李四是骑的自行车上班。(方式)

状语从句的情况稍微复杂。焦点词出现在表原因的关联词的前后皆可。如:

(39) a. 是因为部长很忙,所以未出席宴会的。(原因)
   b. 部长是因为很忙,所以未出席宴会的。

但只能出现在表条件、让步的关联词之后。如:

(40) a. 如果是部长亲临,合同就签好了(的)。(条件)
      *是如果部长亲临,合同就签好了(的)。
   b. 除非是部长亲临,合同签不了(的)。
      *昨天是除非部长亲临,合同签不了(的)。

(41) a. 虽然是部长亲临,合同也没签成(的)。(让步)
      *是虽然部长亲临,合同也没签成(的)。
   b. 即使是部长亲临,合同也还暂时签不了(的)。
      *是即使部长亲临,合同也还暂时签不了(的)。

汉语表时间、地点、目的、方式的状语一般是在谓语动词短语(VP)里边作动词的附加语。进入焦点结构之后,结构可以是:

第十二章　特殊的句法范畴(二)　401

(42)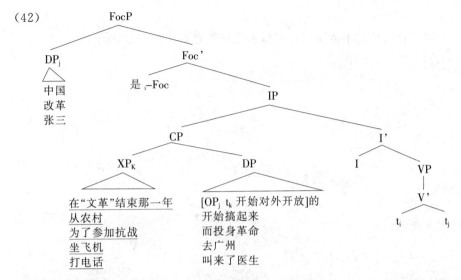

基础判断句是:[在"文革"结束那一年开始对外开放的]是中国,等等;宾语(中国)等移位到焦点词短语的标定语位,然后判断词(是)再移位跟零焦点词结合。特殊的地方是,获得焦点的状语从自由关系语句中移了出来,充当域外附加语;这样,才可以解释为什么它能够获得焦点。类似例子不再一一分析。

现在来看含关联词的句子。这类句子是两个分句组成的(见第十章10.6.2节的讨论)。因此,进入焦点结构时也应如此来处理。例如:

(43)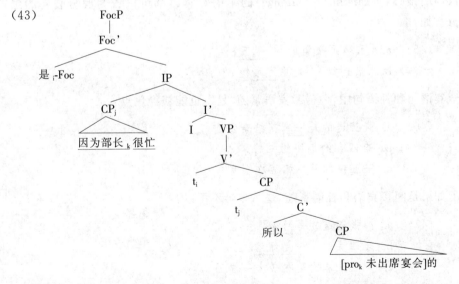

pro = 零代词。基础判断句是:(这)是[因为部长很忙,所以未出席宴会的];因为主语空置,表原因的从句移位到主语的位置,判断词(是)再移位跟零焦点词结合,形成焦点句。

原因状语从句中的主语也可以移位至焦点词短语(FocP)中:

(44)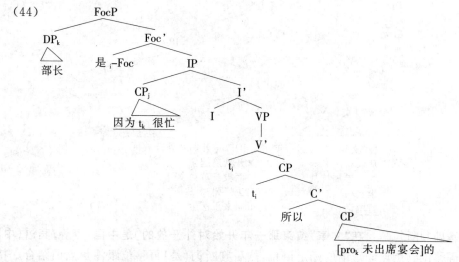

其他有关联词的状语从句进入焦点结构,比如表条件、让步的从句,也可以按以上分析的原则来处理。不赘。

12.0.1.4 假分裂句及其他

假分裂句指具有"……的是……"形式的句子,"是"后面的成分是焦点成分。汉语的核心句(canonical sentence)的主语和宾语都可以成为假分裂句的焦点成分。如:

(45) a. [戴隐形眼镜的]是张三。
　　　b. [张三戴的]是隐形眼镜。

双宾语句和补语句中,(直接)宾语紧随"是",也能获得焦点:

(46) a. 张三送的是一束花给李四。
　　　b. 李四去的是纽约一趟。
　　　c. 王五挂的是一幅画在书房。

但如果是间接宾语和补语紧随"是",多半不可以:

(47) a. ?张三送的是给李四一束花。
　　　b. 李四去的是一趟纽约。
　　　c. *王五挂的是在书房一幅画。

注意,在动量补语句中,"一趟纽约"而不仅仅是"一趟"是焦点成分。

状语一般似乎不可以进入假分裂句:

(48) a. *中国开始对外开放的是在"文革"结束的那一年。(时间)
　　 b. *改革开始搞起来的是从农村。(地点)
　　 c. *张三投身革命的是为了参加抗战。(目的)
　　 d. *奶妈打电话的是叫来医生。(目的)
　　 e. *李四去广州的是坐飞机。(方式)
　　 f. *奶妈叫来了医生的是打电话。(方式)

如果将状语的类型说出来,句子可以接受:

(49) a. 中国开始对外开放的时间是在"文革"结束的那一年。(时间)
　　 b. 改革开始搞起来的地点是从农村。(地点)
　　 c. 张三投身革命的目的是为了参加抗战。(目的)
　　 e. 奶妈打电话的目的是叫来医生。(目的)
　　 d. 李四去广州的方式是坐飞机。(方式)
　　 f. 奶妈叫来医生的方式是打电话。(方式)

但这些句子就不再是假分裂句了,而是有强调功能的判断句,深层结构也是焦点句。如:

(50)

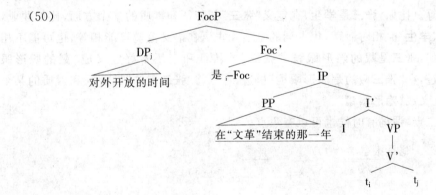

其他句子就不再一一分析了。

回到假分裂句。表面上,它似乎很像判断句。但是,假分裂句具有焦点功能,而判断句没有。比如,**张三是律师**,除非特别强调,"律师"部分并没有焦点功能。因此,假分裂句中的"**是**"不是判断词,而是焦点词,其结构跟前面分析过的焦点句一样,也是从判断句衍生而来的。例如:

(51)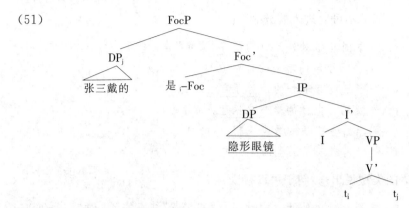

基础判断句是:[张三戴的]是隐形眼镜,自由关系语句(张三戴的)移位到焦点词短语的标定语位,判断词(是)再移位跟零焦点词相结合,就构成假分裂句。

原则上,所有假分裂句都是如此构成。即,基础判断句是"主语(＝焦点成分)＋是＋宾语(＝自由关系语句)",然后自由关系语句移位到焦点词短语的标定语位,判断词再移位跟零焦点词相结合。其他句子的分析相同,不赘。

最后要补充几点,都很重要。第一点,焦点句虽然是从判断句衍生而来,但却不是判断句。焦点句有焦点功能,给予焦点成分语义上的强调,但判断句一般没有焦点功能。另外,判断句的一个基本语义特征是判断词的主语和宾语在语义范畴一般相等。比如,**张三是学生**,在定义"张三"的特征和素质的某个方面,比如职业,等同于"学生"。相对而言,焦点词的主语和宾语在语义范畴可能相等,也可能不相等。比如,**张三是戴的隐形眼镜**,"张三"的特征和素质不好定义成"戴的隐形眼镜";不过,在"**张三戴的是隐形眼镜**"里边,可以将"张三戴的"的特征和素质的某个方面,定义成"隐形眼镜"。

第二点,谓词有时候也可以有焦点。例如:

(52)　　他是<u>很善良</u>(的)/她是<u>不能来</u>(的)。
　　　　天气是<u>很热</u>(的)/这衣服是<u>很合身</u>(的)。

注意,这都是在没有宾语的情况下形成的谓词焦点,其中也可以包括情态词;"**是**"需要重读,口语中这些句子多半不含"**的**"。所以,这类句子似乎是判断句和含主语、宾语等等焦点的句子之间的过渡。需要再研究。

第三点,前期汉语留下来的一些表达方式,如:**唯利是图、唯命是从、唯马首是瞻**,理论上可以有两种分析方法。一个是将它们处理为成语,即它们已经词汇化了,相当于词库中的一个词项,或者说进入了说话人的记忆。这种处理方法比较有经验意义,因为讲汉语的人(儿童或者二语习得者)需要一个一个地去学习这些表达法,也要一个一个地记住才能去用。另一个办法就是将其处理成焦点结构。

"**唯**"是焦点词,后面的名词成分,如"**利/命/马首**"之类,就是焦点成分,也是动词("**图/从/瞻**"之类)的宾语。"**是**"为复指代词,附于宾语。这是古汉语的一个特征。细节不赘。

第四点,关系语句或者自由关系语句,即"……**的**＋**名词**"或者"……**的**"的句式,在焦点句现中还有一个很特别的功能,就是可以表达动词在过去发生的行为或者状态。请观察:

(53)　A：问:部长的飞机什么时候到洛杉矶?
　　　　答:今天下午/明天早上/！昨天晚上。
　　　B：问:部长的飞机是什么时候到洛杉矶?
　　　　答:今天下午/明天早上/！昨天晚上。
　　　C：问:部长的飞机(是)什么时候到的洛杉矶?
　　　　　部长的飞机(是)什么时候到洛杉矶的?
　　　　答:昨天晚上/今天上午/！明天早上。

"！"表示语义上不符合逻辑或者实际情况。在 A 部分中,问句没有焦点功能,回答只能是发问那一时刻之后的某一个时间(**今天下午/明天早上**);如果回答是发问那一时刻之前的某一个时间(**昨天晚上**),这个回答就是语义上错误的。在 B 部分中,问句有了焦点功能,但是不存在以"**的**"为标记的自由关系语句;所以回答也只能是发问那一时刻之后的某一个时间。而在 C 部分中,焦点词是可选的,问句仍然有焦点功能,但是以"**的**"为标记的自由关系语句必须存在。这时出现一个很重要的语义功能转变。即,与 A/B 部分不同,C 部分对问句的回答只能是发问那一时刻之前的某一个时间(**昨天晚上**),而不能发问那一时刻之后的某一个时间(**今天下午/明天早上**);如是后者,这个回答就是语义上错误的。

有两个特征值得注意。其一,A/B 部分和 C 部分的对照。即,C 部分有关系语句或者自由关系语句,即"**什么时候到的洛杉矶**"或者"**什么时候到洛杉矶的**",句子就有了表达过去发生的行为或者状态的功能。而 A/B 部分中没有这些句式,就没有这个功能。这里,"**的**"显然不能看成是体貌词,因为它可以出现在宾语之后;另外,动词还可以带表达过去发生的行为或者状态的体貌词,如"**你什么时候到了洛杉矶**"、"**你什么时候到过的洛杉矶**"。其二,这种表达过去发生的行为或者状态的功能发生在焦点句结构。至于为什么焦点句结构中的关系语句或者自由关系语句会有焦点句结构的功能,需要再行研究。

12.0.2　"连……也/都"句式

曹逢甫(Tsao 1989)、崔希亮(1993)、白梅丽(Paris 1994)、刘丹青、徐烈炯(1998)认为"**连……也/都**"框架是焦点标记。我们认同此观点。这里,"**都**"与"**也**"

同义，没有量化功能。前文说过，该句式只允许紧随"连"之后的名词性成分获得焦点。再看例子：

(54) a. 这次(连)大银行也/都倒闭了。 主语焦点
     b. *这次连大银行倒闭了。

(55) a. 这些人(连)一点点小事也/都不愿意做。 宾语焦点
     b. (连)一点点小事这些人也/都不愿意做。
     c. *这些人连一点点小事不愿意做。
     d. *这些人连也/都不愿意做一点点小事。

因为只允许紧随"连"之后的名词性成分获得焦点，因此，获得焦点的成分必须出现在"连……也/都"框架之中。这对主语没有问题；而如果宾语要获得焦点，就必须前置（至动词之前或者句首），否则不合语法。另外我们注意到，"连"字是可选的，但"也/都"不是。拿掉了"连"字，结构照样成立；而拿掉了"也/都"，光有"连"字，结构就不成立。

因为"连"字可选，而"也/都"必须存在，这意味着"连……也/都"是一个非连续成分（discontinuous constituent）；理论上，它的前面部分可以是零形式，后面的部分则不可以，否则就失去成分完结的界限。又因为"连"理论上可以是零形式，我们把它看成是焦点标记，必须投射成独立的焦点词短语，而"也/都"则可以"寄生"在别的短语之中，理论上是附加语，符合将"也/都"看作副词的传统（如吕叔湘等1981:154,522）。

前文又说过，"是……的"可以插入"连……也/都"句式。加上焦点成分再看一遍：

(56) a. 连[张三也/都(是)不戴眼镜(的)]。 主语焦点
     b. 张三连[眼镜也/都(是)不戴(的)]。 宾语焦点
     c. 连眼镜[张三也/都(是)不戴(的)]。

插入"是……的"完全可选，有没有它，都不影响句子的语义。因此，但起焦点作用的仍然是"连……也/都"，而不是"是……的"。这表明这里的"是……的"不是焦点框架，而可能是整体结构的一部分。按照这个思路，并根据前一节对"是……的"焦点句的分析，拿(54)的主语焦点为例，我们有：

(57)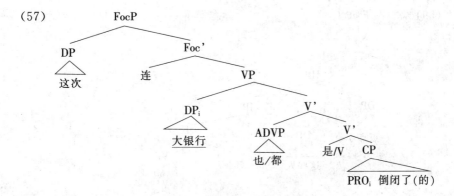

以上,**连** = 焦点轻动词;**是** = 谓词,也可以是零形式(V),它的补足语是一个自由关系语句,虚代词(PRO)是自由关系语句的主语;**也/都** = 副词。这个结构跟前一节"是……的"焦点句的结构基本一致;不同的是,"是……的"焦点句的焦点轻动词是零形式,而"连……也/都"句式的焦点轻动词就是"连"。

再拿(55)中的宾语焦点为例,我们有:

(58)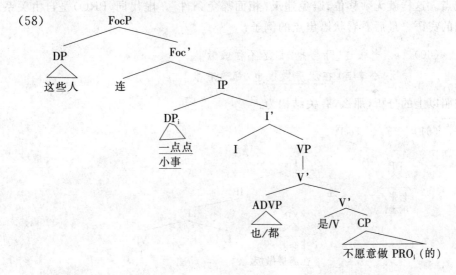

(59)

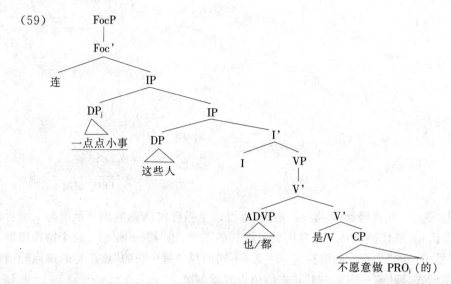

前置宾语直接生成在动词短语的标定语或者域外附加语的位置，紧随"**连**"而获得焦点。这样就无须移位，避免违反"相面豁免条件"。虚代词(PRO)是自由关系语句的宾语。最后看看状语焦点的例子：

(60) a. 老张连[开会也/都忍不住咳嗽]。
　　 b. 小李连[在厨房做饭也/都哼着歌]。

按照以上的分析，那么，有关结构为：

(61)

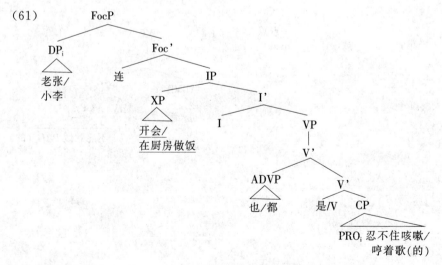

含"**连……也/都**"框架的其他句子，如双宾语句，结构也都大同小异，不赘。

12.0.3 "只/就"句式

前文又说过,主语焦点要直接出现在"只/就"之后。再如:

(62) a. 只/就<u>他们一个班的同学</u>去了北京。
b. 只/就<u>红队</u>进入了决赛。

有文献认为,"只"后面可能省略了动词"有/是"(吕叔湘等 1981:605)。其实,"只有"、"只是"不过是"只"的变体,用"只"还是用"只有"、"只是"是受音节的限制。如果名词性成分是多音节的,用"只"或者用"只有"、"只是"皆可,如(62);而如果词性成分是单音节的,就需要用"只有"、"只是"。例如:

(63) a. 只有你迟到了。/? 只你迟到了。
b. 只是他在家。/? 只他在家。

主语如是单音节,语感上"只"不如"只有"、"只是"来得好。

前文还说过,"只/就"出现在谓词之前,宾语就可以获得焦点。再如:

(64) a. 我只/就有<u>这点儿钱</u>了,拿去吧。
b. 她只/就见过<u>这个人</u>。
c. 奶奶只/就记得<u>张妈和我</u>了。

"就"后面的"有"也可以不出现(吕叔湘等 1981:281),这可能也跟音节有关,要再研究。另外,谓词后面不一定非是宾语,动量名词也能获得焦点。譬如:

(65) a. 张三说他来过。
b. 张三说他只/就来过<u>一次</u>。
c. *张三说他只来过。
d. 张三说他就来。(语义不同)
e. 李四昨晚睡过。
f. 李四昨晚只/就睡过<u>两小时</u>。
g. *李四昨晚只睡过。
h. 李四说他就睡。(语义不同)

"来"、"睡"都可以不带宾语,但可以有动量名词表示频率、时间等等。这时,这个动量名词就是焦点成分。去掉动量名词,含"只"的句子就会不合法。这似乎说明,"只"后面的焦点成分只能是名词性成分,不能是谓词性成分。含"就"的句子虽然仍然可以成立,但并无焦点语义,仅表示"很短时间将会发生"(吕叔湘等 1981:280)。如果谓词后面既有宾语也有动量名词,二者似乎都能获得焦点。如:

(66) a. 张三说他只/就看见过<u>一次</u>月亮(没见过第二次)。
　　 b. 李四一生只/就做过<u>一次</u>医生(没做过别的)。
　　 c. 王五只/就愿意去<u>一次</u>东北(不愿意多去一次)。

如果是在话语场景中，比如有括弧里的话，"**一次**"、"**医生**"就是对比焦点，有没有"只/就"作标记都关系不大；如果单独说，有标记，焦点很清楚；没有，就很难说。

这里要特别提到的是，"只"跟"都"的极大不同。"都"的功能是全称量化，被量化的成分本身语义上要可数或者可以有量的变化。但"只"不同，不要求有关成分语义上要可数或者可以有量的变化，只需要这个成分是一个语义个体(entity)就可以了。比如：

(67) a. 我<u>北京的名胜古迹</u>都去过了。
　　　　比较：我<u>北京</u>都去过了。(语义不同)
　　 b. 我只去过<u>北京的名胜古迹</u>。
　　 c. 我只去过<u>北京</u>。

拿掉"名胜古迹"就失去可数的名词性成分，"都"句式就失去量化的语义，"北京"便成为焦点。这个句子可以看成是"我(连)北京都去过了"，"都"是焦点标记，而非量化词。而在"只"句式中，"只"并没有对"名胜古迹"进行量化的功能，"北京的名胜古迹"和"北京"都只是语义个体，都是焦点，不要求是否可数，拿不拿掉"名胜古迹"都没有关系，焦点句式不会不变。

句法上，"只"跟"都"的差异再明显不过。这里拿疑问词为例。已知"都"出现在疑问词左边，可以对其量化，而出现在右边，能将其虚化。相对而言，"只"既不量化疑问词，也不能将其虚化；事实上，"只"似乎只能出现在焦点成分的左边。先看主语焦点的例子：

(68) a. 只有<u>谁</u>去了北京？
　　 b. 只是<u>谁</u>来了？
　　 c. 只<u>哪些</u>同学去了北京？
　　 d. 只<u>哪些</u>媒体的记者来了？

如果是单音节疑问词，最好用"只有"、"只是"；双音节或多音节的，用"只"就可以了。这再次表明(如前文所说)，用不用"只有"、"只是"只是受音节的制约。

如果"只"出现在主语之后，疑问词的功能不变，但焦点转移到宾语：

(69) a. 谁只去了<u>北京</u>？
　　 b. 哪些同学只去了<u>北京</u>？

这说明两点。第一，焦点只能右向，不能左向；第二，"只"出现在疑问词左边，并不

能将其虚化,跟"都"完全不同。另外,如果谓词后面没有名词性成分,句子就不合法:

(70) a. 谁只来了<u>一次</u>?/＊谁只来了?
b. 哪些媒体的记者只来了<u>五分钟</u>?/＊哪些媒体的记者只来了?

也就是说,"只"后面没有名词性成分,就不成其为焦点。这跟前文(64)-(65)中观察到的情况一样。

疑问词宾语可以出现在动词后,也可以出现在句首。例如:

(71) a. 张三只看过<u>谁</u>?/<u>谁</u>,张三只看见过?
b. 李四只担任过<u>什么职务</u>?/<u>什么职务</u>,李四只担任过?
c. 王五只去过<u>哪儿</u>?/<u>哪儿</u>,王五只去过?

句首的宾语显然也有焦点语义,暗示它是移位过去的。理论上,移位留下的语迹(trace)仍然留在"只"的句域(domain)里边,所以宾语仍然是焦点。

疑问词作状语,在"只"前后的意思不同,只有在之后才有焦点语义。例如:

(72) a. 赵六只什么时候来城里?
(如:星期天,别的时候不来)
b. 赵六什么时候只来城里?
(如:星期五,这时他不去别的地方)

(73) a. 钱七只怎么睡觉?
(如:她只蜷着睡觉)
b. 钱七怎么只睡觉?
(如:她嗜睡)

我们要问,为什么疑问词宾语到了"只"之前仍然有焦点语义,而作状语时就不行了? 很简单,宾语结构上是动词的补足语(complement),而汉语是"主-谓-宾(SVO)"语言,所以宾语要直接生成在动词之后,如果出现在之前,就多半是移位;而状语是动词的附加语(adjunct),一般可以生成在动词之前的任何一个位置,比如"**什么时候你愿意去北京/你什么时候愿意去北京/你愿意什么时候去北京**",这些位置之间一般是没有移位关系的。就目前讨论的而言,"只"是焦点轻动词,状语如果生成在它的后面,就进入量化句域,否则就没有进入。

上面的各种例子显示,"只"既不能量化疑问词,也不能将其虚化。这跟"都"量化的功能完全不同。所以,"只"是焦点功能,而非量化。下面我们来看"**只/就**"焦点句的结构。前文说过,该句式的一个特征是可以让"**是……的**"形式插入,如(4)所示。再看一遍:

(74) a. 只/就[张三(是)戴了眼镜(的)]。主语焦点
　　 b. 张三只/就(是)[戴了眼镜(的)]。宾语焦点

这里的"是……的"形式是可选的,而且完全不影响焦点语义,其焦点作用的仍然是"只/就"。这暗示"是……的"形式可能跟有关句子的整体结构有关,但不是焦点标记。拿上面的例子来演示:

(75)
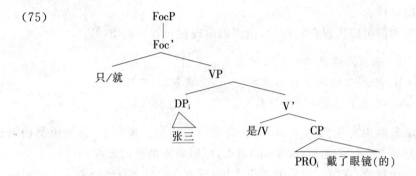

(76)
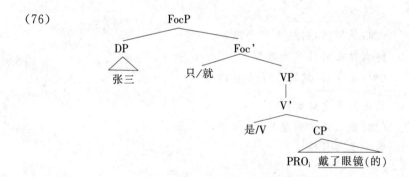

这样,"只/就"句式、"连……也/都"句式和"是……的"句式三者的整体结构大同小异。即,三者都呈现出"焦点词＋判断句"的深层结构。判断句中含有自由关系语句,它跟焦点词的相对结构位置会左右焦点成分的位置。理论上,这就把所有的焦点结构统一起来了。

12.1　话题句

汉语中,话题(topic)有两种。典型的话题出现在句首;句首话题之后如果还有话题出现,就是次话题(secondary topic)。先说出现在句首的话题。汉语里,主语也要出现在句首;话题跟主语的主要区别在于:主语跟它后面的成分之间一般没有语音停顿(pause),而话题之后却有一个明显的语音停顿;另外,话题还可以带上

"啊/呀"之类的语气词(Tsao 1983),然后才是其他成分。句首话题又分两类:一类跟谓词有某种语法关系,如主语、宾语、状语、谓语等等,又称为衍生话题。例如:

(77) a. 张三啊,很乐意帮助人。
b. 这种事情呀,他不屑做。
c. 徐徐地,老人登上了山顶。
d. 开车,她还不会。
e. 走啊,你们。

另一类则是独立成分,又称独立话题。例如:

(78) a. 那场火,幸亏消防队来得快,不然要死人。
b. 那个娃,大人都急死了,四处打电话,又报警。
c. 中国,地大物博,人口众多,物产丰富。

从语言传达信息的角度,不管是衍生话题还是独立话题,它一般表达的是(说话人和听话人都)已经知道的信息,而后面跟随的句子则是陈述(对听话人而言是)新的信息。

语义上,衍生话题好理解,因为它跟后面句子中的谓词有某种语法关系,比如主语、宾语、状语、谓语等。但独立话题跟谓词没有明显的语法关系,而好像是跟后面的整个句子有逻辑推理关系。所谓逻辑推理关系,指超出语言符号本身赋予的语义逻辑范畴,而要根据语境因素来做出推理。比如(78)(a),"**那场火**"是话题,但是跟谓词"**来得快**"没有直接关系,有关系的是整个"**消防队来得快,不然要死人**"这样的陈述;由此推理出"**因为消防队来得快,及时扑灭了火,所以没有死人**"这样的"语义"。再如(78)(b),"**那个娃**"是话题,但是跟"**急死了**"没有直接关系,有关系的是整个"**大人都急死了,四处打电话,又报警**"这样的陈述;由此推理出"**娃走丢了,大人为此都急死了,四处打电话,又报警**"。

这样需要根据语境来做出逻辑推理的情况,其实是使用语言中最常见不过的事情,也是语言系统使然。语言系统一方面可以用语言符号来负载语义逻辑关系,另一方面,语言符号的使用常常是阙如的,独立话题句就是一个例子。在话题句中,对话题的陈述又常称为述题(comment)。对独立话题出现频繁的语言(如汉语)来说,重要的是要确认独立话题是否已经成为语法的一个范畴(参 Xu & Langendoen 1985;徐烈炯、刘丹青 1998),以及逻辑语义上如何解释话题与述题这两部分的关系。比如(78)(a),如果说"**要死人**",那一定是"**那场火**"所致(烧死、摔死、呛死等等);只有这样推理,听话人才能理解。不过,本节的重点是解析话题句的结构,希望有助于理解上述这些问题,其余可以再行研究。

对研究者而言,独立成分的话题具有类型学意义,也富有争议性。汉语中这类话题似乎比有些语言(英语)多,于是有观点认为汉语是所谓话题显著语言(topic-prominence),相对于独立话题较少的语言,后者可能是主语显著(subject-prominence)(参 Li & Thompson 1976, 1981; T.-C. Tang 1977; Tsao 1979, 1983, 1990; C.-T. James Huang 1984; Shi 1992, 2000)。不管如何,独立话题的语法范畴总是研究者要面对的问题。徐烈炯、刘丹青(1998)、徐烈炯(2003)认为,独立话题出现得多,表明它本身就是汉语的一个语法范畴,或者说它已经语法化了。换为生成语法理论的话来说,就是话题是一个功能范畴(functional category),在句法结构中有;自己独立的位置;或者说它要投射成自己的短语,即话题短语,记为 TocP(= Topic Phrase)。下面我们先讨论衍生话题,再说独立话题。

本章 12.0 节说过,按照 Rizzi(1997, 2001, 2003)的"分裂标句词短语假说"(Split CP Hypothesis),话题短语(TocP)处于标句词短语(CP)的下方。例如:

(79) a. 张三啊,[很乐意帮助人呃!]
b. 良妻呀,[很难得哟!]

"啊/呀 V 是话题标记词(Tsao 1983),它随句首话题一起出现,但句末还有标句词"呃/哟"。设 CP 的位置在 TopP 之上,我们有:

(80)

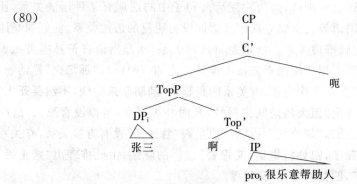

TopP = 话题短语。理论上,"CP 高于 TopP"的结构有一个好处,即它允许跟动词有语法关系的话题成分移位。这里,"**张三**"在语法关系上是动词的主语,因此可以认为它是从主语位置移到话题位的。假如"TopP 高于 CP",而且 C ≠ 零形式,受到"相面豁免条件"的限制,"**张三**"不可能从主语位置移到话题位。而事实上,衍生话题(derived topic)不论在其他原还是在汉语都是存在的(参上引文献)。所以,理论上分析上需要吸纳这一情况。

但如果存在衍生话题移位,那又如何解释下面的句子:

(81) a. 张三$_i$ 啊,[他$_i$ 很乐意帮助人呃!]
　　 b. 良妻$_i$ 呀,[这$_i$ 很难得哟!]

主语位置有填位代词(resumptive pronoun),说明它不可能是移位留下的语迹(trace),因为语迹是不能换成代词的。但这是假设(81)跟上面(80)的结构有关系。其实二者并没有任何关系。理论上,填位代词必须来自词库,它是直接生成在主语位置的;这样一来,话题成分也要直接生成在话题短语之中;只不过二者指称相同而已。

如果话题从宾语衍生而来,宾语和主语分属不同的句域(domain),或叫作不同的相(phase)。主语属于标句词短语句域,而宾语属于轻动词句域。受到"相面豁免条件"的限制,宾语如要移位到话题位置,轻动词必须是零形式,而且移位必须发生轻动词尚未词汇化之前。例如:

(82) a. 这种事情$_i$ 呀,[他不屑　v　[做　t$_i$　]]
　　 b. 这种事情$_i$ 呀,[他不屑　做$_j$-v　[t$_j$　t$_i$　]]

但是,跟主语不同,宾语位置不可以出现填位代词。比如:[**这种事情呀,张三不屑做(*它)**]。这表明,主语跟宾语有些不同的特征。这是否因为是不同的句域造成的,还是别的什么原因,比如宾语是否没有移位,而是一个特殊性质的虚代词(参C.-T. James Huang 1984),需要再研究。

现在来看独立话题。因为跟动词没有明显的语法关系,独立话题应该是直接生成在话题短语之中的。例如:

(83)

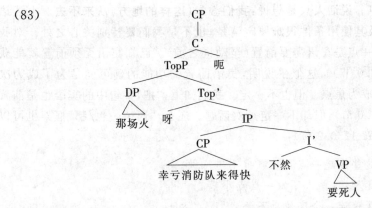

"那场火"充当复句"**幸亏消防队来得快,不然要死人**"的话题(复句结构分析参第十章10.5节,这里做了相应的调整)。话题与述体部分的语义逻辑关系如何在结构的框架中去合理解释,需要再研究。

最后来看次话题。它紧跟在句首话题或者主语的后面,由前置宾语充当。如:

(84) a. 我们(,)教堂从来不去。
 比较:我们从来不去教堂。
 b. 你(,)这本书还了没有?
 比较:你还了这本书没有?
 c. 北京(,)著名的景点有好几十处。
 比较:北京有好几十处著名的景点。
 d. 老周(,)进口车买过好几辆了。
 比较:老周买过好几辆进口车了。

句首的成分可以是话题,也可以是主语,视它后面有无语音停顿。如有,就是话题,但如果没有,就是主语。画虚线的部分是宾语前置,因为跟在句首成分之后,所以又称为次话题(参 Tsao 1979,1987;徐烈炯、刘丹青 1998)。

其实,所谓次话题跟焦点很难分清。我们知道,焦点的功能是强调和突出语义,而话题的功能是负载已知信息。对此,很难说前置宾语到底是次话题还是焦点,恐怕只能在语境中才能确定。如果前置宾语是次话题,那么它表达的信息是听话人已经知道的。比如,说"**我们教堂从来不去**"的时候,语境中已经提到过关于"**教堂**"的信息(某一个教堂或者教堂这样的地方),然后说话人又告知听话人一点新信息,对于教堂,"**我们从来不去**"。如果前置宾语是焦点,那么它表达的信息可能是听话人已经知道的,也可能是不知道的。或者说语境中可能已经提到过有关信息,也可能完全没有提到过。以同一个例子为例,说话人仅仅是要表达"**教堂**"是一个与其他地方相对而言"**我们从来不去**"的地方,不管语境中是否已经提到过关于"**教堂**"的信息。说话人只是想说:**我们教堂(这样的地方)从来不去**。上述语义及语用的内涵及其使用条件很难厘定清楚,也不是我们要特别关心之处。对我们而言,最重要的一点是宾语需要前置(至动词之前)。已知宾语无须前置就能获得焦点(见本章 12.0 节)。这似乎说明,宾语前置的功能的确可能是为了成为次话题,而不是为了成为焦点。但也不一定。我们知道,"**把**"字句中的宾语也是前置的(见第十一章 11.0 节),但却不一定是次话题。还有,"**连……也/都**"框架也可以将宾语前置(见本章 12.0.2 节):

(85) a. 这些人连一点点小事也不愿意做。
 比较:这些人不做一点点小事。
 b. 医院连一个床位也不给我们。
 比较:医院不给我们一个床位。

但是,"**连……也/都**"框架中的成分不限于前置宾语,也可以是主语和状语:

(86) a. 这次连大银行也倒闭了。
　　　b. 老张连开会也忍不住咳嗽。
　　　c. 小李连在厨房做饭也哼着歌。

只有宾语才需要前置,主语和状语并不需要。已知焦点成分不一定需要变换位置,所以有研究者认为,"连……也/都"框架是焦点标记(Tsao 1989, Paris 1994)。这是有一定道理的。于是我们陷入两难。有两个选择。其一,前置宾语都是次话题,这包括没有标记的结构,如上面(84)中的句子,也包括有标记的结构,如把字句和"连……也/都"框架中的前置宾语。① 其二,只有无标记的前置宾语才是次话题。做出正确的选择需要再行研究。这里,我们姑且认为只有无标记的前置宾语才是次话题。

跟句首话题不同,次话题前面不可以用"啊/呀"作标记。比如"我们,教堂(＊啊/＊呀)从来不去;你,这本书(＊啊/＊呀)还了没有"。这暗示有两个后果。一、没有独立的次话题短语,次话题是"寄宿"在其他短语中的;二、为了要"寄宿"在别的短语之中,宾语就必须移位。这些特点都跟句首话题不同。所谓"寄宿",就是移入语序允许的最邻近的一个空置的标定语位。例如:

(87)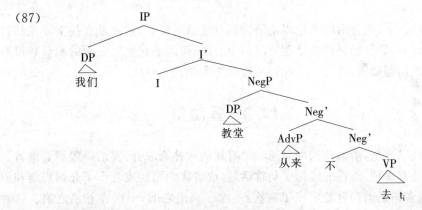

前置宾语"寄宿"在否定词短语的标定语位。第十章讲过,否定词短语也属于语法范畴短语的范畴。本来,主语是可以出现在否定词短语中的,但因为前置宾语的介入,需要将否定词短语从语法范畴短语(IP)中分解出来。再看一个不涉及否定词短语的例子:

---

① 用动结式作谓语动词的句子,"连"也可以用"把"来替换。如:张三连/把手帕都哭湿了;李四连/把最后一块钱也花光了。但是,不用动结式的句子,如(86)中的句子,其中的"连"却不能换。原因之一可能是动结式句子的内部结构不同(参第九章)。另外,状语成分本来就无须前置,所以,用在状语之前的"连"也不能换成"把"。

(88)
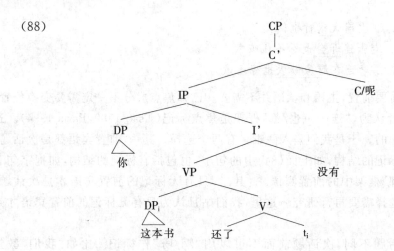

这里,"**没有**"是疑问标记(见第十三章 13.5.3 节),宾语"寄宿"在动词短语的标定语位。前面说过,宾语之所以前置,是要通过变换句法位置而获得话题功能,将它自己摆在已知信息的位置,以便突出余下成分作为新信息的作用。理论上,这种"寄宿"性质的变换位置,不需要独立短语作为移入位,也是语法系统运作经济性的表现。

小结一下,句首话题不论跟谓语动词有无语法关系,它都是直接生成在句首的话题位置的,话题标记词是话题短语的中心语;而跟随在主语后面的次话题没有自己独立的话题短语,是"寄生"在别的短语之中的。

12.2 重动句

现代汉语里,谓语动词如果同时带有宾语和补语成分,宾语一般需要前置。前置的方法有多种,宾语前置作了句首话题(或者次话题),或者作了介词宾语和把字宾语,或者谓语动词重复出现了两次:一次在宾语之前,一次在补语之前。这种谓语动词重复出现两次的句式,就是所谓的重动句(verb-reduplication constructions)。这里,"重动"作为一个句法范畴,谓语动词以相同的基本形态出现两次,就是它的句法标记。例如:

(89) a. 张三访问过[李四][三次]。　　　　　　动量补语
b. [李四],张三访问过[三次]。
c. 张三对[李四]访问过[三次]。
d. 张三访问[李四]访问过[三次]。

(90) a. 李四[茶]沏[在茶壶里]。　　　　　处所补语
　　　比较：*李四沏[茶][在茶壶里]。
　　b. [茶]，李四沏[在茶壶里]。
　　c. 李四把[茶]沏[在茶壶里]。
　　d. 李四沏[茶]沏[在茶壶里]。

(91) a. 王五[门]踢了[一个洞]。　　　　　结果补语
　　　比较：*王五踢了[门][一个洞]。
　　b. [门]，王五踢了[一个洞]。
　　c. 李四把[门]踢了[一个洞]。
　　d. 李四踢[门]踢了[一个洞]。

(92) a. 赵六[电脑]打[得很累]。　　　　　得字补语
　　　比较：*赵六打[电脑][得很累]。
　　b. [电脑]，赵六打[得很累]。
　　c. 赵六打[电脑]打[得很累]。

动量补语句允许宾语和补语都出现在动词之后，但其他句式不可以。另外，不同的动词对句式变异也有影响。比如不能说"*王五把[电脑]打[得很累]"，但换一个动词就可以说，如"王五把[妹妹]气[得很伤心]"。但这些都是涉及个别补语形式的变异，不涉及整个句式的结构。这不是我们这里要关心的。我们关心的问题是，该如何来解析重动句式的结构？

对此，还要补充两种情况。第一，重动句中的补语也可以是构词语素，比如动结式中的表结果的动词。例如：

(93) a. 我追[王千]追[累]了。
　　b. 他听[故事]听[睡]了。

甚至于是词句混合的形式：

(94) a. 他送[礼]送[酸]了[腿]。
　　b. 奶奶吃[李子]吃[坏]了[肚子]。

"酸"、"坏"是动结式的一部分，是词形式，而"腿"、"肚子"是句法形式。

第二，重动句中"带宾语的动词"其实也可以不带（句法）宾语，但它必须是双音节，比如双音节联合式动词或者双音节述宾式离合词。这种情况多出现于含时间补语或者含得字补语的句式中。为叙述方便起见，我们将重动句中的第一个动词称为 V1，第二个动词称为 V2。先看联合式动词的例子：

(95) a. 张三昨天学（习）了[八小时]。
　　　b. 张三昨天学习学（习）了[八小时]。
　　　c. *张三昨天学学（习）了[八小时]。

(96) a. 李四今天游（*泳）了[三个钟头]。
　　　b. 李四今天游泳游（*泳）了[三个钟头]。
　　　c. *李四今天游游（*泳）了[三个钟头]。

V1 必须是双音节的，如（c）句所示。但 V2 的形态（即音节）却可以变异。比如，(95)中的 V2 可以是 V1 的前一个语素，但(96)中的 V2 必须是 V1 的前一个语素。这种差别来源于本身就不存在 V1 的句式，即(a)句。因此可以判定，这种变异是音节对句法的限制。当然，V1 必须是双音节的，也显然是音节对句法的限制。再如：

(97) a. 学习，张三昨天学了八小时。
　　　　比较：*学，张三昨天学了八小时。
　　　b. 游泳，李四今天游了三个钟头。
　　　　比较：*游，李四今天游了三个钟头。

V1 可以出现在句首作话题，但必须是双音节。也同时说明，V1 部分是一个独立的结构成分（constituent）。不过，音节对句法的限制不是我们要关心的问题。

下面来看含双音节述宾式离合词的例子：

(98) a. 张三每天散步[三个钟头]。
　　　b. 张三每天散步散[三个钟头]。
　　　c. 散步，李四每天散[三个钟头]。

(99) a. 李四吹牛吹[得天花乱坠]。
　　　　比较：*李四吹牛[得天花乱坠]。
　　　b. 吹牛，李四吹[得天花乱坠]。

(100) a. 王五签名签[得很漂亮]。
　　　　比较：*王五签名[得很漂亮]。
　　　b. 签名，王五签[得很漂亮]。

跟含时间动量补语的句子不同之处是，含得字补语的句子如果没有 V1 就不合法。前文说过，这属于个别补语句式的变异。

从上文的例子看到，重动句的表层形式如下：

(101)　　主语＋[$_{XP}$　V1＋(宾语)]＋[$_{YP}$　V2＋补语]

有宾语出现,V1可以是单音节;但如果宾语不出现,V1必须是双音节动词。如果V1是双音节动词,V2可以是V1的前一个音节。另外,补语可以是独立的,也可以是V2中表结果的动词,如果V2是动结式动词的话;还可以是"V2中表结果的动词＋独立补语"的形式。

上面用XP/YP完全是为了表述方便,而非有关动词(如V1/V2)投射的结果。XP是典型的述宾结构,YP的内部结构须视补语成分的不同而异。对不同的补语成分的分析,可参见有关章节。比如有关处所补语和结果补语的讨论,可参见第八章8.3.5.1和8.3.5.2节;"**得**"字补语的讨论可参见第十一章11.3节。这里,[$_{XP}$　V1＋(宾语)]和[$_{YP}$　V2＋补语]之间的句法结构关系是我们讨论的重点。

理论上,XP和YP要么是并列关系(coordination),要么是主从关系(subordination)。前者的可能性不大。请观察下面典型的并列结构:

(102)　a. 我们[保卫边疆]和[保卫国家]。
　　　　b. 我们[保卫边疆]和[＿＿国家]。

(103)　a. 他[打麻将][听京戏]。
　　　　b. 他[听京戏][打麻将]。

(104)　a. 他[炒股票][做地产]。
　　　　b. ＊他[炒股票][是做地产]。

(105)　a. 他[抽烟][喝酒]。
　　　　b. ＊[抽烟],他[喝酒]。
　　　　c. ＊[喝酒],他[抽烟]。

并列成分(conjunct)中间可以插进连词"和",动词可以承前省(forward deletion)(J. R. Ross 1970, van Oirsourw 1983,1985),见(102);可以互换位置(Y. R. Chao 1948,1968),见(103);不可以只有后面的并列成分作焦点(He 1990,1996),见(104);也不可以前置作话题(文献同前),见(105)。

请比较下面的重动句:

(106)　a. ＊张三[访问李四]和[访问过三次]。　　　动量补语
　　　　b. ＊张三[访问李四]和[＿＿三次]。
　　　　c. 张三[访问李四][是访问过三次]。
　　　　d. [访问李四],张三[访问过三次]。
　　　　e. [访问过三次],张三[访问李四]。

(107) a. *李四[沏茶]和[沏在茶壶里]。　　　　　处所补语
　　　 b. *李四[沏茶]和[＿＿＿在茶壶里]。
　　　 c. 李四[沏茶][是沏在茶壶里(了)]
　　　 d. [沏茶],李四[沏在茶壶里(了)]。
　　　 e. [沏在茶壶里(了)],李四[沏茶]。

(108) a. *王五[踢门]和[踢了一个洞]。　　　　结果补语
　　　 b. *王五[踢门]和[＿＿＿了一个洞]。
　　　 c. 王五[踢门][是踢了一个洞]
　　　 d. [踢门],王五[踢了一个洞]。
　　　 e. [踢了一个洞],李四[踢门]。

(109) a. *赵六[打电脑]和[打得很累]。　　　　得字补语
　　　 b. *赵六[打电脑]和[＿＿＿得很累]。
　　　 c. 赵六[打电脑][是打得很累]。
　　　 d. [打电脑],赵六[打得很累]。
　　　 e. [打得很累],赵六[打电脑]。

(110) a. *钱七昨天[学习]和[学了八小时]。　　含联合式动词
　　　 b. *钱七昨天[学习]和[＿＿＿八小时]。
　　　 c. 钱七昨天[学习][是学了八小时]。
　　　 d. [学习],钱七昨天[学了八小时]。
　　　 e. [学了八小时],钱七昨天[学习]。

(111) a. *陈二[签名]和[签得很漂亮]。　　　　含离合词
　　　 b. *陈二[签名]和[签得很漂亮]。
　　　 c. 陈二[签名][是签得很漂亮]。
　　　 d. [签名],陈二[签得很漂亮]。
　　　 e. [签得很漂亮],陈二[签名]。

(112) a. *我[追王千]和[追累了]。　　　　　　动结式补语
　　　 b. *我[追王千]和[＿＿＿累了]。
　　　 c. 我[追王千][是追累了]。
　　　 d. 追王千,我追累了。
　　　 e. 追累了,我追王千。

(113) a. ＊他[送礼]和[送酸了腿]。　　　　　　　词句混合补语
　　　 b. ＊他[送礼]和[＿＿酸了腿]。
　　　 c. 他[送礼][是送酸了腿]。
　　　 d. [送礼],他[送酸了腿]。
　　　 e. [送酸了腿],他[送礼]。

我们看到,无论何种形式的重动句,其句式变换的结果跟并列结构的结果恰好相反。这非常有力地说明重动句不是并列结构。

这样一来,重动句中的[$_{XP}$ V1＋(宾语)]和[$_{YP}$ V2＋补语]之间应该是主从关系。那么 XP 和 YP,哪个是主,哪个是从？文献中虽然从来没有直接论证过这个问题,但却有不同的观点。比如,曹逢甫(Tsao 1979,1987)认为重动句中的 XP 是次话题。徐烈炯、刘丹青(1998)持大致相同的观点。这样一来,XP 可能是从。另外,李亚非(Y. Li 1990)认为重动词是"形式化的格标记"(dummy case marker),并不指派题元,它的宾语要需要从谓语动词那里获得题元。从这个角度,XP 可能也是从。还有,石定栩(Shi 1996)认为 XP 像状语从句。因此,XP 当然也是从。不过事实上,XP 跟状语从句相比较,并不完全相似。比如,状语从句可以出现在主句之后,但重动句中的 XP 不可以出现在 YP 之后：

(114) a. 我不去,如果生病的话。
　　　 b. 我没去,因为忙。
　　　 c. 我结果还是去了,虽然有点不舒服。
　　　 d. 我一定会去的,除非生病。
　　　 e. 我明天一定去,万一今天去不了的话。

(115) a. ＊张三访问过三次,访问李四。
　　　 b. ＊李四沏在茶壶里,沏茶。
　　　 c. ＊王五踢了一个洞,踢门。
　　　 d. ＊赵六打得很累,打电脑。
　　　 e. ＊钱七昨天学了八小时,学习。
　　　 f. ＊陈二签得很漂亮,签名。
　　　 g. ＊我追累了,追王千。
　　　 h. ＊他送酸了腿, 送礼。

这样看来,我们不能确认重动句中的[$_{XP}$ V1＋(宾语)]相当于状语从句。

Rothstein(1983)曾提出的"主/次谓词假说"(The Primary/Secondary Predication Hypothesis)。简单地说,它认为如果一个句式有两个谓词,其中一个表达的语义逻辑是另一个表达的语义逻辑的衍伸,而不是相反,那么,前者是次谓

词,后者是主谓词。黄正德(C.-T. James Huang 1988)依据这一观点,对汉语得字补语句,如"**他跑得快**",进行了详细地论证分析。简而言之,这类句子中"**得**"之前的谓词,如"**跑**",是主谓词,之后的谓词,如"**快**",是次谓词,因为"**快**"是"**跑**"的结果,如果没有"**跑**",也就无所谓"**快**"。换言之,"**得**"之前的这部分是主句,得字补语部分是从句。

这个观点可以为我们分析重动句提供有益的借鉴。根据上文所有重动句的例子,可以看到,[YP V2+补语]这部分表达的语义逻辑,例如时间动量、处所、结果等,应该是[XP V1+(宾语)]这部分表达的语义逻辑(如施受逻辑)的延伸,而不可相反。因此,我们认为重动句中的 V1 是主谓词,而 V2 则是次谓词。那么,重动句的结构相当于谓语动词(V1)带了一个宾语和一个复杂的补语,有自己的谓词。例如:

(116)

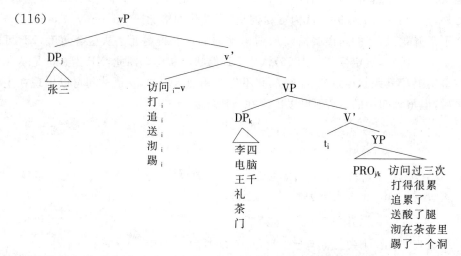

假如动词是双音节联合式或者述宾式,如"**陈二签名签得很漂亮**"、"**钱七昨天学习学了八小时**",那么,就没有句法宾语,即动词短语(VP)的标定语位是空置的,没有一个宾语(DP)。另外,虚代词(PRO)既可以受主语控制,如"**张三**ᵢ **打电脑[PRO**ᵢ **打得很累]**";也可以受宾语控制,如"**张三踢门**ᵢ **[PRO**ᵢ **踢了一个洞]**"。

这样我们便解释了重动句的结构。注意,有时重动句会有歧义,如"**王五骂[妹妹]骂[得很伤心]**",其中"**很伤心**"的人,可能是"**王五**",也可能是"**妹妹**"。它的基本结构跟(118)同,不同之处是:补语结构(YP)的空主语(PRO)既可以跟重动句的主语同指,也可以重动句的宾语同指;如是前者,就是"**王五伤心**";如是后者,就是"**妹妹伤心**"。

最后要提到的是,含"**得**"字补语的重动句还可以产生变体。即第一个动词不出现,由"**的**"字取而代之。例如,下面(117)中右边的句子就是左边重动句的变体:

(117)　a. 他打篮球打得好。　　⇒　　他的篮球打得好。
　　　　b. 他唱山歌唱得好。　　⇒　　他的山歌唱得好。
　　　　c. 他练气功练得好。　　⇒　　他的气功练得好。
　　　　d. 他拿大顶拿得好。　　⇒　　他的大顶拿得好。
　　　　e. 他做生意做得好。　　⇒　　他的生意做得好。
　　　　f. 他开汽车开得好。　　⇒　　他的汽车开得好。
　　　　g. 他写文章写得好。　　⇒　　他的文章写得好。

以上，变体句的语义跟原来的重动句完全一样。不过，有时候，变体句也会有歧义。比如：

(118)　a. 他当老师当得好。　　⇒　　他的老师当得好。
　　　　b. 他教学生教得好。　　⇒　　他的学生教得好。
　　　　c. 他扮歌星扮得好。　　⇒　　他的歌星扮得好。
　　　　d. 他演父亲演得好。　　⇒　　他的父亲演得好。

(118)里边的变体句，"的"字可以没有领属语义，也可以有。比如，"**他的老师当得好**"既有"他当老师当得好"的意思（即"的"没有领属语义），也有"他的老师担当某一职务时当得好"的意思（即"的"有领属语义）。后者的语义在语境中更容易理解，比如"学校的几个老师一起担任运动会的裁判，其中只有**他的老师当得好**"。造成歧义的原因，首先是"的"字的两种功能相互交叉使然。本来，变体句中的"的"是一个取代重动句第一动词的填位语素，完全没有语义功能，比如(117)里边的变体句；但是，有的时候，变体句会跟领属"的"字句在表层结构相同，或者说表层结构相互重合，于是造成歧义，比如(118)里边的变体句。换句话说，"**他的老师当得好**"之类实际代表了两种结构：重动句的变体句以及领属"的"字句，二者的表层结构相同，是为歧义。其次，之所以有一部分变体句会跟领属"的"字句在表层结构相同，是因为重动句在产生变体时，第一动词的宾语又可能转变为第二动词的主语。譬如，(117)中重动句第一动词的宾语是"无生命"名词，在转换成变体句之后，仍然是第二动词的宾语。相对而言，(118)中重动句的第一动词的宾语是"有生命"名词，在转换成变体句之后，除了继续充当宾语之外，还可以充当第二动词的主语。如是后者，客观上就形成在表层结构与领属"的"字句相互重合的可能，产生歧义。

那么，重动句是如何变换成其变体的呢？这首先要理解变体句中"的"字是填位语素，没有语义功能。据观察，这个"的"字表现的"语义"完全没有定数，毫无规律可言。它有时似乎表示领属关系，如"**他的文章写得好**"；但别的时候就没有，比如"**他的老师当得好/他的篮球打得好/他的气功练得好**"；或者可有可无，比如"**他的汽车开得好**"。这里，是否有领属关系，似乎跟语境有关，也跟动词有关。比如

"他的汽车开得好"这句话,对着车主说或者对着职业司机说,其中隐含的"汽车属于他"或者"不属于他"可以随语境而定。另外,说"他的文章写得好",文章多半是自己的,而"他的文章改得好",文章就可能是别人的。这种随语境或动词而变的领属关系说明什么呢?它说明有关语义跟"的"字本身完全没有内在关系。换言之,这里的"的"根本就不是领属助词。也就是说,当我们考察重动句变体结构时,关键的是要确定原来的第一个动词怎么就变成了一个没有语义功能的"的"字?

朱德熙(1982)曾讲到这类句子的语义,但未谈到结构。肖国政(1986)、张伯江(1993)的研究也是如此。其他如梅广(Mei 1978)、黄正德(2008)、邓思颖(2008,2009)则认为变体是通过重动句结构衍生而来的,但各有其分析机制。本书赞同变体是通过重动句结构衍生而来的观点,但认为之前提出的衍生过程太过复杂,不太符合语法系统运作的经济原则和语言习得的大背景。事实上,由重动句产生出变体,结构上是一个极其简单而又直接了当的变化,即第一个动词不出现,由"的"取而代之。这里,"的"字完全没有语义功能,只是一个有音无义的填位语素(见上文)。语法系统允许虚词的这种简单的填位功能,是为了避免更复杂的操作程序,符合语法系统运作的经济原则。跟重动句比,变体句是一种更经济的句式。从语言习得的角度,儿童应该是先学会变体句,再掌握重动句。假如产生变体的过程复杂不已,儿童如何能够学得会?

那么,"的"是怎么取代第一个动词的呢?很简单,按照上文(28)的结构,谓语动词要移位跟零轻动词结合,否则不合语法。但是,如果动词不移位,为了避免造成不合法的结构,就必须有另外一个词项去跟零轻动词结合。这就是"的"的填位功用。"的"从词库输出,直接填入零轻动词的位置,组成:

(119) [vP 张三$_i$ 的-v [VP 老师 [v' 当 [PRO$_i$ 当得好]]]]

这个结构输出到语音形式界面之后,第二个动词经过同音删除,就得到:

(120) [vP 张三$_i$ 的-v [VP 老师 [v' 当 [PRO$_i$ ∅ 得好]]]]

对语法系统而言,生成这样的结构相对简单经济,理论上应该更接近真实的言语生成和语言习得的情况。从上面分析还知道,"的"字还可以充当填位语素,是它的一个重要语法功能(也见第八章8.3.2节)。

12.3 比较句

"比较"(comparison)是言语中少不了的语义范畴,人说话随时都会用到它。将"比较"这个语义范畴具体用句法结构表达出来,就是比较句。对汉语比较句的研究历来都有。早期的观察与论述以吕叔湘(1944)最为全面,其他如黎锦熙(1924)、高名凯(1948)、丁声树等(1961)都较为简略。对不同比较句式的研究有陆俭明(1980)、李纳及汤普逊(Li & Thompson 1981)、朱德熙(1983b)、马真(1986)、邵敬敏(1990)、刘慧英(1992)、张献忠(1993)、李力(2001)、谢仁友(2003)、许国萍(1997,2007)，等等。不过，多为考量比较句式所表达的语义范畴，少有对比较句式本身的结构进行解析。这方面，曹逢甫(1997)、刘丹青(2003)虽有涉及，但所关心的仅是某一成分是否是话题，对整体结构却欠缺分析。而忽略结构本身的分析，正是之前的研究有某些观察或解释失误的原因之一，也是我们至今对比较句式跟整个语法系统运作之间的关系不太清楚的原因(又参何元建 2010b)。在本节里，我们从结构生成的角度探讨如何解析现代汉语比较句式的成分结构，希望了解比较句式跟整个语法系统运作之间的关系。

12.3.1　基本句式

有五种：一、"和/跟……比(较)/相比(较)"字句；二、"有"字句；三、"像"字句；四、"比"字句；五、"于"字句。前三种既可表示等比，也可表示差比；后两种只能表示差比。语义上，等比表示比较对象在性质、程度上相近或相等，差比表示对象在性质、程度上有所差异，并不相同或相似。句法上，差比句的形式变化则比等比句复杂得多。下面，我们称"比/比较/相比/相比较"、"有"、"像"、"比"、"于"这些词语为比较句式的标记词(marker)。

先看等比句。"和/跟……比(较)/相比(较)"字句、"有"字句以及"像"字句三者的肯定形式就是等比句。"有"字句、"像"字句的例子如：

(121)　a. [你]有[他]跑得快！
　　　　b. [你]像[他]一样清醒。
　　　　c. [你打字]有[他]打得快。
　　　　d. [你开车]像[他开车]一样安全。

但"和/跟……比(较)/相比(较)"句式有两种形式。例如：

(122A)　a. [这间]和/跟[那间]比/比较/相比/相比较，两间一样大。
　　　　b. [你写字]和/跟[他写字]比，两人写得一样好。
　　　　c. [你]和/跟[他]比，字写得一样好。

(122B)　a. [这间]和/跟[那间](比)一样大。
　　　　b. [你写字]和/跟[他](比)写得一样好。

(122A)有标记词，后面有一停顿，谓词前面有主语(**两间/两人/字**)。但(122B)没有标记词，没有停顿，谓词前面也没有主语。注意，"和/跟"、"有"、"像"前后是进行比较的成分，它可以是名词性的，也可以是句子。

再看差比句。有五种。第一种是等比句式中出现了选择项。如：

(123) a. [这间房子]和/跟[那间房子]比,这间/那间大。
b. [你做事]和/跟[他做事]相比,你更有耐心。

第二种是等比句式的疑问形式。如:

(124) a. [这房子]和/跟[那房子]比,(它)有那么大吗?
b. [你炒股]和/跟[他炒股]相比,谁赚的钱更多?
c. [你跑步]有[他跑步]跑得快吗?
d. [你的头脑]真像[皎洁的月亮]一样清醒吗?

疑问语义是一个针对有关答案的开放性集合。也就是选择项的开放性集合:等比是一种可能,正差比是一种可能(较大/高/长/强/黑/亮/快、等等),反差比也是一种可能(较小/矮/短/弱/白/暗/慢、等等)。所以,疑问句也属于差比的范畴。

第三种是等比句式的否定形式。可以在"**和/跟**"、"**有**"、"**像**"前面直接加否定词(**没/不**)。如:

(125) a. [我]不和/跟[他]比/比较。
b. [你跑步]没有[他跑步]跑得快。
c. [我的头脑]不像[皎洁的月亮]一样清醒。

也可以在谓词前直接加否定词(**没有/不**),如:

(126) a. [这房子]和/跟[那房子]比/比较,(它)没有那么大。
b. [这间]和/跟[那间]比/相比,两间不一样大。
c. [你]和/跟[他]相比,谁都没有能耐。

还可以去掉"**和/跟**"、"**有**"、"**像**",用"**没有/不如**"取代。如:

(127) a. [这间房子]没有/不如[那间房子]那么大。
b. [你(跑步)]不如[他(跑步)]跑得快。
c. [我的头脑]没有/不如[皎洁的月亮]一样清醒。

差比句的第四种是"**比**"字句(包括肯定和否定形式)。例如:

(128) a. [我]比[他]了解你。
b. [你办事]不比[他]强。
c. [他批评人]比[你]要中肯。
d. [老师表扬学生]比[校长表扬老师]更受欢迎。
e. [她游泳]比[你跑步]还快。

首先,"**比**"前后进行比较的成分,可以是名词性的,也可以是句子。其次,"**比**"不能换成"**比较/相比**",比如:*我比较/相比他了解你、*你比较/相比他强。而上文中

"和/跟……比(较)/相比(较)"句式中的"比"可以跟"比较/相比"互换。究其原因，"比"字句中的"比"应该来源于"于"字句中的"于"，是介词；而"和/跟"句式中的"比"应该是"比较/相比"的缩略形式，是表达比较范畴的轻动词（见下文的讨论）。

差比句的第五种是"于"字句（也包括肯定和否定形式）。如：

(129) a. 5 大于 3。
   b. 此不同于彼。

这是继承古汉语的句式。有关研究可参见黄晓慧（1989，1992）、李纳、石毓智（1998）。下面我们先解析等比句的结构，然后再解析差比句。

12.3.2 等比句

从语义的角度，"有"字句、"像"字句组成的等比句结构，可以这样来看：

(130) [主体(比较点)]＋标记词＋[客体(比较点)]＋比较结果

"和/跟……比(较)/比(较)"字句组成的等比句，可以这样来看：

(131) A. [主体(比较点)]＋连词＋[客体(比较点)]＋标记词
   ＋[复指主、客体(比较点)]＋比较结果 (cf. 124A)
  B. [主体(比较点)]＋连词＋[客体(比较点)]
   ＋(标记词)＋比较结果 (cf. 124B)

有三个要点。其一，主体是被比较的成分，客体是参照。其二，比较点是主、客体各自的属性、特征，等等。主、客体的比较点可以相同（可称为同比），比如高度比高度、面积比面积。也可以不同（可称为异比），比如"**我的大脑跟月光一般清澈**"，其中"头脑的状态"跟"月亮的光"相比。"**这张桌子的宽度比那张写字台的长度还要长**"，"宽度"跟"长度"比。"**她游泳比你跑步还快**"，"游泳"跟"跑步"比。有时，异比有比喻功能，适用于特殊语境，如童话故事中"**丽丝(的腿)跟木头(的腿)跑得一样快**"。其三，在等比结构中，不管比较点是否相同，主、客体必定相等或相似，因此，比较结果不涉及二者之间的选择，而是同时指向二者。不同的是，有时候，[主客体＋(比较点)]在比较结果前复指出来，如(131A)，而有的时候却不复指出来，如(131B)和(130)。

把可选成分都考虑在内，(130)代表的"有"字句如(以下，Z＝主体，PC＝比较点，M＝标记词，K＝客体，R＝比较结果)：

（132）　　　Z　　　PC　　　M　　　K　　　PC　　　R
　　　　a. 这件　　的质量　　有　　那件　　的质量　　那么好。
　　　　b. 这件　　的质量　　有　　那件　　的　　　那么好。
　　　　c. 这件　　的　　　有　　那件　　的质量　　那么好。
　　　　d. 这件　　的　　　有　　那件　　的　　　那么好。
　　　　e. 这件　　的　　　有　　那件　　　　　　那么好。
　　　　f. 这件　　　　　　有　　那件　　的　　　那么好。
　　　　g. 这件　　　　　　有　　那件　　　　　　那么好。

"像"字句如：

（133）　　　Z　　　PC　　　M　　　K　　　PC　　　R
　　　　a. 你　　的嘴　　像　　他　　的嘴　　一样能说会道。
　　　　b. 你　　的嘴　　像　　他　　的　　　一样能说会道。
　　　　c. 你　　的　　　像　　他　　的嘴　　一样能说会道。
　　　　d. 你　　的　　　像　　他　　的　　　一样能说会道。
　　　　e. 你　　的　　　像　　他　　　　　　一样能说会道。
　　　　f. 你　　　　　　像　　他　　的　　　一样能说会道。
　　　　g. 你　　　　　　像　　他　　　　　　一样能说会道。

比较点可以跟随主体、客体一起出现，也可以随其一，还可以完全不出现。理论上，随其一的情况是承前或蒙后照应省略了，完全不出现情况就是零代词(pro)，它跟上下文中的相关成分共指(co-referential)。这正是为什么在没有比较点的情况下，就要从上下文来理解要比较的"东西"究竟是什么的原因。换言之，比较点完全不出现的句子并非是从有比较点的句子经省略而来的，二者的内部结构稍有不同。之前有研究（如包华莉1993）注意到这一点，但未讲清楚为什么不同。这个不同就是省略与零代词的区别。以上，(b)-(c)这样的句子从(a)省略而来，而(d)-(g)这样的句子则有零代词充当的比较点，跟上下文中的相关成分共指。不管是省略还是零代词，都不影响句子的整体结构（见下文）。①

再看"和/跟……比(较)/相比(较)"字句的例子。先看(122A)式（以下，CN = 连词，RE = 复指主、客体）：

---

① 省略有两种：并列结构中的相同成分省略（coordinationdeletion），以及语境中照应省略（ellipsis）。前一种省略可以承前或者蒙后（视相同成分的位置而定），后一种只能承前。另外，两个或多个并列成分自身会构成语境，也会出现照应省略（参 van Oirsouw 1983，1985；W. Chao 1987；He 1996）。

(134)   Z PC CN K PC
  a. 学校 的气氛 和/跟 公司 的气氛
    M PRE PC R
    相比 两边 的气氛 一般好。
  b. 学校和/跟公司的气氛相比,两边的气氛一般好。
  c. 学校的气氛和/跟公司相比,两边的气氛一般好。
  d. 学校和/跟公司相比,两边的气氛一般好。
  e. 学校和/跟公司相比,两边一般好。
  f. 学校和/跟公司相比,气氛一般好。
  g. 学校和/跟公司相比,一般好。

主、客体一定要出现,复指的主、客体却是可选的。比较点也是可选的,但如完全不出现,就要从上下文来理解要比较的"东西"究竟是什么。

再看(131B)式。这里,主、客体不用在比较结果中复指出来,标记词是也可选的。如果标记词出现,我们有:

(135)   Z PC CN K PC M R
  a. 学校 的气氛 和/跟 公司 的气氛 比较, 不相上下。
  b. 学校 的气氛 和/跟 公司 的 比较, 不相上下。
  c. 学校 的 和/跟 公司 的气氛 比较, 不相上下。
  d. 学校 的 和/跟 公司 的 比较, 不相上下。
  e. 学校 的 和/跟 公司 比较, 不相上下。
  f. 学校 和/跟 公司 的 比较, 不相上下。
  g. 学校 和/跟 公司 比较, 不相上下。

如果标记词也不出现,我们有:

(136) a. 学校[的气氛]和/跟公司[的气氛]不相上下。
  b. 学校[的气氛]和/跟公司[的]不相上下。
  c. 学校[的]和/跟公司[的气氛]不相上下。
  d. 学校[的]和/跟公司[的]不相上下。
  e. 学校[的]和/跟公司不相上下。
  f. 学校和/跟公司[的]不相上下。
  g. 学校和/跟公司不相上下。

这些句式的句法结构又该如何来理解呢?首先,标记词就是表达比较范畴的轻动词。这包括"有"、"像"、"比/比较/相比/相比较"。其次,谓词(动词或形容词)就是表达比较结果的成分。再次,谓词的主语就是[复指的主客体+(比较点)]。但是,以上(130)、(131A)、(132B)句式的具体结构各有不同。

一、(126)的形式是一类,即"**有/像**"字句。"**有/像**"带一个主语,即[主体],再带一个从句,即[客体＋谓词]组成的小句。结构和例子如下:

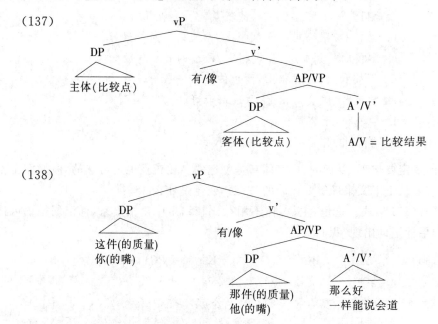

轻动词必须是实词。如果是零形式,谓词就要越过主语上移跟零轻动词结合,生成不合法的结构,如"＊[你的嘴　一样能说会道$_i$-v　[他的嘴　t_i　]]"。

二、(131A)是"**和/跟……比/相比**"字句的一种。这里,"**比/相比**"的主语是[**主体＋和/跟＋客体**]组成的并列结构;[复指的主、客体＋谓词]组成小句,充当"**比/相比**"的从句。结构和例子如下:

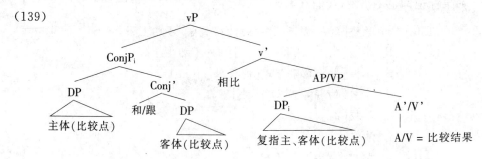

第十二章 特殊的句法范畴(二) 433

(140)

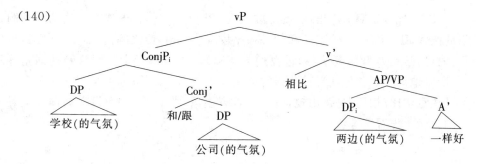

前文说过,在等比结构中,比较结果必定同时指向主、客体二者。结构上,这表现为谓词主语要与[主体(比较点)+客体(比较点)]组成的并列结构共指(co-referential)。这是结构上造成主、客体二者等比的原因。另外,如果有一个(或者两个、三个)比较点不出现,结构有关部分就会做出相应调整。其他可能的结构,大同小异,就不一一讨论了。

三、(131B)跟(131A)的基础结构一致,但"**比/相比**"不出现,谓词也没有主语。结构和例子如下:

(141)

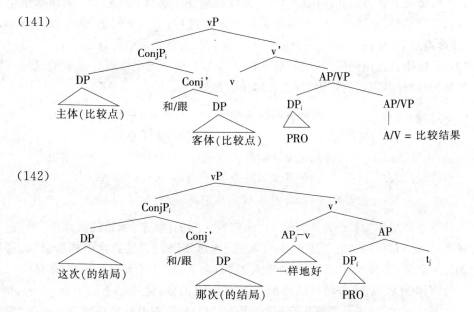

(142)

v = 零轻动词,PRO = 虚代词。也就是说,轻动词不出现就是零形式,谓词表面上没有主语,其实主语是虚代词。理由是,按题元原则(Chomsky 1981:29),谓词不能没有主语,如完全不出现,就是虚代词(PRO)。① 它出现在谓词的域外附加语的位置,跟[主体(比较点)]和[客体(比较点)]共指,使之等比。再如"**[办这件案子(的过程)和办那件案子(的过程)]$_i$** [PRO$_i$ **一样棘手**]"。因为轻动词是零形式,所以谓词就要移位到零轻动词的位置。

注意,"比/相比"是否出现,谓词是否有主语,并非偶然,而是有关词项互补分布的必然。先看例子:

(143) a. 这间跟那间相比 [PRO 一样大]。
　　　 b. 这间跟那间 一样大$_i$-v [PRO t$_i$]。

(144) a. 这间跟那间相比,[两间一样大]。
　　　 b. *这间跟那间 一样大$_i$-v,[两间 t$_i$]。

如果轻动词是实词,谓词主语既可以是实词,也可以是零形式。但是,如果轻动词是零形式,谓词主语也必须是零形式,否则谓词就要越过主语上移跟零轻动词结合,生成不合法的结构(也见上文"**有/像**"字句结构的讨论)。

另需补充几点。其一,就[主体(比较点)]和[客体(比较点)]的内部结构而言,如果比较点是谓词,主、客体是它的主语,结构上是一个句子,如"**[你跑步]和/像[她跑步]一样快**"。而如果比较点是名词,主、客体是它的修饰语,结构上是一个"的"字短语。上面例子中,"的"前面的成分是名词。但也可以是限定词、形容词、数量词、动词等组成的短语,或者是句子。比如:

(145) a. [这次的]结局和/跟[那次的]结局(比较)一样好。
　　　 b. [快的]方式和/跟[慢的]方式(相比)差不多。
　　　 c. [十个人的]饭量和/跟[九个人的]饭量(相比)大致一样。
　　　 d. [做得快的]效果和/跟[做得慢的]效果(相比)都一样。
　　　 e. [我们发货的]价钱和/跟[他们发货的]价钱(相比)完全一样。

比较点也可能作为修饰语出现。如"**此刻我大脑的[状态]像这汪泉水的[透明]一样清澈**"也可以说成"**此刻我大脑的[状态]像这汪[透明]的泉水一样清澈**"。这里的比较点属于"异比"(即两个比较点不同)。有关"中心语-修饰语"的变换仅是[主/客体-比较点]内部结构的调整,不影响上文的分析。

其二,"的"或者是领属限定词,或者是结构助词,视具体结构而定。比如"**学校的**"中的"**的**"是领属限定词(参第五章 5.4 节),"**快的**"中的"**的**"就是助词(参第六章 6.4 节)。

---

① 之前说过,虚代词(PRO)不可以复原成语音形式,不同于零代词(pro)。比如"Pro 吃了吗"中的"pro"可以复原成"你"。但"他$_i$ 打电话[PRO$_i$ 请医生]"中的"PRO"不能复原成"他"。

第十二章 特殊的句法范畴(二) 435

其三,[主体/客体-比较点]这一成分都是有指称的(referential),所以它是限定词短语(DP)。如果"**的**"是领属限定词,如"**学校的气氛**",就没有问题;但如果是助词,如"**快的方式**",那就可能有零限定词(参第五章5.5节)。

其四,前文说过,比较点也可以是零代词(pro),它跟上下文中的相关成分共指。例如,"**刚才看的那件(的)[(价钱)38块]$_i$,[这件(的)pro$_i$](跟[那件(的)pro$_i$])差不多**"或者"**刚才看的那件(的)[(价钱)38块]$_i$,[这件(的)pro$_i$]跟[那件(的)pro$_i$]比,[两件(的)pro$_i$]差不多**"。这里,比较点可以是属性(价钱),也可以是属性的表达单位(38块)。在语义范畴,事物的属性特征跟表达的单位有模糊的相关关系,都可以用来表达同一个语义范畴,都可以用同一个语言形式编码,这是大脑的记忆结构所决定的,也是记忆系统跟编码系统(=语法)之间相互补充配合的运作关系所决定的(参Pinker 1999)。

12.3.3 差比句

前文说过,差比句有五种:一、等比句中出现了选择项;二、等比句的否定形式;三、等比句的疑问形式;四、"**比**"字句;五、"**于**"字句。上一节我们分析了等比句的结构。那么,它的否定、疑问形式就是在肯定结构的基础之上做出相应的调整。对此,我们就不一一探讨了(否定句的讨论见第十章10.2节,疑问句的讨论见第十三章)。在此只需要解析含选择项的等比句结构。例如:

(146)

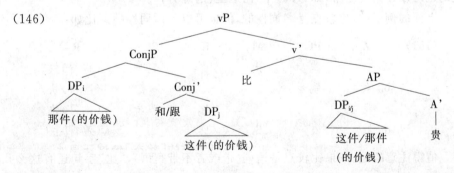

这个结构跟同类等比句的基础结构一样,如上文(139)。唯一不同的是,谓词的主语可以复指主体,也可以复指客体,由此形成选择项。具体来说,谓词主语要么跟主体共指,要么客体共指。

下面来看"**比**"字句。见例(128):

(147) [主体(比较点)]+标记词+[客体(比较点)]+比较结果

将所有可能性考虑在内,(147)的例子如(以下,Z = 主体,PC = 比较点,M = 标记词,K = 客体,R = 比较结果):

(148)　　Z　　　PC　　　　M　　K　　　PC　　　　R
　　　　a. 你　　的个子　　比　　他　　的个子　　（还/更）高。
　　　　b. 你　　的个子　　比　　他　　的　　　　（还/更）高。
　　　　c. 你　　的　　　　比　　他　　的个子　　（还/更）高。
　　　　d. 你　　的　　　　比　　他　　的　　　　（还/更）高。
　　　　e. 你　　的　　　　比　　他　　　　　　　（还/更）高。
　　　　f. 你　　　　　　　比　　他　　的　　　　（还/更）高。
　　　　g. 你　　　　　　　比　　他　　　　　　　（还/更）高。

同前文，比较点完全不出现就要靠语境来判断比较的"东西"究竟是什么。除此之外，受语境的影响，[主体-比较点]或者[客体-比较点]，甚至标记词也都可以不出现。例如：

(149)　a.（摸摸秀贞的头发，说:）比小妹的还好！
　　　　b.（环顾新居，自言自语:）比过去住的宽敞多了！

(150)　问：北京比咱这里大吧？
　　　　答：大多了！

[主体-比较点]可以在语境之中，如(149)中"**秀贞的头发**"；[客体(比较点)]连同标记词也可以在语境之中，如(150)中"**比这里(的地方)**"。

上面的例子中，比较点是名词性的，但也可以是谓词性的。比如：

(151)　　Z　　　PC　　M　　K　　PC　　R
　　　　a. 我　　跑步　　比　　你　　跑步　　（跑得）快。
　　　　b. 我　　跑步　　比　　你　　　　　　（跑得）快。
　　　　c. 我　　　　　　比　　你　　跑步　　（跑得）快。
　　　　d. 我　　　　　　比　　你　　　　　　（跑得）快。

值得注意的是，如果比较点是谓词(带或者不带宾语)，"比"字句还有这么几个特点。其一，进行比较的主、客体都是谓词的主语，不能是宾语。这是余霭芹(Hashimioto 1966, 1971)观察到的。比如：

(152)　a. [老师批评校长]比[家长]还厉害。
　　　　　　（"家长"不是被批评的对象）
　　　　b. [学生表扬老师]比[校长]还多。
　　　　　　（"校长"不是被表扬的对象）

[客体＋(比较点)]中的比较点没有出现，但仍然存在有关的语义，这说明它被省略了，即"家长批评校长"、"校长表扬老师"，留下了谓词的主语(＝客体)。相

对而言,有的语言(如英语)允许主、客体是谓词的宾语。譬如"John buohgt more apples than Mary sold bears"。汉、英差别的原因首先是语序不同。如用汉语来演示,英语句子相当于:[张三买苹果]还多比[李四卖梨]。其次,英语有形态变化,允许主体比较点同时兼任比较结果,二者合一;这样,表示比较结果的谓词变成了主体(或客体)名词的修饰语:[张三买还多苹果]比[李四卖梨]。但汉语"比"字句的结构不同,它的语序不同于英语,也不允许主体比较点同时兼任比较结果。因此,它只能比较主语,不能比较宾语。如果要比较宾语,就要用其他结构,譬如[关系语句+名词],如"[张三买的苹果]比[李四卖的梨]还多",或者用"于"字句,如"[张三买(的)苹果]多于[李四卖(的)梨]"。"于"字句的语序虽然跟英语比较句相近,但由于汉语没有形态变化,仍不允许主体比较点兼任比较结果。

其二,当主、客体的比较点不同,即进行所谓异比时,有一些句子会不合语法。这是曹逢甫(Tsao 1990)观察到的。例如:

(153) a. *[桌子宽]比[写字台长]还宽。
　　　　比较: The table is wider than the desk is long.
　　　b. *[他痛苦]比[你快乐]还痛苦。
　　　　比较: He is more depressed than you are happy.
　　　c. *[你瘦]比[她胖]还瘦。
　　　　比较: You are thinner than she is fat.

跟汉语比,英语的同类句子却是合法的。二者差别的原因仍然是主体比较点是否可以兼任比较结果。英语可以,而汉语不行。但注意,汉语虽然不允许主体比较点兼任比较结果,不等于说它不可以进行异比。有两种情况。一、比较结果跟主体比较点相同,用名词短语结构来表达,如"[桌子的宽度]比[写字台的长度]还宽"。二、比较结果是独立的。例如:

(154) a. [桌子宽]比[写字台长]还实用。　　比较:(153)(a)
　　　b. [他痛苦]比[你快乐]还多。　　　　比较:(153)(b)
　　　c. [你瘦]比[她胖]还讨厌。　　　　　比较:(153)(c)

其三,不存在"多层依存关系"(unbounded dependency),这是刘振生(Liu 1996)观察到的。例如:

(155) 张三ᵢ 今天比[他ᵢ 昨天]高兴。
　　　*张三ᵢ 今天比[李四说[他ᵢ 昨天]]高兴。
　　　比较: John is happier today than Paul says he was yesterday.

"比"字后面的句子一旦进入嵌入结构,就不合法。说明这个位置不能有复句。

相对而言,英语的同类句子却是合法的。原因仍然是语序的差别以及主体比较点是否可以兼任比较结果。

另外,按石定栩(Shi 2001),"比"字句含不含"更"字是判断比较关系中有无层级关系的一个标准。例如,"张三比李四高"仅仅表达二者的相对高度,但却没有绝对高度的暗示。相对而言,"张三比李四更高"却有"**李四本来就比较高/很高**"的意思。换言之,"更"能够表达层级关系,而没有"更",层级关系就不明显。该如何来分析"比"字句呢?之前的研究曾探索是否可以按照英语比较句的来分析(如 R. Cheng 1966,Hashimoto 1966,Fu 1978,Liu 1996)。按照生成语法理论,英语比较句应该是通过客体的比较点谓词移位以及底层形式(= 看不见)的"Wh-移位"来实现的,目的是要解释"比较层级"的语义(参 Bresnan 1973,Chomsky 1977,Lasnik & Uriagereka 1988,Kennedy 1999,Heim 2001)。但汉语"比"字句的"比较层级"并不明显,谓词没有形态变化,"比"字本身恐怕跟英语比较句中的"than"也不完全相同,所以"比"字句的结构可以再研究。下面仅提供一种意见。

前文说过,"比"字句中的"比"不同于"和/跟……比(较)/相比(较)"字句中的"比"。理由有四。用"比1"表示前者,"比2"表示后者,我们有:

一、"比1"不能跟"比较/相比"互换,"比2"可以,见前文的讨论。

二、句法位置不同,一个是[主体(比较点)客体+比1+客体(比较点)],另一个是[主体(比较点)+客体(比较点)+比2]。如"她(的性格)[比你(的性格)]好"和"她(的性格)跟[你(的性格)比],都好"。

三、[比1+客体(比较点)]是可选成分,[客体(比较点)+比2]不是。如"**她(比你的个子)高**"和"**她跟(*你的个子比),高很多**"。

四、[比1+客体(比较点)]跟"于"字句中的[于+客体(比较点)]的语义功能基本一致,只是语序不同(见下文),而[客体(比较点)+比2]没有这种一致性。

所以,"比"字句中的"比"应该是介词。这样,"比"字句的结构可以用一个谓词短语来表示,[主体(比较点)]是谓词主语,谓词及其补语(如有的话)就是比较结果,而[客体(比较点)]是"比"的介词宾语。如:

(156)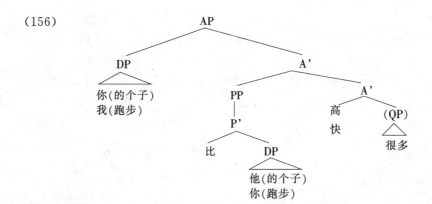

PP=谓词的附加语,QP=谓词的补语(汉语中的形容词补语不多,但并非没有)。如果[主体(比较点)]不出现,就是零代词(pro),它跟上文中的有关成分共指。而如果[客体-比较点]连同标记词一起不出现,结构中便没有"比"短语(PP)。结构上,"比"短语是附加语,正好反映了这一可选性。

另需要注意的是"比"字句可以跟其他结构交叉:

(157) a. 是[你办事]比[他]有能耐。　　跟焦点句交叉
       [你办事]是比[他]有能耐。
    b. [你跑步]比[她]跑得快。　　　　跟"得"字句交叉
       [你跑步]跑得比[她]快。
    c. [你打电脑]比[她][打得累]。　　跟重动句交叉
       [打电脑],[你]比[她][打得累]。

(a)是跟焦点句交叉;(b)是跟"得"字句交叉;(c)是跟重动句交叉。这些句子的结构也应该可以按照上面(154)的基础结构来分析,不赘。

最后来看"于"字句。其句式组成如下:

(158) [主体(比较点)]+比较结果+标记词+[客体(比较点)]

它的比较结果要出现在[标记词+客体(比较点)]之前,是为跟"比"字句的唯一区别,后者见上文(147)。"于"也是介词,它组成的介词短语充当谓词的补语。例如:

(159)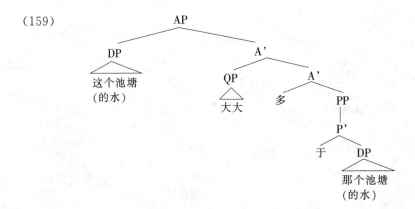

同前,比较点是可选成分;如果都不出现,要靠语境因素决定比较的"东西"到底是什么。

但是,在语义功能上,谓词后的"于"短语跟谓词前的"比"短语完全一样,没有太大的区别。那为什么会有这个语序的差别呢?这恐怕跟有关结构的历史演变有关。我们知道,"于"字句源于古汉语,例如:

(160)　a. 苛政猛于虎。(礼记·檀弓下)
　　　　b. 猛于烈火。(尚书·胤征)

古汉语中尚无"比"字句。可以推测,在古汉语和现代汉语之间,比较句式的结构发生了变化,[标记词＋客体(比较点)]这一部分从谓词后转移到了谓词前。其间既涉及结构的演变,也涉及词项的演变("于"变成"比")。究竟如何演变,这还需要再研究。就"于"字句本身而言,在现代汉语中,"谓词＋于"也许有词汇化的倾向,如"**大于**"、"**小于**"、"**优于**"等等,这说明有关变化过程也可能导致了句式本身的变化。今天,说汉语的人除非在书面中并不习惯用"于"字句,比如"!**新房子(的面积)大于旧房子**",语法上没错,但一般不会这样说。究其原因,也许是不习惯这种编码方式,又或许是因为它表达的信息顺序跟今人所习惯的信息排列不大一样。或者说今天我们使用"于"字句时要受到语用选择的限制。按 Pinker(1999),语言系统中的习惯编码方式往往已经进入了记忆,如习语成语等等。语用选择限制也可以说是一种记忆。"比"字句式用习惯了,它的语用选择也就进入了记忆,有关编码方式也进入了记忆。不再习惯用"于"字句相当于我们的记忆在跟新的、可选择的编码方式相互作用。还需再研究。

最后小结一下。"有/像"字句及"和/跟……比(较)/相比(较)"字句组成的等比句和差比句,其基本结构都相当一致。其中的标记性词语"**有**"、"**像**"、"**比(较)/相比(较)**",都是表示比较范畴的轻动词,而表示比较结果的成分则是谓词。这个谓词如果带上主语,复指进入比较的主体和(或者)客体,就可以形成等比句和差比句之间的变换。只具备差比功能的"比"字句和"于"字句,语义与结构都较相似,仅语序稍有不同。后者源于古汉语,应该是前者的原型,但古、今汉语之间的语序及结构的变迁,需要另行研究。

12.4 中间句

中间句的全称是中间语气句(middle voice constructions)(Kayser & Roeper 1984；van Riemesdijk & Williams 1986)。之所以称为中间句,是因为它既不是主动句,也不是被动句。跟主动句和被动句一样,中间句的动词是典型的宾格动词,但它的主语却不是施事,而是客事；然而,虽说是客事主语,但它却没有被动标记。所以,它似乎处于主动句与被动句之间。正因为这些原因,中间句的语法地位很重要。但历来对汉语中间句的研究很少,对它的句法结构语义特征我们知之不多。本节对此进行探讨。结论是,跨语言而论,并非每个语言都有典型的中间句结构。有的有,如英语,有的没有,如汉语。没有典型结构的语言却一定有中间句的复杂的形容词谓语变体。汉语缺乏形态,也不区分限定与非限定动词。因此,解析汉语中间句结构的关键是确认其特征成分的语法范畴以及有关的成分结构(参何元建 2010c)。理论解释如何来衔接,可以留待后续的研究去解决。

先来观察汉语中间句的句法语义特征。按 Kayser & Roeper (1984),作格谓语分表层作格(surface ergative)和深层作格(deep ergative)。前者跟宾格谓语变换,后者则跟二元役格谓语变换。换句话说,中间句也叫作表层作格句,而深层作格句就是平常所说的一元作格谓语。二元和一元作格谓语相互变换的例子如：**她感动了我**；**我感动了**。宾格谓语变换成中间句的例子如：

(161)　　　　宾格句：　　　　　　　　中间句：
　　　　a. 你拿这把锄头,　　　　　这把锄头好拿。
　　　　b. 你读这本书,　　　　　　这本书好读。
　　　　c. 你去卖这个款式,　　　　这个款式好卖。
　　　　d. 你让他用这部电脑,　　　这部好用。
　　　　e. 你来开这辆车,　　　　　这辆好开点。
　　　　f. 你戴这副耳机,　　　　　这副好戴。
　　　　g. 你洗这件衣服,　　　　　这件好洗。
　　　　h. 我们这些年都做中介,　　中介好做。

例子还可以举很多。一些不及物动词似乎也可以有中间句的变换：

(162) a. 你睡(在)上铺， 上铺好睡。
b. 你站(在)这边， 好站点。
c. 你跑(在)中间一点， 中间好跑。

不及物动词的处所补语在结构上是补足语,跟宾语的结构位置没有区别,大概是可以变换成中间句的原因。

我们看到,中间句有一个"特征成分",就是动词前面必须有一个"好"字。如果没有,句式就一定不成立。如"*这支毛笔写"。在语境中也许可以说：

(163) 问:(我)拿哪支毛笔写?
答:这支(写)。

但这里的"**这支写**"应该理解成"**你拿这支写**"的简略形式,动词(写)也可以不出现。这跟中间句"**这支好写**"完全不同。中间句的动词决不能不出现,另外前文说过,中间句的语气既非主动,也非被动;而出现在语境中的"**这支写**"语义上仍然继承上文的主动语气。

语义上,中间句中的"好"表示"容易"的意思。上面有关例子中的"好"都可以直接换成"容易",比如"**这把锄头容易拿**"。如果"好"不是这个意思,就不是中间句。例如：

(164) a. 这本书好看。 好看＝有趣/精彩
b. 这碗面条好吃。好吃＝味道好
c. 这个曲子好听。好听＝赏心悦耳

"**好看**"、"**好吃**"、"**好听**"是双音节词,有自身的词义,其中的"好"不是"**容易**"的意思。它们是否源于"**好**(＝ **容易**)＋**看/吃/听**",因为双音节的关系而演变成单独的词项,要另行研究。就笔者调查的汉语本族语者而言,"**好看**"、"**好吃**"、"**好听**"已经没有,或者基本没有"**容易看/吃/听**"的意思。这也适用于下面的处所宾语。如：

(165) a. 你去吃食堂， 食堂好吃。
b. 我们看国家大剧院， 那儿好看。

句子可以理解成"**你去吃食堂(的饭),食堂(的饭)好吃**"；"**我们看国家大剧院(的演出),那儿(的演出)好看**"。换言之,这里的"**好吃**"、"**好看**"也不是中间句。

但是,只要不是"**好吃**"、"**好看**"这些词,处所、工具宾语也有真正中间句。如：

(166) a. 你写(在)墙， 墙上好写。
　　　b. 你画(在)大画框， 大画框好画。
　　　c. 他写这支毛笔， 这支毛笔好写。
　　　d. 你们打这副球拍， 这副拍子好打。
　　　e. 你擦这条毛巾， 这条好擦点儿。
　　　f. 你炒这个锅， 这个锅好炒。

这里，"**好**"即"**容易**"，是为中间句。

下面句子中的"**好**"也不是"**容易**"的意思，所以也不是中间句：

(167) a. 这本书感动了我， 我好感动。
　　　b. 政策繁荣了市场， 市场好繁荣。
　　　c. 学校严肃了纪律， 纪律好严肃。

这些句子中的谓词不是宾格动词，而是有作格动词功能的形容词。这里的有关句子是上文说的一元作格句，其中的"**好**"是程度副词，可以换成"**很/相当**"，但不能换成"**容易**"。相对而言，中间句中的"**好**"不能换成"**很/相当**"，但却可以换成"**容易**"。

句法上，汉语中间句中的"**好**"应该属于什么范畴，是解析结构的关键。这里，极个别句子中的"**好**"可以变换成"**得**"后面的补语，变换之后语义不变，但绝大多数的句子不行：

(168) 这个款式好卖。 = 这个款式卖得好。

(169) a. 这把锄头好拿。 ≠ 这把锄头拿得好。
　　　b. 这本书好读。 这本书读得好。
　　　c. 这部电脑好用。 这部电脑用得好。
　　　d. 这辆车好开。 这辆车开得好。
　　　e. 这副耳机好戴。 这副耳机戴得好。
　　　f. 这件衣服好洗。 这件衣服洗得好。
　　　g. 中介好做。 中介做得好。

我们可以将(166)中"**得**"字句的"**好**"换成"**容易**"，即"**这个款式卖得容易**"；但不能将(169)中"**得**"字句的"**好**"换成"**容易**"。二者因此有所差别。

理论上，动词前的修饰语是描写性的副词，如"**快快(地)跑**"，而"**得**"后面的补语是谓词，如"**跑得<u>快</u>**"。前者一般是表方式，比如"**她那一瞬间跑的速度很快**"，后者则是表性质，比如"**她天生有迅跑的能力**"，或者结果，比如"**她那一瞬间拼命地跑，速度很快**"。也就是说，方式和结果在语义内涵上有一定程度的重合。所以，有时候二者在语义有变通之处，如(168)。

但是，语义变通是一回事，句法范畴又是一回事。在句法上，中间句中的"**好**"虽然出现在动词之前，但却不像描写性的副词。描写性副词可以重叠并加上结构助词(**地**)，但中间句中的"**好**"要么不可以这样做，比如：

(170) a. ＊这支毛笔好好(地)写。
b. ＊这副拍子好好(地)打。
c. ＊这条毛巾好好(地)擦。
d. ＊这个锅好好(地)炒。

要么即使重复和加上了结构助词，意思不一样。比如：

(171) a. 这把锄头好好(地)拿，不要搞丢了。
b. 这本书好好(地)读，细心理解。
c. 这辆车好好(地)开，不要给撞了。
d. 这件衣服好好(地)洗，洗干净点儿。

"**好好(地)**"是"**用心地**"的意思，显然是描写性副词；但它却没有"**容易**"的意思，因此这些句子根本不是中间句。另外，中间句的"**好**"可以用程度副词来修饰。如：

(172) a. 这把锄头很好拿。
b. 这副拍子很好打。
c. 这支笔更好写。
d. 这部电脑更好用。
e. 这副耳机最好戴。
f. 这些年中介最好做。

但并不能重叠并加上结构助词(**地**)：

(173) a. ＊这把锄头很好好(地)拿。
b. ＊这副拍子很好好(地)打。
c. ＊这支笔更好好(地)写。
d. ＊这部电脑更好好(地)用。
e. ＊这副耳机最好好(地)戴。
f. ＊这些年中介最好好(地)做。

换言之，中间句中的"**好**"不像是描写性副词，而可能另属其他的句法范畴。这我们等一会儿再说。

跨语言来看，跟汉语中间句中的动词，不一定也能在别的语言中用。比如，下面画线的动词在汉、英两个语言中都行：

(174) a. The book reads well/easily. 这本书好/容易读。
b. This model sells well/easily. 这个款式好/容易卖。
c. This car drives well/easily. 这辆车好/容易开。
d. This fabric washes well/easily. 这件衣服好/容易洗。

但下面的这些在汉语行,英语不行:

(175) a. 这把锄头好/容易拿。
　　　＊The hoe holds well/easily.
b. 这部电脑好/容易用。
　　　＊The computer uses well/easily.
c. 这副耳机好/容易戴。
　　　＊This pair of earphones wears well/easily.
d. 中介好/容易做。
　　　＊The middle-trading does well/easily.

不行是因为有关动词在不同语言中的用法不同。重要的是,跨语言来看,中间句中那个紧随动词的"特征成分",语义上都是"**容易**"之意;既可以直接用本义词来充当,如汉语的"**容易**",英语的"easily";也可以用"**好**"本义词来充当,如汉语的"**好**",英语的"well"。至于为什么本义词"**好**"的语义可以涵盖"**容易**",这是词汇语义学要研究的问题。

另外,英语中的少数动词也可以跟形容词"good(**好**)"。例如:

(176) a. The noodle tastes good/ ＊well/ ＊easily.(这碗面条好吃。)
b. The front looks good/ ＊well/ ＊easily.(门面很好看。)

这里,"good"有"**好吃(味道好)/好看(漂亮)**"的意思。但是却不能换成"well/easily",说明它不是中间句。换言之,英语中间句的"well/easily"跟汉语中间句的"**好/容易**"一样,是一个"特征成分"。

跨语言的观察可以帮助我们确认汉语中间句"**好**"的句法范畴。让我们再来看:

(177) a. 这把锄头好/容易拿。
b. 这把锄头好好(地)拿。语义不同
c. ＊这把锄头容易地拿。

(178) a. 这本书好/容易读。
b. 这本书好好(地)读。语义不同
c. ＊这本书容易地读。

又看到,"好"重复并加上结构助词之后,变成描写性副词,也随之改变了语义,不再是"容易"的意思。"容易"(在这里)根本不允许加上结构助词。这很有力地说明,汉语中间句的"好/容易"不是描写性副词。

其实,"好/容易"就是形容词。也就是说,中间句的"特征成分"在汉语中是形容词(好/容易),而在英语中是副词(well/easily)。这并没有什么奇怪,同类语义在不同的语言中常常会表现为不同的语法范畴,因此也表现为不同的结构,这正是语言各异的原因之一。但是,语法范畴的不同通常是造成结构不同的原因。就中间句而言,其"特征成分"在汉、英两种语言中有不同的句法范畴,表明其句法结构在两个语言中迥异。

让我们先看英语的相关结构。英语典型的中间句可以从宾格谓语变换过来,它的动词保留限定形式,其"特征成分"(如 easily)是副词。例如:

(179)　a. I read the book. 宾格谓语
　　　　（我读这本书）
　　　　b. The book read seasily. 中间句
　　　　（这本书好/容易读）

除了典型结构之外,英语还有两个变体:

(180)　a. The book is easy to read.
　　　　b. It is easy to read the book.

这两个句子也是"**这本书好/容易读**"的意思,但是在结构上与典型中间句却迥然不同。首先,变体的"特征成分"(easy)是形容词。其次,变体的宾格动词是非限定形式,带有非限定标记(to),出现在形容词之后。这个"形容词＋动词(带或不带宾语)"的结构,如上面"[easy to read]或者[easy to read the book]",组成了一个复杂的形容词谓语(complex adjectival predicates)。(180)(a)、(180)(b)的表层形式不同,其实是相同结构。前者没有形式主语"it"。后者有。形式主语没有任何实义,如不出现,宾语"the book"就要出现在主语的位置,就得到(180)(b)。

汉语就不同了。就英语典型中间句表现出来的两个特征而言(一、限定动词;二、特征成分是副词),汉语因为不区别限定与非限定动词,所以在宾格谓语和中间句之间,我们看不出来动词有什么不同,见上文例(161)。但是,汉语中间句的"特征成分"(**好/容易**)是形容词,这是跟英语的根本区别。这是非常重要的一点。据此,我们可以判断汉语没有典型的中间句结构。汉语有的只是中间句的复杂的形容词谓语的变体。而且,因为汉语句子不用形式主语,汉语中间句的变体也就缺乏形式主语的结构,类似英语的(178)(b),有的只是宾语提升结构,类似英语的(178)(a)。请比较:

(181) a. The book is easy to read.
b. 这本书好/容易读。

英语句子和汉语句子的"特征成分"都是形容词。这是最重要的一点。注意英语形容词"easy"(**容易**)不能换成形容词"good"(**好**)。"good"没有"easy"的意思,这跟副词"well"可以有"easily"的意思不同。其他的差异无关紧要,如英语形容词谓语要用系动词(be),非限定动词前面要有标记(to),而这些汉语都没有。

也就是说,跨语言而论,有的语言既有典型的中间句结构,也有它的复杂的形容词谓语变体,如英语;但有的语言没有前者,只有后者,如汉语。那么,应该如何来分析汉语的中间句结构呢?首先,我们确认了"好/容易"是形容词,其次确认了汉语的中间句属于复杂的形容词谓语结构。对于这样的结构,早前的研究有过一些讨论,涉及理论体系内部的安排,如题元原则(θ-Criterion)、疑难移位(tough movement)、重新分析(reananlysis)等等(读者可参见 Chomsky 1977,1982:308-314),但都没有定论。今天我们对理论体系的认识虽然有所不同,但也尚未见到对有关结构的再调查。另外,理论问题不是本节主要的目标,找到汉语中间句结构的关键特征才是。本节认为,汉语缺乏形态,也不分限定与非限定动词,其成分结构是句法分析的关键。这个清楚了,理论解释如何来衔接,可以留待后续的研究去解决。

从上述角度,我们尝试解析汉语中间句的结构。拿上文的一个例子来演示:

(182)

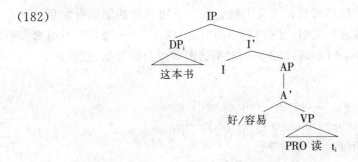

形容词自己的补语是一个动词短语(相当于小句),动词"**读**"的主语都是虚代词(PRO),宾语"**这本书**"被提升到全句主语的位置。上述成分结构应该符合上文对汉语中间句的观察。

应该提到的是,虚代词宾语受控制的情况在汉语中并非是孤独的现象。类似情况也出现在连动句式的目的从句中。

小结以上,通过观察汉语中间句的句法与语义特征,并且跟其他语言(如英语)相关结构比较,本节认为确认中间句的"特征成分"的语法范畴,是解析句法结构的关键。汉语中间句的"特征成分"是形容词,不属于典型的中间句结构,只是复杂的形容词谓语变体。另外,汉语缺乏形态,也不区分限定与非限定动词,中间句的成分结构是句法分析的关键。理论解释如何来衔接,可以留待后续的研究去解决。

12.5 倒装句

倒装句(inverted sentences)并非指一种句式,而是多种句式的总称。譬如印欧语言中的"主语-助动词"倒装;汉语书面语中常见的"直接引语倒装"(**"你好大胆",她说道**);修饰语倒装(**天黑了,已经**);宾语从句倒装(**张三住院了,听说**);"得"后面的补语倒装(**真痛快,洗澡洗得**);北方口语中常有的"顺口主语倒装"(**真蠢啊,你**)(参陆俭明 1980,朱德熙 1982)。本节要讨论的句式有两个:处所倒装句和所谓的"随意倒装"(flip-flop sentences)。例如:

(183) a. 张三坐在床上。/(在)床上坐着张三。处所倒装
b. 三个人睡一张床。/一张床睡三个人。随意倒装

处所倒装有标记,即"**在**"必须换成"**着**";而随意倒装无需任何标记,是为"随意"。

理论上,倒装与"正装"相对应。所谓"正装",应该指特定语言中的基本语序(canonical wordorder)。汉语的基本语序是"主-谓-宾"(SVO)。那么,倒装应该从这一点来理解。譬如,以上(183)中前面的句子是"正装",后面的是倒装。另一个理论问题是,倒装的语义功能究竟是什么?或者说,被倒装的成分是话题,还是焦点?前者是已知信息,后者是在语义上被强调。已知句首话题成分之后一般有一个语音停顿,而倒装成分之后,如(183)中的"(在)床上"、"一张床",没有必要有语音停顿。按照 Radford (2004:332-336)对英语倒装成分的分析,这些成分是焦点。比如:

(184) a. He would turn to [nother colleagues].
b. [Nother colleagues] would he turn to.
他不愿找其他同事。

随着有关成分的倒装,助动词也要出现在主语前面。就倒装的成分是焦点这一点而言,我们认为汉语也是一样,倒装是为了强调有关成分,而非有关成分是已知信息。

至于处所倒装句的结构,首先需要厘定有关句子的语义。最主要有两个方面。第一个方面,动词后<u>处所短语</u>表达的意思跟一般的<u>处所宾语</u>不同。例如:

(185) a. 张三[坐在床上]。
b. 张三[坐床上]。

(185)(a)表达的是"动词所代表的行为动作在某一处所的状态",而不是"行为动作在某一处所发生"。即"**坐着**"的状态,而非"**坐下**"的动作。以下简称"状态"和"行为"。相对而言,(185)(b)表达的是尚未发生但将发生的"**坐下**"的动作。比如:**你们三个,张三[坐床上],李四[坐沙发],王五[坐椅子]**。对一部分本族语者而言,除了表达尚未发生但将发生的动作之外,(185)(b)也有(183)(a)的意思,但一定需要上下文,比如:**进了房间,看见张三[坐(在)床上]**。换言之,(185)(b)可能有歧义,但(185)(a)没有。

因为是表达动作,处所宾语跟动词前的处所短语是一个意思。如:

(186)　a. 你们三个,张三[坐床上],李四[坐沙发],王五[坐椅子]。
　　　　b. 你们三个,张三[在床上]坐,李四[在沙发]坐,王五[在椅子]坐。

不过,换一个上下文,这里的(186)(a)-(186)(b)都可能有歧义。比如:

(187)　a. 进了房间,看见张三[坐床上],李四[坐沙发],王五[坐椅子]。
　　　　b. 进了房间,看见张三[在床上]坐,
　　　　　　李四[在沙发]坐,王五[在椅子]坐。

这又变成表达状态的意思。处所宾语的歧义上文其实已经说过,这里是把它跟动词前的处所短语放在一起来看。

小结一下。动词后处所短语是表达一种状态,不是行为,它没有歧义。处所宾语以及动词前处所短语是表达行为动作,但有相当程度的歧义,也可以表达状态,尤其是在语境当中。

接着来看处所倒装句语义的第二个方面。这就是,除了倒装成分是焦点之外,倒装句的基本语义和"正装"句是一样的。再观察:

(188)　a. 张三坐在床上。/(在)床上坐着张三。
　　　　b. 李四睡在床上。/(在)床上睡着李四。

我们注意到,"**坐**"、"**睡**"之类的动词既能表达持续的动作,也能表达由于动作持续而形成的相关状态。体貌词"**着**"的语义功能也是这两个方面。

假如动词不能够表达持续的动作,相关的状态也就不可能存在。比如,下面句子中的动词后处所短语就不是表达状态,而是结果:

(189)　a. 张三跳在水里。
　　　　b. 李四倒在地上。

"**跳**"、"**倒**"的结果是主语所指的对象跟处所短语所指的处所(**水里**、**地上**)联系起来了。语义上,结果不等于状态,虽然可能有内涵交叉。因此,表达结果的动词后处所短语并不能有相关的倒装句式:

(190) a. 在水里跳着张三。
b. 在地上倒着李四。

"跳着"是持续的动作,而非一种状态。"倒着"当然也是持续的动作,但也可能趋向状态语义。但跟纯粹的状态语义仍有区别。

有了上述两个语义方面的讨论,现在可以来分析处所倒装句的结构。先看"正装"语序的句子,即"张三坐在床上"一类的句子。上面说过,动词后处所短语表达的是一种状态,它没有歧义;而处所宾语以及动词前处所短语表达的是行为动作,但可能有歧义。也就是说,状态和行为的区别是一个原则上的区别,歧义可以再分开来处理。但首先要解决原则上的区别。这里拿动词后处所短语(张三坐在床上)和处所宾语(张三坐床上)来演示。

结构上,处所宾语就是动词的宾语,即:

(191) [VP 张三 [V' 坐床上]]

这是表达行为动作,相当于"张三去床上坐"。那么,相对而言,动词后的处所短语要表达状态,结构上该如何来区别?

首先,在语义上,我们知道"在"用作动词时就是所谓的状态动词,如"他在厨房"。这是"在"本身的词义所赋予的。因此,"在"作介词用时也有表达状态的语义内涵。这样一来,当"在"出现在动词之后,就相当于一个表达状态的体貌词,所以"动词+在"是表达一种状态,而不是行为动作。已知体貌词和动词要组成所谓的并入结构(见第七章 7.0.1 节)。但是,介词(在)是介词短语(PP)的中心词,它如何可以成为动词的体貌词?很简单,动词和介词要经过一种结构重组过程。即:

(192) a. [VP 张三 [V' 坐 [PP 在 [DP 床上]]]]
b.

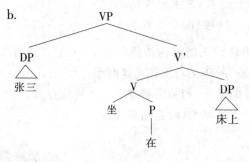

(192)(a)是重组之前,(192)(b)是重组之后。介词经过重组成了动词的一部分。即:[V[P DP]] ⇒ [V-P DP]。理论上,这个结构重组过程称为"重新分析"(reanalysis),指动词的补足语的中心词(可能不止一个词)经过重组成为动词的一部分。首见于 Chomsky(1974),用于成语类动词的重组(也见 Chomsky 1982;

311-312),已成为理论系统中一个基本句法操作过程。但是,重组究竟是怎样的一个过程并不清楚。它肯定不是移位,而应该是让词项重新组合。这一点留待以后再解决。

对我们而言,(191)和(192)之间的区别就是<u>处所宾语</u>和<u>动词后处所短语</u>的区别,也就是<u>行为动作</u>和<u>状态</u>之间的结构区别。补充一句,<u>动词后处所短语</u>如果是表达结果,如上面(189)所示,也需要结构重组,但是,这类句子不能形成倒装句,如(190)所示,原因是有关的动词不同。

好了,现在来看动词后处所短语句式形成的倒装句,即"(在)床上坐着张三"之类的句子。理论上,基于以上对"正装"句结构的分析,倒装句形成的机制如下:已知在"正装"句里,动词和介词(在)要经过结构重组,使介词成为动词的表状态体貌词,而倒装句中的动词已经有了一个表状态的体貌词(着),因此阻断重组过程,使处所短语不能再留在动词之后,否则不合法(*张三睡着在床上)。另外,倒装句式是焦点结构,其焦点词是零形式,因此动词必须移位与之结合,使其合法;这样一来,焦点短语中就必须有一个焦点成分(按 Chomsky 1995:297,中心词与其标定语之间必须"特征相符"),而上述体貌词(着)的存在为焦点成分移位提供了契机。先看动词的有关部分:

(193)
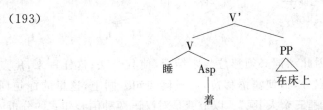

这个结构会阻断重组,使不能发生;即使发生也是错的: ***睡着在**。由此迫使介词短语移位:

(194)
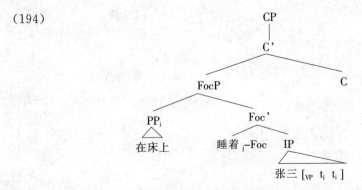

理论上,动词先移位跟零焦点词结合,然后焦点短语的标定语位就必须有一个焦点成分存在(即二者"特征相符"),迫使处所短语移位。这样就形成了倒装句。对目前的讨论而言,理论解释不是最重要的;重要的是要解析清楚有关句子的成分结构。标句词也可以是实词,如"[在床上睡着张三]呢"。如果不是整个介词短语移位,而仅是介词宾语移位,那么就有:

(195) [_DP 床上]_i 睡着_j 张三[_VP t_j [_PP 在 t_i]]

留下的介词会在句法结构进入语音形式库之后删除。理论上,这是表层结构中出现可选成分的原因之一(参 He 1997,2007)。

　　以上就是对处所倒装句的分析,跟此无直接关系的结构就不再讨论了。现在来看随意倒装句,即"三个人睡一张床/一张床睡三个人"之类。原则上,被倒装的成分也是焦点成分,从动词宾语的位置移到句首的焦点短语之中。即:

(196)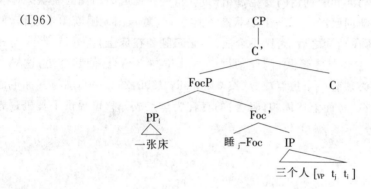

同理,焦点词是零形式,因此动词必须移位与之结合,使其合法;这样一来,焦点短语中就必须有一个焦点成分,迫使宾语移位,形成倒装句。同上,这里的标句词也可以是实词,如"[一张床睡三个人]呢"。以上就是对汉语两种倒装句式的分析。

第十三章 疑问句的结构

疑问句是自然语言中的大句型,有类型学意义,句式及功能也有多种,历来备受关注,文献丰厚。对汉语疑问句的研究一方面集中于对其疑问语气、句式及语用功能的探索,如汤廷池(1981,1984),陆俭明(1982,1984),范继淹(1982),吕叔湘(1985a),林裕文(1985),朱德熙(1985,1991),邢福义(1987),黄正德(1988),邵敬敏(1989,1996),袁毓林(1993),张伯江(1999),徐杰(2000)等等;另一方面是探究现代汉语疑问句从中古汉语以来的发展渊源,如梅祖麟(1978),张敏(1990),朱庆之(1990),祝敏彻(1995,1999),刘子瑜(1994,1998),贝罗贝、吴福祥(2000),石毓智、徐杰(2001)等等。然而,对现代汉语疑问句成分结构本身的研究却不多见。

本章的重点是解析现代汉语疑问句的结构。试图将现代汉语疑问句的结构放在一个统一的疑问标记系统中来看待,希望有纲举目张的效果。结构上,有些句式既有直接问句,也有间接问句的形式,如是非问、选择问、正反问以及特指问;有些句式却既非直接问句,也非间接问句,如反诘问、回声问、附加问。经过多年的研究,有些句式的成分结构相对清楚,有些则仍然不那么清楚。另外,在语法系统中,不同的疑问句式是如何来标记的,如何相互区分,如何跟其他句类(陈述、祈使、感叹等)区分?这些是跟结构有关的理论问题。还有,疑问词还可以虚用,在焦点结构中可能出现强制性移位。这些都属于结构和跟结构有关的理论范围。下面分别来看。

13.0 疑问句的标记系统

自然语言有四个大句类:陈述、疑问、祈使、感叹。每一个句类中又有不同的句式。比如疑问句就有直接问句、间接问句,等等。句类和句式都可能有标记,包括语音、形态和句法等形式。比如汉语是非问句需要句末疑问语气词"吗"作标记。但是,哪些句类、句式有标记,哪些没有;哪些多一些,哪些少一些;哪些标记出现于哪些句法位置,按语言各异。重要的是,即使没有标记,说话人和听话人的潜意识中也不会弄错。因此,对于语法理论体系来说,如何将句类、句式的标记统一到一个系统之中,就是一个理论问题。

理论上,句子的语气可以简单地归纳为表达命题,还是表达疑问。疑问的功能也就是针对某一类命题提问,其语义就是该类命题的一个开放性集合;对疑问句的回答,就是在这个集合中选一个命题(参 Keifer 1983,L. Xu 1990,沈阳、何元建、顾阳 2001,第七章)。这方面,Aoun & Li(1993a)提出来的句类标记系统很有启发性:

(1) 陈述句：　　　[+Prop,　　-Qu]
　　 问句：　　　　[-Prop,　　+Qu]
　　 祈使句：　　　[-Prop,　　-Qu]
　　 感叹句：　　　[+Prop,　　+Qu]

Prop = Proposition(命题/述题),Qu = Question(疑问)。这个系统告诉我们,陈述句是表达命题,问句是表达疑问,感叹句二者皆是,祈使句二者都不是。

上述系统并不涉及个别句类内部的句式差别。如要标示出相同句类中的不同句式,可以将"Prop/Qu"这样的语气特征跟单句结构中的"标句词 + 语法范畴词"联系起来,使其组成一个二元系统,用来标示不同的句式。比如,疑问句类的标记系统可以这样来看:

(2)　　　　　　　　　　　标句词　　　　　　语法范畴词
　　 直接问句：　　　　　[+Qu,　　　　　　+Qu]
　　 间接问句：　　　　　[-Qu,　　　　　　+Qu]
　　 　　　或：　　　　　[+Qu,　　　　　　-Qu]
　　 附加、反诘问句：　　[+Qu,　　　　　　+Prop]
　　 回声问句：　　　　　[+Prop,　　　　　+Qu]

如(1)所预设,所有的问句都须有疑问标记(+Qu)。但并非每个句式的标句词和语法范畴词都是如此。跨语言而论,如果是直接问句,标记既可出现在标句词位置也可出现在语法范畴词位置。理论上二者都标记为"+Qu"。间接问句的标记只能出现于一个位置,理论上只能有一个位置是"+Qu"。比如汉语间接问句是用语法范畴词表达疑问,而英语间接问句是用标句词表达疑问。附加、反诘、回声问句既不是直接问句,也不是间接问句。附加、反诘问句的一部分是陈述命题,另一部分则对陈述的命题进行提问,而答案就跟陈述的命题直接有关。回声问句是利用疑问词来提问,请求肯定上文中已经表达的命题,具有特指问句的功能,但结构却不同。

理论上,上述标记体系符合语法系统的两条大原则。其一,投射原则。独立的疑问标记要投射成短语结构,充当标句词短语(CP)或者语法范畴词短语(IP)(参何元建 2004b)。这包括有疑问功能的语气词、特殊标记(如汉语的"A 不 A"形式,见第七章 7.0.4 节)、助动词(如英文的"do")、体貌词、情态词等等。如果是动词作疑问标记,可以认为是有一个零标记先投射成 CP 或者 IP,动词然后移位进入这个位置(这种情况也适用于体貌词、情态词移位进入 CP)。无论是哪种情况,不同的语言有不同的表现形式。投射原则的理论依据是任何词项(包括零形式)都要投射成自己的短语(XP)(见第二章)。

其二,呼应原则。在直接问句中,CP 和 IP 中的疑问标记必须相互呼应。也就是说一旦 CP 含疑问标记,IP 也要含疑问标记。用符号表示就是 $[C_{+Qu}, I_{+Qu}]$。具体怎么做,按上述投射原则,根据具体语言来办。呼应原则的依据是句子的类别。已知单句和主句的类型是上下文选择的,而从句的类型则是主句动词选择的(参 Rizzi 1997,2003)。因此问句的 CP 一定要含疑问标记,以区别于别的句类,譬如陈述句。然而,问句的 IP 是否含疑问标记,则是区别问句自身功能的标志。理论上,直接问句就是 CP 和 IP 中都有疑问标记。如果 CP 含疑问标记,但 IP 不含,则代表问句功能的转变,如间接问句、回声问以及言语风格造成的变异等等。也见后面各节的讨论。上面说的直接问句,可以是单句,也可以是带宾语从句的句子。如是后者,则主句的 CP 和 IP 中的疑问标记必须相互呼应。本章对汉语各种疑问句式的考察也表明,上述理论标记体系适用于其他疑问句式(见下面各节)。至于它是否具有普遍意义,尚需考察其他语言。

13.1 汉语的疑问句标记

汉语疑问标记的特征及分布并不简单,但也不算太复杂。详细的、按具体句式来进行的分析见后文各节。下面我们先观察一些最基本的例子。严格地说,如果将句子的语调排除在外,汉语中能够把陈述句直接变成疑问句的疑问标记有四种:语气词、否定词、疑问式(= 词结构)、疑问句式。<u>它们是强制性的,没有它就形不成问句</u>。这些标记的分布如下(例子见后文):

一、是非问句:用语气词"**吗**"、"**吧**",出现在句末;"**啊**"也可以,但需要上下文的帮助。

二、附加问句:用独立疑问式"A **吗**"、"A **不**"、"A **不** A",也出现在句末,跟前面的句子之间有一个停顿。A = 情态词、动词或形容词。疑问式的生成见第七章 7.0.4 节。

三、否定词问句:用否定词"**不**"、"**没(有)**",表层结构中好像出现在句末,但深层结构中是在句首疑问标记词的位置。

四、正反问句:用疑问式"A **不/没(有)**A",出现在主语后,A = 情态词、体貌词、介词、副词、动词、形容词、焦点词或者构词语素。焦点词组成的疑问式"**是不**

是"也可以出现在句首。表层结构中,疑问式的位置由"A"的范畴来决定,比如 A = 情态词,"A 不/没(有)A"的位置就在情态词的位置,等等。

五、选择问句:用疑问句式"(是)……还是……"。出现于"……"的成分可以是句子、谓语(含或者不含宾语)或者名词性成分。如是谓语成分,前后两个谓语可以互为肯定与否定,这时,连接词"还是"可选。

六、特殊句式:用语气词"呢",出现在句末。有两种情况。一、成分缺损的句子,如"你呢"、"你看呢"。在语境中,它可以是特指问句、正反问句或者选择问句的任一种。二、疑问词出现了实虚两用的对立,如"**他不喜欢谁**"有歧义,"**谁**"是疑问或者虚用。在无语境的情况下,如要确保疑问结构,就要用"**呢**",如"**他不喜欢谁呢**"。特殊句式要么成分缺损,要么有疑问词,所以并不算是把陈述句直接变成了问句。更多的讨论见后面 13.4 节。

除了这些强制性的标记之外,还有一些可选的标记。比如语气词"啊"可以出现于特指问句,如"**是谁啊**"、"**他喜欢谁啊**",但是可选。"呢"也可以出现在特指问句、正反问句和选择问句,也是可选(例子见下文)。还有不同的句式的混合,如"**张三有没有见到什么人呢**"。这是正反问句与特指问句的混合。它既能按照正反问来回答"有/没有"或者"见到/没(有)见到",也能按照特指问来回答"(他)见到了李四"。语义上它介于正反问与特指问之间。但结构上因为有疑问式作标记,可归为正反问句一类。如拿掉疑问式,它就是特指问句。

语气词"吗"、"吧"、"呢"、"啊"、独立疑问式"A 不"、"A 不 A"可归于标句词位置。否定词标记"不"、"没(有)"、疑问式"A 不/没(有)A"可归于语法范畴词。那么,疑问标记和有关形式在问句表层结构中的分布如下:

(3) 直接问句:　　　　语法范畴词　　　标句词　　　其他
　　　— 是非问　　　　—　　　　　　　吗/吧/啊
　　　正反问　　　　　不/没(有)　　　（呢）
　　　　　　　　　　　A 不/没(有)A　　（呢）
　　　特指问　　　　　—　　　　　　　（呢/啊）
　　　选择问　　　　　—　　　　　　　（呢）　　　(是)……还是……
　　　特殊句式　　　　—呢

(4) 间接问句:　　　　语法范畴词　　　标句词　　　其他
　　　正反问　　　　　不/没(有)　　　—
　　　　　　　　　　　A 不/没(有)A　　—
　　　特指问　　　　　—　　　　　　　—
　　　选择问　　　　　—　　　　　　　—　　　　(是)……还是……

(5) 其他结构：　　　语法范畴词　　标句词
　　　—附加问　　　—　　　　　　A 吗、A 不、A 不 A
　　　反诘问　　　　（难道/岂不是）（吗、啊）
　　　　　　　　　　—　　　　　　（呢）
　　　回声问　　　　—　　　　　　—

"—"表示没有标记；"( )"表示可选。具体句式的讨论见后面各节。研究中常提出的问题，比否定词问句、正反问句以及选择问句之间有什么关系？将于 13.5 节一并讨论。下面先举例说明上列标记系统。

一、是非问句结构上最简单，只有直接问句。例如：

(6) a. 张三要去北京吗/吧？
　　b. 李四去了上海吗/吧？

语义上，"吧"表达的疑问程度比"吗"要小。或者说，"吗"是彻头彻尾的发问，而"吧"有揣测的语气。但是，把任何一个疑问标记拿掉，句子就不再是问句。所以，它是疑问句不可缺少的强制性成分。汉语是非问句没有间接问句，间接问句要靠其他问句形式，比如否定词问句、正反问句或者选择问句。

二、附加问句和反诘问句也只有直接问句形式。前者的标记是独立的"A 不/A 吗/A 不 A"形式；后者则由不同的句式组成。例如：

(7) a. 她要去北京,对吗/对不/对不对？　　　A ＝ 形容词
　　b. 你去了上海,是吗/是不/是不是？　　　A ＝ 动词
　　c. 他想多住几天,可以吗/可以不/可不可以？　A ＝ 情态词

(8) a. 张三(难道/岂不是)要去北京(吗/啊)？　是非反诘
　　b. 对孩子有利的事为什么不做(呢)？　　特指反诘
　　c. 他是偷了你的还是抢了你的(呢)？　　选择反诘
　　d. 你他妈的还活不活了？　　　　　　　正反反诘

附加问句的标记必须出现，否则就不是问句。反诘问句中的"**难道/岂不是**"是情态词，疑问标记随问句形式而改变，反诘语义要靠上下文来判断。

三、用否定词作疑问标记的结构称为否定词问句，如：

(9) a. 张三要去北京不(呢)？
　　b. 李四去了上海没(有)(呢)？

(10) a. 我不知道[张三要去北京不(＊呢)]。
　　 b. 我没听说[李四去了上海没(有)(＊呢)]。

这些句式自古有之,传统上又称 VP-Neg 型的反复或正反问句(如朱德熙 1985,1991),但我们认为它是独立的结构(也参 Cheng, Huang & Tang 1996a, 1996b; He 1998; 汤廷池 1999)。详见 13.5 节的讨论。值得注意的是,"不/没(有)"中的"有"不是体貌词"有",前者可以跟体貌词"了"同在,见上面(9)(b);而后者则跟"了"成互补分布,如:**李四去了上海**;**李四没有去上海**;***李四没有去了上海**。二者在句法分布上大不一样。所以,此"有"并非彼"有"。

四、正反问句用独立的"A **不/没(有) A**"形式作标记。例如:

(11) a. 张三<u>去不去</u>北京(呢)? A ＝ 动词
b. 张三这人<u>善良不善良</u>(呢)? A ＝ 形容词
c. 张三<u>要不要</u>去北京(呢)? A ＝ 情态词
d. 张三<u>有没有</u>去上海(呢)? A ＝ 体貌词
e. 张三<u>从不从</u>香港去北京(呢)? A ＝ 介词
f. 张三<u>经常不经常</u>去北京(呢)? A ＝ 副词
g. 张三<u>善不善</u>良(呢)? A ＝ 构词语素

(12) a. 张三<u>是不是</u>要去北京(呢)? A ＝ 焦点词
b. <u>是不是</u>张三要去北京(呢)?
c. 李四<u>是不是</u>去了上海(呢)?
d. <u>是不是</u>李四没(有)去上海(呢)?

注意,焦点疑问式"**是不是**"不影响动词的体貌变化。间接问句的例子如:

(13) a. 我不知道[张三<u>是不是</u>要去北京(*呢)]。
b. 我没听说[<u>是不是</u>李四去了上海(*呢)]。
c. 我不知道[张三<u>去不去</u>北京(*呢)]。
d. 我没听说[张三这人<u>善良不善良</u>(*呢)]。
e. 我没想过[张三<u>要不要</u>去北京(*呢)]。
f. 我没问[张三<u>有没有</u>去上海(*呢)]。
g. 我不清楚[张三<u>从不从</u>香港去北京(*呢)]。

正反问句与特指问句的混合结构如:

(14) a. 张三<u>有没有</u>见到什么人(呢)?
b. 李四<u>能不能</u>为妈妈做点什么(呢)?
c. 我不清楚[他<u>有没有</u>见到什么人(*呢)]。
d. 我不知道[他<u>能不能</u>为妈妈做点什么(*呢)]。

前文说过,如果拿掉"A **不/没(有) A**",这些就是特指问句。但正因为有"A **不/没**

(有)A"作标记,它可以归为正反问句一类。

五、特指问句用疑问词发问,句末可有语气词。直接问句的例子如:

(15) a. 是谁(呢/啊)?
b. 张三在家干什么(呢)?
c. 李四怎么还没来(呢)?
d. 王五为什么没来上班(呢)?
e. 赵六到底去哪儿了(呢)?
f. 钱七的飞机什么时候到上海(呢)?
g. 你这萝卜卖多少钱一斤(呢)?

间接问句就不一一举例。部分例子如:

(16) a. 我不知道[今天谁来上班(*呢)]。
b. 我没听说[这事该怎么处理(*呢)]。
c. 我不太清楚[他今天为什么没来上班(*呢)]。

前文提到过,直接问句中的"呢"一般是可选的,除非疑问词出现实虚两用的最小对立,就是强制性的。如:

(17) a. 她不喜欢谁呢? 疑问句
b. 她不喜欢谁? 有歧义

拿掉"呢",(b)就会出现歧义:既可以表示疑问,也可以表示虚用"**她不喜欢任何人**"。究竟是哪一个意思,需要语境来确定。在没有语境的情况下,要确保疑问句结构,"呢"必须出现。正因为"呢"也有强制性的用法(虽然是有条件的),它无疑也是疑问标记。

同样用疑问词发问,但句末却不能有语气词的特指问句就是回声问。例如:

(18) a. A:听说张三要去北京。
B:谁要去北京(*呢)?
b. A:听说李四去了上海。
B:李四去了哪儿(*呢)?

回声问一定没有疑问标记,有了标记就成了正常的特指问句,它是特指问句的异类,疑问词针对上文中的某一成分提问,要读声调。

六、选择问句。即"(是)……还是……",直接问句末可以加"呢",间接问句不可以。因为"是"可选,所以有两个形式:"……还是……"和"是……还是……"。为表述方便,将其表示为"X 还是 Y"以及"是 X 还是 Y"。前一个形式是基本句式,后一个是它的焦点变体。下面我们只举基本句式的例子,焦点变体的例子在 13.5.1

节讨论。首先，X 和 Y 可以是句子，如：

(19) a. [张三善良]还是[李四善良](呢)？
b. [张三要去北京]还是[李四要去北京](呢)？
c. [王五买了机票]还是[赵六买了机票](呢)？

有时候，"还是"前后似乎是名词性成分，但其实不是，而是经过省略留下来的句子。如：

(20) a. [张三 去的北京] 还是[李四去的北京](呢)？
b. [张三 去的北京] 还是[张三去的上海](呢)？

其次，X 和 Y 也可以是谓语，如：

(21) a. 张三[善良]还是[狠毒](呢)？
b. 张三[要去北京]还是[要去上海](呢)？
c. 李四[买了机票]还是[买了船票](呢)？

上面是直接问句，相关间接问句的例子如：

(22) a. 我不知道[[张三去了北京]还是[李四去了北京](＊呢)]。
b. 我不清楚[李四要去北京]还是[要去上海](＊呢)]。
c. 我不知道[王五买的[机票]还是[船票](＊呢)]？

注意，上述结构中的"还是"必须出现。但如果 X = Y，而且互为肯定与否定的话，"还是"也就随之变为可选，即变成"X(还是)[不/没 Y]"这样的句式。在这个句式中，X 和 Y 不能是句子，只能是谓语。例如：

(23) a. 张三[善良](还是)[不善良](呢)？
b. 李四[去](还是)[不去](呢)？
c. 王五[去北京](还是)[不去(北京)](呢)？
d. 赵六[买了机票](还是)[没买(机票)](呢)？

也可以含情态词：

(24) a. 张三[要去北京](还是)[不要(去北京)](呢)？
b. 李四[能买机票](还是)[不能(买机票)](呢)？

还可以含介词短语作状语：

(25) a. 张三[从上海去北京](还是)[不从上海去(北京)](呢)？
b. 李四[在这儿买机票](还是)[不在这儿买(机票)](呢)？

还可以含离合词：

(26) a. 张三[签名](还是)[不签(名)](呢)?
b. 李四[理发](还是)[不理(发)](呢)?

有关间接问句的例子如下：

(27) a. 我不知道[张三[去北京](还是)[不去(北京)](*呢)]。
b. 我不清楚[李四[买了机票](还是)[没买(机票)](*呢)]。

以上为"X还是Y"句式的例子，以及它的特殊形式"X(还是)[不/没Y]"的例子。特殊句式中，X = Y。如果在基本句式(包括特殊形式)的"X"之前加上焦点词"是"，即"是X还是Y"和"是X(还是)[不/没Y]"，就成为含焦点结构的选择问句，或者说是选择问的焦点变体。也就是说，选择问句既有基本结构，也有焦点变体，见后面13.5.1节。

七、特殊的"呢"问句。只有直接问句形式，如：

(28) 你呢/你说呢/你看呢/?

"呢"是强制性的，在上下文中，它可以归结成是非问句、特指问句、否定词问句、正反问句或者选择问句的任一种，是句子成分缺损构成的。比如：

(29) a. 妈妈去超市，你(怎么办)呢？
b. 妈妈去超市，你(去不)呢？
c. 妈妈去超市，你(去不去)呢？
d. 妈妈去超市，你(去还是不去)呢？

不过，一旦句子成分不再缺损，"呢"也就可选了。请观察：

(30) a. 你呢？ 比较：你说怎么办(呢)？
b. 你呢？ 比较：你去不(呢)？
c. 你呢？ 比较：你去不去(呢)？
d. 你呢？ 比较：你去还是不去(呢)？

特别要注意的是，从语义上讲，特殊的"呢"问句也可以涵盖是非问句。再如"**妈妈去超市，你呢**"这段话语，其中"**你呢**"的意思除了上面(29)列出的之外，也可以包括"**你也去吗**"。但是在句法上，"**你呢**"与"**你也去吗**"是互不相干的，这跟上面(29)列出的结构不同。

小结一下，疑问句的标记系统属于自然语言整个句类标记系统的一部分。理论上，不同的疑问句式(如直接问句、间接问句、附加问句、反诘问句、回声问句等)的标记方式不同。这方面，汉语疑问句的标记方式似乎基本符合理论系统，见(2)。

具体每个句式的分析见下面各节。

13.2 是非问句

汉语的是非问句只有直接问句,没有间接问句,例子见上文(6)。疑问标记在句末标句词位置,例如:

(31)

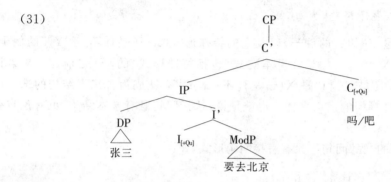

语气词"啊"也可以将陈述句直接变成疑问句,但是需要上下文的帮助。例如:

(32) a. A:老张,小李去了上海啊?
　　　　B:是啊,昨天走的。
　　 b. A:老张,小李去了上海啊!
　　　　B:知道了,有什么大惊小怪的。

离开语境就很难确定有关句子是否是疑问句。相比之下,"吗/吧"组成的问句不需要语境来确认。语境如何具体帮助确认"啊"问句,有待后续研究。

理论上,重要的一点是语法范畴词和标句词二者都必须是疑问性质,或者说都有疑问标记,才构成直接问句结构。这个标记可以是实词,也可以是零形式。是非问句只有标句词是实词,而语法范畴词则是零形式。其他问句就不一定。有的可以有两个实词,如"你**是不是来迟了呢**",有的可以有两个零形式,如"你[e]**找谁**[e]"。见下文的讨论。

因为汉语的是非问句只有直接问句结构,汉语的间接问句就要依靠其他形式的问句来表达,比如选择问句、正反问句或者否定词问句,见后面各节的讨论。

13.3 附加问句、反诘问句

有关例子我们在(7)-(8)已经看到。先说附加问句。它句末的标记是"A 吗/A 不/A 不 A",跟前面的陈述句之间要有一个停顿。"A"是情态词、形容词或者动

词。理论上,疑问式处于标句词的位置:

(33)
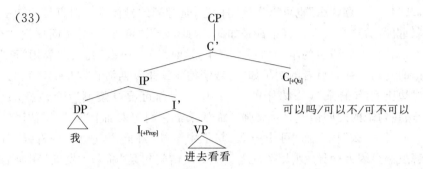

理论上,附加问句的语法范畴词是"命题/述题"(Proposition)标记,是零形式,跟陈述句同,但标句词却是实词疑问标记。

我们在(9)中看到,反诘问句的形式可以为是非、特指、选择、正反任何一种,所以它的结构视问句形式而改变。是非反诘、特指反诘、选择反诘这三种问句的语法范畴词是命题标记,标句词是疑问标记,正反反诘问句相反,语法范畴词是疑问标记,标句词是命题标记。为节省篇幅,这里仅拿是非反诘问句结构为例。它的命题标记可以是一个实词(**难道/岂不是**,等等);如果实词不出现,就是零形式:

(34)
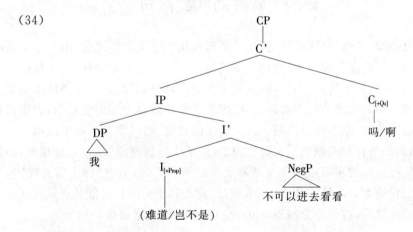

另外还有"**你至于(这样做)吗**"的形式。其实,反诘问句是"命题—疑问"相兼的结构自古汉语一直如此。不同的是,在古汉语中,命题和疑问标记都在句末,如"**为仁由己,而由人乎哉**"(论语·颜渊)。"乎"是古汉语是非问句的标记,相当于现在的"吗";"哉"是古汉语感叹句的标记,相当于现在的"啊/呀/哪"。到了早期白话,有这样一种反诘问句,如"**你可认得你丈夫么**"(西游记,12·152)、"**这位王相公,可就是会画没骨花的么**"(儒林外史,1·4)、"**你如今可省悟了么**"(金瓶梅,53·1443)。这里,"可"是疑问标记(朱德熙 1985,1991),"么"是表达含蓄语气的助词(《新华字典》,333 页;北京:商务印书馆,1998;《现代汉语词典》,845 页,859 页;北京:商务印书馆,2004)。注意,"么"也可以作疑问标记,是"吗"的异体字。但直接问句一般不会有双重标记,这在所有语言中都是如此,因此,如果"可"已经是疑问标记,"么"就一定不是。在上面所引的早期白话文献中,这种"可……么"句式跟仅用"可"作疑问标记的问句并存。后者的例子如"**可曾请得龙王来**"(西游记,41·570)、"**大老爷这些时边上可有信来**"(儒林外史,42·411)、"**你可要吃烧酒**"(金瓶梅,53·1438)。这些句子的疑问语气显然要强。而如果给它们句末加上"么",反诘语气就出来了。或者把"么"从上面"可……么"句子中拿掉,疑问语气也就变得强一些。这些理解虽然会因人而异,但大致如此。说明反诘问句是"命题—疑问"相兼的结构自古汉语一直如此。朱德熙先生(1985,1991)确定"可"是疑问标记,但似乎有所忽略仅用"可"作疑问标记的问句跟"可……么"句式的细微差别。这曾引起马悦然先生(Malmquist 1986)的质疑,认为"可……么"句式表达的意思是一种情态,可以转换成带情态副词的叙述句。马先生当时也未完全留意到"可"句式与"可……么"句式的细微差别。后续的研究才注意到这个问题(参何元建 1996,2007 第十一章)。

13.4 特殊的"呢"问句

例子见(28)。"呢"是强制性的,句子的形成跟上下文密不可分,由上下文来决定含"呢"的句子究竟是哪一种,包括是非问句、特指问句、否定词问句、正反问句或者选择问句,见(29)。从语言处理的认知过程而言,语境引起的语用条件及限制无时不在影响言语的生成。处理时间上,语用的条件和限制先于语法规则,否则说话恐怕就是语无伦次,毫不顾忌语境。仅从语法的角度,它只管最后的生成程序。也就是说,语用的条件和限制已经在起作用了,说话人只能这样说,而不是那样说;语法只管如何把要说的东西生成出来。就上面的例子而论,只有"你上哪儿呢"这句话跟目前的讨论有关。第十章 10.3 节说过,此类句子的结构可能是在从句法输入至语音形式库之后,将一部分截省(sluicing)而形成的。拿特指问句为例:

(35) [$_{CP}$[$_{IP}$ 你 [$_{I'}$ 上哪儿]]呢] ⇒ [$_{CP}$[$_{IP}$ 你 ∅]呢]

[上哪儿]被截省掉,就得到"你呢"。如果动词保留下来,被截省的部分又可能不同。比如"**她说股市最近会涨,你看呢**",其中的"你看呢"如果跟特指问句有关(也可能无关中,视语境而定),那它可能是"你看如何呢"、"你看会涨多少呢"等等。"如何/怎(么)样"可以充当谓词,比如"问:你如何/怎(么)样、她写得如何/怎(么)样?答:还好/不错",所以可以算是 AP/VP。"(它)会涨多少"就是从句了。同理,我们可以有:

(36) a. [$_{CP}$[$_{IP}$ 你 [$_{VP}$ 看 [$_{AP}$ 如何]] 呢] ⇒
 　　 [$_{CP}$[$_{IP}$ 你 [$_{VP}$ 看 ∅] 呢]
 b. [$_{CP}$[$_{IP}$ 你 [$_{VP}$ 看 [$_{CP}$ 会涨多少]] 呢] ⇒
 　　 [$_{CP}$[$_{IP}$ 你 [$_{VP}$ 看 ∅] 呢]

具体过程如何,要留待将来的研究。

13.5　同形不同结构的三个问句

现代汉语中,正反问句、否定词问句以及选择问句三者的形式有时候极为相似,如"你去不/没去"、"你去不/没"以及"你去还是不/没去",一直吸引着研究者的注意。主要问题有二:一、正反问句与否定词问句有无句法关系? 二、选择否句跟其他两个句式有无句法关系? 之前的研究提出过不同的答案,但似乎都未真正解决问题。这里边有对语料观察的失误,也有理解与解释的偏差(参何元建 2011)。

我们对三者的句法结构进行了再调查。结论是,现代汉语中,正反问句的"A 不/没 A"形式是独立的结构,证据非常清楚。否定词问句的"A 不/没"形式不是独立结构,不应与正反问句混淆。选择问句也可以有"A 不/没 A"和"A 不/没"形式,造成与正反问句、否定词问句的表层形式相互交叉的情况。然而,句子自身的结构受语法运作的经济原则的制约,与表层形式无关。跨语言看,句子成分充当疑问标记是一个普遍现象。汉语标记的特点是须先改变形态,即进入"A 不/没 A"形式,但却可以留在自身的语法位置。而在其他语言中(如英、德、西班牙、阿拉伯语等等),标记无须改变形态,但要离开自身的语法位置出现在句首。下面分别来说。

13.5.1　选择问句

例子见前文(19)-(27)。特征是利用并列的选择项来构成问句,如"是……还是……"和"……还是……"两种句式。选择项可以是句子或者谓语。先看"是……还是……"句式。如果选择项是句子,焦点词出现在句首,使主语成为焦点,我们有:

(37)

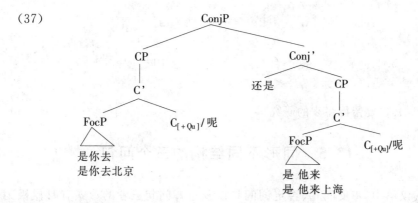

连接词"还是"连接两个并列的句子(CP)：[是你去(呢)]和［是他来(呢)]；或者[是你去北京(呢)]和[是他来上海(呢)]。因为后一个焦点词(是)跟"还是"在语音上重叠，经过同音删除，就不读出来了。比如，[是你去]还是[是他来] ⇒ [是你去]还是[是 他来]。在有些方言里(比如成都话)，后一个焦点词可以不删除。这等于支持了上述结构分析。按陈重瑜(Chen 1978)，同音删除的规则是：如两个邻接的自由语素语音重叠，后一个就要删除。理论上，删除应该是句法结构进入语音形式库之后才进行的。这里为了演示，将它放在句法结构中。①

如果选择项是谓语，焦点词出现在主语后，使宾语成为焦点。例如：

(38)

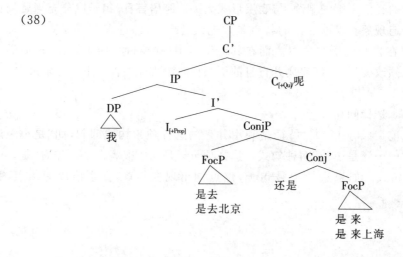

连接词"还是"连接两个充当谓语的焦点短语(FocP)：[是去]和[是来]；或者[是去北京]和[是来上海]。后一个焦点词经同音删除。成都话里也可以说"你[是

---

① 同音删除在汉语中很常见，比如她总是[是 这样]、她刚才[才 下班]、他正在[在 厨房]做饭、他稍后会[会 见客人]、他给[给 我十块钱]、她问我[我 去哪儿了]，等等。

去]还是[是来]、你[是去北京]还是[是来上海]",也等于支持了上述结构。

现在来看不含焦点词的结构,即"……还是……"这样的句式。如果选择项是句子,我们有:

(39)
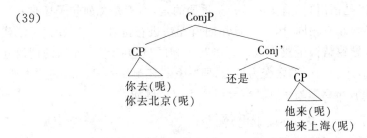

如有相同成分,可以省略:①

(40)
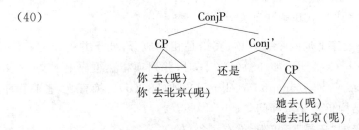

从省略之后得到的表层结构看,并列成分似乎是两个主语,即"[你——]还是[她去(北京)]",但是实际上并不是。另外,也有省略掉后一个句子中的相同部分,就得到只剩下宾语的情况:

(41)
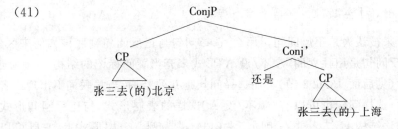

同理,从省略之后得到的表层结构看,并列成分似乎是两个宾语,即"张三去(的)北京还是[——上海]",但是实际上并不是。结构上,两个名词性成分组成并列结构并非不可以,如[[你]还是[他]],但如果没有谓语也进入并列成分的话,似乎难以

---

① 理论上,并列省略(coordination reduction)与照应省略(anaphoric ellipsis)是不同的。前者既可以承前省略,也可以蒙后省略,视相同成分句法位置而定;而后者只能承前省略。并列成分相互组成上下文,既可并列省略,也可以照应省略(参 J. Ross 1970; Gazdar 1982; van Oirsouw 1983,1985;汉语有关研究参 Tai 1969; W. Chao 1987; He 1987,1990)。

得到选择问句的结构和语义。另外,含助词(的)的结构是假分裂句,如"**张三去的是北京**";但不含助词的结构不是假分裂句,如"**张三去北京**"。假分裂句结构参见第十二章 12.0.1.4 节。

选择项也可以是谓语,见前文例(19)。重要的是,不管是并列句子还是并列谓语,并列选择项必须互不相同,因为一旦相同就无法进行选择,意味着就无法建立相关的逻辑形式,导致结构生成失败。谓语互不相同也包括允许并列的谓语互为肯定与否定,此时,连接词也随之变为可选,即"……(**还是**)……"。为表述方便,将它表示为"X(**还是**)not-X",X = 谓语,not = 否定。例如:

(42) a. 你[去](还是)[不去](呢)?
b. 你[去北京](还是)[不去北京](呢)?
c. 你[去 北京](还是)[不去北京](呢)?
d. 你[去北京](还是)[不去 北京](呢)?

[**去北京**]和[**不去北京**]是两个并列项;宾语是相同成分,处于并列项的右侧,可以蒙后省略(delete backward),如(38)(c)。同时,并列项相互组成上下文,下文中相同成分可以承前照应省略(anaphoric ellipsis),如(38)(d)。换言之,省略程序是对的,经过省略的结构仍然是选择问句。①

不过,一旦连接词"**还是**"不出现,就有了争议:

(43) a. 你[去][不去](呢)?   A 不/没 A
b. 你[去北京][不去北京](呢)?   AB 不/没 AB
c. 你[去北京][不去 北京](呢)?   AB 不/没 A
d. 你[去 北京][不去北京](呢)?   A 不/没 AB

这些句式历来被认为是正反问句。那么,选择问句与正反问句到底该如何来区分?很简单,正反问句是用独立的"A 不/没 A"形式来充当疑问标记的结构,A = 词或者构词语素(见后面 13.5.2 节)。而选择问句是并列结构,当关联词不出现或者有省略成分时,选择问句也可以有"A 不/没 A"这样的表层形式,与正反问句形式交叉。但在句法结构上,二者并不相同。拿(43)(a)为例。表层形式上,它既可以是正反问句,也可以是选择问句;如是前者,"**去不去**"是独立结构;如是后者,"[**去**][**不去**]"是并列结构,是"**去还是不去**"的关联词不出现的形式。(43)(b)-(d)三者都不可能是正反问句,因为"A 不/没 A"形式中的"A"="词/构词成分",不能够是其他(比如述宾结构);两个"A"必须相同(不能够一个是述宾结构,一个是动词)。离开(43)中的例子,假如"AB"代表同一词项的两个构词语素,"AB **不/没** AB"和

---

① 蒙后省略如(43)(c),承前省略如"你[去北京]还是[~~去~~ 上海]"。但(43)中没有这种结构。

"A 不/没 AB"可以是正反问句,如"**小便不小便/头疼不头疼**"以及"**[小不小]便/[头不头]疼**",但绝不能是"＊**AB 不/没 A**",如"＊**小便不小/＊头疼不头**"(见后面 13.5.2 节)。

另外引起争议的还有下面(44)这样的结构:

(44) a. 你[去][不 去](呢)?　　　　　A 不/没
 b. 你[去北京][不 去北京](呢)?　AB 不/没

这是经过承前照应省略之后得到的,但是,省略前的句子可以插入关联词,但省略之后却不行:

(45) a. 你[去](还是)[不 去]呢?
 你[去](＊还是)[不 去]?
 b. 你[去北京](还是)[不 去北京]呢?
 你[去北京](＊还是)[不 去北京]?

有"呢",连接词可以出现;没有"呢",就不好接受。于是有研究认为,这里被省略的结构不是选择问句,而是正反问句,省略后的句子是否定词问句(M.-L. Hsieh 2001;B. Li 2006;R.-H. Huang 2008)。

这个观点不对。首先,只有选择问句才能省略,而正反问句不允许省略(见 13.5.2 节)。其次,不能因为连接词不出现,就说它不是选择问句。本来连接词可选,如不出现,理论上就是零形式。这样,连接词是实词与它是零形式分别是两个结构,各自对省略的制约不同。现代汉语的一个音韵规律是双音节。当否定词与语气词客观上构成双音节时,就可以接受,而如果只有否定词,就不好接受。但不论是哪一种情况,这些仍然是选择问句结构,而不是别的句式,虽然它看上去与否定词问句没有什么两样,但仅仅是表层形式相似而已,否定词问句有自己独立的结构(见 13.5.3 节)。换言之,选择问句既可能与正反问句的形式交叉,也可能与否定词问句的形式交叉。但是,各自的结构不能混淆(见 13.5.5 节)。

13.5.2　正反问句

例子见前文(11)-(14)。特征是用"**A 不/没 A**"形式来充当疑问标记,A = 焦点词/情态词/体貌词/介词/副词"**经常/常**"/动词/形容词/构词语素。例如:

(46) a. 是张三要去北京。　　　　　A = 焦点词
 ⇒ <u>是不是</u>张三要去北京(呢)?
 b. 张三是要去北京。
 ⇒ 张三<u>是不是</u>要去北京(呢)?

(47) a. 张三要去北京。
　　⇒ 张三要不要去北京(呢)?　　A = 情态词
　　b. 张三去了北京。
　　⇒ 张三有没有去北京(呢)?　　A = 体貌词
　　c. 张三从香港去北京。
　　⇒ 张三从不从香港去北京(呢)?　　A = 介词
　　d. 张三经常去北京。
　　⇒ 张三经常不经常去北京(呢)?　　A = 副词
　　e. 张三去北京。
　　⇒ 张三去不去北京(呢)?　　A = 动词
　　f. 张三这人好。
　　⇒ 张三这人好不好(呢)?　　A = 形容词

(48) a. 他打没打烂盘子(呢)?　　A = 动词构词语素
　　b. 他爱不爱护环境(呢)?
　　c. 他愚不愚蠢/勤不勤快(呢)?　　A = 形容词构词语素
　　d. 他必不必须去/能不能够去(呢)?　　A = 情态词构词语素
　　e. 他根不根据章程办事(呢)?　　A = 介词构词语素
　　f. 他按不按照次序发言(呢)?
　　g. 他经不经常去(呢)?　　A = 副词构词语素

如果"A"是构词成分,如(48),"A 不/没 A"仍然是词结构。如:

(49) 　　　　普通形式　　　疑问形态形式
　动词:　　打烂　　　　[[打没打]烂]
　　　　　爱护　　　　[[爱不爱]护]
　形容词:　愚蠢　　　　[[愚不愚]蠢]
　　　　　勤快　　　　[[勤不勤]快]
　情态词:　必须　　　　[[必不必]须]
　　　　　能够　　　　[[能不能]够]
　介词:　　根据　　　　[[根不根]据]
　　　　　按照　　　　[[按不按]照]
　副词:　　经常　　　　[[经不经]常]

左侧的语素变成了"A 不/没 A"形式,但整个结构仍然是词,只不过变成了弱词性结构(Sadler & Arnold 1993;沈阳、何元建、顾阳 2001,第三章)。这时,"A 不/没 A"中不能介入任何成分。如:

(50) a. 他[打(*还是)没打烂]盘子？　　A ＝ 动词构词语素
　　　b. 他[爱(*还是)不爱护]环境？
　　　c. 他[愚(*还是)不愚蠢]？　　　　A ＝ 形容词构词语素
　　　d. 他[勤(*还是)不勤快]？
　　　e. 他[必(*还是)不必须]去？　　　A ＝ 情态词构词语素
　　　f. 他[能(*还是)不能够]去？
　　　g. 他[根(*还是)不根据章程]办事？　A ＝ 介词构词语素
　　　h. 他[按(*还是)不按照次序]发言？
　　　i. 他[经(*还是)不经常]去？　　　A ＝ 副词构词语素

有一些特殊的词结构也可以组成"A 不/没 A"形式，也不能有介入成分：

(51)　　　　　　普通形式　　　　疑问形态形式
　　　能愿式：　拿得动　　　　　[[拿不拿]得动]
　　　动趋式：　跑上去　　　　　[[跑不跑]上去]
　　　体貌式：　笑起来　　　　　[[笑没笑]起来]

(52) a. 你[拿(*还是)不拿得动]？　　A ＝ 能愿式的成分
　　　b. 你[跑(*还是)不跑上去]？　　A ＝ 动趋式的成分
　　　c. 你[笑(*还是)没笑起来]？　　A ＝ 体貌式的成分

另外，单纯词的第一个音节也能改变形态，如"龌不龌龊"、"肮不肮脏"、"邋不邋遢"、"寒不寒碜"。① 这些都说明"A 不/没 A"是一个独立的结构。②

不过，如果"A"不是构词成分而是独立的词，如(46)-(47)，这时，一部分"A 不/没 A"不能有介入成分，而另一些却可以。如：

(53) a. 他[有(*还是)没有]去(北京)？　　A ＝ 体貌词
　　　b. 他[从(*还是)不从]北京来？　　　A ＝ 介词
　　　c. 他[常(*还是)不常]去(北京)？　　A ＝ 副词

(54) a. 他[是(还是)不是]去(北京)？　　A ＝ 焦点词
　　　b. 他[肯(还是)不肯]去(北京)？　　A ＝ 情态词
　　　c. 他[去(还是)不去](北京)？　　　A ＝ 动词
　　　d. 他身体[好(还是)不好]？　　　　A ＝ 形容词

---

① 这是陆俭明先生告诉我的。
② 关于"A 不/没 A"是如何构成的，见第七章 7.0.4 节。

不能够接受介入成分的"A 不/没 A"显然是独立结构,但能够接受的又该怎么解释呢?事实上,那些看起来能够接受介入成分的"A 不/没 A"句子并不是正反问句,而是选择问句,其中的关联词可选而已。或者说,选择问句可以有"A(还是)不/没 A"这样的形式,去掉关联词,表层形式就恰好与正反问句中的"A 不/没 A"交叉,但各自的结构却完全不同(见 13.5.1、13.5.5 节)。①

有些双音节词除了自身可以构成"A 不/没 A"之外,其构词语素也可以组成"A 不/没 A"。这时,后者只能是正反问句,而前者则可能与选择问句形式交叉。请观察:

(55) a. 你[小便(还是)不小便] / [[小不小]便]?
b. 你[头疼(还是)不头疼] / [[头不头]疼]?
c. 你[造谣(还是)没造谣] / [[造没造]谣]?
d. 你[座谈(还是)不座谈] / [[座不座]谈]?
e. 你[愚蠢(还是)不愚蠢] / [[愚不愚]蠢]?
f. 你[勤快(还是)不勤快] / [[勤不勤]快]?

[小便不小便]中的"小便"是一个词,而"[[小不小]便]"中的"小"则是构词语素。表面上,前一个结构似乎可以插进关联词,但其实并不是。如前所述,选择问句也可以有"A(还是)不/没 A"这样的形式,去掉关联词,表层形式就与正反问句中的"A 不/没 A"相互交叉(见前面 13.3.1 节)。不过,构词语素组成的"A 不/没 A"只能是正反问句,原因之一是这些结构中不能介入关联词,否则有错:[[小(*还是)不小]便]/[[头(*还是)不头]疼]/等等。另外一个原因是,这些结构不可能是通过省略而来。譬如:[小便 不小便]/[头疼 不头疼]/等等。如此省略违反了"省略

---

① 关联词不能介入(53)中的句子,证明它不是选择问句。假如选择问句,原结构应该是:
(i) a. *他[有去(北京)](还是)[没有去(北京)]?
b. 你[从北京来](还是)[不从北京来]?
c. 你[常去(北京)](还是)[不常去(北京)]?
经过省略,而且关联词不出现,就得到:
(ii) a. *他[有 去(北京)][没有去(北京)]?
b. *你[从 北京来][不从北京来]?
c. 你[常 去(北京)][不常去(北京)]?
(i)(a)和(ii)(a)都是错的,正确的说法是"他[去了(北京)][没有去(北京)]",经省略得到"他[去了(北京)][没有去(北京)]",但并非预期的"他[有没有]去北京"。唯一的解释是"有没有"是独立结构。(i)(b)正确而(ii)(b)有错,是因为被省略的"北京来"不属于单一成分。因此,"从不从"也是独立结构。(i)(c)和(ii)(c)都没有问题,造成省略的假象,但其实是因为"常不常"是独立结构,关联词不能介入其中,见(53)(c)。

不能入词"的原则(黄正德 1988,C.-T. James Huang 1991)。证据来自：*[小便不小便]/*[头疼不头疼]/等等。为什么省略左侧的相同语素似乎没有问题,而省略右侧的相同语素就不行？道理很简单,左侧根本就没有省略,它的"A 不/没 A"形式是由构词语素组成的独立结构。①

13.5.3 否定词问句

例子见前文(9)-(10)。表层形式是"A 不/没"和" AB 不/没",如"你去(北京)不/没"。传统上又称 VP-Neg 型的反复或正反问句(如朱德熙 1985,1991)。现代汉语中,它到底是独立结构,还是衍生于 VP-Neg-VP 型的正反问句,有不同的意见。一种认为是(如 M.-L. Hsieh 2001；B. Li 2006；R.-H. Huang 2008),一种认为不是(如 Cheng, Huang & Tang 1996a,1996b；He 1998；汤廷池 1999)。各有各的理由,但都不尽然。

支持衍生说的理由是(Hsieh 2001；B. Li 2006；R.-H. Huang 2008)：两个问句都能带语气词"呢"；都有相同的答语；都有孤岛效应,如：*[你去不去(北京)]比较好；*[你去(北京)不]比较好。这说明二者相若。因此,将正反问句中重复部分省略掉之后,就能得到否定词问句。比如,将"你去不/没去(呢)"中后一个"去"省略,就得到"你去不/没(呢)"。

省略确实成立,但有一个极大的误解,即认为被省略的原结构是正反问句。其实,被省略的不是正反问句,而是选择问句；后者经过省略可以得到具有 VP-Neg-VP 和 VP-Neg 这样表层形式的句子,但仍然是选择问句结构,只是表层形式与正反问句和否定词问句相似而已(见 13.5.1 节)。

反对衍生说的理由是(Cheng, Huang & Tang 1996a,1996b)：一、否定词问句不带语气词(呢),但正反问句可以。二、否定词问句可以带体貌词,但正反问句不可以。如：你去过/了(北京)没；*你有过没(有)过钱；*你有了没(有)钱。三、否定词问句没有阻隔效应,而正反问句有。如：你常去(北京)不；*你常去不去(北京)。四、否定词问句历史上先于正反问句出现,所以应该不是从后者衍生而来。

第一、二、三条理由皆不成立,因为否定词问句可以带语气词,如"你去(北京)不/没(有)呢"；正反问句也可以带体貌词,如"你去过(北京)没(有)呢"；"你领了奖

---

① 朱德熙先生(1991)又指出,述宾式离合词也可拆开来用,比如"你[签名](还是)[不签名]"。但不能拆开的也不少,如"*[你毕业不毕业]"；"*[你伤心不伤心]"；"*[你吹牛不吹牛]"；"*[你遭殃不遭殃]"等等。可见,只有拆得开的才是真正的离合词。但既然拆开了,就不再是词了,所以宾语可以省略。不能省略的,就仍然还是词。

金没(有)呢";①否定词问句也有阻隔效应,只是表现不同,比如:＊**你难道去(北京)不**(见 13.5.4 节)。

不过,从历史看,VP-Neg 问句的确是一个独立的结构。上古时期它句末就可以有语气词,如:**公取之代乎**、**其不与**(吕氏春秋·爱类)、**如此,则动心否乎**(孟子·公孙丑上)、**此夫鲁国之巧伪人孔丘非邪**(庄子·盗跖)。中古汉语亦然,如:**宁知彼时少年不乎**(成具光明定意经·15/455a)、**宁能复还不耶**(道行般若经·8/453c)(引自刘开骅 2008:223-224,230)。近代汉语中,语气词少见了,句末否定词也开始虚化(蒋绍愚 2005:263-264;刘开骅 2008:233-235)。但现代汉语似乎又回复到上古、中古的情况,又有语气词出现,如:"你去(北京)不/没呢"。问题是,今天的否定词问句是如何继承下来的?假如句末否定词虚化成为现代语气词"吗"的来源(参吴福祥 1997),继承说就有一点困难。但"吗"的来源目前尚有争议(蒋绍愚 2005:265-267),比较肯定的一点却是近代时期否定词的虚化。这样一来,不管有关虚化过程究竟如何,其结果无非是否定词充当了问句结构的疑问标记。而这一点正是现代汉语的否定词问句的特征。换言之,今天的否定词问句仍然应该是继承下来的句式,是一个独立的结构。

13.5.4　阻隔效应

阻隔效应(intervention effect)一词始见于 Beck(1996)一文,指问句中的焦点成分是否成立,要受到它之前成分的影响。最早观察到汉语正反问句有阻隔效应的应该是汤廷池(1981),之后有 Ernst(1994),Cheng, Huang & Tang(1996a,1996b),N. Zhang(1997b),Z. Zhang(1996),R. Zhang(1999),Wu(1997,1999b),Law(2006),Soh(2005),Hagstrom(2006),B. Li(2006),Hu(2007),R.

---

① 在北方话里,否定词问句可以带语气词,正反问句可以带体貌词,都是常识;讲普通话(或国语)的南方人也能接受。问题在于拿"有钱"这个例子来证明正反问句不能带体貌词是不对的。"有钱"已经转化为词,即"富有"之意,可以受"很/更/最"的修饰,如"很/更/最有钱"。进入"有没有钱"形式之后,是左侧构词语素改变形态,跟"小不小便"、"乐不乐意"、"毕不毕业"、"伤不伤心"之类没有区别(见 1.0 节)。这时,构词语素不能带体貌词,如"＊有过没有过钱"、"＊小过没小过便"、"＊乐过没乐过意"、"＊毕了没(有)毕业"、"＊伤了没(有)伤心"。相反,"你过去有过没(有)过许多的钱,现在有了没(有)堆成山的钱,都跟我没关系"这样的句子没有问题,原因在于它是句法结构,"有"是谓词进入"A 不/没 A"形式,"许多的钱、堆成山的钱"是宾语,也有指称。这样的句法结构不受"很/更/最"的修饰,如"＊很/更/最有许多的钱、＊很/更/最有堆成山的钱"。这跟形容词"有钱"(=富有)不同,后者受"很/更/最"的修饰,"钱"也是泛指的。而"有钱"作形容词谓语,在否定词问句中也是不能带体貌词的,如"＊你有过钱没"。之前的研究从不同的角度已经指出上述观点(见 R. Zhang 1999;N. Zhang 1997a:135-136;Hsieh 2001:109;B. Li 2006:146;Hagstrom 2006:188;R.-H. Huang 2008)。R.-H. Huang(2008)还指出,否定"有钱"(=富有)要用"不",如"我并不有钱";而否定述宾结构"有许多钱"要用"没",如"我没有许多钱"。"有钱"转化为词大概是因为双音节的关系,跟其他双音节句法结构转化为词的情况一致,如"头疼"、"司令"、"小便"、"毕业"、"伤心"(参冯胜利 1997/2009,2004)。

Huang(2008),等等,尽管有些用了"阻隔效应"的术语,有些没有用。典型的例子如上文提到的"*你常去不去(北京)"。但事实远非于此。其一,只有能够进入"A 不/没 A"的成分才能构成阻隔效应。副词"经常/常"可以进入,如"**你经常不经常/经不经常/常不常去(北京)**",所以有阻隔效应;而不能进入的,就没有阻隔效应,如"***你明天不明天去(北京);你明天去不去(北京)**"。其二,阻隔效应有层级表现。例如:

(56)　a. 是张三要经常从香港去北京。
　　　b. 是不是张三要经常从香港去北京(呢)?
　　　c. *是张三要不要经常从香港去北京(呢)?
　　　d. *是张三要经常不经常从香港去北京(呢)?
　　　e. *是张三要经常从不从香港去北京(呢)?
　　　f. *是张三要经常从香港去不去北京(呢)?

(57)　a. 张三是要经常从香港去北京。
　　　b. 张三是不是要经常从香港去北京(呢)?
　　　c. *张三是要不要经常从香港去北京(呢)?
　　　d. *张三是要经常不经常从香港去北京(呢)?
　　　e. *张三是要经常从不从香港去北京(呢)?
　　　f. *张三是要经常从香港去不去北京(呢)?

依此类推,如果是"情态词/体貌词—副词—介词—谓词"同时出现,那么一定是情态词(或体貌词)进入"**A 不/没 A**"形式,等等。就是说,凡可以进入"**A 不/没 A**"的成分,如果同时出现,必是上域成分进入"**A 不/没 A**"形式,否则有错。这种层级表现正是 Beck(1996)所提到的阻隔效应的重点(虽然他并未考察汉语)。

其三,如果不同位置的"**A 不/没 A**"有区别语义的作用,就不会有阻隔效应。例如:

(58)　a. 你跑不跑得快? 能力
　　　　 你跑得快不快? 能力或者临场发挥
　　　b. 你带不带孩子去(北京)? 去时带不带孩子
　　　　 你带孩子去不去(北京)? 带孩子时去不去
　　　c. 你坐不坐她的车去(城里)? 去时坐不坐车
　　　　 你坐她的车去不去(城里)? 坐车时去不去
　　　d. 你在不在深圳做生意? 生意是否做到深圳或在深圳做
　　　　 你在深圳做不做生意? 在深圳有没有做
　　　e. 你把不把画挂在墙上? 强调宾语
　　　　 你把画挂不挂在墙上? 强调处所

跨语言看,其他语言也有阻隔效应。拿英语为例,其时态词、情态词、体貌词、焦点词、助动词、动词都可以充当疑问标记(虽然动词很少)。时态词与动词的例子如:

(59) a. They <u>have</u> three children.
   <u>Have</u> they three children?
   b. 他们<u>有</u>三个孩子。
   他们<u>有没有</u>三个孩子?

(60) a. They <u>will</u> have three children.
   <u>Will</u> they have three children?
   *<u>Have</u> they will three children?
   b. 他们<u>会</u>有三个孩子。
   他们<u>会不会</u>有三个孩子?
   *他们会<u>有没有</u>三个孩子?

英、汉之间的区别在于,英语句子成分充当疑问标记必须出现在句首(或者仅次于句首的位置),但无须改变形态;而汉语句子成分充当标记必先改变形态,但却可以留在自身的语法位置。

尽管有这些差别,汉、英二者的阻隔效应却是一模一样:凡可以充当标记的成分,如果同时出现,必是上域成分充当标记,否则有错。结构上,英语动词(have)要越过时态词(will)才有阻隔效应,而汉语动词(**有没有**)不用越过情态词(**会**)就有了同样的效应。换言之,两个语言之间形成了最小结构对立。问题是,为什么汉语标记没有越过其他成分也有阻隔效应?

合理的解释是,疑问标记要占据直接问句的辖域(matrix scope),才能构成疑问语义(或者说才能区别于陈述句)。这是跨语言的特征,但表现不同。英语标记去占据辖域我们看得见,被挡住了"去路"而造成阻隔效应,我们也看得见。照此推理,汉语的阻隔效应也是因为它的标记去占据辖域时被挡住了"去路"才造成的,只不过我们看不见而已。于是有研究提出来,汉语标记其实也有越过其他成分,但是在逻辑形式(如 C.-T. James Huang 1991;Tsai 1994a,1994b;Cheng,Huang & Tang 1996a,1996b;N. Zhang 1997b;Yang 2007)。所谓逻辑形式,指表达逻辑语义的那一层句子结构。例如:

(61) a. 他们<u>会</u>有三个孩子。
   他们<u>会不会</u>有三个孩子?
   b. [会不会$_i$ [他们 t$_i$ [有三个孩子]]]逻辑形式

(62) a. *他们会<u>有没有</u>三个孩子。
   b. *[有没有$_i$ [他们会[t$_i$ 三个孩子]]]逻辑形式

理论上,句子有两层结构,听得见的是语音形式,听不见的就是逻辑形式。英语标记在前者中移位,如(27/28),而汉语标记在后者中移位,如(29/30);如果被挡住"去路",两个语言都会出现阻隔效应,如(28)、(30)。①

再观察:

(63)　a. 你知道[他明天来不来]?②
　　　b. 你知道[他明天来不]?

(64)　a. *[他明天来不来]比较好?
　　　b. *[他明天来不]比较好?

从句作宾语没有问题,作主语就有问题。为什么?按上文,"**来不来/不**"都要在逻辑形式中移位至辖域位置。但"**来不来/不**"从宾语从句移出没有问题,从主语从句移出就会构成错句,因为主语从句属于孤岛句,任何成分不能移出来(J. Ross 1967;Chomsky 1973)。例如:

(65)　a. *[来不来$_i$　[[他明天　t$_i$　]比较好]]
　　　b. *[　不$_i$[[他明天来　t$_i$　]比较好]]

换言之,孤岛效应跟阻隔效应一样,也为疑问标记需要占据辖域提供了证据。之前的研究没有将两个效应与两个标记一起来考虑(文献同上),是为补充。

13.5.5　小结

拿动词短语作谓语为例,选择问句的结构如下:

(66)　a. 你[$_{ConjP}$[$_{VP}$　去(北京)]还是[$_{NegP}$　不/没去(北京)]](呢)
　　　b. 你[$_{ConjP}$[$_{VP}$　去(北京)]　e　[$_{NegP}$不/没去(北京)]](呢)

e = 零关联词,是我们这里要讨论的结构。有省略成分时,(66)(b)可以代表:

(67)　a. 你[$_{ConjP}$[$_{VP}$　去北京]　e　[$_{NegP}$　不/没去北京]](呢)
　　　　AB 不/没 AB
　　　b. 你[$_{ConjP}$[$_{VP}$　去北京]　e　[$_{NegP}$　不/没 去北京]](呢)
　　　　AB 不/没
　　　c. 你[$_{ConjP}$[$_{VP}$　去北京]　e　[$_{NegP}$　不/没去 北京]](呢)
　　　　AB 不/没 A

---

① 理论上,阻隔效应是违反了中心语移位条件:中心语(X)不能移位越过另一个中心语(Y)(Travis 1984; Radford 2004:163)。这里,疑问标记移位属中心语移位,挡住"去路"的成分也是中心语(如情态词)。

② 这句话也可以是陈述句。

d. 你[ConjP[VP 去北京] e [NegP 不/没去北京]](呢)
　　A 不/没 AB

e. 你[ConjP[VP 去] e [NegP不/没去]](呢)
　　A 不/没 A

f. 你[ConjP[VP 去] e [NegP不/没 去]](呢)
　　A 不/没

以上(b)、(f)正好与否定词问句的表层形式相若：

(68)　a. [IP 你 [I'[VP 去北京][I 不/没]](呢)　　AB 不/没
　　　b. [IP 你 [I'[VP 去][I 不/没]](呢)　　A 不/没

(d)、(e)正好与正反问句的表层形式相若：

(69)　d. [IP 你 [VP[V 去不/没去] 北京]](呢)　　A 不/没 AB
　　　e. [IP 你 [VP[V 去不/没去]]](呢)　　A 不/没 A

然而，虽然有表层形式交叉，三类问句的结构却截然不同。选择问句是通过并列选择项来提问，否定词问句是用否定词作疑问标记，而正反问句是用独立的"A 不/没 A"形式作标记。拿掉这些标记，问句便不成立，说明都是各自独立的结构，仅仅是表层形式相互重合而已。

　　问题是，当某个句子的表层形式既可能是选择问句，也可能是正反问句或者否定词问句的时候，到底应该如何来判断？理论上，凡结构衍生过程越简单的形式，也就越经济(Chomsky 1991,1995)。或者说，当表层形式相同，同时又有一个以上结构可供选择之时，说话人讲出来的应该是最经济的那个结构，这是语法运作的经济原则使然。已知正反问句的"A 不/没 A"相当于词结构，A = 词/构词语素。相对而言，选择问句是并列的谓语结构，衍生过程远比词结构复杂，也不那么经济。因此，当正反问句和选择问句都有可能衍生出"A 不/没 A"表层形式的时候，其结构极大可能是正反问句，因为更经济。另外，当否定词问句跟选择问句在表层形式交叉时，其结构也很可能是前者，因为它更简单。

　　相关的问题是，独立的正反问句究竟自何时起？它跟选择问句究竟有没有结构演变的关系？已知 VP-Neg-VP 形式最早见于《睡虎地秦墓竹简》，并可能已是定式(朱德熙 1991)。张敏(1990)认为秦简中的 VP-Neg-VP 形式是选择问句经省略(关联词、语气词和相同成分)而来。但刘开骅(2008:238)更倾向于 VP-Neg-VP 形式是从 VP-Neg 形式发展而来，因为后者在历史上先出现(参裘锡圭 1988，冯春田 2000)。跟今天的汉语一样，前期汉语也应该允许省略。原则上，省略前后的结构应该属于同一句式，而非两个句式，除非被省略的结构演变成了独立的句式。据梅祖麟(1978)观察："先秦两汉选择句，两小句句末几乎必用'与'、'乎'、'邪'之类的疑问语气词,如此两小句每句单独已是疑问句,并列就可形成选择句,但大多另嵌入'抑'、'意'、'将'、'且'、'其'、'妄其'之类关联词",与现代选择问句并无太大不同。从前文知道,今天的选择问句经过省略,可以得到跟正反问句相若的表层形式。因此,即使先秦的选择问句经省略就得到 VP-Neg-VP 形式(参张敏 1990),也还存在一个问题:这个 VP-Neg-VP 形式究竟是省略后的选择问句呢,还是已经演变成了独立的正反问句结构?这似乎需要做进一步的考察。另外,如果 VP-Neg-VP 是从 VP-Neg 发展而来(参刘开骅 2008),同样需要一些更清晰更确定的证据。两条线索有无交叉也不太清楚(参邵敬敏等 2010:226)。

　　总结以上,正反问句、否定词问句和选择问句三者在现代汉语中都是各自独立的结构。不过,选择问句的一些省略形式与其他两个问句的表层形式相同,造成了难以确认某一结构的困难。但语法运作的经济原则应该是我们判断的标准。此结论弥补了之前研究中的不足。在众多的研究之中,朱德熙(1985,1991)与黄正德(1988, C.-T. James Huang 1991)二位先生的观察与分析也许是迄今为止最准确和最有洞察力的,对之后研究的启发也似乎最大。其实,自然语言中由句子成分充当疑问标记很普遍。汉语跟其他语言的差别是,成分须先改变形态,但别的语言(如英、德、西班牙、阿拉伯语,等等)则无须这样做(参何元建 2003);另外,汉语标记可以留在自身的语法位置(只需在逻辑形式中出现于句首),而别的语言(如英语)中,标记则必须离开自身的语法位置出现于句首,否则不合法。不管是哪种情况,阻隔效应都是一致的。

13.6　特指问句

　　例子见前文(15)-(16),直接问句句末的"呢"可选,除非出现疑问词实虚两用的对立,见(17)(又参 He 1996, 2006b;何元建 2003)。语法范畴词位置没有实词标记出现,理论上是零标记。例如:

(70)
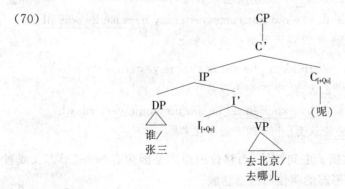

如果"**呢**"不出现,问句的语序跟陈述句完全一样,于是就有一个问题,问句结构难道就是依靠疑问词自身来构成的吗?当然不是。理论上,疑问词必须占据所在句子的辖域(scope),才能形成问句语义。见下文的讨论。

间接问句的结构同,但"**呢**"不能出现,见上文(16)。例如:

(71) 我不知道 [CP

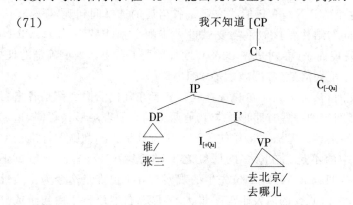

这时,主句是陈述句结构,只有间接问句的 IP 被标记为 [+Qu]。

13.6.1 疑问词的辖域

所谓辖域,指词项受到所在句子谓词的选择限制而在句法结构中表现出属于某一个句域(domain)的特征。限定词、否定词、数量词、范围副词等等都属于此类词项。疑问词、虚用疑问词(= 不定代词)、关系代词都可归于限定词范畴。就疑问词而言,它必须占据所在句子的辖域,才能构成问句语义(C.-T. James Huang 1982/1998,Chomsky 1986a,1986b),即使是从句里的疑问词也要这样做。在移位语言中,疑问词移位直接解决了这个辖域问题。如:

(72) Why$_i$ do you think [he did not come yesterday t$_i$]?
— 你认为[李四昨天为什么没来上班](呢)?
比较:I think [he did not come yesterday <u>because he was ill</u>].
— 我认为[李四昨天<u>因为生病</u>没来上班]。

(73) Why$_i$ do you think t$_i$ [he did not come yesterday]?
— 你<u>为什么</u>认为[李四昨天没来上班](呢)?
比较:I think <u>by experience</u> [he did not come yesterday].
— 我<u>从经验</u>认为[李四昨天没来上班]。

移位之后的"why"占据了主句辖域,而移位的原因是因为有"wh-"形态。或者说,英语疑问词受"wh-"形态的驱使而占据辖域。

汉语就不同了。它没有"wh-"形态,"**为什么**"的位置也就是英语"why"尚未移位之前的位置。问题是,为什么汉语疑问词,尤其是从句里的疑问词,不占据主句辖域也能构成直接问句?难道"疑问词需要占据主句辖域"这个原则错了吗?对此可做两种预设:一、汉语疑问词虽然表层结构中未占据辖域,但另有表达途径。二、原则错了,问句并不要疑问词占据辖域;那么,英语疑问词占据了辖域也一定有自己的匡正方式。但第二个预设违背语言的根本机制。语言的每种结构,无不跟表达某种语义有关,这个机制不会因为具体语言的个体差异而变化。事实上,上面英、汉句子的逻辑语义都是一样的,不同的仅是个别语言的具体表达方式而已。英语疑问词有"wh-"形态,可以通过表层移位来占据主句辖域;汉语没有"wh-"形态,靠的是跟句末疑问标记共指的办法来占据辖域(L. Cheng 1991,1997;W.-T. Tsai 1994a,1994b;Aoun & Li 1993a,1993b,2003)。如:

(74) a. [你认为[李四昨天 为什么$_i$ 没来上班] 呢$_i$/e$_i$]
    b. [你 为什么$_i$ 认为[李四昨天没来上班] 呢$_i$/e$_i$]

e = 零标记。汉语所有特指问句中的疑问词都应该这样来理解,只有回声问句除外。前文已经说过,回声问句是没有疑问标记的(连零标记也没有),其疑问词占据辖域可以理解成是跟零运算子共指。如:

(75) A:他今天买了一辆丰田车。
    B:[[他今天买了 什么$_i$] Op$_i$]("什么"要读轻声升调)

Op = 零运算子(null operator),相当于零形式的辖域助词。

相对而言,英语的回声问句因为有"wh-"形态,它的疑问词就要通过在逻辑形式中移位来占据辖域,例如(中译文参(75)(B)):

(76) 表层结构:He had bought what today?
    逻辑形式:what$_i$ [he had bought t$_i$ today]

逻辑形式中的疑问词占据了句子辖域,于是构成问句语义。

值得一提的是,汉语疑问词如果充当焦点成分,也会离开自身的语法位置,出现在焦点短语之中。例如:

(77) a. 警察昨天下午在火车站抓住了谁?
    b. 是谁[警察昨天下午在火车站抓住了]?
    c. *是[警察昨天下午在火车站抓住了谁]?

疑问词如果不随首焦点词出现在句首,句子就不能表达"**是谁**"的意思。在这个意义上,句子有错。这时,疑问词可以理解成是移位到了句首。如:

(78) [$_{FocP}$ 是 [$_{CP}$ 谁$_i$ [$_{IP}$ 警察昨天下午在火车站抓住了 t$_i$]]]

但这仅是疑问词作为焦点成分移位,不可跟有"wh-"形态的疑问词移位混淆。将上述疑问词换成普通名词,效果也是一样的,如"**是张三**[**警察昨天下午在火车站抓住了**]"。

13.6.2 孤岛效应

汉语一部分疑问词有孤岛效应,另一部分则没有,是黄正德最先观察到的(C.-T. James Huang 1981/1982)。如(例子是本文的):

(79) a. [谁来唱]最受欢迎(呢)?　　　　　　　主语从句
   b. [她唱什么]最受欢迎(呢)?
   c. [她怎么唱]最受欢迎(呢)?
   d. *[她为什么唱]最受欢迎(呢)?

(80) a. 你爱看[谁写的]书(呢)?　　　　　　　关系语句
   b. 你爱看[他写什么题材的]书(呢)?
   c. 你爱看[他怎么写(出来)的]书(呢)?
   d. *你爱看[他为什么写的]书(呢)?

(81) a. 你[对谁没来开会]有意见(呢)?　　　　附加语句
   b. 你[对他没考好哪门功课]有意见(呢)?
   c. *你[对他怎么教书]有意见(呢)?
   d. *你[对他为什么教书]有意见(呢)?

(82) a. 你不赞成[谁当校长的]决定(呢)?　　　同位语句
   b. 你不赞成[我们选谁(当校长)的]决定(呢)?
   c. *你不赞成[我们怎么选校长的]决定(呢)?
   d. *你不赞成[我们为什么选校长的]决定(呢)?

这些都是直接问句,所涉从句都是孤岛句。而疑问词的分布可以概括为两点:一、所有结构中的"**为什么**"都不行;二、主语从句和关系语句中的"**怎么**"没有问题,但附加语句和同位语句中的"**怎么**"不行。

理论上,疑问词移位是造成孤岛效应的唯一原因(Chomsky 1977)。所以黄正德(C.-T. James Huang 1981,1982/1998)认为所有汉语疑问词都要在逻辑形式中移位(见14.0节),但主、宾语移位没有问题,附加语移位就会有错。徐烈炯(Xu 1990)则认为跟移位没关系。后来我们知道,汉语疑问词没有"wh-"形态,根本就不会移位,那么,孤岛效应从何而来? Aoun & Li(1993a,1993b)、Cole & Hermon 1994、蔡维天(W.-T. Tsai 1994a,1994b)的解释是,汉语也有零运算子(null opeartor),它会移位,因此造成了孤岛效应;如不表现孤岛效应,则是问句结构跟关系语句和话题句有相似之处(W.-T. Tsai 1997)。理论上,这应该包括所有呈现孤岛效应的"为什么"以及"怎么"。但是,上面我们又见到主语从句和关系语句中的"怎么"没有问题,这又该如何处理?对此,林若望(Lin 1992)、蔡维天(W.-T. Tsai 1999)把"怎么"分成表工具的和表方式的两个形式,前者有指称(referential),跟"谁"、"什么"同,不表现孤岛效应;后者无指称(non-referential),跟"为什么"同,有孤岛效应。这样就解决了"怎么"的分化现象。

研究至今有异议:有一些研究坚持汉语特指问句是零运算子移位(如 Aoun & Li 2003),另一些则不放弃汉语疑问词要在逻辑形式中移位的立场,不过解释与之前(如 C.-T. James Huang 1982/1998)有些不同。依据 Pesetsky(2000)的理论,Soh(2005)认为附加语是整个疑问词短语移位,而主、宾语仅仅是疑问词的词汇特征移位(feature movement),前者有可能造成孤岛效应,而后者不会。甚至有认为汉语疑问词在句法中也要移位,只不过是以截省(sluicing)形式完成的焦点移位(Wang & Wu 2006),①或者是拷贝形式的移位(copy movement)(Reintges 2007)。可见,汉语孤岛效应一直是一个富有争议的题目,我们不再讨论。疑问词移位理论的一些发展可参见 Cheng & Corver(2006)。

13.7 疑问词的虚用

跨语言看,疑问词都可以虚用,但允准方式却不同。有些语言在词结构中允准疑问词的虚用,如蒙古语、茵巴布拉语。如(以下"Qu"代表疑问标记):

(83) a. Чи хэи-ийг-Ч хар-сан?(蒙古)
    你 谁-宾-虚用形态 看见-过去时
    ——你看见了一个人。
  b. Чи хэи-ийг хар-сан бэ?
    你 谁-宾 看见-过去时 Qu
    ——你看见了谁?
(84) a. Pi-pash shamu-rka.(茵)
    谁-虚用形态 离开-过去时
    ——有人离开了。
  b. Pi-taj shamu-rka?
    谁-Qu 离开-过去时
    ——谁离开了?

---

① 类似 Nishigauchi(1998)对日语和 Paul & Potsdam(2004)对马拉嘎斯语的分析。

两个语言都是将虚用形态附于疑问词,但蒙古语用疑问助词表示问句,而茵巴布拉语用疑问形态。

在句法结构中允准疑问词虚用的有汉语、日语、印地语。先看日语、印地语的例子:

(85) a. Tanaka-kun-wa[Mary-ga nani-o kat-ta ka] sitte-imasu? (日)
田中-先生-话题 玛丽-主 什么-宾 买-完成貌 Qu 知道-助词
— 玛丽买了什么田中先生是知道的。

b. Tanaka-kun-wa[Mary-ga nani-o kat-ta koto- o]
田中- 先生-话题玛丽-主什么-宾 买-完成貌标句词
sitte- imasu ka?
知道- 助词 Qu
— 田中先生知道不知道玛丽买了什么?

(86) a. Tum [ki us-ne kya kiyaa] jaante ho. (印地)
你 标句词 他-作 什么 做-过去时 知道 时态词
— 他昨天做了什么事你是知道的。

b. Tum [ki us-ne kya kiyaa *kyaa*]jaante ho?
你 标句词 他-作 什么 做-过去时 Qu 知道 时态词
— 他昨天做了什么事,你知道不知道?

日语的疑问助词(ka)放在主句句末,就是问句;而放在从句句末,就是虚用。印地语的疑问助词(kyaa)用在问句;如果不用,就是虚用。其实,印地语的特指问句平时不用任何标记,助词(kyaa)专用于是非问句,但为了区别疑问和虚指的最小对立,就在特指问句中借用了它,据说这在印地语中绝无仅有。

汉语的虚用疑问词也是在句法中允准(朱德熙 1982; R. L. Cheng 1984; C.-Y. Tsai 1990; Y.-H. A. Li 1992; Tsai 1994a; Cheng & Huang 1996; He 1990,1996),但允准成分远不止一个:

(87) a. 没谁去北京。　　　　　　　否定词
b. 谁都会。　　　　　　　　都
c. (不管)谁来(他)都别吃。　　不管
d. (不管)谁先来谁(就)先吃。

上面的"谁"作"任何人"解,也可以作"有人"、"某人"解:

(88) a. 那个谁今天来过。　　　　　　限定词
　　　b. 你去买点儿/一碗什么来吃。　　不定量词
　　　c. 我以为谁来了呢。　　　　　　推测动词如"以为"
　　　d. 他好像喜欢谁。　　　　　　　提升动词如"好像"
　　　e. 如果谁来，就叫他先等一会儿。　如果
　　　f. 他看见了谁吗？　　　　　　　吗
　　　g. 他喜不喜欢谁？　　　　　　　A不A
　　　h. 有一个谁要来看你。　　　　　有
　　　i. （是）什么树开什么花。　　　焦点词

如果允准词不出现，疑问词的虚用功就不明确，引发歧义：

(89) a. 他没看见谁。/？
　　　b. 他吃过什么了。/？
　　　c. 他正做着什么。/？
　　　d. 他请什么人吃饭。/？
　　　e. 我哪天去看你。/？
　　　f. 这儿缺什么。/？

这些疑问词既可以理解为虚用，也可以理解成疑问；有歧义是因为同一个表层形式有两个不同的深层结构。如作虚用解，允准词就是零形式；而如作问句解，疑问标记也是零形式。

既可以在词结构中也可以在句法词结构中允准疑问词虚用的语言是英语。例如：

(90) a. Who(-ever) dares wins.（勇者胜）
　　　b. I'll eat what(-ever) you buy.（你买的我都吃）

有虚用形态(-ever)时，是词结构允准，而没有这个形态时，是句法允准。<u>事实上，任何语言都需要表达疑问词的虚实对立，只有一条原则维持不变：表达疑问始终是靠疑问标记，但表达虚用则因语言而异。</u>

第十四章 逻辑形式

　　第一章说过,在生成语法理论系统中,句法结构生成好之后就会输出到语音形式界面和逻辑形式界面,前者赋予结构以语音形式,后者赋予它逻辑形式。前面有关章节已经讨论过跟逻辑形式有关的一些问题,比如"都"量化结构中的某些被量化成分移位(第十二章 12.5 节)、"A 不/没 A"形式的移位(第十三章 13.5.4 节)。本章先介绍何谓逻辑形式,再讨论合成复合词的逻辑形式。

14.0 何谓逻辑形式?

　　逻辑形式这个概念在扩充的标准理论中就已经有了(Chomsky 1981,1982, 1986a,1986b),在最简理论中维持不变(Chomsky 1991,1993,1995,2000a,2000b, 2001,2002)。要强调的是,逻辑形式是语法的一部分,是代表句子语义(尤其是逻辑语义)的成分结构(constituent structure),而不是逻辑学家所说的逻辑表达式。

　　要理解逻辑形式这一层成分结构,需要观察自然语言中的句法语义不对称现象。我们知道,很多时候,句子的表层语序跟它表达的逻辑语义是一致的。例如:

　　(1)　(所有)发光的不都是金子。　$\forall x, \sim P(x)$

$\forall$ = 全称量词,x = 发光的,P = 谓词(= 都是金子),~ = 否定。逻辑上,否定词要出现在被否定的数量词的前面。这里,"不"出现在"都"的前面,语义上否定后者,因此这句话的逻辑语义很清楚。即:"设 X 代表所有发光的东西,但 X 不都是金子"。比较形式化的表达方法就是$\forall x, \sim P(x)$,即所谓的谓词逻辑。不过,要不要用这样形式化的方法来表达句子的逻辑语义对分析句子的成分结构本身并不重要,也没有直接关系。另外要注意的是,(1)中,"所有"也是数量词,但它修饰"发光的",结构上跟谓语中的否定词没有关系,因此不影响句子的逻辑语义;正因为此,"所有"是可选的(圆括弧表示可选)。因为否定词跟被否定的数量词之间的相对语序跟逻辑语义不矛盾,所以,(1)的语序跟语义是统一的。

　　不过,句子语序有时跟语义却不一致。例如:

　　(2)　All that shines is <u>not</u> gold.

这句英文的意思跟上面的汉语句子完全一样,但是英文的否定词(not)却出现在被否定的数量词(all)的后面。语义上,not = 不,all = 所有的;但是结构上,"all"是代词,受关系语句"that shines"(发光的)的修饰;所以,在表层语序上,"all that shines"(所有发光的)被否定了,意思似乎是"所有发光的不是金子"。但这并不对。换言之,说出来的话跟表达的意思有出入。或者说这里出现了句法和语义的不对称。如何解决这个矛盾呢?

普遍语法理论的途径是通过语法自身的系统来处理这样的矛盾。理论上,语法系统有四个组成部分:词库、句法、逻辑形式库、语音形式库。词库向句法输出词项,句法将词项组成说话人想说的句子的成分结构,这个成分结构再从句法输出到语音形式界面,赋予发音相似体(phonetic analogues),也输出到逻辑形式界面,赋予语义相似体(semantic analogues)。获得发音相似体的成分结构就叫作语音形式(Phonetic Form),而取得语义相似体的成分结构就叫作逻辑形式(Logic Form)。语音形式被输送到发音—听声系统,变成指挥发音器官的指令,就得到发音;逻辑形式被输送到概念—意旨系统,获得释义。语音形式界面和逻辑形式界面分别跟发音—听声系统和概念—意旨系统相连接,所以又叫作语法界面(interface)。原则上,如句子语序跟语义是统一的,那么,它的句法结构跟其逻辑形式也是一致的;如不统一,结构跟逻辑形式也就不一致。那么,当句法结构进入逻辑形式界面之后,就会做出相应的调整,使其符合所要表达的逻辑语义。所谓调整,就是成分移位。

拿逻辑运算子(logical operator)为例。逻辑运算子指在句域(domain)中表达逻辑语义的词项,如否定词、数量词、限定词等等。或者说,这些词除了本身的词汇意义之外,在句子中出现时,还都有逻辑意义,跟出现的句域有关。这个"表达逻辑语义的句域"称为辖域(scope)。拿否定词为例。否定词必须出现在被否定的数量词的上域,即前者的结构位置比后者要高,或者说前者统制了(c-command)后者。在(1)里边,这的确如此:

(3) [(所有)发光的 [不 [都 是金子]]]

因此,语序可以直接表达语义,或者说有关句法结构跟逻辑形式是一样的。但在(2)里边,否定词却出现在被否定的数量词的下域:

(4) [all that shines [is not gold]]

此时,语序不能直接表达语义,暗示句法结构跟逻辑形式不一样。或者说

否定词在逻辑形式中移了位,移到了相关的句域:

(5) [not_i [all that shines [is t_i gold]]]

这样,否定词出现在数量词之前,结构符合了逻辑语义的要求。或者说,从语法系

统的角度，上述英文句子的所有相关形式如下：

(6)   句法结构：   [all that shines [is not gold]]
           语音形式：   [all that shines [is not gold]]
           逻辑形式：   [0 [all that shines [is not gold]]]
                      [not$_i$ [all that shines [is t$_i$ gold]]]
                              运算子移位

语音形式是读出来的句子，但逻辑形式却代表着语义。如此，理论上就解决了为什么句子的表层语序跟它表达的逻辑语义不一致这样的问题。或者说，当表层成分结构与语义不对称时，可以预设有一层抽象的逻辑形式来表达语义。

前面第十三章 13.6.2 节提到过，汉语一部分疑问词的孤岛效应也可以用逻辑形式中移位来解释。比如：

(7)   a. 阿桂喜欢[[阿兰<u>平白无故</u>唱的]歌]。
       b. *阿桂喜欢[[阿兰<u>为什么</u>唱的]歌]？

(7)(b)是对关系语句中的原因状语提问，即用"**为什么**"代替"**平白无故**"，然而结果却是错的。对此，黄正德(C.-T. James Huang 1981,1982/1998)认为是"**为什么**"在逻辑形式中移了位。即：

(8)   句法结构： *阿桂喜欢[[阿兰为什么唱的]歌]？
           逻辑形式： *为什么$_i$ 阿桂喜欢[[阿兰 t$_i$ 唱的]歌]？

在逻辑形式中，"**为什么**"从复杂名词短语移了出来，违反了"邻接条件"(Subjacency Condition)(Chomsky 1973)，由此造成孤岛效应。

黄正德(C.-T. James Huang 1981,1982/1998)还用了弱跨越(weak crossover)结构来证明逻辑形式中的疑问词移位。弱跨越指"代词不可跨越上域同指代词"否则有错。例如：

(9)   a. [他$_i$ 妈妈说 [阿兰喜欢 他$_i$]]。
      b. *[他$_i$ 妈妈说 [阿兰喜欢 谁$_i$]]？

(9)(b)中的"**谁**"跟前面的"**他**"同指，形成弱跨越，所以有错；如果不同指，句子可以接受，但不是弱跨越(比较：[他 妈妈说 [阿兰喜欢 谁$_i$]]？)。黄正德认为，造成弱跨越的原因是"**谁**"在逻辑形式中移了位：

(10) 　　　句法结构： [他ᵢ 妈妈说 [阿兰喜欢 谁ⱼ]]
　　　　　　逻辑形式： *谁ⱼ [他ᵢ 妈妈说 [阿兰喜欢 tⱼ]]

在逻辑形式中,"谁"从宾语的位置移位到了句首,越过同指的主语"他",由此造成弱跨越。

表面上,黄正德(C.-T. James Huang 1981,1982/1998)的分析似乎很有道理,但事实是汉语疑问词没有"wh-"形态,根本不可能移位。那么该如何来解释上述孤岛效应和弱跨越现象呢？对此,Aoun & Li(1993a,1993b)、Cole & Hermon(1994)、蔡维天(W.-T. Tsai 1994b)提出来,汉语也有零形式的运算子,它可以在逻辑形式中移位,因此造成了孤岛效应。比如：

(11) a. *Opⱼ [阿桂喜欢[tⱼ [阿兰 为什么ⱼ 唱的]歌]]　　比较：(8)

　　　b. *Opⱼ [他ᵢ [tᵢ 妈妈说 [阿兰喜欢 谁ⱼ]]]　　比较：(10)

Op = 零运算子。理论上,这个分析于是解决了汉语疑问词没有"wh-"形态但又有孤岛效应和弱跨越现象的矛盾。至于零运算子到底存不存在,可以继续探究。对读者而言,最重要的是理解逻辑形式在处理句法和语义发生不对称现象时的理论作用。

语言中另外一个常见的句法语义不对称现象是有省略成分的句子。例如：

(12) a. 你们中心请张三来作演讲,我们也请。
　　　b. 他这一生写了、发表了无数的著作。

虽然"张三来作演讲"只出现了一次,但不妨碍我们把句子理解成"我们也请张三来作演讲"。"无数的著作"也只出现了一次,但也不影响我们把句子理解成"写了无数的著作"和"发表了无数的著作"。(12)(a)是承前的省略,(12)(b)是蒙后的省略。

省略更经常地出现于语境之中。例如：

(13) A：我陪姨妈他们去动物园,你去吗？
　　　B：我不去。

"你去吗"似乎应该理解成"你陪姨妈他们去动物园吗";而"我不去"则应该理解成"我不陪姨妈他们去动物园",并且是语境中的省略。

问题是,有些成分根本没有出现,为什么不会妨碍我们理解它们的意思?在逻辑形式的理论框架中,句子首先会生成为没有省略的结构,比如"**我不陪姨妈他们去动物园**",这个结构从句法输出至逻辑形式库供语义诠释之用,所以并不影响我们理解它的意思;同时,结构也会输出到语音形式库,在此,有关的相同成分被删除,使说出来的"话"成为含有省略成分的句子。例如:

(14)　句法结构:　他这一生[[写了无数的著作][发表了无数的著作]]
　　　语音形式:　他这一生[[写了无数的著作][发表了无数的著作]]
　　　逻辑形式:　他这一生[[写了无数的著作][发表了无数的著作]]

当然,有关省略的现象与理论解释并不简单。这里只是想说明,从语法系统的角度,句法、逻辑形式、语音形式是既相关又各自独立的三个部分,而三个部分的配合,可以帮助我们在理论上理解句法和语义之间的不对称现象。

14.1　合成复合词的逻辑形式

汉语的合成复合词也有表层结构跟语义不对称的情况,这里,有关语义指合成复合词中动词与名词性成分之间的题元关系。第三章 3.3.2.3 节说过,题元指派统一论(UTAH)是合成复合词要遵循的最重要的原则之一。其精髓就是题元跟动词之间的相对结构位置在句法和词法中完全一样(Baker 1988:46;1997:74)。也就是说,一种语言,不论其句子与合成词的表层语序如何,句子中以及合成词中的题元成分跟动词之间的相对结构关系是一致的(又参 He 2004;何元建 2009)。例如:

(15)　a. [老师 [指导　博士生]]句子
　　　　　　S　　V　　O
　　　b. [[博士生　指导] 老师]合成复合词
　　　　　　O　　　V　　S

已知汉语是 SVO 语言,对应于[施事[动词—客事]]的结构。当词法的语序表现为 OVS 时,对应的词结构有两种可能性:[[客事—动词]施事]和[客事[动词—施事]]。哪一种是正确的呢?

[[客事—动词]施事]是正确的,如(15)(b)所示。原因有二。其一,"**博士生**"、"**指导**"、"**老师**"都是自由语素,没有任何语法原则要求"**指导**"跟"**老师**"必须先组合。相反,施事、动词、客事三者之间的语义关系却要求动词须先跟客事组成直接成分,这个成分再跟施事组合,即[[客事—动词]施事]。单说"**指导老师**"没有问题,此时动词只有一个题元,它只能是动词的直接成分。但是,一旦动词多带上一个题元,需要施事、动词、客事三者的组合,就只能是[[客事—动词]施事],只有

特殊语言形式才能例外（见下文）。虽然理论上应该是［［博士生指导］老师］，我们感觉上却好像是［博士生［指导老师］］。原因是一般少有说"博士生指导"，而常常说"指导老师"。但这样似是而非的感觉不应该是科学地分析语言形式的根据。须知，少有说"博士生指导"不是因为语法原因，而是言语习惯，即所谓语用原因。比如，说"新闻播音"没有问题，说"博士生辅导"也没有问题，很顺耳。其实，OV型多音节合成复合词其实很常见，不赘。

其二，组成［［客事—动词］施事］也是题元指派统一论的要求。按此原则，词、句结构互为镜像，表层语序虽然不同，但其中题元成分 S（施事）和 O（客事）跟 V（动词）之间的相对结构位置是完全一样的。Baker(1985)将此对应关系称为"镜像原则"(The Mirror Principle)。已知汉语句法语序是 SVO，对应的结构为［施事［动词—客事］］，那么，按照题元指派统一论，跟词法语序 OVS 对应的词结构只能是［［客事—动词］施事］（特殊语言形式例外），如上面(15)所示。换言之，汉语作为 SVO 语言，它词法中反映出的 OVS 语序正是它遵循题元指派统一论的经验事实基础。也可以说，题元指派统一论是确认词结构的理论根据，它将不符合此原则的结构排除掉。理论上，违反语义原则（包括题元指派统一论）的结构输出到逻辑形式库之后，就会因为通不过核准而被排除。另外，［客事［动词—施事］］这样的结构虽违反题元指派统一论，但并不违反词结构生成中心语素右向原则(RHR)。或者说，RHR 是局部规则（第二章 2.1 节），而题元指派统一论则是总体原则。

上面说的是施事、动词、客事三者都是自由语素的情况。但语言事实并非如此简单。受音节的制约，同样的 OVS 语序，却不一定能对应相同的结构。例如：

(16) a.［［博士生　指导］老师］
　　　　　O　　V　　S
　　 b.［博士生［导师］］
　　　　　O　　VS

上文说，题元指派统一论要求 OVS 语序对应的词结构是［［客事—动词］施事］，如(16)(a)，只有特殊语言形式例外。(16)(b)就是一个例外。

在(16)(b)里边，"导师"不是派生词，因为"导"和"师"并非一个是自由词根，另一个是词缀；而都是不大会单独使用的黏着词根。使用黏着词根构词，尤其是双音节复合词，是现代汉语的特点。因为双音节的缘故，有关复合词容易转变成记存起来的词根词（参何元建、王玲玲 2005）。而作为词根词，"导师"的结构成分是不能分开的。但是，(16)(b)中的施事题元的位置却低于客事题元，违反了题元指派统一论(UTAH)，需要通过其他语法程序来满足 UTAH。

文献中根据其他对语言（如英语）做的研究而提出的解决方式主要有二：一、Lieber(1992)建议用所谓"论元网络"(argument-linking)的方法来分析合成复合词中题元成分的分布。这是一种语义的分析法,不太顾及实际的成分结构;二、Hale & Keyser(1993)则建议将施事成分从所在结构中分解出来,置于高于宾语的位置(他们用的是英语派生词作例子,见下文),即所谓的词项分解(lexical decomposition)。如果拿汉语例子来演示的话就是:

(17)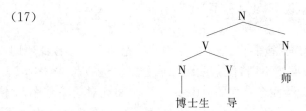

然而,"**导师**"是一个完整的词,怎么能随意将其分解呢?分解后的结构不再是真实的成分结构。很显然,这破坏了有关词结构的完整,是一种脱离语言事实的分析。而且这样的分析也违背了语义分析的基本原则,即必须以语言形式的真实成分结构为基础,因为语言是音义的结合体。同理,我们也不能够采用移位的办法。比如:

(18)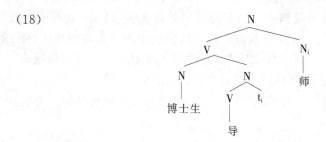

这样做也是将完整的词不合理地分割开来。这也就是词结构中不允许移位的根本原因(参 La Pointe 1980, Selkirk 1982, Di Sciullo & Williams 1987)。换言之,词项分解或者移位会破坏词结构的完整,脱离语言事实,不可取。而论元网络可以作为语义诠释结构的一种手段,但还需要真实成分结构作为基础。我们需要的是一种尊重语言事实、又有真实成分结构基础,而且跟普遍语法理论衔接的程序。

这个程序就是逻辑形式。前一节说过,逻辑形式具有表达所有语义元素的功能,包括题元关系。所有语言形式的语义元素在这一层语法结构中都必须标示清楚,合成复合词也不例外。具体来说,合成复合词的逻辑形式具有题元约束功能,使不符合 UTAH 的表层词结构在逻辑形式中满足 UTAH。具体作法叫作题元约束(thematic binding),即上域的题元成分可以约束下域的相同成分。这样,就表达出了合成复合词中的题元语义关系。比如,(16)(b)的逻辑形式如下:

(19)
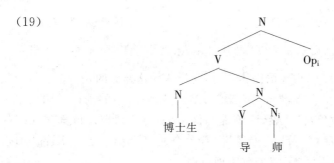

上域的零题元运算子(Op)约束下域的施事题元(前节说过,运算子从语素集输出到合成构词区);这样,词结构就符合了 UTAH 的要求。需要说明的是,题元约束不同于指称约束(referential binding),不需服从指称约束的有关条件(如 Chomsky 1981,1982 提出的 A、B、C 三个条件)。题元约束仅仅是赋予上、下域中的相同题元成分以相同的标引(index),将其与动词的题元关系表达出来。理论上,题元约束解决了有关结构的逻辑语义问题。

经验事实上,[博士生[导师]]这样的合成复合词,由于其表层结构跟题元关系不对称,客观上要求有一层代表相关题元语义的结构,再加上有跟它形成对照的结构,即[博士生指导]老师],我们才有可能提出逻辑形式这样的解决办法。即:

(20)　a.　[[博士生[导—师$_i$　]] Op$_i$]
　　　 b.　[[博士生 指导]老师]

现在,两个结构在题元语义上就趋于一致了。换言之,[博士生指导]老师]之类,其表层结构就符合 UTAH 的要求;而另外的一些词结构,如[博士生[导师]],其表层结构不符合 UTAH,需要通过逻辑形式来满足。

补充几点。其一,跟"**博士生导师**"同类的例子还有很多,比如:

(21)　电视观众、戏曲听众、杂技演员、新闻记者、历史学者、明报读者
　　　基督信徒、巴士乘客、黄山游客、肖像画家、语文教师、飞碟射手

跟"**导师**"一样,"**观众**"、"**听众**"、"**演员**"、"**记者**"、"**学者**"、"**读者**"、"**信徒**"、"**乘客**"、"**游客**"、"**画家**"、"**教师**"、"**射手**"也都是双音节的复合词,其中的动词性语素和(充当施事)名词性语素不能分解开来置于不同的结构位置。因此,结构同上文(19)。

其实,只要施事成分是单音节的黏着语素,即使它所在的复合词是多音节的,也不能跟动词性语素分解开。例如:

(22)　坦克狙击手、飞机设计师、遗嘱执行人、文物诈骗犯、武器核查团
　　　水文勘测队、数据分析组、产品经销人、五金批发商、国宝盗窃犯

儿童拐骗犯、谣言制造者、病毒传播者、金钱崇拜者、宗教信仰者

(23) 新闻播音员、图书出版商、电影出品人、电影摄影师、电视剧编剧人

以上这些合成复合词也是 OVS 语序。不过,充当 VS 这部分的是一个三音节复合词,即"双音节动词 + 单音节名词性语素"。差别是,(22)中的动词是两个单音节动词组成的联合式,如"**狙击**"、"**设计**"等等;而(23)中的动词却是自身含 VO 的述宾结构,即"**播音**"、"**出品**"等等。① 或者说,有关合成复合词是混合语序。但这跟目前讨论的问题暂时没有关系,我们到下面再说。

诸如"狙击手"、"设计师"、"执行人"、"诈骗犯"、"核查团"、"勘测队"、"分析组"、"经销人"、"批发商"、"盗窃犯"、"拐骗犯"、"制造者"、"传播者"、"崇拜者"、"信仰者"之类,以及"播音员"、"出品人"、"出版商"、"摄影师"、"编剧人"之类,其中的名词性语素跟动词性语素不能分解开来,置于不同的结构位置。所以,整个合成复合词的结构也跟上文(19)同。即:

(24)
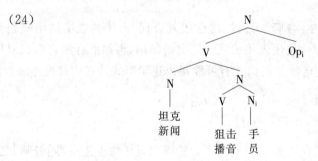

换言之,汉语合成复合词中有许多例子都支持(19)这样的题元约束结构。

其二,如果是复数形式,复数语素先组合进入结构,零题元运算子随其后。如:

(25)
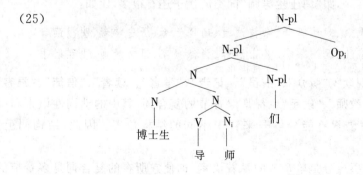

---

① 第二章讲过,[**播音**]是[v V N],是中心语素左向,不符合 RHR,因此不是词结构,而是句法结构,但因是双音节,它可能已经词根化了(也见 He 2004,2006a;何元建、王玲玲 2005)。

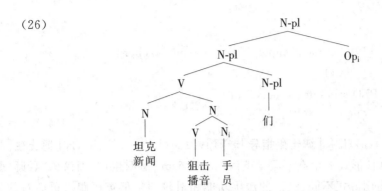

理论上,N-pl = 名词复数语素,其语义特征随语素而渗透至整个词结构的范畴。它告诉相关语法机制,有关结构是复数名词,而不单单是名词(N)。

其三,OVS 合成复合词中的 O 和 S 本身也可以是合成复合词,比如[[**研究生辅导**]**教师**]之类,其中的 O(**研究生**)和 S(**教师**)也都是 VS 型的合成复合词。但是,这些词结构中的动词,如"**研究**"、"**教**",只跟自身词结构中的题元成分有关系,即跟"**生**"和"**师**"有关系,但跟整体结构中的题元成分却没有关系。整体结构中,是动词(**辅导**)跟宾语(**研究生**)和主语(**教师**)的题元关系。

其四,前文说过,合成复合词作为句子结构的组成分,随句法结构输出到逻辑形式界面,随句法结构一起取得语义诠释。还说过,词结构是在词库中生成的,一旦输出词库,就不可能再进行任何结构性操作,只需对它进行语义诠释而已。所以,所有合成复合词的词结构,不管其中是否含有零题元运算子,也都同时是自己的逻辑形式。比如,(19)是"**博士生导师**"的逻辑形式,也是它的词结构,只不过在表层结构中(比如[**博士生**[**导师**]])我们看不见运算子而已。另外一个结构,如[[**博士生**][**指导**]]**老师**],既是逻辑形式,也是词结构。相对而言,在句法中生成的结构,多数同时也是自己的逻辑形式,一小部分进入逻辑形式界面之后还要进行成分移位。理论上,更经济的做法是无需在逻辑形式界面中进行任何操作,让所有生成的词、句结构都同时是自己的逻辑形式,进入逻辑形式界面之后只需进行语义诠释,无需再行操作。但这需要另行研究。

14.2 相关证据

上文说,汉语合成复合词逻辑形式具有题元约束功能,使不符合 UTAH 的表层结构在逻辑形式中满足 UTAH。那么有没有跨语言的证据可以支持这一点呢?有。从跨语言的角度,英语为合成复合词的逻辑形式提出的证据,跟汉语为句法中逻辑形式提供证据有异曲同工之处。在英语里,可以找到跟汉语(15)相同的对

照,如:

(27) a. [[PhD student supervising] person/teacher]
           　　　　O　　　　　V　　　　　S
    b. [PhD student [supervis-or]]
         　　O　　　　　V　　S

(27)(a) = (15)(a),即[**博士生指导**老师];(27)(b) = (15)(b),即[**博士生**[**导师**]]。当然,语言形式上稍有不同。英语"supervisor"是派生词,而汉语"**导师**"是复合词。虽然构词方式不同(汉语的派生功能相对较弱),但英语跟汉语面对的是同样的问题:同一语言的同类复合词,为什么一种违反题元指派统一论(UTAH),另一种就不违反? 分析和解释是一样的。即,自然语言中的有些合成复合词,表层结构就符合 UTAH,而另外一些合成复合词,表面上不符合,但在逻辑形式去满足 UTAH 的要求。换言之,英语(27)(b)也具有跟汉语(15)(b)相同的逻辑形式。请比较:

(28) [[PhD student [supervis -or$_i$]] Op$_i$]
     [[博士生　　　 [导一师$_i$]] Op$_i$]

这里,"supervisor"并没有被分解,而仅是受到了上域的零题元运算子的约束。这样,保留了语言形式的客观性,同时解决了有关的语义问题。跨语言而论,换了一个语言,同类对照也得到相同的结论,这就支持了前文中根据汉语对照得出的结论。

不过,值得指出的是,Hale 及 Keyser(1993)建议将施事成分从所在词结构中分解出来,置于高于客事的位置,以解决结构和语义之间的矛盾,比如[[PhD student [supervis-] -or],这个分析技术虽然不太可取,因为它会破坏词结构的完整,但是其精神却跟本文提出的逻辑形式中题元约束方式有相同之处:即让有关题元成分出现在实际结构位置的上域。或者说本文是汲取了其精神,但没有采纳其技术。

跟汉语同,英语结构如是复数形式,复数词缀先组合进入结构,而零题元运算子随其后:

(29) [$_N$ [$_{N-pl}$ [$_N$ PhD student [$_N$ supervis-or$_i$]]] -s] Op$_i$]

英语中类似[PhD student supervisor]的复合词很多,house keeper(**管家**)/car manufacturer(**汽车制造商**)/property buyer(**购买房屋者**)/carpet cleaner(**清洗地毯者**)/drinking water supplier(**食水供应商**)等等都是,也都支持(28)中这样的题元约束结构。

回到汉语。跟目前讨论的题元关系有关的一个现象,是一些有混合语序的词结构。比如(23)中的合成复合词。此类词结构如前文(19)所示。但似乎还存在一个问题未解决。即,这类词结构中的述宾式动词(VO)自身似乎还有一个宾语,从题元分析的角度,应该把它表示出来。于是我们把述宾式分解开:

(30)
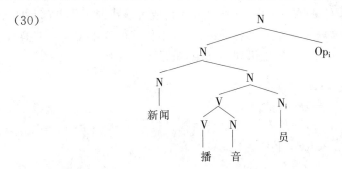

这样一来,VO 中的 O(音)跟 OVS 中的 O(新闻)之间有什么关系呢?之前的研究中,O(音)被误认为也是客事,形成所谓的双客事现象(He 2004)。

其实,根本就不存在双客事现象。VO 中的 O(音)根本就不是客事宾语,而是一个补语。因为词结构的容量有限,所以,补语要跟动词组成直接成分,而宾语却到了上域。这跟句法中的情况一样(但要重复动词):

(31) a. 新闻播音员 — 播新闻播出了声音
b. 电影制片人 — 制电影制出了片子
c. 电视摄影师 — 摄电视摄出了影像
d. 电视剧编剧人 — 编电视剧编出了剧本
e. 图书出版商 — 出图书出了版本
f. 花生榨油机 — 榨花生炸出了油
g. 土豆刨皮器 — 刨土豆刨下了皮

句法中的[主语[宾语[动词—补语]]],对应于词法中[[宾语[动词—补语]]主语]。不管 VO 中的 O(补语)是什么题元,它符合 UHTA。补语的题元很难确定,因为宾语、补语之间的语义关系很难准确定义。有可能是因果关系,如声音是"**播新闻**"的结果,油是"**榨花生**"的结果,皮是"**刨土豆**"的结果;但也可能是别的关系,比如整体与局部的关系。但此问题不涉及本节的主题,不赘。与目前讨论有关的是,在混合语序的词结构中,VO 中的 O 是补语,OVS 中的 O 才是宾语,不存在题元关系统一的问题。补语处在结构的下层边缘,跟题元阶层吻合,即(致事(施事/当事(与事/来源/目的/处所/工具(客事(述题)))))(Jackendoff 1972, Grimshaw 1990, Larson 1988, 1990; Haegaman 1997a, 1997b; Radford 1997a, 1997b)。不管 VO 中的 O(补语)是什么题元,它既符合 UHTA,也符合题元阶层。

14.3 零代词和虚代词

零代词(pro)和虚代词(PRO)充当句子的空主语,是逻辑语义赋予此类句子的成分。或者说,当句子的主语不出现,它就是零代词或者虚代词。二者都是题元成分,如果缺损,逻辑语义就不完整。二者的区别是,零代词可以用实词来替换,但虚代词不可以替换。下面句子中的主语如不出现,就是零代词:

(32) a. 客人/他/pro 来了。
 b. [他/pro 买的书] 很多。
 c. 老张这个人,一般人/pro 很难跟他说话。
 d. 老张说[他/pro 下午去]。

(33) a. 如果老师/她生病,她/pro 就别去上课了。
 b. 老张/她/pro 因为忙,pro/她没来。
 c. 他虽然年纪大了,pro 还是坚持锻炼身体。
 d. 除非他/pro 愿意,pro/他不会来的。
 e. 万一我今天去不了,我/pro 明天一定去。

要注意的是,零代词的先行语(antecedent)可以从语境中来,如(32)(a)-(d),也可以从上域的句子中来,如(32)(d)以及(33)(a)-(e),细节不赘。

虚代词出现的句子多为小句,又称为控制结构(control structure),指虚代词受先行词的控制。有主语控制和宾语控制。主语控制的例子如下:

(34) a. 张三$_i$ 答应他[PRO$_i$ 去北京开会]。
 b. 李四$_i$ 打电话[PRO$_i$ 叫医生]。
 c. 王五$_i$ [PRO$_i$ 坐飞机]去北京开会。
 d. 赵六$_i$ 喜欢[PRO$_i$ 看电影]。
 e. 钱七$_i$ 要贷款[PRO$_i$ 买房子]。

宾语控制的例子如下:

(35) a. 张三今晚请我们$_i$ [PRO$_i$ 吃饭]。
 b. 李四贷款给妹妹$_i$ [PRO$_i$ 买房子]。
 c. 王五说得他$_i$ [PRO$_i$ 很伤心]。
 d. 赵六踢门$_i$ [PRO$_i$ 踢了一个洞]。

注意,汉语动词没有时态,不分限定与非限定形式。因此,别的语言(如英语)中一些非限定性结构的虚代词主语,对汉语不适用。例如:

(36) a. It is difficult [PRO to get an A for this course].
—— 这门课(学生/pro)拿 A 不容易。
b. It is important [PRO helping each other].
——(人们/pro)多互相帮助才好。

在英语里,"PRO"充当非限定动词的主语,不可能被实词替换。但在汉语里,相同的主语可以用实词充当,如不出现,就是零代词(pro),而非虚代词。在(36)中,英语的"PRO"和汉语的"pro"都受语境的控制,或者说虚代词或者零代词的指称来自语境。汉、英之间的区别是,汉语零代词可以用实词代替,而英语的虚代词不可以。

14.4 称代语和照应语的先行语

称代语(pronominal)就是人称代词,照应语(anaphor)就是反身代词。代词是语法术语,而称代、照应语则是语义上的术语。代词一般都需要一个先行语,这在语法系统中也是属于逻辑形式这一层面。也就是说,在逻辑形式中,代词如何获得先行语必须清晰地界定出来。这个界定的原则就是第二章 2.1.5 节讲过的约束条件。

甲种约束条件说,在所在的句域中,反身代词必须被它的先行语所统制(c-command);反之,乙种约束条件说,在所在的句域中,人称代词不能被它的先行语所统制。换言之,反身代词在自己的句域中必须有先行语,而人称代词在自己的句域中则不能有先行语。但情况有时似乎又不是如此直截了当。下面我们结合英语一起来看。

在汉、英两个语言中,人称代词常见的句域是单句或从句:

(37) 张三批评了他。
—— Zhangsan$_i$ criticized him$_j$.

(38) 张三说[李四批评了他]。
——Zhangsan says [Lisi criticized him].

不管是汉语的"他"还是英语的"him"都不能在自己句域中有先行语,符合乙种约束条件。但如果人称代词的句域是一个小句,就有麻烦:

(39) 张三劝李四[批评他]。
—— Zhangsan persuades Lisi [to criticize him].

这是兼语句。结构上,兼语是小句之外的成分——它是主句动词的宾语,而非小句的主语(见 8.3.3 节)。既然在小句之外,兼语应该可以作小句里头人称代词的先行语,但事实上却不行。同时,主句主语却可以作人称代词的先行语。这就有了矛盾。一方面,"张三"和"李四"都在小句之外,照理说都可以作"他"的先行语;另一方面,只有"张三"可以作,"李四"却不行。

这样一来,小句肯定不能作人称代词的句域。唯一可行的是把兼语划入人称代词的句域,如"张三劝 [李四 [批评他]]"。这样,兼语就处在人称代词的句域之中了,自然也就不能作人称代词的先行语。结构上,"兼语＋小句"并非一个句子,跟单句、从句这样句域不太一样。不过没有关系,我们可以把"人称代词＋先行语"这样的句域统称为"管辖域"(governing category),它是一个"完整的功能合成"(complete functional complex),含谓语及其相关的语义成分(Chomsky 1986a:169)。语义上,兼语正是小句的主语,因此"兼语＋小句"完全符合管辖域的定义。当然,单句、从句也符合管辖域的定义。

管辖域的概念也适用于反身代词,也包括单句、从句或小句:

(40) 张三批评了自己。
— Zhangsan criticized himself.

(41) 张三说 [李四批评了自己]。
— Zhangsan says [Lisi criticized himself/him].

(42) 张三劝 [李四 [PRO 批评自己]]。
— Zhangsan persuades [Lisi [PRO to criticize himself/him]].

两种语言相比,有相同之处,也有不同之处。相同之处是,反身代词所在句域的主语可以作先行语,或者说受这个主语的约束,符合甲种约束条件。注意,当反身代词出现在小句之中时,它受前面兼语的约束,因此它的管辖域是"兼语＋小句",见(42)。因此,汉、英两种语言的人称代词和反身代词的管辖域很是相同,包括单句、从句以及"兼语＋小句"。

唯一不同之处是,英语反身代词只能被约束于所在的句域之中,而汉语的反身代词则可以受上层句域中主语的约束,如(41)-(42)中"自己"的先行语也可以是"张三"。理论上,反身代词只能被约束于所在句域的情况叫作局部约束,而受上层句域中先行语约束的情况叫作长距离约束。

照应语的长距离约束在其他语言中也有,如冰岛语(如 Maling 1984,1986)。对汉语"自己"的长距离约束,历来的研究多围绕在"怎么受约束"的问题上。有建议"自己"在逻辑形式中移位的(如 Cole et al. 1990),也有建议是语用机制决定其先行语(如 L. Xu 1994)。不过并无定论,需要将来的研究来解释。

很少受到关注的问题是,为什么汉语的反身代词会有长距离约束?从上文可以看到,反身代词出现的句法结构在汉、英两种语言中都是一样的。但汉语的反身代词可以被长距离约束,而英语的反身代词则不行。因此,是否有长距离约束,跟句法结构应该没有关系;有关系的可能是反身代词本身的词法特征,即它的形态。

汉语的"自己"是"自"与"己"的复合词。二者自古就是汉语的反身代词,如:吾未见能见其过而内自讼者也(论语·公冶长);己所不欲,勿施于人(论语·颜渊)。用法一开始就有所区别。"自"多用于动词前,如上面的"自讼";而"己"则多单独使用。到了现代汉语,"自"仍然多用于动词前,如:自动、自行、自控、自治、自制、自爱、自傲、自白、自卑、自裁、自残、自首、自成、自称、自持、自费、自焚、自负、自豪、自觉、自绝、自理、自愿、自满、自律、自燃、自尊、自言自语、自暴自弃、自作自受。但是"己"已经不太单独用,大概是受现代汉语单词双音节趋势的制约,除非是出现在习惯说法里边,如:利了己再去损人也不迟;这件事光损人不利己,咱不做。

最重要的是观察到,当单独使用时,"自"与"己"都没有长距离约束:

(43) a. 张三说[李四自杀了]。
    a. 张三说[李四光损人不利己]。

(44) a. 张三劝[李四ᵢ [PROᵢ 去自首]]。
    b. 张三劝[李四ᵢ [PROᵢ 先利己再损人]]。

(45) a. 张三ᵢ 答应李四[PROᵢ 去自首]。
    b. 张三ᵢ 承诺李四[PROᵢ 只利己不损人]。

单句(43)及宾语控制的小句(44)中,"自"与"己"都只能与"李四"共指,而不能与"张三"共指。在主语控制的小句(45)中,"自"与"己"虽然可以跟"张三"共指,但小句的虚代词主语受"张三"控制,因此,"自"与"己"可以看成是受小句主语的约束。换言之,"自"与"己"只有局部约束,而没有长距离约束。

这样看来,只有"自"与"己"组成复合词"自己",才会有长距离约束。显然,所谓长距离约束跟句法环境没有关系,而是跟反身代词的形态有关。理论上,"自己"是"反身代词+反身代词"的复合词。这样的复合词在其他语言中也有吗? 如有,也是长距离约束吗? 这要等做了考察之后才有结论。不过,对比英语来看,英语没有这种两个反身代词的复合词,也就没有长距离约束。英语的反身代词有"self"和"pro-self"两种。"Pro"即人称代词,"self"的意思即"自己",兼汉语"自"与"己"二者的语法功能。首先,"self"可以作前缀,相当于"自",如:self-determination(自决)、self-reliance(自力)、self-rule(自治)、self-respect(自尊)、self-sufficient(自足)、self-righteous(自以为是)、self-taught(自学成才)。其次,"self"可以作词根单独使用,如:your good self(您尊贵的自己);I buy tickets for self and wife(我给太太和自己买票)。再次,"self"作词根出现在"pro-self"形式的反身代词中,相当于"己",如:myself(我自己)、yourself(你自己)、himself(他自己)等等。不过,

"self"很少单独使用,"pro-self"形式才是英语使用得最多的反身代词。

简言之,英语的"self"既是汉语的"自"也是"己",但用法成互补分布,前缀和词根各司其职。但因为只有一个词,它永远不能组成跟汉语"自己"这样的复合词。这正是英语反身代词没有长距离约束的根本原因。换言之,句法环境跟英语没有长距离约束也没有关系,是反身代词的形态使然。

另外,不论是汉语还是英语,"人称代词+反身代词"这样的形式还经常充当焦点代词(focus pronoun),语义上起强调的作用。如:**主任他自己去的**(The director went himself)。汉、英两种语言不同的是,汉语的照应语功能已经由"自己"来充当,所以"人称代词+反身代词"形式只有焦点代词功能,而没有照应语功能。相对而言,英语的"self"的照应语功能极其有限,"pro-self"形式就取而代之,兼照应语和焦点代词的功能。如下所示:

(46)   局部约束 长距离约束 焦点代词
   英语: self   —   —
      pro-self   —   pro-self
   汉语: 自、己、自己 自己   人称代词+自己

也就是说,只有两个反身代词语素组成的复合形式才有长距离约束的特征。是否还有其他语言如此,要待后续的研究结果。至少我们现在知道,反身代词是否有长距离约束是词法特征使然,跟句法无关。

最后再看一个有歧义的例子:

(47) 张三不喜欢批评自己的人。
   — 张三不喜欢批评属于自己的人。
   — 张三不喜欢那些自己批评自己的人。
   — 张三不喜欢任何人批评自己。

这句话有三个意思,只有"**张三不喜欢任何人批评自己**",其中的"自己"才是受长距离约束。但三个意思就是三个结构,一个一个来看。

当表达"**张三不喜欢批评属于自己的人**"时,(47)中的"**的**"可以拿掉,"自己"修饰名词"**人**"(见第五章 5.3 节):

(48) 张三$_i$ 不喜欢 [PRO$_i$ 批评[自己$_i$(的)人]]

这个句子并没有歧义。"[**批评**[**自己人**]]"可以看成是一个有虚代词主语的小句(见第十章 10.4 节),"自己"受虚代词的约束,上域主语跟虚代词共指,所以也算局部约束。

当表达"**张三不喜欢那些自己批评自己的人**"时,"**的**"是关系语句的标句词,不

能拿掉：

(49) 张三$_i$ 不喜欢 [$_{NP}$[$_{CP}$ 批评自己$_i$ 的]人$_i$]

"[批评自己的]"是关系语句，修饰名词"人"，"自己"受名词的约束；因为仍在名词短语的范围，所以还是局部约束。

当表达"张三不喜欢任何人批评自己"时，"的"是关系语句的标句词：

(50) 张三$_i$ 不喜欢 [$_{NP}$[$_{CP}$ 批评自己$_i$ 的]人]

上域主语要"穿过"名词短语和关系语句去约束"自己"，所以是长距离约束。而且可以很长：

(51) 张三$_i$ 不喜欢 [$_{NP}$[$_{CP}$ 李四让王五 [$_{SC}$ 请来 [$_{SC}$ 批评自己$_i$ 的] 人]]]

上域主语可以"穿过"好几个句域来约束"自己"，似乎"自己"对这些句域视而不见。这究竟为什么？还要待后续的研究结果。

14.5 小　结

上面，我们首先用合成复合词的题元关系来论证了逻辑形式作为一层成分结构存在的合理性，然后考察了汉语中零代词和虚代词的分布，以及汉语称代语和照应语的指称关系，尤其是反身代词的长距离约束关系。就题元关系而言，逻辑形式可以解决汉合成复合词中存在的表层词结构跟题元关系不对称的问题。合成复合词的逻辑形式具有题元约束功能，它满足 UTAH。题元约束语可以是一个有语音形式的语素，也可以是一个零形式的运算子。汉语、英语都有一部分合成复合词在表层结构就可以满足 UTAH，但也有一部分合成复合词不能在表层结构满足 UTAH，需要在逻辑形式这样做。就照应语的指称关系而言，汉语的"自己"构词方式不同于英语的"pro-self"形式，所以有长距离约束特征，这跟句法没有关系。不论是题元关系还是照应语的约束，汉、英两种语言都有共同之处，也有个体差异。但普遍语法理论原则对分析跨语言事实似乎确有指导作用。

题元关系和指称关系都属于语义范畴。语法学中，语义的基础是语言形式的成分结构，离开成分结构（及其使用的语境）谈语义便是哲学或者文学讨论。因此，普遍语法理论代表语义的成分结构定义为逻辑形式并非没有道理。这有似乎两个好处。其一，语义关系看不见摸不着，用逻辑形式将其客观存在一定程度上清晰地表示出来，不是很好吗？其二，正如上文所见，它能处理一些句法语义不对称的问题。理论上，逻辑形式是表达一切语义的隐性成分结构（虽然目前并不知道"一切"

都有哪些)。它是语法的一部分,输送到大脑的概念—意旨系统之后,就成为"认知性或者心理性的理解和诠释"(这跟语义诠释不是一回事)。同理,语音形式也是语法的一部分,它表达成分结构的语音解析,输送到发音—听声系统之后,便成为读出来的言语(这跟语音解析也不是一回事)。这种立论是否反映了大脑中认知系统真实的神经、生理及心理运作过程,是另外一回事,是包括语言学在内的学科最终要面对的问题。但它却是普遍语法处理音义关系的理论基础,也是解决语言形式的表层结构和深层语义不对称的方法论。

可以说,普遍语法理论原则及其形式化的表达方法对分析语言中的细微现象尤其有效。迄今为止,汉语语法学者对普遍语法理论做出了认真回应,做出了一些成果,也显示了学养和智慧。其实,在现阶段,任何一种理论都无法全面解决问题,不可能面面俱到,无一遗漏。不过,每一个体系的理论原则和操作程序都有它自己的系统成因。不同的体系有它自己的发展道路和阶段;每一个体系现阶段无法全面解决经验问题既是一个系统的发展问题,也是一个对经验事实的认识是否全面深刻的问题。应该给时间让理论体系去发展,给时间让人们对经验事实有一个发展认识过程。因此,科学的做法似乎是,无论你是主攻何种理论体系的,传统不可放弃,它山之石也可以攻玉,但切忌蜻蜓点水。让体系自身去发展,去显示和证实它的生命力,最后由体系之间去决定优胜劣汰,就如牛顿的力学和爱因斯坦的相对论一样。

也以此作为本书的结语。

索 引

B

被动结构 359

比较句 426,437,438,440

标句词 58-60,107,119,143,155,158,170,174,180,193,198,221,237,246,255,291,292,294,295,305,307-311,313,320,322,323,328,329,332,334-337,341-343,347,359,365,366,385,391,394,395,414,415,452,454,456,457,462,463,484,502,503

并列复句 337,341,342

C

成分结构 13,14,17-19,29-31,33,34,37,43,47,49,50,55,64,87,95,96,122,143,170,175,178,179,185,199,200,208,218,223,225,246-248,255,309,317,321,336,343,345,347,348,376,380,387,390,427,441,447,453,486,488,492,503,504

重叠词 67,70,91,92,97

重动句结构 426

处所补语 207,256,259,262,351,371,419,421,422,442

处置结构 104,219,258,348-350,356,361,383

词库的结构 67

从句结构：

    宾语从句 55,233-235,237-239,255,315,318-321,340,448,455

    同位语句 106,117-120,305,322,323,327,328,340,482

    关系语句 105,106,117-120,143,144,154,155,305,322-333,337-340,391,393-396,397-399,401,404,405,407,408,437,482,483,487,488,502,503

状语从句 332-336,400,402,423

存现句结构 369-371

D

代词脱落 340

倒装句 44,448-452

"的"字的语法功能：

    作领属助词 136-142,425,426

    作结构助词 170-174

    作标句词 322-331

    作填位语素 253,425,426

得字句结构 281
动词的修饰语 14,182,196,205,332
动词短语分裂假说 374
动词短语中的题元关系 195
动词的分类 207,262
动词短语的套组结构 217,218,222,246,292
动结式复合词 263
动趋式结构 373

E

二元动词:207
 二元非宾格动词 207,226
 二元作格动词 207,208,222,226,231,266,268,276,280,284,361
 宾格动词 29,62,104,201,207,208,212-216,221,225,226,231,232,234,238-243,249,251,254,256,258,266,268-270,276,279,280,311,312,314,315,318,319,325,353,356,358,360,370,373,441,443,446
役格动词 104,207,208,224,241-243,273,361
提升动词 104,207,208,243,244,485

F

发音—听声系统 2,3,6,7,15,487,504
反诘问句结构 463
非宾格假说 208,213,214
非句子 9,10,12,14,60
非名物化谓语 211,219
非填位结构 24,25
否定词问句 455,457,461,462,464,465,469,473,474,478,479
附加问句 189,193-195,455,457,461-463
复杂名词短语 117,326,328,329,331,332,391,488

G

概念—意旨系统 2-4,6,7,15,487,504
格位指派 14,53,140,141,146,214,231,239,246,276,278,282,283,288,317,356
孤岛效应 473,477,482,483,488,489

H

合成复合词 73,76,79,80,84-88,97,98,486,490-496,503
合成复合词的逻辑形式 486,490,492,495,503
话题句 32,33,305,412,413,483
回环构词 88,89,93

J

记忆与规则的相互作用 97

焦点结构 147,241,248,389,390,395,396,398-402,412,451,453,461

 "是……的"句式 389,390,391,406,407,411,412

 "连……也/都"句式 389,390,406-408,412,416,417

 "只/就……"句式 389,390,409,412

结构的生成过程:

 填位(merge)5,17-26,28-30,32,35,44,45,47,57,74-76,95,96,105,119,145,147,183,186,188,286-288,324,325,330,361,415,425,426

 投射(projection)5,12,13,17,18,20-26,28-30,32,35,39,40,44-47,50,56,65,74,76,95,119,121,137,145,147,175,182-184,186-190,193-196,240,286-288,295,298,304,307,309,326,373,374,381,391,406,414,421,455

 移位(movement)5,15,17,30-34,44,49,52,57,59,61-63,105,130,131,139-142,145-147,149,158,168,170,178-181,185,188,194,199,201,203,210,213-215,220,222,223,225,226,228-232,244,246,249,250,253,256,259,261,266,272,274,276,278,280,282,284-288,294,301,302,308,312,317,319,320,322,326-330,335,336,339,351-357,359,363,364,366,368,370,374,375,381-387,393,394,398,399,401,404,408,411,414,417,426,434,438,451-453,455,477,480-483,486-489,492,495,500

 一阶投射(X')50

 二阶短语(XP)34,146,343

结果补语 207,256,259-263,282,351,365,419,421,422

经济原则 35,52,57,59,60,99,159,286,294,295,301,352,359,426,465,478,479

句域 34,54,55,61,62,139,141,198,237,285,319,351,411,415,480,487,499,500,503

句子成分的句法范畴与语法功能 342

聚合关系 10-12,14

K

控制 2,240,281,288,294,314,424,447,498,499

 主语控制 281,424,498,501

 宾语控制 281,424,498,501

扩充的 X-标杠模式 44,64

L

联合复句 174,180,318,336,337,340

量化 102,348,375-388,406,410,411,486

邻接条件 340,488

逻辑形式 6,7,15,16,21,29,55,56,61,87,88,96,105,301-304,308,310,357,359,376,380,381,383-388,394,468,477,479,481-483,486-493,495,496,500,503

N

能愿式 182,188,471

M

免用代词原则 236,237,314

描写语句 337-340

名物化结构 136,139,140,142-149

P

派生词 5,17,29,67,70-73,91,97,100,106,491,492,496

派生词缀 16,68,70-73,85,88

普遍语法 4-8,12,13,15,16,23,29,30,34,35,56,60,64,96,487,492,503,504

普通复合词 73,75-78,84,85,97

Q

乔姆斯基附加结构 223

轻动词 61,62,105,181,199,200,207,211,212,215,218-220,222,256,259,277,278,283,285,287-289,314,317,347,349,351-360,365-370,373-376,381,387,391,407,411,415,429,440

 使役轻动词 219-224,227-231,243,258,266,274-277,278,280,283,350,362,364

 零轻动词 62,70,105,211,220,223,224,231,232,249,255,256,259,272,276,278,282,283,288,302,325,399,432-434

 执行轻动词 199,211,219,220,231,243,249,250,252,255,256,271,275,276

屈折词 16,17,67,68,70,89,95-97,158,193,291

R

弱词性结构 47,63,194,470

S

三元动词 104,207,246,262

 双宾与格动词 104,207,247,249

 假双宾动词 207,247,251,252

 兼语动词 104,207,247,253,255,325

 混宾动词 104,207,256

 带一宾一补的动词 207,256

省略 15,17,92,93,105,178-180,198,282,312,317,336,365,394,409,430,460,467-469,472,473,477,479,489,490

承前省 178,421,467,468

蒙后省 180,467,468

同音删除 250,466

实词 250,343,371,385,393,432,434,452,462,463,469,479,498,499

使动句 55,209,220-224,228,229,232,242,243,263,268,270,273-280,282-285,289,290,354,362,363,368

是非问句结构 457

双支结构 50
缩略词 67,70,92,93,96

T

特殊的"呢"问句 461,464
特指问句结构 313
提升结构 446
题元阶层 23,49,50,87,185,197-199,235,240,248,259,497
题元原则 23,35,47,48,50,229,276,284,433,447
题元约束 492-496,503
题元指派 23,47,50,57,85,87,490,491,496
题元指派统一论 23,47,50,85,87,490,491,496
体貌式 183-185,471
统制 33,55,59,321,336,342,366,380,487,499

X

X-标杠模式 35-37,43,44,50,53,64,65,109,117,119,175,196,198,246,308
辖域 294,376,379,381,476,477,480,481,487,500
相面豁免条件 34,35,60,61,63,285,287-290,352,355-357,359,364,370,374,375,381,394,
　　399,408,414,415
小句结构 221,238,239,295,313,317,318
虚词 58,59,218,302,309,343
选择问句结构 469,473

Y

一元动词 104,207,208,216,265-267,276,395
　作格动词 104,207-209,218,222-224,226-228,231,242,243,247,266,268,270,273,274,276,
　　　279,280,283,284,325,356,360-363,443
　非作格动词 62,63,104,207-212,216,219,266,268,370,373
　非宾格动词 104,201,207,208,212-216,225,226,266,268,311,312,353,370,373
疑问词的虚用 483,485
疑问式 182,189,190,192-194,455,456,458,463
疑问标记 189,190,194,195,418,453-457,459,462-465,468,469,474,477-479,481,483,485
役格句结构 361
　词的使动用法 222,224
　独立致事主语 232,274,277-280,284,289,290
　施事改作致事主语 275,279
　客事改作致事主语 277,279,280
语法范畴词 52,53,57-60,104,141,158,214,291-295,299,301,307,311,313,317,332,334,342,
　　343,347,356,357,381,383,454,456,457,462,463,479
语法界面 487

语迹 31,33,49,105,158,179,181,215,320-322,356,370,374,411,415
语素：
 自由语素 16,21,61,71,85,87,199,219,220,259,272,285,297,302,317,375,466,490,491
 黏着语素 16,61,67,68,85,87,88,199,211,219,220,223,249,272,274,285,297,302,317,371,374,375,493
语音形式 6,7,15,16,21,29,33,55,61,70,88,96,105,124,128,147-150,157,173,177,179,194,220,222,236,243,248,256,274,275,285,309,310,312,355,358,365,372,382,385,386,434,452,464,477,486-488,490,504
域内题元 266-268,282
域外附加语 44,383,401,408,434
域外题元 266-268,277
约束条件 35,54,158,221,237,239,314,319,328,336,366,499,500

Z

整体诠释原则 35,55,56,97,129,130
正反问句结构 479
指称 33,54,56,63,127-129,135,142,150,152-159,168-170,178,214,215,221,234,236,237,239,326,328,330,332,336,370,415,435,474,483,493,499,503
 称代语 499,503
 零代词(pro)214,235-237,244,246,255,256,311,314,340,358,430,434,435,439,498,499
 虚代词（PRO)141,239,255,256,314,317,355,358,360,361,367,407,408,433,434,447,498,499
 填位代词 324,325,330,361,415
 照应语 499,500,502,503
中间句结构 441,446,447
中心语移位 477
主语特征 294
主语提升说 52,57,158,294
转折复句 337,341,342
组合关系 10-14
阻隔效应 473-477,479
最近距离原则 256
作格谓语 211,227,242,243,263,268,269,276,279,289,290,350
 表层作格 441
 深层作格 441

参考文献

英文部分

Abney, S. (1987) *The English noun phrase in its sentential aspect*. Ph. D. dissertation, MIT.

Alleton, V. (1972) *Les adverbs en chinois moderne*. Paris and La Haye: Mouton.

Aoun, J. & Li, Y.-H. A. (1989) Constituency and Scope. *Linguistic Inquiry* 20, 141-172.

Aoun, J. & Li, Y.-H. A. (1993a) Wh-elements in Situ: Syntax or LF. *Linguistic Inquiry* 24, 199-238.

Aoun, J. & Li, Y.-H. A. (1993b) *Syntax of Scope*. Cambridge, Mass.: MIT Press.

Aoun, J. & Li, Y.-H. A. (2003) *Essays on the Representational and Derivational Nature of Grammar: the diversity of wh-construction*. Cambridge, MA: MIT Press.

Baker, M. (1985) The Mirror Principle and Morphosyntactic Explanation. *Linguistic Inquiry* 16, 373-416.

Baker, M. (1988) *Incorporation*. Chicago: University of Chicago Press.

Baker, M. (1997) Thematic roles and syntactic structure. In L. Haegeman (ed.) *Elements of Grammar: Handbook of Generative Grammar*. 73-138. Dordrecht: Kluwer.

Beck, S. (1996) Intervention effects follow from focus interpretation. *Natural Language Semantics* 14: 1-56.

Belletti, A. (1990) *Generalized Verb Movement: Aspects of Verb Syntax*. Turin: Rosenberg and Sellier.

Bloomfield, L. (1933) *Language*. New York: Holt, Rinehart and Winston.

Bowers, J. (1993) The Syntax of Predication. *Linguistic Inquiry* 24, 591-656.

Bresnan, J. W. (1973) Syntax of the comparative clause construction in English. *Linguistic Inquiry* 4, 275-343.

Burzio, L. (1986) *Italian Syntax*. Reidel: Dordrecht.

Butler, H. Y. (1989) *Bridge and non-bridge verb asymmetries in Japanese*. M. A. thesis, Ohio State University.

Chao, Y. R. (赵元任) (1948) *Mandarin Primer*. Cambridge, MA: Harvard University Press.

Chao, Y. R. (赵元任) (1968) *A Grammar of Spoken Chinese*. Berkeley: University of California Press.

Chao, Wynn (1987) *On Ellipsis*. University of Massachusetts Ph.D. dissertation.

Chen, Chung-yu (陈重瑜) (1978) The two aspect markers hidden in certain locatives. In R. L. Cheng, Y.-C. Li & T.-C. Tang (eds.) *Proceedings of Symposium on Chinese Linguistics*. 233-242. Taipei: Student Book Co.

Cheng, Lisa Lai-Shen (郑礼珊) (1991) *On the Typology of Wh-questions*. Ph. D. dissertation, MIT.

Cheng, Lisa Lai-Shen (郑礼珊) (1995) On Dou-quantification. *Journal of East Asian Linguistics* 4, 197-234.

Cheng, Lisa Lai-Shen (郑礼珊) (1997) *On the Typology of Wh-questions*. New York: Garland

Publishers.

Cheng, Lisa Lai-Shen(郑礼珊) & Corver, Norbert (2006) (eds.) *Wh-movement: Moving On*. Cambridge, MA: MIT Press.

Cheng, Lisa Lai-Shen(郑礼珊) & Huang, C.-T. James(黄正德)(1994) On the argument structure of resultative compounds. In M. Y. Chen & J. L. Tzeng (eds.) *In honour of William S.-Y. Wang: Interdisciplinary Studies on Languages and Language Change*. 185-221. Taipei: Pyramid Press.

Cheng, Lisa Lai-Shen(郑礼珊) & Huang, C.-T. James(黄正德)(1996) Two types of donkey sentences. *Natural Languages Semantics* 4, 121-163.

Cheng, Lisa Lai-Shen(郑礼珊), Huang, C.-T. James(黄正德)& Tang, C.-C. Jane(汤志真)(1996a) Causative compounds across Chinese dialects. In D. Ho & C. Tseng (eds.) *Proceedings of the 4th International Symposium on Chinese Languages and Linguistics*. 255-269. Taipei: Academia Sinica.

Cheng, Lisa Lai-Shen(郑礼珊), Huang, C.-T. James(黄正德)& Tang, C.-C. Jane(汤志真)(1996b) Negative particle questions: A dialectal comparison. In J. R. Black & V. Motapanyane (eds.) *Microparametric Syntax and Dialect Variation*. 41-78. Amsterdam: John Benjamins.

Cheng, Lisa Lai-Shen(郑礼珊) & Sybesma, R. (1996) Bare and not—so—bare nouns and the structure of NP. Ms., University of California (Irvine) and HIL/Leiden University.

Cheng, R. L.(郑良伟)(1966) *Some aspects of Mandarin syntax*. Indiana University Ph. D. dissertation.

Cheng, R. L.(郑良伟)(1983) Focus Devises in Mandarin Chinese. In Tang T. C. et al. (eds.) *Studies in Chinese Syntax and Semantics*. 53-102. Taipei: Student Book Co.

Cheng, R. L.(郑良伟)(1984) Chinese question words and their meanings. *Journal of Chinese Linguistics* 12, 86-147.

Chiu, B. Hui-chun(邱慧君)(1993) *The inflectional structure of Mandarin Chinese*. Ph. D. dissertation, UCLA.

Chomsky, N. (1965) *Aspects of the theory of syntax*. Cambridge, MA: MIT Press.

Chomsky, N. (1970) Remarks on Nominalization. In R, Jacobs & P. S. Rosenbaum (eds.) *Readings in English Transformational Grammar*. 184-221. Waltham, Mass: Ginn & Co..

Chomsky, N. (1973) Conditions on Transformations. In S. R. Anderson & Paul Kiparsky (eds.) *A Festrshrift for Morris Halle*. 232-286. New York: Holt, Rinehart & Winston.

Chomsky, N. (1974) The Amherst Lectures. Université de Paris: Documents Linguistiques.

Chomsky, N. (1977) On Wh-movement. In P. W. Culicover, T. Wasow and A. Akmajian (eds.) *Formal Syntax*. New York: Academic Press.

Chomsky, N. (1980) On binding. *Linguistic Inquiry* 11, 1-46.

Chomsky, N. (1981) *Lectures on government and binding*. Dordrecht: Foris.

Chomsky, N. (1982) *Some Concepts and Consequences of the Theory of Government and Binding*. Cambridge, Mass.: MIT Press.

Chomsky, N. (1986a) *Knowledge of Language: Its Nature, Origin and Use*. New York: Praeger.

Chomsky, N. (1986b) *Barriers*. Cambridge, Mass.: MIT Press.

Chomsky, N. (1988) *Language and Problems of Knowledge: The Managua Lectures*. Cambridge, Mass.: MIT Press.

Chomsky, N. (1991) Some Notes on Economy of Derivation and Representation. In R. Freidin (ed.)*Principles and Parameters in Comparative Grammar*. 417-454. Cambridge, Mass.: MIT Press.

Chomsky, N. (1993) A minimalist program for linguistic theory. In K. Hake & S. J. Keyser (eds.) *The view from Building* 20. 1-52. Cambridge Mass.: MIT Press.

Chomsky, N. (1995) Chapters 2 and 4 of *The Minimalist Program*. Cambridge, Mass.: MIT Press.

Chomsky, N. (2000a) *New Horizons in the Study of Language and Mind*. Cambridge: CUP.

Chomsky, N. (2000b) Minimalist Inquires: The Framework. In Martin, R., Michaels, D. & Uriagereka, J. (eds.) *Step by Step: Papers in Minimalist Syntax in Honor of Howard Lasnik*, 89-155. Cambridge, Mass.: MIT Press.

Chomsky, N. (2001) Derivation by phase. In M. Kenstowicz (ed.) *Ken Hale: A life in Language*. 1-52. Cambridge, Mass.: MIT Press.

Chomsky, N. (2002a) *On Nature and Language*. Cambridge, Mass.: MIT Press.

Chomsky, N. (2002b) Language and the brain. *Linguistic Sciences* 1,1: 11-32.

Chomsky, N. (2004) Beyond explanatory adequacy. In Belletti Adriana (ed.) *Structures and Beyond*. 104-131. The Cartography of Syntactic Structure Vol 3. Oxford: OUP.

Chomsky, N. (2005) Three factors in language design. *Linguistic Inquiry* 36,1: 1-22.

Chomsky, N. (2006) Forward. In Lisa Lai-Shen Cheng & Norbert Corver(2006) (eds.): *Wh-movement: Moving On*. ix-xi. Cambridge, MA: MIT Press.

Chomsky, N. (2008) On Phases. In Robert Feidin, C. P. Otero & M. L. Zubizarreta (eds.) *Foundational issues in linguistic theory*. 133-166. Cambridge, MA: MIT Press.

Chomsky, N. & Lasnik, H. (1995) The Theory of Principles and Parameters. In N. Chomsky *The Minimalist Program*. 13-128. Cambridge, Mass: MIT Press.

Chu, C.-C. (屈承熹) (1983a) Definiteness, presupposition, topic and focus in Mandarin Chinese. In Ting-Chi Tang et al. (ed.) *Studies in Chinese syntax and semantics*. Taipei: Student Book Co.

Chu, C.-C. (屈承熹) (1983b) *A reference grammar of Mandarin for English speakers*. New York: Peter Lang.

Cole, P. & Hermon, G. (1994) Is There LF Movement? *Linguistic Inquiry* 25,239-262.

Cole, P., Hermon, G. & Li-May Sung (1990) Principles and Parameters of Long Distance Reflexives. *Linguistic Inquiry* 21,21-32.

Di Sciullo, A. M. & Williams, E. (1987) *On the Definition of Word*. Cambridge, Mass.: MIT Press.

Dowty, D. R. (1979) *Word meaning in Montague grammar*. Dordrecht: Reidel.

Emonds, J. (1976) *A Transformational Approach to English Syntax: Root, Structure-preserving and Local Transformations*. New York: Academic Press.

Ernst, T. (1991) On the scope principle. *Linguistic Inquiry* 22.750-56.

Ernst, T. (1994) Conditions on Chinese A — not — A questions. *Journal of East Asian Linguistics* 3: 241-264.

Feng, Shengli (冯胜利) (1997) Prosodic Structure and Compound Words in Classical Chinese. In J. L. Packard (ed.) *New Approaches to Chinese Word Formation: Morphology, Phonology and the Lexicon in Modern and Ancient Chinese*. 197-260. Berlin & New York: Mouton de Gruyter.

Fu, Yi-Chen (1978) *Comparative structures in English and Mandarin*. University of Michigan

Ph. D. dissertation.

Fukui, N. (1996) The principles—and—parameters approach: A comparative syntax of English and Japanese. In Masayoshi Shibatani & T. Bynon (eds.) *Approaches to language typology*. 327-372. Oxford: Clarendon Press.

Gasde, Horst-Dieter (2004) Yes/no questions and A—not—A questions in Chinese revisited. *Linguistics* 42, 293-326.

Gazdar, G. (1982) Phrase Structure Grammar. In P. Jacobson and G. K. Pullum (eds.) *The Nature of Syntactic Representation*. 131-186. Dordrecht: Reidal.

Givón, T. (1984) *Syntax: A functional-typological introduction*. Amsterdam: John Benjamins.

Greenberg, J. H. (1966) Some Universals of Grammar with Particular Reference to the Order of Meaningful Elements. In J. H. Greenberg (ed.) *Universals of Language*. 73-113. Cambridge, Mass.: MIT Press.

Grimshaw, J. (1990) *Argument Structure*. Cambridge, Mass.: MIT Press.

Gu, Yang (顾阳) (1992) *The syntax of resultative and causative compounds in Chinese*. Ph. D. dissertation, Cornell University.

Gu, Yang (顾阳) (1998) Aspect Licensing, Feature Checking, and Verb Movement in Mandarin Chinese. *Cahiers de Linguistique Asie Orientale*.

Gu, Yang (顾阳) (2003) On the Syntactic Projection of Causatives: Resultative Compound Predicates Revisited. In Xie Jie et al. (eds.) *Chinese Syntax and Semantics*. Singapore: Pearson Prentice Hall.

Haegeman, L. (1997a) Introduction: on the interaction of theory and description in syntax. In L. Haegeman (ed.) *The New Comparative Syntax*. 1-32. London: Longman.

Haegeman, L. (1997b) Elements of grammar. In Haegeman (ed.) *Elements of grammar: Handbook of generative grammar*. 1-72. Dordrecht: Kluwer.

Hagstrom, P. (2006) A—not—A questions. In M. Everaert & H. van Riemsdijk (eds.) *The Blackwell Companion to Syntax*. 173-213. Malden: Blackwell Publishing.

Hale, K. & Keyser, S. J. (1992) The syntactic character of thematic structure. In I. M. Roca (ed.) *Thematic Structure: Its Role in Grammar*. Berlin: Foris.

Hale, K. & Keyser, S. J. (1993) On Argument Structure and the Lexical Expression of Syntactic Relations. In K. Hale & S. J. Keyser (eds.) *The View from the Building* 20: *Essays in Linguistics in Honour of Sylvain Bromberger*. 53-110. Cambridge, Mass.: MIT Press.

Hashimoto, A. Y. (余霭芹) (1966) Embedding structures in Mandarin. *POLA* 12. Ohio State University.

Hashimoto, A. Y. (余霭芹) (1971) Mandarin Syntactic Structures. *Unicorn* 8, 1-149. Princeton University.

He, Y. (何元建) (1987) *The Categorial Status of Co—verbs and the Structure of Co—verb Phrases in Mandarin Chinese*. M. Phil. thesis, University of York.

He, Y. (何元建) (1990) *Some aspects of Chinese syntax: A Government Binding approach*. Ph. D. thesis, University of London.

He, Y. (何元建) (1996) *An introduction to Government-Binding theory in Chinese syntax*. Lewiston: The Edwin Mellen Press.

He, Y. (何元建) (1997) Optional Constituents, Extraposition and the Structure of Relative Clauses in Chinese. *In Proceeding of Workshop on Interface Strategies*. 23-28. The 1997

LSA Linguistic Institute, Cornell: Cornell University.

He, Y.(何元建)(1998) "A—Not—A" Questions Revisited. In Y. Gu (ed.) *Studies in Chinese Linguistics.* 1-22. Hong Kong: The Linguistic Society of Hong Kong.

He, Y.(何元建)(2001) A Modified Relative—Clause Stranding Analysis for Chinese Relative Constructions. In H. Pan (ed.) *Studies in Chinese Linguistics (Vol. 2).* 59-90. Hong Kong: The Linguistic Society of Hong Kong.

He, Y.(何元建)(2003) On the Syntax of Causatives in Mandarin Chinese. In Xie Jie et al. (eds.)*Chinese Syntax and Semantics.* 63-78. Singapore: Pearson Prentice Hall.

He, Y.(何元建)(2004) The Words—and—Rules Theory: Evidence from Chinese Morphology. *Taiwan Journal of Linguistics.* 2, 1-26.

He, Y.(何元建)(2006a) Lexicon as a Generating System: Restating the Case of Complex Word Formation in Chinese. *Journal of Chinese Language and Computing.* 16, 99-119.

He, Y.(何元建)(2006b) Dialectal Lexis Interference in Putonghua: With a Specific Reference to Question Words and Interrogative Particles in Wh-questions of Chengdu Putonghua. *Journal of Asian Pacific Communication.* 16, 279-298.

He, Y.(何元建)(2007) Headless Relatives in Cantonese. In Joanna Ut-Seong Sio & Tang Sze-Wing (eds.) *Studies in Cantonese Linguistics(Vol. 2).* 17-32. Hong Kong: The Linguistic Society of Hong Kong.

Heim, Irene (2001) Degree operators and scope. In C. Frey & W. Sternefelf (eds.) *Audiatur Vox Sapientrare: A Festschrift for Arnim von Strechow.* 214-239. Berlin: Akademie Verlag.

Hou, John Y.(侯炎尧)(1983) Totality in Chinese: The syntax and semantics of dou. In Tang Ting chi et al. (eds.) *Studies in Chinese Syntax and Semantics.* 253-272. Taipei: Student Book Co. Ltd.

Hsieh, Miao-Ling (谢妙玲)(2001) *Form and Meaning: Negation and Question in Chinese.* Ph. D. dissertation, University of Southern California.

Hu, Jianhua(胡建华)(2007) The A—not—A Q-operator and adverb quantification, ms.

Huang, Chu-Ren (黄居仁)(1997) Morphological Transparency and Autonomous Morphology: A Comparative Study of Tough Constructions and Nominalization. *Chinese Language and Linguistics III: Morphology and Lexicon.* 369-399. Taipei: Institute of History and Philology, Academia Sinica.

Huang, Chu-Ren (黄居仁) & Lin, F. (林复文)(1992) Composite event structure and complex predicates: A template based approach to argument selection. *Proceedings of the third annual meetings of the formal linguistics society of Mid—America.*

Huang, C.-T. James (黄正德)(1981) Move wh in a language without wh-movement. *The Linguistic Review* 1, 369-416.

Huang, C.-T. James (黄正德)(1982) *Logical Relations in Chinese and the Theory of Grammar.* Ph. D. Dissertation, MIT.

Huang, C.-T. James (黄正德)(1983) The representation of scope. *Journal of Chinese Linguistics* 11, 36-91.

Huang, James C.-T.(黄正德)(1984) On the distribution and reference of empty pronouns, *Linguistic Inquiry* 15, 531-573.

Huang, James C.-T.(黄正德)(1987) Existential sentences in Chinese and (in)definiteness. In Eric J. Reuland & Alice G. B. ter Meulen (eds.) *The representation of (in)definiteness.* 226-253. Cambridge, Mass.: MIT Press.

Huang,C.-T. James(黄正德)(1988) Wo pao de kuai and Chinese phrase structure. *Language* 64, 553-595.

Huang,C.-T. James(黄正德)(1989) Pro drop in Chinese: a generalized control approach. In O. Jaeggli & K. Safir (eds.) *The Null Subject Parameter*. 185-214. Dordrecht: D. Reidel.

Huang,C.-T. James(黄正德)(1991) Modularity and Chinese A—not—A Questions. In C. Georgopoulos & R. Ishihara (eds.) *Interdisciplinary Approaches to Languages*. 305-322. Dordrecht: Kluwer Academic Publishers.

Huang,C.-T. James(黄正德)(1992) Complex predicates in control. In R. K. Larson, U. Lahini, S. Iatridou & J. Higginbotham (eds.) *Control and Grammar*. 109-147. Dordrecht: Kluwer Academic Publishers.

Huang,C.-T. James(黄正德)(1993) On reconstruction and the structure of VP: Some theoretical consequences. *Linguistic Inquiry* 24,103-38.

Huang,C.-T. James(黄正德)(1997) On lexical structure and syntactic projection. In Feng-fu Tsao & H. Smauel Wang (eds.) *Chinese Languages and Linguistics* 3. 45-89. Taipei: Academia Sinica.

Huang,C.-T. James(黄正德)(1998) *Logical Relations in Chinese and the Theory of Grammar*. New York: Garland Publishers.

Huang,C.-T. James(黄正德)(1999) Chinese passives in comparative perspective. *Tsing Hua Journal of Chinese Studies* 29, 423-509.

Huang,C.-T. James(黄正德)(2006) Resultatives and unaccusatives: A parametric view. *Bulletin of the Chinese Linguistic Society of Japan*. 253, 1-43.

Huang,C.-T. James(黄正德)(2008) *Unaccusativity, ditransitivity and extra-argumentality*. Lecture handout at Department of Linguistics and Modern Languages, The Chinese University of Hong Kong, 10-1-2008.

Huang,C.-T. James(黄正德)& Li, Y.-H. Audrey(李艳惠)(1996)(eds.) *New Horizons in Chinese Linguistics*. Kluwer: Academic Publishers.

Huang,C.-T. James(黄正德), Li, Y.-H. Audrey(李艳惠)& Li, Yafei(李亚飞)(2009)*The Syntax of Chinese*. Cambridge: Cambridge University Press.

Huang, R.-H. Ray(黄瑞恒)(2008) Deriving VP-neg Questions in Modern Chinese: A Unified Analysis of A—not—A Syntax. *Taiwan Journal of Linguistics* 6, 1-54.

Huang,Shizhe(黄诗哲)(1996) *Quantification and predication in Mandarin Chinese: A case study of dou*. Ph.D. dissertation, University of Pennsylvania.

Huang, Yan(黄衍)(1991) A Neo-Gricean Pragmatic Theory of Anaphora. *Journal of Linguistics*, 27, 301-335.

Huddleston, R. D. (1984) *An introduction to the grammar of English*. Cambridge: CUP.

Jackendoff, R. (1972) *Semantic interpretation in generative grammar*. Cambridge, Mass.: MIT Press.

Jackendoff, R. (1977) *X' Syntax: A Study of Phrase Structure*. Cambridge, Mass.: MIT Press.

Jackendoff, R. (1987) The status of thematic relations in linguistic theory. *Linguistic Inquiry* 18, 369-411.

Jackendoff, R. (1990) *Semantic structures*. Cambridge, Mass.: MIT Press.

Johnson, K. (1991) Object positions. *Natural language and Linguistic Theory*. 9,77-636.

Katamba, F. (1993) *Morphology*. London: The MacMillan Press.

Katz, J. J. & Postal, P. (1964) *An Integrated Theory of Linguistic Description*. Cambridge, Mass.: MIT Press.
Kayne, R. (1981) On certain differences between French and English. *Linguistic Inquiry* 12, 349-371.
Kayne, R. (1994) *The antisymmetry of syntax*. Cambridge, Mass.: MIT Press.
Kayser, S. J. & Roeper, T. (1984) On the Middle and Ergative Constructions in English. *Linguistic Inquiry* 15, 381-416.
Keifer, F. (1983) Introduction. In F. Keifer (ed.) *Questions and Answers*. 1-8. Dordrecht: Reidel.
Kennedy, C. (1999) *Projecting the adjective: The syntax and semantics of gradability and comparison*. New York: Garland.
Kiparsky, P. (1982) Lexical Phonology and Morphology. In I. S. Yang (ed.) *Linguistics in the Morning Calm*. Seoul: Hansin.
Kitagawa, Y. (1986) *Subjects in English and Japanese*. Ph. D. dissertation, University of Massachusetts.
Koizumi, M. (1995) *Phrase structure in minimalist syntax*. Ph. D. dissertation, MIT.
Kuroda, S. Y. (1988) Whether we agree or not: A comparative syntax of English and Japanese. *Lingvisticae Investigationes* 21, 1-47.
La Pointe, S. (1980) *A theory of grammatical agreement*. Ph. D. dissertation, UMass, Amherst.
Larson, R. (1988) On the Double Object Construction. *Linguistic Inquiry* 19, 335-391.
Larson, R. (1990) Double Objects Revisited: Reply to Jackendoff. *Linguistic Inquiry* 21, 589-632.
Lasnik, H. & Kupin, M. (1977) A restrictive theory of transformational grammar. *Theoretical Linguistics* 4, 173-196.
Lasnik, H. & Saito, M. (1984) On the nature of proper government. *Linguistic Inquiry* 15, 235-289.
Lasnik, H. & Uriagereka, J. (1988) *A course in GB syntax: Lectures on binding and empty categories*. Cambridge, Mass.: MIT Press.
Law, Paul (2006) Adverbs in A—not—A questions in Mandarin Chinese. *Journal of East Asian Linguistics* 15: 97-136.
Lee, Thomas (李行德) (1986) *Studies in quantification in Chinese*. Ph. D. dissertation, UCLA.
Lees, R. B. (1960) *The Grammar of English Nominalizations*. The Hague: Mouton.
Li, Y.-H. Audrey (李艳惠) (1985) *Abstract Case in Chinese*. Ph. D. dissertation, University of Southern California.
Li, Y.-H. Audrey (李艳惠) (1990) *Order and constituency in Mandarin Chinese*. Dordrecht: Kluwer.
Li, Y.-H. Audrey (李艳惠) (1992) Indefinite wh in Mandarin Chinese. Journal of East Asian Linguistics 1, 125-156.
Li, Y.-H. Audrey (李艳惠) (1998) Argument determiner and number phrases. *Linguistic Inquiry* 30, 693-702.
Li, Y.-H. Audrey (李艳惠) (1999) Plurality in a classifier language. *Journal of East Asian Linguistics* 8, 75-99.
Li, Boya (2006) *Chinese Final Particles and the Syntax of Periphery*. Ph. D. dissertation,

Leiden University.
Li, C. & Thompson, S. (李纳、汤普逊) (1976) Development of the Causative in Mandarin Chinese: Interpretation of Diachronic Progresses in Syntax. *The grammar of causative constructions*. 458-489. New York: Academic Press.
Li, C. & Thompson, S. (李纳、汤普逊) (1981) *Mandarin Chinese: A functional reference grammar*. Berkeley: University of California Press.
Li, Jie (李洁) (1995) Dou and Wh-questions in Mandarin Chinese. *Journal of East Asian Linguistics* 4,4: 313-323.
Li, X. (1997) *Deriving Distributivity in Mandarin Chinese*. Ph. D. dissertation, University of California, Irvine, Irvine, California.
Li, Yafei (李亚飞) (1990) On V-V compounds in Chinese. *Natural Language and Linguistic Theory* 8, 177-207.
Li, Yafei (李亚飞) (1993) Structural had and aspectuality. *Language* 69,480-504.
Li, Yafei (李亚飞) (1995) The thematic hierarchy and causativity. *Natural Language and Linguistic Theory* 13, 255-282.
Li, Yafei (李亚飞) (1999) Cross componential causativity. *Natural Language and Linguistic Theory* 17, 445-497.
Lieber, R. (1992) *Deconstructing Morphology: Word Formation in Syntactic Theory*. Chicago: University of Chicago Press.
Lin, Jo-wang (林若望) (1992) The syntax of zenmeyang "how" and weishenme "why" in Mandarin Chinese. *Journal of Eastern Linguistics* 1, 293-331.
Lin, Jo-wang (林若望) (1996) *Polarity Licensing and Wh-phrases Quantification in Chinese*. Ph. D. dissertation, University of Massachusetts, Amherst.
Lin, Jo-wang (林若望) (1997/8) On Wh...Dou Construction. *Tsing Hua Journal of Chinese Studies* 23: 51-81.
Lin, Jo-wang (林若望) (1998) On Existential Polarity Wh-phrases. *Journal of East Asian Linguistics* 7: 219-255.
Liu, Chen Sheng Luther (刘振生) (1996) A note on Chinese comparatives. *Studies in Linguistic Science* 26: 215-235.
Longobardi, G. (1994) Reference and proper names. *Linguistic Inquiry* 25:609-666.
Lu, H. T. John (陆孝栋) (1977) Resultative verb compounds vs. directional verb compounds in Mandarin. *Journal of Chinese Linguistics* 5, 276-313.
Maling, J. (1984) Non-clause-bounded reflexives in modern Icelandic. *Linguistics and Philosophy* 7, 211-242.
Maling, J. (1986) Clause-bounded reflexives in modern Icelandic. In Lars Hellen and Kristi Koch Christensen (eds.) *Topics in Scandinavian Syntax*. Meidel.
Malmquist, N. G. D. (马悦然) (1986) On the Modalities of Obligation and Epistemie Necessity in the Shiyoujih. *Paper presented at The 2nd International Conference on Sinology*. Institute of History and Philology, Academia Sinica, Taipei.
Marantz, A. (1984) *On the Nature of Grammatical Relations*. Cambridge, Mass.: MIT Press.
Matthews, S. & Yip, V. (1994) *Cantonese: A comprehensive grammar*. London: Routledge.
McCloskey, J. (1997) Subjecthood and subject positions. In Haegeman (ed.) *Elements of grammar: Handbook of generative grammar*. 197-236. Dordrecht: Kluwer.
Mei, Kuang (梅广) (1973) *Studies in the Transformational Grammar of Modern Standard Chinese*. Ph. D. dissertation, Harvard University.

Muysken, P. C. & Riemsdijk, H. C. van (1985) (eds.) *Features and Projections*. Dordrecht: Foris.
Ning, C. Y. (宁春岩) (1993) *The overt syntax of relativization and topicalization in Chinese*. Ph. D. dissertation, University of California (Irvine).
Nishigauchi, T. (1998) Multiple sluicing in Japanese and the functional nature of WH-phrases. *Journal of East Asian Linguistics* 7, 121-152.
Palmer, F. (1994) *Grammatical roles and relations*. Cambridge: CUP.
Paris, Marie-Claude (白梅丽) (1979) *Nominalization in Mandarin Chinese: The Morpheme "de" and The "shi"..."de" Constructions*. Ph. D. dissertation, Université de Paris VII.
Paris, Marie-Claude (白梅丽) (1994) Syntactic position and information value in Mandarin Chinese: the Lian... Ye/Dou construction. *Cahiers de Linguistique Asie Orientale* 23, 241-253.
Paul, I. & Potsdam, E. (2004) How to sluice in the wh-in-situ language Malagasy. *Proceedings from the Annual Meeting of the Chicago Linguistic Society* 305-319.
Perlmutter, D. M. (1971) *Deep and Surface Structure Constraints in Syntax*. New York: Holt, Rinehart and Winston.
Perlmutter, D. M. (1978) Impersonal Passives and Unaccusative Hypothesis. *Proceedings of the 4th Annual Meeting of the Berkeley Linguistic Society*. 157-189.
Pesetsky, D. (1995) *Zero syntax: Experiencers and Cascades*. Cambridge, Mass.: MIT Press.
Pesetsky, D. (2000) *Phrasal movement and its kin*. Cambridge, Mass.: MIT Press.
Pinker, S. (1994) *The Language Instinct*. New York: W. Morrow and Co.
Pinker, S. (1999) *Words and Rules: The Ingredients of Language*. London: Pheonix.
Pollock, J. (1989) Verb movement, universal grammar and the structure of IP. *Linguistic Inquiry* 20, 365-424.
Pollock, J. (1997) Notes on clause structure. In Haegeman (ed) *Elements of grammar: Handbook of generative grammar*. 237-280. Dordrecht: Kluwer.
Postal, P. M. (1966) On so-called pronouns in English. In F. Dinneen (ed.) *Nineteenth Monograph on Language and Linguistics*. 201-224, Washington D. C.: Georgetown University Press.
Pullum, G. K. (1988) Topic... comment: Citation etiquette beyond Thunderdome. *Natural Language & Linguistic Theory* 6, 579-588.
Radford, A. (1981) *Transformational syntax: A student's guide to Chomsky's extended standard theory*. Cambridge: CUP.
Radford, A. (1988) *Transformational Grammar*. Cambridge: CUP.
Radford, A. (1997a) *The structure of English: A minimalist approach*. Cambridge: CUP.
Radford, A. (1997b) *Syntax: A minimalist introduction*. Cambridge: CUP.
Radford, A. (2004) *Minimalist Syntax: Exploring the structure of English*. Cambridge: CUP.
Reintges, Chris H. (2007) Variable pronunciation sites and types of wh-in-situ. *The Copy Theory of Movement*, ed. Norbert Corver, Jairo Nunes, 249-287. Amsterdam: Benjamins.
Rizzi, L. (1990) *Relativzed Minimality*. Cambridge, Mass.: MIT Press.
Rizzi, L. (1997) The Fine Structure of the Left Periphery. In L. Haegeman (ed.) *Elements of Grammar: A Handbook of Generative Syntax*. 281-330. Dordrecht: Kluwer.
Rizzi, L. (2001) On the position of "Int(errogative)" in the left periphery of the clause. In G. Cinque & G. Salvi (eds.) *Current Issues in Italian Syntax*. 287-296. Amsterdam: Elsevier.

Rizzi, L. (2003) Locality and left periphery. In A. Belletti (ed.) *Structures and Beyond: The Cartography of Syntax*. Dordrecht: Kluwer.

Rosenbaum, P. S. (1967) *The Grammar of English Predicate Complement Constructions*. Cambridge, Mass.: MIT Press.

Ross, C. (1983) On the function of Mandarin de. *Journal of Chinese Linguistics* 11, 214-234.

Ross, J. R. (1967) *Constraints on variables in syntax*. Ph. D. dissertation, MIT.

Ross, J. R. (1970) Gapping and the Order of Constituents. In M. Bierwisch & K. F. Heidolph (eds.) *Progress in Linguistics*. 249-259. The Hague: Mouton.

Rothstein, Susan (1983) *The Syntactic Forms of Predication*. Ph. D. dissertation, Massachussetts Institute of Technology.

Sadler, L. & D. Arnold (1993) Prenominal adjectives and phrasal/lexical distinction. *Journal of Linguistics* 30, 187-226.

Saito, M. (1985) *Some asymmetries in Janpanese and their theoretical implications*. Ph. D. dissertation, MIT.

Saussure, F. de (1916/1959) *Course in general linguistics*. Edited by C. Bally & A. Sechehaye in collaboration with A. Riedlinger. Translated from French by Wade Baskin. London, Owen [1959]

Selkirk, E. (1982) *The syntax of words*. Cambridge, Mass.: MIT Press.

Sells, P. (1985) *7Lectures on Contemporary Syntactic Theories: An Introduction to Government-Binding Theory, Generalized Phrase Structure Grammar and Lexical-Functional Grammar*. Stanford: Center for the Study of Language and Information.

Shi, D. (石定栩) (1992) *The Nature of Topic Comment Constructions and Topic Chains*. Ph. D. Dissertation, University of Southern California.

Shi, D. (石定栩) (1996) The nature of Chinese verb-reduplication constructions. *Studies in the Linguistic Sciences* 26, 271-284.

Shi, D. (石定栩) (1998) The Complex Nature of V-C Constructions. In Gu Yang (ed.) *Studies in Chinese Linguistics*, 23-52. Linguistic Society of Hong Kong.

Shi, D. (石定栩) (2000) Topic and topic-comment constructions in Mandarin Chinese. *Language* 76, 383-408.

Shi, D. (石定栩) (2001) The Nature of Chinese Comparatives. In Haihua Pan (ed.) *Studies in Chinese Linguistics II*. 138-158. Hong Kong: The Linguistic Society of Hong Kong.

Shibata, N., Sudo, Y. & Yashima, J. (2007) On apparent DOR violationsin Chinese and Japanese resultative compounds. Paper presented at *GLOW* in Asia VI, The Chinese University of Hong Kong, 27-29 Dec. 2007.

Simpson, J. (1983) Resultatives. In L. Levin et al (eds.) *Papers in Lexical-Functional Grammar*. 143-157. Bloomington, Indiana: Indiana University Press.

Smith, N. (1999) *Chomsky: Ideas and Ideals*. Cambridge: CUP.

Smith, N. (2000) Foreword. In Chomsky 2000a. pp. vi xvii.

Soh, Hooi Ling (2005) Wh-in situ in Mandarin Chinese. *Linguistic Inquiry* 38: 143-155.

Sportiche, T. (1988) A theory of floating quantifiers and its corollaries for constituent structure. *Linguistic Inquiry* 19, 425-49.

Stockwell, R. P., Schachter, P. & Partee, B. (1973) *The major syntactic structures of English*. New York: Holt, Reinhart & Winston.

Stowell, T. (1981) *Options of Phrase Structure*. Ph. D. dissertation, MIT.

Stowell, T. (1989) Subjects, specifiers, and X-bar theory. In M. R. Baltin & S. Kroch (eds.)

Alternative conceptions of phrase structure. 232-262. Chicago: The University of Chicago Press.

Sybesma, R. (1992) *Causativities and Accomplishments: The Case of Chinese Ba*. Dordrecht: Holland Institute of Generative Linguistics.

Sybesma, R. (1999) *The Mandarin VP* (*Studies in Natural Language and Linguistic Theory* 44). Dordrecht: Kluwer.

Tai, James H.-Y. (戴浩一) (1969) *Coordination Reduction*. Indiana University Ph. D. dissertation (Reproduced by the Indian Linguistic Club 1971).

Tai, James H.-Y. (戴浩一) & Paris, Marie-Claude (1986) Nominalization in Mandarin Chinese. *Journal of Chinese Language Teacher's Association* 21, 1-83.

Tang, Ting-Chi (汤廷池) (1972) *A Case grammar of spoken Chinese*. Taipei: Haiguo Book Co.

Tang, Ting-Chi (汤廷池) (1977) *Chinese transformational grammar: Movement*. Taipei: Student Book Co.

Tang, Ting-Chi (汤廷池) (1983) Focusing Constructions in Chinese: Cleft Sentences and Pseudo-cleft Sentences. In Tang T.-C. et al. (eds.) *Studies in Chinese Syntax and Semantics*. 127-226. Taipei: Student Book Co.

Tang, S.-W. (邓思颖) (1998) *Parameterization of features in syntax*. Ph. D. dissertation, University of California (Irvine).

Tang, S.-W. (邓思颖) (2001) A complementation approach to Chinese passives and its consequences. *Linguistics* 39, 257-295.

Teng, S.-H. (邓守信) (1979) Remarks on cleft sentences in Chinese. *Journal of Chinese Linguistics* 7, 101-114.

Travis, L. (1984) *Parameters and effects of word order variation*. MIT doctoral dissertation.

Tsai, C.-Y. (1990) Question words as quantifiers in Chinese. *Journal of Chinese Linguistics* 18, 125-158.

Tsai, W.-T. (蔡维天) (1994a) *On Economizing the Theory of A-bar Dependencies*. Ph. D. dissertation, MIT.

Tsai, W.-T. (蔡维天) (1994b) On nominal islands and LF extraction in Chinese. *Natural Language and Linguistic Theory* 12: 121-175.

Tsai, W.-T. (蔡维天) (1997) On the Absence of Island Effects. *Tsing Hua Journal of Chinese Studies*, New Series 27, 125-149.

Tsai, W.-T. (蔡维天) (1999) *The hows of why and the whys of how*. In F. D. Gobbo & H. Hoshi(eds.)*UCI Working Papers in Linguistics* 5, 155-184.

Tsao, Feng-fu (曹逢甫) (1979) *A Functional Study of Topic in Chinese: The first Step towards Discourse Analysis*. Taipei: Student Cook Co.

Tsao, Feng-fu (曹逢甫) (1983) Subject and Topic in Chinese. In R. L. Cheng, Y. C. Li and T. C. Tang(eds.)*Proceedings of Symposium on Chinese Linguistics at the 1977 Linguistic Institute of Linguistic Society of America*. 165-196. Taipei: Student Book Co.

Tsao, Feng-fu (曹逢甫) (1987) On the so-called Verb—copying Construction in Chinese. *Journal of the Chinese Language Teachers Association* 22, 213-43.

Tsao, Feng-fu (曹逢甫) (1989) Topics and the Lian...Dou/Ye Construction Revisited. In J. H.-Y. Tai & F. F. S. Hsueh (eds.) *Functionalism and Chinese Grammar*. 245-267. South Orange: Chinese Language Teachers Association.

Tsao, Feng-fu (曹逢甫) (1990) *Sentence and clause structure in Chinese: A functional perspective*. Taipei: Student Book Co.

Uriagereka, J. (1995) An F position in Western Romance. K. E. Kiss (ed.), *Discourse Configurational Languages*. New York: Oxford University Press. 153-175.

van Oirsouw, R. R. (1983) Coordinate Deletion and N—ary Branching Nodes. *Journal of Linguistics* 19, 305-321.

van Oirsouw, R. R. (1985) A Linear Approacho Coordination Deletion. *Linguistics* 23, 363-390.

van Riemsdijk, H. C. (1978) A Case Study in Syntactic Markedness: *The Binding Nature of Prepositional Phrases*. Dordrecht: Foris.

van Riemsdijk, H. C. & Williams, E. (1986) *Introduction to the Theory of Grammar*. Cambridge, Mass.: MIT Press.

Wang, Chyan-an Arthur & Wu, Hsiao-hung Iris (2006) Sluicing and Focus Movement in *Wh-in-situ Languages*. Penn Working Papers in Linguistics 12.1: 76-79.

Wang, Peter Chin-tang (1971) *A transformational approach to Ba and Bei*. Ph. D. dissertation, University of Texas.

Wang, William S.-Y. (王士元) (1965) Two aspect markers in Mandarin. *Language* 41, 457-470.

Wang, William S.-Y. (王士元) (1967) Conjoining and deletion in Mandarin syntax. *Project of Linguistic Analysis* 2, 3: 1-22.

Wasow, T. (1985) *Postscript*. Chapter 5 of Lectures on Contemporary Syntactic Theories by Peter Sells. Stanford: Center for The Study of Language and Information.

Wible, D. (1990) *Subjects and the Clausal Structure of Chinese and English*. Ph. D. dissertation, University of Texas, Austin.

Williams, E. (1981) On the Notions "Lexically Related" and "Head of a Word". *Linguistic Inquiry* 12, 234-74.

Williams, E. (1994) *Thematic Structures*. Cambridge, Mass.: MIT Press.

Wu, Daoping(吴道平) (1992) *On serial verb constructions*. Ph. D. dissertation. University of Maryland.

Wu, Jianxin (1997) A model theoretic approach to A—not—A questions. *Proceedings of the 21st Annual Penn Linguistic Colloquium* 273-289.

Wu, Jianxin (1999a) *Syntax and semantics of quantification in Chinese*. Ph. D. dissertation, University of Maryland at College Park.

Wu, Jianxin (1999b) More on A—not—A questions in Chinese. *Proceedings of the 16th West Coast Conference on Formal Linguistics* 463-477.

Xu, D. (徐丁) (1998) *Functional categories in Mandarin Chinese*. Amsterdam: Holland Institute of Generative Linguistics.

Xu, Jie (徐杰) (2003) *Sentence Head and Sentence Structure: A Study with Special Referen to Chinese*. London: Longman.

Xu, Liejiong(徐烈炯) (1990) Remarks on LF movement in Chinese questions. *Linguistics* 28, 355-382.

Xu, Liejiong(徐烈炯) (1994) The Long-distance binding of ziji. *Journal of Chinese Linguistics* 21,1: 123-141.

Xu, Liejiong (徐烈炯) (1995) Definiteness effects on Chinese word order. *Cashiers de Linguistique Asie Orientale* 24,29-48.

Xu, Liejiong(徐烈炯) (1997) Limitation on subjecthood of numerically quantified noun phrases:

A pragmatic approach. In L. Xu (ed.) *Referential Properties of Chinese Noun Phrases*. 167-207. Paris: Centre de Recherches Linguistiques sur l'Asie Orientale.

Xu, Liejiong (徐烈炯) & Langendoen, D. T. (1985) Topic structures in Chinese. *Language* 61, 1-27.

Yang, Barry Chung-yu (2007) Intervention effect, wh-moment, and focus. *UST Working Papers in Linguistics* 3: 95-108. Hsinchu: Graduate Institute of Linguistics, National Tsinghua University.

Zhang, N. (张宁) (1997a) A binding approach to eventuality quantification in Dou constructions. In L. Xu (ed.) *Referential Properties of Chinese Noun Phrases*. 167-207. Paris: Centre de Recherches Linguistiques sur l'Asie Orientale.

Zhang, N. (张宁) (1997b) *Syntactic Dependencies in Mandarin Chinese*. Ph. D. dissertation, University of Toronto.

Zhang, N. (张宁) (1998) Argument interpretations in the ditransitive construction. *Nordic Journal of Linguistics* 21, 179-209.

Zhang, R. (1999) Unified operators: The nature of A—not—A questions. In Sun Chaofen (ed.) *Proceedings of IACL-7 and NACCL-10*. Stanford University.

Zhang, Zhengsheng (张正生) (1996) Focus, presupposition and the formation of A—not—A questions in Chinese. *Journal of Chinese Linguistics* 25, 2: 227-257.

中文部分

包华莉 (1993). "比"字句删除法的商榷.《语言研究》,1期,29-36页.

贝罗贝、吴福祥 (2000). 上古汉语疑问代词的发展与演变.《中国语文》,4期.

曹逢甫 (1996). 汉语的提升动词.《中国语文》,3期,172-182页.

曹逢甫 (1997). 汉语的比较句:主题与评论的研究法. 载曹逢甫、西稹光编《台湾学者汉语研究论文集——语法篇》,172-182页. 天津:天津人民出版社.

陈宗明(主编) (1993).《汉语逻辑概论》. 北京:人民出版社.

程工 (2005). 汉语"者"字合成复合词及其对普遍语法的启示.《现代外语》,3期,232-238页.

崔希亮 (1993). 汉语"连"字句的语用分析.《中国语文》,2期,117-125页.

邓思颖 (2000). 自然语言的词序和短语结构理论.《当代语言学》3期,138-154页.

邓思颖 (2004). 做格化和汉语被动句.《中国语文》,4期,291-301页.

邓思颖 (2008). "形义错配"与名物化的参数分析.《汉语学报》,4期.

邓思颖 (2009). "他的老师当得好"及汉语方言的名物化.《语言科学》,3期.

邓思颖 (2010).《汉语形式句法学》. 上海:上海教育出版社.

刁晏斌 (1997). 现代汉语使动用法论略.《语文建设通讯》,54期,5-9页.

丁树声等 (1961).《现代汉语语法讲话》. 北京:商务印书馆.

董秀芳 (2006). "都"的指向目标及相关问题.《中国语文》,第6期,495-507页.

杜承南等(编) (1994).《中国当代翻译百论》. 重庆:重庆大学出版社.

范继淹 (1982). 是非问句的句法形式.《中国语文》,总第199期,426-434页.

范晓 (2000). 论"致使"结构.《语言学论丛》(十),135-151页. 北京:商务印书馆.

方梅 (1995). 汉语对比较焦点的表现方式.《中国语文》,4期,279-288页.

冯春田 (2000).《近代汉语语法研究》. 济南:山东教育出版社.

冯胜利 (1997). 管约理论与汉语的被动句.《中国语言学论丛》,1 期,1-28 页.
冯胜利 (1997/2009).《汉语的韵律、词法与句法》. 北京:北京大学出版社.
冯胜利 (2004). 动宾倒置与韵律构词法.《语言科学》,3 期,12-20 页.
冯胜利 (2007). 韵律语法理论与汉语研究.《语言科学》,2 期,48-59 页.
冯胜利 (2011). 轻动词移位与古今汉语的动宾关系.《语言科学》,1 期,3-16 页.
高名凯 (1948).《汉语语法论》. 北京:商务印书馆.
顾 阳 (1994). 论元结构理论介绍.《国外语言学》,1 期.
顾 阳 (1996). 生成语法及词库中动词的一些特性.《国外语言学》,3 期.
顾 阳 (1999). 双宾语结构. 载徐烈炯主编《共性与个性:汉语语言学中的争议》. 北京:北京语言文化大学出版社.
顾 阳、沈 阳 (2001). 汉语合成复合词的构造过程.《中国语文》,2 期,122-133 页.
何元建 (1995a). 概化约束理论中的非论元照应关系.《国外语言学》,3 期,15-22 页.
何元建 (1995b). X 标杆理论与汉语短语结构.《国外语言学》,2 期,36-44 页.
何元建 (1996). "可"字型问句的反诘语气.《汉语学习》,94 期,20-23 页.
何元建 (2000a). 汉语中的零限定词.《语言研究》,3 期,39-50 页.
何元建 (2000b). 论元、焦点与句法结构.《现代外语》,2 期,111-124 页.
何元建 (2003). 特指问句标记的类型学特征.《外语教学与研究》,3 期,163-169 页.
何元建 (2004a). 回环理论与汉语构词法.《当代语言学》,3 期,223-235 页.
何元建 (2004b). 论使役句的类型学特征.《语言科学》,1 期,29-42 页.
何元建 (2007).《生成语言学背景下的汉语语法与翻译研究》. 北京:北京大学出版社.
何元建 (2009). 论合成复合词的逻辑形式.《语言科学》,5 期,223-235 页.
何元建 (2010a). 论汉语焦点句的结构.《汉语学报》,2 期,53-68 页.
何元建 (2010b). 现代汉语比较句式的句法结构.《汉语学习》,5 期,11-19 页.
何元建 (2010c). 论汉语中间句的句法结构.《汉语学习》,1 期,11-17 页.
何元建 (2011). 语法运作的经济原则:正反问句、否定词问句、选择问句三者结构关系的再调查.《现代语文》,4 期,151-158 页.
何元建、王玲玲 (2002). 论汉语使役句.《汉语学习》,4 期,1-9 页.
何元建、王玲玲 (2003). 论现代汉语使役句.《中文学刊》,3 期,263-279 页.
何元建、王玲玲 (2005). 汉语真假复合词.《语言教学与研究》,5 期,11-21 页.
何元建、王玲玲 (2007). 论汉语中的名物化结构.《汉语学习》,1 期,13-24 页.
何元建、王玲玲 (2010). 再论宾语指向型动结式的结构.《语言学论丛》,第 39 辑,360-399 页.
胡裕树等 (1979/1992).《现代汉语(增订本)》. 上海:上海教育出版社.
胡裕树(主编) (1992).《现代汉语(增订本)》. 香港:三联书店.
胡裕树、范 晓 (1994). "动词形容词的"名物化"和"名词化"".《中国语文》,2 期.
黄伯荣、廖序东 (1983).《现代汉语》(上册,修订本). 兰州:甘肃人民出版社.
黄晓惠 (1989).《现代汉语差比句(X)比 YW 句式的来源和发展》. 北京大学硕士论文.
黄晓慧 (1992). 现代汉语差比格式的来源与演变.《中国语文》,3 期.
黄正德 (1988). 汉语正反问句的模块语法.《中国语文》,4 期,247-264 页.

黄正德　（2007）．汉语动词的题元结构与其句法表现．《语言科学》，4期，3-21页．
黄正德　（2008）．从"他的老师当得好"谈起．《语言科学》，3期．
蒋冀骋　（1998）．二十世纪的近代汉语研究．载刘坚（主编）《二十世纪的中国语言学》．182-224页．北京：北京大学出版社．
蒋绍愚　（1992）．《古汉语词汇纲要》．北京：北京大学出版社．
蒋绍愚　（2005）．《近代汉语研究概要》．北京：北京大学出版社．
黎锦熙　（1924）．《新著国语文法》．北京：商务印书馆．
李　力　（2001）．《现代汉语"比"字句研究》．北京大学硕士论文．
李　纳、石毓智　（1998）．汉语比较句嬗变的动因．《世界汉语教学》，3期，16-28页．
李如龙　（1996）．泉州方言的体．载张双庆（1996），195-224页．
李晓琪（主编）（2003）．《现代汉语虚词手册》．北京：北京大学出版社．
李佐丰　（1983）．先秦汉语的自动词及其使动用法．《语言学论丛》（十），117-144页．
林立芳　（1996）．梅县方言的体．载张双庆（1996），34-47页．
林裕文　（1985）．谈疑问句．《中国语文》，总第202期，91-98页．
刘丹青　（2003）．差比句的调查框架及研究思路．载戴庆夏、顾阳编《现代语言学理论与少数民族语言研究》，1-22页．北京：民族出版社．
刘丹青、徐烈炯　（1998）．焦点与背景、话题及汉语"连"字句．《中国语文》，4期，243-252页．
刘慧英　（1992）．小议"比"字句内比较项的不对称结构．《汉语学习》，5期，17-20页．
刘开骅　（2008）．《中古汉语中疑问句研究》．哈尔滨：黑龙江人民出版社．
刘子瑜　（1994）．敦煌变文中的选择疑问句式．《古汉语研究》，4期．
刘子瑜　（1998）．汉语反复问句的历史发展．载《古汉语语法论文集》，435-438页．北京：语文出版社．
陆俭明　（1980）．"还"和"更"．《语言学论丛》（六）．
陆俭明　（1982）．由"疑问形式＋呢"造成疑问句．《中国语文》，6期，435-438页．
陆俭明　（1984）．关于现代汉语里的疑问语气词．《中国语文》，5期，330-337页．
陆俭明　（主编）（2000）．《现代汉语基础》．北京：线装书局．
陆俭明　（2003）．《现代汉语语法研究教程（修订版）》．北京：北京大学出版社．
吕叔湘　（1944）．《中国文法要略》．北京：商务印书馆．
吕叔湘　（1979）．《汉语语法分析问题》．北京：商务印书馆．
吕叔湘　（主编）（1981）．《现代汉语八百词》．北京：商务印书馆．
吕叔湘　（1985）．疑问、否定、肯定．《中国语文》，总第202期，241-250页．
吕叔湘　（1987）．说"胜"和"败"．《中国语文》1期，1-5页．
吕叔湘、朱德熙　（1952）．《语法修辞讲话》．北京：开明书店．
马建忠　（1898）．《文通》．上海：商务印书馆．
马　真　（1986）．"比"字句内比较项Y的替换规律试探．《中国语文》，2期，97-105页．
马　真　（2004）．《现代汉语虚词研究方法论》．北京：商务印书馆．
梅　广　（1978）．国语语法的动词组补语．《屈万里先生七秩荣庆论文集》．台北：联经出版社．
梅祖麟　（1978）．现代汉语选择问句的来源．《"中央研究院"历史语言研究所集刊》，49卷，1期．

梅祖麟 (1991). 从汉代的"动杀"和"动死"来看动补结构的发展.《语言学论丛》(十六),112-136 页.
潘悟云 (1996). 温州方言的体和貌. 载张双庆(1996),254-284 页.
潘允中 (1982).《汉语语法史概要》. 郑州:中州书画社.
桥本万太郎 (1987). 汉语被动式的历史、区域发展.《中国语文》,1 期.
裘锡圭 (1988).《文字学概要》. 北京:商务印书馆.
邵敬敏 (1989). 语气词"呢"在疑问句中的作用.《中国语文》,3 期.
邵敬敏 (1990). "比"字句的替换规律刍议.《中国语文》,6 期.
邵敬敏 (1996).《现代汉语疑问句研究》. 上海:华东师范大学出版社.
邵敬敏 (1997). 论汉语语法的语义双向选择性原则.《中国语言学报》,第 8 期,17-24 页.
邵敬敏等 (2001).《现代汉语通论》. 上海:上海教育出版社.
邵敬敏等 (2010).《汉语方言疑问范畴比较研究》. 广州:暨南大学出版社.
沈 阳、何元建、顾 阳 (2001).《生成语法理论与汉语语法研究》. 哈尔滨:黑龙江教育出版社. 共 712 页.
石定栩 (2002). 体词谓语句的结构与意义. 载徐烈炯、邵敬敏主编《汉语语法研究的新拓展(一)》,465-480 页. 杭州:浙江教育出版社.
石毓智、徐 杰 (2001). 汉语史上疑问形式的类型学转变及机制.《中国语文》,5 期.
司富珍 (2002). 汉语的标句词"的"及相关的语法问题.《语言教学与研究》,2 期.
Sybesma, R. & 沈 阳 (2006). 结果补语小句分析和小句的内部结构.《华中科技大学学报(社会科学版)》,第 4 期.
汤廷池 (1981). 国语疑问句的研究.《师大学报》,26 期,219-277 页.
汤廷池 (1984). 国语疑问句研究续论.《师大学报》,29 期,381-435 页.
汤廷池 (1992a). 汉语述补式复合动词的结构,功能与起源.《汉语词法句法(四)》,95-164 页. 台北:学生书局.
汤廷池 (1992b). 汉语动词组补语的句法结构与语义功能:北平话与闽南话的比较分析.《汉语词法句法(四)》,1-94 页. 台北:学生书局.
汤廷池 (1992c). 汉语语法的并入结构.《汉语词法句法三集》,139-242 页. 台北:学生书局.
汤廷池 (1999). 汉语的正反问句:北京语与闽南语的比较分析. 载 Yuen-mei Yin, I.-Li Yang & Huei-chen Chan 编 *Chinese Language and Linguistic*, V, *Interactions in Language*,27-71 页. 台北"中研院":历史语言研究所.
万 波 (1996). 安义方言的体. 载张双庆(1996),79-98 页.
王 还 (1959).《把字句和被字句》. 北京:新知识出版社.
王 力 (1944/1984).《中国语法理论》(《王力文集》第一、二卷),济南:山东教育出版社.
王 力 (1957). 汉语被动式的发展.《语言学论丛》,第一辑.
王 力 (1958/1996).《汉语史稿》. 北京:中华书局.
王玲玲、何元建 (2002).《汉语动结结构》. 杭州:浙江教育出版社.
王 朔等 (1989).《我是王朔》. 北京:国际文化出版公司.
吴福祥 (1997). 从 VP-Neg 式反复问句的分化谈语气词"麼"的产生.《中国语文》,1 期.

项梦冰　　（1996）．连城(新泉)方言的体．载张双庆(1996),48-68 页．
萧国政　　（1986）．隐蔽性施事定语．《语文研究》,4 期．
谢仁友　　（2003）．《汉语比较句研究》．北京大学博士论文．
邢福义　　（1987）．现代汉语的特指型是非问．《中国语文》,4 期．
徐　杰　　（2000）．疑问范畴与疑问句式．《世界汉语教学》,4 期．
徐　杰　　（2001）．《普遍语法原则与汉语语法现象》．北京：北京大学出版社．
徐烈炯　　（2001）．焦点的不同概念及其在汉语中的表现形式．《现代中国语研究》,3 期,10-22 页．
徐烈炯　　（2002）．多重焦点．《中国语文研究》,1 期,1-8 页．
徐烈炯　　（2003）．汉语是话语概念结构化语言吗？《中国语文》,5 期,400-410 页．
徐烈炯、刘丹青　（1998）．《话题的结构与功能》．上海：上海教育出版社．
许国萍　　（1997）．《现代汉语"比"字句研究》．复旦大学硕士论文．
许国萍　　（2007）．《现代汉语差比范畴研究》．上海：学林出版社．
杨伯峻、何乐士　（1992）．《古汉语语法及其发展》．北京：语文出版社．
杨建国　　（1959）．补语式发展试探．《语法论集》,3 期．
袁毓林　　（1993）．正反问句及相关的类型学参项．《中国语文》,2 期．
岳俊法　　（1984）．得字句的产生和演变．《语言研究》,2 期．
张伯江　　（1993）．	"N 的 V"结构的构成．《中国语文》,4 期．
张伯江　　（1999）．汉语疑问句的功能解释．载邢福义主编《汉语法特点面面观》,291-303 页．北京：北京语言文化大学出版社．
张伯江、方　梅　（1996）．《汉语功能语法研究》(第二部分：焦点结构研究)．南昌：江西教育出版社．
张洪年　　（2007）．《香港粤语语法的研究》．香港：中文大学出版社．
张　璐　　（2002）．从东西南北谈汉英语语序所反映的认知过程．《语言研究》,4 期．
张　敏　　（1990）．《汉语方言反复问句的类型学研究——共时分布及其历时蕴含》．北京大学博士论文．
张双庆(主编)　（1996）．《动词的体》．香港：香港中文大学中国文化研究所吴多泰中国语文研究中心．
张献忠　　（1993）．《关于"比"字句的几个问题》．北京大学硕士论文．
朱德熙　　（1961/1999）．"加以"和"进行"．《朱德熙文集》(第 4 卷),319-322 页．北京：商务印书馆．
朱德熙　　（1982）．《语法讲义》．北京：商务印书馆．
朱德熙　　（1983a）．《语法答问》．北京：商务印书馆．
朱德熙　　（1983b）．关于"比"字句．《语法研究与探索》(一),11-17 页．
朱德熙　　（1984）．关于向心结构的定义．《中国语文》,6 期．
朱德熙　　（1985）．汉语方言里的两种反复问句．《中国语文》,1 期,10-20 页．
朱德熙　　（1991）．V－neg－Vo 与 Vo－neg－V 两种反复问句在汉语方言里的分布．《中国语文》,5 期,321-332 页．
朱庆之　　（1990）．试论汉魏六朝佛典里的特殊疑问句．《语言研究》,1 期．

祝敏彻 (1957). 论初期处置式.《语言学论丛》(一),17-33 页.
祝敏彻 (1960). 得字用法演变考.《甘肃师大学报》,1 期.
祝敏彻 (1995). 汉语选择问、正反问的历史发展.《语言研究》,2 期.
祝敏彻 (1999).《国语》、《国策》中的疑问句.《湖北大学学报》,1 期.

跋

  本书第一、第二、第十章的内容曾载于《生成语法理论背景下的汉语语法与翻译研究》(北京大学出版社,2007),这里有所修改与增添。历时五年,终于完成,我得以舒一口气。回顾所做的研究与准备,也可告一段落。书稿完成到出版过了两年时间,其间做了必要的修改和订正。2012年11月重印进行了勘误。

  我的上辈是搞工程与自然科学研究的,同辈之中亦多如此。与语言结构结缘,是人生的偶然。上世纪80年代在英国学习语言学,有机会结识了几位研究分子结构的科学家,其中一位的父亲是剑桥大学的化学家裴鲁茨博士(Max Perutz),因解开了血红蛋白分子的结构而获得1962年诺贝尔化学奖;另外一位来自新西兰,颇有名气,师从1964年诺贝尔化学奖的获得者贺德瑞教授(Dorothy Hodgkin),后者在牛津大学的实验室破解了胰岛素分子结构之谜,使制药公司得以生产出胰岛素针剂,为千千万万糖尿病患者带来福音。来自新西兰的分子科学家对我说:"你我都在解结构,我解的是分子结构,你解的是语言结构;(结构)都看不见,我有实验手段,比你容易;但记住自然界自有彰显的规律。"就是这句话,令我后来愚笨到放弃了学习计算机科学的全额奖学金,在探索语言结构的路上走到今天。语言来自大脑,彰显语言结构的规律必须以大脑科学为基础才是正途。但科学也要用元语言系统来表述,比如分子结构与原子结构也要用符号与语言来表达。同理,以大脑科学为基础的语言结构研究也要用元语言系统来表述,而现今的语言学理论可以发挥过渡的作用。其实,不少学者皆是因为机遇而研习了这种或那种理论,用以做研究而已。只要实事求是,锲而不舍,真谛总能参得透一点点。